Prävention rechnet sich. Zur Ökonomie der Kriminalprävention

Ausgewählte Beiträge des 20. Deutschen Präventionstages

8. und 9. Juni 2015 in Frankfurt am Main

Herausgegeben von
Erich Marks und Wiebke Steffen

Mit Beiträgen von:
Carina Agel, Britta Bannenberg, Christine Brendel, Kerstin Bunte, Alejandro Christ, Julia Christiani, Felix Diehl, Gregor Dietz, Fatih Ekinci, Christiane Erkens, Rubeena Esmail-Arndt, Dagmar Freudenberg, Frank Goldberg, Thomas Görgen, Jérome Gravenstein, Martin Hafen, Heidrun Hassel, Thomas Hestermann, Viktoria Jerke, Tanja Kasten, Michael Koch, Shérif Wouloh Korodowou, Sandra Kotlenga, Timm Kroeger, Philipp Kuehl, Karsten Lauber, Olaf Lobermeier, Erich Marks, Karla Marks, Gisela Mayer, Thomas Mücke, Kurt Mühler, Christine Müller, Barbara Nägele, Jens Narten, Marion Popp, Nathalie Preisser, Gerhard Schmalbruch, Gertraud Selig, Tina Silbernagl, Christian Specht, Wiebke Steffen, Rainer Strobl, Stephan L. Thomsen, Christamaria Weber, Sabine Wenz, Karin Wunder, Abdoulaye Zono

Forum Verlag Godesberg GmbH 2015

Bibliographische Information der Deutschen Nationalbibliothek

Die Deutsche Nationalbibliothek verzeichnet diese Publikation in
der Deutschen Nationalbibliographie: detaillierte bibliografische
Daten sind im Internet über http://dnb.d-nb.de abrufbar.

© Forum Verlag Godesberg GmbH, Mönchengladbach
Alle Rechte vorbehalten
Mönchengladbach 2015

Satz und Layout: Isabell Becker, Claudia Heinzelmann, Karla Marks
Coverdesign: Konstantin Megas, Mönchengladbach

Herstellung: BoD - Books on Demand, Norderstedt
Printed in Germany

978-3-942865-53-1 (Printausgabe)
978-3-942865-54-8 (eBook)

Inhalt

Vorwort der Herausgeber

Der hier vorgelegte Dokumentationsband des 20. Deutschen Präventionstages erscheint, wie in den vergangenen Jahren, als Printausgabe sowie als eBook im Forum Verlag Godesberg. Der 20. Deutsche Präventionstag hat am 8. und 9. Juni 2015 unter der Schirmherrschaft des Hessischen Ministerpräsidenten Volker Bouffier in Frankfurt am Main stattgefunden. Das Schwerpunktthema des Kongresses lautete „Prävention rechnet sich. Zur Ökonomie der Kriminalprävention" und wurde durch ein Gutachten von Professor Dr. Stephan Thomsen vorbereitet, das in seiner Langfassung auch hier veröffentlicht wird. Neben Beiträgen zum Schwerpunktthema finden sich in dieser Dokumentation insbesondere auch zahlreiche jener Vorträge, die von den Kongressteilnehmenden in der Evaluation die höchsten Bewertungen erhalten haben.

Im Jahr 2015 ist der Deutsche Präventionstag 20 Jahre alt geworden und hat sich in diesen zwei Jahrzehnten vom kleinen Fachkongress mit ca. 200 Teilnehmerinnen und Teilnehmern zum größten europäischen Kongress für das Arbeitsgebiet der Kriminalprävention sowie angrenzender Präventionsbereiche entwickelt. Ein zahlenmäßiger Überblick zu den bisherigen Kongressen wurde deshalb ebenfalls in das Buch aufgenommen.

Mit der Veröffentlichung dieses Dokumentationsbandes bedanken sich die Herausgeber im Namen des Deutschen Präventionstages bei allen Personen und Institutionen, die durch ihre thematische, ideelle, personelle und finanzielle Unterstützung den erfolgreichen Jahreskongress 2015 ermöglicht haben. Der herzliche Dank der Herausgeber gilt zum einen insbesondere den Autorinnen und Autoren für die Bereitstellung ihrer Texte. Zum anderen bedanken wir uns bei Isabell Becker für die Textverarbeitung und Gestaltung des Sammelbandes, bei Dr. Claudia Heinzelmann und Karla Marks für die Endredaktion und bei Carl Werner Wendland für die verlegerische Betreuung.

Hannover/Heiligenberg, im Dezember 2015

Erich Marks und Wiebke Steffen

I. Der 20. Deutsche Präventionstag im Überblick

„Frankfurter Erklärung" des 20. Deutschen Präventionstages

Seit dem 12. Deutschen Präventionstag (2007 in Wiesbaden) veröffentlichen der Deutsche Präventionstag und seine Veranstaltungspartner mit der jeweiligen „Erklärung" zum Schluss eines jeden Kongresses Aussagen zu den (kriminal-)politischen Konsequenzen, die sich aus dem jährlichen Schwerpunktthema sowie den weiteren Verhandlungen des Jahreskongresses zu aktuellen kriminalpräventiven Entwicklungen und Tendenzen ergeben. Dieser Tradition folgend richtet sich auch die „Frankfurter Erklärung" des 20. Deutschen Präventionstages primär an die in den Kommunen, den Ländern, dem Bund und in Europa für die Kriminalprävention politisch verantwortlichen Personen, Instanzen und Ebenen.

Vor dem Hintergrund dieser Zielrichtung dankt der Deutsche Präventionstag dem Bundespräsidenten, Herrn Joachim Gauck, dem Ministerpräsidenten des Landes Hessen, Herrn Volker Bouffier sowie dem Oberbürgermeister der Stadt Frankfurt, Herrn Peter Feldmann, für die in ihren Grußworten zum 20. Deutschen Präventionstag zum Ausdruck kommende Wertschätzung der Kriminalprävention. Der Dank gilt auch der Justizministerin des Landes Hessen, Frau Eva Kühne-Hörmann, für ihre Regierungserklärung vom 26. Mai 2015, in der insbesondere auch auf die Präventionsstrategien der Landesregierung eingegangen wird.

Mit dem Schwerpunktthema „Prävention rechnet sich. Zur Ökonomie der Kriminalprävention" hat der Deutsche Präventionstag erstmals die ökonomischen Aspekte (kriminal)präventiven Handelns in den Mittelpunkt der Diskussion gestellt. Der Direktor des Niedersächsischen Instituts für Wirtschaftsforschung (NIW), Herr Professor Dr. Stephan L. Thomsen, hat im Vorfeld des Kongresses das Gutachten „Kosten und Nutzen von Prävention in der ökonomischen Analyse" erstellt. Dieses Schwerpunktthema wurde in der kriminalpräventiven Diskussion der Bundesrepublik Deutschland bislang völlig vernachlässigt. Der Deutsche Präventionstag sieht hier einen erheblichen Nachholbedarf, da Kosten-Nutzen-Analysen ein aussagekräftiges Instrument zur Beurteilung und Ausgestaltung der Präventions- und Kriminalpolitik sein können.

Das gilt allerdings nur dann, wenn bestimmte Voraussetzungen erfüllt sind. Zum einen müssen die methodischen Grundlagen für die Erstellung von Kosten-Nutzen-Analysen erarbeitet und erprobt werden. Zum anderen muss die gesellschaftspolitische und ethische Diskussion darüber stattfinden, was für die Kriminalprävention unter „rechnet sich" verstanden werden soll. Es geht vor allem darum zu klären, welcher Nutzen mit den jeweiligen kriminalpräventiven Maßnahmen und Programmen verbunden werden soll – bzw. welche Risiken damit einhergehen können, wenn dieser Nutzen sozusagen „mit einem Preisschild" versehen wird.

Auf der Basis des Gutachtens von Professor Dr. Stephan L. Thomsen sowie der Verhandlungen des 20. Deutschen Präventionstages geben der Deutsche Präventionstag und seine Veranstaltungspartner,

- das Bundesministerium für Familie, Senioren, Frauen und Jugend (BMFSFJ),

- der Fachverband für Soziale Arbeit, Strafrecht und Kriminalpolitik (DBH),

- das Land Hessen,

- die Polizeiliche Kriminalprävention der Länder und des Bundes (ProPK),

- die Stadt Frankfurt am Main,

- die Stiftung Deutsches Forum für Kriminalprävention (DFK) sowie

- der WEISSE RING,

diese „Frankfurter Erklärung" ab.

1. Die ökonomische Analyse der Kosten und des Nutzens von Prävention: Nachholbedarf in Deutschland

In der angelsächsischen Welt werden Kosten-Wirksamkeits-Analysen und Kosten-Nutzen-Analysen zur Beurteilung öffentlicher Interventionen und Programme seit vielen Jahrzehnten verwendet und spätestens seit Mitte der 1990er Jahre auch in der Kriminalitätsforschung für die Beurteilung von Justizmaßnahmen sowie zur Bewertung der Prävention eingesetzt. Vergleichbare Informationen für Deutschland sind fast gar nicht vorhanden. Mit wenigen Ausnahmen fehlen hierzulande sowohl die systematische Analyse als auch ein kontinuierlicher ökonomischer Dialog in Kriminologie und Prävention. Ganz zu schweigen von spezialisierten Institutionen, die sich – wie etwa in den USA – intensiv mit der ökonomischen Bewertung von Kriminalpolitik und Prävention beschäftigen und so systematisch und umfangreich Analysen, Informationen und Ergebnisse bereitstellen.

Dies ist nicht nur überraschend, sondern weist auf einen erheblichen Nachholbedarf hin. Die ökonomische Betrachtung der Prävention, d.h. insbesondere die Herausarbeitung ihrer Erträge und Kosten, kann einen wichtigen Beitrag zum Verständnis und zur Begründung präventiven Handelns leisten.

Internationale Ergebnisse von Kosten-Nutzen-Analysen belegen die positiven Kosten-Nutzen-Bilanzen effektiver Präventionsmaßnahmen. So sind insbesondere Programme und Maßnahmen der „Frühen Hilfen" für Eltern schon ab der Schwangerschaft und dann für Kinder vordringlich bis zum Alter von drei Jahren, wie sie in Deutschland u.a. vom Nationalen Zentrum für Frühe Hilfen (NZFH) nachdrücklich propagiert werden, (auch) unter Kosten-Nutzen-Aspekten vielversprechend. Die Berücksichtigung von Kosten-Nutzen-Analysen bei politischen Entscheidungen kann so beispielsweise eine Grundlage für die nachhaltige Finanzierung von lokalen und regionalen Unterstützungssystemen zu rechtzeitigen - und d. h. so früh wie irgend möglich einsetzenden - Hilfen liefern.

Ökonomische Überlegungen können zu einer versachlichten Diskussion über den Einsatz der beschränkten Mittel beitragen. Denn insbesondere die Beurteilung des gesellschaftlichen Schadens durch Kriminalität erfordert einen einheitlichen methodischen Rahmen, um zunächst unvergleichbar Erscheinendes vergleichbar zu machen. Die Herausarbeitung der Erträge von Prävention, bei gleichzeitiger Berücksichtigung ihrer materiellen wie immateriellen Kosten, macht Alternativen vergleichbar und trägt zu einer informierten politischen Entscheidung bei.

Der Deutsche Präventionstag fordert, auch für Deutschland systematische Kosten-Nutzen-Analysen zur Kriminalprävention zu erarbeiten und die nicht unerheblichen methodischen Schwierigkeiten, die mit diesen Analysen verbunden sind, als wissenschaftliche Herausforderung anzunehmen. Die Ansätze und die Instrumente die zur Beurteilung und Erarbeitung von Kosten-Wirksamkeits- bzw. Kosten-Nutzen-Analysen im internationalen Raum erarbeitet worden sind, können – wenngleich mit einigem Aufwand – auch in Deutschland Anwendung finden.

2. Kosten-Nutzen-Analysen sind ein Beitrag zu einer evidenzbasierten Präventionspolitik

Der Deutsche Präventionstag hat wiederholt – zuletzt in seiner „Karlsruher Erklärung" 2014 – die Evidenzbasierung der Kriminalprävention eingefordert. In diesem Zusammenhang begrüßt der Deutsche Präventionstag die inzwischen häufigere und selbstverständlichere wissenschaftliche Fundierung der praktischen Präventionsarbeit. Ebenso kritisiert er die nach wie vor festzustellende „Taubheit" der Kriminalpolitik gegenüber der dringend erforderlichen Hinwendung zur (Kriminal-)Prävention überhaupt. Eine durch theorie- wie empiriefundiertes Wissen gestützte Kriminalprävention muss dringend positiver bewertet und gefördert werden.

Die ökonomische Betrachtung der Kriminalität und ihrer Prävention könnte ein Anlass dazu sein, auf der politischen Ebene zu einem Ausbau evidenzbasierter Kriminalprävention zu kommen. Denn die ökonomische Betrachtung setzt die Wirkungsanalyse bzw. Evaluation von Programmen voraus, da eine Kosten-Nutzen-Analyse immer nur eine Erweiterung der zugrundeliegenden Evaluation der Programmeffekte ist. Diese methodischen Voraussetzungen für die Durchführung von Kosten-Nutzen-Analysen sind in Deutschland grundsätzlich vorhanden, wenn auch teilweise lückenhaft. Der Deutsche Präventionstag fordert deshalb die Forschungsförderung in Deutschland dazu auf, die Wirkungsevaluation von Präventionsmaßnahmen in weitaus stärkerem Umfang zu fördern als bisher.

3. Kosten-Nutzen-Analysen können politische Entscheidungen befördern, aber nicht begründen

Der Deutsche Präventionstag sieht in belastbaren Schätzungen zu den Kosten der Kriminalität eine notwendige, wenn auch nicht hinreichende Voraussetzung für eine evidenzbasierte Ausgestaltung einer effizienten Präventionspolitik. Denn Kosten-Nutzen-Analysen können und dürfen nicht das einzige Auswahlkriterium für Maßnahmen sein.

Wenn Kosten-Nutzen-Analysen der Kriminalität und ihrer Prävention dazu führen sollten, dass Politik nur noch das unterstützt, was sich unter wirtschaftlichen Gesichtspunkten „rechnet", dann wäre das Ziel dieser Analysen verfehlt, zu einer evidenzbasierten Präventionspolitik beizutragen.

So lohnt sich Kriminalprävention über den ökonomischen Aspekt hinaus schon deshalb, weil durch die häufig stattfindende vernetzte und interdisziplinäre Zusammenarbeit konzeptionelle Herangehensweisen gefördert werden, die auch ein wertschätzendes Miteinander ermöglichen sowie die Qualität der gemeinsamen kriminalpräventiven Maßnahmen steigern.

Auch wenn derzeit in Anbetracht des erheblichen Nachholbedarfs Deutschlands bezüglich der Kosten-Nutzen-Analysen von Reaktionen auf Kriminalität die Gefahr einer Eingrenzung der Prävention auf ihre fiskalischen Aspekte gering ist, hält der Deutsche Präventionstag eine rechtzeitige und jederzeitige Diskussion darüber für erforderlich, was wir darunter verstehen, wenn davon gesprochen wird, „es rechnet sich".

Unter Kosten-Wirksamkeits-Aspekten ist zu beachten, dass die kosteneffektivere Maßnahme nicht immer diejenige sein muss, die man auch aus ethischen Gründen befürworten würde. Und auch wenn bei Kosten-Nutzen–Analysen der gesellschaftliche Nutzen und nicht die Kosteneffizienz der entscheidende Maßstab ist, muss doch gefragt werden, was es bedeutet, wenn der gesellschaftliche Nutzen „mit einem Preisschild" versehen wird. Der Einsatz von Kosten-Nutzen-Analysen ist also abzuwägen gegenüber der Gefahr, ohne diese Analysen die knappen Ressourcen für solche Maßnahmen und Programme zu verschleudern, die eine negative oder schlechtere Kosten-Nutzen-Bilanz haben.

4. Zur Notwendigkeit eines Ethikdiskurses in der Prävention vor dem Hintergrund aktueller Entwicklungen und Tendenzen

Jenseits der Probleme, die mit Kosten-Nutzen-Analysen für die Kriminalprävention verbunden sein können, hält der Deutsche Präventionstag es für erforderlich, zu aktuellen Entwicklungen und Tendenzen Stellung zu nehmen.

Bereits in den Vorjahren hat der Deutsche Präventionstag immer wieder darauf aufmerksam gemacht, dass Kriminalprävention auch riskante Aspekte haben kann. Sei es, dass sie zur (weiteren) Herausbildung eines Präventionsstaates beitragen kann, sei es, dass es zur „Kriminalisierung" der Sozialpolitik kommt, also zu einer vorwiegend kriminalpolitisch fokussierten „Bearbeitung" von im Kern sozialpolitisch anzugehenden Problemen.

Darüber hinaus sind seit einigen Jahren aus Sicht des Deutschen Präventionstages insbesondere diejenigen Entwicklungen der Kriminalprävention bedenklich, die mit den Begriffen „Big Data" und „Nudging" zusammen hängen, da beide auch geeignet sind, die menschliche Handlungsfreiheit bedrohlich einzuschränken.

Viktor Mayer-Schönberger hat in seinem Vortrag bei der Abschlussveranstaltung des 19. Deutschen Präventionstages zu „Big Data – Chancen und Risiken in der Prävention" eindrücklich auch auf die Probleme hingewiesen, die mit Big-Data-Vorhersagen verbunden sein können, etwa im Bereich der Kriminalität und ihrer Prävention. Er hat dabei nachdrücklich auf die Notwendigkeit hingewiesen, die menschliche Handlungsfreiheit zu schützen. Denn Big Data sagt zukünftiges menschliches Verhalten sehr gut voraus und das würde dem Staat auf längere Sicht bei Abbau der rechtsstaatlichen Beschränkungen erlauben, seine Bürger dafür zur Verantwortung zu ziehen, noch bevor diese den prognostizierten Gesetzesbruch überhaupt begangen haben. Die Grenzen zwischen präventiver Intervention und empfundener Strafe sind fließend. Die Themen „Predictive Policing" oder „Mit Big Data und schlauer Software auf Verbrecherjagd" waren mithin nicht ohne Grund auch Beratungsgegenstand dieses 20. Deutschen Präventionstages.

Der nachdrückliche Appell Mayer-Schönbergers, ein Stück Risiko anzunehmen und zu akzeptieren, um die Freiheit dahin gehend zu verteidigen, dass wir unser Leben als Individuen und als Gesellschaft auch in Zeiten von Big Data selbst gestalten können, gewinnt durch die Entwicklung, die mit dem Begriff „Nudging" (= Anstupsen) verbunden ist, noch an Bedeutung. Aus der Perspektive des fürsorglichen Staates betrachtet geht es scheinbar ganz neutral darum, den Bürgern auf vermeintlich unaufdringliche Weise dabei zu helfen, ein Leben in ihrem eigenen besten Interesse zu führen. Aus der kritischen Perspektive der Wahrung der Gestaltungsfreiheit betrachtet geht es aber um etwas Anderes: Der Staat schreibt danach den Bürgern immer stärker vor, wie sie leben sollen. Ein besonders eindrucksvoller Beleg dafür sind die Forderungen nach Prävention im Gesundheitsbereich: Hier werden die Selbstbestimmungskraft und das Selbstbestimmungsrecht der Bürger erstickt, wird ihnen ihre Freiheit – auch das Recht auf dumme Entscheidungen - schleichend entzogen.

Prävention bedeutet also keineswegs immer nur deshalb Gutes, weil mit ihr bestimmte Übel verhindert werden sollen. Der Deutsche Präventionstag hält deshalb eine Diskussion des Themas „Präventionsethik" für dringend erforderlich.

5. Der Deutsche Präventionstag unterstützt weiterhin die Einrichtung eines Nationalen Zentrums für Kriminalprävention

Auch vor dem Hintergrund der Notwendigkeit eines Ethikdiskurses in der Kriminalprävention sowie der seit dem 19. Deutschen Präventionstag erfolgten Schritte hin zur Entwicklung eines Nationalen Zentrums für Kriminalprävention, wiederholt der Deutsche Präventionstag seine Forderung, dieses Zentrum seinen Aufgaben entspre-

chend organisatorisch auszurichten sowie personell angemessen und finanziell ausreichend auszustatten. Insbesondere muss dabei auch gewährleistet sein, dass Prävention
interdisziplinär ausgerichtet ist und dass zudem politische Entscheidungen über Res-
sourcenverteilungen hinweg und auch quer zu engen Ressortzuständigkeiten möglich
sind. Ohne diese Voraussetzungen kann ein Nationales Zentrum für Kriminalprävention nicht sinnvoll arbeiten.

Das im Aufbau befindliche Nationale Zentrum für Kriminalprävention (NZK) könnte
auch in Deutschland eine Forschungseinrichtung wie das „Washington State Institute
for Public Policy (WSIPP)" beherbergen. Dieses Institut wird als äußerst vorbild-
lich gewertet, auch weil es politisch relevante Kosten-Nutzen-Analysen erarbeitet
hat. Bereits seit 1997 untersucht es die Wirksamkeit und Wirtschaftlichkeit von Prä-
ventions- und Strafjustizprogrammen mit dem Ziel, effektive und zugleich effiziente
Programme zur Reduzierung der Kriminalität zu identifizieren. Dieses vom dortigen
Parlament initiierte und ihm organisatorisch zugeordnete Forschungsinstitut ist ein
herausragendes Beispiel für eine stärkere wissenschaftliche Basierung kriminalpolitischer und namentlich kriminalpräventiver Entscheidungen der Politik.

Frankfurt, 9. Juni 2015

Erich Marks, Karla Marks

Zusammenfassende Gesamtdarstellung des 20. Deutschen Präventionstages

Seit 1995 verfolgen die jährlich stattfindenden Deutschen Präventionstage das Ziel, Kriminalprävention und angrenzende Präventionsbereiche ressortübergreifend, interdisziplinär und in einem breiten gesellschaftlichen Rahmen darzustellen, zu erörtern und zu stärken. Diese zusammenfassende Gesamtdarstellung will einen Überblick über die Struktur und die vielfältigen Themen, Sektionen und Foren des 20. Deutschen Präventionstages geben, der am 8. und 9. Juni 2015 in der Messe Frankfurt am Main stattfand.

1. Leitbild des Deutschen Präventionstages

Das Selbstverständnis und die Rahmenziele sind kongressübergreifend in einem Leitbild formuliert: Der Deutsche Präventionstag wurde 1995 als nationaler jährlicher Kongress speziell für das Arbeitsfeld der Kriminalprävention begründet. Von Beginn an war es das Ziel, Kriminalprävention ressortübergreifend, interdisziplinär und in einem breiten gesellschaftlichen Rahmen darzustellen und zu stärken. Nach und nach hat sich der Deutsche Präventionstag auch für Institutionen, Projekte, Methoden, Fragestellungen und Erkenntnisse aus anderen Arbeitsfeldern der Prävention geöffnet, die bereits in mehr oder weniger direkten Arbeitszusammenhängen stehen. Neben der weiterhin zentral behandelten Kriminalprävention reicht das erweiterte Spektrum des Kongresses von der Suchtprävention oder der Verkehrsprävention bis hin zu den verschiedenen Präventionsbereichen im Gesundheitswesen.

Der Kongress wendet sich insbesondere an Verantwortungsträger der Prävention aus Behörden, Gemeinden, Städten und Kreisen, Gesundheitswesen, Jugendhilfe, Justiz, Kirchen, Medien, Politik, Polizei, Präventionsgremien, Projekten, Schulen, Sport, Vereinigungen und Verbänden, Wissenschaft, etc.

Der Deutsche Präventionstag will als jährlich stattfindender nationaler Kongress:

- aktuelle und grundsätzliche Fragen der verschiedenen Arbeitsfelder der Prävention und ihrer Wirksamkeit vermitteln und austauschen,
- Partner in der Prävention zusammenführen,
- Forum für die Praxis sein und Erfahrungsaustausch ermöglichen,
- Internationale Verbindungen knüpfen und Informationen austauschen helfen,
- Umsetzungsstrategien diskutieren,
- Empfehlungen an Praxis, Politik, Verwaltung und Wissenschaft erarbeiten und aussprechen.

2. Programmbeirat

Zur Vorbereitung eines jeden Präventionstages wird ein Programmbeirat[1] gebildet, in dem der Veranstalter sowie die gastgebenden und ständigen Veranstaltungspartner repräsentiert sind. Der Programmbeirat ist zuständig für inhaltliche Gestaltungsfragen des jeweilig anstehenden Kongresses sowie für Ausblicke und erste Vorplanungen künftiger Kongresse.

3. Partner

Das Engagement und die Verbundenheit der DPT-Partner sind ein zentraler Baustein für das Gelingen des Kongresses. Allen beteiligten Entscheidungsträgern und Repräsentanten der DPT-Partner sei besonders herzlich für ihr Engagement gedankt. Insgesamt 29 Organisationen und Institutionen haben sich in unterschiedlichen Formen und vielfältigen Rollen ausdrücklich als offizielle Partner des 20. Deutschen Präventionstages mit ihrem Logo, ihrem guten Namen sowie personellen und finanziellen Ressourcen eingebracht. Ein ebenso herzlicher Dank gilt erneut dem Bundesministerium für Familie, Senioren, Frauen und Jugend sowie dem Bundesministerium der Justiz und für Verbraucherschutz für die Förderung des 20. Deutschen Präventionstages. Im Einzelnen waren beteiligt:

3.1 Gastgebende Veranstaltungspartner

- Land Hessen und Stadt Frankfurt am Main

3.2 Fördernde Veranstaltungspartner

- Bundesministerium für Familie, Senioren, Frauen und Jugend (BMFSFJ)
- Bundesministerium der Justiz und für Verbraucherschutz (BMJV)

3.3 Ständige Veranstaltungspartner

- DBH-Fachverband für Soziale Arbeit, Strafrecht und Kriminalpolitik
- Polizeiliche Kriminalprävention der Länder und des Bundes (ProPK)
- Stiftung Deutsches Forum für Kriminalprävention (DFK)
- WEISSER RING e. V.

---

[1]   Heike Bartesch, (Bundesministerium für Familie, Senioren, Frauen und Jugend); Stefan Daniel (Deutsches Forum für Kriminalprävention – DFK); Renate Engels (DBH-Bildungswerk); Dr. Helmut Fünfsinn (Hessisches Ministerium der Justiz); Frank Goldberg (Magistrat der Stadt Frankfurt am Main); Prof. Dr. Hans-Jürgen Kerner (Deutsche Stiftung für Verbrechensverhütung und Straffälligenhilfe - DVS); Erich Marks (Deutscher Präventionstag - DPT); Karla Marks (Deutscher Präventionstag - DPT); Andreas Mayer (Polizeiliche Kriminalprävention der Länder und des Bundes – ProPK); Jürgen Mutz (Deutsche Stiftung für Verbrechensverhütung und Straffälligenhilfe – DVS); Anna Rau (WEISSER RING e.V.); Dr. Wiebke Steffen (Deutscher Präventionstag - DPT)

3.4 Kooperationspartner und Sponsoren

- Aktionsbündnis Amoklauf Winnenden - Stiftung gegen Gewalt an Schulen
- Bundeszentrale für gesundheitliche Aufklärung (BZgA)
- Deutsche Post DHL
- Deutsche Sportjugend im Deutschen Olympischen Sportbund (dsj)
- Deutsches Jugendinstitut (dji)
- Deutsch-Europäisches Forum für Urbane Sicherheit (DEFUS)
- Glenn Mills Academie
- Kampagne „Kein Raum für Missbrauch"
- Kriminologische Zentralstelle e.V.
- Kriminologisches Forschungsinstitut Niedersachsen (KFN)
- proVal
- Stiftung Kriminalprävention

3.5 Partnerkongresse

- Deutscher Familiengerichtstag (DFGT)
- Deutscher Jugendgerichtstag (DJGT)
- Österreichischer Präventionskongress

3.6 Internationale Partner

- European Forum for Urban Security, Paris (EFUS)
- GIZ – Deutsche Gesellschaft für Internationale Zusammenarbeit GmbH
- International Centre for the Prevention of Crime, Montreal (ICPC)
- Korean Institute of Criminology (KIC)
- UN Habitat
- WHO - Violence Prevention Alliance (VPA)

4. Plenumsveranstaltungen

Kongresseröffnung
Montag, 8. Juni 2015, 11:00 bis 12:30 Uhr

- *Erich Marks*
  Geschäftsführer des Deutschen Präventionstages
- *Volker Bouffier*
  Ministerpräsident des Landes Hessen und Schirmherr des 20. Deutschen Präventionstages
- *Peter Feldmann*
  Oberbürgermeister der Stadt Frankfurt am Main

- *Prof. Dr. Hans-Jürgen Kerner*
  Kongresspräsident und Vorsitzender der Deutschen Stiftung für Verbrechensverhütung und Straffälligenhilfe

- *Prof. Dr. Stephan L. Thomsen*
  Niedersächsisches Institut für Wirtschaftsforschung, Gutachter des 20. Deutschen Präventionstages

- *Karin Kortmann*
  giz – Deutsche Gesellschaft für Internationale Zusammenarbeit GmbH

- *Prof. Dr. Britta Bannenberg*
  Justus-Liebig-Universität Gießen

- *Marek Erhardt*
  Botschafter des WEISSER RING e. V.

- *Asli Bayram, Sebastian Rode*
  Botschafter des Landespräventionsrates Hessen

- *Künstlerische Beiträge*
  Blechbläserbesetzung des Landespolizeiorchesters Hessen
  Musik-AG der Otto-Hahn-Schule, Frankfurt am Main – Nieder Eschbach

Abendempfang
*des Landes Hessen und der Stadt Frankfurt am Main für die Teilnehmenden des
20. Deutschen Präventionstages am Montag, 8. Juni 2015 ab 18:30 Uhr im Frankfurter Palmengarten*

Abschlussplenum
Dienstag, 9. Juni 2015 – 15:15 bis 16:15 Uhr

- *Dr. Wiebke Steffen, Wissenschaftliche Beraterin des 20. Deutschen Präventionstages*
  „Frankfurter Erklärung" des Deutschen Präventionstages

- *Prof. Dr. Hans-Jürgen Kerner, Kongresspräsident und Vorsitzender der Deutschen Stiftung für Verbrechungsverhütung und Straffälligenhilfe*
  Résumé

- *Prof. Dr. Michael Schulte-Markwort, Universitätsklinikum Hamburg-Eppendorf*
  Erschöpfte Kinder – erschöpfte Gesellschaft

- *Erich Marks, Geschäftsführer des Deutschen Präventionstages*
  Ausblick und Verabschiedung

5. Themenboxen

Erstmals wurden beim 20. Deutschen Präventionstag Themenboxen angeboten. Sie enthalten in der Regel drei thematisch zueinander passende Vorträge à 30 Minuten.

Themenbox 1 – Zukunft der Kriminalprävention

- Nationales Zentrum für Kriminalprävention: Konzept, Entwicklung und vorrangige Aufgaben
  Prof. Dr. Dr. Friedrich Lösel, University of Cambridge, Cambridge

- Memorandum zur Gründung eines Nationalen Zentrums für Kriminalprävention
  Erich Marks, Deutscher Präventionstag, Hannover,
  Dr. Wiebke Steffen, Deutscher Präventionstag, Heiligenberg

- Das Potenzial eines Nationalen Zentrums für Kriminalprävention
  Prof. Dr. Rita Haverkamp, Stiftungsprofessur für Kriminalprävention und Risikomanagement, Tübingen

- Das Potenzial eines Nationalen Zentrums für Kriminalprävention aus der Sicht der Opferhilfen
  Dr. Christoph Gebhardt, Oberlandesgericht Frankfurt am Main

- Opferbezogene Kriminalprävention
  Bianca Biwer, WEISSER RING e.V., Mainz

Themenbox 2 – Diebstahl

- Ladendiebstahlskriminalität junger Menschen. Verbreitung - Ursachen - Prävention
  Prof. Dr. Alois Birklbauer, Prof. Dr. Helmut Hirtenlehner und Heinz Leitgöb, Johannes-Kepler-Universität Linz

- Raubstraftaten im Handel – Folgen für Beschäftigte und Betriebe und Ansätze der Prävention
  Prof. Dr. Thomas Görgen, Dr. Daniela Hunold, Benjamin Kraus und Daniel Wagner, Deutsche Hochschule der Polizei, Münster

Themenbox 3 – Frühe Hilfen

- Babylotse - Prävention von Anfang an
  Stefan Schäfer, Deutscher Kinderschutzbund, Bezirksverband, Frankfurt am Main
  Dr. Sönke Siefert, Katholisches Kinderkrankenhaus Wilhelmstift, Hamburg

- Frühe Förderung als präventive Investition
  Prof. Dr. Martin Hafen, Hochschule Luzern

- Das Netzwerk Frühe Hilfen Frankfurt am Main
  Christine Jung-Seeh und Dr. Astrid Kerl-Wienecke, Jugend- und Sozialamt Stadt Frankfurt am Main

Themenbox 4 – Rechtsextremismus

- Ergebnisse der Evaluation des Aussteigerprogramms für Rechtsextremisten des MIK NRW
  Frank Buchheit, Landeskriminalamt Baden-Württemberg, Stuttgart
  Prof. Dr. Kurt Möller, Hochschule Esslingen
- Wirkungen in der Rechtsextremismusprävention
  Anja Herold-Beckmann, Sächsisches Staatsministerium des Innern, Dresden
  Dr. Olaf Lobermeier, proVal - Gesellschaft für sozialwissenschaftliche Analyse, Beratung und Evaluation, Hannover
- Distanzierung vom Rechtsextremismus fördern. Welche Partner braucht hilfeorientierte Intervention?
  Dr. Frank Greuel und Sally Hohnstein, Deutsches Jugendinstitut

Themenbox 5 – Neue Medien

- Digitale Medien, Formate und Methoden zur Kommunikation im Präventionsalltag
  Daniel Seitz, Mediale Pfade - Agentur für Medienbildung, Berlin
  Walter Staufer, Bundeszentrale für politische Bildung/bpb, Bonn
- Medienerziehung ist aktive Prävention
  Günter Steppich, Hessisches Kultusministerium, Wiesbaden
- Digitale Rollenspiele – ein Zugang zu nachhaltigen Präventionserlebnissen
  Prof. Dr. Dr. Klaus P. Jantke, Fraunhofer IDMT, Erfurt

Themenbox 6 – Schulische Gewaltprävention I

- „Wir für uns – Eine Schule mit Identität ist eine Schule mit Zukunft"
  Dr. Stefan Schanzenbächer, Caritasverband für das Erzbistum Berlin e.V., Berlin
- Lions-Quest „Erwachsen werden" - ohne Wurzeln keine Flügel
  Zahra Deilami, Hilfswerk der Deutschen Lions e.V., Wiesbaden
- Gewalt an Schulen – Befunde im Hell- und Dunkelfeld
  Miriam Schroer-Hippel, Camino gGmbH, Berlin

Themenbox 7 – Zivilcourage

- Bedingungen für eine gelungene Kampagne für Zivilcourage
  Dagmar Buchwald, Stadt Frankfurt am Main
  Corinna Metzner, Präventionsrat der Stadt Frankfurt am Main
- Helden küssen besser - Zivilcourage in Nordschwaben
  Martin de Crignis, Bluespots Productions e.V., Augsburg
  Diana Schubert, Kriminalpräventiver Rat Augsburg

- Zivilcourage: Wertediskussionen starten statt Handlungsanweisungen erteilen.
  Martin Boess, Schweizerische Kriminalprävention, Bern

Themenbox 8 – Frühintervention bei Traumafolgen

- Nutzen von psychotraumatologischer Erstberatung
  Dr. Norbert Kröger, Psychotraumatologische Praxis für Gewalt- und Kriminalitätsopfer, Berlin
- Nutzen von Traumaambulanzen
  Reinhard Heckmann, Kanzlei Rechtsanwälte Klask und Heckmann, Unna
- Unfallkostenrechnung und Ökonomie der Kriminalprävention?
  Dr. Robert Bauer und Klaus Robatsch, KFV (Kuratorium für Verkehrssicherheit), Wien

Themenbox 9 – Nachbarschaft

- Kriminalprävention im Wohnumfeld: Die kommunale Perspektive
  Jan Abt und Dr. Holger Floeting, Deutsches Institut für Urbanistik, Berlin
- Kriminalprävention im Wohnumfeld – Aufwand und Nutzen für die Wohnungswirtschaft
  Jörg Berens und Carsten Ens, Verband der Wohnungs- und Immobilienwirtschaft in Niedersachsen und Bremen e. V., Hannover
  Dr. Anke Schröder, Landeskriminalamt Niedersachsen, Hannover
- Richtig investiert - Warum rechnen sich Maßnahmen für sicheres Wohnen
  Rita Salgmann und Sascha Scheller, Landeskriminalamt Niedersachsen, Hannover

Themenbox 10 – Menschenhandel

- Milieuaufklärer - Polizeiliche Prävention und Prostitution?
  Christiane Howe, Universität Leipzig
- Menschenhandel – Prävention durch Fachberatungsstellen!?
  Mascha Körner und Prof. Dr. Yvette Völschow, Universität Vechta
- Prävention als Säule zur Bekämpfung von Menschenhandel
  Dr. Cinderella Hemme, broken hearts stiftung, Wedemark

Themenbox 11 – Mobbingprävention; Selbstverteidigung

- Mobbingprävention und -intervention: Der No Blame Approach und seine Verankerung in Schule
  Kerstin Bunte und Shérif Korodowou, Impuls-Institut für Konstruktive Konfliktbearbeitung, Marburg
- Das Nicht-Kampf-Prinzip und der Zweikampf
  Jérome Gravenstein, Zentrum für kreative Selbststärke, Frankfurt

Themenbox 12 – Annual International Forum (englischsprachig)

- The economics of crime prevention: An Australian perspective
  Prof. Dr. Adam Tomison, Australian Institute of Criminology, Canberra ACT
- ProtectED: Valuing the safety, security & wellbeing of university students
  Dr. Caroline L. Davey, Melissa R. Marselle, Andrew B. Wootton, University of Salford (UK), Salford, Greater Manchester

Themenbox 13 – GIZ I: Gewaltprävention global

- Gewaltprävention global! Die GIZ stellt Kernansätze und Prinzipien zur Gewaltprävention und städtischen Sicherheit in der deutschen Entwicklungszusammenarbeit vor
  Rubeena Esmail-Arndt, Dr. Christine Müller und Dr. Tina Silbernagl, Deutsche Gesellschaft für Internationale Zusammenarbeit (GIZ), Pretoria

Themenbox 14 – Kosten/Nutzen-Analysen I

- Kosten und Nutzen von Prävention in der ökonomischen Analyse
  Prof. Dr. Stephan Lothar Thomsen, Niedersächsisches Institut für Wirtschaftsforschung, Hannover
- Eine gute Investition in die Zukunft: Prävention von Verhaltensproblemen und anderen Störungen bei Jugendlichen
  Dr. Harrie Jonkman, Verwey-Jonker Institute, Utrecht

Themenbox 15 – Wohnungseinbruch

- Individuelle Präventionsmaßnahmen im Zusammenhang mit Wohnungseinbruchdiebstählen
  Dr. Tillmann Bartsch, Arne Dreißigacker und Gina Rosa Wollinger, Kriminologisches Forschungsinstitut Niedersachsen, Hannover
- Prävention Wohnungseinbruch als kommunales Experiment'
  Karsten Lauber, Kriminalpräventiver Rat der Stadt Leipzig
  Prof. Dr. Kurt Mühler, Universität Leipzig
- Finanzanreize zum Einbau von Sicherheitstechnik gegen Wohnungseinbruch
  Reinhold Hepp und Detlev Schürmann, Stiftung Deutsches Forum für Kriminalprävention (DFK), Bonn

Themenbox 16 – Sexuelle Gewalt

- Einstellungen und Ansichten zu Sexualstraftätern - und wie sich diese ändern lassen
  Prof. Dr. Niels C. Habermann, SRH Hochschule Heidelberg

- Sexualität und Gewalt als Präventionsbaustein im neuen „PiT" in Schleswig-Holstein – Konzept - Themen - Struktur
  Christa Wanzeck-Sielert, Institut für Qualitätsentwicklung an Schulen Schleswig-Holstein, Kronshagen

- Was tun gegen sexualisierte Gewalt im Sport? – Schutzentwicklung im Sportverein
  Elena Lamby, Deutsche Sportjugend im DOSB e. V., Frankfurt am Main

Themenbox 17 – Integration/Soziale Stadt

- Handlungskompetenz in interkulturellen Begegnungen. Eine Fortbildungsreihe des Amts für multikulturelle Angelegenheiten
  Dr. Uta George und Dr. Akli Kebaili, Stadt Frankfurt, Amt für multikulturelle Angelegenheiten

- Sicherheit gemeinsam gestalten - Polizei und Migranten im offenen Gespräch
  Fatih Ekinci, Ministerium für Integration, Stuttgart
  Heidrun Hassel, Polizeipräsidium Mannheim

- Soziale Stadtteilentwicklung am Beispiel des „Frankfurter Programms – Aktive Nachbarschaft"
  Angela Freiberg und Horst Schulmeyer, Jugend- und Sozialamt Stadt Frankfurt am Main

Themenbox 18 – Cybermobbing

- Cybermobbing – Chancen und Grenzen peerbezogener Prävention
  Thomas A. Fischer, Deutsches Jugendinstitut e. V., München

- Gemobbt im Web? Problembestimmung und Lösungssuche
  Karin Wunder, www.juuuport.de, die Selbstschutz-Plattform von Jugendlichen für Jugendliche im Web, Hannover

- Wie Mobbing/Cybermobbing wirksam begegnen?
  Sabine Schlegel, JUKO Marburg e.V., Marburg
  Konstanze Schmidt, Netzwerk gegen Gewalt, Wiesbaden

Themenbox 19 – Schulische Gewaltprävention II

- Prävention als Fokus der Organisationsentwicklung in pädagogischen Institutionen
  Prof. Dr. Katrin Höhmann und Roland Kubitza, Pädagogische Hochschule Ludwigsburg

- Gewaltpräventive Schulentwicklung zahlt sich aus!
  Helmolt Rademacher, Hessisches Kultusministerium – Projekt GuD, Frankfurt

- Präventionsarbeit in Schulen und ihr Implementierungsprozess
  Wolfgang Kahl, Stiftung Deutsches Forum für Kriminalprävention (DFK), Bonn
  Dr. Jutta Wedemann, Leuphana Universität Lüneburg

Themenbox 20 – Verkehrssicherheit

- Volkswirtschaftliche Bewertung des flächendeckenden Einsatzes von Fahrgastbegleitern in S-Bahnen
  Marcus Kober, Europäisches Zentrum für Kriminalprävention e.V., Münster
- Das PEER-Projekt an Fahrschulen: Kosten-Nutzen-Relation wirksamer Prävention
  Prof. Dr. Wolfgang Heckmann und Thomas Stegelitz, MISTEL/SPI Forschung gGmbH, Magdeburg
- Erfolgreiche Präventionsarbeit am Beispiel Alkohol und Drogen im Straßenverkehr
  Siegfried Ranzinger, PfalzBOB, Kaiserslautern
  Prof. Dr. Dr. Reinhard Urban, Bund gegen Alkohol und Drogen im Straßenverkehr e.V., Hamburg

Themenbox 21 – Sucht/Gesundheit

- Programm „Prävention alkoholbedingter Jugendgewalt" – von der Idee zu den Ergebnissen
  Belinda Hoffmann, Innenministerium Baden-Württemberg, Stuttgart
  Dr. Rainer Strobl, proVal - Gesellschaft für sozialwissenschaftliche Analyse, Beratung und Evaluation, Hannover
- Lassen sich Suchtpräventionskonzepte anhand internationaler Standards und dem Einfluss der Kriminalprävention modernisieren?
  Gregor Burkhart, European Monitoring Centre for Drugs and Drug Addiction (EMCDDA), Lissabon

Themenbox 22 – Sozialräumliche Ungleichheit

- Aspekte einer gerechten Verteilung von Sicherheit in der Stadt (VERSS)
  Prof. Dr. Rita Haverkamp, Stiftungsprofessur für Kriminalprävention und Risikomanagement, Tübingen
- Zusammenarbeit fördern in der Kriminalprävention - Verbundprojekt VERSS
  Meike Hecker, Stiftungsprofessur für Kriminalprävention und Risikomanagement, Tübingen
- Soziale Disparitäten und Kriminalprävention
  Dr. Tim Lukas und Jan Starcke, Bergische Universität Wuppertal, Velbert

Themenbox 23 – Alternative Sanktionen

- Kluge Sanktionen rechnen sich - präventiver und ökonomischer Nutzen qualitativ angeleiteter gemeinnütziger Arbeit
  Mirko Schulte, Amtsgericht Biedenkopf

- Abwenden von Ersatzfreiheitsstrafe lohnt sich!
  Jörg Reuschling, Haftentlassenenhilfe e.V., Wiesbaden

- Führungsaufsicht
  Peter Reckling, DBH Fachverband für Soziale Arbeit, Strafrecht und Kriminalpolitik, Köln

Themenbox 24 – Videoschutzanlagen; Wirtschaftskriminalität

- Pro Videoschutzanlagen für das Überwachen öffentlicher Plätze am Beispiel der S-Bahnstation Rödermark Ober-Roden
  Mathias Enzmann, Bosch Sicherheitssysteme GmbH, Frankfurt am Main
  Horst Hyland und Wolfgang Schaefer, Bürger für Sicherheit in Rödermark e.V., Rödermark

- Betrugsprävention und kriminalpsychologische Ermittlungsansätze bei Wirtschaftskriminalität
  Dr. Jens Hoffmann, TPS GmbH, Darmstadt

Themenbox 25 – Annual International Forum (deutschsprachig)

- Kosten und Wirkung KfW geförderter Gewaltpräventions-Programme der Entwicklungszusammenarbeit
  Michael Krause, AHT Khayelitsha Consortium, Cape Town
  Udo Lange, AHT Group AG, Essen
  Dr. Stefan Lindemann, KfW Entwicklungsbank, Frankfurt am Main

- Reintegrationsprozesse verurteilter Straftäter aus subjektorientierter Perspektive
  Jakob Humm, Universität Zürich
  Franz Zahradnik, Institut für Erziehungswissenschaft (Universität Zürich)

Themenbox 26 – GIZ II: Prävention von Gewalt gegen Frauen global

- Kosten von Gewalt gegen Frauen, erfolgreiche Erfahrungen für deren Prävention, auch in Deutschland!
  Christine Brendel, Dr. Tanja Kasten, Timm Kroeger und Dr. Christine Müller, Deutsche Gesellschaft für Internationale Zusammenarbeit (GIZ), Eschborn

Themenbox 27 – Kosten/Nutzen-Analysen II

- Ökonomisierung der Prävention - Prävention rechnet sich
  Dr. Miriam Damrow, Fachhochschule Düsseldorf

- Sind Alternativen zu harten Sanktionen nicht nur wirksamer - sondern auch billiger?
  Prof. Dr. Helmut Kury, Universität Freiburg

Themenbox 28 – Gewaltprävention im Sport

- Sport mit Courage – Die Aktivitäten von Demokratietrainer/-innen im Sportverein
  Carina Weber, Deutsche Sportjugend im Deutschen Olympischen Sportbund e.V. (dsj), Frankfurt am Main
- Maßnahmen zur Gewaltprävention im Amateurfußball
  Dietrich Stein, Hessischer Fußball-Verband e.V., Frankfurt am Main
- Mitternachtssport in Frankfurter Stadtteilen
  Ulrich Fliess, Sportjugend Frankfurt, Frankfurt am Main

Themenbox 29 – Kindesmissbrauch/Pädophilie

- Schutzkonzept als Instrument der Prävention sexueller Gewalt?
  Dr. Andreas Zimmer, Bistum Trier
- Evaluation von Schulungen zur Prävention sexueller Gewalt
  Birgit Wald, Bistum Trier
- Prävention sexualisierter Gewalt in Institutionen. Rückblick und Ausblick bezogen auf zwei bundesweite Fortbildungsprojekte
  Bernd Eberhardt und Matthias Nitsch, DGfPI - Deutsche Gesellschaft für Prävention und Intervention bei Kindesmisshandlung und -vernachlässigung e.V., Düsseldorf

Themenbox 30 – Radikalismus

- Handlungsfeldübergreifende Prävention? Rechtsextreme und islamistische Deradikalisierung(sarbeit) im Vergleich
  Michaela Glaser, Deutsches Jugendinstitut, Außenstelle Halle
- Entwicklungsmöglichkeiten einer phänomenübergreifend ausgerichteten Prävention politisch motivierter Gewaltkriminalität
  Florian Gruber und Saskia Lützinger, Bundeskriminalamt, Wiesbaden

Themenbox 31 – Amok

- Einschätzungen von Amokdrohungen
  Dr. Carina Agel und Nathalie Preisser, Justus-Liebig-Universität Gießen
- Prävention von Schulamokläufen - Leitfäden der Bundesländer
  Felix Diehl, Justus-Liebig-Universität Giessen
- Radikalisierungsprozesse von Schulamoktätern und- täterinnen
  Nils Böckler, Viktoria Roth, Lina-Maraike Stetten und Prof. Dr. Andreas Zick, Universität Bielefeld

Themenbox 32 – Jugendschutz/Jugendhilfe

- Kooperation an der Schnittstelle von Jugendstrafrecht und Jugendhilfe
  Bernd Holthusen, Deutsches Jugendinstitut e.V., München
  Prof. Dr. Theresia Höynck, Universität Kassel

- Innerfamiliäre Tötungsdelikte im Zusammenhang mit Beziehungskonflikten,
  Trennung beziehungsweise Scheidung - Konsequenzen für die Jugendhilfe
  Dr. Susanne Heynen, Jugendamt Karlsruhe,
  Alexandra Schmidt, Sozial- und Jugendbehörde Karlsruhe

- Kinder Inhaftierter - Vom Verschiebebahnhof aufs Präventionsgleis
  Dr. Klaus Roggenthin, Bundesarbeitsgemeinschaft für Straffälligenhilfe e.V,
  Bonn

Themenbox 33 – Ältere Menschen

- Pflegenotstand - Landes-Pflegebeauftragte als vertrauliche informelle Ombuds-
  stellen
  Prof. Dr. Arthur Kreuzer, Mainz

- Sicherheitsberater für Senioren (SfS) - Landesweite Prävention durch aktive
  Senioren
  Kay Katzenmeier, Landespolizeiamt Schleswig-Holstein, Kiel
  Johannes Schaer, Landesnetzwerk Schleswig-Holstein, Wobbenbüll

- Sicherheit und Sightseeing für Senioren
  Stefanie Corporan Romero, Polizeipräsidium Frankfurt am Main
  Dirk Herwig, Präventionsrat der Stadt Frankfurt am Main

Themenbox 34 – Opferschutz

- Zeugen- und (psychosoziale) Prozessbegleitung rechnen sich! – Ihr Mehrwert
  für die Justiz
  Tina Neubauer, Bewährungshilfe Stuttgart e. V.

- Akutversorgung nach Vergewaltigung ohne vorherige Anzeige - Modellprojekt
  „Vergewaltigung ist ein Notfall"
  Dr. Lilly H. Graß und Angela Wagner, Beratungsstelle Frauennotruf

- Opferberatung Spezial – „Lokale Interventionen" zur Prävention von Rechtsextremismus
  Dr. Ursula Bischoff und Frank König, Deutsches Jugendinstitut e. V., Halle

Themenbox 35 – Kooperationsbeziehungen
- Gemeinsam handeln – Mehr erreichen! Das Hessische Netzwerk gegen Gewalt
  Konstanze Schmidt, Netzwerk gegen Gewalt, Wiesbaden

- Wie gelingt Netzwerkarbeit?
  Olaf Schawe und Petra Wilde, Netzwerk Gewaltprävention und Konfliktregelung Münster, Altenberge
- Polizeiliche Netzwerkarbeit in migrantischen Milieus
  Eva Kiefer, Johann-Wolfgang-Goethe Universität, Frankfurt

Themenbox 36 – Strafjustiz und ihre Folgen

- Buchstäblich abgehängt: Alphabetisierung im Strafvollzug!
  Tim Henning und Tim Tjettmers, Bundesverband Alphabetisierung und Grundbildung e.V., Münster
- Qualifizierung junger Gefangener mit besonderem Förderbedarf als ökonomischer Faktor?
  Jutta Hoffmann, Berufsbildungswerk Nordhessen, Bad Arolsen
  Mario Watz, JVA Rockenberg / BBW Nordhessen, Rockenberg
- Opferorientierung im Justizvollzug: Was ist zu tun?
  Holger Joiko, Justizministerium NRW, Düsseldorf
  Wolfgang Schlupp-Hauck, Bundesarbeitsgemeinschaft TOA, Stuttgart
  Ingrid Steck, Opferberatungsstelle im Haus der Diakonie, Leonberg

Themenbox 37 – Risikomanagement; Mentoring

- Alles unter Kontrolle: Warum kommunales Risikomanagement sinnvoll ist – auch bei Ihnen!?
  Dr. Lilian Blaser und Dr. Tillmann Schulze, Ernst Basler + Partner AG, Zollikon
- Sozialrendite von Mentoring: SROI Analyse von Balu und Du
  Anne Schulze, Social Impact Consulting GmbH, Ludiwgshafen

Themenbox 38 – Annual International Forum: US Juvenile Justice (in englischer Sprache)

- „The United States Office of Juvenile Justice and Delinquency Prevention (OJJDP): National Leadership in Juvenile Justice Reform, Coordination, and Resources to prevent and respond to Juvenile Delinquency and Victimization"– a Model to carry abroad?
  Robert L. Listenbee, Director Federal Office of Juvenile Justice and Delinquency Prevention (OJJDP), Washington, USA, Washington, DC

Themenbox 39 – GIZ III: Globale Jugendgewaltprävention

- Tools und Methoden in der globalen Jugendgewaltprävention
  Alejandro Christ und Dr. Tina Silbernagl, Deutsche Gesellschaft für Internationale Zusammenarbeit (GIZ), Pretoria
  Heike Spohr, INTerAKTionen, Lollar

6. Vorträge

- Die Fankultur als Chance begreifen - die Arbeit der Fanprojekte gegen Diskriminierung
  Gerd Wagner, Deutsche Sportjugend im Deutschen Olympischen Sportbund e.V. (dsj), Frankfurt am Main

- „Bei Ergreifung sofort hinrichten": Fernsehberichterstattung über Gewalt und ihre Folgen
  Prof. Dr. Thomas Hestermann, Macromedia Hochschule für Medien und Kommunikation MHMK, Hamburg

- Das Hessische Präventionsnetzwerk gegen Salafismus – Beratungsstelle und Fachbeirat
  Gregor Dietz, Hessisches Ministerium des Innern und für Sport, Wiesbaden
  Thomas Mücke, Violence Prevention Network e. V., Berlin

- Mehr Kooperation wagen - damit sich Prävention besser rechnet
  Wolfgang Kahl, Stiftung Deutsches Forum für Kriminalprävention (DFK), Bonn

- Verursacherbezogene Prävention sexuellen Kindesmissbrauchs im Dunkelfeld rechnet sich
  Prof. Dr. Dr. Klaus Michael Beier, Charité - Universitätsmedizin Berlin

- Predictive Policing - inwieweit kann vorausschauende Polizeiarbeit zur Verhinderung von Straftaten beitragen?
  Hartmut Pfeiffer, LKA Niedersachsen, Hannover

- Opferschutz rechnet sich?!
  Dagmar Freudenberg, Landespräventionsrat Niedersachsen, Hannover

- Strafrecht in Zeiten des demografischen Wandels - Bedarf es eines „Altersstrafrechts"?
  Prof. Dr. Helmut Fünfsinn, Hessisches Ministerium der Justiz, Wiesbaden

- Frankfurter Ämternetzwerk gegen Extremismus - eine Reaktion auf den radikalen Salafismus
  Christamaria Weber, Stadt Frankfurt am Main

- Wie nachhaltige Kriminalprävention Wirkung zeigt
  Frank Goldberg, Präventionsrat der Frankfurt am Main

- Gewalt und Gewaltprävention im Amateurfußball
  Prof. Dr. Gunter A. Pilz, DFB, Frankfurt am Main

- Mehr von dem, was funktioniert. Effektive Prävention mit CTC in der Fläche verankern.
  Frederick Groeger-Roth, Landespräventionsrat Niedersachsen, Hannover
  Peter Karaskiewicz, Landkreis Nienburg/ Weser, Nienburg

- Pennsylvania's Juvenile Justice System Enhancement Strategy(JJSES): Achieving our Mission Through Evidence-Based Policy and Practice
  James E. Anderson, Executive Director of the Pennsylvania Juvenile Court Judges' Commission (JCJC) (ret.), Harrisburg, USA, Mechanicsburg

- Kriminalprävention braucht Öffentlichkeit
  Julia Christiani und Viktoria Jerke, Polizeiliche Kriminalprävention der Länder und des Bundes, Stuttgart

- Hohe Kosten -wenig Wirkung? Vorschläge zur Optimierung der ambulanten und stationären Resozialisierung
  Prof. Dr. Bernd Maelicke, Deutsches Institut für Sozialwirtschaft, Kiel

- Bekämpfung der nationalen und internationalen Kinderpornografie in Deutschland durch Hotlines im Internet
  Gregor Schwarz, Freiwillige Selbstkontrolle Multimedia-Diensteanbieter e.V. (FSM), Berlin
  Markus Wortmann, Sicheres Netz hilft e.V., Eschborn

- Eine Mehrebenenanalyse von Opfererfahrungen in Deutschland
  Christoph Birkel, Bundeskriminalamt, Wiesbaden
  Dr. Dietrich Oberwittler, Max-Planck-Institut für ausländisches und internationales Strafrecht, Freiburg im Breisgau

- Sicherheitsbezogenes Erleben und Handeln im Alter – Perspektiven für die Prävention
  Prof. Dr. Thomas Görgen, Deutsche Hochschule der Polizei, Münster
  Barbara Nägele, Zoom - Gesellschaft für prospektive Entwicklungen e.V., Göttingen

- Aus der Praxis: Grenzsicherheit aus Sicht der Entwicklungszusammenarbeit (Polizeivorhaben)
  Dr. Marion Popp, Sabine Wenz, Dr. Abdoulaye Zono, Deutsche Gesellschaft für Internationale Zusammenarbeit (GIZ), Eschborn

- Risikokarrieren – mehrfachauffällige Jugendliche zwischen Jugendhilfe und Justiz
  Bernd Holthusen, Deutsches Jugendinstitut e.V., München
  Jana Meier, Universität zu Köln, Köln

- Wissenschaftsbasierte Beratungsangebote zur Amokprävention
  Prof. Dr. Britta Bannenberg, Justus-Liebig-Universität Gießen
  Gisela Mayer, Aktionsbündnis Amoklauf Winnenden - Stiftung gegen Gewalt an Schulen, Winnenden

- Aus der Praxis: Gewaltpraevention und (soziale) Medien. Erfolgreiche Beispiele aus Lateinamerika, Suedafrika und Timor-Leste
  Stefan Köhler, Timm Kroeger, Philipp Kuehl, Dr. Jens Narten und Dr. Gerhard Schmalbruch, Deutsche Gesellschaft für Internationale Zusammenarbeit (GIZ), Eschborn

- „What really works" - The cost-effectiveness of evidence-based intervention programs
  Prof. Dr. Patrick H. Tolan, Blueprints for Violence Prevention and Health Development, University of Virginia, USA, Charlottesville

- Kosten und Nutzen Kommunaler Kriminalprävention
  Günther Bubenitschek, Kommunale Kriminalprävention Rhein-Neckar e.V., Heidelberg
  Prof. Dr. Dieter Hermann, Universität Heidelberg

- Prävention durch Verschlüsselung – ökonomischer Wirtschaftsschutz
  Hans-Joachim Giegerich, Giegerich & Partner GmbH

- RESPE©TCOPYRIGHTS: UserGeneratedContent im Spannungsfeld v. Kreativität u. rechtl. Grenzen
  Dr. Norbert Taubken, Initiative RESPE©T COPYRIGHTS
  Maria Kamenowski, Universität Regensburg

7. Projektspots

- Risiken im Kinderschutz frühzeitig erkennen – Die Methode der Fall-Werkstatt
  Arthur Kröhnert, Bundesarbeitsgemeinschaft der Kinderschutz-Zentren e.V., Köln

- Bielefelder Netzwerk zum Theaterprogramm „Mein Körper gehört mir"; Projekt und Evaluation
  Gabriele Ballmann, Polizeipräsidium Bielefeld

- Kriminalprävention rechnet sich besonders mit Tätern
  Arnd Richter, HUjA e.V. - Hilfe und Unterstützung junger Arbeitsloser, Wiesbaden

- Prävention durch Demokratiepädagogik
  Dr. Christa Schäfer, comedu, Berlin

- Amoklagen - Zweckmäßiges Verhalten im Ernstfall
  Heinz Kraft, Amt für Jugendarbeit in der Ev. Kirche von Westfalen, Schwerte

- Das Hilfetelefon „Gewalt gegen Frauen" - Kooperation und Vernetzung vor Ort
  Tina Budavari, Bundesamt für Familie und zivilgesellschaftliche Aufgaben, Köln

- Lesben, Schwule, Migration: Prävention von Hasskriminalität
  Norbert Dräger, AIDS-Hilfe Frankfurt e.V., Frankfurt
  Dr. Constance Ohms, Broken Rainbow e.V., Frankfurt

- Aufrechter Gang statt Hofgang - Frei-Raum für inhaftierte Frauen
  Lydia Halbhuber-Gassner, Sozialdienst katholischer Frauen, München

- Objektive und subjektive Bedrohungsmessung im WISIND-Projekt
  Mathias Bug, Deutsches Institut für Wirtschaftsforschung (DIW) Berlin

- Qualitätsrahmen zur Erstellung kriminologischer Regionalanalysen
  Sybille Becker-Oehm, Landesinstitut für Präventives Handeln (LPH), St. Ingbert

- Elterntaxi? Besser zu Fuß zur Schule!
  Rainer Michaelis, Straßenverkehrsamt Stadt Frankfurt am Main

- Datengewinnung im Internet zur Forschung für Prävention
  Dominic Kudlacek, Bergische Universität Wuppertal

- Vielleicht bringt es was, wenn man gemeinsam handelt?
  Ulrich Auer, Duale Hochschule Heidenheim

- Zuwanderung aus Südosteuropa (EU)
  Christian Specht, Stadt Mannheim

- Time Travel Games – ein Konzept zur Kriminalprävention durch faszinierende
  Spielerlebnisse
  Prof. Dr. Dr. Klaus P. Jantke, Fraunhofer IDMT, Erfurt

- Diagnose psychoaktiver Beeinflussung als Basis der Intervention im Sinne von
  Suchtprävention
  Aline Hollenbach, Landesinstitut für Präventives Handeln (LPH), St. Ingbert

- KomPass – Kompetenzportal zur Prävention von Krisen an Schulen
  Prof. Dr. Günter Dörr, Landesinstitut für Präventives Handeln, St. Ingbert

- Notfall-App für den Bildungsbereich
  Enrico Violi, Bildungsdirektion Kanton Zürich

- Nachhaltige Prävention an Schulen - mit externer Begleitung?!
  Christian Wild, Hessisches Kultusministerium Projekt GuD, Frankfurt

- Starke Mädchen können fliegen
  *Diana Altenburg und René Lampe, Deutscher Familienverband Sachsen-Anhalt
  e.V., Magdeburg*

- Qualifizierungsreihe Erlebnispädagogik
  Jörg Schöpp, Landesinstitut für Präventives Handeln, St. Ingbert

- Warnsignale häuslicher Gewalt - erkennen und handeln
  *Martina Schmitz, Dachverband Frauenberatungsstellen NRW e.V., Essen
  Margret Schnetgöke, Dachverband der autonomen Frauenberatungsstellen
  NRW e.V., Essen*

- Haftvermeidung versus Strafvollzug - Eine Kostenfrage?
  *Alexander Bähr und Dr. Rainer Hoffmann, Institut für Polizei- und Sicherheits-
  forschung (IPoS), Bremen*

- Struktur des Jugendmedienschutzes für die hessischen Schulen
  Rolf Schuhmann, Hessisches Kultusministerium, Wiesbaden

- Jugend-Konflikt-Management: rechnet sich das?
  Christiane Grysczyk, Respekt e.V., Kassel

- Kinderschutz nach häuslicher Gewalt - Projekt Tätertraining
  *Daniela Geyer, Jugend- und Sozialamt der Stadt Frankfurt am Main
  Dieter Hansen, Verein Kinder- und Jugendhilfe Frankfurt am Main e.V.*

- „Rechte, Schutz und Beteiligung in Frankfurter Kitas"
  Cornelia Faulstich, Stadtschulamt Frankfurt am Main

- Datenbank Medienkompetenz - Digitale Medien
  Mareike Bier und Walter Staufer, Bundeszentrale für politische Bildung/bpb, Bonn

- Waffenfaszination verstehen und lernen, damit umzugehen
  Werner Schulz, Türkische Gemeinde in Baden-Württemberg, Stuttgart

- Local Institutions Against Extremism (LIAISE) - EU Projekt gegen gewalttätige Radikalisierung
  Sebastian Sperber, European Forum for Urban Security (EFUS), Paris

- Projekt NAVI - gewaltpräventive, interkulturelle Jungenarbeit
  Edgar Berg und Thomas Krestel, Diakonisches Werk im Evangelischen Kirchenbezirk Ortenau, Kehl

- Gewaltprävention an Schulen als Entwicklungsansatz
  Dr. Michael Koch, Jugendamt der Stadt Offenbach am Main, Offenbach am Main

- Kannst auch DU zum Täter werden?
  Prof. Dr. Niels C. Habermann, SRH Hochschule Heidelberg

- „Make-IT-Safe-peer expert" Projekt
  Erika Georg-Monney und Carlota Harmsen, ECPAT Deutschland, Freiburg

- Graffiti Prävention: Grenzen und Potenziale von Vernetzung
  Sebastian Kleele und Dr. Marion Müller, sine-Institut gGmbH, München

- Im Fokus: Pädagogische Angebote für jugendliche Gewaltopfer
  Dr. Diana Willems, Deutsches Jugendinstitut e. V., München

- Elternarbeit an Schulen
  Dr. Jutta Wedemann, Leuphana Universität Lüneburg

- Online-Präsenz von Beratungsstellen für Kinder & Jugendliche
  Dr. Miriam Damrow, Fachhochschule Düsseldorf

- „Keep-Cool" ein soziales Training für gewaltbereite Schüler
  Dagmar Ehmer-Jundel und Marc Merly, Verein Kinder- und Jugendhilfe Frankfurt am Main e.V.

- PartyPass-App - die Eintrittskarte für mehr Jugendschutz
  Dierck Marckwardt, Landeskriminalamt Baden-Württemberg, Stuttgart
  Dietmar Unterricker, Landratsamt Sigmaringen

- Wege aus Häuslicher Gewalt
  Shakeh Minasian, Familienzentrum Regenbogen Am Bügel, Frankfurt am Main

- Erfolgskriterien und -aussichten moralischer Bildung am Beispiel eines sozialen Trainingskurses
  Sven Enger und Dr. Stephan Hein, Sächsische Jugendstiftung, Dresden

- Kindeswohlgefährdung durch Umgang des Kindes mit den Eltern
  Rainer Becker, Deutsche Kinderhilfe - Die Kindervertreter e. V., Berlin

- „Stadtteil in der Schule" -Sozialräumliche Armutsprävention
  Prof. Dr. Ludger Kolhoff, Ostfalia, Hochschule für angewandte Wissenschaften, Wolfenbüttel

- Stadtteiltouren und Befragungen: der DEFUS-Monitor Sicherheitsgefühl
  Dr. Claudia Heinzelmann, Deutsch-Europäisches Forum für Urbane Sicherheit e.V. (DEFUS), Hannover
  Janina Hentschel, Kriminalpräventiver Rat Augsburg

- Meine kleine Welt - Hilfe für Kinder bei Häuslicher Gewalt, Präventionsworkshops an Schulen
  Margret Kemper, Frauenzentrum Courage, Bottrop
  Silke Kutz, Frauenzentrum Courage, Bottrop

- Die kriminalpräventive NRW-Initiative „klarkommen!"
  Heike Pohlmann und Jörg-Konrad Unkrig, Ministerium für Inneres und Kommunales des Landes Nordrhein-Westfalen, Düsseldorf

- Hoher Lohn auf beiden Seiten - Mentoring für Haftentlassene
  Dr. Lutz Klein, bfw (Berufsfortbildungswerk des DGB), Marburg

- Flüchtlinge rein!? Die Rolle des Sports bei der Gestaltung einer Willkommenskultur
  Angelika Ribler, Sportjugend Hessen, Frankfurt am Main

- Sicherheit im öffentlichen Raum – Veranstaltungsreihe „Alt trifft Jung – Jung trifft Alt"
  Gertraud Selig, Stadt Ludwigsburg Fachbereich Bürgerschaftliches Engagement, Ludwigsburg

- Ergebnisse des Modellprojekts zur Evaluation von therapeutischen Sofort-Interventionen in über das Opferentschädigungsgesetz finanzierten Modell-Traumaambulanzen (TRAVESI)
  Miriam Rassenhofer, Universitätsklinikum Ulm

- Gewalt und Alkohol: Herausforderung für die Jugendhilfe
  Laura Menger, Deutsches Jugendinstitut e. V., München

8. Neuntes Internationales Forum (AIF) des Deutschen Präventionstages[2]

Die Vorträge des AIF (Annual International Forum) werden in einer gesonderten Veröffentlichung in englischer Sprache dokumentiert, die, wie in den vergangenen Jahren, im Forum Verlag Godesberg (Book on Demand) erscheinen wird. Im Einzelnen wurden folgende Vorträge angeboten:

- The economics of crime prevention: An Australian perspective
  Prof. Dr. Adam Tomison, Australian Institute of Criminology, Canberra ACT
  (in englischer Sprache)

- ProtectED: Valuing the safety, security & wellbeing of university students
  Dr. Caroline L. Davey, Melissa R. Marselle, Andrew B. Wootton, University of Salford (UK), Salford, Greater Manchester
  (in englischer Sprache)

- Gewaltprävention global! Die GIZ stellt Kernansätze und Prinzipien zur Gewaltprävention und städtischen Sicherheit in der deutschen Entwicklungszusammenarbeit vor
  Rubeena Esmail-Arndt, Dr. Christine Müller und Dr. Tina Silbernagl, Deutsche Gesellschaft für Internationale Zusammenarbeit (GIZ)
  (in deutscher Sprache mit englischer Übersetzung)

- Kosten und Wirkung KfW geförderter Gewaltpräventions-Programme der Entwicklungszusammenarbeit
  Michael Krause, AHT Khayelitsha Consortium, Cape Town
  Udo Lange, AHT Group AG, Essen
  Dr. Stefan Lindemann, KfW Entwicklungsbank, Frankfurt am Main
  (in deutscher Sprache)

- Reintegrationsprozesse verurteilter Straftäter aus subjektorientierter Perspektive
  Jakob Humm, Universität Zürich
  Franz Zahradnik, Institut für Erziehungswissenschaft (Universität Zürich)
  (in deutscher Sprache)

- Kosten von Gewalt gegen Frauen, erfolgreiche Erfahrungen für deren Prävention, auch in Deutschland!
  Christine Brendel, Dr. Tanja Kasten, Timm Kroeger und Dr. Christine Müller, Deutsche Gesellschaft für Internationale Zusammenarbeit (GIZ), Eschborn
  (in deutscher Sprache mit englischer Übersetzung)

- „What really works" - The cost-effectiveness of evidence-based intervention programs
  Prof. Dr. Patrick H. Tolan, Blueprints for Violence Prevention and Health Development, University of Virginia, USA, Charlottesville
  (in englischer Sprache)

---

[2]   Zur Konzeption und weiteren Hintergrundinformationen zum AIF s. http://www.praeventionstag.de/nano.cms/international

- Aus der Praxis: Grenzsicherheit aus Sicht der Entwicklungszusammenarbeit
  (Polizeivorhaben)
  *Dr. Marion Popp, Sabine Wenz, Dr. Abdoulaye Zono, Deutsche Gesellschaft für
  Internationale Zusammenarbeit (GIZ), Eschborn
  (in deutscher Sprache mit englischer Übersetzung)*

- „The United States Office of Juvenile Justice and Delinquency Prevention
  (OJJDP): National Leadership in Juvenile Justice Reform, Coordination, and
  Resources to prevent and respond to Juvenile Delinquency and Victimization"–
  a Model to carry abroad?
  *Robert L. Listenbee, Director Federal Office of Juvenile Justice and Delinquen-
  cy Prevention (OJJDP), Washington, USA, Washington, DC
  (in englischer Sprache)*

- Tools und Methoden in der globalen Jugendgewaltprävention
  Alejandro Christ und Dr. Tina Silbernagl, Deutsche Gesellschaft für Internationale Zusammenarbeit (GIZ), Pretoria
  *Heike Spohr, INTerAKTionen, Lollar
  (in deutscher Sprache mit englischer Übersetzung)*

- Pennsylvania's Juvenile Justice System Enhancement Strategy(JJSES): Achieving our Mission Through Evidence-Based Policy and Practice
  *James E. Anderson, Executive Director of the Pennsylvania Juvenile Court
  Judges'Commission (JCJC) (ret.), Harrisburg, USA, Mechanicsburg
  (in englischer Sprache)*

- Aus der Praxis: Gewaltpraevention und (soziale) Medien. Erfolgreiche Beispie-
  le aus Lateinamerika, Suedafrika und Timor-Leste
  *Stefan Köhler, Timm Kroeger, Philipp Kuehl, Dr. Jens Narten und Dr. Gerhard
  Schmalbruch, Deutsche Gesellschaft für Internationale Zusammenarbeit (GIZ),
  Eschborn
  (in deutscher Sprache mit englischer Übersetzung)*

9. Kongressbegleitende Ausstellung

Die kongressbegleitende Ausstellung des 20. Deutschen Präventionstages gliederte
sich in 159 Infostände, 7 Sonderausstellungen, 3 Campus-Aktivitäten sowie 19 Posterpräsentationen.

9.1 Infostände

- AKIK Frankfurt / Rhein Main e.V., Aktionskomitee KIND IM KRANKEN-
  HAUS

- Aktionsbündnis Amoklauf Winnenden - Stiftung gegen Gewalt an Schulen

- Ambulanter Justizsozialdienst Niedersachsen

- BAG FORSA e.v. - Bundesarbeitsgemeinschaft Feministischer Organisationen gegen sexuelle Gewalt an Mädchen und Frauen e.V.

- Balu und Du e.v. - Großes Engagement für kleine Persönlichkeiten

- Beccaria Fachkräfte Kriminalprävention

- Beratung für Opfer und Zeugen in Hessen

- beratungsNetzwerk hessen - Mobile Intervention gegen Rechtsextremismus

- Bewährungshilfe Stuttgart e.v. - PräventSozial gGmbH

- bfw (Berufsfortbildungswerk des DGB)

- Bosch Sicherheitssysteme GmbH

- Buchhandlung Büchergilde

- Bund Deutscher Kriminalbeamter

- Bund gegen Alkohol und Drogen im Straßenverkehr e.V.

- Bund gegen Alkohol und Drogen im Straßenverkehr e.v., Landessektion Rheinland-Pfalz und Polizeipräsidium Westpfalz, Kaiserslautern

- Bundesamt für Justiz - Härteleistungen für Opfer extremistischer Übergriffe

- Bundesamt für Sicherheit in der Informationstechnik BSI

- Bundesarbeitsgemeinschaft „Arbeit mit Kindern, Jugendlichen und jungen Erwachsenen mit sexualisiert grenzverletzendem Verhalten" (BAG KJSGV e.V.)

- Bundesarbeitsgemeinschaft der Kinderschutz-Zentren e.V.

- Bundesarbeitsgemeinschaft Täterarbeit Häusliche Gewalt e.V.

- Bundesministerium der Justiz und für Verbraucherschutz

- Bundespolizeipräsidium

- Bundesverband Alphabetisierung und Grundbildung e.V.

- Bundeszentrale für gesundheitliche Aufklärung (BZgA)

- Bundeszentrale für gesundheitliche Aufklärung (BZgA), die bundesweite Initiative „Trau Dich!"

- Bundeszentrale für politische Bildung/bpb

- Bürgerinstitut Frankfurt - soziales Engagement

- „Contra häusliche Gewalt!" Opferschutz durch Täterarbeit in Rheinland-Pfalz

- CONTURN Analytical Intelligence Group GmbH

- DBH Fachverband für Soziale Arbeit, Strafrecht und Kriminalpolitik

- Der PARITÄTISCHE Sachsen-Anhalt

- Deutsche Gesellschaft für Internationale Zusammenarbeit GIZ GmbH

- Deutsche Sportjugend im Deutschen Olympischen Sportbund e.V. (dsj)

- Deutsche Vereinigung für Jugendgerichte und Jugendgerichtshilfen e.V. (DVJJ)

- Deutscher Familienverband Sachsen-Anhalt e.V., Beratungsstelle ProMann

- Deutscher Fußball-Bund

- Deutscher Ju-Jutsu Verband e.V.

- Deutscher Kinderschutzbund, Bezirksverband Frankfurt am Main e.V.

- Deutsches Forum für Kriminalprävention (DFK)

- Deutsches Jugendinstitut e.V.

- Deutsch-Europäisches Forum für Urbane Sicherheit e.V. (DEFUS)

- Deutschland sicher im Netz e.V.

- EJF gemeinnützige AG

- European Forum for Urban Security (EFUS)

- Evangelischer Regionalverband Frankfurt am Main

- Fabian Salars Erbe - für Toleranz & Zivilcourage e.V.

- Fachkräfteportal der Kinder- und Jugendhilfe

- Fachzeitschrift Kriminalistik, Verlagsgruppe Hüthig Jehle Rehm GmbH

- Fairplayer e.V.

- Förderung der Bewährungshilfe in Hessen e.V.

- Förderverein Gewaltfrei Lernen e.V.

- Frauenzentrum Courage

- FREIE HILFE BERLIN e.V.

- Freikirche der Siebenten-Tags-Adventisten und ADRA Deutschland e.V.

- Freiwillige Selbstkontrolle Multimedia-Diensteanbieter e.V. (FSM)

- Galli Präventionstheater & Märchen helfen heilen e.V. - gemeinnützig anerkannt

- gegen-missbrauch e.V.

- Gesellschaft Bürger und Polizei Frankfurt am Main e.V.

- Gewalt Akademie Villigst

- Gewaltstopper e.V.

- Gewerkschaft der Polizei

- Giegerich & Partner GmbH

- Glen Mills Academie Deutschland e. V.

- Global Werbesysteme GmbH

- GSJ gGmbH – Gesellschaft für Sport und Jugendsozialarbeit

- Haftentlassenenhilfe e.V.

- Haus des Jugendrechts, Polizeipräsidium Stuttgart

- Hessische Häuser des Jugendrechts

- Hessische Landesstelle für Suchtfragen e.V.

- Hessisches Kultusministerium / Projekt „Gewaltprävention und Demokratielernen" (GuD)

- Hessisches Landeskriminalamt, Wiesbaden

- Hessisches Ministerium der Justiz – Landespräventionsrat Hessen

- Hessisches Ministerium des Innern und für Sport

- Hilfetelefon „Gewalt gegen Frauen" / Bundesamt für Familie und zivilgesellschaftliche Aufgaben

- Hilfswerk der Deutschen Lions e.V., Lions-Quest

- Initiative Sicherer Landkreis Rems-Murr e.V.

- Institut Intasco, Weiterbildung

- Jugendamt der Stadt Offenbach am Main

- Justizvollzugsanstalt Wiesbaden

- juuuport – www.juuuport.de, die Selbstschutz-Plattform von Jugendlichen für Jugendliche im Web

- Katholische Bundes-Arbeitsgemeinschaft Straffälligenhilfe im Deutschen Caritasverband (KAGS)

- klicksafe

- Kommunale Ausländer- u. Ausländerinnenvertretung

- Kommunale Kinder-, Jugend- und Familienhilfe, Eigenbetrieb der Stadt Frankfurt am Main

- Koordinierungsstelle Gewaltprävention und Verein Verantwortung statt Gewalt

- Kreispolizeibehörde Gütersloh

- Kreisverkehrswacht Odenwald

- Kriminalpräventiver Rat der Landeshauptstadt Düsseldorf

- Kriminalpräventiver Rat und Haus des Jugendrechts der Stadt Ludwigshafen am Rhein

- Kriminologische Zentralstelle e.V. und Nationale Stelle zur Verhütung von Folter

- Landesarbeitsgemeinschaft Hessischer Frauenbüros

- Landesinstitut für Präventives Handeln

- Landeskriminalamt Baden-Württemberg

- Landeskriminalamt Mecklenburg-Vorpommern

- Landeskriminalamt Niedersachsen

- Landeskriminalamt Rheinland-Pfalz

- Landeskriminalamt Sachsen-Anhalt

- Landespräventionsrat Brandenburg

- Landespräventionsrat Niedersachsen

- Landespräventionsrat NRW

- Landespräventionsrat Sachsen

- Landespräventionsrat Sachsen-Anhalt

- Landeszusammenschluss für Straffälligenhilfe in Hessen

- Mediationsstelle BRÜCKENSCHLAG e.V.

- Ministerium für Inneres und Kommunales des Landes NRW

- Mut und Courage Bad Aibling e.V.

- Netzwerk gegen Gewalt

- Netzwerk Gewaltprävention und Konfliktregelung Münster

- Netzwerk Zuhause sicher e. V.

- NEUSTART gGmbH

- PaC - Prävention als Chance

- Papilio e.V.

- Philipps-Universität Marburg

- Polizeidirektion Lahn-Dill

- Polizeiinspektion Neubrandenburg

- Polizeiinspektion Stralsund

- Polizeiliche Kriminalprävention der Länder und des Bundes

- Polizeipräsidium Mittelhessen

- Polizeipräsidium Rheinpfalz

- Polizeipräsidium Trier, Zentrale Prävention, BOB Trier

- Polizeipräsidium Westhessen

- Prävention 2.0 e.V.

- Präventionskommission des Landkreises Limburg-Weilburg

- Präventionsnetzwerk „Kein Täter werden"

- Präventionsrat - Main-Taunus-Kreis

- Präventionsrat der Stadt Frankfurt am Main

- Präventionsrat Hildesheim

- Rat für Kriminalitätsverhütung Schleswig-Holstein (RfK)

- Rechtsfürsorge e.V. Resohilfe

- Regiestelle Schleife, Bundesprogramm „Demokratie leben!"

- ReplayTheater e.V.

- RequiSiT e.V. - Theater und mehr...

- Respekt e.V.

- Ruhr-Universität Bochum

- Salfeld Computer GmbH

- Sarcom GmbH

- schuelke.net - internet.security.consulting

- Schultheater-Studio

- Seehaus Leonberg

- Sicheres Netz hilft e.V.

- Sozialverein Die Brücke e.V. Aschaffenburg

- SRH Hochschule Heidelberg

- Stadt Frankfurt am Main, Amt für multikulturelle Angelegenheiten

- Stadt Frankfurt am Main, Frankfurter Kinderbüro

- Stadt Frankfurt am Main, Jugend- und Sozialamt

- Stadt Frankfurt am Main, Personal- und Organisationsamt

- Stadt Frankfurt am Main, Sportamt

- Stadt Hanau, Stabsstelle Prävention und Sicherheit

- Stadtverwaltung Rödermark

- STEP Verein zur Förderung von Erziehung und Bildung

- Stiftung Kriminalprävention - Deutscher Förderpreis Kriminalprävention

- Stiftung Opferhilfe Niedersachsen

- Straßenverkehrsamt Stadt Frankfurt am Main; Polizeipräsidium Frankfurt am Main; Verkehrsgesellschaft Frankfurt am Main; traffiQ

- Theater EUKITEA gGmbH

- theaterpädagogische werkstatt gGmbH

- Triple P - Deutschland GmbH

- Universität Erlangen „EFFEKT"

- Verein für Jugendhilfe im Landkreis Böblingen e.V.

- Verein Programm Klasse2000 e. V.

- Verein zur Förderung der Methode Puppenspiel in der Kriminal- und Verkehrsprävention e. V.

- Verfassungsschutz NRW – Präventions- und Aussteigerprogramme

- Vom Justizministerium NRW geförderte zentrale Beratungsstellen

- WEISSER RING e. V.

- WhiteIT – alliance for children - Niedersächsisches Ministerium für Inneres und Sport

- Zonta Clubs Frankfurt am Main und Frankfurt II Rhein-Main

9.2 Sonderausstellungen

- beratungsNetzwerk hessen - Mobile Intervention gegen Rechtsextremismus

- broken hearts stiftung

- Dachverband der autonomen Frauenberatungsstellen NRW e.V.

- Förderverein Gewaltfrei Lernen e.V.

- HUjA e.V. - Hilfe und Unterstützung junger Arbeitsloser

- Polizeiinspektion Goslar

- Stadt Frankfurt

9.3 Campus

- Ordnungsamt Frankfurt am Main

- Staatliche Hochschule für Musik Trossingen

- Verkehrsgesellschaft Frankfurt am Main

9.4 Posterpräsentationen

- Bergische Universität Wuppertal

- Bewährungshilfe Stuttgart e.V.

- BürgerMedienHennef e.V.

- gegen-missbrauch e.V.

- Jagiellonian University in Kraków

- Johann-Wolfgang-Goethe Universität

- Landeshauptstadt Saarbrücken

- Landesinstitut für Präventives Handeln

- MAPP-Empowerment gGmbH

- Medizinischer Dienst des Spitzenverbandes Bund der Krankenkassen e. V. (MDS)

- Ostfalia - Hochschule für angewandte Wissenschaften

- Regierungspräsidium Darmstadt

- sine-Institut gGmbH

- TH Nürnberg, Fakultät Sozialwissenschaften

- Universität Bochum

- Universität zu Köln

- Zentrale Polizeidirektion Hannover

- zepf - Zentrum für empirische pädagogische Forschung

10. Filmforum

Im Filmforum des 20. Deutschen Präventionstages wurden 7 Filmbeiträge gezeigt und diskutiert.

- Beyond Punishment
  Sumofilm

- „My Jihad. Über den Streit um einen Begriff und den Kampf um Gerechtigkeit"
  Polizeiliche Kriminalprävention mit ufuq.de und Hochschule für angewandte Wissenschaften Hamburg

- „Stand up for your rights. Über Islamfeindschaft, salafistische Propaganda und das Engagement junger Muslime"
  Polizeiliche Kriminalprävention mit ufuq.de und Hochschule für angewandte Wissenschaften Hamburg

- Auch das noch! Ein Film der BGN zur Gewaltprävention im Betrieb
  BG Nahrungsmittel und Gastgewerbe

- Folgen - der Film
  gegen-missbrauch e.V.

- Vorsicht! Taschendiebe! Medienpaket für die Polizei
  Polizeiliche Kriminalprävention der Länder und des Bundes

- KLASSENRAT- ein Erfolgsmodell in Hessen
  Hessisches Kultusministerium / Projekt „Gewaltprävention und Demokratielernen" (GuD)

11. Bühne

Auf der Bühne des 20. DPT wurden 9 Bühnenstücke angeboten:

- „Erst schlapp gelacht, dann nachgedacht"
  RequiSiT e.V.

- Die Geisterstunde
  Galli Theater Wiesbaden

- Meine Eltern kriegen nichts mit
  Galli Theater Wiesbaden

- Karlstraße - Alles oder Nichts!
  ReplayTheater e.V.

- Gewaltfrei Lernen – weil Ausgrenzung weh tut!
  Förderverein Gewaltfrei Lernen e.V.

- „Am Rande des Regenbogens"
  Theater EUKITEA gGmbH

- Gewaltiges Theater- Auszug aus dem Gewaltpräventionsworkshop des
  Schultheater-Studios
  Schultheater-Studio

- „Klick & Kill" Generation WorldWideWeb
  Das Unternehmen Dominique Berg|Schultourtheater Bühnengold

- „Gemeinsam stark" - Akrobatik für Teamgeist
  Aktionsbündnis Amoklauf Winnenden – Stiftung gegen Gewalt an Schulen

12. Begleitveranstaltungen

Im Rahmen des 20. Deutschen Präventionstages fanden die nachfolgenden Begleit-
veranstaltungen statt.

- 22. DVS-Stiftungstag

- Alumnitreffen der Beccaria-Fachkräfte Kriminalprävention

- Arbeitstreffen der Geschäftsführerinnen und Geschäftsführer der Landespräven-
  tionsgremien

- Crime Prevention Training for Practitioners

- Expertengespräch der Stiftung Pro Kind

- Expertengespräch „Flüchtlinge und Sport" der Deutschen Sportjugend (dsj)

- Gemeinsames Treffen der AG Kripo und des UA FEK

- Mitgliederversammlung des Deutsch-Europäischen Forums für Urbane Sicherheit e.V. (DEFUS)

- Planungsgespräch zur 4. Trägerkonferenz „Grüne Liste Prävention"

- Pressefrühstück

- Round Table on a global Prevention Agenda (GPA)

- Sitzung des Programmbeirates des 20. Deutschen Präventionstages

- Symposium Deutscher Förderpreis Kriminalprävention

13. Teilnehmende und Besucher

Die zahlenmäßige Entwicklung der Kongressteilnehmenden und –besucher der vergangenen Jahre ergibt sich aus der nachfolgenden Tabelle:

Kongress	Registrierte Kongressteil-nehmende	Registrierte Besucher der Bühne und der DPT-Universität	Gesamtzahl der registrier-ten Teilneh-menden und Besucher
1. DPT 1995 in Lübeck	168	-	168
2. DPT 1996 in Münster	195	-	195
3. DPT 1997 in Bonn	209	-	209
4. DPT 1998 in Bonn	314	-	314
5. DPT 1999 in Hoyerswerda	610	-	610
6. DPT 2000 in Düsseldorf	1.214	-	1.214
7. DPT 2001 in Düsseldorf	1.226	-	1.226
8. DPT 2003 in Hannover	1.219	50	1.269
9. DPT 2004 in Stuttgart	1.235	750	1.985
10. DPT 2005 in Hannover	1.907	1.550	3.457
11. DPT 2006 in Nürnberg	1.442	780	2.222
12. DPT 2007 in Wiesbaden	1.901	1.624	3.525
13. DPT 2008 in Leipzig	1.744	2.400	4.144
14. DPT 2009 in Hannover	2.129	718	2.847
15. DPT 2010 in Berlin	2.728	1.691	4.419
16. DPT 2011 in Oldenburg	2.579	7.917	10.496
17. DPT 2012 in München	2.333	1.357	3.690
18. DPT 2013 in Bielefeld	1.946	850	2.796
19. DPT 2014 in Karlsruhe	2.306	1.057	3.363
20. DPT 2015 in Frankfurt/Main	2.523	592	3.115

Kongress	Teilnehmende	Staaten
9. DPT, Stuttgart	27	9
10. DPT, Hannover	23	10
11. DPT, Nürnberg	37	14
12. DPT, Wiesbaden	40	14
13. DPT, Leipzig	73	33
14. DPT, Hannover	80	27
15. DPT, Berlin	192	36
16. DPT, Oldenburg	81	20
17. DPT, München	199	37
18. DPT, Bielefeld	63	20
19. DPT, Karlsruhe	119	28
20. DPT, Frankfurt/Main	118	44

Erich Marks

Mehr Prävention wagen: das bleibt die gemeinsame Aufgabe - zur Eröffnung des 20. Deutschen Präventionstages

Herzlich Willkommen

Sehr herzlich begrüße ich zur Eröffnung des 20. Deutschen Präventionstages die über 2.500 angemeldeten Kongressteilnehmenden und Gäste aus Deutschland und weiteren 40 Staaten und von allen Kontinenten. Ich freue mich sehr, dass das Programm unseres „Jubiläumskongresses" in der hessischen Mainmetropole Frankfurt erneut wieder so viele präventionsbewegte Menschen zusammenführt und es sich aus vielfältigen Gründen für uns alle „rechnet", den praktischen, den politischen, den wissenschaftlichen, den ethischen und auch den wirtschaftlichen Diskurs rund um die Prävention einmal im Jahr auch im direkten und persönlichen Gespräch zu führen.

Mein herzliches Willkommen gilt auch in diesem Jahr jeder einzelnen Person und jeder einzelnen Repräsentantin und jedem einzelnen Repräsentanten aus über 1.000 Behörden, Organisationen und Verbänden, die ihre Erfahrungen und Erkenntnisse aus dem breiten Arbeitsfeld der Prävention mitteilen, diskutieren und erweitern wollen. Es sind unsere Ehrengäste, unsere Freunde und Gäste aus dem Ausland sowie die ca. 800 Expertinnen und Experten, die durch ihre aktive Mitwirkung mit Vorträgen, Präsentationen und Informationsständen den Deutschen Präventionstag zu dem aktuell wohl weltweit größten einschlägigen Jahreskongress machen.

Namentlich darf ich einige Persönlichkeiten und Personengruppen begrüßen, deren Anwesenheit eine besondere Freude und Ehre für den Kongress darstellt:

James E. **Anderson**, Executive Director oft he Pennsylvania Juvenile Court Judges' Commission, Harrisburg, USA
Heike **Bartesch**, Regierungsdirektorin im Bundesministerium für Familie, Senioren, Frauen und Jugend, Berlin
Hans Georg **Baumann**, Leiter der Strafrechtsabteilung im Bundesministerium der Justiz und für Verbraucherschutz, Berlin
Asli **Bayram**, Botschafterin des Landespräventionsrates Hessen, Wiesbaden
Gerhard **Bereswill**, Polizeipräsident in Frankfurt am Main
Peter **Beuth**, Hessischer Minister des Innern und für Sport, Wiesbaden
Bianca **Biwer**, Bundesgeschäftsführerin WEISSER RING
Dr. Karl-Heinz **Blümel**, Direktor in der Bundespolizei, Potsdam
Hans-Josef **Blumensatt**, Hessischer Generalstaatsanwalt , Frankfurt am Main
Dr. Michael **Bolowich**, Leitender Oberstaatsanwalt, Fulda
Volker **Bouffier**, Hessischer Ministerpräsident, Wiesbaden
Jörg **Britzke**, Präsident des Landgerichts Wiesbaden

Prof. Dr. Heinz **Cornel**, Präsident des Fachverbandes für Soziale Arbeit, Strafrecht und Kriminalpolitik (DBH), Berlin/Köln

Stefan **Daniel**, Geschäftsführendes Vorstandsmitglied der Deutschen Stiftung für Kriminalprävention, Bonn

Corrado **Di Benedetto**, MdL, Mitglied der SPD-Fraktion im Hessischen Landtag

Achim **Brauneisen**, Generalstaatsanwalt, Stuttgart

Günther **Ebenschweiger**, Präsident des Österreichischen Zentrums für Kriminalprävention, Graz

Marek **Erhardt**, Botschafter WEISSER RING, Mainz

Peter **Feldmann**, Oberbürgermeister der Stadt Frankfurt am Main

Erich **Fischer**, Präsident des Landgerichts Fulda

Gert **Fischer**, Präsident der Polizeiakademie Hessen

Markus **Frank**, Stadtrat für Wirtschaft, Sport, Sicherheit und Feuerwehr der Stadt Frankfurt am Main

Jürgen **Frömmrich**, MdL, Mitglied der Fraktion Bündnis 90 / DIE GRÜNEN im Hessischen Landtag

Prof. Dr. Helmut **Fünfsinn**, Geschäftsführer des Hessischen Landespräventionsrates

Petra **Guder**, Programmleiterin bei der Glen Mills Academy Deutschland, Lübbecke

Prof. Dr. Ulf **Gundlach**, Staatssekretär im Ministerium für Inneres und Sport sowie Vorsitzender des Landespräventionsrates Sachsen-Anhalt

Björn **Gutzeit**, Rektor der Hessischen Hochschule für Polizei und Verwaltung, Wiesbaden

Matthias **Heinrich**, Leiter des Ordnungsamtes der Stadt Frankfurt am Main

Markus **Herrlein**, Präsident des Amtsgerichts Darmstadt

Uwe **Hoffmann**, Leitender Polizeidirektor, Bremen

Heike **Hofmann**, MdL, stellvertretende Vorsitzende der SPD-Fraktion im Hessischen Landtag

Anika **Holterhof**, Justice Section, United Nations Office on Drugs and Crime (UNODC), Wien

Bernd **Holthusen**, Fachgruppenleiter beim Deutschen Jugendinstitut, München

Hartmut **Honka**, MdL, Mitglied der CDU-Fraktion im Hessischen Landtag

Prof. Dr. Theresia **Höynck**, Vorsitzende der Deutschen Vereinigung für Jugendgerichte und Jugendgerichtshilfen e.V., Hannover

Jui-Kun **Huang**, Generaldirektor der Diplomatischen Vertretung der Republik China (Taiwan), Frankfurt am Main

Günter **Huther**, Präsident des Landgerichts Darmstadt

Adina **Kamarudin**, Generalkonsulin, Generalkonsulat Malaysia

Eldar **Karamehic**, First Secretary der Botschaft von Bosnien und Herzegowina

Georg **Kemper**, Leiter des Sportamtes der Stadt Frankfurt am Main

Prof. Dr. Hans-Jürgen **Kerner**, Vorsitzender der Deutschen Stiftung für Verbrechensverhütung und Straffälligenhilfe, Köln/Tübingen

Lounnas **Kireche**, Botschaftsrat in der Botschaft von Algerien

Gerhard **Klotter**, Landespolizeipräsident des Landes Baden-Württemberg und Vorsitzender der Projektleitung der Polizeilichen Kriminalprävention der Länder und des Bundes

Kristjan **Köljalg**, Mitglied des Parlaments der Republik Estland (Riigikogu)

Uwe **Kolmey**, Präsident des Niedersächsischen Landeskriminalamtes, Hannover

Karin **Kortmann**, Deutsche Gesellschaft für internationale Zusammenarbeit (GIZ), Eschborn

Eva **Kühne-Hörmann**, Hessische Ministerin der Justiz, Wiesbaden

Johannes **Kunz**, Direktor des Landeskriminalamtes Rheinland-Pfalz, Mainz

Rodriguez Biel **Leonardo**, Verbindungsbeamter bei der Botschaft von Venezuela, Berlin

Knut **Lindenau**, Landespolizeidirektor Niedersachsen

Robert L. **Listenbee**, Director oft he Federal Office of Juvenile Justice and Delinquency Prevention, Washington, USA

Ingolf **Mager**, Direktor des Landeskriminalamtes Mecklenburg-Vorpommern

Isaac **Mapingure**, Diplomat der Botschaft der Republik Zimbabwe, Berlin

Wolfgang **Marzin**, Vorsitzender der Geschäftsführung der Messe Frankfurt

Andreas **Mayer**, Geschäftsführer der Polizeilichen Kriminalprävention der Länder und des Bundes, Stuttgart

Gisela **Mayer**, Vorsitzende der Stiftung gegen Gewalt an Schulen, Winnenden

Thomas **Metz**, Staatssekretär des Hessischen Ministeriums der Justiz, Wiesbaden

Ramin **Mirzayev**, Erster Botschaftssekretär der Botschaft der Republik Aserbaidschan, Berlin

Joachim **Moritz**, Präsident der Bundespolizeidirektion, Koblenz

Karin **Müller**, MdL, Mitglied der Fraktion Bündnis 90/DIE GRÜNEN und stellvertretende Vorsitzende des Petitionsausschusses im Hessischen Landtag

Holger **Münch**, Präsident des Bundeskriminalamtes, Wiesbaden

Redempta **Ndambuki**, Diplomatin bei der Botschaft der Republik Kenia, Berlin

Elisabeth **Opitz**, Leitende Oberstaatsanwältin, Hanau

Norbert **Pieper**, Senior Expert, Konzernsicherheit Deutsche Post DHL, Bonn

Harald **Range**, Generalbundesanwalt, Karlsruhe

Kerstin **Reckewell**, Leitende Oberstaatsanwältin, Darmstadt

Prof. Dr. Martin **Rettenberger**, Direktor der Kriminologischen Zentralstelle, Wiesbaden

Sebastian **Rode**, Botschafter des Landespräventionsrates Hessen, Wiesbaden

Prof. Dr. Dieter **Rössner**, Vorsitzender des Hessischen Landespräventionsrates

Manfred **Sagebiel**, Leitender Oberstaatsanwalt, Limburg

Rita **Salgmann**, Vorsitzende der Kommission Polizeiliche Kriminalprävention, Hannover

Eckhard **Sauer**, Präsident des Polizeipräsidiums Nordhessen, Kassel

Dr. Martin **Schairer**, Vorsitzender des Deutsch-Europäischen Forums für urbane Sicherheit, Stuttgart

Hermann **Schaus**, MdL, Parlamentarischer Geschäftsführer der Fraktion DIE LIN-
KE im Hessischen Landtag
Johann **Scheuer**, Präsident des Landgerichts Frankfurt
Martin **Schönwandt**, Geschäftsführer der Deutschen Sportjugend, Frankfurt
Dr. Albrecht **Schreiber**, Leitender Oberstaatsanwalt, Frankfurt am Main
Dieter **Schürmann**, Landeskriminaldirektor, Nordrhein-Westfalen
Prof. Dr. Michael **Schulte-Markwort**, Leiter der Klinik für Kinder- und Jugendpsy-
chiatrie, -psychotherapie und -psychosomatik, Hamburg
Harald **Schnur,** Leitender Kriminaldirektor, Saarbrücken
Uwe **Serke**, MdL, Mitglied der CDU-Fraktion im Hessischen Landtag
Dr. Mohsen **Sharifi**, First Secretary der Botschaft der Islamischen Republik Iran,
Berlin
Stephan **Siegler**, Stadtverordnetenvorsteher, Stadt Frankfurt am Main
Albrecht **Simon**, Präsident des Landgerichts Kassel
Dr. Tina **Silbernagl**, Deutsche Gesellschaft für internationale rechtliche Zusammen-
arbeit und Vorstandsmitglied des International Centre fort he Prevention of Crime
(ICPC), Johannesburg, Südafrika
Dr. Wiebke **Steffen**, wissenschaftliche Beraterin des Deutschen Präventionstages,
Heiligenberg
Horst **Streiff**, Leitender Oberstaatsanwalt, Kassel
David E. **Stucki**, National Council of Juvenile and Family Court Judges, Ohio, USA
Katrin **Stüllenberg**, Vorstand der Stiftung Kriminalprävention, Münster
Prof. Dr. Stephan L. **Thomsen**, Direktor des Niedersächsischen Instituts für Wirt-
schaftsforschung, Hannover
Sabine **Thurau**, Präsidentin des Hessischen Landeskriminalamtes
Prof. Dr. Patrick H. **Tolan**, Blueprints for Violence Prevention and Health Develope-
ment Board, Virginia, USA
Prof. Dr. Adam **Tomison**, Direktor des Austalian Institute for Criminology (AIC)
und Vorstandsmitglied des International Centre fort he Prevention of Crime (ICPC),
Canberra, Australien
Roland **Ullmann**, Präsident des Polizeipräsidiums Südosthessen, Offenbach
Dr. Christoph **Ullrich**, Präsident des Landgerichts Limburg an der Lahn
Susanne **Wetzel**, Präsidentin des Landgerichts Hanau
Dr. Ulrich **Wilken**, MdL, Mitglied der Fraktion DIE LINKE und Vizepräsident des
Hessischen Landtages
Bernhard **Witthaut**, Polizeipräsident in OsnabrückDr. Wilhelm **Wolf**, Präsident des
Landgerichts Gießen
Turgut **Yüksel**, MdL, Mitglied der SPD-Fraktion im Hessischen Landtag
Jörg **Ziercke**, stellvertretender Bundesvorsitzender WEISSER RING

Herzlichen Dank

Zu Beginn des 20. Deutschen Präventionstages steht sehr bewusst ein herzlicher Dank an alle, die diesen Kongress durch ihre Unterstützung mitgestaltet und ermöglicht haben.

Namentlich danke ich Herrn Ministerpräsidenten Volker Bouffier für die Übernahme der Schirmherrschaft und die Bereitschaft zur Kongresseröffnung zu sprechen. Frau Justizministerin Eva Kühne-Hörmann und Herrn Geschäftsführer des Hessischen Landespräventionsrates Prof. Dr. Helmut Fünfsinn danke ich für ihre Initiativen, die Wegbereitungen zu diesem Kongress in der Mainmetropole, für die seit Jahren bestehende enge Verbundenheit im Arbeitsfeld der justiznahen Kriminalprävention sowie die vielfältige aktive Unterstützungen bei der konkreten Realisierung des 20. Deutschen Präventionstages.

Mein besonderer Dank gilt weiterhin dem Oberbürgermeister der Stadt Frankfurt am Main, Herrn Peter Feldmann, für die Einladung aller Kongressteilnehmenden zur Abendveranstaltung im renommierten Frankfurter Palmengarten sowie für die Bereitschaft, in der Eröffnungsveranstaltung zu sprechen. Bereits seit Jahrzehnten leistet die Stadt Frankfurt am Main eine vorbildliche kommunale Präventionsarbeit und ist hierfür völlig verdient vor wenigen Wochen mit dem Städtepreis des Deutschen Förderpreises Kriminalprävention geehrt worden. Für die hochkompetente und engagierte Unterstützung bei allen konkreten Kongressvorbereitungen vor Ort danke ich namentlich Herrn Frank Goldberg und seinem Nachfolger Herrn Jürgen Krusch sowie dem gesamten Team des Frankfurter Präventionsrates.

Zusammenfassend gilt mein herzlicher Dank all jenen, die in so vielfältiger Weise zum Gelingen dieses Kongresses beitragen, dazu gehören insbesondere die zahlreichen Mitglieder des DPT-Kongressteams vor Ort und der Frankfurter Messe, über 30 Behörden und Organisationen die als Partnerorganisationen den Kongress materiell und ideell unterstützen, die Mitglieder des Programmbeirates sowie die über 500 Expertinnen und Experten die sich aktiv durch Vorträge, Moderationen, als Verantwortliche zahlreicher Einzelprojekte oder im Rahmen der begleitenden Ausstellung engagieren.

20 Jahre Deutscher Präventionstag

Im Rückblick auf nunmehr 20 Jahre Deutscher Präventionstag gibt es aus meiner Sicht vor allem Anlass zum Dank und zur Freude über die positive Entwicklung des Jahreskongresses und der zusätzlichen Informations-, Kommunikations- und Serviceangebote. Herzlich bedanken möchte ich mich auch an dieser Stelle bei jenen vielen tausend Personen und Institutionen, die sich seit 1995 aktiv in den Planungen, Vorbereitungen und Realisierungen von 20 Jahreskongressen sowie unzähliger weiterer (Teil-)Projekte eingebracht haben. Mein besonderer Dank gilt zunächst jenen fast einhundert Kolleginnen und Kollegen, die in den vergangenen 20 Jahren haupt-, neben- oder ehrenamtlich „hinter den Kulissen" mit Freude und Engagement aktiv waren. Namentlich danke ich Karla Schmitz, die als Leiterin des Ständigen Büros bereits seit 1999 den Deutschen Präventionstag mit Ihrer Kompetenz, Freundlichkeit und Zuverlässigkeit nachhaltig mitgeprägt hat. Die bisherigen Erfolge des Deutschen Präventionstages beruhen wesentlich auf der guten und insbesondere langjährigen Zusammenarbeit mit präventionsbewegten Menschen und Institutionen: Ihnen allen danke ich für Ihr Engagement, Ihre Tatkraft und Ihr Vertrauen von ganzem Herzen.

Im Verlauf von 20 Jahren haben über 2.700 Referentinnen und Referenten, insbesondere aus den Bereichen Praxis, Wissenschaft, Politik, Verbänden und Wirtschaft, insgesamt über 3.000 Vorträge gehalten. In der Onlinedokumentation des Deutschen Präventionstages sind aus der Gesamtzahl aller gehaltenen Vorträge insgesamt über 1.000 mit Präsentationen bzw. Schriftfassungen dokumentiert. Zwischen 1997 und 2015 hat der Deutsche Präventionstag bislang außerdem 23 Bücher in deutscher bzw. englischer Sprache veröffentlicht. Nahezu alle Buchpublikationen stehen auch zum kostenlosen Download auf der Webseite des Deutschen Präventionstages zur Verfügung und erscheinen seit 2012 neben der Printfassung auch als eBook.

Seit dem 5. Deutschen Präventionstag informieren Behörden, Institutionen und Organisationen im Rahmen einer kongressbegleitenden Ausstellung der Jahreskongresse über ihr Engagement und ihre Projekte im breiten Arbeitsfeld der Prävention. Seither haben sich über 1.000 Fachorganisationen und Behörden mit Informationsständen, Infomobilen, Sonderausstellungen, Postern und anderen Informationsmitteln beteiligt. Kurzinformationen und Kontaktdaten zu den meisten involvierten Fachorganisationen finden sich auf der Webseite des Deutschen Präventionstages.

Eine Zusammenstellung einiger Daten zur zahlenmäßigen Entwicklung der bisherigen Kongresse findet sich in einem aktuell veröffentlichten Beitrag in der Zeitschrift forum kriminalprävention.

Welche Bedeutung Kongress-Schirmherren der vergangenen Jahren der Kriminalprävention und auch dem Deutschen Präventionstag bemessen, zeigt sich in der Zusammenstellung aktueller Zitate einiger amtierender bzw. vormaliger Ministerpräsidentinnen und Ministerpräsidenten.

Prävention trifft Ökonomie

Die Schnittmengen von Prävention und Ökonomie haben sich seit Beginn dieses Jahrhunderts vielfältig entwickelt. Mit dem diesjährigen Schwerpunktthema „Prävention rechnet sich. Zur Ökonomie der Kriminalprävention" möchte der Deutsche Präventionstag nun erstmals in seiner bislang 20-jährigen Geschichte den Fokus auf die ökonomischen Aspekte präventiven Handelns lenken und eine Debatte um das vertiefen, was insbesondere mit dem Hauptvortrag von Prof. Dr. Irvin Waller beim 17. DPT

(2012) eingeleitet wurde. Irvin Waller formulierte zusammenfassend unter anderem: „Die Herausforderung für politische Entscheidungsträger liegt darin, den innovativen Kurswechsel vom übermäßigem Vertrauen auf teure, aber wenig erfolgreiche Maßnahmen hin zu einer Ausgewogenheit zwischen kluger Strafverfolgung und klugen Investitionen in Maßnahmen, die Verbrechen und Gewalt reduzieren, vorzunehmen. Politische Entscheidungsträger vollziehen diesen Kurswechsel immer häufiger, weil dies sowohl den Steuerzahler als auch potentielle Verbrechensopfer schützt." Auf der Basis der Beratungen über das Gutachten zum Schwerpunktthema von Prof. Dr. Stephan Thomsen sowie weiterer einschlägiger Vorträge wird der Deutsche Präventionstag gemeinsam mit seinen gastgebenden und ständigen Veranstaltungspartnern zum Abschluss des Kongresses seine Frankfurter Erklärung verabschieden.

Allen Kongressteilnehmenden und Gästen des 20. Deutschen Präventionstages wünsche ich zwei interessante und erkenntnisreiche Kongresstage.

Prof. Dr. Stephan Thomsen

NIW Hannover und Leibniz Universität Hannover

KOSTEN UND NUTZEN VON PRÄVENTION IN DER ÖKONOMISCHEN ANALYSE

Gutachten

für den 20. Deutschen Präventionstag

„Prävention rechnet sich. Zur Ökonomie der Kriminalprävention"

am 08. und 09. Juni 2015 in Frankfurt/Main

Hannover, im April 2015

INHALTSVERZEICHNIS

KURZFASSUNG

Das vorliegende Gutachten soll die Diskussionsgrundlage des 20. Deutschen Präventionstags im Jahr 2015 sein, der unter dem Titel *„Prävention rechnet sich. Zur Ökonomie der Kriminalprävention"* aus einer in Deutschland bisher ungewohnten Perspektive auf die Thematik schauen wird. Diese Wahl ist aber vor dem Hintergrund der thematischen Entwicklung des Deutschen Präventionstags in seiner nun zwanzigjährigen Geschichte keine wirkliche Überraschung.

Nachdem in den 1990er Jahren die grundsätzliche Sensibilisierung und Informierung über die Kriminalitätsverhütung und die Kriminalprävention durch den Austausch von Erfahrungen den thematischen Schwerpunkt bildete, standen um die Jahrtausendwende inhaltliche Fragen der gesamtgesellschaftlichen Kriminalprävention im Vordergrund. Mit wechselnden Schwerpunkten wurden dabei unter anderem die Aspekte der kommunalen Kriminalprävention (z. B. 1995, 1996, 1998, 2004), der Prävention von Gewalt im Sport (z. B. 2000, 2006), für Personen mit Migrationshintergrund (z.B. 2003, 2009) und immer wieder auch der Schutz von Kindern und Jugendlichen (z.B. 2005, 2007, 2010) über die Jahre hinweg erörtert und diskutiert. Neben den inhaltlichen Schwerpunktsetzungen wurde zudem bereits früh mit der Diskussion, Schaffung und systematischen Bereitstellung von Informationen zur Prävention begonnen. Beginnend mit den Ansätzen zur Dokumentation der Ergebnisse und Erfahrungen (1997) wurden bereits im Düsseldorfer Gutachten im Jahr 2001 Grundgedanken der Wirkungsforschung bei der Kriminalprävention formuliert. Zeitgleich wurden weitere Informationsquellen vorgestellt.

In dieser Tradition ist auch die Wahl des Themas 2015 zu sehen: Die ökonomische Betrachtung der Prävention, d. h. insbesondere die Herausarbeitung ihrer Erträge bei gleichzeitiger Berücksichtigung ihrer Kosten, soll und wird einen Beitrag zum Verständnis, aber auch zur Begründung der Prävention leisten können. Sie ist dabei nicht losgelöst von den Erfahrungen und Erkenntnissen der vielfältigen, direkt und indirekt an der Prävention mitwirkenden Akteure und ihrer fachlichen Disziplinen, sondern vielmehr als wertvolle Ergänzung zu sehen.

Hinweise auf den Beitrag, den die ökonomische Analyse leisten kann, sollen in diesem Gutachten in einem ersten Überblick gegeben werden. Es soll zugleich dazu motivieren, in einen engeren interdisziplinären Dialog zu treten, um Denkansätze, Überlegungen und Theorien über die Fachsprachen hinweg verständlich zu machen und zu diskutieren.

Warum eine ökonomische Beschäftigung mit dem Thema (Kriminal-)Prävention? Kriminalität führt zu ganz erheblichen volkswirtschaftlichen Schäden. Beispiele hierfür sind z. B. die Verluste von Kriminalitätsopfern, die öffentlichen und privaten Ausgaben der Prävention oder die öffentlichen Ausgaben für Polizei, Justiz, Strafvollzug und Bewährungshilfe. Die optimale Vorbeugung und Bekämpfung der Kriminalität ist daher ein traditionelles volkswirtschaftliches Allokationsproblem: knappe öffentliche Ressourcen müssen einer möglichst effizienten Verwendung zugeführt werden.

Bereits in den 1960er Jahren begann der Ökonom und spätere Nobelpreisträger Gary Becker mit der Übertragung der ökonomischen Prinzipien rationaler Wahlentscheidungen auf den Bereich der Kriminalität. Seine Arbeiten hatten dabei nicht primär das Ziel, eine Theorie über kriminelles Verhalten zu entwickeln, sondern die Frage nach der Minimierung der sozialen Schäden aus Kriminalität durch eine geeignete Festsetzung der Abschreckungsinstrumente, die dem Staat zur Verfügung stehen und die er einsetzen kann, zu beantworten.

Die Bestimmung erfolgt dabei anhand einer mathematisch formulierten sozialen Verlustfunktion. Hierbei zeigt sich, dass durch die optimale Wahl der Abschreckungsvariablen, d. h. insbesondere der Strafwahrscheinlichkeit und der Strafhöhe, die Politik die sozialen Schäden effizient minimieren kann. Effizient deswegen, da die Kriminalitätsvermeidung nicht nur die Schäden verringert, sondern zugleich Kosten verursacht. Die Minimierung der sozialen Verlustfunktion führt daher dazu, dass das optimale Maß des akzeptablen sozialen Verlusts bzw. des zu tolerierenden Kriminalitätsangebots unter Berücksichtigung der möglichen Vermeidungskosten gefunden werden kann. Kurz gesagt: da sie die gesellschaftlichen Präferenzen berücksichtigt, definiert sie das gesellschaftlich tolerierbare Maß an Kriminalität. Im Umkehrschluss bedeutet dies, dass der Nutzen nicht abgeschreckter, also zugelassener Straftaten in der Ersparnis der Kosten besteht, die für die wirksame Abschreckung hätten aufgewendet werden müssen.

Die hohe inhaltliche Überzeugungskraft, aber auch die einschränkenden Annahmen des theoretischen Modells und seiner Erweiterungen haben dazu geführt, dass eine große Zahl von empirischen Studien erarbeitet wurde, um eine Quantifizierung der unterstellten Zusammenhänge und einen Nachweis der Modellimplikationen zu zeigen oder zu widerlegen. Das ökonomische Modell der Kriminalität macht deutlich, das Kriminalität ein normales soziales Phänomen ist, dessen vollständige Beseitigung durch den Staat weder möglich noch angestrebt sein sollte.

Da das Modell zugleich allgemein formuliert ist, bleibt die Bestimmung der Opportunitätskosten entsprechend der jeweiligen sozialen Wohlfahrtsfunktion eine empirische Frage. Die Quantifizierung dieser Größen ist dabei ein wichtiger Gegenstand der empirischen Wirtschaftsforschung. Ökonomische und insbesondere ökonometrische Verfahren eignen sich zur Untersuchung ursächlicher Abhängigkeiten: durch die statistisch-mathematische Formulierung und Schätzung kausaler Wirkungsmodelle werden, insofern die Daten entsprechend aussagekräftig sind, interpretierbare quantitative Effekte ermittelt. Diese sind dabei, je nach Modell und statistischer Güte, in der Regel in ihrer Richtung und Größenordnung eindeutig. Die Denkweise und das theoretische sowie statistisch-mathematische Instrumentarium der Wirtschaftswissenschaften eignen sich daher in besonderer Weise, um die Zusammenhänge zwischen Kriminalität und Ökonomie zu modellieren und zu untersuchen.

Im Jahr 2013 wurden laut der Polizeilichen Kriminalstatistik deutschlandweit knapp 2,4 Millionen Diebstähle gemeldet (Bundesministerium des Innern, 2014). Im gleichen Jahr wurden fast 47.000 Fälle von Straftaten gegen die sexuelle Selbstbestimmung erfasst. Die Zahl der gemeldeten Morde und Totschläge lag bei 2.122 im Jahr 2013.

Welchen Schaden fügen diese Straftatbestände unserer Gesellschaft zu? Und ist der Schaden durch Mord und Totschlag größer als der Schaden, der durch die Diebstähle entsteht? Welchen Aufwand sollte der Staat betreiben, um die Kriminalität einzudämmen? Haben Investitionen in frühkindliche Bildung einen größeren präventiven Effekt auf die Kriminalitätsvermeidung als Investitionen und Aufwendungen für den Justizvollzug? Sollten dann weniger Haft- und mehr Geldstrafen bei Vergehen eingesetzt werden?

Eine objektive bzw. objektivierbare Antwort auf diese Fragen kann nur dann gegeben werden, wenn alle Kosten bzw. Kosten-Nutzen-Relationen der zu beurteilenden Taten bzw. der alternativen Verwendungen in einer einheitlichen Einheit gegenübergestellt werden würden. Für diese Beurteilung eignen sich die in den Wirtschaftswissenschaften entwickelten Verfahren der Kosten-Nutzen-Analysen und Kosten-Wirksamkeits-Analysen. Wenn sie sorgfältig erarbeitet sind, kann ihre Verwendung im gesellschaftlichen Dialog zu einer Versachlichung und Evidenzbasierung in der Ausgestaltung der Politik beitragen.

Kosten-Wirksamkeits-Analysen und Kosten-Nutzen-Analysen werden zur Beurteilung öffentlicher Interventionen und Programme vor allem in der angelsächsischen Welt seit vielen Jahrzehnten verwendet. Die grundlegende Überlegung hierzu ist recht einfach: staatliche Eingriffe führen zu Änderungen im Verhalten der (Wirtschafts-) Akteure und haben damit einen direkten Einfluss auf den heutigen und insbesondere den zukünftigen Wohlstand einer Nation. Vor dem Hintergrund knapper öffentlicher Ressourcen sind diese in möglichst effizienter Weise auf die verschiedenen Alternativen aufzuteilen. Diese Alternativen umfassen dabei die denkbaren (und sinnvollen) politischen Interventionen, die eine wohlfahrtssteigernde Wirkung haben.

Auch in der Kriminalitätsforschung werden seit Mitte der 1990er Jahre im angelsächsischen Raum, d. h. insbesondere in den Vereinigten Staaten und im Vereinigten Königreich, Kosten-Nutzen-Analysen und Kosten-Wirksamkeits-Analysen für die Beurteilung von Justizmaßnahmen, aber auch zur Bewertung der Prävention eingesetzt. Im Gegensatz dazu sind vergleichbare Analysen oder auch die Grundlagen einer Evaluationskultur in Deutschland fast nicht vorhanden. Mit der Ausnahme einzelner Forscherteams, die sich im Rahmen von Projektfinanzierungen in den letzten etwa 15

Jahren mit der Ökonomik der Kriminalität auseinandergesetzt haben, fehlen sowohl die systematische Analyse als auch ein kontinuierlicher ökonomischer Dialog in der Kriminologie und Prävention hierzulande. Dies ist nicht nur überraschend, sondern erscheint als ein erhebliches Versäumnis, da die ökonomischen Überlegungen zu einer versachlichten Diskussion über den Einsatz der beschränkten Mittel beitragen können.

Aber wieso sollen Kriminalität oder ihre Prävention überhaupt ökonomisch, d. h. insbesondere in Geldeinheiten, gemessen werden? Ökonomen dürften von dieser Frage kaum überrascht sein. Gegenstand der Volkswirtschaftslehre ist die Allokation, d. h. Verteilung bzw. Aufteilung, knapper verfügbarer Ressourcen auf die gesellschaftlichen Erfordernisse. Um eine Grundlage für diese Entscheidungen zu bekommen, erscheint dementsprechend die Umrechnung der Kosten und Erträge politischer, aber auch privater Interventionen in eine einheitliche Dimension sinnvoll. Um zudem auch den Vergleich über verschiedene Handlungsfelder hinweg zu erlauben, haben monetäre Größen einen wichtigen Vorteil. Sie erlauben so, erstens, die Vergleichbarkeit des relativen Schadens oder Leids, zweitens, die Vergleichbarkeit des Gesamtschadens bzw. des Gesamtleids durch Kriminalität mit anderen sozialen Übeln, und ermöglichen, drittens, die Durchführung von Nutzen-Kosten-Analysen alternativer präventiver Interventionen. Das ökonomische Instrumentarium stellt somit einen Ansatz dar, um die Vorteile und Nachteile bestimmter Programme oder Interventionen gegenüber alternativen Verwendungen (einschließlich der Option, gar nichts zu tun) vergleichbar zu machen.

Obwohl es eine Reihe verschiedener Ansätze zur ökonomischen Bewertung von Interventionen und Aktivitäten gibt, sind die Kosten-Nutzen-Analyse und die Kosten-Wirksamkeits-Analyse die gebräuchlichsten Methoden. Der Hauptunterschied zwischen beiden Ansätzen liegt darin, dass in der Kosten-Wirksamkeits-Analyse ausschließlich die Kosten in monetären Größen betrachtet werden. In der Kosten-Nutzen-Analyse werden darüber hinaus auch die Erträge bzw. die Wirkungen des Programms in monetären Größen beurteilt.

Mit Hilfe der Kosten-Wirksamkeits-Analyse werden die Kosten einer Maßnahme in das Verhältnis zu ihrem Ergebnis gestellt. Kostenwirksamkeit drückt also aus, wie viel „Input" erforderlich ist, um ein bestimmtes Ergebnis (oder „Output") zu erreichen. Sie stellt somit einen ersten Zusammenhang zwischen Aufwand (in Geldeinheiten) und Ergebnis her. Die Kosten-Nutzen-Analyse erweitert die Kosten-Wirksamkeits-Analyse durch die (ebenfalls) monetäre Bewertung der Programmergebnisse. Bezogen auf die Prävention erlaubt sie daher die Feststellung, welche Schadensvermeidung (in Euro) pro eingesetztem Euro erreicht wird. Sie macht damit deutlich, wie effizient, d. h. wirtschaftlich, ein bestimmtes Ziel erreicht werden kann. Ausgedrückt wird die Wirtschaftlichkeit dabei über das Nutzen-Kostenverhältnis.

Die Ansätze und das Instrumentarium, die bzw. das zur Beurteilung und Erarbeitung von Kosten-Wirksamkeits- bzw. Kosten-Nutzen-Analysen durch die Wissenschaft in den vergangenen Jahrzehnten im internationalen Raum erarbeitet worden ist, erfordern in ihrer jeweiligen Anwendung die Bearbeitung der folgenden sechs Schritte:

1. Festlegung des Gültigkeitsbereichs,

2. Beschaffung von Schätzergebnissen über die Programmwirkungen,

3. Quantifizierung des Nutzens und der Kosten in monetären Größen,

4. Berechnung des Gegenwartswerts und Beurteilung der Wirtschaftlichkeit,

5. Identifizierung der Verteilung von Kosten und Nutzen,

6. Überprüfung der Robustheit der Implikationen und Schlussfolgerungen durch Durchführung einer Sensibilitätsanalyse (*sensitivity analysis*).

Hierbei erfordern insbesondere die Schritte 2 und 3, d. h. die Ermittlung der Programmwirkungen bzw. die Beschaffung von Schätzergebnissen über diese sowie die Quantifizierung von Erträgen und Kosten in monetären Größen, neben geeigneten Daten eine umfangreiche und qualifizierte wissenschaftliche Expertise.

Entscheidend für die Aussagekraft einer Kosten-Nutzen-Analyse ist zunächst die Beantwortung der Frage, ob das Projekt bzw. Programm wirkt. Hierzu muss die Wirkung des Programms gegenüber der Situation geschätzt werden, die ohne das Programm eingetreten wäre. D. h. der kausale Effekt des Programms muss bestimmt werden (Wirkungsanalyse oder Evaluation). Ohne eine kausale Evaluation bzw. Kenntnis des Programmerfolgs kann keine aussagekräftige Kosten-Nutzen-Analyse durchgeführt werden. Für eine solche Evaluation ist daher zunächst die Ergebnisvariable eindeutig zu definieren. Diese Ergebnisvariable hat sich am Programmzweck zu orientieren, d. h. sie soll die Zielsetzung quantitativ operationalisieren, und ist Grundlage der Beurteilung des Nutzens. Hierbei ist zunächst zu vernachlässigen, ob auch ohne Programm ein Erfolg entstanden wäre oder nicht, da nur der zusätzliche Erfolg zu ermitteln ist. Dieser zusätzliche Erfolg (oder Misserfolg) wird als kausaler Effekt des Programms bezeichnet. Bei der anschließenden Bewertung der Effizienz muss der zusätzliche Erfolg aber in der Regel in Relation zu der auch ohne Programm entstandenen Änderung in der Ergebnisvariablen bewertet werden. Das fundamentale Problem der Evaluation ergibt sich nun daraus, dass der zusätzliche Erfolg (Treatment-Effekt) durch das Programm nicht beobachtbar ist. Da jede Beobachtungssituation zum selben Zeitpunkt nur einmal und damit nur in einem bestimmten Zustand beobachtet werden kann (z. B. die Zahl der Autodiebstähle in Region x im Zeitraum y), ist auch die Differenz zwischen dem Ergebnis mit Programm (*Treatment*) und dem Ergebnis ohne Programm (*Control*) nicht direkt bestimmbar.

Der kausale Effekt des Programms auf die Ergebnisgröße kann nicht direkt ermittelt werden. Das Kernproblem jeder (mikroökonomischen) Wirkungsanalyse ist dementsprechend im Fehlen von Daten über den kontrafaktischen Zustand zu sehen. Um dieses Problem zu lösen und den Programmeffekt zu schätzen, gibt es eine Reihe verschiedener Evaluationsmethoden. Besondere Verbreitung haben dabei die experimentellen Verfahren erlangt; bei ihnen werden die Beobachtungsobjekte in die Treatment- und Kontrollgruppe vergleichbar einem Laborexperiment zufällig zugeordnet. Bei sorgfältiger Durchführung kann angenommen werden, dass die Zufallszuweisung (*Randomisierung*) das korrekte Kontrafaktum produziert und daher eine Verzerrung der Ergebnisse durch Selbstselektion ausgeschlossen werden kann. Da eine Zufallszuweisung nicht immer möglich ist, haben die sog. quasi-experimentellen Verfahren eine ebenfalls hohe Beachtung gewonnen, da sie unter bestimmten Annahmen die experimentelle Situation statistisch oder ökonometrisch reproduzieren.

Die aussagekräftige Ermittlung der Programmwirkungen als Basis für die Kosten-Nutzen-Analysen ist sehr aufwändig und kann nur unter Berücksichtigung der wissenschaftlichen Standards erfolgen. Abweichungen in den in der Evaluation geschätzten Wirkungen werden sich in der anschließenden monetären Bewertung der Größen zu Gunsten oder zu Lasten des wirklichen Kosten-Nutzen-Verhältnisses niederschlagen. Sie führt dann zu fehlerhaften Implikationen. Um eine sorgfältige Evaluation von Projekten und Programmen zu gewährleisten, sollten sie daher schon vor Beginn der Durchführung der Aktivitäten geplant werden. Hierdurch kann eine aussagekräftige und wirtschaftliche wissenschaftliche Begleitung und Ermittlung der Wirkungen mit größerer Wahrscheinlichkeit und zeitnah erreicht werden.

Der dritte Schritt, die Schätzung und Zuordnung von monetären Größen zum Programmnutzen, ist der schwierigste innerhalb einer Kosten-Nutzen-Analyse. Hierbei ist zu berücksichtigen, dass Kosten und Nutzen in einer inversen Beziehung stehen: die Kosten der Kriminalität entsprechen dem Nutzen für die Gesellschaft, der durch Verhinderung bzw. Reduzierung dieser Kriminalität entsteht. Für die richtige Zuordnung des Nutzens müssen demensprechend diejenigen, die die Kosten der Kriminalität tragen, identifiziert werden. Außerdem müssen sowohl die materiellen, als auch die immateriellen Kosten berücksichtigt werden.

Materielle (auch tangibele oder greifbare) Kosten der Kriminalität umfassen hierbei z. B. Kosten der medizinischen Versorgung, der Polizei und des Justizsystems oder entgangene Löhne. Auch wenn diese auf den ersten Blick einfach messbar erscheinen, liegen verfügbare Daten in der Regel nicht in standardisierter Form vor bzw. werden kaum erfasst. Aber selbst das Vorliegen dieser Informationen gewährleistet noch keine Zuordnung zu einer einzelnen Straftat bzw. auf ein bestimmtes Opfer.

Die immateriellen Kosten (oder auch intangibelen Kosten) umfassen psychische und seelische Kosten, wie Furcht, Leid, Schmerz und Verlust von Lebensqualität. Sie variieren zugleich stärker zwischen den Individuen gegenüber den materiellen Kosten. Immaterielle Kosten der Kriminalität tragen dabei neben den tatsächlichen Opfern auch die möglichen Opfer und die Gesellschaft. Da für diese Kosten in der Regel keine Marktpreise verfügbar sind, sind in der Literatur verschiedene Verfahren zur Messung vorgeschlagen worden. Dennoch kann eine monetäre Bewertung der immateriellen Kosten üblicherweise nur über Durchschnittswerte gelingen. Hierdurch wird das individuelle Leid über- und unterschätzt und bereits der Versuch einer monetären Bewertung des Leids kann aus ethischen Gründen kritisiert werden. Dennoch ist die Alternative, die immateriellen Kosten aus diesen Überlegungen nicht in der Kosten-Nutzen-Betrachtung zu berücksichtigten, sicher noch unbefriedigender.

Die vollständige Erfassung der Kosten der Kriminalität erfordert es auch, im Falle von Tötungsdelikten bzw. Straftaten mit Todesfolge dem menschlichen Leben einen pekuniären Wert zuzuweisen. Eine solche Bewertung ist dabei nicht spezifisch für die Kriminologie, sondern betrifft bzw. sollte sämtliche Bereiche betreffen, in denen eine Beurteilung zur Abwendung von Todesrisiken erforderlich ist. Dies ist der sogenannte Wert eines statistischen Lebens. Zur Bestimmung werden z. B. die gesellschaftlich akzeptierten Zahlungsbereitschaften zur Abwendung unpersönlicher, d. h. nicht individueller Todesrisiken herangezogen. Bei solchen Risiken handelt es sich z. B. um die Schadenssummen der Kfz-Haftpflichtversicherungen, die im Falle eines Verkehrstods garantiert werden, oder die Schadenssummen von Unfallversicherungen zur Absicherung von Arbeitsrisiken. Die Berechnung erfolgt dabei auch durch die Ermittlung sogenannter kompensatorischer Lohndifferenziale, d. h. Lohnaufschläge für Arbeitsrisiken.

In den vergangenen zwei Jahrzehnten sind beachtliche Fortschritte in der Schätzung und Ermittlung der materiellen und immateriellen Kosten der Kriminalität gemacht worden. Die Ergebnisse zeigen, dass die immateriellen Kosten der Kriminalität für fast alle betrachteten Straftaten höher sind als die materiellen Kosten. Gerade bei Gewaltverbrechen wie Körperverletzung oder sexueller Nötigung, die z. T. mit nur geringen oder gar keinen materiellen Schäden verbunden sein können, ergeben sich dennoch beträchtliche immaterielle Kosten. Nur bei den Eigentumsdelikten, wie Autodiebstahl und Einbruch, sind die immateriellen Kosten entsprechend geringer.

Aufgrund der schwierigen methodischen Erfordernisse für die Durchführung von Kosten-Nutzen-Analysen setzen sie eine genaue Prüfung voraus, um uneingeschränkt nutzbar zu sein. Die wichtigste Einschränkung in der Aussagekraft entsteht hierbei durch fehlerhafte Anwendung, z. B. durch fehlende Sorgfalt oder fehlende Erfahrung. Da eine Kosten-Nutzen-Analyse immer nur eine Erweiterung der zugrundeliegenden Evaluation der Programmeffekte ist, können die ermittelten Kosten-Nutzen-Ergebnisse auch nicht belastbarer sein als die verwendeten Wirkungsergebnisse. Anders ausgedrückt ist jede Kosten-Nutzen-Analyse nur so stark, wie das schwächste Glied in der Kette der Analyseschritte. Gleichermaßen muss daher auch die Evaluation der Programmeffekte mit der gleichen Sorgfalt und Gewissenhaftigkeit wie die Planung, Ausgestaltung und Durchführung des Programms erfolgen. Weitere Einschränkungen ergeben sich offenkundig auch aus den verbleibenden Unsicherheiten im Hinblick auf die ermittelten Kosten und Erträge sowie die Beurteilung ihrer zukünftigen Entwicklung. Immer im Hinterkopf behalten werden sollte zudem der hohe Grad der Subjektivität der Kosten-Nutzen-Analysen. Die Auswahl der Kosten- und Ertragsgrößen, ihr Einbezug, ihre Beurteilung erfordern sehr viele, durch den Wissenschaftler zu treffende Auswahlentscheidungen. Weitere Einschränkungen ergeben sich offenkundig auch aus den verbleibenden Unsicherheiten im Hinblick auf die ermittelten Kosten und Erträge sowie die Beurteilung ihrer zukünftigen Entwicklung.

Um Kosten-Nutzen-Analysen vergleichbar zu machen, sollten die verwendeten methodischen Standards ebenfalls vergleichbar sein. Die sog. *Maryland Scientific Methods Scale* kategorisiert die verschiedenen Studiendesigns mit dem Ziel, eine Qualitätsauswahl bzw. Qualitätsbegründung vornehmen zu können. Im Kern bewertet sie dabei die Vertrauenswürdigkeit der Schätzergebnisse anhand der methodischen Qualität des verwendeten Identifikationsinstrumentariums. Daneben sind alternative Maße verfügbar, die auf ähnlichen Überlegungen basieren.

Vor allem im angelsächsischen Raum haben Kosten-Nutzen-Analysen eine beachtliche Bedeutung erreicht. Hier haben das *High Scope Perry Preschool Programm* und das *Prenatal/Early Infancy Project* (allgemein auch *Elmira Program* oder heute *Nurse-Family Partnership* genannt) einen weiten Bekanntheitsgrad durch ihre umfassenden Evaluationen, Kosten-Nutzen-Analysen und Ergebnisse erreicht. Das Perry Preschool Programm wurde 1962 im US-Staat Michigan gestartet und unterstützte in Armut lebende Eltern mit Vorschulkindern. Das Ziel war es, deren Partizipationsmöglichkeiten im Bildungssystem zu verbessern und damit die zu erwartenden, negativen Folgen einer schlechten sozio-ökonomischen Disposition zu verringern. Elmira beinhaltete pränatale und postnatale Hebammenbesuche für wirtschaftlich benachteiligte Erstgebärende. Beide Studien sind als Langzeitstudien über mehrere Jahrzehnte begleitet und untersucht worden. Ihre Ergebnisse waren im Hinblick auf die Wirksamkeit früher Investitionen bzw. Interventionen beachtlich.

Im Bereich der Prävention und Kriminalpolitik sind zudem in besonderer Weise die Arbeiten des *Washington State Institute for Public Policy* (WSIPP), Olympia (WA) zu nennen. Bereits seit 1997 untersucht das Institut die Wirksamkeit und Wirtschaftlichkeit von Präventions- und Strafjustizprogrammen mit dem Ziel, effektive und zugleich effiziente Programme zur Reduzierung der Kriminalität zu identifizieren. Im Mittelpunkt der Analysen steht dabei ein Kosten-Nutzen-Modell, das über die Jahre sowohl politisch, als auch akademisch Standards gesetzt hat. Bereits bis zum Jahr 2006 wurden mit dem Modell fast 600 Evaluationsstudien zu Präventions- und Strafjustizprogrammen berücksichtigt und die Kosten und Nutzen der Programme beurteilt. Die Ergebnisse werden dabei von der Politik als echte Handlungsempfehlungen verstanden und in die Entscheidungen einbezogen.

An den Beispielen des Perry Preschool Programms und des ELMIRA Projekts wird deutlich, dass auch Aktivitäten und Interventionen, die primär auf die Bildungsteilhabe oder auch die Vermeidung ungünstiger Lebensumstände im frühen bzw. sehr frühen Kindesalter abzielen, zu beachtlichen präventiven Effekten im Hinblick auf eine spätere Straffälligkeit bzw. die Kriminalität im Allgemeinen beitragen können. Auch unter den vom *Washington State Institute for Public Policy* berücksichtigten Interventionen haben sich vor allem die Präventionsprogramme für Kinder und Jugendliche als besonders wirksam und zugleich wirtschaftlich gezeigt. Die großen wirtschaftlichen Effekte, aber auch die hohe Nützlichkeit solcher Programme verdeutlicht die Notwendigkeit, kriminalpolitische und präventive Aktivitäten nicht zu eng bzw. zu disziplinär zu sehen. Andere, nur indirekt verbundene Interventionen können deutlich größere und wirtschaftlichere Effekte haben.

Auch wenn es in einzelnen Bereichen bereits sehr umfassende und sorgfältig erarbeitete Ergebnisse zu Kosten und Erträgen von Präventionsprogrammen bzw. Programmen mit Präventionswirkung gibt, ist eine einheitliche Grundlage bzw. das Vorhandensein einer minimalen Form der Standardisierung noch Zukunftsmusik. Evidenzbasierte Politik sollte durch die beste verfügbare Information über den Entscheidungsgegenstand zu verbesserten und konsistenten Entscheidungen führen. Die Einführung einheitlicher Qualitätsstandards kann daher als wichtige Voraussetzung angesehen werden.

Aus den in diesem Gutachten vorgestellten Ansätzen und Ergebnissen ergeben sich meines Erachtens die folgenden acht Schlussfolgerungen:

1. Stärkung des interdisziplinären Diskurses und Dialogs zur Verbreiterung der Informationsbasis, der konstruktiv-kritischen Interpretation und Bewertung präventiver und kriminalpolitischer Vorhaben im Wettbewerb mit anderen politischen Handlungsfeldern um verfügbare finanzielle Ressourcen.

2. Systematisierung und Erfassung des verfügbaren Informationsstands anhand der vorgestellten Qualitätskriterien zur Verbesserung informierten Handelns in der Prävention und Kriminalpolitik in Deutschland.

3. Vergleich der deutschen Erfahrungen und Ergebnisse mit international verfügbaren Resultaten zur Ableitung allgemeiner und spezifischer Implikationen für eine Weiterentwicklung einer wirtschaftlichen, d. h. neben der Effektivität auch die Effizienz berücksichtigenden, Präventionspolitik.

4. Etablierung einer Evaluationskultur im Bereich der Prävention und Kriminalpolitik, die den methodischen Anforderungen zur Ermittlung kausaler Effekte der Interventionen und Vorhaben genügt. Wissenschaftliche Diskussion und Interpretation der Ergebnisse, um Fehleinschätzungen aufgrund mangelnder Kompetenz vorzubeugen.

5. Erarbeitung der Grundlagen zur Erstellung systematischer Kosten-Nutzen-Analysen durch die Verbesserung der Informationsbasis im Hinblick auf die Abgren-

zung, Zuordnung und Schätzung von materiellen und immateriellen Kosten- und Ertragsgrößen.

6. Orientierung dieser Arbeiten an den international gebräuchlichen Standards, Erfahrungen und Ergebnissen, um die Vergleichbarkeit zwischen Analysen innerhalb Deutschlands, aber auch im internationalen Vergleich sowie die Konsistenz der methodischen Vorgehensweisen zu gewährleisten.

7. Überdisziplinärer und wissenschaftlicher Diskurs über die erstellten Ergebnisse zur Vermeidung des Anspruchs einer disziplinären Interpretationshoheit. Dieser erlaubt die inhaltlich gehaltvolle Erörterung der empirischen Fakten unter Berücksichtigung der Wirkungsmechanismen, der relevanten Projektgovernance und der alternativen Handlungsmöglichkeiten.

8. Beschränkung auf effiziente Programme in den Umsetzungsempfehlungen. Ein ineffizientes Programm bedeutet nicht, dass die Fragestellung, das Wirkungsziel oder der Präventionsbereich irrelevant sind. Es heißt aber, dass die Ausgestaltung, die Umsetzung und der Aufwand in einem Missverhältnis zu den erreichten Zielen und Wirkungen stehen.

1. EINLEITUNG

Das vorliegende Gutachten soll die Diskussionsgrundlage des 20. Deutschen Präventionstags im Jahr 2015 sein, der unter dem Titel *„Prävention rechnet sich. Zur Ökonomie der Kriminalprävention"* aus einer in Deutschland bisher ungewohnten Perspektive auf die Thematik schauen wird. Diese Wahl ist aber vor dem Hintergrund der thematischen Entwicklung des Deutschen Präventionstags in seiner nun zwanzigjährigen Geschichte keine wirkliche Überraschung.

Nachdem in den 1990er Jahren die grundsätzliche Sensibilisierung und Informierung über die Kriminalitätsverhütung und die Kriminalprävention durch den Austausch von Erfahrungen den thematischen Schwerpunkt bildete, standen um die Jahrtausendwende inhaltliche Fragen der gesamtgesellschaftlichen Kriminalprävention im Vordergrund. Mit wechselnden Schwerpunkten wurden dabei unter anderem die Aspekte der kommunalen Kriminalprävention[1] (z. B. 1995, 1996, 1998, 2004), der Prävention von Gewalt im Sport[2] (z.B. 2000, 2006), für Personen mit Migrationshintergrund[3] (z.B. 2003, 2009) und immer wieder auch der Schutz von Kindern und Jugendlichen[4] (z. B. 2005, 2007,

---

[1] Beispiele hierzu geben die Beiträge von Pohl-Laukamp (2003), Flade (2003), Vogler (2003), Steffen (2004) oder Hurth (2004).

[2] Vergleiche hierzu u. a. Lützenkirchen (2003) oder Kübler et al. (2006).

[3] Siehe hierzu beispielsweise Pfeiffer (2003), Weil (2003), Weinhold (2003) oder das Gutachten von Steffen (2011).

[4] Vergleiche z. B. Sander (2005), Böckmann (2005) oder Kempfer (2005) oder das Gutachten von Steffen (2012).

2010) über die Jahre hinweg erörtert und diskutiert. Neben den inhaltlichen Schwerpunktsetzungen wurde zudem bereits früh mit der Diskussion, Schaffung und systematischen Bereitstellung von Informationen zur Prävention begonnen. Beginnend mit den
Ansätzen zur Dokumentation der Ergebnisse und Erfahrungen[5] (1997) wurden bereits
im Düsseldorfer Gutachten im Jahr 2001 Grundgedanken der Wirkungsforschung bei
der Kriminalprävention formuliert (siehe Coester, 2003). Zeitgleich wurden weitere Informationsquellen vorgestellt.

In dieser Tradition ist auch die Wahl des Themas 2015 zu sehen: Die ökonomische
Betrachtung der Prävention, d. h. insbesondere die Herausarbeitung ihrer Erträge bei
gleichzeitiger Berücksichtigung ihrer Kosten, soll und wird einen Beitrag zum Verständnis, aber auch zur Begründung der Prävention leisten können. Sie ist dabei nicht
losgelöst von den Erfahrungen und Erkenntnissen der vielfältigen, direkt und indirekt
an der Prävention mitwirkenden Akteure und ihrer fachlichen Disziplinen, sondern vielmehr als wertvolle Ergänzung zu sehen.

Hinweise auf den Beitrag, den die ökonomische Analyse leisten kann, sollen in diesem
Gutachten in einem ersten Überblick gegeben werden. Es soll zugleich dazu motivieren,
in einen engeren interdisziplinären Dialog zu treten, um Denkansätze, Überlegungen
und Theorien über die Fachsprachen hinweg verständlich zu machen und zu diskutieren.

Im zweiten Kapitel werden hierzu zunächst grundlegende Überlegungen zur ökonomischen Analyse der Kosten und Nutzen von Prävention vorgestellt. Kosten-Wirksamkeits-Analysen und Kosten-Nutzen-Analysen werden zur Beurteilung öffentlicher
Interventionen und Programme vor allem in der angelsächsischen Welt seit vielen Jahrzehnten in vielen Handlungsfeldern verwendet. Die grundlegende Überlegung hierzu ist
recht einfach: staatliche Eingriffe führen zu Änderungen im Verhalten der (Wirtschafts-)
Akteure und haben damit einen direkten Einfluss auf den heutigen und insbesondere
den zukünftigen Wohlstand einer Nation. In Bezug auf die Prävention sind hierbei z.
B. die Fragen von Bedeutung, welchen Schaden verschiedene Straftatbestände der Gesellschaft zufügen. Welchen Aufwand sollte der Staat betreiben, um die Kriminalität
einzudämmen? Zudem ist auch zu klären, welche Art der Interventionen am wirtschaftlichsten ist, z. B. ob Investitionen in frühkindliche Bildung einen größeren präventiven
Effekt auf die Kriminalitätsvermeidung als Investitionen und Aufwendungen für den
Justizvollzug haben. Werden im Rahmen einer ökonomischen Analyse alle Kosten bzw.
Kosten-Nutzen-Relationen der zu beurteilenden Taten bzw. der alternativen Verwendungen in einer einheitlichen Einheit gegenübergestellt, können diese Fragen beantwortet werden.

Da neben der ökonomischen Bewertung der Kosten und des Nutzens der Prävention
aber auch die Ökonomik der Kriminalität in Deutschland bisher eher ein Nischenfach

---

[5]   Siehe Bässmann (2003).

sowohl in der wirtschaftswissenschaftlichen Forschung und Lehre, aber auch in der Kriminologie und verwandten Fächern ist, gibt das dritte Kapitel zunächst einen kurzen Überblick zu den grundlegenden Überlegungen. Im Mittelpunkt steht dabei das Modell von Gary Becker, dass einen Ansatzpunkt zur Minimierung der sozialen Schäden aus Kriminalität durch die geeignete Festsetzung der Abschreckungsinstrumente durch den Staat gibt. Diese Minimierung erfolgt entlang der sog. sozialen Verlustfunktion, die das erträgliche bzw. tolerierbare Maß von Kriminalitätsschäden in der Gesellschaft wiedergibt. Das Modell, seine Erweiterungen, aber auch die vielfältigen empirischen Untersuchungen, die zur Bestätigung bzw. Widerlegung der Implikationen vorgelegt worden sind, verdeutlichen, dass die Denkweise und das theoretische sowie statistisch-mathematische Instrumentarium der Wirtschaftswissenschaften sich sehr gut eignen, um die Zusammenhänge zwischen Kriminalität und Ökonomie zu modellieren und zu untersuchen. Die Ergebnisse der ökonomischen Arbeiten aus den letzten fünf Dekaden sind eine gute Grundlage, um darauf aufbauend zum einen eine verstärkte ökonomische Forschung auf diesem Gebiet auch in Deutschland zu beginnen, zum anderen in einen intensive(re)n Austausch mit Wirtschaftswissenschaftlern zu Fragen der Prävention und Kriminalpolitik über die Disziplinen hinweg einzutreten.

Die Ausführungen zu den theoretischen Modellen der Ökonomik der Kriminalität sind zugleich Ausgangspunkt für die Kosten-Nutzen-Analysen. Präventionsprogramme zielen darauf ab, den sozialen Schaden durch Kriminalität zu minimieren. Zugleich ist für ihre Durchführung ein finanzieller Aufwand erforderlich. In Kapitel 4 werden daher die methodischen Erfordernisse von Kosten-Wirksamkeits-Analysen und Kosten-Nutzen-Analysen vorgestellt. Da in Deutschland die Erfahrungen mit diesen Instrumenten sehr gering sind, werden die für die gehaltvolle Analyse erforderlichen Aspekte in einiger Ausführlichkeit dargestellt. Hierzu zählt zum einen die Schätzung bzw. Bestimmung der Wirksamkeit der Interventionen und Programme, die die Durchführung wissenschaftlicher Evaluationen zur Identifizierung der kausalen Programmeffekte erfordert. Zum anderen stellt die Ermittlung der Kosten und Erträge die größte Herausforderung dar. In der Darstellung werden neben Unterscheidungen zwischen verschiedenen Kostenarten, z. B. materielle und immaterielle Kosten, auch Beispiele für Schätz- bzw. Bestimmungsansätze sowie empirische Ergebnisse zum Verhältnis der Kostenarten nach Deliktgruppen gezeigt. Nach der Vorstellung der methodischen Anforderungen werden zudem Hinweise zur Beurteilung der Aussagekraft von Kosten-Nutzen-Analysen sowie zu ihrer Vergleichbarkeit gegeben.

Das fünfte Kapitel präsentiert schließlich eine kurze Auswahl von Praxiserfahrungen. Hierbei werden zunächst zwei langlaufende frühkindliche Interventionsprogramme aus den USA vorgestellt, die in einzigartiger Weise deutlich machen, dass Aktivitäten und Interventionen, die primär auf die Bildungsteilhabe oder auch die Vermeidung ungünstiger Lebensumstände im frühen bzw. sehr frühen Kindesalter abzielen, zu beachtlichen präventiven Effekten im Hinblick auf spätere Straffälligkeit bzw. Kriminalität im Allgemeinen beitragen können. Im Anschluss gehe ich auf die Arbeit bzw. das Modell des *Washington State Institute for Public Policy* (WSIPP) ein, das in den vergangenen rund zwei Dekaden zu einem Benchmark in der Kosten-Nutzen gestützten Evidenz-basierten Politikberatung im Bereich der Kriminalprävention geworden ist. Der große Erfolg des Modells – zunächst im US-Bundesstaat Washington – hat dazu geführt, dass in den vergangenen Jahren mit einer Übertragung auf andere Staaten in den USA, aber auch in das Vereinigte Königreich begonnen wurde. Trotz dieser positiven Erfahrungen gibt es aber noch keine Festlegung einheitlicher Standards für die Durchführung von Kosten-Nutzen-Analysen. Auch werden in dem Kapitel einige negative Erfahrungen aus der Praxis der Verwendung von Kosten-Nutzen-Analysen in der Politikberatung genannt.

Das letzte Kapitel des Gutachtens gibt schließlich eine kurze Zusammenfassung der Ergebnisse und formuliert Schlussfolgerungen aus diesem Gutachten, die zur Etablierung einer Kultur des Einbezugs von Kosten-Nutzen-Überlegungen in die deutsche Präventions- und Kriminalpolitik beitragen können.

2. ZUR ÖKONOMISCHEN ANALYSE DER KOSTEN UND DES NUTZENS VON PRÄVENTION

Kosten-Wirksamkeits-Analysen und Kosten-Nutzen-Analysen werden zur Beurteilung öffentlicher Interventionen und Programme vor allem in der angelsächsischen Welt seit vielen Jahrzehnten verwendet. Die grundlegende Überlegung hierzu ist recht einfach: staatliche Eingriffe führen zu Änderungen im Verhalten der (Wirtschafts-) Akteure und haben damit einen direkten Einfluss auf den heutigen und insbesondere den zukünftigen Wohlstand einer Nation. Unter der Prämisse, dass staatliche Eingriffe, z. B. durch steuer- oder gebührenfinanzierte Programme oder aber das Setzen von Rahmenbedingungen durch Gesetze und Verordnungen, zu einer Wohlstandsverbesserung führen sollen, ist die Wohlstands- oder Nutzenabwägung naheliegend. Dies gilt sowohl in der Hinsicht, um das Risiko eines möglichen Schadens durch die politische Entscheidung zu minimieren, als auch vor dem Hintergrund knapper öffentlicher Ressourcen, um diese in möglichst effizienter Weise auf die verschiedenen Alternativen aufzuteilen. Effizient bedeutet dabei, eine möglichst große Wirkung bei einem bestimmten Einsatz von Mitteln bzw. den geringsten Mitteleinsatz für eine bestimmte Wirkung der Intervention zu erreichen.

Die Einsatzbereiche für Kosten-Nutzen-Abwägungen sind dabei vielfältig. So finden sich Ergebnisse für die Verordnung von Umweltschutzmaßnahmen oder Landverbräuche (z. B. bei der Erschließung neuer Baugebiete oder der Schaffung der Verkehrsinfrastruktur), bei Sozialhilfeprogrammen, bei Programmen der aktiven Arbeitsmarktpolitik, in der Gesundheitsfürsorge und Gesundheitsvorsorge, in der Altenpflege und in vielen weiteren öffentlichen Bereichen. Auch in der Kriminalitätsforschung werden spätestens seit Mitte der 1990er Jahre im angelsächsischen Raum, d. h. insbesondere in den Vereinigten Staaten und im Vereinigten Königreich, Kosten-Nutzen-Analysen und Kosten-Wirksamkeits-Analysen für die Beurteilung von Justizmaßnahmen, aber auch zur Bewertung der Prävention eingesetzt.

Cohen (2000) schreibt hierzu, dass die Frage einer Erfassung bzw. Schätzung der monetären Kosten, die durch Kriminalität entstehen, sowie des monetären Nutzens durch die getroffenen Gegenmaßnahmen zur Reduzierung der Kriminalität bereits sehr lange diskutiert wurden; bereits im Jahr 1901 wurden durch die US-Regierung finanzierte Forschungsergebnisse zu diesen Fragen präsentiert. Dennoch blieb die Schwierigkeit auch über die folgenden Dekaden bestehen, Kosten und Nutzen in adäquater Weise möglichst umfänglich abzubilden. Während in den genannten Ländern nach der Durchführung von Fallstudien die Einrichtung von Institutionen erfolgt ist, die sich intensiv mit der ökonomischen Bewertung von Kriminalpolitik und Prävention beschäftigen sowie sehr systematisch und umfangreich Informationen, Ergebnisse und Analysen bereit stellen, haben auch Australien, Neuseeland und Kanada in den letzten Jahren mit einer intensiveren Beschäftigung mit dieser Thematik begonnen. Sie erreichen aber bis heute noch nicht annähernd den Umfang und die Informationsdichte wie in den USA. Beispiele für die Institutionalisierung in den USA sind das Washington State Institute for Public Policy (WSIPP), Olympia (WA) oder das VERA Institute of Justice, New York (NY), die Kosten-Nutzen-Analysen für vielfältige Justiz- und Präventionsprogramme erarbeiten und veröffentlichen. Aktuell wird in einem Projekt zudem das Modell des WSIPP auf 14 weitere US-Bundesstaaten und drei Bezirke in Kalifornien übertragen. Für Connecticut, Iowa, Massachusetts, New Mexico, Vermont und New York ist die Umsetzung bereits erfolgt. Auch mit einer Übertragung des Modells auf das Vereinigte Königreich wurde durch die Dartington Research Group begonnen.

Im Gegensatz dazu fehlen vergleichbare Informationen in Deutschland fast vollständig. Mit der Ausnahme einzelner Forscherteams (siehe z. B. Entorf und Meyer, 2004, Spengler, 2005, oder Entorf, 2010), die sich im Rahmen von Projektfinanzierungen in den letzten etwa 15 Jahren mit der Ökonomik der Kriminalität auseinandergesetzt haben, fehlen – mit wenigen Ausnahmen, siehe z. B. Albrecht und Entorf (2003) – sowohl die systematische Analyse, als auch ein kontinuierlicher ökonomischer Dialog in der Kriminologie und Prävention hierzulande. Dies ist nicht nur überraschend, sondern erscheint als ein erhebliches Versäumnis, da die ökonomischen Überlegungen zu einer versachlichten Diskussion über den Einsatz der beschränkten Mittel beitragen können. Insbesondere die Beurteilung des gesellschaftlichen Schadens durch Kriminalität erfordert hierbei einen einheitlichen methodischen Rahmen, um zunächst unvergleichbar Erscheinendes vergleichbar zu machen.

Im Jahr 2013 wurden laut der Polizeilichen Kriminalstatistik deutschlandweit knapp 2,4 Millionen Diebstähle gemeldet (Bundesministerium des Innern, 2014). Im gleichen Jahr wurden fast 47.000 Fälle von Straftaten gegen die sexuelle Selbstbestimmung erfasst. Die Zahl der gemeldeten Morde und Totschläge lag bei 2.122 im Jahr 2013. Welchen Schaden fügen diese Straftatbestände unserer Gesellschaft zu? Und ist der Schaden durch Mord und Totschlag größer als der Schaden, der durch die Diebstähle entsteht? Welchen Aufwand sollte der Staat betreiben, um die Kriminalität einzudämmen? Haben Investitionen in frühkindliche Bildung einen größeren präventiven Effekt auf die Kriminalitätsvermeidung als Investitionen und Aufwendungen für den Justizvollzug? Sollten dann weniger Haft- und mehr Geldstrafen bei Vergehen eingesetzt werden? Eine objektive bzw. objektivierbare Antwort auf diese Fragen kann nur dann gegeben werden, wenn alle Kosten bzw. Kosten-Nutzen-Relationen der zu beurteilenden Taten bzw. der alternativen Verwendungen in einer einheitlichen Einheit gegenübergestellt werden würden.

Obgleich diese Überlegung für eine Objektivierung sehr sinnvoll und nachvollziehbar erscheinen mag, ist ihre Umsetzung in der Praxis schwierig. Um gehaltvolle Aussagen zu ermöglichen, müssen nämlich die mit den Straftaten verbundenen Kosten möglichst vollständig abgebildet werden. Dies stößt bereits vor dem Hintergrund einer in der Regel unvollständigen Erfassung aller Straftaten, also der Aufhellung des Dunkelfeldes, an eine erste Grenze. Daneben fehlen üblicherweise auch Kostenzuordnungsvorgaben bzw. Zuordnungsroutinen in den Strafbehörden, die für eine Abbildung fallbezogener Kosten erforderlich wären. Eine dritte methodische Schwierigkeit ergibt sich in der Bewertung der immateriellen Schäden (in der Literatur als *intangibele* Kosten bezeichnet) der Opfer. Sie entstehen den direkt Betroffenen und ihren Angehörigen durch Schmerzen, psychisches Leid oder den Verlust von Lebensqualität. Gerade vor dem Hintergrund ethischer oder moralischer Aspekte erscheint eine Kapitalisierung in Geldeinheiten – um den Wert des durchschnittlichen statistischen Leids zu bewerten – zunächst als ein gesellschaftspolitisch kritischer Punkt. Dies gilt im Besonderen, wenn der Wert des menschlichen Lebens (z. B. bei Mord, Totschlag oder fahrlässiger Tötung) als Kostengröße ermittelt und veranschlagt werden soll.

Insbesondere diese letzten Gesichtspunkte mögen erheblich dazu beigetragen haben, dass bis heute keine systematischen Kosten-Nutzen-Analysen zur Kriminalitätsprävention in Deutschland verfügbar sind. In den Vereinigten Staaten wurden die Schwierigkeiten aber als wissenschaftliche Herausforderungen erkannt. In den vergangenen zwei Dekaden wurden dementsprechend erhebliche Fortschritte in der Erfassung, Messung und Schätzung der notwendigen Kostengrößen als monetäre Einheiten erreicht, vergleiche hierzu z. B. die Arbeiten von Cohen (1998, 2000, 2005), Cohen und Miller (1998, 2003), McDougall et al. (2003), Miller et al. (2001) und Miller et al. (1996). Diese Konzepte könn(t)en – mit einigem Aufwand – auch in Deutschland Anwendung finden, um eine stärker evidenzbasierte Diskussion und Entscheidungsfindung zu erlauben.

Aber wieso soll Kriminalität oder ihre Prävention überhaupt in Geldeinheiten gemessen werden? Ökonomen dürften von dieser Frage kaum überrascht sein. Gegenstand der Volkswirtschaftslehre ist die Allokation, d. h. Verteilung bzw. Aufteilung, knapper verfügbarer Ressourcen auf die gesellschaftlichen Erfordernisse. Da auch die Entscheidungen der Kriminalpolitik Wahlentscheidungen zwischen Alternativen sind (im einfachsten Fall immer zwischen der Alternative, die Entscheidung zu treffen, oder sie eben nicht zu treffen), haben diese ihre jeweiligen Kosten und Nutzen, die in der Entscheidungsfindung berücksichtigt werden sollten. Die Erfassung aller dieser Kosten und der dazugehörigen Nutzen macht die Alternativen vergleichbar bzw. vergleichend bewertbar. Sie erlaubt eine informierte politische Entscheidung.

In seinem Übersichtsaufsatz führt Cohen (2000) in diesem Zusammenhang wichtige weitere Vorteile an, die durch die Erfassung der materiellen und immateriellen Kosten als monetäre Größen möglich werden:

1. **Vergleichbarkeit des relativen Schadens oder Leids,** der bzw. das durch die Art der Verbrechens oder Vergehens bestimmt wird:

Politische Entscheidungsträger sind üblicherweise an Schadensvergleichen verschiedener Straftaten (z. B. Eigentumsdelikte oder Körperverletzungen) interessiert. Obgleich es die Kriminalstatistik zwar erlaubt, die Anzahl bzw. Häufigkeit der verschiedenen Straftaten bzw. ihrer Schäden zu ermitteln, können diese ohne einheitliche Maßskala (z. B. in Euro) aber nicht objektiv miteinander verglichen werden.

Gängige Ansätze, um Schadensvergleiche auch ohne solchen einheitlichen Schadensmaßstab zu ermöglichen, sind dabei gesellschaftliche Befragungen mit dem Ziel, die verschiedenen Straftaten entsprechend ihres vermuteten Schadens in der öffentlichen Wahrnehmung in eine Reihenfolge zu bringen. Obgleich die so gewonnenen Rangordnungen relativ konsistent über die Zeit und verschiedene Grundgesamtheiten (d. h. verschiedene Länder) sind, liegt ihre wesentliche Einschränkung in der Subjektivität der Beurteilungen. Diese sind durch Fehlwahrnehmungen zur tatsächlichen Häufigkeit von Schäden oder Verletzungen bei gängigen Straftaten verzerrt, da z. B. die mediale Diskussion und Berichterstattung über unterschiedliche Delikte und Straftaten in ungleicher Weise erfolgt.

2. **Vergleichbarkeit des Gesamtschadens bzw. Gesamtleids durch Kriminalität mit anderen sozialen Übeln:**

Die Betrachtung des Gesamtschadens von Kriminalität (ausgedrückt in Geldeinheiten) im Vergleich mit dem Schaden, der durch andere gesellschaftliche Problemfelder, z. B. Verkehrsopfer, Rauchen, Umweltverschmutzung oder Arbeitslosigkeit entsteht, hat zunächst keine direkte Politikimplikation (auch wenn die Ergebnisse in dieser Hinsicht missbraucht werden können). Die Feststellung der finanziellen Kosten für die Gesellschaft im Vergleich mit den finanziellen Kosten anderer gesellschaftlicher

Aufgaben erlaubt es aber, Kriminalität bzw. ihre Bekämpfung und Vermeidung in angemessener Weise in der politischen Prioritätenbildung zu berücksichtigen und das Bewusstsein für die volkswirtschaftliche Bedeutung der Kriminalität(svermeidung) zu verbessern.

3. Nutzen-Kosten-Analysen alternativer präventiver Interventionen:

Der wichtigste Grund einer Ermittlung aller materiellen und immateriellen Kosten und Nutzen liegt aber in der Möglichkeit, erst dadurch Kosten-Nutzen-Analysen durchzuführen und in der Präventions- und Kriminalpolitik als Entscheidungshilfe nutzbar zu machen. So gibt es eine Vielzahl von präventiven oder Kriminalität reduzierenden Maßnahmen, die von einer öffentlichen Förderung profitieren würden. Allerdings kann der Staat (oder die zuständige Körperschaft) aufgrund begrenzter Mittel immer nur eine Auswahl fördern. Die Bewertung in Geldeinheiten kann hier einen objektiven Ansatz für eine effiziente Kriminalpolitik und Kriminalprävention leisten.

Die Ansätze und das Instrumentarium, die bzw. das zur Beurteilung und Erarbeitung von Kosten-Wirksamkeits- bzw. Kosten-Nutzen-Analysen durch die Wissenschaft in den vergangenen Jahrzehnten im internationalen Raum erarbeitet worden ist, sollen im weiteren Gutachten vorgestellt und erläutert werden. Da neben der ökonomischen Bewertung der Kosten und des Nutzens der Prävention aber auch die Ökonomik der Kriminalität in Deutschland bisher eher ein Nischenfach sowohl in der wirtschaftswissenschaftlichen Forschung und Lehre, aber auch in der Kriminologie und verwandten Fächern ist, sollen im nächsten Kapitel zunächst die dazugehörigen Grundlagen kurz zusammengefasst werden.

3. KRIMINALITÄT ALS ÖKONOMISCHES FORSCHUNGSGEBIET

3.1 Kriminalität als ökonomische Handlung

In den 1960er Jahren begann der Ökonom und spätere Nobelpreisträger Gary Becker (1930-2014) mit seinen Arbeiten, die ökonomischen Prinzipien rationaler Wahlentscheidungen auf den Bereich der Kriminalität anzuwenden. Wie er in seiner Ansprache anlässlich der Verleihung des Nobelpreises im Jahr 1992 ausführte (Becker, 1993) war der Anstoß zu diesen Arbeiten sein eigenes Verhalten. Als er einmal zu spät zu einer mündlichen Prüfung kam, musste er abwägen, ob er sein Auto im Parkhaus der Universität abstellen oder ordnungswidrig am Straßenrand parken sollte. Unter Abwägung der Wahrscheinlichkeit, einen Strafzettel zu bekommen, und der Höhe des erwarteten Bußgeldes im Vergleich zu den fälligen Parkgebühren des Parkhauses entschloss er sich für die Risikovariante und parkte auf der Straße, wobei er nicht erwischt wurde. Anschließend überlegte er sich, dass wohl auch das Ordnungsamt eine ähnliche Überlegung zur Grundlage der Anzahl der Streifengänge und der Höhe der Strafgebühren gemacht hätte: beides müsste wohl auf einer Abschätzung des Verhaltens potenzieller Täter basieren.

Entgegen dem Zeitgeist der 1950er und 1960er Jahre, der Kriminelle eher als Opfer der Umstände (z. B. der geistigen Verfassung der Täter oder dem sozialen Druck) ansah, argumentierte Becker damit, dass kriminelles Verhalten den gleichen rationalen Überlegungen und Motiven wie übriges Verhalten auch folgen würde. Ein komplett andersartiges oder abnormes Verhalten wäre aus seiner Sicht nur schwer zu begründen. Mit dieser Argumentation war er nicht der erste, sondern fand vergleichbare Gedanken bereits in Arbeiten aus dem 18. und 19. Jahrhundert, insbesondere von Cesare Beccaria und Jeremy Bentham.

Cesare Beccaria (1738-1798) war ein italienischer Rechtsphilosoph. In seinen Überlegungen zum Antrieb des Menschen ging er davon aus, dass Lust und Schmerz hierbei am stärksten seien und daher das Individuum seinen eigenen Nutzen über das Gemeinwohl stellen könnte. Nach Mehlkop (2011) hat Beccaria drei Parameter kriminellen Handelns identifiziert: *„Den Nutzen aus der Tat (der Vorteil), die Strafhöhe (Überschuss an Übel) und die Entdeckungswahrscheinlichkeit"* (S. 51). Das Besondere bzw. Moderne an dieser Überlegung ist die treibende Kraft des Eigennutzes, die auch von Becker unterstellt wird. Dementsprechend wird bereits nach Beccaria über das Handeln auf der Grundlage der damit verbundenen Kosten entschieden – höhere Kosten durch höhere Strafen machen Verbrechen weniger attraktiv. Deutlich wird aber auch, dass nicht die Strafe bzw. ihre Höhe allein berücksichtigt werden müssen, sondern die Entdeckungswahrscheinlichkeit eine zentrale Rolle spielt. Nur wenn die Strafen mit hoher Wahrscheinlichkeit oder Sicherheit verhängt werden, zügelt dies das kriminelle Verhalten anderer in der Gesellschaft. Die sichere Strafe erfüllt dann den politischen Zweck, dass die anderen möglichen Straftäter abgeschreckt und von der Tat abgehalten werden. Hierdurch verringert sich der gesellschaftliche Schaden, der bei unkontrolliertem Eigennutzhandeln eventuell entstehen würde. Wertvoller und wirkungsvoller als die Abschreckung durch Strafe sei aber die Vermittlung moralischer Einstellungen durch die Erziehung als Mittel zur Vorbeugung gegen das Verbrechen (vgl. Mehlkop, 2011). Diese Aussage aus dem 18. Jahrhundert bestätigt damit bereits die erwartete hohe positive Wirkung einer frühen Prävention.

Auch Jeremy Bentham (1748-1832), englischer Jurist, Philosoph und Sozialreformer, der als Begründer des klassischen Utilitarismus gilt, hat ähnliche Überlegungen formuliert. Diese gehen dabei von der Annahme aus, dass die Hauptantriebskraft der Menschen in der Suche nach dem eigenen Glück (bzw. dem eigenen Nutzen) liegt. Unglück soll vermieden werden. Implizit stellen die Menschen dabei auf Nützlichkeitsabwägungen ihrer Entscheidungen ab. Gleichzeitig vergrößert sich das gesellschaftliche Glück (oder moderner: die gesellschaftliche Wohlfahrt) durch das individuelle glücksgerichtete Handeln: da ja alle auf ihr Glück bedacht sind, kann keine Vermehrung des Glücks eines einzelnen ohne die Vermehrung des Glücks anderer stattfinden. Diese Form der Reziprozität wirkt dann – ebenso wie die Furcht vor Strafe – risikomindernd auf die Kriminalität. Weiter gehen Benthams Überlegungen dahin, dass auch Verbrechen aus der Abwägung über den Ertrag aus dieser Handlung gegenüber den Kosten der Strafe entstehen: der mit dem Verbrechen bzw. der Straftat verbundene Gewinn und damit verbundene Nutzen(zuwachs) ist entscheidend für die Durchführung. Entsprechend diesem Kalkül sind kriminelle Handlungen Alternativen zu den legalen Handlungen. Auch Bentham geht auf die Bestrafungswahrscheinlichkeit ein: so verliert die Furcht vor dem Gesetz an Stärke, solange Schuldige ungestraft bleiben (vgl. Mehlkop, 2011). Wobei die Menschen aber auch unterschiedliche Bewertungen gleicher Strafen vornehmen; sie messen diesen unterschiedliche Opportunitätskosten bei, die sich aus den eigenen Präferenzen ergeben.

3.2 Kriminalitätsangebot und sozialer Verlust

In gleicher Weise setzt Gary Becker (1968) die bereits von Beccaria und Bentham begonnenen Überlegungen fort und formalisiert sie mathematisch eindeutig. Seine Arbeit hat dabei nicht primär das Ziel, eine Theorie über kriminelles Verhalten zu entwickeln, sondern die Frage nach der Minimierung der sozialen Schäden aus Kriminalität durch die geeignete Festsetzung der Abschreckungsinstrumente durch den Staat zu beantworten.

Der Startpunkt seiner Überlegungen ist das individuelle rationale Entscheidungskalkül: Die Begehung von Straftaten ist aus Sicht des Täters eine von vielen Möglichkeiten zum Broterwerb (Kirstein, 2004). Daher wird sein Verhalten von denselben Faktoren beeinflusst, die auch für die Aufnahme einer legalen Tätigkeit verantwortlich sind. Sowohl die legalen, als auch die illegalen Tätigkeiten bringen einen Ertrag und erfordern zugleich einen Aufwand durch den Täter. Die Differenz, also Ertrag minus Aufwand, ergibt den Nettoertrag (Gewinn) der jeweiligen Tätigkeit. Wenn das Individuum nun strikt rational nach dieser Logik entscheiden würde, wird es dementsprechend die Tätigkeit wählen, die mit dem höheren Nettoertrag verbunden ist. Erwähnenswert in diesem Zusammenhang ist, dass in der Theorie von keinem bestimmten Individuum, sondern schlichtweg von einem repräsentativen Individuum ausgegangen wird.

Der Ertrag aus der Straftat ergibt sich dabei zunächst aus der Beute (insbesondere bei Eigentumsdelikten), die z. B. bei Hehlern verwertet werden kann. Der Aufwand der Tat entsteht auf der einen Seite durch Tatbegehungskosten, d. h. zum Beispiel für die Anschaffung des Tatwerkzeugs; daneben fallen aber auch die Kosten der erwarteten Bestrafung an. Diese sind deshalb als erwartete Kosten definiert, weil die Bestrafung nicht sicher eintritt, sondern mit einer Wahrscheinlichkeit kleiner eins. Werden nun die Verurteilungswahrscheinlichkeit (z. B. durch strengere Strafverfolgung oder einen höheren Polizeieinsatz) oder auch das Strafmaß erhöht, wirkt dies negativ auf den erwarteten Nutzen illegaler Handlungen. Dies verringert somit die Attraktivität der Straftat.

Gleichermaßen ergibt sich die Anzahl aller von einer Person verübten Straftaten während einer Periode daraus, wie oft der erwartete Nutzen der erwogenen Straftaten den Nutzen aus der legalen Verwendung der Zeit übersteigt (Entorf und Spengler, 1998). Aus der so hergeleiteten individuellen Kriminalitätsangebotsfunktion ergibt sich durch Summierung über alle Individuen dann die aggregierte Kriminalitätsangebotsfunktion.

Wie oben angeführt, steht im Mittelpunkt von Beckers Theorie aber nicht die Kriminalitätsangebotsfunktion, sondern die Vermeidung bzw. Minimierung sozialer Schäden. Da die Höhe der sozialen Schäden aber offenkundig durch die verübten Straftaten und Vergehen bestimmt wird, besteht hier ein direkter Zusammenhang und die Kriminalitätsangebotsfunktion ist Ausgangspunkt der Formulierung der sozialen Verlustfunktion.

Diese setzt sich aus drei Faktoren zusammen:

1) den Nettoschäden,

2) den Kosten der Verhaftung und Verurteilung und

3) den sozialen Bestrafungskosten.

Zur Ermittlung der Nettoschäden müssen zunächst die Bruttoschäden ermittelt werden. Diese ergeben sich aus der Summe der Einkommens-, Vermögens- und sonstigen (immateriellen) Verluste der Opfer. Von ihnen abgezogen werden dann (vor allem bei Eigentumsdelikten) die Erträge der Kriminalität (also z. B. die Beute), da diese – streng genommen – als Gut in der Gesellschaft verbleiben. Durch Saldierung beider Seiten und die dazu erforderliche Bewertung von Schäden und Erträgen in Geldeinheiten legte Becker zugleich wesentliche Grundlagen der Kosten-Nutzen-Analysen, die im nächsten Kapitel im Detail beschrieben werden.

Gerade die ökonomische Annahme des gesellschaftlichen Ertrags durch die Beute hat eine gewisse Kontroverse ausgelöst. Auch Becker stand zunächst vor der paradoxen Lösung, dass seine Theorie den sozialen Schaden durch Diebstahl nur eingeschränkt abbilden konnte. Dies führte nämlich zu der nicht plausiblen Implikation, dass Diebstahl eventuell gar nicht mit einem solchen einherginge, da es sich zunächst – rein ökonomische betrachtet – nur um eine Umverteilung von Ressourcen in der Gesellschaft handelte, vergleichbar mit der Geschichte vom edlen Robin Hood. In seinem ursprünglichen Modell löste er das Rätsel, in dem er die Aufwendungen für Waffen und die für die Gesellschaft unproduktive Zeit der Diebe und Räuber in der Vorbereitung ihrer Straftaten als Kosten hinzufügte. Rückblickend stellte er fest (vgl. Becker, 1993), dass auch die Präventions- und Abwehrmaßnahmen potenzieller Opfer als kostensteigernd aus sozialer Sicht ergänzt werden müssten; hierdurch wäre die soziale Bilanz der Umverteilung durch Diebstahl negativ.

Der zweite Faktor der sozialen Verlustfunktion ergibt sich aus den Kosten der Verhaftung und Verurteilung. Sie entstehen durch die Kosten für Gehälter und Ausrüstung von Polizei und Justiz. Becker nimmt an, dass bei einer Erhöhung des Strafmaßes die Verhaftungs- und Verurteilungskosten sinken werden, da sich die Abschreckungswirkung erhöht und damit die Fallzahl von Verbrechen und Vergehen verringern. Auch die Erhöhung der Verurteilungsquote hat einen Effekt auf die sozialen Kosten: ob dieser positiv oder negativ ist, kann theoretisch aber nicht vorhergesagt werden. Durch eine höhere Verurteilungsquote verringert sich die Zahl der Kriminalitätsfälle und hierdurch vermindern sich auch die Kosten der Justiz. Um die Verurteilungsquote zu erhöhen, ist zugleich aber ein höherer Einsatz in der Bekämpfung der Kriminalität erforderlich, der wiederum zu zusätzlichen Kosten bei Polizei, Staatsanwälten, Richtern usw. führt (Entorf und Spengler, 1998).

Der dritte und letzte Faktor sind die sozialen Kosten der Bestrafung. Sie ergeben sich zum einen aus den direkt beim Täter anfallenden Kosten der Bestrafung, z. B. dem entgangen Einkommen, psychischen Leid oder dem Konsumverzicht, und den übrigen Kosten für die Garantie der Strafe. Hierzu zählen beispielsweise die Kosten für die Gefängnisse und das Justizpersonal, aber auch die Kosten für die anschließende soziale Wiedereingliederung. Aus Sicht Beckers sind daher Strafzahlungen gegenüber Gefängnisstrafen und anderen Strafen aus mehreren Gründen vorzuziehen: Erstens können sie Kriminalität effektiv verringern, insofern die Straftäter über hinreichende finanzielle Ressourcen verfügen, da sie direkt die Kosten tragen müssen. Zweitens ist ihre Verhängung mit geringeren indirekten Kosten verbunden. Drittes kommen die Strafzahlungen als direkte Einnahmen dem Staat bzw. der Allgemeinheit zugute (Becker, 1993). Obgleich diese Argumente theoretisch konsistent sind, erfordert die Praxis aber eine andere Strafgestaltung, da hinreichende finanzielle Mittel bei der Mehrzahl der Delinquenten nicht vorhanden sind und so als Ausgleich nicht herangezogen werden können.

Durch optimale Wahl der Abschreckungsvariablen, d. h. Strafwahrscheinlichkeit und Strafhöhe, kann die Politik nun die sozialen Schäden effizient minimieren. Effizient deswegen, da die Kriminalitätsvermeidung nicht nur Schäden verringert, sondern auch Kosten verursacht. Die Minimierung der sozialen Verlustfunktion führt daher dazu, dass das optimale Maß des akzeptablen sozialen Verlusts bzw. des zu tolerierenden Kriminalitätsangebots unter Berücksichtigung der möglichen Vermeidungskosten gefunden werden kann. Änderungen in der Höhe der Vermeidungskosten gehen dabei mit Opportunitätskosten für andere öffentliche Aufgaben einher. Im Umkehrschluss bedeutet dies, dass der Nutzen nicht abgeschreckter, also zugelassener Straftaten in der Ersparnis der Kosten besteht, die für die wirksame Abschreckung hätten aufgewendet werden müssen. Kirstein (2004) gibt hierzu ein gutes Beispiel: Müsste für die weitere Senkung der Straftaten ein Kindergarten geschlossen werden (um die Kosten zu decken), dann ist der gesellschaftliche „Nutzen" der Nichtsenkung eben dieser Kindergarten. Offenkundig ist der Erhalt des Kindergartens dann vorzuziehen, wenn sein nutzenstiftender Effekt größer als der nutzensenkende Effekt der tolerierten Straftaten ist.

Beckers Modell von 1968 war Ausgangspunkt einer Vielzahl von Erweiterungen, die versuchen, wirklichkeitsnähere Varianten des Ursprungsmodells zu erarbeiten, um die Folgen von Kriminalität noch besser abschätzen zu können. Hier sollen nur zwei, aus meiner Sicht sehr wesentliche Erweiterungen, vorgestellt werden. So ergänzte Ehrlich (1996) das Modell um das Verhalten potenzieller Kriminalitätsopfer. Diese stellen die Gegenseite der Kriminalitätsanbieter in Beckers Modell dar. Hierdurch wird eine interdependente Betrachtung des „Kriminalitätsmarkts" möglich. Die potenziellen Opfer der Kriminalität reagieren entsprechend gegenläufig zur Änderung des Kriminalitätsangebots: steigt die Höhe der Kriminalität, sinkt die Toleranz der potenziellen Opfer. Die geringere Toleranz kommt dann in der Forderung bzw. der Einführung strikterer staatlicher und privater Präventionsmaßnahmen sowie einer intensiveren Strafverfolgung und höheren Strafmaßen zum Ausdruck. Zu diesen zählen auf privater Seite z. B. der Einbau von Alarmanlagen in Grundstücke und Fahrzeuge, die Verstärkung des Wachpersonals oder auch Bürgerpatrouillen. Auf staatlicher Seite sind typische Reaktionen die Erhöhung der Polizeipräsenz oder auch die Verschärfung des Strafrechts. Da sich hierdurch die Entdeckungswahrscheinlichkeit, aber auch der Aufwand für eine erfolgreiche Straftat und eventuell die Höhe der Strafe vergrößern, verringert sich der erwartete Nutzen aus einer Straftat. Hierdurch geht dann auch das Kriminalitätsangebot zurück.

Während Beckers Modell die individuelle Perspektive und Rationalität in den Mittelpunkt seiner Überlegungen stellt, haben empirische Untersuchungen gezeigt, dass es gewisse Abhängigkeiten im Kriminalitätsaufkommen gibt (d. h. Kriminalität ist ansteckend, vgl. hierzu u. a. Ludwig und Kling, 2007). Glaeser et al. (1996) formulieren daher ein Modell, das in der Lage ist, die Bedeutung sozialer Interaktionen der Täter abzubilden. Hierdurch können sie die hohe Varianz der Kriminalitätsraten zwischen verschiedenen Städten erklären (siehe hierzu auch Glaeser und Sacerdote, 1999). Durch die adäquate Modellierung der Rolle der sozialen Umgebung und der sozialen Interaktion – insbesondere in der empirischen ökonomischen Literatur – konnten wesentliche Schwierigkeiten in der Anwendung des theoretischen Erklärmodells für die beobachteten Phänomene überwunden werden. Soziale Interaktion schließt hierbei auch die sogenannten Nachbarschaftseffekte ein (siehe hierzu z. B. Kling et al., 2007). Gleichzeitig stellte die Abbildung sozialer Interaktionen einen wichtigen Brückenschlag zum Dialog mit den Nachbardisziplinen dar (Entorf und Spengler, 1998).

3.3 Der Einsatz ökonomischer Methoden zur empirischen Quantifizierung der Modellzusammenhänge

Die hohe inhaltliche Überzeugungskraft, aber auch die einschränkenden Annahmen der eben vorgestellten theoretischen Modelle haben dazu geführt, dass eine Vielzahl von empirischen Studien erarbeitet wurde, um eine Quantifizierung der unterstellten Zusammenhänge und einen Nachweis der Modellimplikationen zu zeigen. Das ökonomische Modell der Kriminalität macht deutlich, dass Kriminalität ein normales soziales Phänomen ist, dessen vollständige Beseitigung durch den Staat weder möglich noch angestrebt sein sollte (vgl. Entorf und Spengler, 2005). Auch wenn Straftaten mit erheblichen volkswirtschaftlichen Kosten für die Gesellschaft einhergehen, ist ihre Vermeidung (durch Prävention oder Abschreckung) dennoch nicht kostenfrei, sondern muss durch den Einsatz knapper öffentlicher und privater Mittel erreicht werden.

Da das Modell zugleich allgemein formuliert ist, bleibt die Bestimmung der Opportunitätskosten entsprechend der jeweiligen sozialen Wohlfahrtsfunktion eine empirische Frage. Ihre Beantwortung ist für die Bewertung und vor allem die Ausgestaltung der Prävention und der Kriminalpolitik, aber auch aller übrigen Politikbereiche von fundamentaler Bedeutung.

Die Quantifizierung dieser Größen ist dabei ein zentraler Gegenstand der empirischen Wirtschaftsforschung. Ökonomische und insbesondere ökonometrische Verfahren eignen sich zur Untersuchung ursächlicher Abhängigkeiten. Durch die statistisch-mathematische Formulierung und Schätzung kausaler Wirkungsmodelle werden, insofern die Daten entsprechend aussagekräftig sind, interpretierbare quantitative Effekte ermittelt. Diese sind dabei, je nach Modell und statistischer Güte, in der Regel in ihrer Richtung und Größenordnung eindeutig. Stehen sie in Einklang mit der zugrunde gelegten Theorie, liefern sie ein Argument gegen das Verwerfen derselben bzw. für deren Beibehalten. Stehen die empirischen Schätzergebnisse im Widerspruch zur Theorie (und wurden zuvor sorgfältig und umfänglich erarbeitet), sind sie ein wichtiger Ansatzpunkt, um die Theorie zu überarbeiten oder in ihrer Allgemeingültigkeit einzuschränken.

Ein wesentlicher Unterschied zwischen theoretischer Analyse und empirischer Anwendung ist der Grad der Komplexität. So werden in der Theorie z. B. die Kenntnis der volkswirtschaftlichen Kosten von Straftaten, die Kosten von Institutionen und Maßnahmen zur Kriminalitätsreduktion und die Wirkungsmechanismen und -stärken von Strafe und Strafverfolgung vorausgesetzt (Entorf und Spengler, 2005). Die Verfügbarkeit geeigneter, aussagekräftiger Daten, um die Modellparameter zu operationalisieren, stellt für die empirische Analyse daher gleichermaßen die größte Herausforderung dar. Sie ist zugleich die naheliegende Erklärung für z. T. widersprüchliche Ergebnisse empirischer Arbeiten zum gleichen Sachverhalt. Leamer (1983) folgert hieraus, dass Ergebnisse verschiedener empirischer Untersuchungen in bedeutender Weise von den Annahmen der Wissenschaftler abhängen.

Die Schwierigkeiten sollen hier beispielhaft für die empirische Analyse der Gültigkeit der Abschreckungswirkung von Strafe im Sinne der ökonomischen Theorie erörtert werden. Hier zeigt sich, dass die Vielzahl von Forschungsbeiträgen zur Quantifizierung der Präventivwirkung von Strafmaßnahmen gemeinsam hat, die Abschreckung im Sinne der ökonomischen Theorie der Kriminalität zumindest einem der Faktoren Strafhöhe und Strafwahrscheinlichkeit zuzusprechen. Da sich jedoch inhaltlich starke Abweichungen bei der Berücksichtigung anderer für die Kriminalität entscheidender Einflussgrößen zeigen, untersuchen Antony und Entorf (2003) mittels einer Meta-Analyse die Frage, inwiefern sich die Divergenzen in den erzielten Resultaten durch die Heterogenität der Forschungsansätze der Arbeiten erklären bzw. begründen lassen.

Sie versuchen, die geschätzten Abschreckungswirkungen in verschiedenen Studien auf Übereinstimmung hin zu untersuchen. Hierbei müssen systematische Zusammenhänge zwischen bestimmten Ergebnissen und dem inhaltlichen und methodischen Vorgehen aufgedeckt werden.

Für die empirische Analyse der Abschreckungswirkung muss zunächst einmal das theoretische Konstrukt messbar gemacht, d. h. geeignet operationalisiert werden. Hierzu finden sich als valide Maße in der Literatur die Strafwahrscheinlichkeit und die Strafhöhe. Beide sind jedoch ebenfalls kaum direkt feststellbar. Ihre Abbildung erfolgt vielmehr über Hilfsgrößen, wie die Aufklärungsquote, d. h. das Verhältnis der von der Polizei aufgeklärten Straftaten zur Anzahl der bei der Polizei bekannt gewordenen Straftaten („Fälle"). Ein umfangreiches Set an Alternativen Maßen hat Wolpin (1978) in seiner empirischen Anwendung des Becker-Modells auf England und Wales verwendet:

1. Aufklärungsquote bzw. Festnahmequote *(clear-up rate)*,

2. Anteil der Verurteilten an den Festgenommenen *(conviction rate)*,

3. Anteil der Inhaftierten an den Verurteilten *(imprisonment rate)*,

4. Anteil der Bewährungsstrafen an den Verurteilten *(recognizance rate)*,

5. Anteil der Geldstrafen an den Verurteilten *(fine rate)*,

6. Mittlere Haftstrafe für zu Haftstrafe verurteilte Straftäter,

7. Verurteilungsquote,

8. Polizeidichte,

9. Polizeiausgaben.

Die Verwendung einer solchen Vielzahl von Näherungsmaßen erlaubt die Abschreckung bzw. ihren Effekt aus verschiedenen Blickwinkeln zu messen. Sie macht aber zugleich deutlich, dass ein besonders geeignetes empirisches Maß zur Messung der Abschreckung nicht verfügbar ist. Je nach Eignung und Informationsqualität der Daten können die ermittelten empirischen Ergebnisse dann besser oder schlechter mit der theoretisch definierten Größe zusammenpassen.

Neben der zentralen Größe der Abschreckungswirkung müssen in einer aussagekräftigen empirischen Modellierung aber auch weitere, die Kriminalität beeinflussende Faktoren berücksichtigt werden, um Scheinkorrelationen zu vermeiden und Verzerrungen zu reduzieren. Kriminalität ist in der ökonomischen Theorie Ergebnis einer individuellen Kosten-Nutzen-Abwägung. In der Modellierung spielen daher Opportunitätskosten bei Bestrafung im Sinne eines Verlusts legaler Verdienstmöglichkeiten eine Rolle sowie die ökonomischen Anreize zur Einkommenserzielung (legal sowie illegal). Die wichtigsten Größen, die hierfür als maßgeblich angenommen werden können, sind (vgl. Antony und Entorf, 2003):

1. **Einkommensmöglichkeiten:**

Sie können z. B. über das Pro-Kopf-Einkommen, die Arbeitslosigkeit, die Ausbildung, die Einkommensverteilung oder auch die Einkommensungleichheit abgebildet werden.

2. **Demographie:**

Gerade in Bezug auf die Kriminalität(swahrscheinlichkeit) hat die demographische Struktur eine besondere Bedeutung, wobei z. B. das Alter, der Anteil junger Männer, der Ausländeranteil oder die Bevölkerungsdichte sich als Größen mit besonderem Erklärungsgehalt gezeigt haben.

3. **Sozio-kriminologische Variablen:**

Hierzu zählen Größen, wie z. B. der Ehestand, der Anteil alleinerziehender Mütter, die Scheidungsrate oder der Urbanisierungsgrad.

4. **Drogenkonsum**

Antony und Entorf (2003) untersuchen auf Basis von zehn empirischen Analysen mit quantitativen empirischen Resultaten zur Präventionswirkung von Strafe, inwiefern sich ein konsistentes Bild aus den Studien ergibt. Hierbei werden verschiedene Kriminalitätskategorien in den Studien berücksichtigt (Autodiebstahl, Einbruch, Diebstahl, Mord, Raub sowie die allgemeine Kriminalität). Da zum Teil unterschiedliche Kriminalitätskategorien berücksichtigt werden, werden insgesamt 31 Ergebnisse berücksichtigt.

Alle bis auf eine der von Antony und Entorf (2003) berücksichtigten Studien finden signifikante Abschreckungseffekte. Nicht überraschend (und in Einklang mit den theoretischen Ausführungen von Becker) sind die durchschnittlichen Effekte für die Eigentumsdelikte Diebstahl und Einbruch deutlich stärker als für Mord. Dieses Ergebnis stützt die allgemeine Beobachtung der besseren Passfähigkeit der ökonomischen Theorie der Kriminalität für Eigentumsdelikte im Vergleich zu Gewaltdelikten. Bei weiterer Berücksichtigung von demographischen und sozio-kriminologischen Variablen (10 Resultate) zeigt sich dann jedoch, dass die Effekte schwächer werden. Ihre Richtung bleibt aber weiter bestehen. Die Meta-Analyse von Antony und Entorf impliziert, dass ein Abschreckungseffekt von Strafe via Strafgewissheit existiert. Ihre weiteren Untersuchungen deuten darauf hin, dass ein fundamentaler Abschreckungseffekt vorliegt, aber über die Größenordnung auf dieser Basis nichts gesagt werden kann.

Diese Betrachtung macht deutlich, dass eine allgemeine bzw. verallgemeinerbare quantitative Analyse ausgesprochen schwierig ist. Gerade diese Quantifizierbarkeit der Zusammenhänge ist aber für die aktive Gestaltung wesentlich, um effiziente Entscheidungen unter dem Grundsatz knapper Mittel treffen zu können. Die Weiterentwicklung des ökonomischen Instrumentariums und die empirische Messbarkeit entscheidender Verhaltens- und Modellparameter, auch durch den interdisziplinären und internationalen Dialog sind daher unabdingbare Forschungsnotwendigkeiten für eine informierte Präventions- und Kriminalpolitik.

3.4 Fazit

Kriminalität verursacht ganz erhebliche volkswirtschaftliche Schäden. Sie entstehen z. B. durch Verluste von Kriminalitätsopfern, die öffentlichen Ausgaben für Polizei, Justiz, Strafvollzug und Bewährungshilfe. Die optimale Vorbeugung und Bekämpfung der Kriminalität ist daher auch als traditionelles volkswirtschaftliches Allokationsproblem zu sehen: knappe öffentliche Ressourcen müssen einer möglichst effizienten Verwendung zugeführt werden. Auch die Überlegungen zum individuellen Verhalten haben deutlich gemacht, dass die Häufigkeit bestimmter Straftaten (vor allem der Eigentumsdelikte) direkt von ökonomischen Größen beeinflusst wird. Die Berücksichtigung der umfangreichen Erkenntnisse aus der Ökonomik kann auch hier zu einem besseren Verständnis und der Erklärung von Verhaltensweisen beitragen.

Dieses Kapitel hat versucht, einen kurzen und keineswegs vollständigen Überblick über die Kriminalität als ökonomisches Forschungsgebiet zu geben. Auch wenn die Beschäftigung mit der Kriminalität in den Wirtschaftswissenschaften im deutschsprachigen Raum ein Nischenfach ist, wurden international in den vergangenen fünf Dekaden eine Reihe von sehr wesentlichen ökonomischen Überlegungen und Arbeiten erstellt, die zum einen für eine verstärkte ökonomische Forschung auf diesem Gebiet in Deutschland, zum anderen für einen intensive(re)n Austausch mit Wirtschaftswissenschaftlern zu Fragen der Prävention und Kriminalpolitik sprechen.

Die Denkweise und das theoretische sowie statistisch-mathematische Instrumentarium der Wirtschaftswissenschaften eignen sich dabei nicht nur, um die Zusammenhänge zwischen Kriminalität und Ökonomie zu modellieren und zu untersuchen, sondern auch, um Kosten-Nutzen- und Kosten-Wirksamkeits-Analysen eingesetzter Mittel und Interventionen zu erarbeiten. Ihre Verwendung im gesellschaftlichen Dialog kann zu einer Objektivierung und begründeten Ausgestaltung in der Politik beitragen. Die Ansätze und das Instrumentarium, die bzw. das zur Beurteilung und Erarbeitung von Kosten-Wirksamkeits- bzw. Kosten-Nutzen-Analysen durch die Wissenschaft in den vergangenen Jahrzehnten im internationalen Raum erarbeitet worden ist, werden im folgenden Kapitel vorgestellt.

4. METHODEN DER KOSTEN-WIRKSAMKEITS-ANALYSE UND KOSTEN-NUTZEN-ANALYSE

4.1 Einführung

Insbesondere im angelsächsischen Raum werden Kosten-Nutzen-Analysen für die Beurteilung und Gestaltung vieler Politikbereiche eingesetzt. Neben ökologischen, ökonomischen und sozialen Projekten und Interventionen werden auch im Bereich der Kriminalprävention und der Kriminalpolitik die Aktivitäten zunehmend mit dieser Methode bewertet (Dossetor, 2011). Beispiele finden sich unter anderem bei Aos (2002), Cohen (2000), Farell et al. (2005) oder McDougall et al. (2003).

Die erheblichen volkswirtschaftlichen Schäden durch Kriminalität in Verbindung mit den knappen verfügbaren Ressourcen, die zur Prävention eingesetzt werden können, sind überzeugende Argumente für die systematische Durchführung von Kosten-Nutzen-Analysen. Cohen (2000) schrieb hierzu entsprechend (S. 263):

„Despite their widespread use, cost-effectiveness and benefit-cost analyses have not been staples of the criminal justice policy analyst's tool kit. This is rapidly changing in response to both increased public demand for accountability of government agencies and the availability of new data and analysis techniques for identifying costs of crime. [...] Cost-benefit analysis has arrived in the criminal justice policy arena, and it will not go away."

Sie sind ein Instrument, das den Vergleich der Vorteile und Nachteile bestimmter Programme oder Interventionen gegenüber alternativen Verwendungen (einschließlich der Option, gar nichts zu tun) erlaubt und hierzu die Vorteile in standardisierten monetären Größen bewertet (Aos, 2002). Durch eine Kosten-Nutzen-Analyse können daher Präventionsprogramme und die Kriminalpolitik aus ökonomischer Sicht beurteilt werden und so Entscheidungen im Hinblick auf Modifikationen, Ausweitungen oder Einstellungen der Aktivitäten unterstützen (Dhiri und Brand, 1999). Wichtig zu unterscheiden ist allerdings, dass eine Kosten-Nutzen-Analyse keine Programm-Evaluation ist bzw. ersetzen kann. Während die Evaluation Erkenntnisse liefert, ob ein Programm funktioniert und wirksam ist, d. h. seine bzw. bestimmte Ziele erreichen kann, quantifiziert die Kosten-Nutzen-Analyse die erwarteten Kosten und Nutzen.

Obwohl es eine Reihe verschiedener Ansätze zur ökonomischen Bewertung von Interventionen und Aktivitäten gibt, sind die Kosten-Nutzen-Analyse und die Kosten-Wirksamkeits-Analyse die gebräuchlichsten Methoden. Der Hauptunterschied zwischen beiden Ansätzen liegt darin, dass in der Kosten-Wirksamkeits-Analyse ausschließlich die Kosten in monetären Größen betrachtet werden; in der Kosten-Nutzen-Analyse werden darüber hinaus auch der Nutzen bzw. die Wirkungen des Programms in monetären Größen beurteilt.

4.2 Die Kosten-Wirksamkeits-Analyse

Mit Hilfe der Kosten-Wirksamkeits-Analyse werden die Kosten einer Maßnahme in das Verhältnis zu ihrem Ergebnis gestellt. Kostenwirksamkeit drückt also aus, wie viel „Input" erforderlich ist, um ein bestimmtes Ergebnis (oder „Output") zu erreichen. Sie stellt somit einen ersten Zusammenhang zwischen Aufwand (in Geldeinheiten) und Ergebnis her. Der zu berechnende Kosten-Wirksamkeitskoeffizient (KWK, Mcintosh und Li, 2012) ist:

$$KWK = \frac{\text{Gesamtkosten des Programms}}{\text{Netto-Effekt des Programms}} \qquad (1)$$
$$= \frac{\text{Gesamtkosten des Programms}}{\text{Effekt}_{\text{Intervention}} - \text{Effekt}_{\text{Kontrollgruppe}}}.$$

In der Kosten-Wirksamkeits-Analyse müssen dementsprechend verschiedene, alternative Maßnahmen, die alle das gleiche Ergebnis erreichen, verglichen werden. Das Projekt bzw. die Maßnahme, die das präferierte Ergebnis mit dem geringsten Aufwand erzeugt, ist zu bevorzugen. Es hat zugleich den kleinsten Kosten-Wirksam-keitskoeffizienten und ist in der Logik von Kostenwirksamkeit auszuwählen. Um verschiedene Programme oder Aktivitäten in einer Kosten-Wirksamkeits-Analyse vergleichen zu können, müssen alle auf das gleiche Ziel hinwirken, damit die Ergebnisdimension identisch ist. Außerdem müssen die eingesetzten Mittel in gleicher Weise ermittelt bzw. ermittelbar sein.

Um die zugrundeliegende Idee zu verdeutlichen, soll folgendes Beispiel dienen: Um die Zahl der Autodiebstähle in einem bestimmten Gebiet zu verringern, könnte z. B. die Häufigkeit der Streifengänge erhöht oder die sichere Verwahrung durch Bau von Garagen verbessert werden. Während die Streifengänge zu zunächst geringeren, aber wiederkehrenden Kosten führen, ist der Bau von Garagen durch hohe Fixkosten geprägt. Beide Maßnahmen sind zudem mit unterschiedlichem Verwaltungsaufwand verbunden. Unter Annahme der gleichen Wirksamkeit (d. h. der gleichen Verringerung der Autodiebstähle) kann dann die kostengünstigere Maßnahme gewählt werden.

Für die Ermittlung der gesamten Maßnahmenkosten ist daher zunächst eine Analyse der Kosten erforderlich, um alle erforderlichen Aufwandsgrößen zu identifizieren. Im Zusammenhang mit einem Präventionsprogramm sind dies die Verwaltungskosten (einschließlich der Personalkosten), die Kapitalkosten und die indirekten Kosten:

Tabelle 1: Beispiele für administrative Kosten, Kapitalkosten und indirekte Kosten

Kostenart	Beispiele
Administrative Kosten	Gehälter für Personal, Aus- und Weiterbildungskosten
Kapitalkosten	Verwaltungsgebäude (Mieten, Nebenkosten, Verbauchskosten), Ausstattung, Fahrzeuge, Versicherungen, Transport
Indirekte Kosten	Leistungen durch ehrenamtliche Helfer

Quelle: McIntosh und Li (2012), eigene Darstellung.

Die Betrachtung und Erfassung der Kosten allein erlaubt aber keine Aussage über die Wirkungen bzw. Wirksamkeit des Präventionsprogramms. Hierzu sind Informationen über die Veränderungen in den Zielgrößen der Intervention (z. B. Reduktion der Autoaufbrüche durch Veränderung der Straßenbeleuchtung oder der Verwahrung) erforderlich. Diese können nur über eine Evaluation (siehe unten) ermittelt werden.

Obgleich die Anwendung von Kosten-Wirksamkeits-Analysen dazu beiträgt, die effiziente Mittelverwendung zu beurteilen, erlaubt sie dennoch keine Beurteilung des absoluten Nutzens der beurteilten Maßnahme. Der Hauptgrund liegt darin, dass sie in der Nutzenbetrachtung nicht die möglichen, weitreichenden Effekte für die Gesellschaft berücksichtigt, und dass sie diese Nutzeneffekte auch nicht monetär bewertet, um sie in der gleichen Dimension wie die Kosten zu evaluieren.

Zwei zentrale Einschränkungen ergeben sich daraus: Erstens ist es nicht möglich, eine Renditeaussage zu machen (also den *return on investment* zu beurteilen). D. h. welche Schadensvermeidung (ausgedrückt in Geldeinheiten) wird pro eingesetzter Geldeinheit erreicht. Zweitens ist auch keine Beurteilung der gesamten Schadensvermeidung (wiederum ausgedrückt in Geldeinheiten) durch das eingesetzte Programm möglich.

4.3 Die Kosten-Nutzen-Analyse

4.3.1 Idee

Die Kosten-Nutzen-Analyse erweitert die Kosten-Wirksamkeits-Analyse durch die (ebenfalls) monetäre Bewertung der Programmergebnisse. Bezogen auf die Prävention erlaubt sie daher die Feststellung, welche Schadensvermeidung (in Euro) pro eingesetztem Euro erreicht wird. Sie macht damit deutlich, wie effizient, d. h. wirtschaftlich, ein bestimmtes Ziel erreicht werden kann.

Ausgedrückt wird die Wirtschaftlichkeit dabei über das Nutzen-Kostenverhältnis. Da beide Größen (der Nutzen als Ergebnis des Programms, aber auch die Kosten) in monetären Größen in die Verhältniszahl eingehen, ist der Nutzen-Kosten-Koeffizient (NKK) selbst dimensionslos. Er gibt den Nutzen (in der zugrundeliegenden Geldeinheit, z. B. Euro) pro eingesetzter Geldeinheit an. Seine Berechnung erfolgt nach folgender Formel:

$$NKK = \frac{\text{Vermiedene gesellschaftliche Kosten} \times \text{Netto-Effekt des Programms}}{\text{Gesamtkosten des Programms}} \quad (2)$$

$$= \frac{\text{Mögliche gesellschaftliche Einsparungen} \times \text{Netto-Effekt des Programms}}{\text{Gesamtkosten des Programms}}$$

$$= \frac{\text{Gesamter gesellschaftlicher Vorteil}}{\text{Gesamtkosten des Programms}}.$$

Im Kontext der Prävention könnte der Nutzen-Kostenkoeffizient dann wie folgt konzeptualisiert werden (McIntosh und Li, 2012):

$$NKK = \frac{\begin{array}{c}\text{Vermiedene gesellschaftliche Kosten (pro Straftat)} \\ \times \text{Netto-Effekt des Programms (verhinderte Straftaten)}\end{array}}{\text{Gesamtkosten des Programms}}. \quad (3)$$

Wäre der Nutzen-Kosten-Koeffizient eines Einbruchspräventionsprogramms z. B. 1,35:1, dann würde jeder eingesetzte Euro für dieses Programm einen Nutzen von 1,35 Euro stiften (z. B. durch die Vermeidung zukünftiger Einbrüche), vgl. Dossetor (2011). Der ökonomische Nettoerfolg eines Programms wird in der Kosten-Nutzen-analyse als Differenz des Gesamtnutzens (in Geldeinheiten) und der Gesamtkosten (in Geldeinheiten) ermittelt. Je höher der Nutzen-Kosten-Koeffizient und der ökonomische Nettoerfolg einer Intervention sind, umso wertvoller ist sie.

Die Durchführung einer vollständigen Kosten-Nutzen-Analyse erfordert nach Barnett (1993) sechs Arbeitsschritte. Diese sind:

1. Festlegung des Gültigkeitsbereichs,

2. Beschaffung von Schätzergebnissen über die Programmwirkungen,

3. Quantifizierung des Nutzens und der Kosten in monetären Größen,

4. Berechnung des Gegenwartswerts und Beurteilung der Wirtschaftlichkeit,

5. Identifizierung der Verteilung von Kosten und Nutzen,

6. Überprüfung der Robustheit der Implikationen und Schlussfolgerungen durch Durchführung einer Sensibilitätsanalyse (*sensitivity analysis*).

4.3.2 Festlegung des Gültigkeitsbereichs

Die Festlegung des Gültigkeitsbereichs der Analyse dient dazu, den Blickwinkel der Analyse zu bestimmen. Dieser definiert nämlich den Horizont des einzubeziehenden Nutzens und identifiziert die Grenzen des Vergleichs. Der Blickwinkel gibt den Adressaten an, aus dessen Sicht die Kosten-Nutzen-Analyse erfolgen soll. Für die Analyse der Präventions- und Kriminalpolitik sind dies in der Regel die Regierung bzw. der Steuerzahler und die möglichen Kriminalitätsopfer.

Eine klare und eindeutige Festlegung des Blickwinkels ist daher sehr wesentlich für die Abgrenzung der erforderlichen Informationen, aber auch für die Interpretation der Ergebnisse und damit die Beurteilung des Projekts. Soll das Projekt zum Beispiel im Hinblick auf seinen gesellschaftlichen Nutzen beurteilt werden, müssen auch der entsprechende Nutzen für die Gesellschaft und die Kosten für die Gesellschaft vollständig abgebildet werden (Welsh und Farrington, 2000).

4.3.3 Schätzung der Programmwirkungen
Zur Evaluation von Programmeffekten

Entscheidend für die Aussagekraft einer Kosten-Nutzen-Analyse ist zunächst die Beantwortung der Frage, ob das Projekt bzw. Programm wirkt. Hierzu muss die Wirkung des Programms gegenüber der Situation geschätzt werden, die ohne das Programm eingetreten wäre, d. h. der kausale Effekt des Programms bestimmt werden (Wirkungsanalyse oder Evaluation). Ohne eine solche kausale Evaluation bzw. Kenntnis des Programmerfolgs kann keine aussagekräftige Kosten-Nutzen-Analyse durchgeführt werden.

Für eine Evaluation ist zunächst die Ergebnisvariable eindeutig zu definieren. Diese Ergebnisvariable hat sich dabei am Programmzweck zu orientieren, d. h. sie soll die Zielsetzung quantitativ operationalisieren, und ist Grundlage der Beurteilung des Nutzens. Am Beispiel eines Präventionsprogramms mit dem Ziel der Verringerung von Autodiebstählen könnte als Indikator die Anzahl der Autodiebstähle in einem bestimmten Zeitintervall verwendet werden. Die Wirkung des Programms wäre dann die Verringerung dieser Anzahl, die allein auf das Programm zurückführen ist, ohne dieses also nicht entstanden wäre.

Hierbei ist zunächst zu vernachlässigen, ob auch ohne Programm ein Erfolg entstanden wäre oder nicht, da nur der zusätzliche Erfolg zu ermitteln ist. Dieser zusätzliche Erfolg (oder Misserfolg) wird als kausaler Effekt des Programms bezeichnet. Bei der anschließenden Bewertung der Effizienz muss der zusätzliche Erfolg aber in der Regel in Relation zu der auch ohne Programm entstandenen Änderung in der Ergebnisvariablen bewertet werden.

Das fundamentale Problem der Evaluation ergibt sich nun daraus, dass der zusätzliche Erfolg (Treatment-Effekt) durch das Programm nicht beobachtbar ist. Da jede Beobachtungssituation zum selben Zeitpunkt nur einmal und damit nur in einem bestimmten Zustand beobachtet werden kann (z. B. die Zahl der Autodiebstähle in Region x im Zeitraum y), ist auch die Differenz zwischen dem Ergebnis mit Programm (*Treatment*) und dem Ergebnis ohne Programm (*Control*) nicht direkt bestimmbar.

Der kausale Effekt des Programms auf die Ergebnisgröße kann nicht direkt ermittelt werden. Das Kernproblem jeder (mikroökonomischen) Wirkungsanalyse ist dementsprechend im Fehlen von Daten über den kontrafaktischen Zustand zu sehen, im Beispiel also über die Zahl der Autodiebstähle ohne Durchführung des Programms. Um dieses Problem zu lösen und den Programmeffekt zu schätzen, gibt es eine Reihe verschiedener Evaluationsmethoden. Die Auswahl des für den Untersuchungszweck geeigneten Verfahrens hängt im Wesentlichen von drei Faktoren ab,

1.   der Fragestellung,

2.   der Art und Qualität der verfügbaren Daten und

3.   dem Zuweisungsmechanismus.

Aus der Fragestellung (z. B. Ziel des Präventionsprogramms) ergibt sich zunächst ein klarer Hinweis auf den Parameter, der ermittelt werden soll. Sie definiert zudem mehr oder weniger exakt die Vergleichsgruppe, die zur Approximation des kontrafaktischen Ergebnisses gesucht werden muss. Unter der Annahme eines unterschiedlichen Nutzens aus der gleichen Maßnahme in verschiedenen Situationen (heterogener Maßnahmeneffekt) ergeben sich auch unterschiedliche Ergebnisse für die Treatment-Situation und die Vergleichssituation. Dies führt dann zu unterschiedlichen durchschnittlichen Schätzparametern der Maßnahmeneffekte, die in der Literatur vorgeschlagen werden.

Die praktische Ermittelbarkeit des interessierenden Effekts hängt entscheidend von der Art und Qualität der verfügbaren Daten ab. Sind überhaupt Informationen über die Vergleichssituation vorhanden, die eine Abbildung der kontrafaktischen Situation erlauben? Sind diese Informationen vollständig oder unvollständig, d. h. ist neben der beobachtbaren auch mit einer unbeobachtbaren Heterogenität umzugehen? Und schließlich haben die Daten auch einen entscheidenden Einfluss auf die Wahl und die Aussagekraft der Ergebnisvariablen, da sie die Dimension des geschätzten Effekts bestimmt.

Wie die kontrafaktische Situation aussieht, d. h. was als potenzielle Kontrollsituation genutzt werden kann, hängt von dem Zuweisungsmechanismus und damit der Reichweite ab, mit der das Programm vergeben bzw. durchgeführt wird. Unter Berücksichtigung der Zuweisungsregeln, der zugrunde gelegten Fragestellung und den zur Verfügung stehenden Daten wird eine Vergleichssituation gesucht, die sich nur in der tatsächlichen Durchführung des Projekts unterscheidet.

Aufbauend auf diesen Anforderungen wurde in den vergangenen drei Jahrzehnten in den Wirtschaftswissenschaften ein Instrumentarium entwickelt, dass eine objektive und sachgerechte Identifikation von Wirkzusammenhängen ermöglichen kann. Diese Form der Kausalanalyse versucht dabei in rigoroser Weise Ursache und Wirkung von allen übrigen Einflüssen zu isolieren. Daher wird von einer *„Glaubwürdigkeitsrevolution in der empirischen Wirtschaftsforschung"* gesprochen (vgl. Angrist und Pischke, 2010). Ein solches Vorgehen ist in den Naturwissenschaften seit langem verbreitet. Um die Wirkung einer Intervention auf eine Zielgröße zu ermitteln, die nur auf die Intervention zurückzuführen ist, werden dort in der Regel im Labor unter idealen experimentellen Voraussetzungen alle weiteren Einflusskanäle kontrolliert bzw. ausgeschaltet. Die Änderung der Zielgröße ist dann allein auf den Umfang (z. B. in Zeit oder Intensität) der Intervention zurückzuführen.

Die einschlägige Literatur bietet heute eine Vielzahl unterschiedlicher Schätzverfahren zur Ermittlung der Treatment-Effekte. Die wesentlichen Unterschiede der Verfahren liegen dabei in der Art und der Strenge der getroffenen Annahmen zur Identifikation der kausalen Effekte. Insbesondere der Umgang mit den verschiedenen Einflüssen auf den Selektionsprozess, d. h. der Einbezug beobachtbarer und unbeobachtbarer Einflüsse, variiert hierbei deutlich zwischen den Methoden. Daneben unterscheiden sich die Methoden aber auch hinsichtlich der Aussagekraft der geschätzten Parameter. So erlauben die Methoden mit strengeren Annahmen in der Regel auch die Ermittlung allgemeiner oder verallgemeinerbarer Effekte, während die Methoden mit (zumindest theoretisch) weniger strengen Annahmen in der Regel auch weniger allgemeine Parameter für die Treatment-Effekte identifizieren.

Im Folgenden soll hierzu eine Auswahl moderner Evaluationsmethoden vorgestellt werden, wobei ich mich auf experimentelle und quasi-experimentelle Verfahren zur Approximation der kontrafaktischen Situation beschränken werde. Die Auswahl umfasst soziale Experimente, natürliche Experimente sowie Matching (und eine Kombination mit Differenz-von-Differenzen). Weitergehende Ansätze, die bei Verwendung nicht-experimenteller Daten das Endogenitätsproblem der Selektion ökonometrisch durch Einbezug sogenannter Instrumentalvariablen lösen, wie z. B. Instrumentvariab-lenschätzer, der Regression Discontinuity Design Schätzer und die multivariaten Verweildauermodelle werden hier nicht erörtert. Hierzu wird auf die ausführlichen Arbeiten z. B. von Heckman et al. (1999) und Blundell und Costa Dias (2008) verwiesen.

Soziale Experimente

In einem sozialen Experiment werden die Beobachtungsobjekte in die Treatment- und Kontrollgruppe vergleichbar einem Laborexperiment zufällig zugeordnet. Bei sorgfältiger Durchführung kann angenommen werden, dass die Zufallszuweisung (*Randomisierung*) das korrekte Kontrafaktum produziert und daher eine Verzerrung der Ergebnisse durch Selbstselektion ausgeschlossen werden kann. Konkret wird angenommen, dass sowohl beobachtbare als auch unbeobachtbare Teile im Ergebnis als auch der ermittelte Treatment-Effekt unabhängig von der Wahrscheinlichkeit sind, das Treatment zu erhalten. Der mittlere Treatment-Effekt kann dementsprechend aus der Differenz der beobachteten Ergebnisse für die Treatment- und Kontrollgruppe identifiziert werden. Die Klarheit dieses Designs, die zu einer weiten Verbreitung in der Evaluation politischer Interventionen in Nordamerika geführt hat, ist der entscheidende Vorteil der Methode.

Allerdings ist ein experimentelles Evaluationsdesign auch mit Einschränkungen verbunden. Durch die Zufallszuweisung wird möglicherweise der tatsächliche Zuweisungs- oder Vergabeprozess ignoriert, der bei einer flächendeckenden Nutzung eingesetzt werden würde. Dies kann die Generalisierbarkeit der Ergebnisse einschränken. Darüber hinaus können auch eine Reihe kontaminierender Faktoren vorliegen, die ebenfalls die Aussagekraft beeinträchtigen. Hierzu zählen z. B. systematische Unterschiede im Abbruchrisiko von Treatment- und Vergleichsgruppe, Verdrusseffekte in der Vergleichsgruppe sowie Substitutionseffekte in der Vergleichsgruppe durch Teilnahme oder Durchführung ähnlicher Programme oder Projekte.

Zudem ist die Anwendbarkeit sozialer Experimente aufgrund ethischer oder gesetzlicher Vorbehalte eingeschränkt. Gerade im Bereich der Kriminalpolitik oder Prävention könnte dies in extremen Situationen nämlich den Tod oder die nachhaltige Schädigung der Opfer in der Vergleichsgruppe riskieren bzw. bedeuten. Nichtsdestotrotz sind soziale Experimente, wenn sorgfältig implementiert, im Vergleich zu den übrigen Evaluationsmethoden mit der am besten zu begründenden Plausibilität der identifizierenden Annahmen des kausalen Programmeffekts verbunden.

Natürliche Experimente

In Analogie zu den sozialen Experimenten verwendet die Methode der Natürlichen Experimente natürlich auftretende Phänomene, die eine Form der zufälligen Zuweisung in die Treatment- und Vergleichsgruppe oder die Anspruchsberechtigung für das Treatment bedingen. Die Schätzung des Effekts erfolgt durch Vorher-Nachher-Vergleich zwischen den Gruppen. Dies ist formal identisch mit dem sogenannten Differenz-von-Differenzen-Verfahren (*difference-in-differences estimator, DiD*), bei dem ein natürlich auftretendes Phänomen die Politikänderung (das Treatment) in einer Gruppe auslöst, während die andere Gruppe davon nicht beeinflusst ist.

Typische Beispiele hierfür sind eine Änderung der Gesetzgebung, die bei zwei ähnlichen Gruppen von Personen nur die eine betrifft (z.b. räumlich angrenzende Verwaltungsbezirke), eine Änderung der Anspruchsberechtigung zur Teilnahme, die für eine Gruppe zutrifft, aber für die andere nicht, oder eine „Naturkatastrophe", die zwei vergleichbare geographische Areale in unterschiedlicher Weise betrifft (z. B. Wegfall/Insolvenz einer Institution oder Trägers der Prävention). Als Grundlage für die Anwendung eines DiD-Schätzers sind Daten im Längsschnitt erforderlich. Unter der Annahme, dass z. B. der Politikwechsel in Zeitpunkt k stattfindet, muss jede Beobachtungseinheit vor *(t0<k)* und nach *(t1>k)* dem Politikwechsel beobachtet werden. Für die Identifikation müssen dabei die folgenden zwei Annahmen zutreffen:

1. *Gemeinsamer Trend:*

   Die Entwicklung der Ergebnisse von Treatment- und Vergleichsgruppe werden durch einen unabhängigen Schock auf aggregierter Ebene in gleicher Weise beeinflusst.

2. *Keine Selektion aufgrund eines vorübergehenden Schocks:*

   Vorübergehende, unbeobachtbare Schocks, die das Verhalten in Bezug auf die Treatment-Wahrscheinlichkeit beeinflussen, treten nicht auf.

Unter der Annahme der Zufälligkeit durch den Politikwechsel (daher: natürliches Experiment) kann eine Selektion aufgrund von Ergebnissen der Vergleichsgruppe in der ersten Differenz dann ausgeschlossen werden.

Auch bei der Unterstellung der Situation eines natürlichen Experiments sind einige Einschränkungen zu beachten, für die allerdings Korrekturmöglichkeiten (unter Berücksichtigung weiterer Annahmen) in der Literatur vorgeschlagen werden. Die wesentlichen Einschränkungen sind:

• *Selektion aufgrund spezifischer temporärer Schocks („Ashenfelter's Dip"):*

   Ändert z. B. die Treatment-Gruppe ihr Verhalten vor dem Politikwechsel in Antizipation des Treatments, ist das Referenzergebnis vor dem Programm (die Basis der ersten Differenz) verzerrt.

• *Vorliegen unterschiedlicher makroökonomischer Trends:*

   Wenn die Gruppen der Anspruchsberechtigten und Nichtanspruchsberechtigten unterschiedlich auf makroökonomische Änderungen reagieren, ist die Annahme des gemeinsamen Trends verletzt. Z. B. können sich im Abschwung die Häufigkeiten von Straftaten und Delikten in einer Gruppe stärker ändern als in der anderen Gruppe (unabhängig von der Durchführung des Projekts oder Programms).

Diese Einschränkungen führen dazu, dass der durchschnittliche Treatment-Effekt nicht oder nicht interpretierbar identifiziert werden kann. Eine argumentative Plausibilisierung der getroffenen Annahmen ist dementsprechend aufwändiger als im Fall eines sozialen Experiments als Grundlage der Evaluation.

Matching-Verfahren

In der Evaluation arbeitsmarktpolitischer Programme weit verbreitet ist die Anwendung sogenannter Matching-Verfahren. Diese werden zunehmend auch in anderen Politikbereichen eingesetzt. Die grundlegende Idee ist die Reproduktion der Treatment-Gruppe aus der Vergleichsgruppe mit dem Unterschied der Teilnahme, d. h. die Herstellung experimenteller Bedingungen bei nichtexperimenteller Ausgangslage. Matching wird daher auch als quasi-experimentelles Verfahren bezeichnet. Unter den hierzu erforderlichen Annahmen konstruiert Matching dann das korrekte Kontrafaktum zur Treatment-Gruppe, wenn diese das Treatment nicht erhalten hätte.

Dies erfolgt durch Paarbildung zwischen Beobachtungen der Treatment-Gruppe und Beobachtungen der Vergleichsgruppe *(„statistische Zwillinge")*, wobei vergleichbare Paare auf unterschiedliche Weise gebildet werden können. Matching-Verfahren eignen sich zur Identifikation verschiedener Parameter für die Treatment-Effekte. Aufgrund der in der Regel spezifischen Selektion in die Programme, wird überwiegend der durchschnittliche Effekt der Teilnahme für Teilnehmer *(Average Effect of Treatment on the Treated)* geschätzt.

Wenn Präventionsmaßnahmen spezifisch bzw. unzufällig eingesetzt werden, d. h. die Teilnehmerinnen und Teilnehmer sich von den durchschnittlichen Personen in bestimmter Weise unterscheiden, ist dies der aussagekräftigere Parameter gegenüber dem durchschnittlichen Effekt des Programms für alle Personen. Er gibt den zusätzlichen Beitrag in der Ergebnisgröße des Programms für die Teilnehmer wieder, für die das Programm intendiert und konzipiert ist. Bei homogenen Effekten der Programme wären beide Effekte identisch; aufgrund der spezifischen Vergaberegelungen und der großen Zahl unterschiedlicher Programme ist in der Realität üblicherweise von heterogenen Effekten auszugehen.

Der Einsatz eines Matching-Verfahrens erfordert als identifizierende Annahme, dass alle Einflüsse, die auf die Zuweisung und das Ergebnis gemeinsam wirken, beobachtet und in der Analyse berücksichtigt werden. Dann gilt die sog. Annahme der bedingten Unabhängigkeit, nämlich dass das beobachtete Ergebnis der auf die Merkmale der Treatment-Gruppe konditionierten Vergleichsgruppe nicht durch das Treatment beeinflusst wird. Dies ist eine sehr große Anforderung. Ist sie jedoch erfüllt, wird durch das Matching-Verfahren eine experimentelle Kontrollgruppe repliziert, die zugleich die Intention zur Teilnahme berücksichtigt.

Daneben müssen außerdem geeignete Beobachtungen einer gematchten Vergleichs-gruppe verfügbar sein (Annahme eines gemeinsamen Stützbereichs der Merkmals-verteilungen in Treatment- und Vergleichsgruppe). Dieser gemeinsame Stützbereich impliziert, dass für jeden Teilnehmenden auch mindestens eine nichtteilnehmende Person verfügbar ist, deren Ergebnis zur Approximation der kontrafaktischen Situa-tion verwendet werden kann. Um dies zu gewährleisten, dürfen die berücksichtigten Merkmale aber zugleich die Teilnahme nicht perfekt vorhersagen.

Aufgrund dieser beiden konträr formulierten Annahmen ist die Auswahl der Variablen in der empirischen Anwendung schwierig. Zum einen erfordert die Annahme der be-dingten Unabhängigkeit, dass sie die Selektion und das Ergebnis möglichst vollstän-dig abbilden sollten, da es sonst zu einer fehlerhaften oder verzerrten Schätzung des wahren Treatmenteffekts kommen kann. Zum anderen können zu umfangreiche Infor-mationen zu einem Verlust des gemeinsamen Stützbereichs führen; die Interpretation des geschätzten Effekts ist dann nur für Personen im gemeinsamen Stützbereich der Verteilungen möglich. Darüber hinaus ist nicht per se klar, welche Informationen die „relevanten" Informationen sind. Die Auswahl erfordert eine entsprechend sorgfältige inhaltliche und statistische Begründung.

Kombination von Matching und DiD (MDiD)

Bei Verfügbarkeit von Paneldaten, d. h. wiederholte Beobachtungen für beide Grup-pen, können Matching und der DiD-Schätzer kombiniert werden, um die Strenge der Annahmen beider Verfahren zu verringern. Wie beschrieben erfordert die Annahme der bedingten Unabhängigkeit für den Matching-Schätzer sehr informative Daten, da der Prozess der Erwartungsbildung über das zukünftige Ergebnis anhand beob-achtbarer Merkmale vollständig erfasst werden muss. Der DiD-Schätzer hingegen erfasst unbeobachtbare Einflüsse auf das Ergebnis ohne Teilnahme, die die Teilnah-meentscheidung beeinflussen, solange sie zeitkonstant sind. Bei Kombination beider Annahmen kann die Annahme der bedingten Unabhängigkeit entsprechend abge-schwächt werden, da nun nur Änderungen und nicht mehr Niveaugrößen relevant sind. Die übrigen Annahmen des DiD-Schätzers gelten weiterhin, die Anforderung des gemeinsamen Stützbereichs in entsprechend angepasster Form.

Ein Fazit

Dieser kurze Exkurs über die Auswahl der gängigen experimentellen und quasi-expe-rimentellen Evaluationsansätze, die durchschnittliche Programmeffekte identifizieren können, macht deutlich, dass bereits die aussagekräftige Ermittlung der Programm-wirkungen als Basis für die Kosten-Nutzen-Analysen sehr aufwändig und nur unter Berücksichtigung der wissenschaftlichen Standards erfolgen kann. Abweichungen in den in der Evaluation geschätzten Wirkungen werden sich in der anschließenden monetären Bewertung der Größen zu Gunsten oder zu Lasten des wirklichen Kosten-Nutzen-Verhältnisses niederschlagen. Sie führt dann zu fehlerhaften Implikationen.

Um eine sorgfältige Evaluation von Projekten und Programmen zu gewährleisten, sollten sie daher schon vor Beginn der Durchführung der Aktivitäten geplant werden. Hierdurch kann eine aussagekräftige und wirtschaftliche wissenschaftliche Begleitung und Ermittlung der Wirkungen mit größerer Wahrscheinlichkeit und zeitnah erreicht werden.

4.3.4 Quantifizierung des Nutzens und der Kosten in monetären Größen

Bestimmung der relevanten Größen

Die Schätzung und Zuordnung von monetären Größen zum Programmnutzen ist der schwierigste Schritt innerhalb einer Kosten-Nutzen-Analyse (Dossetor, 2011). Hierbei ist zu berücksichtigen, dass Kosten und Nutzen in einer inversen Beziehung stehen: die Kosten der Kriminalität entsprechen dem Nutzen für die Gesellschaft, der durch Verhinderung bzw. Reduzierung dieser Kriminalität entsteht. Für die richtige Zuordnung des Nutzens müssen demensprechend diejenigen, die die Kosten der Kriminalität tragen, identifiziert werden. Hierbei fallen Kosten und Nutzen in der Regel verschiedenen Gruppen zu: Steuerzahler, Kriminalitätsopfer, Täter, öffentlichen Einrichtungen (z. B. Polizei und Strafverfolgungsbehörden etc.) usw.

Cohen et al. (1994) und Cohen (2000) haben beispielhaft die anfallenden Kosten der Kriminalität und ihre Träger (Tabelle 2) sowie die Kosten der gesellschaftlichen Reaktionen auf die Kriminalität (Tabelle 3) gegenübergestellt. Wie in Kapitel 3 ausgeführt, unterstellt die Theorie der Kriminalität eine ökonomische Ratio der Täter für die Durchführung von Straftaten. Kosten und Nutzen werden daher durch die Aktivitäten der (potenziellen) Opfer sowie das Strafjustizsystem bestimmt. Tabelle 3 fasst hierzu eine Vielzahl dieser Aktivitäten zusammen. Ein höherer Aufwand für diese Aktivitäten soll zu einer Reduktion der in Tabelle 2 dargestellten Kosten führen.

Zu den größten Kosten der Kriminalität zählen der Schmerz, das Leid und der Verlust an Lebensqualität der Opfer (Cohen, 2000). In der Ökonomik sind psychische Kosten und psychischer Nutzen Teil des individuellen Nutzens und damit auch Teil der gesellschaftlichen Wohlfahrt. Da Individuen bereit sind, nutzenstiftende materielle mit immateriellen Dingen zu tauschen, stellen die immateriellen Kosten der Kriminalität reale Kosten dar, die mit monetären Preisen versehen werden können (aufgrund ihrer Austauschbarkeit). Gleichermaßen sind ja auch Opfer und potenzielle Opfer bereit, einen materiellen Aufwand zur Vermeidung psychischer Kosten zu leisten.

Tabelle 2: Kosten der Kriminalität

Kostenart	Direkter Träger der Kosten
Direkte Eigentumsverluste	
• Verluste ohne Erstattung durch Versicherung	Opfer
• Verluste mit Erstattung durch Versicherung	Gesellschaft
• Administrative Kosten einer Versicherungserstattung	Gesellschaft
Medizinische und psychologische Betreuung	
• Honorare ohne Versicherungserstattung	Opfer
• Honorare mit Versicherungserstattung	Gesellschaft
• Administrative Gemeinkosten der Versicherung	Gesellschaft
Opferhilfen und –dienste	
• Ausgaben in Rechnung gestellt bei Opfer	Opfer
• Ausgaben, die durch Institution der Hilfe getragen werden	Gesellschaft
• Vorübergehende Beschäftigung und Ausbildung von Ersatzkräften	Gesellschaft
Entfallene Arbeitstage	
• Entgangenes Einkommen wg. Verlust unbezahlter Arbeitstage	Opfer
• Entgangene Wertschöpfung bezahlter Arbeitstage	Gesellschaft
Entgangene Schultage	
• Verringerung der Lohnaussichten durch Mangel in der Ausbildung	Opfer
• Verringerung der nichtmonetären Vorteile der Ausbildung	Opfer
• Verringerung der sozialen Erträge der Ausbildung	Gesellschaft
Entgangene Hausarbeit	Opfer
Schmerz und Leid/Verlust von Lebensqualität	Opfer
Verlust von Warmherzigkeit/Lebensgenuss	Familie des Opfers
Tod	
• Wert des Lebens	Opfer
• Bestattung und Beerdigungskosten	Familie des Opfers
• Verlust von Warmherzigkeit/Lebensgenuss	Familie des Opfers
• Psychologisches Leid/Kosten der psychologischen Behandlung oder Begleitung	Familie des Opfers
Kosten für Rechtsstreitigkeit wg. Schadensersatzansprüchen	Opfer oder Familie des Opfers
Langzeitfolgen der Viktimisierung	Zukünftige Opfer und Gesellschaft

Quelle: Cohen (2000), eigene Darstellung.

Tabelle 3: Gesellschaftliche Ausgaben aufgrund von Kriminalität

Kostenart	Direkter Träger der Kosten
Vorbeugende Ausgaben/Aufwände	Mögliches Opfer
Furcht vor Kriminalität	Mögliches Opfer
Strafjustizsystem	
• Polizei und Ermittlungskosten	Gesellschaft
• Ankläger/Staatsanwälte/Richter	Gesellschaft
• Gerichte	Gesellschaft
• Strafverteidiger	Täter oder Gesellschaft
• Haft- und Gefängniskosten	Gesellschaft
• Andere Strafen (Sozialstunden etc.)	Gesellschaft
• Zeit des Opfers	Opfer
• Zeit der ehrenamtlichen Richter und Zeugen	Richter/ Zeugen
Opferhilfen und –dienste	
• Hilfsorganisationen	Gesellschaft/ Ehrenamtliche
• Opferentschädigungsprogramme	Gesellschaft
• Zeit des Opfers	Opfer
Andere Hilfsprogramme	
• Hotlines und öffentliche Hilfsangebote	Gesellschaft/ Ehrenamtliche
• Kommunale Hilfsangebote	Gesellschaft
• Nachbarschaftshilfe und kommunale Präventionsprogramme	Ehrenamtliche
• Private Therapie/Beratung	Täter
Inhaftierte Täter	
• Entgangenes Einkommen	Täter/ Familie des Täters
• Entgangene Steuern und Sozialbeiträge	Gesellschaft
• Wert des Freiheitsentzugs	Täter
• Psychologische Belastung der Familie	Familie des Täters
Übertriebene Abschreckungspolitik	
• Verdacht/Anklage von Unschuldigen	Unschuldige
• Einschränkung rechtmäßiger Aktivitäten	Unschuldige/ Gesellschaft
• Kosten zur Verhinderung der Entdeckung der Täter (Strafvereitelung)	Täter/ Gesellschaft/ Opfer
Justiz	
• Verfassungsgemäße Grundrechte zum Schutz vor falscher Beschuldigung	Gesellschaft
• Erhöhte Aufklärungsrate um unterschiedliche Strafmaße zu vermeiden	Gesellschaft

Quelle: Cohen (2000), eigene Darstellung.

Die gesamten, durch Kriminalität verursachten Kosten können niemals vollständig erfasst werden. Bereits die Erfassung der Sachkosten bzw. materiellen Schäden erweist sich als schwierig. Hinzu kommen aber noch die vielfältigen immateriellen Kosten, die in der Regel noch problematischer in ihrer Erfassung sind. Darüber hinaus würde die vollständige Abbildung der Kosten auch die Berücksichtigung von Anstoßeffekten oder Dominoeffekten erforderlich machen. Z. B. könnte ein Projekt zur Reduktion der Rückfälligkeit bei Drogenabhängigen nicht nur die Beschäftigungssituation stabilisieren, sondern auch positive Effekte auf das soziale Umfeld haben (Dossetor, 2011).

Für die Erfassung und Zuordnung der Kosten weist Cohen (2000) auf eine aus seiner Sicht wesentliche Unterscheidung zwischen sozialen Kosten und externen Kosten hin. Die besondere Schwierigkeit besteht dabei darin, dass beide Konzepte schwer voneinander abgrenzbar sind und die Annahme, dass Kriminalitätskosten soziale Kosten sind, nicht eindeutig zu begründen ist. Die exakte Abgrenzung ist aber erforderlich, um die durch Kriminalität verursachten Kosten eindeutig zuordnen und damit vergleichbar mit anderen Kosten machen zu können.

Externe Kosten sind demnach zunächst Kosten, die durch das Verhalten einer Person einer anderen auferlegt werden, wobei diese die negativen Folgen nicht freiwillig akzeptiert. Als Beispiel führt er hierzu die Kosten eines Überfalls an, die im geraubten Eigentum, den Kosten der medizinischen Versorgung, geringeren oder entgangenen Löhnen sowie dem Schmerz und Leid des Opfers bestehen. Das Opfer hat in dieser Situation keine Kompensation für diese Verluste erhalten. Aus gesellschaftlicher Sicht ist das Aufbürden der externen Kosten durch den Täter auf das Opfer zudem moralisch verwerflich und daher gesetzeswidrig.

Obgleich soziale Kosten und externe Kosten in enger Beziehung stehen, sind sie nicht identisch. Soziale Kosten verringern das Wohl der Gesellschaft als Ganzes. Kosten der medizinischen Versorgung und entgangene Löhne des Opfers sind daher eindeutig als soziale Kosten anzusehen, da die verlorenen Ressourcen anderweitig in der Ökonomie für gesellschaftlich wertschöpfende Aktivitäten eingesetzt hätten werden können.

Auch immaterielle Kosten können als soziale Kosten anfallen: Da Menschen bereit sind, für die Vermeidung von Schmerz und Leid Geld zu bezahlen (das sie erwirtschaften müssen und das sie auch für andere Zwecke, z. B. den Erwerb von Waren oder Dienstleistungen hätten einsetzen können), können diese Aufwendungen als soziale Kosten der Viktimisierung definiert werden.

Die Beurteilung des Werts gestohlenen Eigentums (siehe auch Kapitel 3) ist dabei nicht eindeutig bestimmt. Obgleich Diebstahl externe Kosten verursacht, sind diese nicht zwingend auch soziale Kosten. Nutzt der Dieb nämlich die Beute für seine eigene Wohlfahrt, verringert sich die soziale Wohlfahrt der gesamten Gesellschaft eventuell nicht. (Sie könnte sie in dieser Logik sogar erhöhen, wenn der Nutzen für den Dieb höher wäre, als für den Bestohlenen.) Um diesem Paradox zu begegnen, wurde vorgeschlagen, die soziale Wohlfahrt der Gesetzesbrecher nicht in die Gesamtwohlfahrt einzubeziehen (vgl. Trumbull, 1990). Wesentlich an diesem Beispiel ist jedoch, dass es sich bei den sozialen Kosten um eine normatives Konzept handelt, dass von der subjektiven Beurteilung abhängt, ob eine Handlung die soziale Wohlfahrt einschränkt oder eben nicht (Cohen, 2000).

Materielle und immaterielle Kosten

Während die Berücksichtigung von Anstoßeffekten in einer Kosten-Nutzen-Analyse aufgrund der hohen Dimensionalität und damit kaum erfassbaren Informationslage in der Regel ausgeschlossen werden muss, wurden in den vergangenen Jahren einige Anstrengungen unternommen, um neben materiellen auch immaterielle Kosten der Kriminalität berücksichtigen zu können. Materielle (auch tangibele oder greifbare) Kosten der Kriminalität umfassen hierbei z. B. Kosten der medizinischen Versorgung, der Polizei und des Justizsystems, entgangene Löhne. Auch wenn diese auf den ersten Blick einfach messbar erscheinen, liegen verfügbare Daten in der Regel nicht in standardisierter Form vor bzw. werden kaum erfasst. Aber selbst das Vorliegen dieser Informationen gewährleistet noch keine Zuordnung zu einer einzelnen Straftat bzw. auf ein bestimmtes Opfer; in der Regel werden diese Information in aggregierter Weise und für andere Zwecke erstellt (z. B. für die Finanzverwaltung).

Für Deutschland ist die Datenlage sehr beschränkt, Ansätze und Analysen sind daher ausgesprochen rar. Kosten von Straftaten, insbesondere unter Berücksichtigung immaterieller Opferkosten, sind bisher nicht systematisch verfügbar (Entorf und Spengler, 2005). Auch zu den Kosten der Strafverfolgung fehlen systematische, standardisierte Übersichten. Die föderale Verantwortung und die Kameralistik der öffentlichen Verwaltung führen dazu, dass offizielle Angaben oder Statistiken zu den durchschnittlichen Kosten eines Polizisten, Staatsanwalts, Richters oder Haftplatzes fehlen.

Die immateriellen Kosten (oder auch intangibelen Kosten) umfassen psychische und seelische Kosten, wie Furcht, Leid, Schmerz und Verlust von Lebensqualität (Cohen, 2000). Sie variieren zugleich stärker zwischen den Individuen gegenüber den materiellen Kosten (Cohen et al., 2004). Immaterielle Kosten der Kriminalität tragen dabei neben den tatsächlichen Opfern auch die möglichen Opfer und die Gesellschaft. Opfer erfahren diese direkt durch ihren Schmerz, Leid und Verlust an Lebensqualität durch die körperlichen oder seelischen Verletzungen. Die potenziellen Opfer leiden unter erhöhter Furcht, die sich in Abwehr- und Ausweichverhalten sowie in psychischer Angst manifestieren kann.

Da für diese Dinge in der Regel keine Marktpreise verfügbar sind, werden in der Literatur verschiedene Verfahren zur Messung der immateriellen Kosten vorgeschlagen. Diese versuchen dabei, die Kosten entweder direkt oder eher indirekt zu bestimmen. Zu den direkten Methoden zählen die Durchführung von Opferbefragungen und Viktimisierungsstudien oder auch die Analyse des Budgets der Strafjustizbehörden, die annahmegemäß in einem bestimmten Verhältnis zu den Kosten der Kriminalität stehen. Indirekte Methoden versuchen hingegen, die immateriellen Schäden der Kriminalität durch Eigentumswerte oder die durch Gerichte zugesprochenen Schadensersatzansprüche zu bewerten.

Aufgrund der schwierigen Messung wurden die immateriellen Kosten der Kriminalität aufgrund von Datenlücken in frühen Kosten-Nutzen-Analysen nicht berücksichtigt. Da das Verhältnis von materiellen und immateriellen Kosten aber je nach Art des Delikts variiert, stellt dies eine große Einschränkung für die Interpretation der Ergebnisse dar. Beispiele sind die Ergebnisse der Studien von Miller et al. (1996) oder Farrell et al. (2005), die hierzu empirische Ergebnisse vorlegen (siehe nächster Abschnitt). So sind die Sachkosten eines Autodiebstahls (materielle Kosten) in der Regel recht hoch, die mit dem Diebstahl verbundenen immateriellen Schäden sind hingegen in der Regel gering und von kurzer Dauer (Dossetor, 2011). Im Gegensatz dazu sind die immateriellen Kosten für ein Opfer sexueller Gewalt nicht nur bedeutend, sondern in der Regel auch von langer Dauer. Beispiele für die negativen Folgen sind höhere Raten von Depression, Angst, Alkohol- und Drogenmissbrauch, Essstörungen und posttraumatischem Stress (Mullen und Fleming, 1998).

Eine monetäre Bewertung der immateriellen Kosten kann üblicherweise nur über Durchschnittswerte gelingen. Hierdurch wird das individuelle Leid über- und unterschätzt und bereits der Versuch einer monetären Bewertung des Leids kann aus ethischen Gründen kritisiert werden. Dennoch ist die Alternative, die immateriellen Kosten aus diesen Überlegungen nicht in der Kosten-Nutzen-Betrachtung zu berücksichtigten, sicher noch unbefriedigender.

Empirische Ergebnisse zum Verhältnis von materiellen und immateriellen Kosten der Kriminalität

Für eine evidenzbasierte Ausgestaltung einer effizienten Präventionspolitik sind belastbare Schätzungen zu den Kosten der Kriminalität eine integrale Voraussetzung. Obgleich bereits mindestens seit den 1960er Jahren (und damit begleitend zur Entwicklung der theoretischen Modelle) Versuche unternommen wurden, wissenschaftliche Verfahren zu entwickeln, ist es erst seit den späten 1980er Jahren gelungen, verlässliche Schätzergebnisse zu präsentieren. Trotz des hohen Bedarfs – Kriminalität ist ein globales Phänomen – ist die Literatur zu den Kostenbewertungen auch nach dieser Zeit noch überschaubar, die Varianz der Ergebnisse und Kostengrößen zwischen Ländern und Zeitpunkten erheblich.

Sehr wesentliche Beiträge zur Schätzung der materiellen und immateriellen Kosten der Kriminalität (insb. der Lebensqualität) haben Marc Cohen und verschiedene Koautoren in den späten 1980er und 1990er Jahren gemacht. Die ermittelten Kosten der

Studie von Miller, Cohen und Wiersema (1996), die Ergebnis eines breit angelegten Projekts des National Institute of Justice waren, sind in vielfältiger Weise als Basis für andere Studien und Analysen verwendet worden. So nutzt auch das Washington State Institute die Schätzer für ihre Kosten-Nutzen-Analysen. Die Schätzungen von Miller et al. (1996) kamen dabei zu deutlich höheren Kosten im Vergleich zu anderen Studien der Zeit; wesentliche Gründe waren dabei die Annahmen und die Identifizierung der immateriellen Kosten.

Tabelle 4 (aus Cohen, 2000) zeigt hierzu eine Auswahl der von Miller et al. (1996) geschätzten Kriminalitätskosten für unterschiedliche Deliktarten. In der Darstellung sind die Summe der materiellen Kosten, die Summe der immateriellen Kosten, der Gesamtschaden sowie der Anteil der immateriellen Kosten an den Gesamtkosten dargestellt. Deutlich wird, dass die immateriellen Kosten der Kriminalität für fast alle betrachteten Straftaten höher sind als die materiellen Kosten. Nur bei den Eigentumsdelikten, wie Autodiebstahl und Einbruch, sind die immateriellen Kosten entsprechend geringer. Die immateriellen Kosten wurden dabei über die Schadensersatzansprüche ermittelt, die in Gerichtsverfahren zugesprochen wurden.

Tabelle 4: Schäden durch kriminelle Viktimisierung einschl. Versuche
(US-Dollar, 1993)

Art des Delikts	Summe materielle Schäden	Summe immat. Schäden	Gesamt-schaden	Anteil immat. Schä-den an Gesamt
Straftaten mit Todesfolge				
Vergewaltigung, Raub, etc.	1.030.000	1.910.000	2.940.000	65%
Brandstiftung mit Todesfolge	770.000	1.970.000	2.740.000	72%
Tod wegen Trunkenheit am Steuer	1.180.000	1.995.000	3.180.000	63%
Kindesmissbrauch				
sexueller Missbrauch (einschl. Vergewaltigung)	9.500	89.800	99.000	91%
körperliche Misshandlung	9.000	57.500	67.000	86%
emotionale Misshandlung	5.700	21.100	27.000	78%
Vergewaltigung und sex. Belästigung (ohne Kindesmiss-brauch)	5.100	81.400	87.000	94%
Raub oder Versuch	2.300	5.700	8.000	71%
Mit Schädigung	5.200	13.800	19.000	73%
Ohne Schädigung	700	1.300	2.000	65%
Einbruch oder Versuch	1.100	300	1.400	21%
Autodiebstahl oder Versuch	3.500	300	3.800	8%

Quelle: Cohen (2000), basierend auf den Ergebnissen von Miller et. al (1996). Alle Angaben in US-Dollar für das Jahr 1993, eigene Darstellung.

Die Höhe der immateriellen Kosten, aber auch ihr Verhältnis variiert dabei zwischen den Deliktarten erheblich. Insbesondere Vergewaltigung, sexuelle Belästigung oder Kindesmissbrauch gehen mit substantiellen immateriellen Kosten einher, die über 90% der Gesamtkosten ausmachen können. Auch bei Kapitalverbrechen bzw. Straftaten mit Todesfolge entstehen erhebliche Kosten. Während die materiellen Schäden hier in den Schätzungen bereits die Millionengrenze überschreiten, kommen noch einmal rund zwei Mal so hohe immaterielle Kosten hinzu.

Die Berechnung durchschnittlicher Kosten der Kriminalität je Deliktart vernachlässigt aber, dass gerade bestimmte Straftaten wiederholt gegenüber den gleichen Opfern durchgeführt werden. Tabelle 5 (aus Cohen, 2000) zeigt hierzu die berechneten Kosten je Straftat (Viktimisierung) und je Opfer. Es wird deutlich, dass bei den Straftaten gegen die Person, also insbesondere Kindesmissbrauch, Vergewaltigung oder sexueller Nötigung, aber auch Köperverletzung die Kosten je Opfer höher sind, als die Kosten je Viktimisierung.

Tabelle 5: Schwere des Verbrechens in monetärem Schaden
pro Viktimisierung/pro Opfer (US-Dollar, 1993)

Art des Delikts	je Viktimisierung		je Opfer	
	ohne Sterberisiko	mit Sterberisiko	ohne Sterberisiko	mit Sterberisiko
Sexueller Kindesmissbrauch	99.000	-	125.000	-
Vergewaltigung und sexuelle Belästigung (ohne Kindesmissbrauch)	87.000	87.000	109.000	110.000
Kindesmissbrauch: körperlich	67.000	-	77.000	-
Kindesmissbrauch: alle Formen	60.000	63.000	70.000	74.000
Brandstiftung	38.000	54.000	38.000	54.000
Kindesmissbrauch: emotional	27.000	-	30.000	-
Trunkenheit am Steuer	18.000	26.000	18.000	26.000
Körperverletzung oder Versuch	9.000	19.000	12.000	31.000
Raub oder Versuch	8.000	13.000	10.000	16.000
Autodiebstahl	4.000	4.000	4.000	4.000
Einbruch	1.400	1.500	1.600	1.700

Quelle: Cohen (2000), basierend auf den Ergebnissen von Miller et. al (1996). Alle Angaben in US-Dollar für das Jahr 1993, eigene Darstellung.

Hierbei stellen die ermittelten Effekte nur einen ersten, vorläufigen Ansatz zur Ermittlung der Kosten je Opfer dar. Um diese Kosten zu explizieren, sind neben der Identifizierbarkeit derselben Opfer aus verfügbaren Daten auch Modelle zur Entwicklung der immateriellen Schäden je Opfer erforderlich. Wiederholtes Leid durch dasselbe Verbrechen bei derselben Person erhöht dabei mit einiger Sicherheit die immateriellen Kosten. In welcher Form sich diese addieren oder multiplizieren, erfordert aber weitergehende Überlegungen. Auch ist davon auszugehen, dass sich diese Kostenentwicklungen nach Deliktart und Opfer unterscheiden können. Es wird also nicht ein Standardmodell für alle Arten wiederholter Kriminalität gegen dasselbe Opfer geben.

Die durchschnittlichen Kosten je Straftat lassen sich anschließend durch Multiplikation mit der Zahl der Straftaten in gesellschaftliche Gesamtkosten der Kriminalität umrechnen. Tabelle 6 (aus Cohen, 2000) gibt die entsprechenden Werte für die USA im Jahr 1993 an, wobei neben den bereits gezeigten Schätzergebnissen der Kosten der Kriminalität die Zahl der Straftaten in den Jahren 1987 bis 1990 verwendet wurden. Der Gesamtschaden durch Kriminalität betrug nach dieser Schätzung rund 450 Mrd. US-Dollar pro Jahr, wobei weder die Kosten der Justiz noch die Kosten der Prävention berücksichtigt wurden. Nur etwa ein Viertel der Kosten der Kriminalität sind dabei Sachkosten, drei Viertel entstehen durch Einschränkungen in der Lebensqualität.

Tabelle 6: Aggregierte jährliche Kosten durch Viktimisierung (Mio. US-Dollar, 1993)

Straftat	Summe materielle Schäden	Summe immaterielle Schäden	Gesamt
Straftaten mit Todesfolge	**33.000**	**60.000**	**93.000**
Vergewaltigung, Raub etc.	25.000	46.000	71.000
Brandstiftung mit Todesfolge	600	1.700	2.000
Tod wegen Trunkenheit am Steuer	7.200	12.300	20.000
Kindesmissbrauch	**7.300**	**48.000**	**56.000**
Vergewaltigung	900	8.000	9.000
sexueller Missbrauch	1.400	12.800	14.000
körperliche Misshandlung	3.200	20.400	24.000
emotionaler Misshandlung	1.900	7.100	9.000
Vergewaltigung und sexuelle Belästigung	**7.500**	**119.000**	**127.000**
Raub oder Versuch	**3.100**	**8.000**	**11.000**
Mit Schädigung	2.500	6.600	9.000
Ohne Schädigung	600	1.100	2.000
Trunkenheit am Steuer	**13.400**	**27.000**	**41.000**
Mit Schädigung	11.300	24.600	36.000
Ohne Schädigung	2.400	2.500	5.000
Einbruch oder Versuch	**7.000**	**1.800**	**9.000**
Autodiebstahl oder Versuch	**6.300**	**500**	**7.000**
Gesamt	**105.000**	**345.000**	**450.000**

Quelle: Cohen (2000), basierend auf den Ergebnissen von Miller et. al (1996). Alle Angaben in Millionen-

Die Berechnung der Gesamtkosten verdeutlicht dabei außerdem, welche Straftaten aufgrund ihrer Kombination aus Häufigkeit und individueller Schadenshöhe mit einem besonders hohen gesamtwirtschaftlichen bzw. gesamtgesellschaftlichen Schaden einhergehen. Für Vergewaltigung und sexuelle Belästigung weist Cohen z. B. einen Gesamtschaden von rund 127 Mrd. US-Dollar aus, auch Kindesmissbrauch führte mit 56 Mrd. US-Dollar zu erheblichen Kosten. Die große Dunkelziffer bei diesen Delikten dürfte dabei noch zu deutlich höheren Kosten für die Gesellschaft führen.

Vergleich der empirischen Ergebnisse der Schätzung von Kriminalitätskosten

Neben diesen Zahlen für die USA sind in den vergangenen Jahren auch Schätzungen der Kriminalitätskosten für andere Länder hinzugekommen. Die umfangreichsten Arbeiten liegen hierbei für die USA vor, aber auch für Australien, Großbritannien und Neuseeland sind Ergebnisse für verschiedene Arten der Kriminalität verfügbar.

Webber (2010) bietet hierzu in seinem Übersichtsartikel einen interessanten Vergleich aus australischer Perspektive. Er berücksichtigt die Schäden bzw. Kosten durch Mord, sexuelle Nötigung, Überfall, Raub, Einbruch und Autodiebstahl (außerdem vergleicht er anderen Diebstahl und Sachbeschädigung, die hier nicht dargestellt werden) pro Fall. Hierzu hat er die Ergebnisse verfügbarer Studien für Australien, Neuseeland,

Großbritannien und die USA gegenübergestellt, die mindestens einen Kostenschätzer für verschiedene Kriminalitätsarten präsentieren. Zur besseren Vergleichbarkeit hat er alle Ergebnisse in australische Dollar für das Jahr 2010 umgerechnet (auf Basis von Kaufkraftparitäten der Weltbank), siehe Tabelle 7.

Tabelle 7: Vergleich von Schätzern der Kriminalitätskosten

Studie	Land	Mord	Sexuelle Nöti-gung	Körper-verlet-zung	Raub	Ein-bruch	Auto-dieb-stahl
Mayhew (2003)	Aus	2.058.525	3.216	2.316	4.632	3.088	7.719
Rollings (2008)	Aus	2.239.077	8.769	1.982	2.654	3.391	8.161
Roper und Thompson (2006)	NZ	–	83.593	–	26.771	8.182	–
Brand und Price (2006)	UK	3.216.937	55.565	12.593	13.745	6.726	2.603
Dubourg und Ha-med (2006)	UK	3.919.677	84.461	11.991	19.564	8.780	11.117
Cohen (1988)	US	–	132.678	14.714	23.609	3.459	8.452
Miller et al. (1996)	US	6.402.167	188.597	20.377	17.342	3.035	8.021
Cohen et al. (2004)	US	18.555.232	453.360	133.904	443.795	47.823	–

Quelle: Webber (2010), alle Kosten in australischen Dollar für das Jahr 2010, eigene Darstellung.

Zunächst bestätigen alle Studien die bereits im letzten Abschnitt gezeigten Unterschiede zwischen den Deliktarten. Auffällig an diesen Ergebnissen ist zudem, dass sie eine recht große Variation für das gleiche Delikt zwischen den Ländern aufweisen. Straftaten gegen die Person (Mord und Totschlag, sexuelle Nötigung, Körperverletzung und Raub) sind in der Regel mit höheren Kosten verbunden als Eigentumsdelikte. Hierbei spielen neben den materiellen Kosten (z. B. die Kosten und Folgekosten der medizinischen und psychologischen Versorgung oder der Einkommensverlust durch entgangene Arbeitszeit) vor allem die immateriellen Kosten einschließlich des Verlusts an Lebensqualität eine maßgebliche Rolle.

Gerade bei Gewaltverbrechen wie Körperverletzung oder sexueller Nötigung, die z. T. mit nur geringen oder gar keinen materiellen Schäden verbunden sein können, ergeben sich dennoch beträchtliche immaterielle Kosten. Da diese aber schwer zu messen und die Messbarkeit sich zwischen den Studien unterscheidet, trägt dies zu deutlichen Unterschieden in den Ergebnissen bei. Gegenwärtig fehlen einheitliche und standardisierte Verfahren, die für einen eindeutigen internationalen Vergleich erforderlich wären (Welsh et al., 2015). Gleichzeitig macht der große Beitrag der immateriellen Kosten an den Gesamtkosten der Kriminalität aber deutlich, dass eine Vernachlässigung zu einer bedeutenden Unterschätzung des Schadens für die Gesellschaft führen würde.

Vergleicht man die Kosten der Kriminalität für Gewaltverbrechen, wird deutlich, dass die für Australien ermittelten Ergebnisse im Vergleich zu den anderen Ländern deutlich kleiner sind. Insbesondere für Körperverletzung oder auch sexuelle Nötigung unterscheiden sich die Schätzungen gravierend und die Schadenshöhen in Großbritannien, Neuseeland und den USA sind 10 bis 20 Mal so hoch. Es liegt daher nahe, dass die präsentierten Ergebnisse die tatsächlich entstehenden Kosten eindeutig unterschätzen.

Weiter zeigt sich, dass die Schadenshöhen bei Eigentumsdelikten in etwa vergleichbar sind zwischen den betrachteten Ländern. Im Gegensatz zu den Straftaten gegen Personen kommt hier der Umstand zum Tragen, dass z. B. bei Autodiebstahl geringere immaterielle Kosten anfallen. Die materiellen Kosten sind hingegen aufgrund der in der Regel bestehenden Versicherungen leicht zu ermitteln. Dies reduziert zugleich die mögliche Variation in der Messung der Größen.

Kosten für Tötungsdelikte und der Wert eines statistischen Lebens

Die vollständige Erfassung der Kosten der Kriminalität erfordert es auch, im Falle von Tötungsdelikten bzw. Straftaten mit Todesfolge dem menschlichen Leben einen monetären Wert zuzuweisen. Eine solche Bewertung ist dabei nicht spezifisch für die Kriminologie, sondern betrifft bzw. sollte sämtliche Bereiche betreffen, in denen eine Beurteilung zur Abwendung von Todesrisiken erforderlich ist. Nahe liegende Beispiele sind die Umweltökonomik, die sich u. a. mit den Folgen der Umweltverschmutzung und Umweltzerstörung für den Menschen und seine Gesundheit auseinandersetzt, die Verkehrswissenschaften, deren Aufgabe auch darin besteht, Bewertungen von Maßnahmen zur Erhöhung der Sicherheit im Straßenverkehr vorzunehmen, und die Gesundheitsökonomik, im Rahmen derer z. B. ökonomische Analysen der Markteinführung innovativer Behandlungsmethoden durchgeführt werden (Spengler, 2005).

Um dies zu erreichen, wird der sogenannte Wert eines statistischen Lebens bestimmt. Hierzu werden z. B. die gesellschaftlich akzeptierten Zahlungsbereitschaften zur Abwendung unpersönlicher, d. h. nicht individueller Todesrisiken herangezogen. Bei solchen Risiken handelt es sich z. B. um die Schadenssummen der Kfz-Haftpflichtversicherungen, die im Falle eines Verkehrstods garantiert werden, oder die Schadenssummen von Unfallversicherungen zur Absicherung von Arbeitsrisiken. Die Berechnung erfolgt dabei durch die Ermittlung sogenannter kompensatorischer Lohndifferenziale, d. h. der Lohnaufschläge für Arbeitsrisiken. Aus diesen kann dann der „Wert eines statistischen Lebens" abgeleitet werden. Das Besondere an diesem Ansatz ist, dass er auf den tatsächlich von Individuen auf einem Markt (dem Arbeitsmarkt) geäußerten Risikobewertungen beruht und sich deshalb nicht den Vorwurf der Willkürlichkeit oder moralischen Verwerflichkeit gefallen lassen muss (Spengler, 2005).

Spengler (2005) ist nach meinem Wissen zugleich die einzige Studie für Deutschland, die den Versuch unternimmt, auch die immateriellen Kosten der Kriminalität zu berücksichtigen. Er ermittelt unter Verwendung verschiedener Schätzmethoden auf der Basis von kompensierenden Lohndifferentialen (nachträglich um nicht berücksichtigte materielle Wertbestandteile korrigiert) den Wert eines statistischen Lebens für den durchschnittlichen sozialversicherungspflichtig Beschäftigten in Höhe von 2,25 bis 5,09 Millionen Euro (in Preisen von 2001).

Einen internationalen Vergleich solcher Werte eines statistischen Lebens auch in Abgrenzung zu den Kosten für Mord und Todschlag zeigt Tabelle 8, die aus dem Überblick von Webber (2010) entnommen ist. Alle Werte sind dabei in australischen Dollar für das Jahr 2010 angegeben. Zur besseren Vergleichbarkeit hat er die Kosten der Strafjustiz bei Mord und Totschlag ausgeklammert. Die Schätzer für den Wert eines statistischen Lebens sind dabei relativ konstant im Vergleich der Länder, wobei der Durchschnitt in den meisten Ländern zwischen 4 und 7 Millionen australischen Dollar liegt (Webber, 2000).

Für die dennoch große Variation in den Schätzergebnissen gibt es eine Reihe von Ursachen. So unterscheiden sich die Länder in ihrer institutionellen und sozio-ökonomischen Struktur, was auch auf diese Berechnung einen Einfluss hat. Daneben liegen den Ergebnissen unterschiedliche Verfahren zugrunde: einige Studien verwenden Zahlungsbereitschaften, andere basieren auf Schadenersatzansprüchen. Weitere Unterschiede ergeben sich durch die Abgrenzung der einbezogenen Delikte, den Zeitraum der Datenbereitstellung sowie den Gültigkeitsbereich, d. h. die Zielsetzung der einzelnen Studien.

Tabelle 8: Vergleich der Schätzungen für Kosten von Tötungsdelikten
und dem Wert eines statistischen Lebens

Land	Mord und Totschlag	Wert eines statistischen Lebens	Durchschnitt	Zahl der Schätzer
Australien	2.253.577	4.939.398	3.865.070	10
Kanada	–	5.945.357	5.945.357	3
Frankreich	–	6.644.710	6.644.710	2
Japan	–	7.325.365	7.325.365	2
Neuseeland	–	4.152.550	4.152.550	2
Schweden	–	5.580.037	5.580.037	3
Schweiz	–	12.884.623	12.884.623	3
Großbritannien	2.740.953	6.452.106	4.331.448	7
USA	7.441.400	9.013.290	8.166.887	13

Quelle: Webber (2010), alle Kosten in australischen Dollar für das Jahr 2010, eigene Darstellung.

Offenbar sind die geschätzten Kosten für Mord und Totschlag außerdem geringer als der Wert eines statistischen Lebens. Dieser Befund ist widersprüchlich: Die Gesellschaft ist in der Regel bereit, zur Abwehr des Risikos Opfers eines Verbrechens mit Todesfolge zu werden, hohe Summen zu investieren. Die etwa 20 bis 60% geringeren Schätzungen der Kosten der Delikte im Vergleich zum Wert eines statistischen Lebens sind daher vielmehr ein Indiz, dass es sich hier um Schätzfehler handelt.

Während die Bewertung eines statistischen Lebens in vielen Bereichen durchgeführt und daher weitreichende Informationen und ein ausgeklügeltes Instrumentarium eingesetzt wird, sind die Ansätze zur Bewertung der Kosten der Kriminalität weniger entwickelt. Webber (2010) schließt daher, dass die ausgewiesenen Kosten der Kriminalität die tatsächlichen Kosten vermutlich unterschätzen, während der Wert eines statistischen Lebens eher überschätzt wird.

4.3.5 Berechnung des Gegenwartswerts und Beurteilung der Wirtschaftlichkeit

Um Kosten und Erträge in der Kosten-Nutzen-Analyse vergleichen zu können, muss die Analyse dem Umstand Rechnung tragen, dass beide zu unterschiedlichen Zeiten anfallen können. Gerade im Bezug auf Präventionsprogramme fallen die Kosten in der Regel zum Zeitpunkt des Einsatzes des Programms an, während die Erträge und der Nutzen eher in der Zukunft anfallen. In der Ökonomik werden die entsprechenden Zahlungen bzw. Zahlungsströme daher entsprechend abdiskontiert.

Hierdurch wird der Gegenwartswert zukünftiger Zahlungen ermittelt. Für den zu verwendenden Diskontfaktor, um den zukünftige Erträge oder Kosten korrigiert werden müssen, werden die allg. Teuerung, aber auch die durchschnittlichen Zinszahlungen, die erforderlich wären, um das erforderliche Kapital bereitzustellen, einbezogen. Die zukünftigen Erträge werden abdiskontiert, um der Zeitpräferenz und dem Zeitwert der Erträge Rechnung zu tragen. Hierbei wird die Annahme unterstellt, dass der Einsatz von verfügbarem Kapital in der Gegenwart einen höheren Nutzen hat als das Abwarten, um das Kapital später einzusetzen. Für die Kosten gilt entsprechend das Gegenteil.

Dossetor (2011) erläutert dies an folgendem Beispiel: Obwohl die Kosten für ein präventives Programm zur Verringerung der Rückfallwahrscheinlichkeit von Straftätern zum Zeitpunkt des Programms anfallen, sind die Erträge, z. B. durch geringere Kosten der Strafjustiz, erst später verbuchbar. „Später" kann dabei einen Zeitraum von einigen Jahren umfassen. Fallen nun für die Fortführung des Programms aber auch Zahlungsverpflichtungen in die Zukunft an, müssen beide Seiten entsprechend angepasst werden. Der Nettogegenwartswert der Maßnahme ist dann die Differenz aus dem Nettogegenwartswert der Erträge und dem Nettogegenwartswert der Kosten. Er ist dann – in Verbindung mit dem Nutzen-Kosten-Koeffizient – auch die Grundlage eines Vergleichs alternativer Programme.

4.3.6 Identifizierung der Verteilung von Kosten und Nutzen

Die Bestimmung der für die Kosten-Nutzen-Betrachtung relevanten Kosten hat aber noch eine weitere Dimension. Cohen (2000) stellt heraus, dass vor allem die Kosten und Erträge einbezogen werden sollten, die sich durch das Projekt beeinflussen lassen, d. h. die variablen Kosten. Um diese zu identifizieren, müssen sie von fixen Kosten unterschieden werden. Zusätzlich ist außerdem eine Unterscheidung von Durchschnitts- und Grenzkosten sinnvoll. Fixe Kosten fallen dabei unabhängig von der Höhe des Ergebnisses an, d. h. sie sind in jedem Fall aufzubringen, egal wie weitreichend das jeweilige Programm ist und ob es durchgeführt wird oder nicht. Insofern sich diese Fixkosten nun nicht durch die Entscheidungen über die zu beurteilenden Präventionsprogramme ändern, können sie aus der Kosten-Nutzen-Betrachtung herausgelassen werden.

Wesentlicher ist hingegen, ob die Betrachtung der variablen Kosten auf die Durchschnittskosten oder die Grenzkosten abstellen soll. Durchschnittskosten werden als Quotient der Gesamtkosten, d. h. der variablen und fixen Kosten, zum Gesamtoutput in einer Zeitperiode berechnet. Sie geben somit die Kosten pro Outputeinheit an, d. h. wie viel z. B. die Verringerung eines Autodiebstahls im Rahmen eines Präventionsprogramms kosten würde. Grenzkosten verändern sich mit jeder zusätzlichen Einheit Output. Sie identifizieren, was die Verhinderung eines zusätzlichen Autodiebstahls gegeben die bereits erreichte Zahl der Verringerung von Autodiebstählen kosten würde. Die Grenzkostenbetrachtung spiegelt dabei auch die in Kapitel 3 vorgestellte, in der Ökonomie dominierende Betrachtungsweise wider: Ein Programm sollte solange fortgeführt werden, solange die Grenzkosten die Grenzerträge überschreiten.

Gerade hohe Einmalkosten (z. B. der Bau von Gefängnissen), auch wenn sie Voraussetzung einer Vielzahl von Programmen sein können, müssen adäquat berücksichtigt werden. Hierbei ist allerdings zu beachten, dass sie das Ergebnis der Kosten-Nutzen-Analysen maßgeblich beeinflussen können. Daher sollten sie über die Laufzeit des Projekts verteilt werden (Welsh and Farrington, 2000).

4.3.7 Überprüfung der Robustheit der Implikationen und Schlussfolgerungen durch Durchführung einer Sensibilitätsanalyse (sensitivity analysis)

Bevor die Ergebnisse der so durchgeführten Kosten-Nutzen-Analyse zur Grundlage der Entscheidung über Erweiterungen, Modifikationen oder die Einstellung des Projekts gemacht wird, sollten die Analyseschritte einer Robustheitsanalyse unterzogen werden. Eine Robustheitsanalyse ist ein übliches Vorgehen in wissenschaftlichen Arbeiten, wenn eine große Zahl fundamentaler und für das Ergebnis kritischer Annahmen getroffen werden muss.

Innerhalb der Analyse wird nun untersucht, wie sich die Änderung von Annahmen und Einflussgrößen auf die ermittelten Ergebnisse auswirken wird. Hierzu kann z. B. eine Sensibilitätsanalyse durchgeführt werden, bei der beispielsweise die Abgrenzungen der einbezogenen Kostengrößen (immaterielle und materielle Kosten) oder der Zeithorizont der Analyse im Hinblick auf das Anfallen von Kosten und Erträgen geändert werden. Auch eine Änderung der Diskontraten, mit der zukünftige Kosten und Erträge beurteilt werden, führt zu einer Schar von Ergebnissen, die zur Beurteilung genutzt werden können.

Durch die Sensibilitätsanalyse erhalten die Nutzer der Kosten-Nutzen-Analyse einen Eindruck, welche Parameter und Annahmen einen besonderen Einfluss auf das Ergebnis und die damit verbundenen Implikationen haben. Unter Berücksichtigung verschiedener Einschätzungen zur Plausibilität dieser Annahmen kann auch die Beurteilung der Ergebnisse über ein Spektrum erfolgen.

4.4 Aussagekraft von Kosten-Nutzen-Analysen

Die Ausführungen zur Erarbeitung einer aussagekräftigen Kosten-Nutzen-Analyse sollten verdeutlichen, dass sie ein aussagekräftiges Instrument zur Beurteilung und Ausgestaltung der Präventions- und Kriminalpolitik sind. Sie erfordern zugleich aber einen beträchtlichen wissenschaftlichen Aufwand. Durch eine Reihe von Gründen hat ihre Anwendung und Anwendbarkeit aber auch Einschränkungen oder Beschränkungen, die für eine aussagekräftige Interpretation und Ableitung von Handlungsempfehlungen bekannt und berücksichtigt werden sollten.

Die wichtigste Einschränkung in der Aussagekraft entsteht hierbei durch fehlerhafte Anwendung, z. B. durch fehlende Sorgfalt, fehlende Erfahrung oder auch Täuschung (Dossetor, 2011). Missbräuchliche Ver- bzw. Anwendung wurde dabei auch von Cohen (2000) oder Welsh und Farrington (2000) angeführt. Der Begriff eines Kosten-Nutzen-Vergleichs bzw. einer Kosten-Nutzen-Analyse findet sich in einer Vielfalt von Studien mit sehr unterschiedlicher Qualität (vgl. DiIulio, 1996), die auch auf fehlende

Qualifikation der Anwender in Bezug auf die quantitativen und formalen Kenntnisse zur Modellierung und Schätzung der erforderlichen Modellbausteine zurückzuführen sind. Dies kommt z.b. durch eine fehlende Transparenz sowie Diskussion der kritischen Annahmen und Einflussgrößen zum Ausdruck.

Nicht ohne Grund habe ich daher in einiger Ausführlichkeit die Ermittlung der Programmeffekte sowie die Ermittlung der relevanten Kosten und Erträge und ihre monetäre Bewertung dargestellt. Da eine Kosten-Nutzen-Analyse immer nur eine Erweiterung der zugrundeliegenden Evaluation der Programmeffekte ist, können die ermittelten Kosten-Nutzen-Ergebnisse auch nicht belastbarer sein als die verwendeten Wirkungsergebnisse. Anders ausgedrückt ist jede Kosten-Nutzen-Analyse nur so stark, wie das schwächste Glied in der Kette der Analyseschritte. Wenig belastbare Wirkungsergebnisse zu dem zu analysierenden Präventionsprogramm schwächen auch die Beurteilung der möglichen Vorteile entscheidend.

Gleichermaßen muss daher auch die Evaluation der Programmeffekte mit der gleichen Sorgfalt und Gewissenhaftigkeit wie die Planung, Ausgestaltung und Durchführung des Programms erfolgen (McIntosh und Li, 2012). Bleiben wichtige Details dieser Aspekte unberücksichtigt oder wird die Evaluation nicht in sachgerechter Weise entsprechend der oben genannten gängigen Standards durchgeführt, übertragen sich die hierdurch entstehenden Probleme direkt auf die Kosten-Nutzen-Analyse und die Beurteilung und Bewertung des Programms.

Werden in der Evaluation der Programmeffekte z. B. keine Kontrollgruppen verwendet, ist die Identifikation der Programmwirkungen kaum möglich, da die Veränderung im Ergebnis auch durch weitere Faktoren begründet sein kann. Offenkundig würde sich eine entsprechende Fehlschätzung der Wirkungen in die Kosten-Nutzen-Analyse übertragen; durch die zusätzlich erforderlichen Annahmen könnte es überdies möglicherweise zu einer deutlichen Über- bzw. Unterschätzung und daran anschließend zu fehlerhaften Implikationen kommen. Dies wäre dann möglicherweise nicht nur für das zu beurteilende Programm unvorteilhaft, sondern würde auch die methodischen Vorteile und Vorzüge des Einsatzes von Kosten-Nutzen-Analysen in der (politischen) Entscheidungsfindung diskreditieren.

Weitere Einschränkungen ergeben sich offenkundig aus den verbleibenden Unsicherheiten im Hinblick auf die ermittelten Kosten und Erträge sowie die Beurteilung ihrer zukünftigen Entwicklung (Cohen, 2000). Diese Unsicherheiten werden dabei umso größer, je unsicherer die statistische Basis der Untersuchung, z. B. im Hinblick auf die Größe der Stichprobe oder die Reichweite des untersuchten Programms sind (vgl. Roman, 2004). Gerade bei kleinen Stichproben werden empirische Artefakte bzw. Fehler durch die Einbindung in die Kosten-Nutzen-Analyse vergrößert. Auch erfordert die Vollständigkeit den offenen und transparenten Umgang mit Einschränkungen. Vorsätzliche Auslassungen oder Beschränkungen der Untersuchungsstichprobe, die nicht dokumentiert sind, können ebenfalls zu Fehlinterpretationen und Fehlimplikationen führen.

Immer im Hinterkopf behalten werden sollte zudem der hohe Grad der Subjektivität der Kosten-Nutzen-Analysen. Die Auswahl der Kosten- und Ertragsgrößen, ihr Einbezug und ihre Beurteilung erfordern sehr viele, durch den Wissenschaftler zu treffende Auswahlentscheidungen. Würden sie evtl. anders getroffen, könnten sich die Ergebnisse der Kosten-Nutzen-Analyse ändern oder umkehren (siehe Hinweise zur Sensibilitätsanalyse).

Hierbei ist insbesondere die Einbindung und Nutzung der immateriellen Kosten zu nennen. Die Berücksichtigung bzw. Nicht-Berücksichtigung hat deutliche Effekte auf die ermittelten Resultate der Kosten-Nutzen-Analysen. Um die wissenschaftliche Sorgfalt zu gewährleisten, müssen die zugrunde gelegten Annahmen sowie die Begründung derselben offen und transparent gemacht werden, um die Vergleichbarkeit verschiedener Kosten-Nutzen-Analysen zu ermöglichen.

Der subjektive Einfluss wird außerdem bei der Vorhersage längerfristiger Erträge sehr groß; in der Regel sind die zugrunde gelegten Daten nur für einen beschränkten Zeitraum verfügbar. Wie sich die Ergebnisse dann in der Zukunft entwickeln, z. B. ob sie wachsen, schrumpfen oder stabil bleiben, sind Annahmen, die auch für den Erfolg bzw. Misserfolg der Intervention in der ökonomischen Beurteilung entscheidend sein können.

Der in der Regel kurze Untersuchungszeitraum hat zudem noch einen zweiten Effekt. Gerade bei präventiven Interventionen, die auf Verhaltensänderungen in der Zukunft abzielen, können die intendierten Effekte zum Teil erst deutlich nach Beginn der Intervention beobachtet und damit in der Analyse berücksichtigt werden. Werte, Verhalten, individuelle Möglichkeiten der Teilhabe und Integration oder Partizipation, insbesondere für Personen mit hohem Risiko der Straffälligkeit sind hierzu geeignete Beispiele. Ein zu kurzer Untersuchungszeitraum führt hierbei in der Regel zu einer Unterschätzung der möglichen Programm- oder Interventionseffekte und überträgt sich auch in die ökonomische Beurteilung. Bleibt dies unberücksichtigt, können Programme mit einem rascheren Erfolg im Vergleich als zu positiv bewertet werden. Klassische Beispiele für sehr hohe Erträge nach langer Zeit sind insbesondere Interventionsprogramme im frühen Kindesalter. Obgleich erste Erfolge hier bereits in Kindheit und Jugend auftreten können, werden die ökonomisch relevanten Größen häufig erst in Adoleszenz und Erwachsenenalter sichtbar.

Letztlich ist auch anzunehmen, dass viele Programme und Projekte mit andauernden bzw. nachhaltenden Effekten einhergehen. Hierbei ist weiter zu berücksichtigen, dass sich die Programme über die Zeit entwickeln. Gerade am Anfang der Umsetzung kommen Implementierungseffekte zum Tragen, die mit zunehmender Routine der

Programmverantwortlichen geringer werden sollten. Auch hier kann eine zu kurze Evaluationsperiode oder die Beschränkung auf einen bestimmten Zeitraum zu einer Unterschätzung der wahren Programmeffekte führen.

Der Vollständigkeit halber sollen hier noch eine Reihe weiterer Effekte, die die Übertragbarkeit bzw. Interpretation von Kosten-Nutzen-Analysen einschränken können, erwähnt werden. Aus makroökonomischer Perspektive können Programme zu Verdrängungs- und Streuungseffekten führen (vgl. McIntosh und Li, 2012). Im Bereich der Kriminalprävention könnte z. B. der lokal begrenzte Einsatz eines Programms zu einer Verdrängung der unerwünschten Aktivitäten in benachbarte bzw. andere Regionen führen. Die positiven Effekte, die sich bei Betrachtung der Einsatzregion ergeben können, müssen dann aus gesamtgesellschaftlicher Perspektive um die möglichen negativen Effekte in anderen Regionen korrigiert werden. Verdrängungseffekte können aber auch in zeitlicher Perspektive oder der Art und Qualität der Straftaten und Delikte erfolgen.

Daneben spielen auch Antizipationseffekte eine Rolle: erfolgt der Einsatz eines Programms mit einem gewissen Vorlauf, kann dies bereits vor Beginn der Programms zu Verhaltensänderungen führen. Dies kann zum einen die Referenzsituation verändern, d. h. die Ausgangssituation der Vergleichs- und Treatmentgruppe, und muss daher in der Analyse berücksichtigt werden. Werden diese Effekte außer Acht gelassen, kann es insbesondere zu einer Unterschätzung des Programmeffekts kommen, da die Entfaltung der Wirkungen bereits vor dem Start des Programms begonnen hat (eine Überschätzung ist in besonderen Fällen ebenfalls möglich).

4.5 Vergleichbarkeit von Kosten-Nutzen-Analysen

Um Kosten-Nutzen-Analysen vergleichbar zu machen, sollten die verwendeten methodischen Standards ebenfalls vergleichbar sein. Wie ausgeführt, haben unterschiedliche Annahmen über die Ergebnisse und Kostengrößen sowie abweichende Abgrenzungen im Ertrag der Programme einen fundamentalen Einfluss auf die ermittelten Ergebnisse. Nichtsdestotrotz ist gerade vor dem Hintergrund der beschränkten Datenverfügbarkeit sowie der Verwendung unterschiedlicher methodischer Ansätze eine Beurteilung bzw. Maßskala zur Vergleichbarkeit verschiedener Kosten-Nutzen-Analysen sinnvoll.

Tabelle 9: Maryland Skala zur Qualität der wissenschaftlichen Methoden

Stufe	Kriterien
1	Korrelation zwischen Präventionsprogramm und Kriminalitätsmaß zu einem bestimmten Zeitpunkt
2	Maße zur Kriminalität vor und nach dem Programm, ohne Verwendung einer geeigneten Kontrollgruppe
3	Maße zur Kriminalität vor und nach dem Programm in einer experimentellen und vergleichbaren Kontrollsituation
4	Maße zur Kriminalität vor und nach dem Programm für verschiedene experimentelle und vergleichbare Kontrollsituationen mit zusätzlicher Berücksichtigung weiterer, die Kriminalität bestimmenden Größen
5	Randomisierte Zuweisung der Programm- und Kontrolleinheiten

Quelle: Dossetor (2011) nach Farrington et al. (2006), eigene Darstellung.

Eine gebräuchliche Skala hierzu ist die sog. Maryland Scientific Methods Scale (Tabelle 9, Sherman et al. 1997, 2002). Sie kategorisiert die verschiedenen Studiendesigns mit dem Ziel, eine Qualitätsauswahl bzw. Qualitätsbegründung vornehmen zu können. Im Kern bewertet sie dabei die Vertrauenswürdigkeit der Schätzergebnisse anhand der methodischen Qualität des verwendeten Identifikationsinstrumentariums. Hierdurch können zunächst unvergleichbare Ansätze in Relation gesetzt werden und ein qualitätsgewichteter Vergleich der Ergebnisse wird möglich. Gerade für einen Vergleich von Programmen aus unterschiedlichen Politikbereichen ist die Verwendung einer solchen Skala sinnvoll, da hierdurch verschiedenartige Qualitätsstandards und Fortschritte im wissenschaftlichen Instrumentarium in der Gegenüberstellung angemessen Berücksichtigung finden können.

Obgleich die Maryland-Skala fünf Kategorien umfasst, sind nicht alle Kategorien für die Anwendung von Kosten-Nutzen-Analysen einsetzbar. So sind Evaluationen zur Ermittlung der Programmeffekte ohne Kontrollgruppen (Stufe 1 und 2) mit großer Unsicherheit behaftet. Obwohl Studien der Stufe 2 durch einen Vorher-Nachher-Vergleich zwar eine Entwicklung abzeichnen können, ist unklar, inwiefern solche Änderungen durch das Programm oder andere Faktoren determiniert sind. Studien dieser Qualität sollten daher keine Berücksichtigung finden und Stufe 3 sollte als Mindeststandard gelten (Dossetor, 2011).

Eine alternative Skala zur Beurteilung der Studienqualität haben Wise et al. (2005) vorgeschlagen (vgl. Dossetor, 2011). Hierbei werden elf Fragen an die zu bewertende Analyse gestellt (siehe Tabelle 10), die die zentralen Aspekte einer qualitativ hochwertigen Studie umfassen. Im Mittelpunkt stehen dabei die Faktoren, die für eine gute Ermittlung der Programmeffekte zentral sind. Daher werden kritische Aspekte einzeln abgefragt. Für jede vorhandene Eigenschaft wird vorgeschlagen, einen Wertungspunkt zu vergeben. Ist sie nicht vorhanden, gibt es keinen Punkt. Anschließend werden die elf Kriterien addiert und ergeben so das Gesamturteil; sie gehen daher mit dem gleichen Gewicht ein. Je höher der Wert, umso höher ist die methodische Qualität einzuschätzen und umso vertrauenswürdiger ist die ermittelte Kosten-Nutzen-Relation.

Tabelle 10: Kriterien zur Beurteilung der Studiengüte

1	Berücksichtigt adäquat gemachte Vergleichsgruppe oder Zufallsauswahl von Treatment und Vergleichsgruppe
2	Informationen aus der Zeit vor der Intervention verfügbar (baseline data)
3	Mittelfristige Perspektive nach Intervention verfügbar (bis 2 Jahre)
4	Langfristige Perspektive nach Intervention verfügbar (mehr als 2 Jahre)
5	Repräsentative Teilnehmer-Stichprobe in der Evaluation berücksichtigt
6	Geringe Antwortausfälle im Zeitverlauf (attrition, unter 10%) und Ausfälle unsystematisch
7	Hinreichende Fallzahlen für statistisch aussagekräftige Ergebnisse
8	Vertrauenswürdige und verlässliche Messgrößen
9	Angemessene Wahl von Ergebnisvariablen
10	Angemessenes methodisches Vorgehen
11	Angabe der Anzahl der wesentlichen Elemente des Evaluationsdesign

Quelle: Dossetor (2011) nach Wise et al. (2005), eigene Darstellung.

5. KOSTEN-NUTZEN-ANALYSEN IN DER PRAXIS

5.1 Das *"High Scope Perry Preschool Program"* und *"ELMIRA"* Program

Wie bereits erwähnt, hat die Nutzung von Kosten-Nutzen-Analysen vor allem im angelsächsischen Raum eine beachtliche Bedeutung erreicht. Eines der prominentesten Projekte, das mittels einer rigorosen Kosten-Nutzen-Analyse die Wirksamkeit und Wirtschaftlichkeit einer früh einsetzenden Prävention dokumentiert, ist das sogenannte High Scope Perry Preschool Program. Begonnen 1962 im US-Staat Michigan, unterstützte das Programm in Armut lebende Eltern mit Vorschulkindern, um ihre Partizipationsmöglichkeiten im Bildungssystem zu erhöhen und damit die zu erwartenden negativen Folgen einer schlechten sozio-ökonomischen Disposition zu verringern. Wenngleich nicht primär an der Vermeidung krimineller Karrieren orientiert, war auch die Reduzierung eines späteren Abdriftens in Kriminalität und illegale Aktivitäten Ergebnis der Intervention.

Basierend auf umfangreichen und in ihrer Ausgestaltung wegweisenden methodischen Analysen zur Untersuchung und Ermittlung der Wirkungen auf verschiedene Ergebnisgrößen in einer sehr langfristigen Perspektive (bis zum 40. Lebensjahr der Teilnehmer) wurde die Kosten-Wirksamkeit des Projekts ermittelt. Schweinhart et al. (2005) dokumentieren dabei einen Koeffizienten von 16:1, d. h. jeder investierte Dollar führte zu einem Ertrag von 16 Dollar. Von diesen 16 Dollar waren 12,90 Dollar der gesellschaftliche Ertrag und etwa 3,90 Dollar der Ertrag für die Teilnehmer an der Maßnahme (die Vorschulkinder). Der hohe gesellschaftliche Ertrag kam dabei unter anderem durch eine deutliche Reduzierung der Wahrscheinlichkeit zustande, aufgrund von Gewaltverbrechen, Eigentumsdelikten oder auch Drogendelikten verhaftet und zu einer Freiheitsstrafe verurteilt zu werden, und anschließend durch die eingeschlagene kriminelle Karriere immer wieder straffällig und verurteilt zu werden. Allein diese kriminalitätsbezogenen Effekte des Programms hatten einen Nutzen-Kosten-Koeffizienten von 11,31:1 (Dossetor, 2011). Frühkindliche Prävention zur Verbesserung der Bildungsteilhabe ist somit eines der wirksamsten und wirtschaftlichsten sozial-, bildungs-, und kriminalpolitischen Instrumente.

Neben dem *Perry Preschool Program* wird als ein besonders umfangreich evaluiertes und ökonomisch analysiertes Programm häufig auch das Prenatal/Early Infancy Project (allgemein auch Elmira Program oder heute Nurse-Family Partnership genannt) erwähnt. Die Langzeitstudie mit einer Laufzeit von über 30 Jahren beinhaltete pränatale und postnatale Hebammenbesuche für wirtschaftlich benachteiligte Erstgebärende (Olds, 2008). Die deutlichsten Effekte wurden dabei für Hoch-Risiko Familien erreicht. Auch wenn die wirtschaftlichen Effekte nicht die Größenordnung des Perry Preschool Programs erreichen konnten, ermittelten Aos et al. (2004) einen Nutzen-Kosten-Koeffizienten von immerhin fast 3:1. Auch hier spielten wiederum die Wirkungen u. a. durch Verringerung von Kriminalität, aber auch von Kindesmissbrauch und Kindesvernachlässigung eine wichtige Rolle. In gleicher Weise machen auch die Ergebnisse von Greenwood et al. (1996) deutlich, dass die frühe Begleitung der Eltern sehr wesentliche Effekte auf die spätere Straffälligkeit haben kann.

Da 88 Prozent der gesellschaftlichen Einsparungen durch die Verringerung der Kriminalität im Perry Preschool Program zustande kamen, wurden die Ergebnisse auch in anderen Studien zur Kostenschätzung verwendet. Ebel et al. (2011) simulieren z. B. die möglichen Einsparungen bei Haftkosten, die sich durch die Verringerung von Tötungsdelikten aufgrund eines vermehrten Einsatzes präventiver Programme ergeben würden. Im Mittelpunkt stehen, neben den Ergebnissen des Perry Preschool Programs, die Ergebnisse des Nurse-Family Partnership Programs (Eckenrode et al., 2010) und der Multisystemic Therapy (Sawyer and Borduin, 2011). Ihre Ergebnisse zeigen, dass ein landesweiter und kontinuierlicher Einsatz der drei Präventionsprogramme die Zahl der Kapitaldelikte um etwa ein Drittel reduzieren könnte. Die Verringerung des Verlusts an statistischen Leben wäre signifikant, aber bereits die Verringerung der Haftzeiten würde zu Einsparungen von jährlich rund 5 Mrd. US-Dollar führen.

An den Beispielen des Perry Preschool Programs und des ELMIRA Projekts wird deutlich, dass auch Aktivitäten und Interventionen, die primär auf die Bildungsteilhabe oder auch die Vermeidung ungünstiger Lebensumstände im frühen bzw. sehr frühen Kindesalter abzielen, zu beachtlichen präventiven Effekten im Hinblick auf spätere Straffälligkeit bzw. Kriminalität im Allgemeinen beitragen können. Die großen wirtschaftlichen Effekte, aber auch die hohe Nützlichkeit solcher Programme verdeutlicht die Notwendigkeit, kriminalpolitische und präventive Aktivitäten nicht zu eng bzw. zu disziplinär zu sehen, da andere, nur indirekt verbundene Interventionen deutlich größere und auch wirtschaftlichere Effekte haben können.

5.2 Das Modell des Washington State Institute for Public Policy

Im Bereich der Prävention und Kriminalpolitik sind dabei vor allem die Arbeiten des *Washington State Institute for Public Policy* (WSIPP), Olympia (WA) zu nennen. Bereits seit 1997 untersucht das Institut die Wirksamkeit und Wirtschaftlichkeit von Präventions- und Strafjustizprogrammen mit dem Ziel, effektive und zugleich effiziente Programme zur Reduzierung der Kriminalität zu identifizieren (Aos et al., 1998).

Im Mittelpunkt der Analysen steht dabei ein Kosten-Nutzen-Modell, das über die Jahre sowohl politisch, als auch akademisch Standards gesetzt hat. Dies zeigt sich in der häufigen Erwähnung und vielfachen Nutzung der Ergebnisse in unterschiedlichen Kontexten (vgl. Greenwood und Welsh, 2012). Der Erfolg von WSIPP, zunächst bezogen auf den Staat Washington, hat dazu geführt, dass mit der Übertragung des Modells auf 14 weitere US-Bundesstaaten und drei Bezirke in Kalifornien begonnen wurde (vgl. Aos und Drake, 2010; Pew Center on the States, 2012). Für Connecticut, Iowa, Massachusetts, New Mexico, Vermont und New York ist die Umsetzung bereits erfolgt. Auch in Großbritannien wurde mit der Übertragung des Modells durch die Dartington Social Research Group begonnen.

Welsh et al. (2015) erläutern das Modell wie folgt: Die Kosten-Nutzen-Analysen werden in einem fünfstufigen Verfahren ermittelt. Im ersten Schritt werden die Programmwirkungen geschätzt, wobei auch Meta-Analysen zum Einsatz kommen, wenn mehrere Schätzer vorhanden sind. Die Wirkungsergebnisse werden in die Anzahl verhinderter Verbrechen und Delikte umgerechnet. Im zweiten Schritt wird geprüft, ob früher ermittelte Programmeffekte für Washington reproduziert bzw. repliziert werden können, d. h. ob die gleichen Wirkungen auch bei Einsatz des zu beurteilenden Programms im Staat möglich wären. Insofern das Programm bzw. Projekt noch nicht in Washington genutzt wird, ist der dritte Schritt eine Bewertung der Kosten, die für eine Implementierung eines vergleichbaren Programms aufzubringen wären. Der anschließende vierte Schritt umfasst die Ermittlung der Erträge in monetären Größen, wobei die möglichen Einsparungen für die Justiz und die Kriminalitätsopfer geschätzt werden. Hierbei werden sowohl materielle als auch immaterielle Kosten berücksichtigt. Der letzte Schritt ist die Berechnung des Nutzen-Kosten-Koeffizienten und des Nettogegenwartswerts. Beide sind die Grundlage der unabhängigen und vergleichenden Beurteilung der Wirtschaftlichkeit des Programms.

Bereits bis zum Jahr 2006 wurden mit dem Modell fast 600 Evaluationsstudien zu Präventions- und Strafjustizprogrammen berücksichtigt und die Kosten und Nutzen der Programme beurteilt (Aos et al., 2006). Hierdurch hat sich das Modell über die Jahre hinweg zur umfangreichsten Informationsquelle evidenzbasierter Kriminalpolitik in den USA entwickelt (Greenwood, 2006). Die Ergebnisse werden dabei von der Politik als echte Handlungsempfehlungen verstanden und in die Entscheidungen einbezogen. So ergab der Vergleich zwischen dem Bau von weiteren Staatsgefängnissen oder dem alternativen Einsatz für evidenzbasierte Präventions- und Interventionsprogramme, dass letztere zu einem höheren Ertrag sowohl für die Steuerzahler als auch in Bezug auf die Kriminalitätsrate führen würden (Welsh et al., 2015). Der Gesetzgeber entschied sich gegen den Bau und förderte stattdessen die genannten Aktivitäten.

Unter den vom Washington State Institute for Public Policy berücksichtigten Interventionen haben sich vor allem die Präventionsprogramme für Kinder und Jugendliche als besonders wirksam und zugleich wirtschaftlich gezeigt. Aos et al. (2004) stellen fest, dass 37 von 60 untersuchten Jugendpräventionsprogrammen mit höheren Erträgen als Kosten verbunden waren. Auch im Bericht von Lee et al. (2012) werden die Nutzen-Kosten-Koeffizienten für eine Reihe von Präventionsprogrammen gezeigt, wobei auch hier wiederum Projekte, die auf das Kindeswohl abzielen, beachtliche Koeffizienten aufweisen. So hat z. B. das „Positive Parenting Program (Triple P)" einen Nutzen-Kosten-Koeffizienten von 6,06, das Projekt „Parent Child Interaction Therapy" einen Koeffizienten von 4,62 und das Projekt „Nurse-Family Partnership" einen Koeffizienten von 2,37 (Welsh et al. 2015). Gleichermaßen hohe Koeffizienten zeigen sich auch bei Programmen, die die psychische Verfassung von Kindern verbessern sollen.

5.3 Festlegung einheitlicher Standards zur Durchführung von Kosten-Nutzen-Analysen in der Praxis

Auch wenn es in einzelnen Bereichen – wie die Beispiele gezeigt haben – bereits sehr umfassende und sorgfältig erarbeitete Ergebnisse zu Kosten und Erträgen von Präventionsprogrammen bzw. Programmen mit Präventionswirkung gibt, ist eine einheitliche Grundlage bzw. das Vorhandensein einer minimalen Form der Standardisierung noch Zukunftsmusik.

Im Überblick von Dossetor (2011) wird erwähnt, dass das britische Home Office für die Förderung von Programmen aus dem sogenannten Crime Reduction Programmeme die Durchführung von Kosten-Wirksamkeits-Analysen voraussetzt. Hierzu haben Dhiri und Brand (1999) eine Handreichung zur Vereinheitlichung der Kosten-Nutzen-Analysen und Kosten-Wirksamkeits-Analysen erarbeitet. Über diese Handlungsempfehlungen hinaus werden Wissenschaftler in Großbritannien zudem aufgefordert, Kosten und Nutzen in ihre Evaluationsstudien einzubeziehen.

Auch in Kanada, so McIntosh und Li (2012), unterstützt das Canada National Crime Prevention Centre (NCPC) die Durchführung systematischer Evaluationen von Präventionsprogrammen und hat hierzu ein Handbuch für Anwender erarbeitet (vgl. Hornick et al., 2000). Ähnliche Entwicklungen einer stärkeren Nutzung von Kosten-Nutzen-Analysen als Grundlage einer evidenzbasierten Politik finden sich auch in Australien, wenn auch hier einheitliche Definitionen und Vorgehensweisen fehlen. Der Rat der australischen Regierung hat im Jahr 2007 Empfehlungen für die Nutzung von Kosten-Nutzen-Analysen als Teil der quantitativen Ansätze zur Untersuchung und Beurteilung der regulatorischen Wirkungen der Politik gegeben (COAG, 2007). Im Wesentlichen sollen hierbei Kosten und mögliche Erträge verschiedener Politiken vergleichbar gegenübergestellt und mit einer kurzen Empfehlung versehen werden. In Deutschland fehlen solche Ansätze bisher gänzlich.

5.4 Beispiele einer missbräuchlichen Nutzung

Evidenzbasierte Politik soll durch die beste verfügbare Information über den Entscheidungsgegenstand zu verbesserten und konsistenten Entscheidungen führen. Dass rigorose und unabhängige Forschung als ihre Grundlage eine zentrale Voraussetzung hierfür ist, ist zumindest in der Theorie unstrittig. Der lauter werdende Ruf nach evidenzbasierter Entscheidungsfindung hat dementsprechend auch zu einer Verstärkung der Anstrengungen in vielen Bereichen geführt.

Dennoch birgt dieses Vorgehen auch Gefahren: Wie oben bereits angeführt, kann eine fehlerhafte oder selektive Nutzung von wissenschaftlichen Ergebnissen – ob gewollt oder ungewollt – nicht nur für die Entscheidung nachteilig sein, sie diskreditiert zugleich auch das wissenschaftliche Vorgehen allgemein, da eine Differenzierung und Beurteilung der Qualität der Arbeit häufig mit einem hohen Aufwand verbunden ist. Eine gewissenhafte und überzeugende Vermittlung der Notwendigkeit der Berücksichtigung wissenschaftlicher Standards ist somit essentiell in der politischen Beratung.

Vor diesem Hintergrund überrascht es nicht, dass auch bei Vorliegen belastbarer wissenschaftlicher Ergebnisse diese in der Entscheidungsfindung ignoriert worden sind. Beispiele hierfür sind die „Scared Straight"-Programme (nach dem gleichnamigen Film aus den 1970er Jahren), die als Abschreckungsprogramme zur Verhinderung von Haftstrafen bei Jugendlichen in den USA aufgelegt worden sind, obgleich sie sich in verschiedenen Evaluationsstudien als unwirksam erwiesen (Finckenauer und Gavin, 1999, Petrosino et al., 2000). So zeigte z. B. Lewis (1983), dass 81 Prozent der Teilnehmer innerhalb eines Jahres nach dem Programm tatsächlich inhaftiert wurden; im Vergleich zu 67 Prozent in der Vergleichsgruppe. Auch Aos et al. (2001) fanden weitere negative Wirkungen der Programme, was aber nicht zur Einstellung führte.

Doch auch Wissenschaftler selbst haben zur Verwirrung beigetragen. McIntosh und Li (2012) führen das Beispiel der Reducing Burglary Initiative (RBI) an, die in Großbritannien gestartet wurde. Innerhalb der Initiative gab es 247 Einzelprojekte über einen Zeitraum von drei Jahren. Zur Evaluation der Wirkungen wurden drei unabhängige Gutachtergruppen eingesetzt: Hamilton-Smith (2004), Kodz und Pease (2003) und Hope (2004). Trotz gleicher Daten kamen alle drei zu unterschiedlichen Ergebnissen und Empfehlungen. Da im Wesentlichen methodische Unterschiede für diese abweichenden Ergebnisse verantwortlich waren, ist dies ein weiteres Argument für die Einführung einheitlicher oder vereinheitlichter Standards.

6. ZUSAMMENFASSUNG UND SCHLUSSFOLGERUNGEN

Die Ausführungen in diesem Gutachten haben im Wesentlichen zwei Ziele verfolgt. Zum einen sollten sie einen Überblick über das Verständnis bzw. die Behandlung von Prävention und Kriminalpolitik aus ökonomischer Perspektive geben. Gerade die seit den Arbeiten von Gary Becker diskutierten und vielfach erweiterten Modelle einer Berücksichtigung von Kriminalität im Spektrum rationaler Wahlhandlungen machen dabei deutlich, dass die systematische ökonomische Untersuchung einen wichtigen Beitrag zur Versachlichung der Debatte über den Einsatz und die Intensität von Prävention und Kriminalpolitik im Wettbewerb mit anderen (auch präventiv) nützlichen Aktivitäten und Interventionen unter Berücksichtigung knapper (öffentlicher und privater) Mittel leisten kann. Deutlich werden sollte dabei auch, dass der Modellrahmen vor allem zur Bestimmung des tolerierbaren sozialen Schadens und die dafür erforderlichen Investitionen entwickelt und interpretiert wurde. Die Modellierung kriminellen Verhaltens bzw. der Entscheidungen zu kriminellen Verhaltensweisen ist nur Mittel zum Zweck, nicht Mittelpunkt und auch nicht Zielgröße der Analyse.

Zum anderen sollte ausgehend von den theoretischen Überlegungen gezeigt werden, wie eine empirische Bestimmung der Kosten und Erträge von Prävention aussehen muss. Ein Schwerpunkt wurde dabei auf die methodischen Fragen gelegt. Hier stand vor allem die Bestimmung von Kosten und Erträgen im Vordergrund. Während diese in der Theorie als bekannt unterstellt werden, um anschließend das Optimum präventiver Investitionen zu bestimmen, ist bereits die Ermittlung und Zuordnung materieller Kosten in der Empirie außerordentlich schwierig. Noch schwieriger erscheint zudem auf den ersten Blick die Ermittlung der immateriellen Kosten. In den vergangenen zwei Dekaden wurden jedoch maßgebliche wissenschaftliche Fortschritte gemacht, um die Unsicherheiten und Einschränkungen zu verringern und zu reduzieren.

Als weitere wesentliche Anforderung an die Durchführung von Kosten-Nutzen-Analysen erweist sich außerdem die Evaluation der Programmeffekte. Für eine belastbare ökonomische Beurteilung sind die saubere und nachvollziehbare Identifizierung sowie belastbare empirische Schätzung fundamentale Voraussetzungen. Einschränkungen in diesem Bereich, z. B. durch ein ungenügendes methodisches Vorgehen, Fehler und Unzuverlässigkeit der Daten oder fehlende fachliche Kompetenz, multiplizieren sich in der anschließenden ökonomischen Bewertung. Diese erfolgt dann auf Basis verzerrter Ergebnisse mit nach oben oder unten, auf jeden Fall aber unzutreffenden Abweichungen in den Implikationen für die Entscheidungssituation.

Sowohl die theoretischen als auch die empirischen Beiträge, die eine ökonomische Analyse leisten kann, sind zugleich in Deutschland wenig bis kaum beachtet. In anderen Bereichen, insbesondere in der Arbeits-, Sozial- und Bildungspolitik, sind in den vergangenen anderthalb Dekaden bemerkenswerte Fortschritte in der Evaluation und Bewertung politischer Interventionen gemacht worden. Instrumentarium und Daten werden dabei stetig verbessert und die Informationsdichte für ein evidenzbasiertes politisches Handeln immerzu vergrößert. Dennoch sind auch in diesen Bereichen die Anwendungen systematischer Kosten-Nutzen-Analysen bisher nicht verfügbar. Der Vergleich über verschiedene Handlungsfelder hinweg oder aber die internationale Vergleichbarkeit ähnlicher oder identischer Programme im Hinblick auf das Verhältnis von Kosten und Nutzen ist weiterhin nicht möglich.

Aus den in diesem Gutachten vorgestellten Ansätzen und Ergebnissen ergeben sich meines Erachtens die folgenden acht Schlussfolgerungen:

1. Stärkung des interdisziplinären Diskurses und Dialogs zur Verbreiterung der Informationsbasis, der konstruktiv-kritischen Interpretation und Bewertung präventiver und kriminalpolitischer Vorhaben im Wettbewerb mit anderen politischen Handlungsfeldern um verfügbare finanzielle Ressourcen.

2. Systematisierung und Erfassung des verfügbaren Informationsstands anhand der vorgestellten Qualitätskriterien zur Verbesserung informierten Handelns in der Prävention und Kriminalpolitik in Deutschland.

3. Vergleich der deutschen Erfahrungen und Ergebnisse mit international verfügbaren Resultaten zur Ableitung allgemeiner und spezifischer Implikationen für eine Weiterentwicklung einer wirtschaftlichen, d. h. neben der Effektivität auch die Effizienz berücksichtigenden, Präventionspolitik.

4. Etablierung einer Evaluationskultur im Bereich der Prävention und Kriminalpolitik, die den methodischen Anforderungen zur Ermittlung kausaler Effekte der Interventionen und Vorhaben genügt. Wissenschaftliche Diskussion und Interpretation der Ergebnisse, um Fehleinschätzungen aufgrund mangelnder Kompetenz vorzubeugen.

5. Erarbeitung der Grundlagen zur Erstellung systematischer Kosten-Nutzen-Analysen durch die Verbesserung der Informationsbasis im Hinblick auf die Abgrenzung, Zuordnung und Schätzung von materiellen und immateriellen Kosten- und Ertragsgrößen.

6. Orientierung dieser Arbeiten an den international gebräuchlichen Standards, Erfahrungen und Ergebnissen, um die Vergleichbarkeit zwischen Analysen innerhalb Deutschlands, aber auch im internationalen Vergleich sowie die Konsistenz der methodischen Vorgehensweisen zu gewährleisten.

7. Überdisziplinärer und wissenschaftlicher Diskurs über die erstellten Ergebnisse zur Vermeidung des Anspruchs einer disziplinären Interpretationshoheit. Dieser erlaubt die inhaltlich gehaltvolle Erörterung der empirischen Fakten unter Berücksichtigung der Wirkungsmechanismen, der relevanten Projektgovernance und der alternativen Handlungsmöglichkeiten.

8. Beschränkung auf effiziente Programme in den Umsetzungsempfehlungen. Ein
    ineffizientes Programm bedeutet nicht, dass die Fragestellung, das Wirkungsziel
    oder der Präventionsbereich irrelevant sind. Es heißt aber, dass die Ausgestal-
    tung, die Umsetzung und der Aufwand in einem Missverhältnis zu den erreichten
    Zielen und Wirkungen stehen.

LITERATUR

Albrecht, H.-J. und H. Entorf (2003): Kriminalität, Ökonomie und Europäischer Sozi-
    alstaat, Physica-Verlag, Heidelberg,

Angrist, J. und S. Pischke (2010): The Credibility Revolution in Empirical Economics:
    How Better Research Design Is Taking the Con out of Econometrics. Journal
    of Economic Perspectives, 24(2), S. 3-30.

Antony, J. und H. Entorf (2003): Zur Gültigkeit der Abschreckung im Sinne der öko-
    nomischen Theorie der Kriminalität: Grundzüge einer Meta-Studie, in: H.-J.
    Albrecht et al. (Hrsg.) Kriminalität, Ökonomie und Europäischer Sozialstaat,
    Springer-Verlag, Heidelberg, S. 167-185.

Aos, S. (2002): Cost-Benefit Analysis for Juvenile Justice Programs, Program Eva-
    luation Briefing Series No. 4, Justice Research and Statistics Association,
    Washington (DC).

Aos, S., R. Barnoski und R. Lieb (1998): Preventive Programs for Young Offenders
    Effective and Cost-Effective. Overcrowded Times, 9(2):1, S. 7-11.

Aos S. , P. Phipps, R. Barnoski und R. Lieb (2001): The comparative costs and benefits
    of programs to reduce crime. Olympia, WA: Washington State Institute for
    Public Policy Institute for Public Policy.

Aos S., R. Lieb, J. Mayfield, M. Miller und A. Pennucci (2004): Benefits and costs of
    prevention and early intervention programs for youth. Olympia, WA: Washing-
    ton State Institute for Public Policy.

Aos, S., M. Miller und E. Drake (2006): Evidence-Based Public Policy Options to
    Reduce Future Prison Construction, Criminal Justice Costs, and Crime Rates.
    Olympia: Washington State Institute for Public Policy.

Aos, S. und E. Drake (2010): Fight Crime and Save Money. Olympia: Washington
    State Institute for Public Policy.

Bässmann, J. (2003): Integrierte Forschungs- und Präventionsdokumentation des
    BKA. In: Kerner, H.-J.; Marks, E. (Hrsg.): Internetdokumentation Deutscher
    Präventionstag. Hannover, http://www.praeventionstag.de/content/3_praev/
    doku/ahlf/index_3_ahlf.html.

Barnett, W. (1993): Cost-Benefit Analysis, in: Schweinhart, L., H. Barnes und D.
    Weikart (Hrsg.), Significant Benefits: The High/Scope Perry Preschool Study
    Through Age 27, Michigan.

Beccaria, C. (1998 [1766]): Über Verbrechen und Strafen. Nach der Ausgabe von 1766 übersetzt und herausgegeben von Wilhelm Alff. Insel-Verlag, Frankfurt am Main u. a.

Becker, G. (1968): Crime and Punishment: An Economic Approach, The Journal of Political Economy, Vol. 76 (2), S. 169-217.

Becker, G. (1993): The Economic Way of Looking at Behavior, The Journal of Political Economy, Vol. 101 (3), S. 385-409.

Blundell, R. und M. Costa-Dias (2009): Alternative Approaches to Evaluation in Empirical Microeconomics, Journal of Human Resources, Vol. 44 (3), S. 565-640.

Böckmann, C. (2005): Aktiv gegen Angsträume von Jugendlichen. Opferorientierte Gewaltprävention im ländlichen Raum. In: Kerner, H.-J.; Marks, E. (Hrsg.): Internetdokumentation Deutscher Präventionstag. Hannover, http://www. praeventionstag.de/content/10_praev/doku/boeckmann/index_10_boeckmann. html.

Brand, S. und R. Price (2006): The Economic and Social Costs of Crime. Home Office Research Study, 217. Home Office, Vereinigtes Königreich.

Bundesministerium des Innern (2014): Polizeiliche Kriminalstatistik 2013, Berlin.

Coester, M. (2003): Das Düsseldorfer Gutachten – Grundgedanken der Wirkungsforschung bei der Kriminalprävention. In: Kerner, H.-J.; Marks, E. (Hrsg.): Internetdokumentation Deutscher Präventionstag. Hannover, http://www. praeventionstag.de/content/7_praev/doku/coester/index_7_coester.html.

Cohen, M. (1988): Pain, suffering and jury awards: A study of the cost of crime to victims. Law & Society Review, 22(3), S. 537-556.

Cohen, M. (1998): The Monetary Value of Saving a High Risk Youth, Journal of Quantitative Criminology, Vol. 14, S. 5-33.

Cohen, M. (2000): Measuring the Costs and Benefits of Crime and Justice, Criminal Justice, Vol. 4, S. 263-315.

Cohen, M. (2005): The Costs of Crime and Justice, Routledge, London and New York.

Cohen, M., T. Miller und S. Rossman (1994): The Costs and Consequences of Violent Behavior in the United States, in: Reiss, A. und J. Roth (Hrsg.), Understanding and Preventing Violence, Volume 4: Consequences and Control, National Academy Press, Washington (DC).

Cohen, M. und T. Miller (1998): The Cost of Mental Health Care for Victims of Crime, Journal of Interpersonal Violence, Vol. 13, S. 93-100.

Cohen, M. und T. Miller (2003): "Willingness to Award" Nonmonetary Damages and the Implied Value of Life from Jury Awards. International Review of Law and Economics, 23 (2), S. 165–181.

Council of Australian Governments [COAG] (2007): Best practice regulation: A guide for ministerial councils and national standard setting bodies. http://www. finance.gov.au/obpr/docs/COAG_best_practice_guide_2007.pdf#page=23

Dhiri, S. und S. Brand (1999): Analysis of Costs and Benefits: Guidance to Evaluators, Crime Reduction Programme Guidance Note 1, Home Office, London.

DiIulio, J (1996): Help wanted: Economists, crime and public policy. Journal of Economic Perspectives, 10(1), S. 3–24.

Dossetor, K. (2011): Cost-Benefit Analysis and Its Application to Crime Prevention and Criminal Justice Research, AIC Reports Technical and Background Paper 42, Australian Institute of Criminology, Canberra.

Dubourg, R. und J. Hamed (2005): Estimates of the economic and social costs of crime in England and Wales: Costs of crime against individuals and households, 2003/04. In The Economic and Social Costs of Crime Against Individuals and Households 2003/04. Home Office Online Report, 30/05.

Ebel, B., F. Rivara, R. Loeber und D. Pardini (2011): Modeling the Impact of Preventive Interventions on the National Homicide Rate, In: Loeber, R. und D. Farrington (Hrsg.) Young Homicide Offenders and Victims: Risk Factors, Prediction, and Prevention from Childhood, New York: Springer.

Eckenrode, J., M. Campa, D. Luckey, C. Henderson, R. Cole, H. Kitzman, E. Anson, K. Sidora-Arcoleo, J. Powers und D. Olds (2010): Long-Term Effects of Prenatal and Infancy Nurse Home Visitation on the Life Course of Youths: 19-Year Follow-Up of a Randomized Trial. Archives of Pediatrics and Adolescent Medicine, 164, S. 9-15.

Ehrlich, I. (1996): Crime, Punishment, and the Market for Offenses, Journal of Economic Perspectives, Vol. 10, S. 43-67.

Entorf, H. und S. Meyer (2004): Kosten und Nutzen des Strafvollzuges: Grundlagen im Rahmen einer rationalen Kriminalpolitik, Darmstadt Discussion Papers in Economics, Nr. 129, Universität Darmstadt.

Entorf, H. und H. Spengler (1998): Kriminalität, ihre Ursachen und ihre Bekämpfung: Warum auch Ökonomen gefragt sind, ZEW Dokumentation Nr. 98-01, Mannheim.

Entorf, Horst und Hannes Spengler (2005): Ökonometrie der Kriminalität, ifo Schnelldienst, 58 (16), S. 13-25.

Entorf, H. (2010): Strafvollzug oder Haftvermeidung – was rechnet sich?, Bundeszentrale für Politische Bildung, http://www.bpb.de/apuz/32969/strafvollzug-oder-haftvermeidung-was-rechnet-sich?p=all.

Farrell G., K. Bowers und S. Johnson (2005): Cost-benefit analysis for crime science: Making cost-benefit analysis useful through a portfolio of outcomes, in: Smith M und N. Tilley (Hrsg.), Crime science: New approaches to preventing and detecting crime. London: Willan Press

Farrington D., D. Gottfredson, L. Sherman und B. Welsh (2006): The Maryland Scientific Methods Scale, in: Sherman L., D. Farrington, B. Welsh und D. MacKenzie (Hrsg.), Evidence-based Crime Prevention (revised edition), Routlegde, New York.

Finckenauer, J. und P. Gavin (1999): Scared straight: The panacea phenomenon revisited. Prospect Heights, IL: Waveland Press.

Flade, A. (2003): Die sichere Stadt. In: Kerner, H.-J.; Marks, E. (Hrsg.): Internetdokumentation Deutscher Präventionstag. Hannover, http://www.praeventionstag. de/content/2_praev/doku/flade/index_2_flade.html.

Glaeser, E., B. Sacerdote und J. Scheinkman (1996): Crime and Social Interactions, Quarterly Journal of Economics, 111, 507–548.

Glaeser, E. und B. Sacerdote (1999): Why Is There More Crime in Cities?, Journal of Political Economy, 107 (1999), 225–258.

Greenwood P., K. Model, C. Rydell und J. Chiesa (1996): Diverting children from a life of crime: Measuring costs and benefits. Santa Monica, CA: RAND

Greenwood, P. (2006): Changing Lives: Delinquency Prevention as Crime-Control Policy. Chicago: University of Chicago Press.

Greenwood, P. und B. Welsh (2012): Promoting Evidence-Based Practice in Delinquency Prevention at the State Level: Principles, Progress, and Policy Directions. Criminology and Public Policy, 11, S. 493-513.

Hamilton-Smith, N. (2004): The reducing burglary initiative: Design, development and delivery. Home Office research study 287. London: Home Office.

Heckman, J., R. Lalonde und J. Smith (1999): The Economics and Econometrics of Active Labor Market Programs, in: Ashenfelter, O. und D. Card (Hrsg.), Handbook of Labour Economics, Vol. 3a, S. 1865-2097, Elsevier Science, Amsterdam et al.

Hope, T. (2004): Pretend it works: Evidence and governance in the evaluation of the reducing burglary initiative. Criminal Justice, 4(3), S. 287–308.

Hornick, J., J. Paetsch und L. Bertrand (2000): A manual on conducting economic analysis of crime prevention programs. Ottawa, ON: National Crime Prevention Centre

Hurth, H. (2004): Kommunale Kriminalprävention – Erfolgsfaktoren und Perspektiven des Vor-Ort-Ansatzes. In: Kerner, H.-J.; Marks, E. (Hrsg.): Internetdokumentation Deutscher Präventionstag. Hannover, http://www.praeventionstag.de/ content/9_praev/doku/hurth/index_9_hurth.html.

Kempfer, J. (2005): Prävention in Kindergarten und Vorschule. In: Kerner, H.-J.; Marks, E. (Hrsg.): Internetdokumentation Deutscher Präventionstag. Hannover, http://www.praeventionstag.de/content/10_praev/doku/kempfer/index_10_kempfer.html.

Kirstein, R. (2004): Ökonomik der Kriminalität, Universität des Saarlandes, Center for the Studies of Law and Economics, Discussion Paper 2004-06, Saarbrücken.

Kling, J., J. Liebman und L. Katz (2007), Experimental Analysis of Neighborhood Effects, Econometrica, 75, 83–119.

Kodz, J. und K. Pease (2003): Reducing burglary initiative: Early findings on burglary reduction. Home Office findings 204. London: Home Office

Kübler, H., Eser, F. und D. Illmer. (2006): Bundesprogramm „Integration durch Sport". In: Kerner, H.-J.; Marks, E. (Hrsg.): Internetdokumentation Deutscher Präventionstag. Hannover, http://www.praeventionstag.de/content/11_praev/doku/kueblereserillmer/index_11_ kueblereserillmer.html.

Leamer, E. (1983): Lets's take the Con out of Econometrics. American Economic Review, 73, 31-43.

Lee, S., S. Aos, E. Drake, A. Pennucci, M. Miller und L. Anderson (2012): Return on Investment: Evidence-Based Options to Reduce Statewide Outcomes. Olympia: Washington State Institute for Public Policy.

Lewis, R. (1983): Scared straight. Criminal Justice and Behavior, 10(2), S. 209–226.

Ludwig, J. und J. Kling (2007), Is Crime Contagious?, Journal of Law and Economics, 50, S. 491–518.

Lützenkirchen, H.-G.. (2003): „Gegen Gewalt im Fußballsport! Handlungsstrategien für den Umgang mit Aggression und Gewalt im Amateurfußball". Ein Präventionsprojekt. Kurze Projektbeschreibung. In: Kerner, H.-J.; Marks, E. (Hrsg.): Internetdokumentation Deutscher Präventionstag. Hannover, http://www.praeventionstag.de/content/6_praev/doku/luetzenkirchen/index_7_luetzenkirchen.html.

Mayhew, P. (2003): Counting the Costs of Crime in Australia, in: Trends and Issues, No. 247, Australian Institute of Criminology, April 2003.

McDougall C., M. Cohen, R. Swaray und A. Perry (2003): The costs and benefits of sentencing: A systematic review. The Annals of the American Academy of Political and Social Science, 587, S. 160–177.

McIntosh, C und J. Li (2012): An Introduction to Economic Analysis in Crime Prevention: The Why, How and So What. Research Report 2012-5. Ottawa: Department of Justice Canada.

Mehlkop, G. (2011): Kriminalität als rationale Wahlhandlung, VS Verlag für Sozialwissenschaften, Springer Fachmedien, Wiesbaden.

Miller, T., M. Cohen und B. Wiersema (1996): Victims' costs new look. Washington DC: National Institute of Justice.

Miller, T., D. Fisher und M. Cohen (2001): Costs of Juvenile Violence: Policy Implications. Pediatrics, 107 (1), S. 1–7.

Mullen, P. und J. Fleming (1998): Long-term effects of child sexual abuse. Issues in Child Abuse Prevention, Australia: National Child Protection Clearing House.

Olds, D. (2008): Preventing child maltreatment and crime with prenatal and infancy support of parents: The nurse–family partnership. Journal of Scandinavian Studies in Criminology & Crime Prevention, 9, S. 2–24

Petrosino A., C. Turpin-Petrosino und J. Finckenauer (2000): Well-meaning programs can have harmful effects! Lessons from experiments of programs such as Scared Straight. Crime and Delinquency 46(3), S. 354–379.

Pew Center on the States (2012): Results First: Helping States Assess the Costs and Benefits of Policy Options and Use That Data to Make Decisions Based on Results. Washington DC. http://www.pewcenteronthestates.org.

Pfeiffer, Ch. (2003): Medienverwahrlosung als Ursache von Schulversagen und Jugenddelinquenz?. In: Kerner, H.-J.; Marks, E. (Hrsg.): Internetdokumentation Deutscher Präventionstag. Hannover, http://www.praeventionstag.de/content/8_praev/doku/pfeiffer/index_8_pfeiffer.html.

Pohl-Laukamp, D. (2003): Kommunale Kriminalitätsverhütung: ein europäischer Erfahrungsaustausch. Einführung und Eröffnung. In: Kerner, H.-J.; Marks, E. (Hrsg.): Internetdokumentation Deutscher Präventionstag. Hannover. http://www.praeventionstag.de/content/1_praev/doku/pohllaukamp/index_1_pohllaukamp.html

Rollings, K. (2005): Counting the costs of crime in Australia: A 2005 update. Research and public policy series no. 91. Canberra: Australian Institute of Criminology.

Roman, J. (2004): Can cost-benefit analysis answer criminal justice policy questions, and if so, how? Journal of Contemporary Criminal Justice, 20(3), S. 257–275.

Roper, T. und A. Thompson (2006): Estimating the costs of crime in New Zealand in 2003/04, New Zealand Treasury Working Paper 06/04. Wellington, New Zealand: New Zealand Treasury.

Sander, E. (2005): Förderung oder Gefährdung: Die Rolle der Medien im Jugendalter. In: Kerner, H.-J.; Marks, E. (Hrsg.): Internetdokumentation Deutscher Präventionstag. Hannover, http://www.praeventionstag.de/content/10_praev/doku/sander/index_10_sander.html.

Sawyer, A. und C. Borduin (2011): Effects of Multisystemic Therapy through Midlife: A 21.9-Year Follow-Up to a Randomized Clinical Trial with Serious and Violent Juvenile Offenders. Journal of Consulting and Clinical Psychology, 79, S. 643-52.

Schweinhart, L., J. Montie, X. Zongping, W. Barnett, C. Belfield, M. Nores (2005): Lifetime effects: The HighScope Perry Preschool study through age 40. Monographs of the HighScope Educational Research Foundation. Ypsilanti, MI: HighScope Press.

Sherman, L. D. Farrington, B. Welsh und D. MacKenzie (2002): Evidence based crime prevention. New York: Routledge.

Sherman, L., D. Gottfredson, D. MacKenzie, J. Eck, P. Reuter und S. Bushway (1997): Preventing crime: What works, what doesn't, what's promising. Washington, DC: National Institute of Justice.

Spengler, Hannes (2005): Ursachen und Kosten der Kriminalität in Deutschland – Drei empirische Studien, Dissertation, Universität Darmstadt.

Steffen, W. (2004): Gremien Kommunaler Kriminalprävention – Bestandsaufnahme und Perspektive. In: Kerner, H.-J.; Marks, E. (Hrsg.): Internetdokumentation Deutscher Präventionstag. Hannover, http://www.praeventionstag.de/content/9_praev/doku/steffen/index_9_steffen.html.

Steffen, W. (2011): „Solidarität leben – Vielfalt sichern" - Moderne Gesellschaften und Kriminalität. Der Beitrag der Kriminalprävention zu Integration und Solidarität. In: Marks, E. und Steffen, W. (Hrsg.): Solidarität leben - Vielfalt sichern, Ausgewählte Beiträge des 14. Deutschen Präventionstages, Forum Verlag, Godesberg; Auflage: 1 (10. August 2011), Seite 45-116.

Steffen, W. (2012): „Bildung – Prävention – Zukunft" Lern- und Lebensräume von Kindern und Jugendlichen als Orte von Bildung und Gewaltprävention. In: Marks, E. und Steffen, W. (Hrsg.): Bildung - Prävention – Zukunft, Ausgewählte Beiträge des 15. Deutschen Präventionstages, Forum Verlag, Godesberg; Auflage: 1 (31. Juli 2012), Seite 39-104.b

Trumbull, W. (1990): Who has Standing in Cost-Benefit Analyses?, Journal of Policy Analysis and Management, Vol. 9, 201-218.

Vogler, H. (2003): Kommunale Kriminalprävention. Erfahrungen und Ergebnisse in Ravensburg mit dem Schwerpunkt Jugend. In: Kerner, H.-J.; Marks, E. (Hrsg.): Internetdokumentation Deutscher Präventionstag. Hannover. http://www.praeventionstag.de/content/4_praev/doku/vogler/index_4_vogler.html.

Webber, A. (2010): Literature Review: Cost of Crime, Attorney General & Justice, New South Wales, Sydney.

Weil, S. (2003): Der Umgang mit Migration und Integration: Kommunale Anforderungen an den rechtlichen Rahmen. In: Kerner, H.-J.; Marks, E. (Hrsg.): Internetdokumentation Deutscher Präventionstag. Hannover, http://www.praeventionstag.de/content/8_praev/doku/weil/index_8_weil.html.

Weinhold K.-P.(2003): FremdeHeimatDeutschland - Aspekte des Handlungsfeldes ‚Sport und Kirche' im Integrationsprozess von Menschen mit Migrationshintergrund. In: Kerner, H.-J.; Marks, E. (Hrsg.): Internetdokumentation Deutscher Präventionstag. Hannover, http://www.praeventionstag.de/content/8_praev/doku/weinhold/index_8_weinhold.html.

Welsh, B. (2007): Science and politics of early crime prevention: The American experience and directions for Canada. IPC Review 1(1), S. 161–192.

Welsh, B. und D. Farrington (2000): Monetary Costs and Benefits of Crime Prevention Programs, in: M. Tonry (Hrsg.) Crime and Justice: A Review of Research, Chicago University Press.

Welsh, B., D. Farrington und R. Gowar (2015): Benefit Cost-Analysis of Crime Prevention Programs, in: Tonry, M. (Hrsg.) Crime and Justice: A Review of Research, Vol. 44, Chicago University Press, Chicago.

Welsh, B., C. Sullivan und D. Olds (2010): When Early Crime Prevention Goes to Scale: A New Look at the Evidence. Prevention Science, 10, S. 115-25.

Wise S., L. da Silva L, E. Webster und A. Sanson (2005): The Efficacy of Early Childhood Interventions, Australian Institute of Family Studies, Melbourne.

Wolpin, K. (1978): An Economic Analysis of Crime and Punishment in England and Wales, 1894-1967, Journal of Political Economy, 86, 815-840.

Rainer Strobl, Olaf Lobermeier

Evaluation

des 20. Deutschen Präventionstages

am 8. und 9. Juni 2015 in Frankfurt am Main

Hannover, August 2015

Inhalt

1. Einleitung

Der 20. Deutsche Präventionstag fand am 8. und 9. Juni 2015 in Frankfurt statt. Unter dem Schwerpunktthema „Prävention rechnet sich. Zur Ökonomie der Kriminalprävention." widmete sich der diesjährige Kongress den ökonomischen Aspekten der Kriminalprävention. Obwohl Kosten-Nutzen-Analysen in der angelsächsischen Welt seit vielen Jahrzehnten eingesetzt werden, gab es in Deutschland bisher kaum ernsthafte Diskussionen über eine ökonomische Betrachtung der Prävention. Vor diesem Hintergrund bot das Schwerpunktthema des 20. Deutschen Präventionstages reichlich Gelegenheit für kontroverse Diskussionen, die auch in der Frankfurter Erklärung ihren Niederschlag gefunden haben. Dort findet sich neben einem Plädoyer für die Erarbeitung systematischer Kosten-Nutzen-Analysen zur Kriminalprävention auch die Sorge vor einer zu großen Dominanz fiskalischer Aspekte bei der kriminalpolitischen Entscheidungsfindung[1]. Einen guten Einstieg in das Schwerpunktthema bietet das Gutachten zum 20. Deutschen Präventionstag[2].

Während des gesamten Präventionstages wurden unterschiedliche Aspekte des Schwerpunktthemas in etlichen Beiträgen analysiert und intensiv diskutiert. Die Vernachlässigung der ökonomischen Perspektive in der deutschen Präventionsdiskussion zeigt sich aber auch daran, dass die Zahl der Beiträge zum Schwerpunktthema in diesem Jahr deutlich geringer als im Vorjahr war. Natürlich konnten sich die Besucher während der beiden Kongresstage auch wieder über verschiedene Bereiche der Präventionsarbeit informieren. Hierzu gab es ein breites Angebot an Vorträgen, Filmen, Theater- und Musikdarbietungen sowie eine kongressbegleitende Ausstellung mit Informationsständen, Sonderausstellungen, Posterpräsentationen und dem Veranstaltungsformat „Campus und Aktionen". Wie in den vergangenen Jahren hat die Kriminalprävention auch auf dem 20. Deutschen Präventionstag den größten Raum eingenommen. Ein weiterer wichtiger Aspekt des Präventionstages war der fachliche Austausch mit Experten sowie der Aufbau und die Pflege von Kontakten.

Die Evaluation des diesjährigen Kongresses wurde mit einem ähnlichen Instrument durchgeführt wie in den vergangenen Jahren, so dass vielfältige Vergleiche möglich sind. Wie in den Vorjahren ist die Qualitätssicherung und Optimierung des Deutschen Präventionstages das wichtigste Anliegen der Evaluation. Es ist daher Aufgabe der Evaluation zu bewerten, inwieweit der Kongress seine Ziele erreicht und die Erwartungen erfüllt hat. Darüber hinausgehende Fragen nach Wirkungen im Sinne von Veränderungen bei den Zielgruppen können dagegen nur ansatzweise beantwortet werden. In diesem Zusammenhang untersuchen wir aber auf S. 36 f., ob Wissen und Informationen, die auf vorangegangenen Präventionstagen erworben wurden oder Kontakte, die dort geknüpft wurden, dazu beigetragen haben, dass Präventionsaufgaben besser durchgeführt werden können.

---

[1] Vgl. hierzu die Frankfurter Erklärung des 20. Deutschen Präventionstages 2015.

[2] Vgl. hierzu das Gutachten von Prof. Dr. Stephan Thomsen zum 20. Deutschen Präventionstag 2015

Insgesamt konzentriert sich die Evaluation jedoch vorrangig auf die Leistungen des Präventionstages. Hierzu zählen vor allem folgende Punkte[3]:

- Zahl und Art der angebotenen Veranstaltungen,
- Zufriedenheit der Besucherinnen und Besucher mit den Veranstaltungen und mit dem Veranstaltungsangebot sowie
- Zielgruppenerreichung und Art der Teilnahme.

Darüber hinaus dienen die im Leitbild des Deutschen Präventionstages implizit und explizit angesprochenen Ziele als Richtschnur für die Evaluation[4]. Demnach soll der Kongress

1. Kriminalprävention ressortübergreifend, interdisziplinär und in einem breiten gesell-schaftlichen Rahmen darstellen und stärken,

2. die Präsentation weiterer Präventionsfelder (z.B. Gesundheitsförderung, Sucht- und Verkehrsprävention) ermöglichen,

3. Verantwortungsträger der Prävention aus unterschiedlichen gesellschaftlichen Bereichen ansprechen,

4. aktuelle und grundsätzliche Fragen der verschiedenen Arbeitsfelder der Prävention und ihrer Wirksamkeit thematisieren,

5. Partner in der Prävention zusammenführen,

6. Forum für die Praxis sein und den Informations- und Erfahrungsaustausch ermöglichen,

7. internationale Verbindungen knüpfen und den Informationsaustausch unterstützen,

8. Umsetzungsstrategien diskutieren sowie

9. Empfehlungen an Praxis, Politik, Verwaltung und Wissenschaft erarbeiten und aussprechen.

Wie in den zurückliegenden Jahren basiert die Evaluation auf einem standardisierten Online- Fragebogen. Lob, Kritik und Anregungen konnten zudem unstandardisiert als Freitext mitgeteilt werden. Hiervon machten die Befragten regen Gebrauch, so dass der Evaluation Kommentare im Umfang von insgesamt 57 Textseiten zur Verfügung stehen.

Den Besucherinnen und Besuchern wurde unmittelbar nach dem Ende des Kongresses und dann abermals knapp eine Woche später eine E-Mail mit der Bitte um

---

[3] Vgl. hierzu auch das proVal Handbuch für die praktische Projektarbeit. Hannover 2007, S. 69 (Online im Internet unter http://www.proval-services.net/download/proval-handbuch.pdf) sowie Beywl, Wolfgang/ Schepp-Winter, Ellen: Zielfindung und Zielklärung – ein Leitfaden – (QS21). Bonn: BMFSFJ 1999, S. 76.

[4] Vgl. das Leitbild des Deutschen Präventionstages auf S. 40 des Kongresskatalogs 2015.

die Beantwortung des Fragebogens zugesandt. Die E-Mails enthielten jeweils einen Link, mit dem der Fragebogen aufgerufen werden konnte. Insgesamt wurden 1.527 E-Mails verschickt, etliche davon mit der Bitte um Weiterleitung (Sammelanmelder und Standbegleiter). Von den angeschriebenen Personen haben 667 den Fragebogen beantwortet. Die Zahl der Rückmeldungen liegt damit höher als beim letzten Präventionstag (19. DPT: 616 ausgefüllte Fragebögen). Insgesamt kann daher festgehalten werden, dass die von proVal durchgeführte Form der Kongressevaluation nach wie vor gut angenommen wird. Allerdings ist darauf hinzuweisen, dass von den 2.526 angemeldeten Kongressbesuchern lediglich 1.527 (60,5 %) direkt angeschrieben werden konnten, da aufgrund von Sammelbestellungen, Fax- und Briefanmeldungen sowie Anmeldungen an der Tageskasse nicht von allen Teilnehmerinnen und Teilnehmern E-Mail-Adressen vorlagen. Bezogen auf die Gesamtzahl der angemeldeten Kongressbesucher hat nur etwa jeder Vierte eine Rückmeldung abgegeben (26,4 %). Insofern können Verzerrungen trotz des guten Rücklaufes nicht grundsätzlich ausgeschlossen werden. Im Vergleich zu den vergangenen Präventionstagen zeigt sich jedoch eine große Stabilität der zentralen Befunde, so dass davon ausgegangen werden kann, dass die Ergebnisse der Befragung die Eindrücke und Meinungen der Besucherinnen und Besucher des 20. Deutschen Präventionstages insgesamt gut widerspiegeln.

2. Plenumsveranstaltungen

Die Plenumsveranstaltungen tragen wesentlich zum Charakter des Präventionstages bei. Hierzu gehören neben der Kongresseröffnung auch das Abschlussplenum sowie der Abendempfang. Neben der Vermittlung von Informationen geht es im Rahmen dieser Veranstaltungen auch darum, das Interesse an dem Schwerpunktthema zu wecken und die Motivation für ein Engagement in der Präventionsarbeit zu stärken.

2.1 Kongresseröffnung

Das Eröffnungsplenum setzt den Rahmen des Präventionstages und hat deshalb in jedem Jahr eine besondere Bedeutung. Auf einer Skala von 1 (sehr gut) bis 5 (sehr schlecht) erreichte die diesjährige Eröffnungsveranstaltung mit 1,8 einen sehr guten Durchschnittswert (19. DPT: 1,9; 18. DPT: 1,8; 17. DPT: 2,0; 16. DPT: 2,1; 15. DPT: 1,5; 14. DPT: 1,8; 13. DPT: 1,6).

Abbildung 1: Wie fanden Sie die Kongresseröffnung? (Angaben in Prozent)[5]

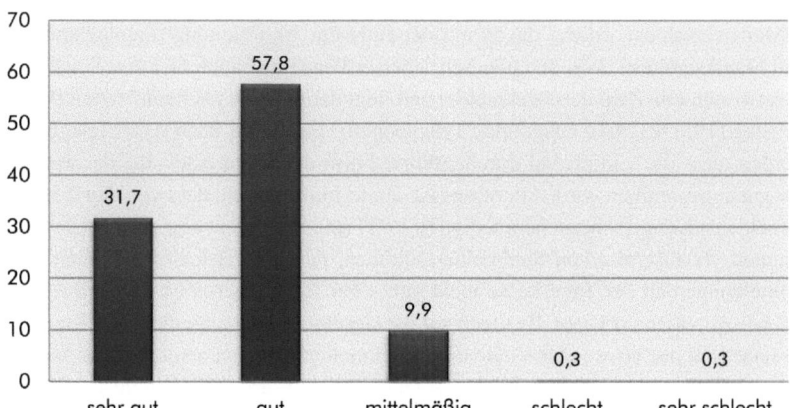

Die Wortbeiträge wurden aber recht unterschiedlich bewertet. Die Durchschnittsnoten reichen von 1,7 bis 3,0. Auch bei der Einführung in das Schwerpunktthema durch den Gutachter des 20. DPT verweist die Durchschnittsnote von 2,5 auf eine uneinheitliche Bewertung. Etwa die Hälfte (50,1 %) der Befragten fand diesen Vortrag gut oder sehr gut, die andere Hälfte (49,9 %) fand ihn mittelmäßig, schlecht oder sogar sehr schlecht.

---

[5]   Die Prozentangaben beziehen sich auf die Zahl der gültigen Antworten (n=372). 194 Befragte gaben an, das Eröffnungsplenum nicht besucht zu haben.

Tabelle 1: Bewertung der Eröffnungsbeiträge

Rang	Beitrag	Zahl der gültigen Antworten	Durchschnitt	Standardabweichung
1	Der Beitrag von Erich Marks (Geschäftsführer des DPT)	336	1,7	0,6
2	Der Beitrag von Volker Bouffier (Hessischer Ministerpräsident)	344	2,0	0,8
3	Der Beitrag von Hans-Jürgen Kerner (Kongresspräsident)	313	2,1	0,7
4	Der Beitrag von Britta Bannenberg (Universität Gießen)	263	2,1	0,8
5	Der Beitrag von Peter Feldmann (Oberbürgermeister der Stadt Frankfurt am Main)	342	2,2	0,7
6	Der Beitrag von Karin Kortmann (Deutsche Gesellschaft für internationale Zusammenarbeit (GIZ))	285	2,3	0,8
7	Der Beitrag von Marek Erhardt (Botschafter des WEISSEN RING)	273	2,4	0,9
8	Der Beitrag von Stephen L. Thomson (Gutachter des 20. DPT)	297	2,5	0,9
9	Der Beitrag von Asli Bayram und Sebastian Rode(Botschafter/innen des Landespräventionsrates Hessen)	272	3,0	1,0

Mit Blick auf die Vorstellung des Gutachtens wird in den Kommentaren kritisiert, dass der Gutachter nicht ausreichend Zeit für eine inhaltlich überzeugende Einführung in das Schwerpunkthema hatte:

> „In der Eröffnungsveranstaltung muss es neben Grußworten, Musik und kleinen State-ments mindestens einen zentralen inhaltlichen Vortrag geben, für den es sich lohnt, früh anzureisen. Das hätte das Gutachtens ein können – aber der Autor hat die Gelegenheit verpasst – man hätte ihm dann aber auch mindestens 45 Minuten Zeit geben müssen."

Insgesamt beschäftigen sich aber nur wenige Kommentare mit der Eröffnungsveranstaltung.

2.2 Abendveranstaltung

„Die Abendveranstaltung war die beste der vergangenen 10 Jahre!" – dieser Kommentar trifft die Stimmung vieler Teilnehmerinnen und Teilnehmer, ist aber trotzdem nicht ganz richtig. Mit einer Durchschnittsnote von 1,2 erzielte der Abendempfang jedoch einen Spitzenwert, den bisher nur der 13. Deutsche Präventionstag in Leipzig erreicht hat (19. DPT: 1,6; 18. DPT: 2,0; 17. DPT: 1,5; 16. DPT: 3,0; 15. DPT: 2,1; 14. DPT: 3,0; 13. DPT: 1,2). Insgesamt gefiel der Abendempfang 98,5 % der Befragten sehr gut oder gut. Entsprechend positiv fielen die Kommentare aus:

„Liebes Team, ein großes Lob für die wunderbare Abendveranstaltung: Ambiente, Location, Catering – wunderbar."

„Die Bands bei der Abendveranstaltung waren genial. Sehr gutes Büffet und leckere Getränke. Danke dafür."

„Die Abendveranstaltung hat mir überaus gut gefallen! In entspannter Atmosphäre, bei guter Musik, tollem Essen und einer wunderbaren Location konnten bestehende, berufliche Kontakte vertieft und leichter neue Kontakte geknüpft werden! Danke-schön."

„Die Abendveranstaltung war der Hammer. Hessen hat einen Maßstab gesetzt, den es weiterzutragen gilt. Die Gespräche an diesem Abend waren zum Teil ebenso wichtig, wie der Veranstaltungstag vorher."

Abbildung 2: Wie fanden Sie die Abendveranstaltung? (Angaben in Prozent)[6]

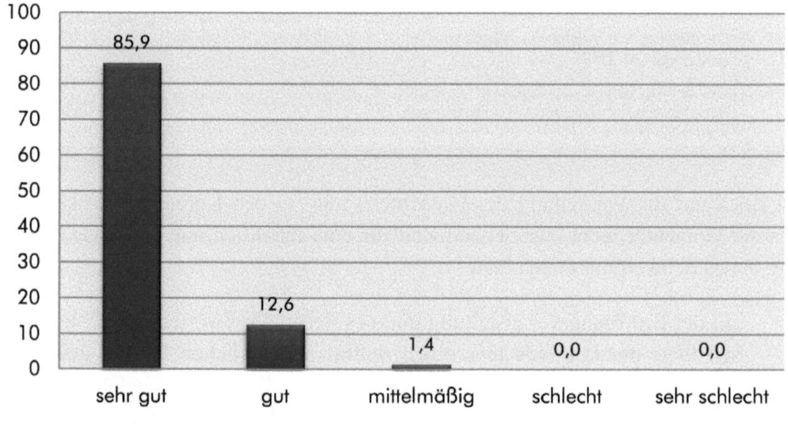

2.3 Abschlussplenum

Wie in den vorangegangen Jahren litt das Abschlussplenum auch in diesem Jahr unter der vorzeitigen Abreise vieler Teilnehmerinnen und Teilnehmer. Zwar ist der Anteil der Befragten, die angaben, das Abschlussplenum nicht besucht zu haben, im Ver-gleich zum Vorjahr von 57,8 % auf 42,6 % gesunken; dafür ist aber der Anteil der Befragten, die keine Angaben zum Abschlussplenum gemacht haben, von 12,0 % (19. DPT) auf 26,4 % (20. DPT) gestiegen.

Die anwesenden Befragten fanden die Abschlussveranstaltung aber durchweg sehr gelungen, was auch der Durchschnittswert von 1,8 zum Ausdruck bringt (19. DPT:

---

[6]   Die Prozentangaben beziehen sich auf die Zahl der gültigen Antworten (n=348). 184 Befragte gaben an, den Abendempfang nicht besucht zu haben.

1,6; 18. DPT: 1,9; 17. DPT: 2,3; 16. DPT: 1,8; 15. DPT: 1,7: 14. DPT: 2,2; 13. DPT: 1,8). Insgesamt bewerteten mehr als 90 % der Befragten die Abschlussveranstaltung als gut oder sehr gut.

Abbildung 3: Wie fanden Sie das Abschlussplenum? (Angaben in Prozent)[7]

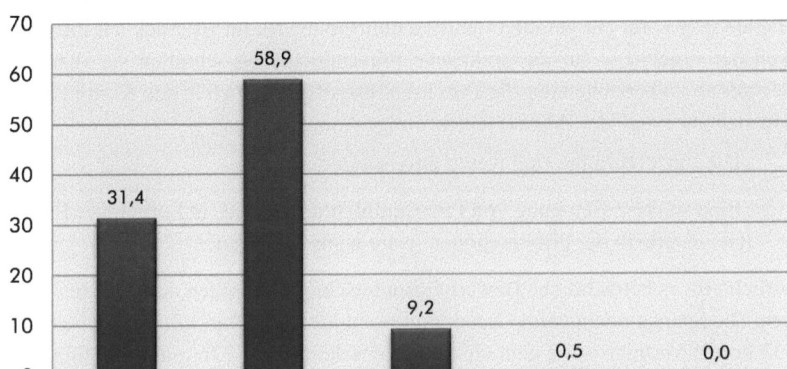

Zwar wurden auch die Wortbeiträge im Rahmen des Abschlussplenums unterschiedlich bewertet; die sehr guten bis guten Durchschnittswerte zwischen 1,5 und 2,1 deuten aber auf eine große Zufriedenheit der Befragten hin. Insbesondere der Vortrag von Michael Schulte-Markwort konnte begeistern und wird auch in den Kommentaren als „außerordentlich gut" hervorgehoben.

Tabelle 2: Bewertung der Abschlussbeiträge

Rang	Beitrag	Zahl der gültigen Antworten	Durchschnitt	Standardab- weichung
1	Der Vortrag »Erschöpfte Gesellschaft - erschöpfte Kinder« von Michael Schulte-Markwort	193	1,5	0,8
2	Der Ausblick und die Verabschiedung durch Erich Marks	185	1,7	0,6
3	Die »Frankfurter Erklärung« von Wiebke Steffen	194	1,9	0,7
4	Das Resümee von Hans-Jürgen Kerner	196	2,1	0,7

---

[7] Die Prozentangaben beziehen sich auf die Zahl der gültigen Antworten (n=207). 284 Befragte gaben an, das Abschlussplenum nicht besucht zu haben.

3. Vorträge

Die Kongressteilnehmer/innen hatten in diesem Jahr die Möglichkeit, alle Einzelvorträge sowie alle Vorträge im Rahmen von Themenboxen und Projektspots zu bewerten. In die Auswertung wurden alle Vorträge mit mindestens 10 Antworten auf jede der beiden Evaluationsfragen einbezogen[8]. Die 100 ausgewerteten Vorträge haben den Befragten insgesamt gut gefallen (Durchschnittsnote 2,0). Im Hinblick auf die Nutzbarkeit der Ergebnisse für die praktische Präventionsarbeit schnitten sie allerdings schlechter ab und erzielten nur die Durchschnittsnote 2,4. Auch in den Kommentaren finden sich zur Frage der Praxisrelevanz einige Anmerkungen:

> „Die Einzelvorträge sind wenig praxisorientiert."

> „Eine stärkere Betonung von Praxisempfehlungen, z.B. in Form eines Pflichtteils innerhalb der Präsentationen, wäre wünschenswert."

Natürlich gibt es beträchtliche Bewertungsunterschiede zwischen den einzelnen Vorträgen. Die Spanne reicht beim Gesamtdurchschnitt von 1,5 bis 3,8. In Tabelle 3 sind die 32 besten Vorträge mit einem Gesamtdurchschnitt unter 2,0 (gut) aufgeführt. Für die Bestimmung der Rangfolge wurde also sowohl die allgemeine Bewertung als auch die Bewertung der Nützlichkeit für die praktische Präventionsarbeit berücksichtigt.

Tabelle 3: Die besten Vorträge

Rang	Vortrag	Wie hat Ihnen der Beitrag dieses Referenten gefallen?			Wie gut lassen sich die erhaltenen Informationen für die praktische Präventionsarbeit nutzen?			
		N	Durchschnitt	Standardabweichung	N	Durchschnitt	Standardabweichung	Gesamtdurchschnitt
1	Henning/Tjettmers: Buchstäblich abgehängt: Alphabetisierung im Strafvollzug!	16	1,31	0,48	11	1,64	0,81	1,48
2	Dietz/Mücke: Das Hessische Präventionsnetzwerk gegen Salafismus – Beratungsstelle und Fachbeirat	28	1,32	0,55	15	1,80	0,77	1,56
3	Bannenberg/Mayer: Wissenschaftsbasierte Beratungsangebote zur Amokprävention	26	1,38	0,70	21	1,81	0,81	1,60
4	Neubauer: Zeugen- und (psychosoziale) Prozessbegleitung rechnen sich! – Ihr Mehrwert für die Justiz	19	1,53	0,61	14	1,71	0,61	1,62
5	Graß/Wagner: Akutversorgung nach Vergewalti-	18	1,61	0,70	13	1,69	0,75	1,65

---

[8]   Nach diesem Kriterium konnten 100 der insgesamt 182 aufgelisteten Vorträge ausgewertet werden.

		Wie hat Ihnen der Beitrag dieses Referenten gefallen?			Wie gut lassen sich die erhaltenen Informationen für die praktische Präventionsarbeit nutzen?			
	gung ohne vorherige Anzeige – Modellprojekt »Vergewaltigung ist ein Notfall«							
6	*Hafen*: Frühe Förderung als präventive Investition	17	1,41	0,62	10	1,90	0,57	1,66
7	*Steppich*: Medienerziehung ist aktive Prävention	47	1,53	0,91	26	1,88	0,86	1,71
7	*Koch*: Gewaltprävention an Schulen als Entwicklungsansatz	17	1,59	0,71	11	1,82	1,08	1,71
8	*Schulze*: Alles unter Kontrolle: Warum kommunales Risikomanagement sinnvoll ist – auch bei Ihnen!?	15	1,73	0,96	10	1,70	0,82	1,72
8	*Ekinci/Hassel*: Sicherheit gemeinsam gestalten – Polizei und Migranten im offenen Gespräch	22	1,59	0,73	20	1,85	0,75	1,72
8	*Bier/Staufer*: Datenbank Medienkompetenz – Digitale Medien	17	1,82	0,88	13	1,62	0,77	1,72
9	*Weber*: Frankfurter Ämternetzwerk gegen Extremismus – eine Reaktion auf den radikalen Salafismus	21	1,71	0,56	13	1,77	0,73	1,74
9	*Köhler/Kroeger/Kuehl/Narten/Schmalbruch*: Aus der Praxis: Gewaltpraevention und (soziale) Medien. Erfolgreiche Beispiele aus Lateinamerika, Südafrika und Timor-Leste	16	1,75	0,93	11	1,73	0,90	1,74
10	*Goldberg*: Wie nachhaltige Kriminalprävention Wirkung zeigt	18	1,56	0,78	12	2,00	0,95	1,78
11	*Holthusen/Höynck*: Kooperation an der Schnittstelle von Jugendstrafrecht und Jugendhilfe	25	1,68	0,80	16	1,94	0,77	1,81
11	*Selig*: Sicherheit im öffentlichen Raum – Veranstaltungsreihe »Alt trifft Jung - Jung trifft Alt«	14	1,71	0,83	11	1,91	1,04	1,81
12	*Görgen/Kotlenga/Nägele*: Sicherheitsbezogenes Erleben und Handeln im	17	2,00	1,32	11	1,64	0,67	1,82

		Wie hat Ihnen der Beitrag dieses Referenten gefallen?			Wie gut lassen sich die erhaltenen Informationen für die praktische Präventionsarbeit nutzen?			
	Alter – Perspektiven für die Prävention							
13	*Specht*: Zuwanderung aus Südosteuropa (EU)	12	1,83	0,72	11	1,82	0,75	1,83
13	*Lamby*: Was tun gegen sexualisierte Gewalt im Sport? – Schutzentwicklung im Sportverein	19	1,74	0,56	13	1,92	0,76	1,83
14	*Wild*: Nachhaltige Prävention an Schulen – mit externer Begleitung?!	13	1,69	0,48	11	2,00	0,77	1,85
15	*Berg/Krestel*: Projekt NA-VI-gewaltpräventive, interkulturelle Jungenarbeit	13	1,62	0,65	11	2,09	0,54	1,86
16	*Kemper/Kutz*: Meine kleine Welt – Hilfe für Kinder bei Häuslicher Gewalt, Präventionsworkshops an Schulen	15	1,73	0,70	11	2,00	1,00	1,87
16	*Pilz*: Gewalt und Gewaltprävention im Amateurfußball	26	1,69	0,74	21	2,05	0,74	1,87
17	*Freudenberg*: Opferschutz rechnet sich?!	17	1,65	0,61	10	2,10	0,74	1,88
18	*Seitz/Staufer*: Digitale Medien, Formate und Methoden zur Kommunikation im Präventionsalltag	45	1,69	0,79	30	2,13	0,97	1,91
19	*Wunder*: Gemobbt im Web? Problembestimmung und Lösungssuche	34	1,68	0,73	27	2,15	0,72	1,92
20	*Gravenstein*: Das Nicht-Kampf-Prinzip und der Zweikampf	19	1,68	0,95	12	2,17	1,03	1,93
21	*Salgmann/Scheller*: Richtig investiert - Warum rechnen sich Maßnahmen für sicheres Wohnen	23	1,83	0,83	16	2,06	0,85	1,95
22	*Bunte/Korodowou*: Mobbingprävention und -intervention: Der No Blame Approach und seine Verankerung in Schule	33	1,91	0,80	25	2,00	0,87	1,96
22	*Hestermann*: »Bei Ergreifung sofort hinrichten«: Fernsehberichterstattung über Gewalt und ihre Folgen	41	1,44	0,81	29	2,48	1,12	1,96

	Wie hat Ihnen der Beitrag dieses Referenten gefallen?			Wie gut lassen sich die erhaltenen Informationen für die praktische Präventionsarbeit nutzen?			
22	Christiani/Jerke: Kriminalprävention braucht Öffentlichkeit	26	1,92	0,84	17	2,00	0,87	1,96
23	Lauber/Mühler: Prävention Wohnungseinbruch als kommunales Experiment	24	1,75	0,85	15	2,20	0,86	1,98

4. Kongressbereiche

Auch in diesem Jahr konnten die Teilnehmerinnen und Teilnehmer verschiedene Kongressbereiche zusammenfassend bewerten. Hierzu gehören unter anderem das Kongressgutachten, die Einzelvorträge, die Themenboxen, die Projektspots, die Presentation on Demand (POD), die Infostände, die Sonderausstellungen, die Posterpräsentationen, das Veranstaltungsformat „Campus und Aktionen", die Bühne und das Filmforum[9].

4.1 Kongressgutachten

Mehr als 79 % der Befragten gefiel das Kongressgutachten gut oder sehr gut. Auf unserer Skala von 1 (sehr gut) bis 5 (sehr schlecht) erreichte es den Durchschnittswert 2,1.

Abbildung 4: Wie fanden Sie das Kongressgutachten? (Angaben in Prozent)[10]

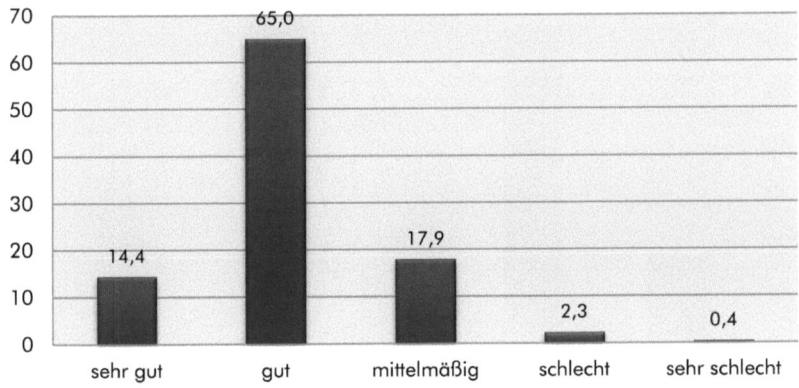

---

[9] Die Evaluationsergebnisse zur Kongresseröffnung, zur Abendveranstaltung und zum Abschlussplenum wurden oben bereits dargestellt.

[10] Die Prozentangaben beziehen sich auf die Zahl der gültigen Antworten (n=257).

4.2 Vorträge

Bei der Gesamtbewertung der Vorträge konnten die Teilnehmerinnen und Teilnehmer zwischen Einzelvorträgen, Themenboxen und Projektspots differenzieren. Ein
Befragter regte an, das Niveau der Vorträge genauer zu planen und in den Vortragsbe-
schreibungen entsprechend zu kennzeichnen:

> „Als Kongressteilnehmer erschließt sich mir nicht immer, welches Niveau ein
> Vortrag hat. Auch die Referenten wissen nichts über ihre Zielgruppe. Haben
> sich die Zuhörer schon einmal mit dem Thema beschäftigt? Sind sie gar selbst
> Experten? Oder wollen sie sich evtl. in ein neues Präventionsthema einarbeiten
> und sind quasi Anfänger in dem betreffenden Thema? Darum holen die Refe-
> renten erstmal zum Rundumschlag aus und beginnen ihre Vorträge mit allge-
> meinen Definitionen und Einführungen. Das kostet wertvolle Zeit. […] Die
> Vortragsbeschreibungen haben das Niveau nicht erkennen lassen. Bei vielen
> Symposien sind die Vorträge darum durch Farben oder Zahlen gekennzeich-
> net: Einsteiger, Fortgeschrittene oder Experten. Dann weiß man sowohl als
> Referent als auch als Zuhörer, wie weit das in die Tiefe geht."

4.2.1 Einzelvorträge

Die Einzelvorträge erreichten auf der bekannten fünfstufigen Skala einen Durchschnittswert von 2,0 und gefielen knapp 82 % der Befragten gut oder sehr gut.

Abbildung 5: Wie fanden Sie die Einzelvorträge? (Angaben in Prozent)[11]

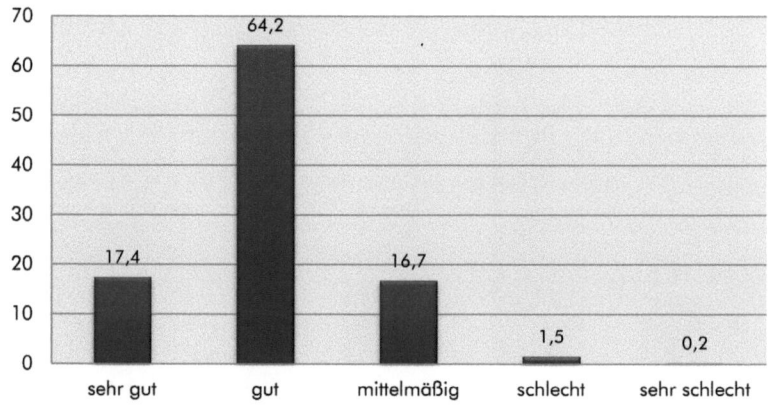

---

[11]   Die Prozentangaben beziehen sich auf die Zahl der gültigen Antworten (n=413). 92 Befragte gaben an, die
       Einzelvorträge nicht besucht zu haben.

4.2.2 Themenboxen

Das neue Format der Themenboxen ist bei rund 77 % Befragten gut angekommen und erhielt die Durchschnittsnote 2,0. Auch in den Kommentaren finden sich zahlreiche Hinweise und Anregungen zu den Themenboxen. Erstaunlich einig waren sich die Kommentatoren darüber, dass es in den Themenboxen zu wenig Zeit für die einzelnen Vorträge gab. Viele plädierten für eine Beschränkung auf zwei Vorträge pro Themenbox, wodurch sich auch das Problem des Wechselns zwischen verschiedenen parallel laufenden Themenboxen verringern ließe:

> „Bei den Themenboxen gab es zu wenig Zeit für die einzelnen Vorträge. Mit wären ein paar weniger Vorträge lieber gewesen und dann mindestens 50 Minuten Zeit pro Vortrag plus Fragen."

> „30 Minuten waren zu kurz für die ReferentInnen, dazu kam, dass die Vorträge durch die ModeratorInnen nicht pünktlich begonnen wurden und diese selbst noch bis zu fünf Minuten über sich und allgemeine Inhalte redeten! Es wären auch wichtig gewesen, zwischen den einzelnen Themen zumindest fünf Minuten Pause zu machen, weil immer wieder TeilnehmerInnen zwischen den Themenboxen wechselten!"

> „Positiv an den Themenboxen ist der Versuch, inhaltliche Themen zu bündeln. Negativ ist festzustellen, dass eine halbe Stunde pro Thema inklusive Vorstellung und Fragen zu wenig sind und bei nicht rigider Einhaltung des Zeitplans die letzten Vortragenden benachteiligt sind. Und es entsteht große Unruhe im Saal, wenn Leute trotzdem aufgrund der Themenvielfalt wechseln wollen."

Kritisiert wurde auch, dass das Fachpublikum zu wenig einbezogen wurde:

> „Vor allem vermag es der Präventionstag (auch in diesem Jahr wieder) nicht, die Expertise des Publikums zu nutzen. Mitunter kann man durch eine gute Nachfrage mehr lernen als durch eine halbe Stunde Vortrag. Das Publikum voller ausgewiesener Experten, aber keiner kommt zu Wort."

Abbildung 6: Wie fanden Sie die Themenboxen? (Angaben in Prozent)[12]

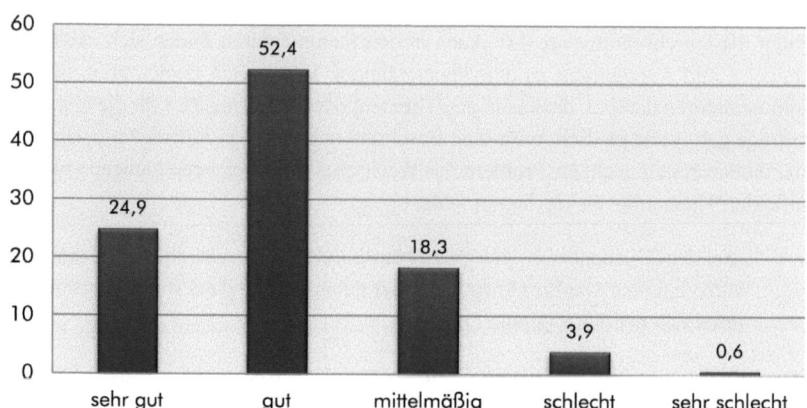

4.2.3 Projektspots

Mehr als drei Viertel (75,6 %) der Befragten schätzten die Projektspots als gut oder sehr gut ein. Damit erreichten sie auf der bekannten Skala von 1 (sehr gut) bis 5 (sehr schlecht) die Durchschnittsnote 2,1 (19. DPT: 2,0).

Abbildung 7: Wie fanden Sie die Projektspots? (Angaben in Prozent)[13]

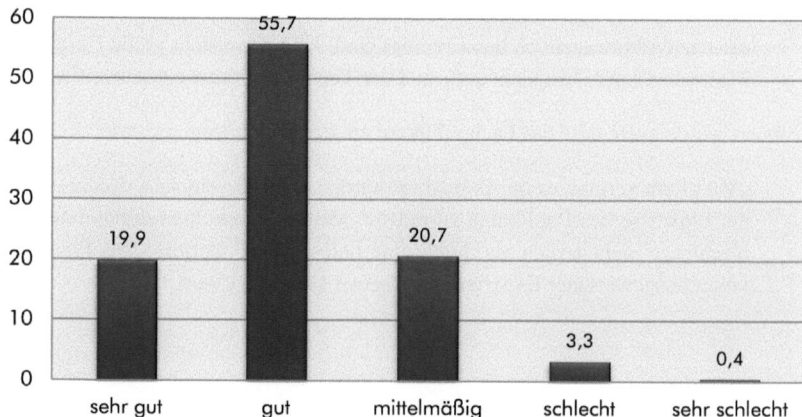

---

[12]   Die Prozentangaben beziehen sich auf die Zahl der gültigen Antworten (n=515). 47 Befragte gaben an, die Themenboxen nicht besucht zu haben.

[13]   Die Prozentangaben beziehen sich auf die Zahl der gültigen Antworten (n=271). 152 Befragte gaben an, die Projektspots nicht besucht zu haben.

4.3 Presentation on Demand

Die Presentation on Demand erhielt auf unserer fünfstufigen Skala einen Durchschnittswert von 2,0 und gefiel rund 82 % der Befragten gut oder sehr gut.

Abbildung 8: Wie fanden Sie die Presentation on Demand (POD)? (Angaben in Prozent)[14]

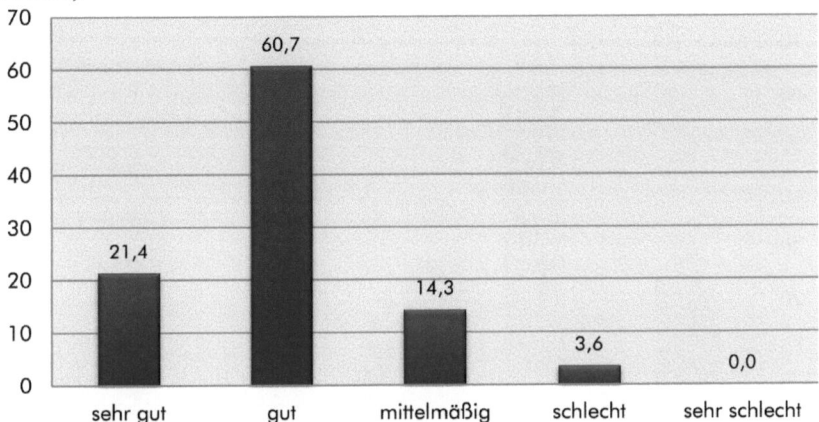

4.4 Infostände

Rund 87 % der Befragten fanden die Infostände gut oder sehr gut. Damit erhielten sie die Durchschnittsnote 1,8 auf unserer fünfstufigen Skala (19. DPT: 1,8).

Abbildung 9: Wie fanden Sie die Infostände? (Angaben in Prozent)[15]

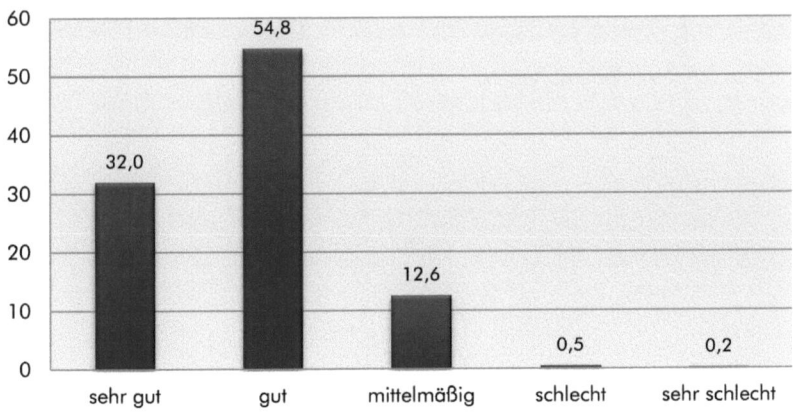

---

[14] Die Prozentangaben beziehen sich auf die Zahl der gültigen Antworten (n=56). 236 Befragte gaben an, die Presentation on Demand nicht genutzt zu haben.

[15] Die Prozentangaben beziehen sich auf die Zahl der gültigen Antworten (n=613). 4 Befragte gaben an, die Infostände nicht besucht zu haben.

4.5 Die Sonderausstellungen

Zu den Sonderausstellungen haben sich nur 271 der 667 Befragten geäußert. Diese bewerteten die Sonderausstellungen auf der bekannten Skala im Durchschnitt mit 1,9 (19. DPT: 1,9).

Abbildung 10: Wie fanden Sie die Sonderausstellungen? (Angaben in Prozent)[16]

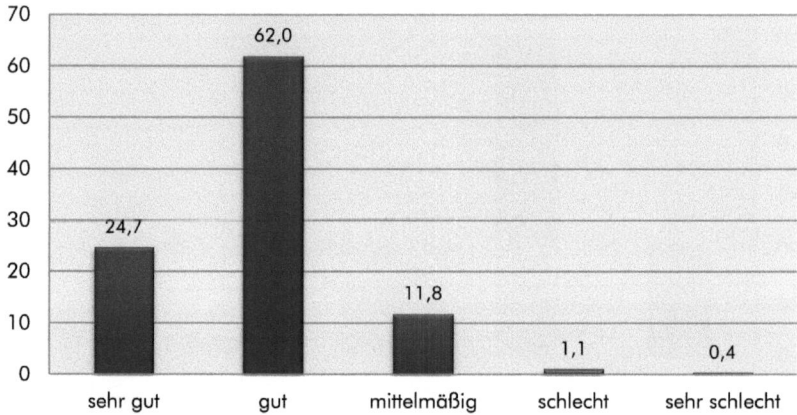

4.6 Campus und Aktionen

Zum Veranstaltungsformat „Campus und Aktionen" äußerten sich 203 der 667 befragten Teilnehmerinnen und Teilnehmer. Diese vergaben die Durchschnittsnote 2,1 (19. DPT: 2,1).

---

[16] Die Prozentangaben beziehen sich auf die Zahl der gültigen Antworten (n=271). 153 Befragte gaben an, die Sonderausstellungen nicht besucht zu haben.

Abbildung 11: Wie fanden Sie „Campus und Aktionen?" (Angaben in Prozent)[17]

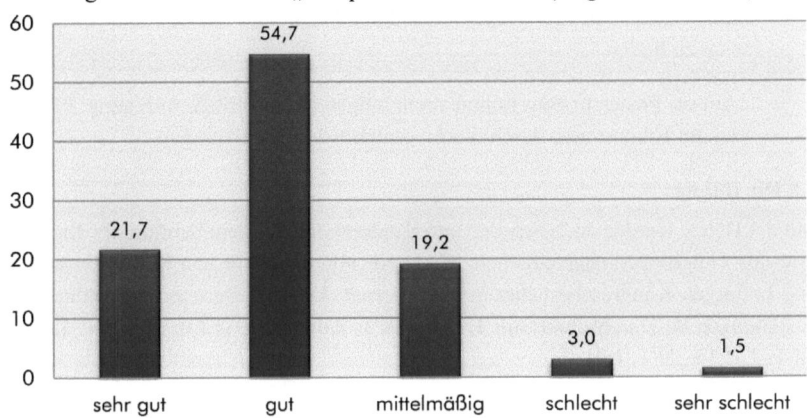

4.7 Posterpräsentationen

Zum Bereich der Ausstellung gehören auch die Posterpräsentationen, die von 322 der 667 Befragten bewertet wurden und die Durchschnittsnote 2,1 erzielten (19. DPT: 2,0; 18. DPT: 2,3; 17. DPT: 2,2).

Abbildung 12: Wie fanden Sie die Posterpräsentationen (Angaben in Prozent)[18]

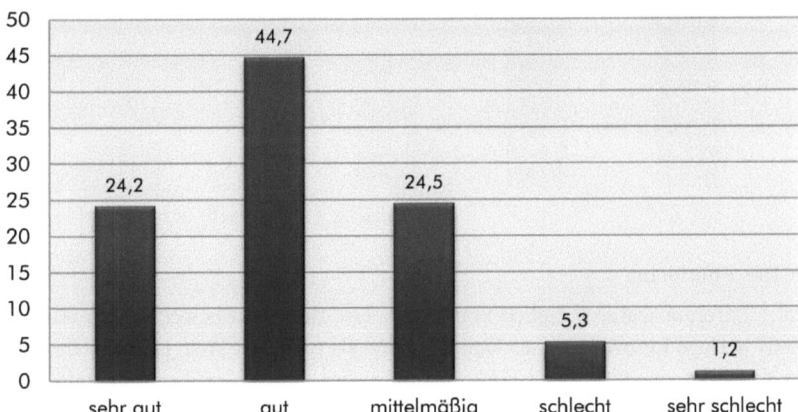

Auch in diesem Jahr wird in einigen Kommentaren eine ungünstige Positionierung der Poster kritisiert:

---

[17] Die Prozentangaben beziehen sich auf die Zahl der gültigen Antworten (n=203). 171 Befragte gaben an, „Campus und Aktionen" nicht besucht zu haben.

[18] Die Prozentangaben beziehen sich auf die Zahl der gültigen Antworten (n=322). 129 Befragte gaben an, die Posterpräsentationen nicht besucht zu haben

„Die Posterpräsentation war äußerst ungünstig positioniert – die hinter den Säulen liegenden Poster waren nur durch Nachfrage und bei konkretem Interesse zu finden."

„Auf die Postersessions könnte mehr hingewiesen werden. Anregung: Führungen mit Erklärungen durch die Aussteller wären zu überlegen."

4.8 Die Bühne

Mit der Bühne werden auch Schulen und Kindergärten aus dem Umfeld des Tagungsortes als Zielgruppen angesprochen. Sie wurde allerdings nur von 174 der insgesamt 667 befragten Kongressbesucher/innen bewertet. Diese bewerteten die Bühnenveranstaltungen im Durchschnitt mit 1,9 (19. DPT: 2,0; 18. DPT: 2,0; 17. DPT: 1,9; 16. DPT: 2,1; 15. DPT: 1,9).

Abbildung 13: Wie fanden Sie die Bühne? (Angaben in Prozent)[19]

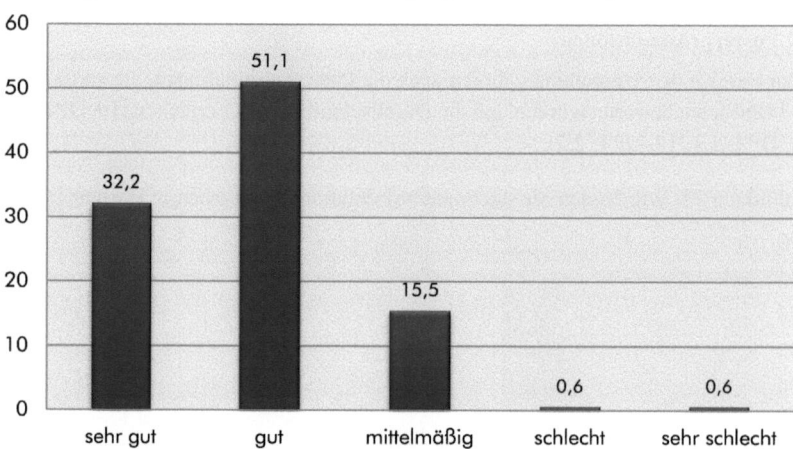

4.9 Das Filmforum

Das Filmforum wurde lediglich von 80 der 667 Befragten bewertet, was auf eine relativ geringe Resonanz dieses Kongressbereichs schließen lässt. Dafür ist die diesjährige Durchschnittsnote 1,8 nochmals besser als in den Vorjahren (19. DPT: 1,9; 18.DPT: 2,0; 17. DPT: 2,0). Der Film „Beyond Punishment" wird auch in den Kommentaren hervorgehoben:

„Der Film ‚Beyond Punishment' war sehr interessant und lehrreich, vor allem auch die tolle Diskussion mit dem Regisseur danach!"

---

[19]   Die Prozentangaben beziehen sich auf die Zahl der gültigen Antworten (n=174). 201 Befragte gaben an, die Bühnenveranstaltungen nicht besucht zu haben.

Abbildung 14: Wie fanden Sie das Filmforum? (Angaben in Prozent)[20]

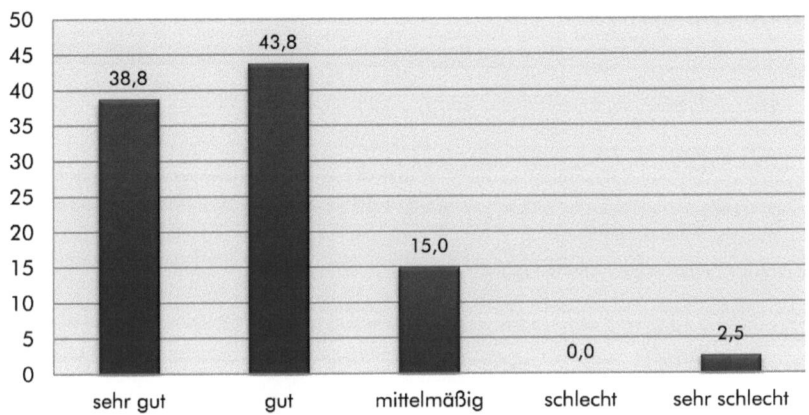

5. Internetauftritt und neue Medien

Wie in den vorhergehenden Jahren wurden die Befragten auch wieder um eine Bewertung der Internetseite und des Online-Angebotes des Deutschen Präventionstages gebeten. Dieses umfasst die Präventions-Suchmaschine dpt-map, die täglichen Präventions-News und die App des Deutschen Präventionsstages sowie die Vortragsmitschnitte der Eröffnungs- und Schlussveranstaltung. Zudem erhielten die Befragten die Möglichkeit, die Web-Präsenzen des Deutschen Präventionstages auf Facebook und Twitter einzuschätzen.

5.1 Die Internetseite des Deutschen Präventionstages

Die Internetseite des Deutschen Präventionstages ist 93,5 % aller 554 Personen, die auf diese Frage geantwortet haben, bekannt. Die kongressunabhängige Nutzung der Internetseite hat sich mit 47,4 % auf dem Niveau des Vorjahres stabilisiert (19. DPT: 47,4 %; 18. DPT: 57,6 %; 17. DPT: 50,3 %; 16. DPT: 42,5 %; 15. DPT: 44,0 %; 14. DPT: 52,4 %). Der Anteil derjenigen, die die Internetseite überhaupt nicht besuchen, ist dagegen auf 4,7 % gesunken (19. DPT: 6,8 %).

---

[20]   Die Prozentangaben beziehen sich auf die Zahl der gültigen Antworten (n=80). 254 Befragte gaben an, das Filmforum nicht besucht zu haben.

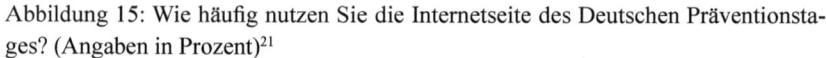

Abbildung 15: Wie häufig nutzen Sie die Internetseite des Deutschen Präventionstages? (Angaben in Prozent)[21]

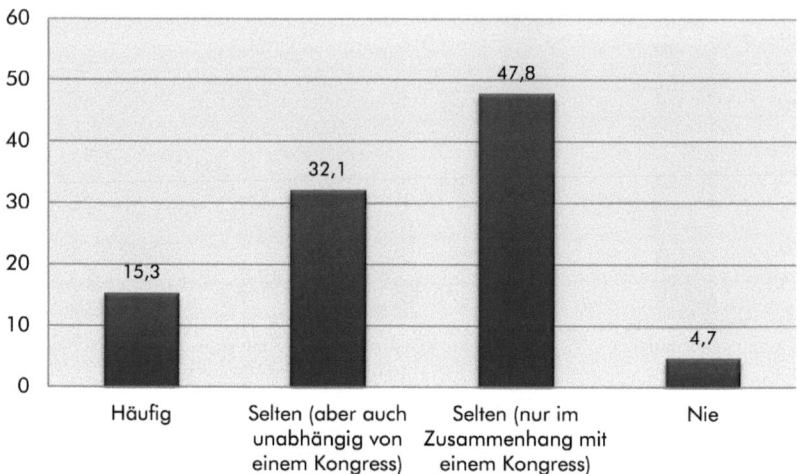

In diesem Jahr wurden die Teilnehmerinnen und Teilnehmer erneut nach der Nut-
zungshäufigkeit der Internetdokumentation des Deutschen Präventionstages gefragt.
Von den 561 Personen, die diese Frage beantworteten, kannten 88,4 % die Internetdokumentation (19. DPT: 86,6 %). 49,6 % dieser Befragten nutzten das Angebot auch
unabhängig von einem Kongress (19. DPT: 48,8 %), 39,1 % nutzten es nur im Zusammenhang mit einem Kongress (19. DPT: 40,9 %) und 11,3 % nutzten es gar nicht
(19. DPT: 10,3 %).

---

[21]   Die Prozentangaben beziehen sich auf die Anzahl der gültigen Antworten (n=554). 36 Befragte gaben an,
       die Internetseite nicht zu kennen.

Abbildung 16: Wie häufig nutzen Sie die Internetdokumentation des Deutschen Präventionstages? (Angaben in Prozent)[22]

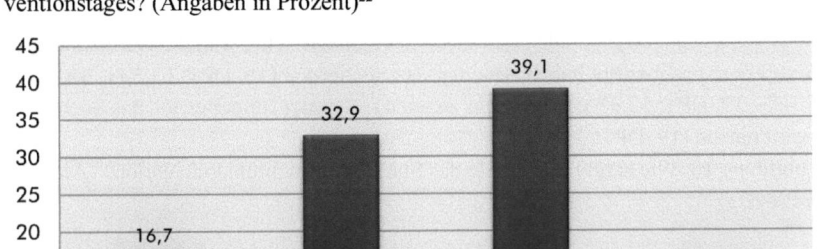

Die Struktur und Gestaltung der Internetseite wurde ähnlich wie in den Vorjahren mit der Durchschnittsnote 1,9 bewertet (19. DPT: 2,0; 18. DPT: 1,9; 17. DPT: 2,0). 86,8 % der Be-fragten gefiel die Struktur und Gestaltung der Internetseite gut oder sehr gut (19. DPT: 88,4 %; 18. DPT: 89,6 %; 17. DPT: 84,4 %; 16. DPT: 78,3 %).

Abbildung 17: Wie finden Sie die Struktur und Gestaltung der Internetseiten? (Angaben in Prozent)[23]

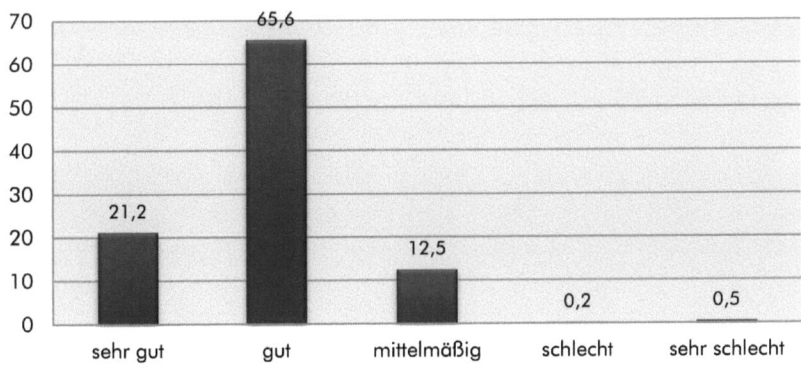

---

[22]   Die Prozentangaben beziehen sich auf die Anzahl der gültigen Antworten (n=496). 65 Befragte gaben an, die Internetdokumentation nicht zu kennen.

[23]   Die Prozentangaben beziehen sich auf die Anzahl der gültigen Antworten (n=401).

5.2 Das Such-Portal Kriminalprävention

Die Bekanntheit des Such-Portals Kriminalprävention (www.dpt-map.de) hat sich im Vergleich zu den letzten beiden Jahren kaum verändert. 64,5 % aller 549 Personen, die diese Frage beantwortet haben, kannten das Suchprotal (19. DPT: 63,5 %; 18. DPT: 66,4 %; 17. DPT: 52,9 %). Allerdings gaben 41 % dieser Befragten an, das Suchportal nie zu nutzen (19. DPT: 38,3 %).

Abbildung 18: Wie häufig nutzen Sie das Such-Portal Kriminalprävention? (Angaben in Prozent)[24]

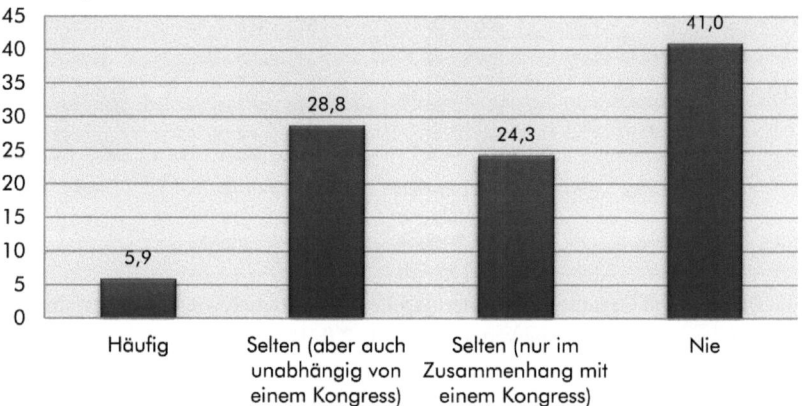

Auf unserer Fünferskala erreichte das Such-Portal Kriminalprävention in diesem Jahr wieder den Durchschnittswert von 2,0 (19. DPT: 2,0; 18. DPT: 2,0; 17. DPT: 2,1). 84,7 % der Befragten, denen das Such-Portal bekannt war, fanden es gut oder sehr gut.

---

[24]   Die Prozentangaben beziehen sich auf die Anzahl der gültigen Antworten (n=354). 195 Befragte gaben an, das Such-Portal Kriminalprävention nicht zu kennen.

Abbildung 19: Wie finden Sie das Such-Portal Kriminalprävention? (Angaben in Prozent)[25]

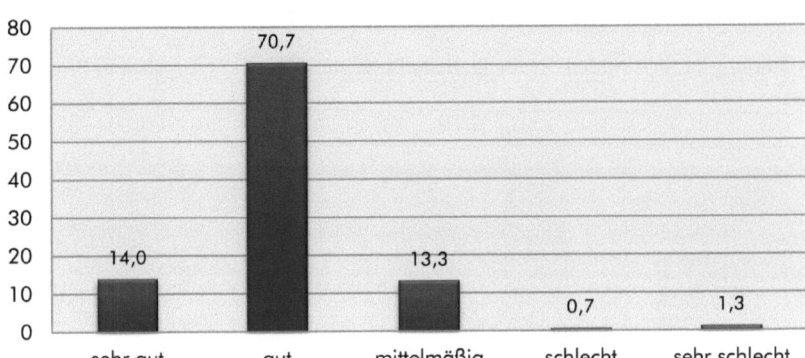

5.3 Die tägliche Präventions-News

Auch die Bekanntheit der täglichen Präventions-News befindet sich in etwa auf dem Niveau des Vorjahres. 72,9 % der 558 Befragten, die auf diese Frage geantwortet haben, war die Präventions-News bekannt (19. DPT: 75,7 %; 18. DPT: 79,2 %; 17. DPT: 65,1 %). Von diesen Personen nutzte wiederum etwa die Hälfte (50,6 %) dieses Angebot auch unabhängig von einem Kongress; 34,2 % gaben allerdings an, die täglichen Präventions-News nie zu nutzen (19. DPT: 31,6 %).

Abbildung 20: Wie häufig nutzen Sie die tägliche Präventions-News? (Angaben in Prozent)[26]

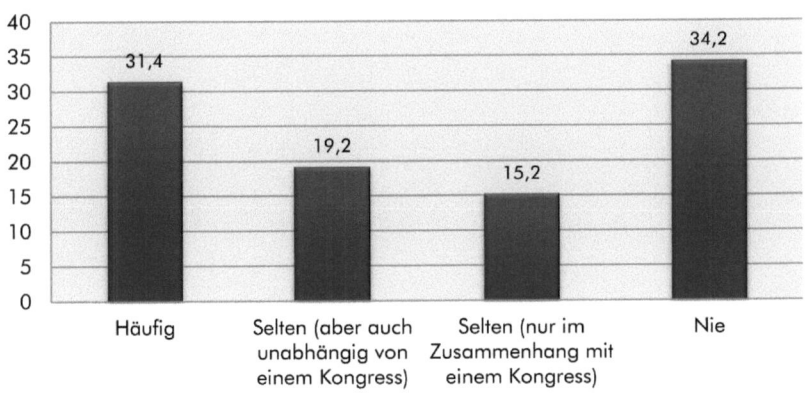

---

[25] Die Prozentangaben beziehen sich auf die Anzahl der gültigen Antworten (n=150).

[26] Die Prozentangaben beziehen sich auf die Anzahl der gültigen Antworten (n=407). 151 Befragte gaben an, die Präventions-News nicht zu kennen.

Das Angebot wurde auf unserer Fünferskala mit einem Durchschnittswert von 1,8 genauso wie im Vorjahr bewertet (19. DPT: 1,8; 18. DPT: 2,0; 17. DPT: 2,0). Insgesamt fanden 89,9 % der Befragten die täglichen Präventions-News gut oder sehr gut.

Abbildung 21: Wie finden Sie die tägliche Präventions-News? (Angaben in Prozent)[27]

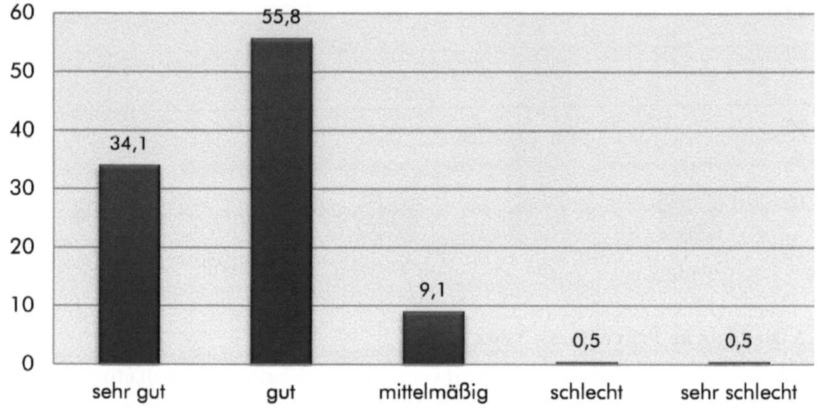

5.4 Die App des Deutschen Präventionstages

62,0 % der 539 Befragten, die auf diese Frage geantwortet haben, kannten die App des Deutschen Präventionstages (19. DPT: 60,9 %; 18. DPT: 63,7 %; 17. DPT: 46,7 %). Von diesen Personen gaben allerdings 76,0 % an, diese App nie zu nutzen (19. DPT: 78,4 %; 18. DPT: 72,8 %; 17. DPT: 71,1 %).

---

[27]   Die Prozentangaben beziehen sich auf die Anzahl der gültigen Antworten (n=208).

Abbildung 22: Wie häufig nutzen Sie die App des Deutschen Präventionstages? (Angaben in Prozent)[28]

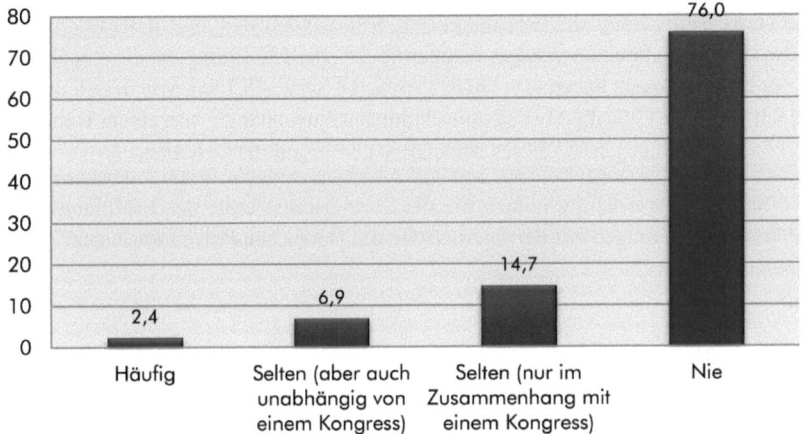

Auf unserer Skala von 1 (sehr gut) bis 5 (sehr schlecht) erreichte die App des Deutschen Präventionstages wieder den Durchschnittswert 2,3 (19. DPT: 2,3; 18. DPT: 2,3; 17. DPT: 2,2).

Abbildung 23: Wie finden Sie die App des Deutschen Präventionstages? (Angaben in Prozent)[29]

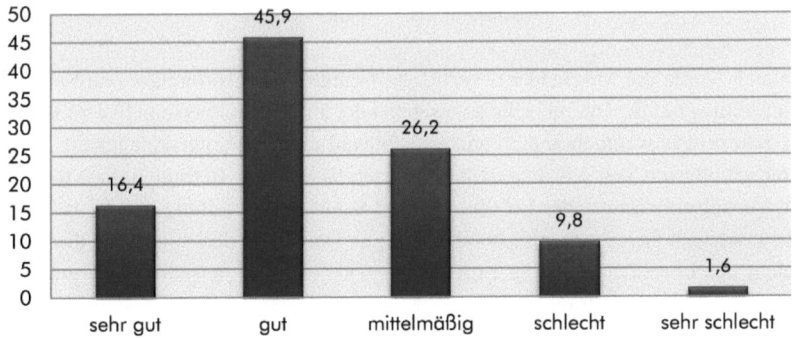

---

[28] Die Prozentangaben beziehen sich auf die Anzahl der gültigen Antworten (n=334). 205 Befragte gaben an, die App nicht zu kennen.

[29] Die Prozentangaben beziehen sich auf die Anzahl der gültigen Antworten (n=61).

5.5 Die Vortragsmitschnitte der Eröffnungs- und Schlussveranstaltung auf der Internetseite des Deutschen Präventionstages

Die Vortragsmitschnitte der Eröffnungs- und Schlussveranstaltung auf der Internetseite des Deutschen Präventionstages kannten 75,9 % der 536 Befragten, die Angaben zu dieser Frage gemacht haben (19. DPT: 75,9 %; 18. DPT: 78,1 %). Von diesen nutzten jedoch lediglich 17 % die Vortragsmitschnitte auch unabhängig von einem Kongress. 52,1 % gaben hingegen an, dieses Angebot noch nie genutzt zu haben.

Abbildung 24: Wie häufig nutzen Sie die Vortragsmitschnitte der Eröffnungs- und Schlussveranstaltungen auf der Internetseite des Deutschen Präventionstages?[30] (Angaben in Prozent)

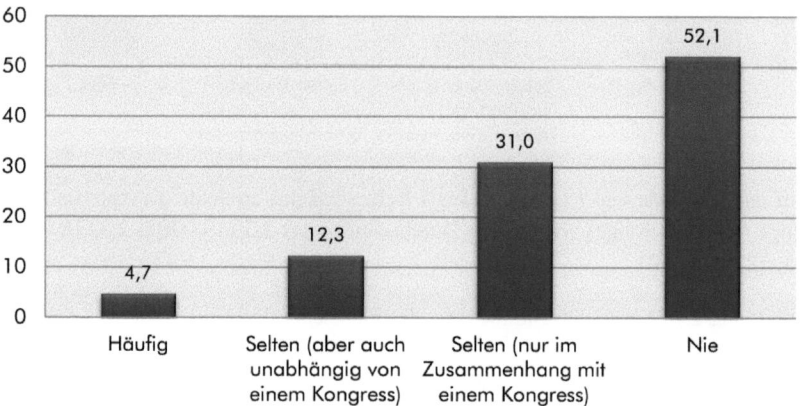

Dennoch wurde die Möglichkeit, Vortragsmitschnitte der Eröffnungs- und Schlussveranstaltung auf der Internetseite anzusehen oder auf der Internetseite live zu verfolgen, sehr positiv wahrgenommen und erreichte auf unserer Fünferskala jeweils einen Durchschnittswert von 1,8. Insgesamt bewerten 91,9 % der Befragten die Möglichkeit, Vortragsmitschnitte der Eröffnungs- und Schlussveranstaltung auf der Internetseite anschauen zu können, als gut oder sehr gut. Der Anteil derjenigen, die die Möglichkeit des Livestreamings der Eröffnungs- und Schlussveranstaltung als gut oder sehr gut empfanden, beträgt 89,0 %.

---

[30]   Die Prozentangaben beziehen sich auf die Anzahl der gültigen Antworten (n=407). 129 Befragte gaben an, die Vortragsmitschnitte nicht zu kennen.

Abbildung 25: Wie finden Sie, die Möglichkeit, die Eröffnungs- und Schlussveranstaltung auf der Internetseite anzusehen bzw. live zu verfolgen?[31] (Angaben in Prozent)

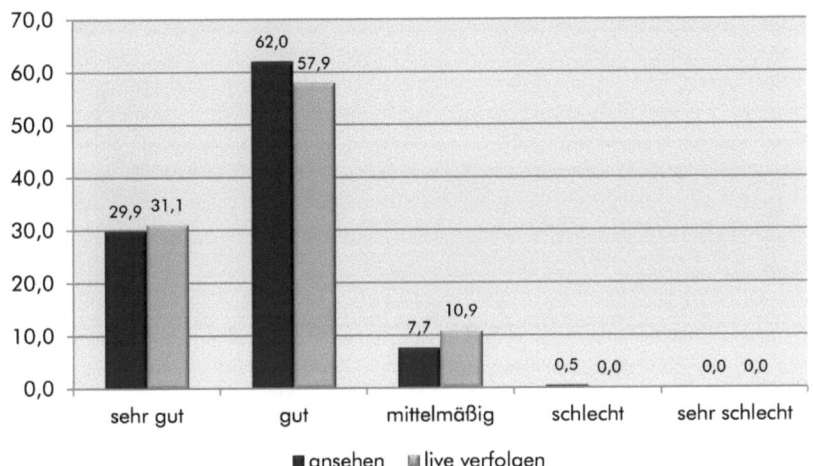

5.6 Das Facebook- und das Twitterprofil

Die Präsenz des Deutschen Präventionstages bei Facebook war 71,1 % und die Präsenz bei Twitter war 67,3 % der Personen, die die entsprechenden Fragen beantwortet haben, bekannt (19. DPT: 66,8 % und 66,4 %; 18. DPT: 68,6 % und 66,6 %). Allerdings nutzt nur ein geringer Teil dieser Befragten die Onlineauftritte des Deutschen Präventionstages bei Facebook oder Twitter. Diesbezüglich gaben gerade einmal 8,3 % der Befragten an, das Facebook-Profil auch unabhängig von einem Kongress zu nutzen (19. DPT: 8,9 %), bei Twitter sind es 2,5 % (19. DPT: 3,0 %). Dagegen haben 82,2 % dieser Befragten die Facebook-Präsenz und 91,9 % die Twitter-Präsenz noch nie genutzt (19. DPT: 84,5 % und 92,8 %).

---

[31] Die Prozentangaben beziehen sich auf die Anzahl der gültigen Antworten: Die Möglichkeit, Vortragsmitschnitte der Eröffnungs- und Schlussveranstaltung auf der Internetseite anzusehen (n=221); die Möglichkeit, die Eröffnungs- und Schlussveranstaltung auf der Internetseite live zu verfolgen (n=183).

Abbildung 26: Nutzung der Präsenzen des Deutschen Präventionstages bei Facebook und Twitter? (Angaben in Prozent)[32]

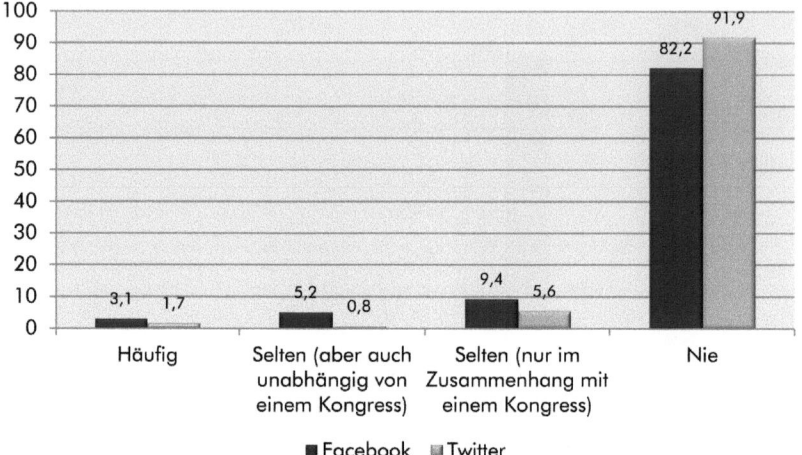

<Facebook ■ Twitter>

Während 70,3 % der Befragten das Facebook-Profil gut oder sehr gut fanden, waren es bei Twitter lediglich 59 % (19. DPT: 73,2 % und 58,1 %). Auf unserer Fünferskala erreichte das Facebook-Profil den Durchschnittswert 2,3; die Präsenz bei Twitter erhielt den Durchschnitts-wert 2,4 (19. DPT: 2,2 % und 2,4 %).

---

[32] Die Prozentangaben beziehen sich auf die Anzahl der gültigen Antworten: Facebook (n=383); Twitter (n=358).

Abbildung 27: Wie finden Sie die Online-Angebote des Deutschen Präventionstages bei Facebook und Twitter? (Angaben in Prozent)[33]

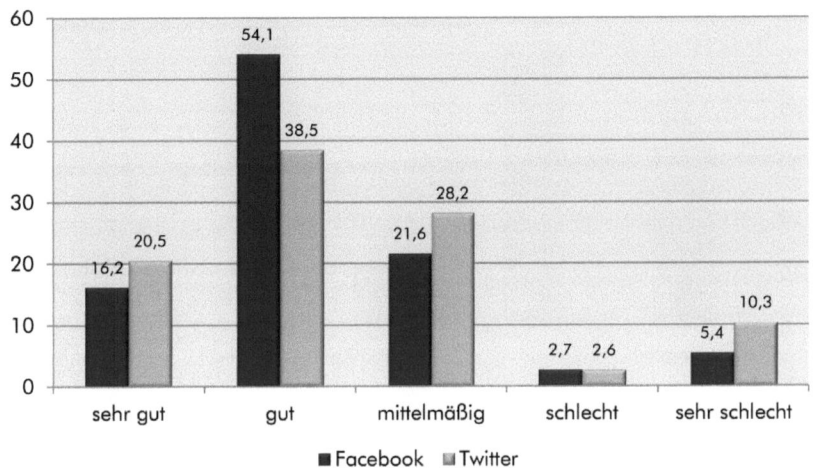

6. Gesamteindruck

Auch der 20. Deutsche Präventionstag erreichte mit der Durchschnittsnote 1,8 ein hervorra-gendes Gesamtergebnis (19. DPT: 1,8; 18. DPT: 1,7; 17. DPT: 1,7; 16. DPT: 2,0; 15. DPT: 1,9; 14. DPT: 1,9; 13: DPT: 1,7). Knapp 87 % der Befragten gefiel der 20. Deutsche Präventionstag gut oder sehr gut, nur 0,9 % fanden ihn schlecht, und niemand fand ihn sehr schlecht.

---

[33] Die Prozentangaben beziehen sich auf die Anzahl der gültigen Antworten: Facebook (n=74); Twitter (n=39).

Abbildung 28: Wie fanden Sie den 20. Deutschen Präventionstag insgesamt? (Angaben in Prozent)[34]

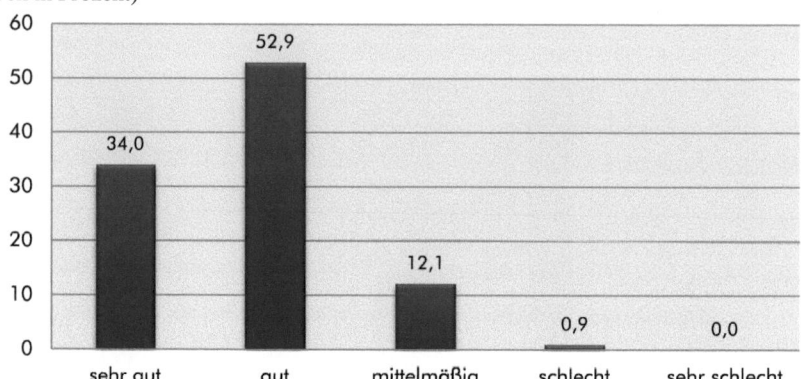

Auch in diesem Jahr erhielt der Präventionstag wieder sehr viel Lob:

> „Im Ergebnis ein sehr gelungener und bereichernder Präventionstag, der es ermöglichte, mit vielen Fachleuten und Professionen ins Gespräch zu kommen und sich Impulse für die eigene Präventionsarbeit zu erschließen sowie das bestehende Netzwerk weiter auszubauen und zu stärken."

> „Besonders gefallen haben mir in diesem Jahr der Themenschwerpunkt und die Infostände. Ich habe eine super Beratung erhalten und konnte viele Anregungen mit nach Hause nehmen. Auch die Abendveranstaltung war ein wirkliches Highlight!"

> „Der Kongress in Frankfurt war wirklich großartig. Viele verschiedene Profis (lokale und nationale Ebene), viele Themen und die Möglichkeit, in Workshops zu arbeiten. Ich war schon 2008 in Leipzig und 2010 in Berlin. Félicitations, le congrès de Francfort était aussi très bien!"

> „Sehr guter Kongress-Standort; kurze knackige Grußworte mit musikalischer Auflocke-rung. Viele neue Ideen für die Arbeit und genügend Zeit zum kollegialen Austausch. Sehr viele interessierte Standbesucher. Die Abendveranstaltung am 08.06. war – wenngleich außerhalb des offiziellen Programms – ein absolutes Highlight, insbesondere durch die Musikdarbietungen (Background-musik, später Tanz) und das Buffet sowie das tolle Wetter. Herzlichen Dank! Ausstellungsfläche: Das Areal war sehr gut geeignet und bot genügend Platz."

---

[34] Die Prozentangaben beziehen sich auf die Anzahl der gültigen Antworten (n=635).

Rund 82,8 % der Befragten sahen ihre Erwartungen an den Präventionstag voll und ganz oder überwiegend erfüllt. Dies ist allerdings der niedrigste bisher von uns gemessene Wert (19. DPT: 89,0 %; 18. DPT: 92,8 %; 17. DPT: 90,6 %; 16. DPT: 84 %; 15. DPT: 91 %; 14. DPT: 89,1 %; 13. DPT: 89,3 %). Der Anteil derjenigen, die ihre Erwartungen eher nicht oder gar nicht erfüllt sahen, stieg entsprechend auf 17,2 % (19. DPT: 11,0 %; 18. DPT: 7,2 %; 17. DPT: 9,4 %; 16. DPT: 16,1 %; 15. DPT: 9 %; 14. DPT: 10,9 %; 13. DPT: 10,7 %). Besonders hoch ist dieser Anteil unter den Teilnehmerinnen und Teilnehmern aus den Bereichen „Polizei" (23,9 %), „Landesbehörden" (22,9 %) und „sozialer Bereich allgemein" (18,2 %)[35]. Die kritischen Anmerkungen lassen in diesem Zusammenhang leider nicht erkennen, welche Erwartungen nicht erfüllt werden konnten. Wir werden in der nächsten Evaluation daher eine offene Frage für diesen Aspekt vorsehen.

Abbildung 29: Meine Erwartungen an den Präventionstag haben sich erfüllt. (Angaben in Prozent)[36]

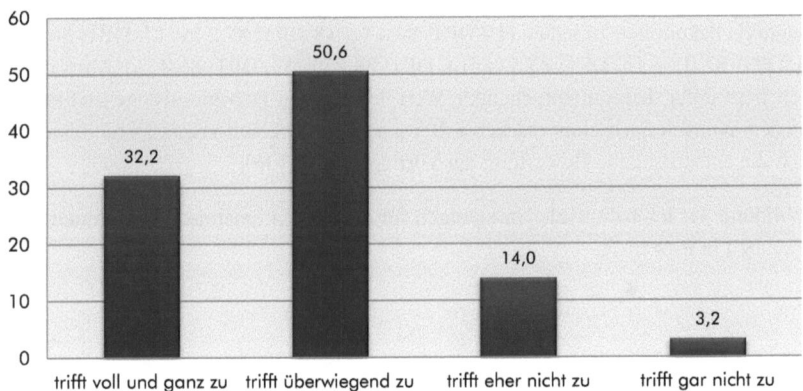

Rund 83 % der Befragten gingen davon aus, dass von dem Kongress Impulse für die Präventionsarbeit in Deutschland ausgehen werden (19. DPT: 82,8 %; 18. DPT: 86 %; 17. DPT: 80 %; 16. DPT: 80,8 %; 15. DPT: 80,5 %; 14. DPT: 84,1 %; 13. DPT: 82,5 %).

---

[35] Es wurden nur Gruppen betrachtet, aus denen mindestens 10 gültige Antworten vorliegen.

[36] Die Prozentangaben beziehen sich auf die Anzahl der gültigen Antworten (n=630).

Abbildung 30: Von dem Kongress werden Impulse für die Präventionsarbeit in Deutschland ausgehen. (Angaben in Prozent)[37]

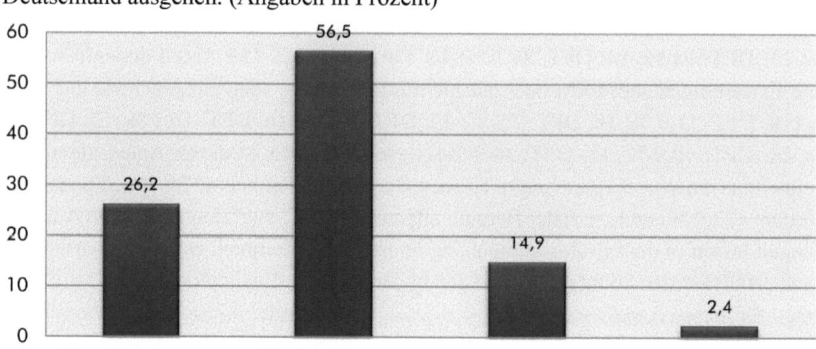

81,2 % der Befragten gaben darüber hinaus an, viele Anregungen für die Präventionspraxis bekommen zu haben (19.DPT: 84,4 %; 18.DPT: 87,2 %; 17. DPT: 86,7 %; 16. DPT: 82,0 %; 15. DPT: 85,5 %; 14. DPT: 88,8 %; 13. DPT: 86,4 %). Auch dieser Wert liegt unter dem ent-sprechenden Wert der anderen Präventionstage und könnte auf den Wunsch nach einer stärkeren Betonung der Präventionspraxis hindeuten (s. auch die entsprechende Bewertung der Vorträge auf S. 136).

Abbildung 31: Ich habe viele Anregungen für die Präventionspraxis bekommen. (Angaben in Prozent)[38]

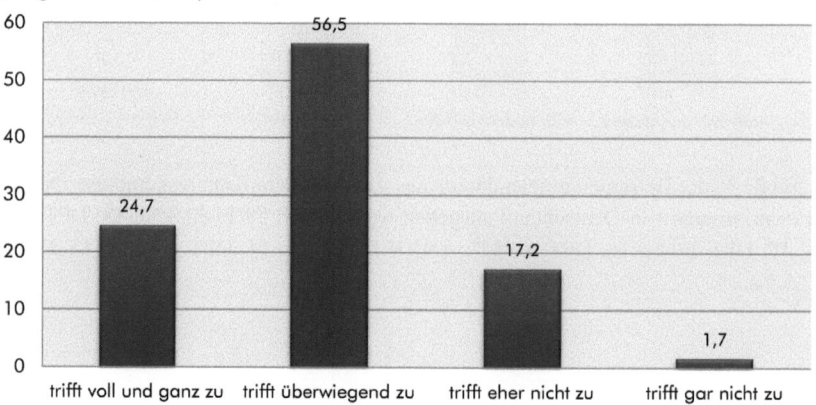

Rund 91 % der befragten Teilnehmerinnen und Teilnehmer fiel es mehr oder weniger leicht, Kontakte zu knüpfen und Informationen auszutauschen (19. DPT: 94,5 %; 18.

---

[37]   Die Prozentangaben beziehen sich auf die Anzahl der gültigen Antworten (n=538).

[38]   Die Prozentangaben beziehen sich auf die Anzahl der gültigen Antworten (n=604).

DPT: 95,0 %; 17. DPT: 95,2 %; 16. DPT: 88,7 %; 15. DPT: 91,8 %; 14. DPT: 91,2 %; 13. DPT: 92,8 %).

Abbildung 32: Es fiel leicht, Kontakte zu knüpfen und Informationen auszutauschen. (Angaben in Prozent)[39]

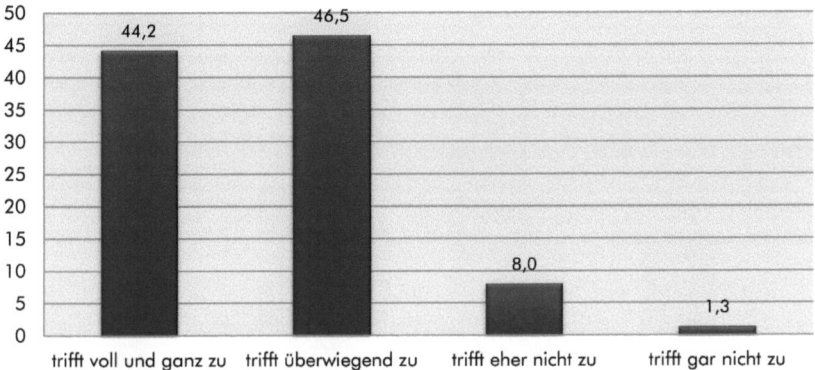

85 % der Befragten bezeichneten die Aussage „Es gab genügend Gelegenheiten, um mit Praktikern über Fragen der Prävention zu diskutieren" als voll und ganz oder als überwiegend zutreffend (19. DPT: 90,0 %; 18. DPT: 90,0 %; 17. DPT: 93,0 %; 16. DPT: 85,2 %; 15. DPT: 87,6 %; 14. DPT: 90,6 %; 13. DPT: 91,0 %). Auch dieser Wert ist vergleichsweise niedrig und stützt unsere Vermutung, dass sich ein Teil der Besucher eine stärkere Betonung der Präventionspraxis wünscht.

Abbildung 33: Es gab genügend Gelegenheiten, um mit Praktikern über Fragen der Prävention zu diskutieren. (Angaben in Prozent)[40]

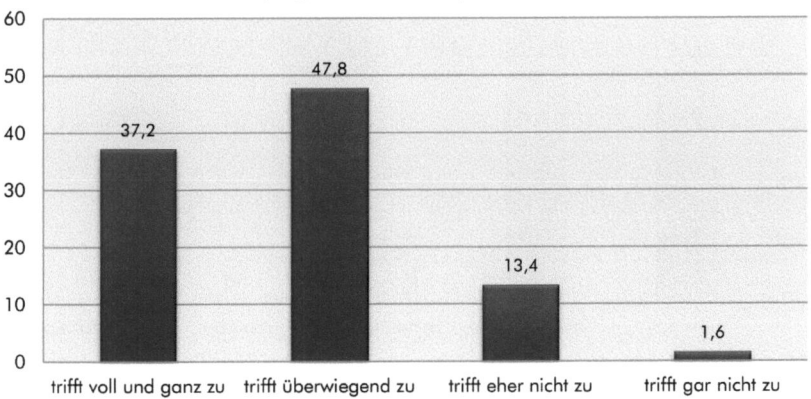

---

[39] Die Prozentangaben beziehen sich auf die Anzahl der gültigen Antworten (n=624).

[40] Die Prozentangaben beziehen sich auf die Anzahl der gültigen Antworten (n=611).

Rund 68 % der Befragten stimmten daneben der Aussage „Es gab genügend Gelegenheit für den fachlichen Austausch mit Wissenschaftlern" voll und ganz oder überwiegend zu (19. DPT: 66,7 %; 18. DPT: 68,2 %; 17. DPT: 66,4 %).

Abbildung 34: Es gab genügend Gelegenheit für den fachlichen Austausch mit Wissenschaftlern. (Angaben in Prozent)[41]

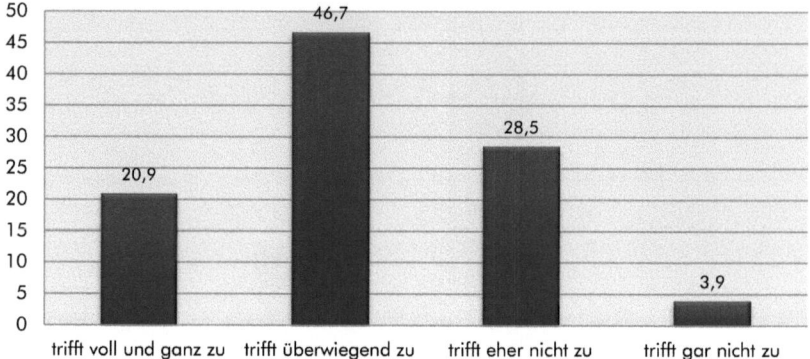

Positiv wurden auch der Aufbau und die Gestaltung des Kongresskataloges bewertet. Auf unserer fünfstufigen Skala erreichte dieser wie im Vorjahr den Durchschnittswert 1,8 (19. DPT: 1,8; 18. DPT: 1,7; 17. DPT: 1,7; 16. DPT: 2,1; 15. DPT: 2,0; 14. DPT: 1,9; 13. DPT: 1,6).

Abbildung 35: Wie fanden Sie den Kongresskatalog? (Angaben in Prozent)[42]

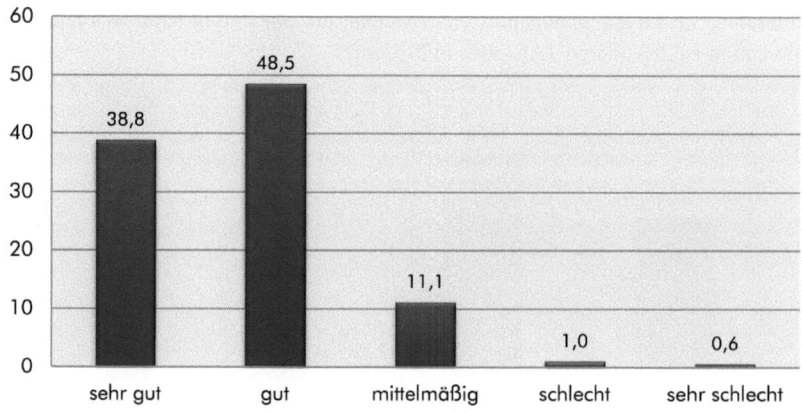

---

[41]   Die Prozentangaben beziehen sich auf die Anzahl der gültigen Antworten (n=540).

[42]   Die Prozentangaben beziehen sich auf die Anzahl der gültigen Antworten (n=631).

Viel Lob erhielt auch die Kongressorganisation. Mit einer Durchschnittsnote von 1,7 konnte sie an die Spitzenwerte der vorangegangenen Jahre anknüpfen (19. DPT: 1,7; 18. DPT: 1,6; 17. DPT: 1,6; 16. DPT: 1,9; 15. DPT: 2,0; 14. DPT: 1,9; 13. DPT: 1,5).

Abbildung 36: Wie fanden Sie die Kongressorganisation insgesamt? (Angaben in Prozent)[43]

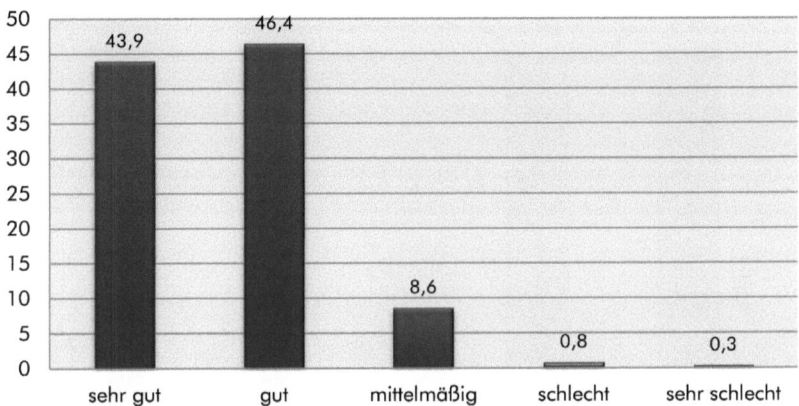

Auch in diesem Jahr wurden wieder verschiedene Einzelaspekte der Kongressorganisation erhoben. Die Informationen zur Tagung bewerteten dabei 81,7 % der befragten Besucher-nen und Besucher als gut oder sehr gut (19. DPT: 85,2 %; 18. DPT: 92,8 %; 17. DPT: 84,4 %; 16. DPT: 83,4; 15. DPT: 72,4 %).

Abbildung 37: Wie fanden Sie die Informationen zur Tagung (Anfahrtsskizze, Ausschilderung etc.)? (Angaben in Prozent)[44]

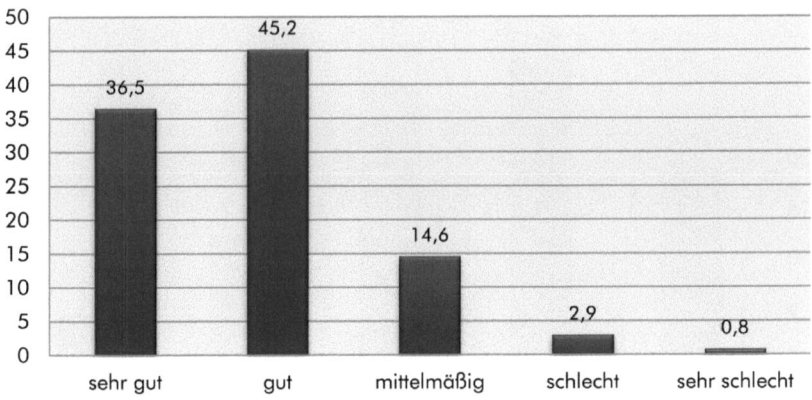

---

43   Die Prozentangaben beziehen sich auf die Anzahl der gültigen Antworten (n=636).
44   Die Prozentangaben beziehen sich auf die Anzahl der gültigen Antworten (n=630).

88,2 % der befragten Teilnehmerinnen und Teilnehmer fühlten sich darüber hinaus gut oder sehr gut durch die Organisatoren betreut (19. DPT: 88,6 %; 18. DPT: 94,6 %; 17. DPT: 89,7 %; 16. DPT: 88,8 %; 15. DPT: 76,7 %).

Abbildung 38: Wie fanden Sie den Service/ die Betreuung durch die Organisatoren? (Angaben in Prozent)[45]

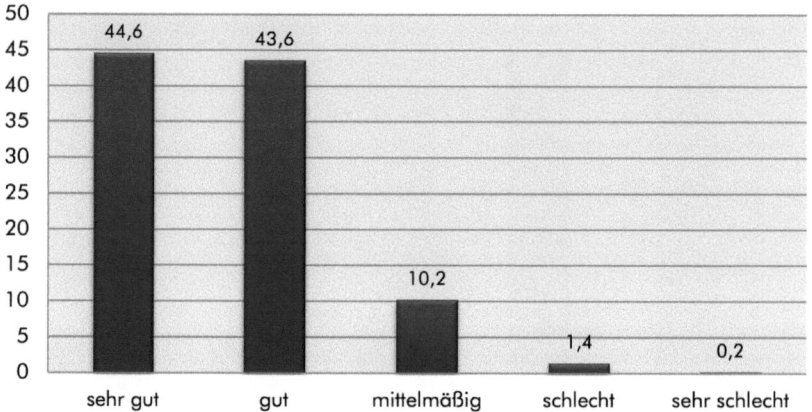

Das Catering während des Kongresses schnitt auch in diesem Jahr mit der Note 2,5 wieder eher durchschnittlich ab. Dabei beträgt der Anteil der Befragten die das Catering gut oder sehr gut fanden 50,8 % (19. DPT: 60,8 %; 18. DPT: 51,5 %; 17. DPT: 63,9 %; 16. DPT: 37,1 %; 15: DPT 29,8 %). In den Kommentaren werden insbesondere die hohen Preise kritisiert.

Abbildung 39: Wie fanden Sie das Catering? (Angaben in Prozent)[46]

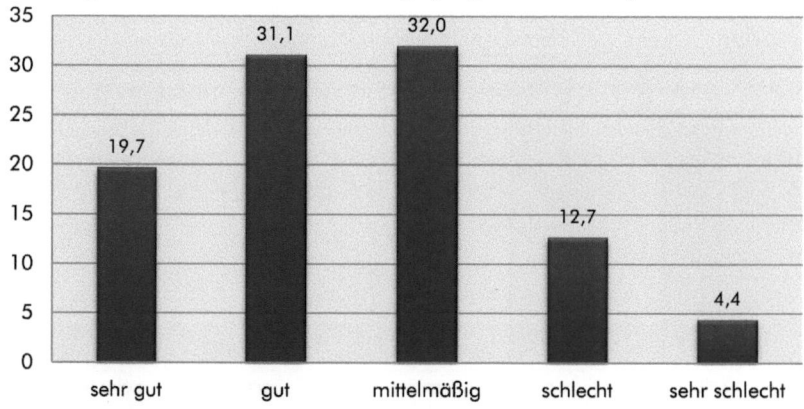

---

[45]   Die Prozentangaben beziehen sich auf die Anzahl der gültigen Antworten (n=626).

[46]   Die Prozentangaben beziehen sich auf die Anzahl der gültigen Antworten (n=543).

Das Congress Center Frankfurt am Main stieß bei der Mehrzahl der Besucherinnen und Besucher auf positive Resonanz. Insgesamt 79,9 % der Befragten bewerteten den Veranstaltungsort als gut oder sehr gut.

Abbildung 40: Wie fanden Sie das Congress Center Frankfurt am Main als Veranstaltungsort (Angaben in Prozent)[47]

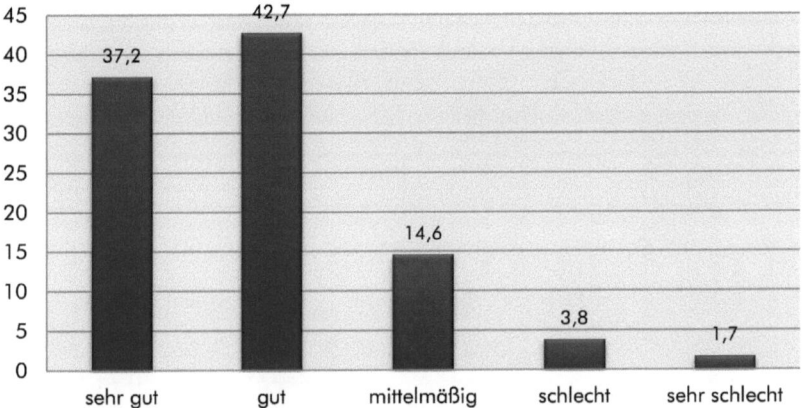

Die Räumlichkeiten wurden hinsichtlich ihrer Ausstattung und ihrer Technik von knapp 86 % der Befragten als gut oder sehr gut bewertet (19. DPT: 79,0 %; 18. DPT: 89,8 %; 17. DPT: 92 %; 16. DPT: 80,1 %; 15. DPT: 65,2 %).

Abbildung 41: Wie fanden Sie die Räumlichkeiten (Ausstattung, Technik etc.)? (Angaben in Prozent)[48]

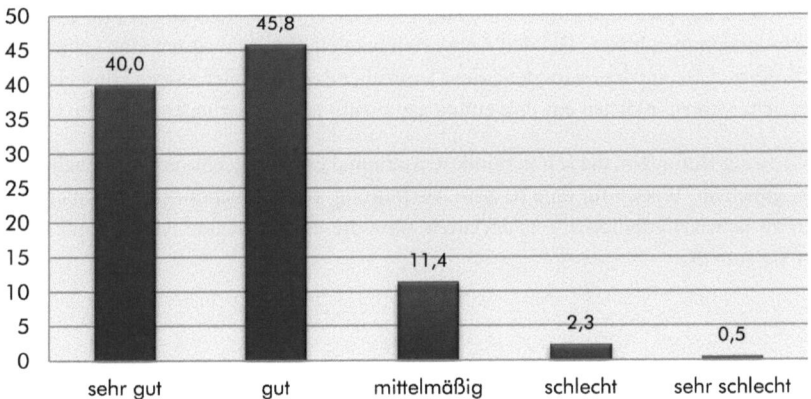

---

[47] Die Prozentangaben beziehen sich auf die Anzahl der gültigen Antworten (n=637).

[48] Die Prozentangaben beziehen sich auf die Anzahl der gültigen Antworten (n=640).

Vor dem Hintergrund ihrer Eindrücke äußerten 85 % der Befragten die Absicht, auch
an zukünftigen Kongressen des Deutschen Präventionstages teilnehmen zu wollen
(19. DPT: 87,0 %; 18. DPT: 89,2 %; 17. DPT: 84,3 %; 16. DPT: 80,9 %; 15. DPT: 87,1
%; 14. DPT: 91,4 %; 13. DPT: 86,7 %).

Abbildung 42: Ich werde vermutlich an zukünftigen Veranstaltungen des Deutschen
Präventionstages teilnehmen. (Angaben in Prozent)[49]

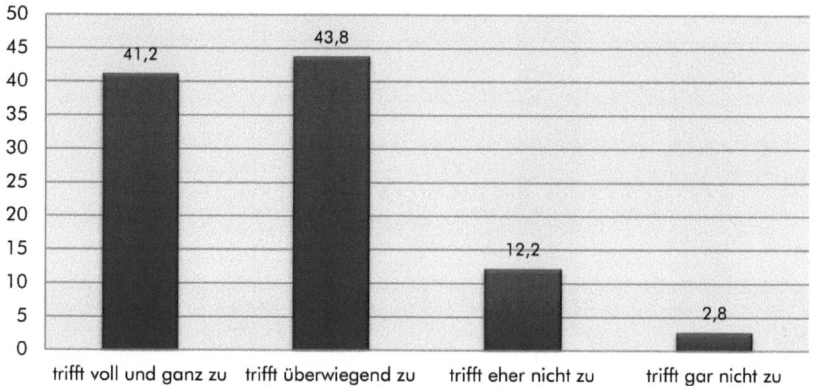

7. Wirkungen der Präventionstage

Wie in den vergangenen Jahren haben wir auch wieder einige Fragen zur Wirkung der
Prä-ventionstage gestellt. Konkret wurde gefragt, ob das erworbene Wissen, die er-
haltenen Informationen und die geknüpften Kontakte für die praktische Präventionsarbeit nützlich waren. Da diese Fragen nur im Rückblick beantwortet werden können,
wurden sie nur Personen gestellt, die zuvor bereits an mindestens einem Präventionstag teilgenommen hatten. Bei den Antworten handelt es sich zwar um eine subjektive
Selbsteinschätzung der Befragten; diese kann aber dennoch interessante Hinweise auf
Bereiche geben, in denen ein Präventionstag positive Veränderungen anstoßen kann.

85,2 % der Befragten, die schon mindestens einmal einen Präventionstag besucht hatten, gaben an, Wissen für eine bessere Ausführung ihrer Präventionsaufgaben erworben zu haben. Lediglich 1,9 % erklärten, dass die entsprechende Aussage gar nicht
auf sie zutrifft.

---

[49]   Die Prozentangaben beziehen sich auf die Anzahl der gültigen Antworten (n=600).

Abbildung 43: Ich habe Wissen erworben, mit dem ich meine Präventionsaufgaben besser durchführen kann. (Angaben in Prozent)[50]

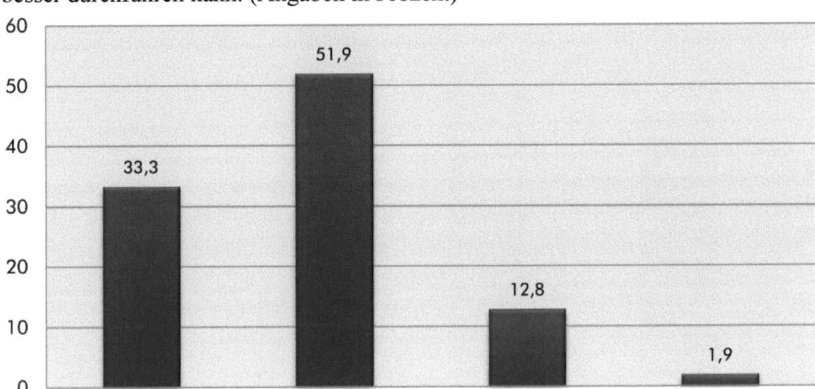

Zudem berichteten gut 85 % der Befragten, die schon mindestens einmal einen Präventionstag besucht hatten, Informationen für eine bessere Durchführung ihrer Präventionsaufgaben erhalten zu haben.

Abbildung 44: Ich habe Informationen erhalten, durch die ich meine Präventionsaufgabe besser durchführen konnte. (Angaben in Prozent)[51]

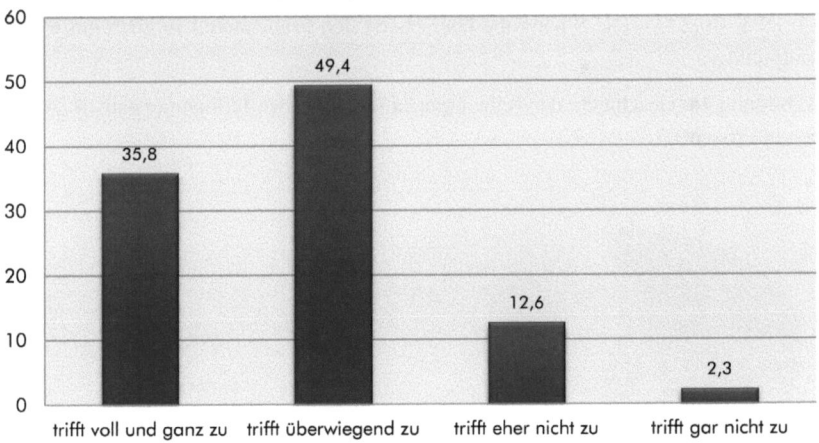

Rund 85 % dieser Befragten gaben zudem an, dass sie Kontakte knüpfen konnten, die Ihnen bei der Durchführung ihrer Präventionsaufgaben geholfen haben.

---

[50]   Die Prozentangaben beziehen sich auf die Anzahl der gültigen Antworten (n=312).

[51]   Die Prozentangaben beziehen sich auf die Anzahl der gültigen Antworten (n=310).

Abbildung 45: Ich konnte Kontakte knüpfen, durch die ich meine Präventionsaufgaben besser durchführen konnte. (Angaben in Prozent)[52]

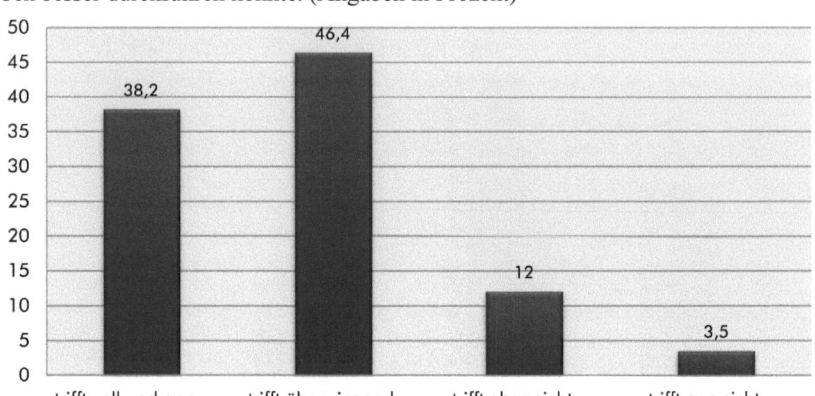

8. Teilnehmerinnen und Teilnehmer des 20. Deutschen Präventionstages

Nach den Ergebnissen der Befragung ist der Anteil der Frauen im Vergleich zum letzten Jahr nochmals um 0,9 Prozentpunkte gestiegen und betrug auf dem 20. Deutschen Präventionstag 51,5 %. Der beschriebene Trend wird auch durch die Teilnehmerstatistik bestätigt, in welcher der Frauenanteil bei 45,5 % liegt (19. DPT: 43,9 %; 18. DPT: 41,2 %; 17. DPT: 38,9 %; 16. DPT: 45,4 %; 15. DPT: 45,3 %; 14. DPT: 40,1%; 13. DPT: 40,2 %). Die Stichprobe überschätzt den Frauenanteil folglich um 6 Prozentpunkte.

Abbildung 46: Geschlecht der Teilnehmer/innen (nach der Teilnehmerstatistik, Angaben in Prozent)[53]

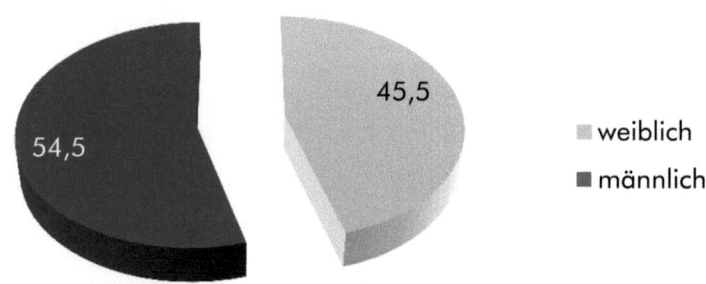

Wie in den vergangenen Jahren war die Polizei auf dem 20. Deutschen Präventionstag wieder stark vertreten. Allerdings zeigt sich nach den Ergebnissen der Teilnehmerstatistik ein starker Rückgang von 29,3 % (19. DPT) auf 19,8 % (20. DPT).

Abbildung 47: Kongressteilnehmer/innen nach der Teilnehmerstatistik (Angaben in Prozent)[54]

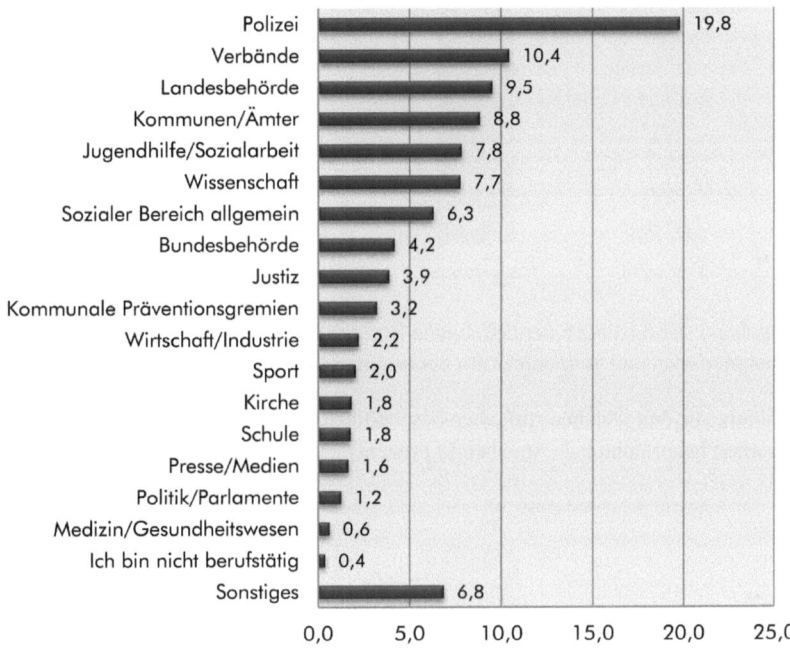

Wie Abbildung 48 zeigt, waren die meisten befragten Besucherinnen und Besucher des 20. Deutschen Präventionstages hauptamtlich in der Präventionsarbeit tätig. In dieser Hinsicht gab es keine großen Veränderungen zu den Vorjahren.

---

[54] Die Prozentangaben beziehen sich auf die gültigen Angaben aller registrierten Kongressteilnehmer (n=2506).

Abbildung 48: In welcher Form sind Sie in der Präventionsarbeit beschäftigt?[55]

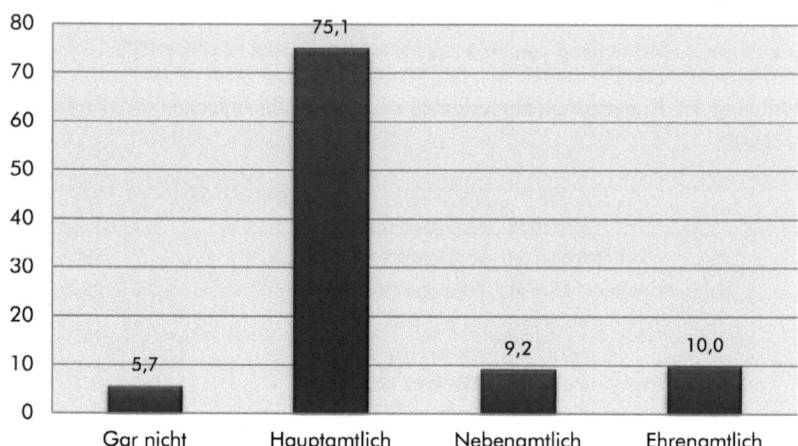

Weitgehend stabil ist auch der erfreuliche Befund, dass sich rund 49 % der befragten Teilnehmerinnen und Teilnehmer mit der praktischen Präventionsarbeit beschäftigen.

Abbildung 49: Mit welchen Aufgaben beschäftigen Sie sich im Rahmen ihrer Präventionsarbeit hauptsächlich? (Angaben in Prozent)[56]

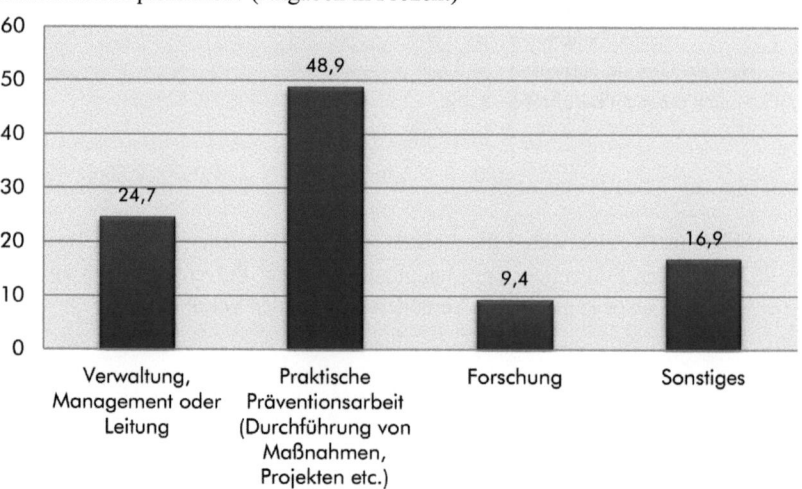

Am stärksten waren bei den Befragten die Tätigkeitsfelder der Kriminal- und Gewaltprävention vertreten. Der Anteil aus dem Bereich der Kriminalprävention sank jedoch

[55]   Die Prozentangaben beziehen sich auf die Anzahl der gültigen Antworten (n=579).

[56]   Die Prozentangaben beziehen sich auf die Anzahl der gültigen Antworten (n=667).

in diesem Zusammenhang nochmals leicht auf 37,3 % (19. DPT: 38,6 %, 18. DPT: 42,3 %). Das Tätigkeitsfeld der Gewaltprävention ist mit 26,7 % dagegen etwas stärker als im Vorjahr vertreten (19. DPT: 23,7 %). Befragte aus den Bereichen Suchtprävention sowie Verkehrserziehung und Unfallverhütung haben nur noch einen Anteil von 3,1 % bzw. von 2,4 % (19. DPT: 5,2 % bzw. 3,3 %). Die Kategorie „Sonstiges" ist mit 25,5 % relativ groß. Hierunter fallen zahlreiche weitere Tätigkeitsfelder, die vom Opferschutz über die Prävention von Rechtsextremismus und religiösem Extremismus bis zur Cyber-Crime-Prävention reichen.

Abbildung 50: In welchem Präventionsbereich engagieren Sie sich hauptsächlich? (Angaben in Prozent)[57]

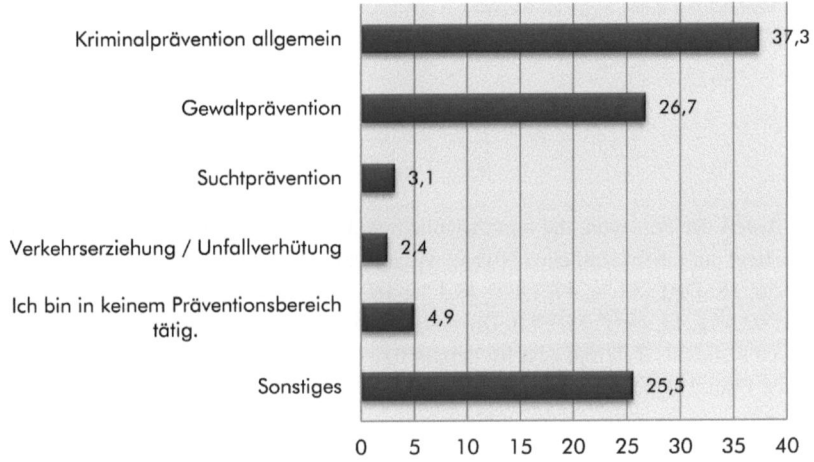

Bei der Frage nach den Gründen für die Anmeldung waren Mehrfachnennungen zugelassen. Abbildung 51 zeigt die Rangliste der Gründe, die in diesem Jahr von dem Wunsch nach Informationen angeführt wird. Zweitwichtigster Grund war der Wunsch nach fachlichem Austausch. Danach folgen das Bedürfnis, neue Projekte kennenzulernen, die Pflege beruflicher Kontakte, bestimmte Vortragsthemen, die Vorstellung eines eigenen Projekts und ganz zum Schluss das Schwerpunktthema.

---

[57] Die Prozentangaben beziehen sich auf die Anzahl der gültigen Antworten (n=667).

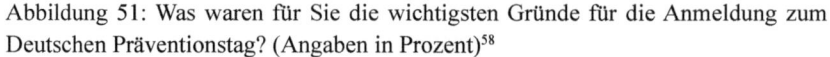

Abbildung 51: Was waren für Sie die wichtigsten Gründe für die Anmeldung zum Deutschen Präventionstag? (Angaben in Prozent)[58]

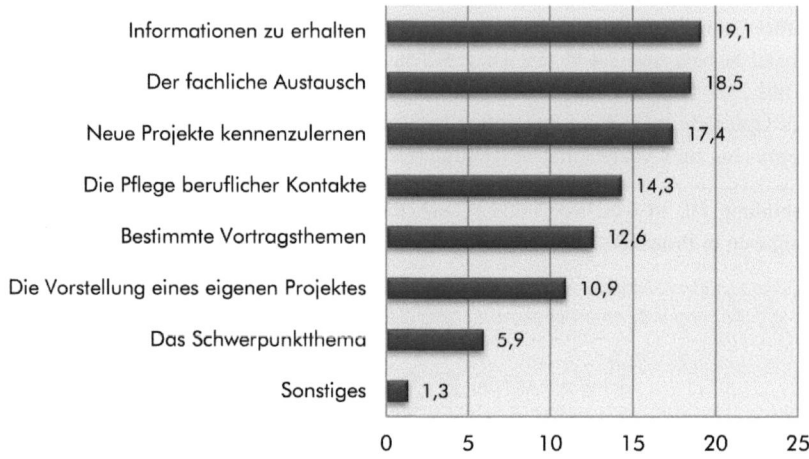

Der Anteil der Personen, die ausschließlich als Besucher an dem Kongress teilnahmen, liegt auf einem ähnlichen Niveau wie im Vorjahr und beträgt 51,3 % (19. DPT: 48,4 %; 18. DPT: 59 %; 17. DPT: 48,3 %; 16. DPT: 51,4 %; 15. DPT: 51,9 %; 14. DPT: 62,5 %; 13. DPT: 59,7 %). Die anderen 48,7 % der Befragten nahmen in einer aktiven Rolle (als Referent oder Moderator bzw. mit einer Präsentation wie Infostand, Poster, Film, Bühne, POD) teil.[59]

Der Anteil der Befragten, die zuvor noch nie einen Präventionstag besucht hatten, sank im Vergleich zum Vorjahr um rund 3 Prozentpunkte auf 45,6 %. Dagegen haben rund 37 % bereits mehrfach an einen Präventionstag teilgenommen.

---

[58]   Die Prozentangaben beziehen sich auf die Anzahl aller Nennungen (n=2155).
[59]   Die Prozentangaben beziehen sich auf die Anzahl der gültigen Antworten (n=637).

Abbildung 52: Haben Sie schon früher an Kongressen des Deutschen Präventionstages teilgenommen? (Angaben in Prozent)[60]

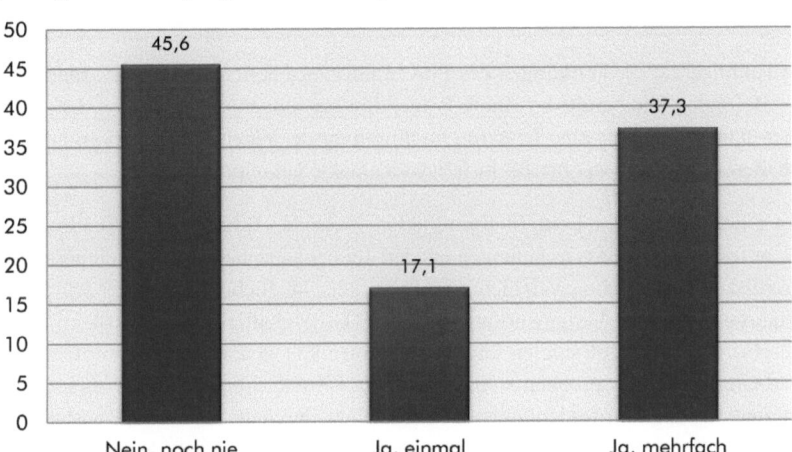

9. Resümee

Die Evaluationsergebnisse zeigen, dass der 20. Deutsche Präventionstag ein insgesamt sehr gelungener Kongress war. Knapp 87 % der Befragten gefiel dieser Präventionstag gut oder sehr gut. Die Abendveranstaltung war den Befragten zufolge „ein wirkliches Highlight" und wurde mit der hervorragenden Durchschnittsnote 1,2 bewertet.

Im Rahmen der Eröffnungs- und Abschlussveranstaltung, von Einzelvorträgen, Projektspots und Themenboxen wurden rund 200 Vorträge gehalten, die durchweg gut bei den Befragten ankamen. Darüber hinaus gab es Infostände, Sonderausstellungen, das Format „Campus und Aktionen", Posterpräsentationen, die Bühne, das Filmforum und die Presentation on Demand, um einen Einblick in unterschiedlichste Facetten der Präventionsarbeit zu geben. Die Durchsicht dieses breiten Angebotes zeigt, dass der Spagat zwischen Präventionspraxis, -wissenschaft und -politik auf dem 20. Deutschen Präventionstag insgesamt gut gelungen ist. Allerdings gibt es in den Daten einige Hinweise auf den Wunsch nach einer stärkeren Fokussierung auf Fragen der Präventionspraxis im Rahmen der Vorträge. Bei den Themenboxen wünschten sich viele Befragte mehr Zeit für Diskussionen und für die Einbeziehung von Fachkenntnissen der Zuhörer/innen.

Auch in diesem Jahr wurden die verschiedenen Online-Angebote des Deutschen Präventionstages gründlich untersucht. Die Ergebnisse weichen kaum von denen des letzten Jahres ab und unterstreichen, dass sich das Interesse auf die eher klassischen

---

[60]   Die Prozentangaben beziehen sich auf die Anzahl der gültigen Antworten (n=649).

Angebote konzentriert. Die Online-Präsenzen des Präventionstages bei Facebook oder Twitter und die App des Deutschen Präventionstages werden nach wie vor wenig genutzt.

Im Hinblick auf die Wirkungen des Präventionstages berichteten jeweils rund 85 % der Befragten, die bereits an einem Präventionstag teilgenommen hatten, Informationen und Wissen für eine bessere Durchführung der eigenen Präventionsaufgaben erhalten zu haben sowie hierfür hilfreiche Kontakte geknüpft zu haben.

Mit Blick auf die im Leitbild formulierten Ziele des Deutschen Präventionstages bleibt festzuhalten, dass es gelungen ist, den Teilnehmerinnen und Teilnehmern einen interdisziplinären Rahmen zu bieten, in dem unterschiedliche Praxisfelder präsentiert, Erfahrung zwischen Verantwortungsträgern, Wissenschaftlern und Praktikern ausgetauscht, Umsetzungsstrategien und ihre Wirksamkeit diskutiert und Empfehlungen erarbeitet und ausgesprochen werden konnten. Darüber hinaus ist eine zunehmende Internationalisierung des Kongresses festzustellen, durch die der Präventionstag einen wichtigen Beitrag für einen länderübergreifenden Austausch von Präventionskonzepten, -strategien und -erfahrungen leistet.

Erich Marks & Karla Marks[1]

20 Jahre Deutscher Präventionstag in Zahlen

Aus Anlass des 20. Deutschen Präventionstages werden nachfolgend einige kongress-übergreifende statistische Daten zusammengestellt. Vorab soll all jenen über 200 Institutionen und Organisationen herzlich gedankt werden, die die bisherigen Deutschen Präventionstage als Mitveranstalter, Zuwendungsgeber, Sponsoren und Kooperationspartner begleitet und unterstützt haben.

50.000 DPT-Besucher in 20 Jahren

Haben in den ersten Jahren einige hundert Menschen teilgenommen, so haben in den letzten Jahren jeweils einige Tausend Kongressbesucher und Gäste an den Deutschen Präventionstagen teilgenommen. Zu den bisherigen Teilnehmenden der Jahreskongresse gehörten auch ca. 2.000 Gäste aus insgesamt 86 Staaten und von allen Kontinenten.

Entwicklung der Teilnehmendenzahlen der Deutschen Präventionstage seit 1995

Kongresse	Registrierte Kongress-teilnehmende	Registrierte Besucher der Bühne und der DPT-Universität	Gesamtzahl der registrierten Teilnehmenden und Besucher
01. DPT, Lübeck, 1995	168	0	168
02. DPT, Münster, 1996	195	0	195
03. DPT, Bonn, 1997	209	0	209
04. DPT, Bonn, 1998	314	0	314
05. DPT, Hoyerswerda, 1999	610	0	610
06. DPT, Düsseldorf, 2000	1.214	0	1.214
07. DPT, Düsseldorf, 2001	1.226	0	1.226
08. DPT, Hannover, 2003	1.219	50	1.269
09. DPT, Stuttgart, 2004	1.235	750	1.985
10. DPT, Hannover, 2005	1.907	1.550	3.457
11. DPT, Nürnberg, 2006	1.442	780	2.222
12. DPT, Wiesbaden, 2007	1.901	1.624	3.525
13. DPT, Leipzig, 2008	1.744	2.400	4.144
14. DPT, Hannover 2009	2.129	718	2.847

---

[1] Erich Marks ist Mitinitiator und Kongressleiter seit Gründung des Deutschen Präventionstag im Jahr 1995; Karla Marks leitet seit 1999 das Ständige Büro des Deutschen Präventionstages.

15. DPT, Berlin 2010	2.728	1.691	4.419
16. DPT, Oldenburg 2011	2.579	7.917	10.496
17. DPT, München 2012	2.333	1.357	3.690
18. DPT, Bielefeld 2013	1.946	850	2.796
19. DPT, Karlsruhe 2014	2.306	1.057	3.363
20. DPT, Frankfurt / Main 2015	2.523	592	3.115

1.300 Gäste aus 86 Staaten

Der Deutsche Präventionstag hat sich in den vergangenen 20 Jahren sehr um europäische und internationale Kontakte bemüht und ist entsprechende Kooperationen eingegangen, die stetig ausgebaut werden. Bereits beim ersten Jahreskongress (1995 in Lübeck) fungierte die Kommission der Europäischen Gemeinschaften als Veranstaltungspartner. Experten aus den Dänemark, den Niederlanden und Großbritannien waren Referenten und 18 der 168 registrierten Kongressteilnehmenden kamen aus 11 Staaten (Belgien, Dänemark, Estland, Großbritannien, Litauen, Niederlande, Polen, Russland, Schweden, Tschechien und Ungarn). Bis heute haben insgesamt 1.300 ausländische Gäste aus weltweit 86 Staaten an den Deutschen Präventionstagen teilgenommen.

3.000 Vorträge

Im Verlauf von 20 Jahren haben über 2.700 Referentinnen und Referenten, insbesondere aus den Bereichen Praxis, Wissenschaft, Politik, Verbänden und Wirtschaft, insgesamt über 3.000 Vorträge gehalten. In der Onlinedokumentation des Deutschen Präventionstages sind aus der Gesamtzahl aller gehaltenen Vorträge insgesamt über 1.000 mit Präsentationen bzw. Schriftfassungen dokumentiert.

1.000 Fachorganisationen

Seit dem 5. Deutschen Präventionstag informieren Behörden, Institutionen und Organisationen im Rahmen einer kongressbegleitenden Ausstellung der Jahreskongresse über ihr Engagement und ihre Projekte im breiten Arbeitsfeld der Prävention. Seither haben sich über 1.000 Fachorganisationen und Behörden mit Informationsständen, Infomobilen, Sonderausstellungen, Postern und anderen Informationsmitteln beteiligt. Kurzinformationen und Kontaktdaten zu den meisten involvierten Fachorganisationen finden sich auf der Webseite des Deutschen Präventionstages.

9 internationale Foren

Seit 2007 (12. DPT in Wiesbaden) veranstaltet der Deutsche Präventionstag im Rahmen seiner Jahreskongresse das Annual international Forum (AIF) mit einem englischsprachigen Programm, das teilweise auch in weitere Sprachen übersetzt wird.

Folgende Organisationen gehören zu den heute zu den ständigen internationalen Partnern des Deutschen Präventionstages: Deutsche Gesellschaft für internationale Zusammenarbeit – GIZ (Eschborn), Europäisches Forum für Urbane Sicherheit – EFUS (Paris), International Centre for the Prevention of Crime – ICPC (Montreal), Korean Institute for Criminology – KIC (Seoul), Österreichischer Präventionskongress (Graz), Violence Prevention Alliance der WHO (Genf) sowie UN-HABITAT (Nairobi).

231 Filme und Videos

Die Mediathek des Deutschen Präventionstages wurde 2014 eingerichtet und umfasst in einem ersten Schritt zunächst 113 ausgewählte Vorträge der deutschen Präventionstage seit 2012, etwa zur Hälfte in deutscher und englischer Sprache. Mittelfristig geplant sind die Aufnahme weiterer themenspezifischer Videos sowie die Veranstaltung von Webinaren. Auf dem Videoportal YouTube wurden inzwischen ca. 231 DPT-bezogene Dokumente von verschiedenen Kongressen der vergangenen Jahre veröffentlicht. Seit dem 10. Deutschen Präventionstag (2005) wurden in den jährlichen Filmforen der Kongresse insgesamt 99 Präventionsfilme präsentiert, deren Abstracts mit Kontaktdaten in den jeweiligen Kongresskatalogen bzw. auf der Webseite des DPT veröffentlicht sind.

15.000 Besucher der DPT-Bühne

Im Rahmen der DPT-Bühne sind seit dem 7. Deutschen Präventionstag theaterpädagogische Veranstaltungen fester Bestandteil der Jahreskongresse. Zwischen 2002 und 2015 haben so nicht nur interessierte Kongressteilnehmende, sondern auch über 15.000 Schülerinnen und Schüler mit ihren Lehrkräften und Eltern die Vorstellungen der verschiedenen 114 Theaterstücke zum Themenkomplex Prävention gesehen oder an Vorlesungen im Rahmen der DPT-Universität teilgenommen. Dem Veranstalter ist es seit über 10 Jahren sehr wichtig, nicht nur einen jährlichen Fachkongress in verschiedenen Städten zu veranstalten, sondern auch ein spezifisches direktes Präventionsangebot für Kinder und Jugendliche anzubieten.

7.240 Seiten Kongresskatalog

Seit dem 5. Kongress (Hoyerswerda 1999) gibt der Deutsche Präventionstag für alle Kongressteilnehmenden einen Kongresskatalog heraus, in dem unter anderem Abstracts aller Vorträge, Informationen zu den Referentinnen und Referenten sowie Hintergrundinformationen zu allen Kongressangeboten veröffentlicht werden. Die gedruckten Kongresskataloge umfassen (1999 – 2015) insgesamt 7.240 Seiten. Seit dem 14. DPT (2009) werden die Kongresskataloge auch auf der Webseite www.präventionstag.de veröffentlicht.

18 laufende Projekte des dpt-i

Seit 2012 befindet sich das DPT – Institut für angewandte Präventionsforschung (dpt-i) im Aufbau und bemüht sich, den Dialog zwischen Präventions-Forschung, -Praxis und -Politik zu fördern. Das dpt-i versteht Präventionsforschung als einen multidisziplinären Ansatz, der die Kenntnisse und Standards von Disziplinen und Fachrichtungen wie der Soziologie, Psychologie, Biologie, Medizin, Politikwissenschaft, Rechtswissenschaft, Ökonomie, Kriminologie, Viktimologie u.a. mit einbezieht. Aktuell sind insgesamt mehr als 18 Projekte abgeschlossen, in Arbeit bzw. in Vorbereitung. Im Mittelpunkt der Projekte stehen derzeit Themen zur Evidenzbasierung im Arbeitsfeld der Prävention, der Evaluation, der Implementation, des Wissenstransfers, der Qualifizierung und des internationalen Austausches.

Die Aufgaben des dpt-i liegen v.a. in der

- Durchführung eigener Forschungsvorhaben mit der Perspektive der praktischen Anwendung der Forschungsergebnisse;
- Kooperation mit anderen wissenschaftlichen Einrichtungen zur Umsetzung von Forschungsvorhaben mit Praxisrelevanz;
- Vertiefung des Dialoges zwischen Wissenschaft, Politik, Verwaltung, Verbänden und Zivilgesellschaft über die Ergebnisse der Präventionsforschung mit dem Ziel einer stärkeren Wissensbasierung der Prävention;
- Beratung des Deutschen Präventionstages und seiner Partnerorganisationen über die Ergebnisse und den Stand der Präventionsforschung.

23 Bücher

Zwischen 1997 und 2015 hat der Deutsche Präventionstag bislang insgesamt 23 Bücher in deutscher bzw. englischer Sprache veröffentlicht, die mehrheitlich im Forum Verlag Godesberg erschienen sind. Nahezu alle Buchpublikationen stehen auch zum kostenlosen Download auf der Webseite des Deutschen Präventionstages (www.praeventionstag.de) zur Verfügung und erscheinen seit 2012 neben der Printfassung auch als eBook.

1.600 News und 5.000 Leser

Seit Juli 2011 veröffentlicht Erich Marks für den Deutschen Präventionstag eine „Tägliche Präventions-News". Diese Präventions-News erscheint an jedem Tag des Jahres und informiert über Präventionsveranstaltungen sowie über Dokumente aus den Bereichen Präventionspraxis, Präventionsforschung und Präventionspolitik. Bislang sind ca. 1.600 Tägliche Präventions-News erschienen, die aktuell von mindestens 5.000 Lesern (per Emailempfang, RSS, twitter, facebook und über die Webseite des Deutschen Präventionstages und verschiedene Verlinkungen) verfolgt werden. Eine Volltext-Suchfunktion auf der Webseite des Deutschen Präventionstages ermöglicht eine schnelle Suche im Archiv aller bislang erschienenen News.

Die Webseite www.dpt-map.de sucht gezielt nach Projekten, Maßnahmen, Institutionen und Personen aus dem Arbeitsfeld der (Kriminal-) Prävention. Die Quellen für die Suche nach Stichworten und Schlüsselbegriffen sind bereits im Internet veröffentlichte thematische Datenbanken ausgewiesener Fachorganisationen.

19.162 Datensätze auf 3.898 Webseiten

Zum Start des Projektes im Oktober 2010 konnte innerhalb von 2462 Datensätzen auf der Basis der Internetseiten des Deutschen Präventionstages und des Landespräventionsrates Niedersachsen recherchiert werden. Zum Stand vom 3.12.2015 verweisen 19.162 Datensätze auf 3898 unterschiedliche Webseiten. Die Einbeziehung weiterer Fachorganisationen als Partner soll kontinuierlich erfolgen.

24.000 Internet-Links

Recht früh war der Deutsche Präventionstag im Internet präsent und veröffentlicht die Programme und Dokumente der Jahreskongresse seit 1999 unter der URL „praeventionstag.de". Im Mai 2015 kann festgestellt werden, dass der Deutsche Präventionstag bei den in Deutschland am häufigsten genutzten Suchmaschinen, durchaus auch im Vergleich zu anderen großen Kongressen, recht hohe Nennungen verzeichnet. Bei Eingabe von „Deutscher Präventionstag" ergaben sich am 6. November 2015 die folgenden Nennungen:

31.600 Ereignisse bei Google

25.900 Ereignisse bei Yahoo

28.500 Ereignisse bei Bing.

Monatlich 13.500 Webseiten-Besucher

Die zentrale Webseite des Deutschen Präventionstages (www.praeventionstag.de) hat in den Jahren seit ihrer Freischaltung in 1999 stetig mehr Besucher angezogen. Aktuell hat die DPT-Webseite monatlich über 13.500 Besucher, die, ebenfalls monatlich, ca. 30.000 einzelne Seiten aufrufen. Parallel zu den Steigerungsraten bei den Besuchern haben in den vergangenen Jahren auch die Anzahl der Umfang der Downloads kontinuierlich zugenommen. Hier liegt aktuell der Wert bei monatlich ca. 43.200 Megabyte bei den Downloads. Betrachtet man die Downloads (Stand 06.11.2015) nach Stichworten, so ergibt sich folgendes Bild:

Stichworte	Anzahl der erfolgten Downloads, die mit diesem Stichwort verbunden sind	Anzahl einzelner Dateien, die mit diesem Stichwort verbundenen sind	durchschnittliche Anzahl der erfolgten Downloads einer mit diesem Stichwort verbundenen Datei
Jugend	185.260	117	1.583
Gewalt	185.058	140	1.322
Kinder	146.968	106	1.386
Schule	128.980	109	1.183
Kriminalität	118.859	54	2.201
Jugendliche	100.745	73	1.380
Polizei	94.028	67	1.403
Kriminalprävention	83.395	71	1.175
Gewaltprävention	79.658	112	711
Entwicklung	74.165	38	1.952
Sicherheit	73.066	65	1.124
Arbeit	68.095	44	1.548
Opfer	67.152	42	1.599
Ziel	66.205	40	1.655
Integration	59.938	47	1.275
Hilfe	55.907	31	1.803
Migration	53.761	31	1.734
Stadt	51.563	26	1.983
Projekte	48.133	26	1.851
Prävention	46.842	94	498
Evaluation	46.402	41	1.132
Eltern	43.110	33	1.306
Täter	42.723	24	1.780
Sport	41.442	33	1.256
Handlung	40.509	20	2.025
Bildung	39.783	38	1.047
Internet	38.922	46	846
Bürger	37.558	26	1.445
Konzept	36.972	23	1.607

Menschen	36.879	25	1.475
Daten	36.448	12	3.037
Familie	35.792	23	1.556
Forschung	35.699	26	1.373

90 % positive Resonanz

Seit dem 12. Deutschen Präventionstag erfolgt eine externe Evaluation der Jahreskongresse durch unabhängige Wissenschaftler. Die umfangreichen Evaluationsberichte werden jeweils einige Monate nach den Kongressen im Internet sowie in der Buchdokumentation veröffentlicht. Im Evaluationsbericht der Gesellschaft für sozialwissenschaftliche Analyse, Beratung und Evaluation – proval heißt es zur Gesamtbewertung: „Auch der 20. Deutsche Präventionstag erreichte mit der Durchschnittsnote 1,8 ein hervorragendes Gesamtergebnis (19. DPT: 1,8; 18. DPT: 1,7; 17. DPT: 1,7; 16. DPT: 2,0; 15. DPT: 1,9; 14. DPT: 1,9; 13: DPT: 1,7). 90,3% der Befragten gefiel der 20. Deutsche Präventionstag gut oder sehr gut; lediglich 1,1% der Teilnehmerinnen und Teilnehmer empfanden ihn als schlecht oder sogar sehr schlecht."

II. Praxisbeispiele und Forschungsberichte

Britta Bannenberg, Carina Agel, Nathalie Preisser, Felix Diehl, Gisela Mayer

Beratungsnetzwerk Amokprävention – Ein wissenschaftsbasiertes Beratungsangebot zur Amokprävention[1]

Mit folgendem Text wird seit April 2015 ein niedrigschwelliges Beratungsangebot für besorgte Personen unterbreitet, die eine Amoktat in ihrem sozialen Umfeld befürchten:

BERATUNGSNETZWERK AMOKPRÄVENTION

IHR ANLIEGEN
Sie fürchten eine Amoktat? Du machst Dir Sorgen, es könnte zu einer Amoktat kommen?

Sie sind besorgt…
Wegen des Verhaltens eines Schülers / einer Schülerin (eines Mitschülers/ einer Mitschülerin) / eines Freundes Ihrer Kinder / eines Kollegen / eines Bekannten?
Das Verhalten wirkt bedrohlich, ist jedoch schwer einzuschätzen?
Es könnte sich um eine Amokdrohung handeln?
Es könnte aber auch ein unbedachter, dummer Scherz sein?
Es könnte aber auch der Hinweis auf eine andere Problemlage sein?

Sie sind sich nicht sicher,…
- ob Sie die Polizei informieren sollten?
- ob es sinnvoll wäre, die Schulpsychologie oder andere externe Berater
  einzuschalten?
- ob Sie den Schüler / den Kollegen selbst ansprechen sollten?

UNSER ANGEBOT

An der Professur für Kriminologie befassen wir uns seit Jahren mit der interdisziplinären Erforschung von Amoktaten und Amokdrohungen. Seit 2013 bis 2016 forschen wir, unterstützt vom BMBF, in einem nationalen Forschungsverbund zum Thema. Unser Anliegen ist es, Amoktaten zu verhindern und betroffene Institutionen mit unseren wissenschaftlichen Erkenntnissen zu unterstützen.

---

[1] Publikationen zu Amok und Amokdrohungen siehe Literatur am Ende (Auswahl) oder Homepage; seit März 2013 fördert das Bundesministerium für Bildung und Forschung (BMBF) bis Februar 2016 die umfassende wissenschaftliche Analyse von Amoktaten und Amokdrohungen junger und erwachsener Täter im Rahmen des interdisziplinären Projektes TARGET (Tat- und Fallanalysen hochexpressiver zielgerichteter Gewalt). An der Professur in Giessen wird in dem kriminologischen Teilprojekt: Kriminologische Analyse von Amoktaten (jugendliche und erwachsene Täter von Mehrfachtötungen und Amokdrohungen) intensiv zu Ursachen und Prävention geforscht. Wir danken dem BMBF für die finanzielle Unterstützung.

Gern beraten wir Sie kostenlos bei der Abklärung der Bedrohung (Gefahren-prognose) und beim Umgang mit der bedrohlichen Person.

Wir arbeiten mit dem Aktionsbündnis Amoklauf Winnenden zusammen.

Rufen Sie uns (Mo. – Do. von 9.00 bis 12.00 Uhr und 13.00 bis 15.00 Uhr) an:

0641 99 21571

Falls Sie ausnahmsweise niemanden erreichen, rufen wir Sie rasch zurück. Bitte hinterlassen Sie Ihre Rufnummer auf dem Anrufbeantworter. Rufen Sie im Notfall die Polizei (110)!

Schreiben Sie uns eine Mail

sekretariat.bannenberg@recht.uni-giessen.de

Weitere Informationen finden Sie unter http://www.uni-giessen.de/fbz/fb01/professuren/bannenberg

Fast alle jungen Amoktäter und die meisten erwachsenen Täter, die eine Mehrfach-tötung mit unklarer Motivlage begangen haben, ließen vor der Tat erkennen, dass sie sich mit der Planung und Durchführung, jedenfalls mit einer positiven Bewertung von Amoktaten oder Attentaten beschäftigen. Direkte Amokdrohungen oder Todesdro-hungen gegen eine bestimmte Person waren dabei eher selten. Typischerweise stießen die Täter mittelbare Drohungen aus („Ihr werdet alle noch mal von mir hören!") oder gaben positive Kommentare zu Amoktaten ab („der an der Virginia Tech[2] hat es genau richtig gemacht!").

Amoktaten, also versuchte oder vollendete Mehrfachtötungen aus Hass- und Rachemotiven,[3] haben nicht nur gravierende Folgen für die Hinterbliebenen der Op-fer, die Verletzten und die überlebenden Mitschüler und Lehrerkollegen. Sie haben weitreichende Folgen für alle Betroffenen. Zu nennen sind außerdem die beteiligten Polizeibeamten, die Rettungskräfte, die Seelsorger, aber auch die Bevölkerung, die durch solche Taten Verunsicherung erfährt.[4] Die professionelle Bewertung von Warn- und Drohverhalten ist eines der Hauptanliegen der Amokforschung und entspricht dem praktischen Bedürfnis vieler Schulen, Lehrer und Eltern. Auch in Behörden, am

---

[2] Am 16. April 2007 fand an der Universität (Virginia Tech) in Blacksburg ein Amoklauf statt, den der Täter bewusst medial inszeniert hat; er tötete 32 Menschen.

[3] Vgl. Bannenberg/Bauer/Kirste: Erscheinungsformen und Ursachen von Amoktaten aus kriminologischer, forensisch-psychiatrischer und forensisch-psychologischer Sicht, in: Forensische Psychiatrie, Psycholo-gie, Kriminologie (Forens Psychiatr Psychol Kriminol), Heft 4/2014, 229-236 (229).

[4] Bannenberg: Kriminologische Auswertung von Amoktaten mit Handlungsempfehlungen für die Polizei. In: Gade / Stoppa (Hrsg.): Waffenrecht im Wandel 2015, 1-21.

Arbeitsplatz und an Universitäten[5] etwa wird mit Amok, einer Tötung oder einem Attentat gedroht. Es gibt Situationen, in denen Mitschüler, Eltern, Lehrer, Kollegen oder Kommilitonen beunruhigende Wahrnehmungen machen, die sie nicht immer sofort einordnen und bewerten können. Oftmals erfolgen diffuse Äußerungen, die von den Betroffenen als irgendwie bedrohlich empfunden werden, ohne dass das Wort „Amok" verwendet wird. Bevor man die Polizei oder die Vorgesetzten einschaltet, sind viele Personen jedoch verunsichert, ob sie ein bedrohliches Verhalten als Scherz oder als ernsthafte Bedrohung aufzufassen haben. Häufig geht mit der Unsicherheit die Angst einher, eine andere Person zu Unrecht zu beschuldigen.

Dieses Beratungsangebot zur Amokprävention beruht auf einer Zusammenarbeit von Prof. Dr. Britta Bannenberg[6], Professur für Kriminologie, Jugendstrafrecht und Strafvollzug an der Justus-Liebig-Universität Gießen und dem Aktionsbündnis Amoklauf Winnenden - Stiftung gegen Gewalt an Schulen, vertreten durch Gisela Mayer[7]. Unser beider Erfahrung war es in den letzten Jahren, dass sich immer wieder einzelne Personen an die Professur oder das Aktionsbündnis wandten und um Hilfe bei der Einschätzung bedrohlicher Äußerungen oder Verhaltensweisen, aber auch im Umgang mit Personen baten, die durch ihr Verhalten starke Besorgnis auslösten. Darunter waren auch Fälle, in denen die Polizei bereits tätig geworden war, möglicherweise ein Strafverfahren nach § 126 I 2 StGB (Störung des öffentlichen Friedens durch Androhung von Mord und Totschlag) oder § 241 StGB (Bedrohung) eingeleitet hatte. Für betroffene Institutionen war damit die Gefahr aber nicht gebannt, denn sie waren unsicher, ob sie eine mögliche Gefahr als beseitigt betrachten konnten oder wie sie mit der Person weiterhin umgehen konnten und sollten. Die Professur wird auch von Gerichten, Psychiatern und Psychologen angefragt, die mit Personen zu tun haben, die mit einer Amoktat gedroht haben oder untergebracht sind. Hier geht es um Prognosegutachten und fachlichen Austausch.

Ziel des Beratungsnetzwerkes ist es, Amoktaten zu verhindern und betroffene Institutionen mit unseren wissenschaftlichen Erkenntnissen zu unterstützen. Es handelt sich dabei um ein kostenloses, bundesweites Beratungsangebot, welches sich an die Allgemeinheit, insbesondere an Schulen, Behörden und Unternehmen, richtet. Während bei bedrohlichem Verhalten oder der Ankündigung einer Amoktat durch Schüler (sel-

---

[5]   Bislang gab es, anders als in den USA, in Deutschland an den Universitäten noch keine Amoktaten, Amokdrohungen wurden durchaus bereits geäußert, vgl. Bannenberg/Bauer/Kirste, Forens Psychiatr Psychol Kriminol 2014, 231 (Fn. 3).

[6]   Britta Bannenberg befasst sich seit 2002 mit besonderen Phänomenen von Tötungsdelikten, um die Ursachen der Täterentwicklung und die Möglichkeiten der Verhinderung besser verstehen zu können. Daraus sind bereits zahlreiche Erkenntnisse in Publikationen eingeflossen.

[7]   Das Aktionsbündnis Amoklauf wurde nach der Amoktat in Winnenden und Wendlingen am 11. März 2009 durch betroffene Eltern gegründet, die sich gegen Gewalt an Schulen engagieren wollten. Gisela Mayer ist gelernte Philosophin und Psychologin hat sich in mehreren Publikationen mit den Themen Amok und Gewalt an Schulen befasst. Nähere Informationen zum Aktionsbündnis Winnenden unter: http://www.stiftung-gegen-gewalt-an-schulen.de/index.php/startseite.html.

ten Schülerinnen) Konzepte der Kultusministerien zur Abklärung der Gefährlichkeit der Umsetzung einer Drohung vorliegen und viele Schulen sogenannte Krisenteams gebildet haben, um Warnhinweise entgegen zu nehmen und einordnen zu können, ist das schon in den weiteren großen Bildungsinstitutionen (Fachhochschulen und Universitäten) nicht der Fall. Auch hier gibt es aber bedrohlich wirkende Äußerungen und Drohungen, wie auch sonst im weiten Feld von Arbeitsplatz und Behördenalltag. Nur in wenigen Unternehmen und Behörden ist man sensibel für Drohungen und die Folgen, die daraus möglicherweise für die Sicherheit und das Wohlbefinden von Mitarbeiter/innen und die Institution selbst erwachsen können.

Das Beratungsnetzwerk bietet ein niedrigschwelliges Beratungsangebot für beunruhigte Personen, die Hemmungen haben, ihre Beobachtungen an zuständiger Stelle zu offenbaren. Personen, die zunächst davor zurückschrecken, die Polizei einzuschalten, sollen ermutigt werden, besorgniserregende Verhaltensweisen oder bedrohliche Äußerungen nicht länger für sich zu behalten. Viele wissen nicht, dass an ihrer Schule ein Krisenteam existiert oder sie fürchten Unannehmlichkeiten, wenn sie sich irren. Bei Unternehmen und Behörden scheuen viele den Gang zum Vorgesetzten. Personen, die spezielles – beunruhigendes – Wissen haben, wie zum Beispiel Ärzte und Psychologen, die grundsätzlich der Schweigepflicht unterliegen, sind unsicher, ob sie die Polizei einschalten dürfen und auch, ob dadurch eine Amokgefahr ausgeschaltet ist. Das Beratungsnetzwerk berät bei der Abklärung der Bedrohung (Gefahrenprognose) und dem Umgang mit der bedrohlichen Person.

Das Beratungsnetzwerk basiert auf einer jahrelangen und intensiven Forschung[8] zum Thema Amok. Diese hat gezeigt, dass derartige Taten fast ausschließlich von männlichen Tätern begangen werden und sich junge Täter bis 24 Jahre sehr deutlich von erwachsenen Amoktätern unterscheiden. Junge Amoktäter weisen Besonderheiten im Hinblick auf ihre Persönlichkeit auf, die tatbestimmend sind. Sie zeigen auffällige Verhaltensweisen, sind stille, zurückgezogene und von ihrer Umwelt als irgendwie seltsam wahrgenommene Einzelgänger. Von Mitmenschen fühlen sie sich schnell gekränkt und missachtet. Charakteristisch ist auch die Identifikation mit Tätern, das Nachahmen von Taten sowie das Inszenieren der eigenen Tat als Rache für subjektiv erlebte Kränkungen. Zudem dominieren schizotypische, paranoide und narzisstische Aspekte die Persönlichkeit der jungen Amokläufer.[9] Im Unterschied zu anderen Tötungsdelikten sind die jungen Amoktäter nicht impulsiv oder aggressiv auffällig und nicht oder weniger dissozial. Sie fallen in der Regel in der Schule gerade nicht mit gewalttätigen Handlungen oder aggressiven Äußerungen auf und stören auch nicht

---

[8] In dem derzeit noch laufenden Forschungsprojekt TARGET (Fn. 1) werden u.a. in einer Totalerhebung alle Amoktaten junger Täter in Deutschland bis in die 1990er Jahre zurückreichend sowie eine Auswahl von Amoktaten Erwachsener seit dem Jahre 1983 kriminologisch analysiert.

[9] Bannenberg/Bauer/Kirste, Forens Psychiatr Psychol Kriminol 2014, 229 (Fn. 3).

den Unterricht, sondern gelten eher als stille, verschlossene und ängstliche Schüler.[10] Während der Tat stehen sie nicht unter dem Einfluss von Alkohol und Drogen. Bei Amoktaten handelt es sich in der Regel um lange geplante Tötungsdelikte. Nur selten werden diese Taten spontan begangen. Als Tatmittel werden nicht nur Schusswaffen verwendet, auch Messer, Beile, Schwerter, Brandsätze und Sprengmittel können Bedeutung erlangen.[11] Die Verfügbarkeit von Schusswaffen im Elternhaus stellt dabei einen besonderen Risikofaktor dar. Es zeigt sich, dass in den Fällen, in denen junge Täter Schusswaffen verwendeten, diese fast alle aus dem Besitz des Vaters, Großvaters oder Onkels stammten und von ihnen nicht ordnungsgemäß gesichert waren.[12] Häufig bewaffnen sich die Täter mit verschiedenen Tatmitteln. Die Tatbegehung erfolgt eher dynamisch; bereits innerhalb einer Institution suchen die Täter unterschiedliche Räumlichkeiten und Stockwerke auf. Teilweise wechseln die Täter sogar binnen eines zeitlich zusammenhängenden Geschehens die Tatorte, wodurch es für die Polizei erheblich länger dauert, die Lage zu bewältigen.[13] Junge Täter wählen besonders häufig die frühere oder aktuelle Schule als Tatort aus, weil sie diese als den Ort ihrer jahrelang empfundenen Demütigungen begreifen.[14] Darüber hinaus zeigt die empirische Forschung auch, dass die jungen Täter aus Familien stammen, die für Außenstehende völlig normal und unauffällig wirken. Die Eltern bemühen sich auch um das Wohlergehen der Kinder, wenngleich überwiegend eher eine emotionale Bindungslosigkeit und ein Nebeneinanderherleben der späteren Täter und ihren Angehörigen besteht. Den Eltern fällt dabei sehr wohl auf, dass mit ihrem Sohn etwas nicht stimmt.[15] Auf den weiterführenden Schulen sind die Täter fast immer überfordert. Obwohl durchaus der Wunsch nach Kontakten zu Gleichaltrigen besteht, fällt ihnen dies bereits in der Kindheit schwer. Basierend auf einem tiefgreifenden Fremdheitsgefühl, ist schließlich ein in sich gekehrtes Verhalten zu beobachten. Auf ihr soziales Umfeld wirken die jungen Täter häufig kühl und unnahbar, während sie innerlich diversen Ängsten, wie Versagensängsten und der Angst vor Bloßstellung und Verletzung, ausgesetzt sind.[16] Als Einzelgänger ohne nennenswerte Freundschaften zu Gleichaltrigen, verbringen sie einen Großteil ihrer Freizeit vor dem Computer, wobei sich der Konsum nicht auf Ego-Shooter und Gewaltmedien beschränkt. Intensive Beschäftigung erfolgt mit der Suche nach Informationen über Amoktaten und Selbstzeugnissen von Amoktätern auf der Internetplattform YouTube. Die jungen Täter neigen zu einer verzerrten

---

[10] Bannenberg: Amok. Ursachen erkennen – Warnsignale verstehen – Katastrophen verhindern, Gütersloh 2010, 73; Bannenberg: Entwicklung schwerer Gewalt aus kriminologischer Sicht, ZIS 9/2014, 436.

[11] Bannenberg/Bauer/Kirste, Forens Psychiatr Psychol Kriminol 2014, 230 (Fn. 3).

[12] Bannenberg 2010, 85 f. (Fn. 10).

[13] Bannenberg/Bauer/Kirste, Forens Psychiatr Psychol Kriminol 2014, 232 (Fn. 3).

[14] Bannenberg 2010, 61 (Fn. 10).

[15] Bannenberg 2010, 74 (Fn. 10); Bannenberg/Bauer/Kirste, Forens Psychiatr Psychol Kriminol 2014, 232 (Fn. 3); Bannenberg: Umgang mit Amokdrohungen an Schulen, ZIS 5/2011, 300-317.

[16] Bannenberg ZIS 9/2014, 437 (Fn. 10); Bannenberg/Bauer/Kirste, Forens Psychiatr Psychol Kriminol 2014, 232 (Fn. 3).

Wahrnehmung. Nicht nur, dass sie ihren Mitmenschen absichtlich demütigendes, herabsetzendes und missachtendes Verhalten unterstellen, sie sind auch objektiv nicht die Mobbing-Opfer, für die sie sich halten. Entgegen (häufig von den Medien unterstellten) Vermutungen und dem Täter-Selbstbild konnten lediglich in einem der untersuchten Fälle objektive Anhaltspunkte für tatsächliche Mobbing-Erfahrungen im Vorfeld der Amoktat gefunden werden. Außerdem sind sie äußerst nachtragend. In den Selbstzeugnissen werden teilweise seit Jahren zurückliegende, kleinste Konflikte als tatmotivierend beschrieben.[17]

Neben den bereits gewonnenen Erkenntnissen zu vollendeten und versuchten Amoktaten ist die Forschung zu Amokdrohungen von besonderem Interesse. Die Ankündigung einer Amoktat ist häufig geeignet, Panik, Verängstigung und Verunsicherung bei Kindern, Eltern, Lehrern und Angestellten der Schule hervorzurufen. Auch diffuse Äußerungen können zu großangelegten Polizeieinsätzen und Evakuierungen von Schulen führen. Um Ressourcen der betroffenen Institutionen angemessen einzusetzen und zugleich Äußerungen von Trittbrettfahrern möglichst zu verhindern, ist es wichtig, die Gefährlichkeit der Umsetzung einer Ankündigung besser einschätzen zu können und auf empirischer Grundlage vor allem Empfehlungen zum Umgang mit Amokdrohungen an Schulen zu erarbeiten.[18] Neben den etwa 60 Fallanalysen zu Amokdrohungen an Schulen in Hessen, deren Ergebnisse 2011 veröffentlicht wurden, ermöglichen uns weitere Fallanalysen im Rahmen des noch laufenden Forschungsprojekts TARGET mit mittlerweile über 120 Fällen von Amokdrohungen an Schulen aus ganz Deutschland eine Unterscheidung der Motive von Personen, die mit Amok drohen. Die bereits 2011 gefundene kriminologische Einteilung nach Gefährlichkeit und Ernsthaftigkeit der Drohung finden wir bestätigt.[19]

Bereits hinsichtlich der Art der Äußerungen unterscheiden sich die Drohungen deutlich. Während einige explizit das Wort „Amok" oder einen direkten Bezug zu vergangen Taten enthalten, zeigen sich andere als Drohungen mit amokspezifischen Ähnlichkeiten oder als mittelbare Formen. Insgesamt konnten sechs Fallgruppen gebildet werden.

Die ersten drei Fallgruppen beschreiben Kinder und Jugendliche, die mit einer Amoktat drohen, aber keine Umsetzung planen. Die Motive finden sich meistens in einer situativen Emotion und kindlich-unreifen Persönlichkeit (Fallgruppen 1 und 2) oder aus einer problematischen Reifeentwicklung (Hilferuf, aber keine Planung einer Amoktat bei Fallgruppe 3).

---

[17] Bannenberg/Bauer/Kirste, Forens Psychiatr Psychol Kriminol 2014, 232 (Fn. 3).

[18] Die folgenden Angaben zu den Fallgruppen der Amokdroher entstammen alle Bannenberg ZIS 5/2011, 300-317.

[19] Die kriminologische Auswertung von Amokdrohungen im schulischen Kontext findet im Rahmen des Forschungsprojekts „Target" statt. Das Projekt endet 2016 und die Ergebnisse werden sowohl in einem Endbericht wie in einem Handbuch mit Fallschilderungen veröffentlicht.

Die erste Fallgruppe umfasst Äußerungen aus kindlich unüberlegtem oder jugendtypischem Verhalten. Sie entspringen der Phantasie, erfolgen aus Wut, um Mitschülern Angst einzujagen oder um sich wichtig zu tun. Teilweise werden die Äußerungen von Mitschülern provoziert oder erfolgen mit dem Ziel, die Schule solle an dem betreffenden Tag ausfallen. Bei genauerer Betrachtung stellen sie sich als falschverstandener „Scherz" oder „Spaß" heraus. Die Phantasie der Kinder und Jugendlichen dieser Fallgruppe und damit auch ihre Äußerungen werden häufig durch die Thematisierung vergangener Amokläufe im Unterricht oder in den Medien angeregt. Lehrer und Polizeibeamte erkennen bei den meisten dieser Drohungen recht schnell, dass keine Gefahr einer Umsetzung und damit keine Gefahr einer Amoktat besteht. Die Äußerungen erfolgen spontan, ohne jegliche Tatplanung und die betroffenen Kinder bzw. Jugendlichen waren erschrocken über die von ihnen verursachten Reaktionen und polizeilichen Ermittlungen. Die wenigen Mädchen, die in der Studie enthalten sind, fallen alle in diese erste Fallgruppe.

Auch bei der zweiten Fallgruppe besteht keine Gefahr einer Amoktat. Die hier geäußerten Drohungen gehen von impulsiven und aggressiven Jungen aus, die bereits zuvor schon in der Schule mit aggressivem Verhalten in Form von Schlägereien, Stören des Unterrichtes und Respektlosigkeiten gegenüber Lehrern aufgefallen sind. Neben dem unangepassten Verhalten in der Schule sind die Jungen oftmals bereits polizeilich oder strafrechtlich auffällig gewesen. Die Drohungen werden überwiegend mündlich und direkt gegenüber dem Lehrer/der Lehrerin geäußert und erfolgen als unmittelbare Reaktion auf eine schlechte Note, eine Ermahnung oder einen Ausschluss aus dem Unterricht. Die Gefahr der Begehung einer Amoktat geht von impulsiv aggressiven Schülern nicht aus, gleichwohl sind andere Gewalttaten bei ihnen nicht auszuschließen. Impulsiv aggressive Jugendliche drohen, bevor sie denken. Damit ist die Wut aber in der Regel auch „verraucht". Sie bilden also von ihrer Persönlichkeit her betrachtet gerade das Gegenbeispiel zu einem künftigen Amokläufer.

Bei der dritten Gruppe stellt die Amokdrohung eine Art Hilferuf dar. Die Äußerung erfolgt durch einen verhaltensauffälligen und/oder psychisch auffälligen Schüler, der Entwicklungsprobleme und zahlreiche Probleme im sozialen Umfeld, also dem Umgang mit Gleichaltrigen, in der Schule und überwiegend auch im familiären Bereich hat. In den meisten Fällen sind die psychischen Auffälligkeiten von solchem Gewicht, dass sie eine psychologische Behandlung oder eine psychiatrische Diagnostik erfordern. Teilweise sind die Beschuldigten vor der Drohung schon in psychologischer Behandlung gewesen oder hatten Aufenthalte in der Kinder- und Jugendpsychiatrie. Ganz überwiegend wird die Drohung mittelbar im Chat geäußert, indem Bemerkungen über Amok beiläufig fallen gelassen werden. Die Umsetzung der Drohung wird von den Schülern dieser Fallgruppe nicht beabsichtigt; um sicherzugehen, bedarf es hier jedoch einer intensiven Abklärung. Aufgrund der Vielschichtigkeit der Problemlage des Schülers kann die Schule allein die Situation nicht verändern; hier bedarf es einer intensiven Zusammenarbeit zwischen Schule, Eltern, Jugendgerichtshilfe und Fachleuten aus der Psychologie/Psychiatrie.

Die beiden folgenden Fallgruppen skizzieren jedoch sehr problematische Jugendliche, bei denen die Begehung eines Tötungsdelikts nicht ausgeschlossen ist. Hier findet man viele versteckte und mittelbare Drohungen. Außerdem zeigt die Person eher „Warnverhalten", d.h., sie ist verhaltensauffällig und für die Umwelt diffus bedrohlich, ohne dass eine direkte Drohung geäußert wird. Es sind bei genauer Betrachtung eine ganze Reihe von spezifischen Risikofaktoren vorhanden, die darauf hindeuten, dass eine problematische Persönlichkeitsentwicklung stattfindet, eine Befassung mit Amoktaten und Hass erkennbar ist und die Motive tatsächlich in Richtung einer medial beachteten Amoktat weisen.

Die Fallgruppe 4 umfasst Amokdrohungen, die schwer einzuschätzen sind. Die Gefahr der Begehung einer Amoktat kann nicht abschließend beurteilt werden, da häufig für eine Prognose notwendige Informationen fehlen. Sie kann jedenfalls für die Zukunft nicht ausgeschlossen werden. Die Drohenden zeigen Verhaltens- und/oder psychische Auffälligkeiten und haben erhebliche Entwicklungsprobleme. Fast alle waren bereits vor der Drohung in psychologischer/psychiatrischer Behandlung. Sie zeigen sonderbares Verhalten und haben häufig Probleme mit Mitschülern, insbesondere mit Mädchen und Frauen. Dies kann bis hin zu Stalkingverhalten reichen. Zusätzlich bestehen meistens Probleme im familiären Umfeld. Bedeutung erlangt zudem der exzessive Medienkonsum, der auch in der Schule bekannt ist. Die Drohungen werden verdeckt und mittelbar geäußert und sorgen für deutliches Unbehagen. Es handelt sich um schwer einschätzbare (indirekte) Äußerungen über Amok, Töten, Gewalt, Hass und Rache, die zumeist über einen längeren Zeitraum erfolgen, aber nur einzelnen Personen bekannt sind. Die Äußerungen dieser Personen müssen sorgfältig von den Krisenteams der Schule und der Polizei abgeklärt werden, häufig werden dabei beunruhigende Erkenntnisse gewonnen. Hier stellt sich zudem die Herausforderung des weiteren Umgangs mit diesen Jugendlichen. Ein Schulverweis bietet keinerlei Sicherheit für die betroffene Schule.

Die fünfte Fallgruppe umfasst Drohungen von Schülern, bei denen eine hohe Gefahr der Umsetzung besteht. Bei allen Beschuldigten bestehen sehr ausgeprägte Risikofaktoren in der Persönlichkeitsentwicklung und der allgemeinen Lebenssituation. Die schulische Entwicklung ist geprägt von mehreren Schulwechseln und Leistungsdefiziten, u. a. aufgrund von großen Fehlzeiten. Innerhalb der Familie bestehen erhebliche Probleme, die dem Jugendamt auch bekannt sind; teilweise kommt es auch zu körperlicher Gewalt. Insgesamt besteht bei den Schülern dieser Gruppe eine erhebliche Störung des Sozialverhaltens. Bereits vor der gegenständlichen Drohung erfolgen mehrere psychiatrische/psychotherapeutische Behandlungen, teilweise wegen Selbstverletzungen. Auch wenn sich die Art der Drohung unterscheidet, so erfolgen die Ankündigungen alle mehrfach, u. a. auch mündlich und teilweise nachdrücklich mit detaillierten Beschreibungen. Bei diesen gefährlichen Beschuldigten stehen nicht immer Schusswaffen zur Verfügung, sie verfügen jedoch über ein (verborgenes) Arsenal von Stichwaffen und selbst präparierten und veränderten Hieb- und Stichwaffen. Aber auch die Tatbegehung mittels Bombenexplosion kann Teil der Tatplanung sein. Themen wie Amok, Gewalt, Töten, Waffen und rechtsextreme Äußerungen haben bei den Beschuldigten dieser Gruppe eine große Relevanz.[20]

Bei der sechsten Gruppe besteht keine Gefahr einer Amoktat. Hier führen Gerüchte sowie falsche Beschuldigungen zu einem Amokverdacht, der sich relativ schnell ausräumen lässt.

Erwachsene, die mit einer Amoktat drohen, werden nach unseren bisherigen Erfahrungen weniger ernst genommen als Jugendliche im schulischen Kontext. Hier bietet insbesondere die internationale Forschung mit empirischen Erkenntnissen Ansatzpunkte für ein Bedrohungsmanagement. Die empirischen Analysen zu erwachsenen Amoktätern zeigen, dass auch viele erwachsene Täter im Vorfeld Warnhinweise gaben und auf ihre Umwelt bedrohlich, häufig paranoid rechthaberisch und querulatorisch, wirkten. Der Anteil schizophren erkrankter erwachsener Täter (mit Wahnvorstellungen) ist mit über einem Drittel gravierend.

Literatur (Auswahl auch zur Vertiefung mit jeweils weiteren Nachweisen)

Bannenberg, B.: Kriminologische Auswertung von Amoktaten mit Handlungsempfehlungen für die Polizei. In: Gade, Gunther Dietrich / Stoppa, Edgar (Hrsg.): Waffenrecht im Wandel. Sorgfalts- und Erlaubnispflichten – Verbote – Straf- und Verwaltungsprozess, Stuttgart 2015, S. 1-21 (Kohlhammer).

Bannenberg, B.: School-Shootings: Ist die Eskalationsdynamik zielgerichteter Gewalt zwingend? Junge und erwachsene Amoktäter aus kriminologischer Sicht. In: Greuel, Luise / Petermann, Axel / Boetticher, Axel (Hrsg.): Macht – Zwang – Gewalt(?) Sexuelle Gewalt- und Tötungskriminalität im forensischen Kontext, Lengerich 2015, S. 155-180.

Bannenberg, Britta / Bauer, Petra / Kirste, Alexandra: Erscheinungsformen und Ursachen von Amoktaten aus kriminologischer, forensisch-psychiatrischer und forensisch-psychologischer Sicht, Forensische Psychiatrie, Psychologie, Kriminologie, Heft 4/2014, S. 229-236 (online und Papier, Springer 2014, angenommen 19. August 2014).

Bannenberg, B.: Entwicklung schwerer Gewalt aus kriminologischer Sicht, ZIS 9/2014, S. 435-441 (www.zis-online.com).

---

[20]   Zur fünften Fallgruppe siehe auch die ausführlichen Fallschilderungen bei Bannenberg ZIS 5/2011, 310 f.

Bannenberg, B.: Amoktäterinnen. In: Boers, Klaus / Feltes, Thomas / Kinzig, Jörg / Sherman, Lawrence / Streng, Franz / Trüg, Gerson (Hrsg.): Kriminologie – Kriminalpolitik – Strafrecht, Festschrift für Hans-Jürgen Kerner zum 70. Geburtstag, Tübingen 2013, S. 19-31 (Mohr Siebeck).

Bannenberg, B.: Sogenannte Amokläufe junger Täter – Mehrfachtötungen aus unklarem Motiv. In: Remschmidt, Helmut (Hrsg.), unter Mitarbeit von Martin, Matthias / Niebergall, Gerhard / Walter, Reinhard: Tötungs- und Gewaltdelikte junger Menschen. Ursachen, Begutachtung, Prognose. Berlin, Heidelberg 2012, S. 77-104 (Springer).

Bannenberg, B.: Verhinderung schwerer Schulgewalt – Fallstudie einer Amoktat. In: Hilgendorf, Eric / Rengier, Rudolf (Hrsg.): Festschrift für Wolfgang Heinz zum 70. Geburtstag. Baden-Baden 2012, S. 371-380.

Bannenberg, B.: Umgang mit Amokdrohungen an Schulen. Zeitschrift für Internationale Strafrechtsdogmatik (ZIS) 5/2011, 6. Jg., S. 300-317. (www.zis-online.com/dat/artikel/2011_5_562.pdf)

Bannenberg, B.: Amok. Ursachen erkennen – Warnsignale verstehen – Katastrophen verhindern. Gütersloh 2010 (Gütersloher Verlag).

Bannenberg, B.: „Amokläufe" aus kriminologischer Sicht. Nervenheilkunde 7-8/2010, 29: S. 423-429.

Diehl, F.: Amoktat eines Schülers. Eine kriminologische Analyse. Baden-Baden 2015.

Kerstin Bunte, Shérif Wouloh Korodowou

Mobbingprävention und -intervention - der No Blame Approach und seine Verankerung in Schule

1. Einleitung

Heute gehört Mobbing zum Schulalltag. Laut der Entwicklungspsychologin Mechthild Schäfer von der Münchner Ludwig-Maximilian-Universität, wird eins von 25 Schulkindern ein- oder mehrmals in der Woche attackiert. Das entspricht bei rund zehn Millionen Schülerinnen und Schülern in Deutschland knapp 500.000 Mobbing-Betroffenen[1].

Wie kann es, gelingen Mobbing zu erkennen, vorzubeugen und zu stoppen?
Wie können Kinder und Jugendliche zukünftig in Schulen lernen, in denen Mobbing nicht zum Alltag gehört?

Der „No Blame Approach" – ein Ansatz zur Mobbingintervention ohne Schuldzuweisung – ist eine äußerst erfolgreiche Methode, um bei akutem Mobbing in Schule und Jugendarbeit angemessen zu handeln. Die Erfahrungen zeigen ermutigende Ergebnisse. In 85 Prozent der Fälle konnte das Mobbing gestoppt werden.[2]

Doch reicht dieser vielversprechende Ansatz allein aus, um dem alltäglichen Mobbing in Schulen entgegenzuwirken? Weitere Fragen stellen sich:
Wie kann Mobbing zuverlässig erkannt werden?
Was ist notwendig, um den No Blame Approach fest im System zu verankern?
Was braucht es, damit Mobbing nachhaltig in der Schule verringert/verhindert wird?

Um diesen Fragen nachzugehen haben wir den Artikel folgendermaßen aufgebaut: Zunächst betrachten wir die Fragen: Was ist Mobbing? Wie erkenne ich Mobbing? Dann stellen wir den No Blame Approach, den Interventionsansatz gegen Mobbing, mit seinen drei Schritten im Überblick vor. Wir zeigen auf, wie der erfolgsversprechende Ansatz im System Schule nachhaltig verankert werden kann. Auch stellen wir Ideen zur Mobbingprävention in Schule vor. Dabei ist uns wichtig darauf hinzuweisen, dass es keine Herangehensweise gibt, die eine Garantie für die Verhinderung von Mobbing darstellt. Aber es gibt Methoden und Strukturen, die klar dazu beitragen, die Anzahl von Mobbingfällen zu verringern. Zum Abschluss stellen wir unsere Vision – Schritte für eine Schule ohne Mobbing vor.

---

[1]   http://www.spiegel.de/schulspiegel/schulen-jede-woche-500-000-mobbing-faelle-a-400462.html

[2]   Evaluationsbericht, Bund für Soziale Verteidigung, 2008: 220 Fälle wurden im Rahmen eines von der Aktion Mensch geförderten bundesweiten Projektes evaluiert. Die Evaluationsbroschüre kann kostenlos auf der Seite www.no-blame-approach.de heruntergeladen werden.

2. Was ist Mobbing?

Für Lehrer/innen und Schulsozialarbeiter/innen ist es oft schwierig Mobbing zu erkennen. Häufig werden die Mobbinghandlungen versteckt ausgeführt. Gleichzeitig verwenden Schüler/innen, und manchmal auch Eltern, den Begriff Mobbing „inflationär". Schüler/innen denen ein Stift weggenommen wurde, können schon mal rufen: „Herr Meier, ich werde hier gemobbt", oder Eltern, deren Kind einmal von Mitschüler/innen beschimpft

wurde, sprechen fälschlicherweise davon, dass ihr Kind Opfer von Mobbing ist. Hingegen, so zeigt die Erfahrung, fragen wirklich von Mobbing Betroffene oftmals nicht nach Unterstützung. Wie kann da gewährleistet werden, dass Lehrer/innen und Schulsozialarbeiter/innen Mobbing zuverlässig erkennen können und unterscheiden können, in welchen Fällen sie nicht mit Mobbing zu tun haben?

2.1. Mobbing erkennen

Das Konzept der „Mobbingbrille" kann helfen Mobbing zu erkennen. Fallen einem Lehrer/einer Lehrerin Veränderungen bei einem Schüler/einer Schülerin auf, hilft der Blick durch die symbolische „Mobbingbrille", mit der Fragestellung: Könnte hier Mobbing vorliegen?

Der Lehrer/die Lehrerin achtet zunächst auf Signale, die auf Mobbing hindeuten könnten. Diese sind vielfältig. Hier einige Aspekte: steht der Schüler/die Schülerin oft allein in der Pause? Gehen die Schulleistungen zurück? Meldet er/sie sich weniger im Unterricht? Ist er/sie häufig krank? In den meisten Fällen sind Verhaltensveränderungen zu beobachten: Betroffene ziehen sich zurück/werden stiller und/oder aggressiv.

Beim Blick durch die Mobbingbrille geht es dann weiter mit der Suche nach Handlungen. Kann ich Mobbinghandlungen beobachten? Die Handlungen seitens der Akteure sind oft: Ausschluss aus der Gruppe bei Spielen; Vergabe von Spitzennamen; Verbreitung von Lügen - mündlich oder im Internet; Auslachen, Bloßstellung; abfällige Blicke; Wegnahme von Eigentum, bis hin zu körperlicher Gewalt.

Achtung: nicht jede/r Schüler, der schlechter in der Schule geworden ist und/oder sich zurückzieht und häufiger krank wird, muss von Mobbing betroffen sein. Das Verhalten kann auch andere Gründe haben, wie Trennung der Eltern oder ein Trauerfall in der Familie. Genauso ist es mit den Handlungen. Streitigkeiten unter Kindern und Jugendlichen gibt es immer wieder. Es gibt Klassen die (leider) nicht nett miteinander umgehen. Aber Provokationen, Beleidigung und Verleumdungen, die immer wieder einen anderen treffen oder Gruppenkonflikte sind kein Mobbing

Können Sie beim Blick durch die Mobbingbrille bei dem Schüler sowohl Signale für ein Vorliegen von Mobbing, als auch Mobbinghandlungen erkennen, ist die Wahrscheinlichkeit groß, dass Sie es mit einem von Mobbing betroffenen Schüler zu tun haben. Hilfreich ist dann, durch andere Informationsquellen die Vermutung zu überprüfen. Beispielsweise durch den Austausch mit Kolleg/innen, Rückmeldungen von anderen Mitschüler/innen und Eltern.

2.2. Definition von Mobbing[3]

Nach den Hinweisen zur Erkennung, hier eine Definition von Mobbing, die auch zur Orientierung hilfreich sein kann:

Mobbing

- ist ein aggressives Verhalten, bei dem der/die Mobbingbetroffene absichtlich fertiggemacht, erniedrigt, gedemütigt und schikaniert wird
- beinhaltet jede Form *gewalttätigen Handelns*: non-verbal, verbal, körperlich und Sachbeschädigung
- findet wiederholt und über einen *längeren Zeitraum* statt
- ist ein *Gruppenphänomen*
- ist gekennzeichnet durch ein extremes *Machtungleichgewicht*
- lässt dem/der Betroffenen *kaum eine Möglichkeit,* sich *aus eigener Kraft* aus dieser Situation zu befreien

In der Definition wird deutlich, dass der Zeitfaktor eine Rolle spielt, um entscheiden zu können, ob es sich um Mobbing handelt, oder nicht. In Schule etabliert sich ein Mobbingsystem nach drei bis vier Wochen.

---

[3]   Leicht abgeändert nach Arbeitsmaterialien von Heike Blum/Detlef Beck, fairaend.

2.3. Das Mobbing System

Mobbing ist keine Sache zwischen nur einem Täter/einer Täterin und einem Betroffenen/ einer Betroffenen. In der Klasse/Gruppe gibt es viele, die das Mobbinggeschehen gewollt oder ungewollt unterstützen. Zum Einen gibt es den oder die Anführer/in und dann die Mitläufer/innen, die Aufträge ausführen und mitmachen. Verstärker/innen sind diejenigen, die selber beim Mobbing nicht direkt mitwirken, es aber für gut heißen.

Während der/die Anführer/in auf die Unterstützung von Mitläufer/innen und Verstärker/innen zählen kann, fühlt sich der/die Mobbing Betroffene/r allein gelassen. Zuschauer/innen sind die, die sich freuen, dass etwas Aufregendes in der Schule passiert oder die mit dem Ganzen nichts zu tun haben wollen. Die Zuschauer/innen beziehen keine Partei und sie mischen sich nicht ein. Dulder/innen hingegen sind diejenigen, die nicht einverstanden sind mit dem was geschieht, allerdings trauen sie sich nicht, etwas dagegen zu sagen/zu unternehmen und schweigen. Zu finden sind noch die Verteidiger/innen, die genau wie die Dulder/innen nicht einverstanden sind mit dem was passiert. Im Unterschied zu ihnen beziehen die Verteidiger/innen Stellung gegen das Mobbing und versuchen, die Betroffenen zu unterstützen. (Verteidiger/innen gibt es meistens nur wenige; wenn es viele Verteidiger/innen in einer Klasse geben würde, könnten wir kein Mobbing finden in dieser Klasse!)

Genau hier am Mobbing-System setzt der No Blame Approach an. Er nimmt das gesamte System in den Blick und ändert durch die Intervention die Dynamik innerhalb der Klasse.

3. Der No Blame Approach und seine drei Schritte

- der No Blame Approach ist ein Interventionsansatz für *akute* Situationen trotz präventiver Maßnahmen

- er ist eine Handlungsorientierung für Personen, die mit Kinder- und Jungendgruppen arbeiten

- er ist *lösungsorientiert*

- wirkt *ohne Schuldzuweisung* und Bestrafung

- und kann *mit anderen Maßnahmen* verbunden werden

Die Erfahrungen mit der Anwendung des No Blame Approachs an zahlreichen Schulen in Deutschland zeigen ermutigende Ergebnisse. In 85 Prozent der Fälle konnte das Mobbing beendet werden. Die Wirksamkeit des Ansatzes liegt darin begründet, dass – trotz schwerwiegender Problematik – auf Schuldzuweisungen und Bestrafungen verzichtet wird. Vielmehr vertraut der Ansatz auf die Ressourcen und Fähigkeiten von Kindern und Jugendlichen, unter Anleitung wirksame Lösungen herbeizuführen.

Der No Blame Approach wird in allen bekannten deutschen Schulformen angewandt. Sowohl in Grund-, Haupt- und Realschulen als auch an Förderschulen, Gesamtschulen, Gymnasien und Berufsschulen arbeiten Pädagog/innen erfolgreich mit dem Ansatz.

In den 90er Jahren in England entwickelten der ehemalige Schulleiter George Robinson und die Schulpsychologin Barbara Maines gemeinsam den No Blame Approach. Entscheidenden Einfluss hatten die Erfahrungen, die Maines und Robinson in ihrer Arbeit mit verhaltensauffälligen Kindern und Jugendlichen gemacht hatten. Von hieraus transferierten sie diejenigen Ideen, die sie in der schulischen Praxis als besonders wirksam erlebten, nämlich *„ nach vorne zu schauen und nach Lösungen zu suchen "*.

Im Jahr 2002 lernten Detlef Beck und Heike Blum den Ansatz von Christoph Saday aus der Schweiz kennen und brachten ihn nach Deutschland. Der Ansatz wurde durch ein von der Aktion Mensch gefördertes bundesweites Projekt (2006 – 2008) und durch weitere Qualifizierungsmaßnahmen in Deutschland immer bekannter.

Heutzutage findet der No Blame Approach – außer in Deutschland – Anwendung in den Niederlanden, Belgien, Luxemburg, Australien, Neuseeland und der Schweiz.

Der No Blame Approach ist eine klar strukturierte Methode und erfolgt in drei zeitlich aufeinander folgenden Schritten: 1. Ein Gespräch mit dem vom Mobbing betroffenen Schüler. 2. Das Gespräch mit der Unterstützungsgruppe (aus 6 bis 8 Schüler/innen) und 3. Die Nachgespräche mit dem/der Mobbingbetroffenen und mit Mitgliedern der Unterstützungsgruppe (einzeln).

3.1. Erster Schritt: Das Gespräch mit dem/der vom Mobbing betroffenen Schüler/in

Die *Ziele des Gesprächs* sind:

- *Vertrauen* des Schülers / der Schülerin für die geplante Vorgehensweise gewinnen

- *Einverständnis* des Schülers / der Schülerin einholen, etwas für ihn oder sie in der vorgeschlagenen Weise tun zu dürfen

- *Namen* für die Unterstützungsgruppe erfragen

Das Vorgehen im Gespräch

- *Zuversicht* vermitteln, dass sich etwas ändern lässt

- *Sicherheit* geben, dass es sich nicht verschlimmert (niemand wird bestraft)

- Dem Schüler / der Schülerin das geplante *Vorgehen* kurz erklären

- Die Mitglieder für die *Unterstützungsgruppe* erfragen:

- Wer sind die, die du magst, mit denen du befreundet bist?
- Wer sind die, die dir Schwierigkeiten bereiten?
- *Entlastung* anbieten, selber nichts tun zu müssen

Die Dauer des Gesprächs beträgt ungefähr 30 – 45 Minuten, also in der Regel maximal eine Schulstunde.

Achtung: Während des Gesprächs mit dem von Mobbing betroffenen Schüler/der Schülerin ist es wichtig, keine Details der Mobbinghandlungen zu erfragen. Zum einen weil sie für die Auflösung der Mobbing-Situation nicht von Bedeutung sind, zum anderen, um den Betroffenen nicht erneut mit den häufig als peinlich und beschämend erlebten Erfahrungen zu konfrontieren.

Auch geht es bei dem Gespräch auf keinen Fall darum, dem Schüler/der Schülerin Tipps zu geben, was er/sie anders machen könnte. Die Haltung hier ist: nicht der/die Schüler/in, sondern das Mobbing ist nicht in Ordnung! Der Schüler/die Schülerin braucht eine Unterstützung.

Hat der von Mobbing betroffene Schüler/die Schülerin ihr Einverständnis für das Vorgehen gegeben und der gesprächsführenden Person Mitglieder für die Unterstützungsgruppe genannt, lädt die gesprächsführende Person diese im nächsten Schritt zum Gespräch ein.

3.2. Zweiter Schritt: Gespräch mit den Mitgliedern der Unterstützungsgruppe

Die Arbeit mit der Unterstützungsgruppe, dem „Herzstück" des Ansatzes steht im Mittelpunkt des zweiten Schritts. Sechs oder acht Schüler/innen werden für die Unterstützungsgruppe eingeladen. Sie setzt sich zur einen Hälfte aus den Schüler/innen zusammen, die zur Mobbing-Problematik aktiv beigetragen haben (Hauptakteur/in, Mitläufer/innen und Verstärker/innen) zur anderen Hälfte aus denjenigen, die aus Sicht des  betroffenen Schülers/der betroffenen Schülerin positiv oder zumindest neutral sind (mögliche Verteidiger/innen, Freund/innen; Schüler/innen, der/die Betroffene gerne mag; mutige, sozial kompetente Schüler/innen). Das Wissen über die Zusammensetzung ergibt sich aus dem Gespräch mit dem/der von Mobbing betroffenen Schüler/in; der/die von Mobbing betroffene Schüler/in ist bei dem Gespräch selber nicht dabei. Ein wichtiger Grundsatz des No Blame Approachs ist, dass die Unterstützergruppe als *Helfergruppe für die gesprächsführende Person angesehen wird.* Wenn sie sich im Prozess in der Unterstützungsgruppe aktiv einbringen, geschieht das, weil sie die gesprächsführende Person (Lehrer/in und/oder Schulsozialarbeiter/in) mögen und unterstützen wollen. Voraussetzung ist ein gutes – mindestens neutrales – Verhältnis zur gesprächsführenden Person. Die *Dauer des Gesprächs* beträgt in der Regel zwischen 45 und 60 Minuten. Es findet zeitnah nach dem Gespräch mit dem Mobbingbetroffenen statt: direkt am selben Tag oder ein, zwei Tage später.

Die gesprächsführende Person bringt die eigene Betroffenheit zum Ausdruck und bittet die Schüler/innen um Unterstützung. Beispielsweise mit folgenden Worten: „Vielleicht habt ihr schon bemerkt, dass es dem Schüler... nicht gut geht. Ich möchte, dass sich das ändert. Mir ist wichtig, dass jede/r ohne Angst zur Schule kommen kann. Ich habe euch eingeladen, weil ich eure Hilfe brauche."

Die Mitglieder der Unterstützungsgruppe werden während des gesamten Gesprächs als Helferexpert/innen angesprochen mit der Haltung: „Ich habe euch angesprochen, weil ich überzeugt bin, dass ihr mir helfen könnt, die Situation für den Schüler ... zu verbessern und mich somit zu unterstützen."

Der Blick bleibt stets auf die Problemlösung in der Zukunft gerichtet ohne Schuldzuweisung für Vorgefallenes. Die Gesprächsführung ermuntert die Mitglieder der Unterstützungsgruppe, Vorschläge zu machen, die dazu beitragen, dass die von Mobbing betroffene Schülerin/der betroffene Schüler in Zukunft wieder in die Schule kommt und sich dort wohlfühlen und angstfrei aufhalten kann.

Die Lehrperson oder der/die Sozialarbeiter/in schließt das Treffen ab, indem er/sie die Verantwortung für die Umsetzung der Vorschläge an die Gruppe übergibt, sie sich bei den Schüler/innen für ihre Hilfe bedankt und Zuversicht vermittelt, dass die gesammelten Ideen zur Verbesserung der Situation beitragen werden.

Abschließend beim Gespräch mit der Unterstützungsgruppe wird ein nächstes Treffen in ein bis zwei Wochen angekündigt. An diesem Termin finden die sogenannten Nachgespräche statt.

3.3. Dritter Schritt: Nachgespräche mit allen Beteiligten

Ungefähr ein bis zwei Wochen nach dem Gespräch mit der Unterstützungsgruppe spricht die Gesprächsführung zunächst mit dem Mobbingbetroffenen mit der Frage wie es ihm geht und ob sich für ihn die Situation verändert/verbessert hat.

Daran anschließend spricht sie mit allen Mitgliedern der Unterstützungsgruppe einzeln, um Rückmeldungen zu erhalten, wie sich die Situation für den betroffenen Schüler/die betroffene Schülerin aus ihrer Sicht entwickelt hat. Ziel der Gespräche ist es, eine Auskunft darüber zu erhalten, ob sich die Situation für den/die Mobbing-Betroffenen verändert und verbessert hat.

Die Gespräche dauern in der Regel fünf bis zehn Minuten pro Schüler/in. Nach den Nachgesprächen kann man einschätzen, ob das Mobbing gestoppt ist oder nicht. Wie schon erwähnt konnte in ca. 85 % der Fälle mit dem Ansatz Mobbing gestoppt werden. In den meisten Fällen innerhalb einer Woche.[4]

Bei den ca. 15 %, bei denen der No Blame Approach nicht greifen konnte, gibt es unterschiedliche Gründe dafür und auch verschiedene Möglichkeiten weiter vorzugehen. Einige Möglichkeiten sind, den Ansatz ein zweites Mal anzuwenden oder mit anderen Mitgliedern in der Unterstützungsgruppe. Bei einer gelungenen Mobbingintervention mit dem No Blame Approach ist eine ganz normale Nachsorge zu empfehlen. Es reicht hier in Abständen von drei oder vier Wochen bei den Schüler/innen nachzufragen, ob sie denken, dass noch alles ok ist.

In unseren Seminaren haben die Teilnehmenden die Gelegenheit, durch Übungen und Rollenspiele den No Blame Approach und die dahinter stehende Haltung zu erproben. Auch anfangs skeptische Teilnehmende sehen den Ansatz nach der Simulation im Rollenspiel in den meisten Fällen als erfolgversprechend an. Diese positiven Rückmeldungen decken sich für uns auch mit den erfreulichen Feedbacks von Teilnehmenden, die den Ansatz erfolgreich in Schule und Jugendarbeit angewendet haben.

4. Implementierung

Was ist notwendig, um den No Blame Approach fest im System zu verankern?

Besonders am Herzen liegt uns die Implementierung des No Blame Approachs im System Schule. Im Moment ist es so, dass an vielen Schulen einzelne Lehrer/innen oder Schulsozialarbeiter/ innen den No Blame Approach kennen und ihn anwenden oder zumindest von ihm gehört haben. Aber im System Schule verankert ist er in vielen Fällen noch nicht.

Nehmen wir Paula und Berkan. Beide gehen sie in die gleiche Schule. Paula geht in die Klasse 7b bei Frau Müller, Berkan in die Klasse 7c bei Herrn Schneider. Beide, Paula und Berkan, werden in ihren Klassen seit mehr als einem Monat drangsaliert, ausgelacht und schlecht behandelt. Berkan hat Glück. Herr Schneider hat auf einer Fortbildung den No Blame Approach kennen und anwenden gelernt. Er hat bemerkt, dass es Berkan nicht gut geht, hat mit dem No Blame Approach gearbeitet und das Mobbing gestoppt. Seit zwei Wochen kommt Berkan wieder gerne zur Schule, weil sich die Situation für ihn in der Klasse verbessert hat. Frau Müller hingegen hat noch nichts vom No Blame Approach gehört. Sie hat zwar

---

4   Evaluationsbericht, Bund für Soziale Verteidigung, 2008.

bemerkt, dass Paula stiller geworden ist, sich im Unterricht kaum noch beteiligt und häufiger in der Schule fehlt. Was Paula von ihren Klassenkameraden angetan wird, hat sie jedoch nicht bemerkt. Paula kommt weiterhin jeden Morgen mit Bauchschmerzen zur Schule.

Was kann getan werden, damit auch Paula wieder gerne zur Schule geht? Was ist notwendig, um den No Blame Approach fest im System zu verankern?

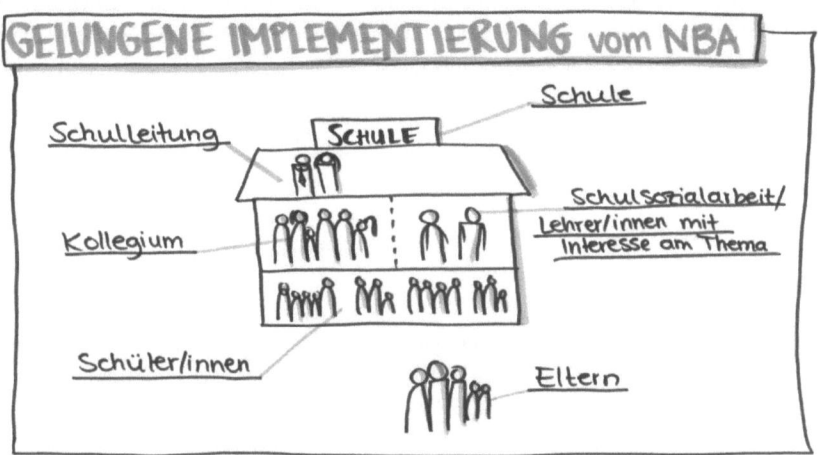

Für eine Schule die insgesamt mit dem No Blame Approach als Interventionsansatz gegen Mobbing arbeitet und ihn im System Schule implementieren möchte, braucht es mehr als nur die Mitwirkung der intervenierenden pädagogischen Fachkraft und der Schüler/innen. Besonders der Schulleitung wie auch dem Kollegium kommt eine wichtige Funktion zu. Hilfreich ist es auf jeden Fall, auch die Eltern zu informieren, dass diese auch die Anwendung des Ansatzes unterstützen.

4.1. Schule

Was könnte die gesamte *Schule* tun? Die Schule entschließt sich für die Arbeit mit dem No Blame Approach auf der Gesamtkonferenz. Sie handelt bei Mobbingfällen und hat Angebote zur Mobbing- und Gewaltprävention implementiert.

4.2. Die Schulleitung

Die Schulleitung kennt den No Blame Approach, befürwortet die Anwendung des Ansatzes im Mobbingfall. Sie unterstützt es, dass Lehrkräfte und Schulsozialarbeit an Fortbildungen zum Thema teilnehmen und holt alles ins Boot.

Sie kümmert sich darum, dass alle Lehrkräfte Mobbing erkennen können und setzt sich dafür ein, dass an Elternabenden der No Blame Approach vorgestellt und erklärt wird, wie die Schule mit dem Ansatz arbeitet.

4.3. Das Kollegium

Alle aus dem Kollegium kennen den No Blame Approach. Es ist nicht notwendig, dass jede/r im Kollegium selber den No Blame Approach anwenden kann. Besonders wichtig ist, dass jede/r an der Schule Mobbing erkennen kann und den Blick durch die Mobbing-Brille kennt. So bemerkt jede Lehrerin/jeder Lehrer wenn es einen Mobbingfall in der eigenen Klasse gibt und kann sich Unterstützung holen bei den Personen an der Schule, die darin ausgebildet sind, den No Blame Approach anzuwenden.

4.4. Schüler/innen

Die Schüler/innen können Mobbing erkennen. In Mobbingfällen wenden sie sich an Lehrer/innen, den/die Vertrauenslehrer/in oder den/die Schulsozialarbeiter/in.

4.5. Eltern

Auf den Elternabenden werden Eltern über Mobbing und die Arbeit mit dem No Blame Approach informiert. Sie befürworten die Arbeit mit dem Ansatz. Bei vorkommendem Verdacht auf Mobbing wenden sie sich an die Lehrer/innen.

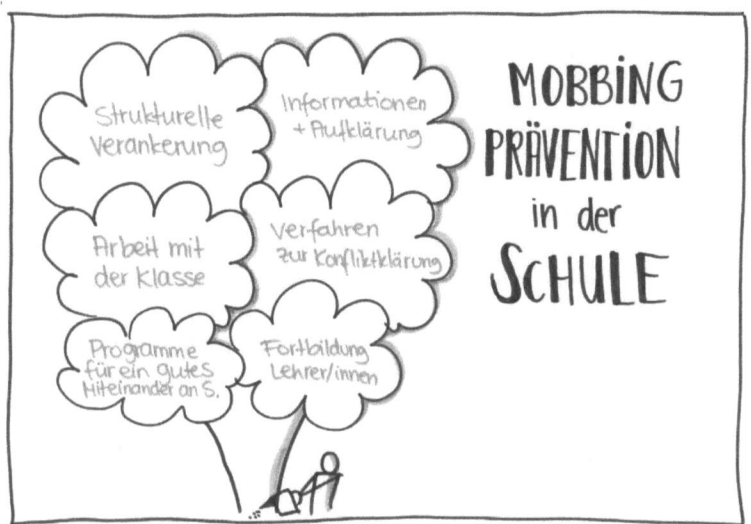

5. Mobbingprävention in der Schule

Wie schon erwähnt ist der No Blame Approach ein Interventionsansatz, der angewandt wird wenn ein Mobbingfall vorliegt.

Was braucht es, damit Mobbing nachhaltig in der Schule verringert/verhindert wird? Folgende Aspekte sind aus unserer Sicht hilfreich, um Mobbing vorzubeugen:

Strukturelle Verankerung, Information und Aufklärung, Arbeit mit der Klasse, Verfahren zur Konfliktklärung, Programme für ein gutes Miteinander und Fortbildungen für Lehrer/innen.

Mögliche Maßnahmen in den Bereichen können sein:

5.1. Strukturelle Verankerung

Die Aufnahme von Mobbingpräventionsmaßnahmen ins Schulprogramm, Klassenregeln für ein gutes Miteinander, das Vorhandensein eines Mobbing-Interventionsteams sowie eine Vernetzung mit Beratungsstellen sind günstige strukturelle Bedingungen, die die Entstehung von Mobbingstrukturen verringern.

5.2. Informationen und Aufklärung

Projekttage, Theater, Plakate, eine Anti-Mobbing-Charta und Fragebogenaktion (z.B. der Smob-Fragebogen) sind einige Aktionen, die zur Sensibilisierung und Information über das Mobbingphänomen dienen. Hilfreich ist auf jeden Fall auch die Information auf Elternabenden zum Thema.

5.3. Arbeit mit der Klasse

Übungen zur Team- und Gruppenbildung mit der Klasse, Klassenprogramm für ein gutes Miteinander, der Anti-Mobbing-Koffer, die Förderung von Kompetenzen für konstruktive Konfliktbearbeitung bis hin zu Angeboten zur Selbstbehauptung.

5.4. Verfahren zur Konfliktklärung

Im **Klassenrat** klären Schüler/innen einer Klasse eigenständig Konflikte oder Probleme, die die Klasse betreffen. Bei der **Streitschlichtung** werden Schülerinnen und Schüler in Mediation/Vermittlung in Konflikten ausgebildet. Danach unterstützen sie Mitschüler/innen aus der Schule, ihre Konflikte möglichst zur Zufriedenheit von beiden Seiten zu klären. Sie übernehmen Verantwortung und gestalten selbst die Konfliktklärungsgespräche wenn Mitschüler/innen sie anfragen.

5.5. Programme für ein gutes Miteinander

Bei den **Schülerpaten oder Buddies** übernehmen ältere Schüler/innen Verantwortung für jüngere, beispielsweise helfen sie den jüngeren Schüler/innen bei den Hausaufgaben. **Busbegleiter/innen** sind ausgebildete Schüler/innen, die in den Bussen beobachten, ob in den Schulbussen alles gut abläuft. Bei Bedarf helfen sie jüngeren Schüler/innen oder können einzelne an die Regeln bei der Busfahrt erinnern.

Seniorpartners in School (SiS) bitten ehrenamtlich Schulen ihre Dienste. Es sind in der Regel Senior/innen, die in Mediation ausgebildet sind und Unterstützung für Konfliktfälle anbieten. Einige der Seniorpartners in School sind auch im No Blame Approach ausgebildet und können ihn bei Bedarf anwenden.

5.6. Fortbildungen für Lehrer/innen

Konstruktive Konfliktbearbeitung, Arbeit mit Gruppen/ Gruppenbildung, Interkulturelle Kompetenz, Mediation/ Streitschlichtung und Gewaltfreie Kommunikation sind Fortbildungsthemen, die Fähigkeiten von Lehrkräften im Umgang mit Konflikten und Gewalt erweitern. Sie unterstützen ein gutes Miteinander in den Klasse und dienen somit der Mobbing-Prävention.

6. Unsere Vision

Unsere Vision für *eine Schule ohne Mobbing:*

- *Alle* im Kollegium können *Mobbing* erkennen.
D.h. jede/r in der Institution kann mit dem
Blick durch die Mobbing-Brille erkennen,
wenn ein Kind/Jugendlicher in der Klasse von
Mobbing betroffen ist.

- Mindestens zwei Personen an der
Schule können den *NBA durchführen.*
Je nach Größe der Schule ist es sinnvoll, wenn
zwischen zwei und mehreren Personen den No
Blame Approach selber anwenden und durchführen können. An einigen Schulen sind
die Schulsozialarbeiter/innen und/oder Vertrauenslehrer/in im No Blame Approach
ausgebildet und unterstützen andere Kolleg/innen. Es gibt auch Schulen in denen das
gesamte Kollegium – beispielsweise an einem Pädagogischen Tag – in der Anwendung des No Blame Approachs geschult wurde.

Wichtig ist es, dass diejenigen, die in Fortbildungen ausgebildet sind, den Ansatz anwenden können und darin Erfahrung gesammelt haben, andere bei der Durchführung
des Ansatzes unterstützen und mit ihnen im Team zusammen den No Blame Approach
durchführen.

Eine Lehrer/in hat in der eigenen Klasse einen Mobbingfall entdeckt. Sie bittet einen
erfahren Kollegen/eine erfahrene Kollegin im No Blame Approach um Unterstützung,
um gemeinsam mit ihr/ihm den Ansatz in der eigenen Klasse anzuwenden.

- Jede Schule; jeder Lehrer und jede Lehrerin hat ein *Konzept für Teambildung* in
Klassen um ein konstruktives Miteinander zu unterstützen.Es kann in jeder Klasse
zu Mobbing kommen – egal wie gut und viel sich Klassenlehrer/innen um die Bildung eines guten Miteinanders bemüht haben.
Falls ein Mobbing-Fall auftritt, gilt es sich keine Vorwürfe zu machen, etwas falsch
gemacht zu haben, sondern zu handeln und Mobbing zu stoppen.
Andererseits ist es wichtig, als Lehrer/in im Blick zu haben, dass jede/r Lehrer/in
einen großen Beitrag dazu leisten kann, die Wahrscheinlichkeit von Mobbing zu vermindern – dadurch, dass er/sie in den Klassen einen wertschätzenden Umgang fördert und aktiv zur Bildung einer konstruktiven guten Klassengemeinschaft beiträgt.

Literatur

Blum, Heike; Beck, Detlef: No Blame Approach - Mobbing-Intervention in der
Schule – Praxishandbuch, fairaend: Köln, 2014
Blum, Heike; Beck, Detlef (Hrsg): Seminarmaterial zum No Blame Approach, 5.
Auflage 2015.

Evaluationsbericht, Bund für Soziale Verteidigung, 2008: 220 Fälle wurden im Rahmen eines von der Aktion Mensch geförderten bundesweiten Projektes evaluiert. Die Evaluationsbroschüre kann kostenlos auf der Seite www.no-blame-approach.de heruntergeladen werden.

weitere Informationen

www.impuls-marburg.de

www.no-blame-approach.de

Christine Brendel, Alejandro Christ, Christiane Erkens, Rubeena Esmail-Arndt, Tanja Kasten, Timm Kroeger, Philipp Kuehl, Christine Müller, Jens Narten, Marion Popp, Gerhard Schmalbruch, Tina Silbernagl, Sabine Wenz, Abdoulaye Zono

Ansätze der Gewaltprävention in der Internationalen Entwicklungszusammenarbeit

Erfahrungen der Deutschen Gesellschaft für Internationale Zusammenarbeit (GIZ)

An dem Deutschen Präventionstag in Frankfurt am Main 2015 nahm die Deutsche Gesellschaft für Internationale Zusammenarbeit mit Vertretern von sieben Vorhaben aus Lateinamerika, Afrika und Asien teil und präsentierte ihre diversen Erfahrungen in der Prävention von Gewalt im urbanen und kommunalen Raum, unter Jugendlichen und gegen Frauen, sowie von der lokalen über die nationale bis hin zur grenzüberschreitenden Ebene. Der folgende Artikel stellt neben den generellen Herausforderungen und Ansätzen konkrete Beispiele aus der internationalen Zusammenarbeit vor.

Herausforderungen im Kontext der globalen Gewaltprävention

Die Allgemeine Erklärung der Menschenrechte versichert allen Menschen einen Anspruch auf ein Leben ohne Gewalt. Über die Hälfte der Kooperationsländer der deutschen Entwicklungszusammenarbeit sind jedoch in ihrem Staatsgebiet oder in Teilregionen von Gewalt betroffen. Gewalt ist u.a. eine Folge der rapiden Urbanisierung. Megastädte in Lateinamerika, Afrika und Asien, aber auch Großstädte in den Industrieländern sind deswegen besonders betroffen. Jugendgewalt und organisierte Kriminalität stellen die internationale Zusammenarbeit vor neue Herausforderungen.

Das Gewaltniveau zerstört nicht nur die Grundlagen des Zusammenlebens und das Vertrauen, sie verursacht auch physische, psychische, soziale und materielle Schäden sowie Kosten. Gewalt, Konflikte und Fragilität reduzieren maßgeblich die Entwicklungschancen eines Landes. Der Abbau von Gewalt ist daher unabdingbare Voraussetzung für eine nachhaltige, inklusive Entwicklung einer Gesellschaft.

Dabei ist Gewalt ein äußerst komplexes Phänomen. Die GIZ orientiert sich weitgehend an der Gewaltdefinition der Weltgesundheitsorganisation (WHO): *„Der absichtliche Gebrauch von angedrohtem oder tatsächlichem körperlichem Zwang oder physische Macht gegen die eigene oder eine andere Person, gegen eine Gruppe oder Gemeinschaft, der entweder konkret oder mit hoher Wahrscheinlichkeit zu Verletzungen, Tod, psychischen Schäden, Fehlentwicklung oder Deprivation führt. Die Definition umfasst zwischenmenschliche Gewalt ebenso wie suizidales Verhalten und bewaffnete Auseinandersetzungen."* Aspekte struktureller Gewalt oder legitimer staatlicher Gewalt werden in dieser Definition zwar nicht systematisch berücksichtigt, durchaus aber in den Maßnahmen zur Gewaltprävention.

Ansätze in der internationalen und deutschen Entwicklungszusammenarbeit

Die internationale Zusammenarbeit misst der Förderung interdisziplinärer Ansätze der Gewaltprävention eine hohe Bedeutung bei: Das *„Social Cohesion and Violence Prevention Cluster"* der Weltbank sieht Bürgersicherheit, die Stärkung der Resilienz von Kommunen und die Zusammenarbeit mit dem Justizsektor als wesentliche Beiträge zur Prävention und Reduzierung von Fragilität. Die WHO unterstützt langfristig im Rahmen der *„Global Campaign for Violence Prevention"* (Aktionsplan 2012-2020) Austausch, Weiterentwicklung und Evaluierung von Strategien, Konzepten und Ansätzen umfassender Gewaltprävention. Das *Safer Cities Programme* von UN-Habitat unterstützte seit 1996 multisektorale Initiativen für Gewaltprävention in 77 Städten und 24 Ländern weltweit. Das vom Bundesministerium für wirtschaftliche Zusammenarbeit und Entwicklung (BMZ) 2013 erarbeitete Strategiepapier „Entwicklung für Frieden und Sicherheit" verdeutlicht die Vielschichtigkeit der Wechselwirkungen von Fragilität, Gewalt und Konflikt.

Entwicklungszusammenarbeit setzt sowohl an den strukturellen Ursachen von Gewaltphänomenen als auch an sicherheits-, sozial- und ordnungspolitischen Aspekten an, um Risikofaktoren von Gewalt zu bearbeiten, Schutzfaktoren zu stärken und damit präventiv und gewaltmindernd zu wirken.

Rolle der Deutschen Gesellschaft für Internationale Zusammenarbeit (GIZ)

Als Bundesunternehmen unterstützt die Gesellschaft für Internationale Zusammenarbeit (GIZ) die Bundesregierung (insbesondere das Bundesministerium für wirtschaftliche Zusammenarbeit und Entwicklung, aber auch andere Auftraggeber) dabei, ihre Ziele in der internationalen Zusammenarbeit für nachhaltige Entwicklung zu erreichen – in mehr als 130 Ländern weltweit.

Die GIZ ist in vielen Arbeitsfeldern aktiv – die Bandbreite reicht von Wirtschafts- und Beschäftigungsförderung, der Sicherung von Ernährung, Gesundheit und Grundbildung über Umwelt-, Ressourcen- und Klimaschutz bis hin zu Aufbau von Staat und Demokratie und eben auch dem breiten Themenfeld: Förderung von Frieden und Sicherheit sowie Wiederaufbau und zivile Konfliktbearbeitung.

Die GIZ engagiert sich überwiegend in den Bereichen der Primär- und Sekundärprävention und kombiniert Maßnahmen der situativen, sozialen und institutionellen Gewaltprävention. Zentral ist in diesem Zusammenhang die Vermittlung von Fähigkeiten, Konflikte auf allen Ebenen gewaltfrei austragen zu können und für eine Kultur des Dialogs, die traditionelle Formen aufgreift, einzustehen. Dies setzt die übergreifende Zusammenarbeit verschiedener Fachbereiche voraus, um die Erbringung sozialer Basisleistungen, die umfassende Beteiligung von Bürgern an lokalen Entwicklungsprozessen und die gewaltfreie Bearbeitung von Konflikten angemessen beraten und unterstützen zu können. Wirksame Maßnahmen gegen Gewalt müssen auf mehreren Ebenen und interdisziplinär ansetzen. Die Strategien ergeben sich aus einer genauen Analyse der Ursachen von Gewalt in einem spezifischen Kontext.

Die GIZ berät Partnerregierungen bei der Entwicklung von Strategien der Gewaltprävention. Dabei gelten die Prinzipien von Allparteilichkeit, *Do No Harm*, Inklusion sowie der menschenrechtsbasierte Ansatz als wesentliche Grundlagen unserer Arbeit. Sektorübergreifend bietet die GIZ eine Vielfalt von Leistungen an, die untereinander ergänzt und miteinander kombiniert werden können:

Maßnahmen der situativen Gewaltprävention:

- Beratung bei der Entwicklung inklusiver Stadtentwicklungskonzepte zur Gewaltprävention

- Beratung bei der Rehabilitierung lokaler sozialer Brennpunkte

Maßnahmen der sozialen Gewaltprävention:

- Aufbau von Systemen und Netzwerken zu Kindesschutz und Frühe Hilfen für besonders benachteiligte und gefährdete Eltern und Kinder

- Frühkindliche Förderung und Betreuung

- Beratung von Akteuren im Bildungssektor bei der Verankerung von Maßnahmen der Gewaltprävention in schulischen und außerschulischen Bildungseinrichtungen als gesellschaftlicher Auftrag (zum Beispiel Entwicklung von Curricula, Lehrerbildung)

- Beratung zu systemischen Maßnahmen der Jugendgewaltprävention (zum Beispiel Ausbildung von Sozialarbeitern, Non-formale Bildungsangebote für Kinder und Jugendliche)

Maßnahmen der institutionellen Gewaltprävention :

- Beratung wissenschaftlicher Institutionen beim Aufbau von Forschungskapazitäten im Bereich der Gewaltforschung

- Beratung von Partnerregierungen bei der Entwicklung von nationalen Strategien im Bereich der Gewaltprävention (urban, rural)

- Vermittlung von Methodenkenntnissen zur Analyse von Risikofaktoren für staatliche und nicht-staatliche Institutionen

- Beratung zur institutionellen Verankerung von Mechanismen der gewaltfreien Konfliktbearbeitung (Präventionsräte, außergerichtliche Konfliktschlichtung)

- Prozessberatung beim Aufbau der interministeriellen Zusammenarbeit

- Beratung zur Etablierung von Schutzmechanismen für Frauen (Schutz- und Versorgungsleistungen)

- Beratung bei der Entwicklung und Umsetzung von Standards für das Agieren von Sicherheitskräften im Rahmen ihrer schutz- und ordnungspolitischen Aufgaben

- Unterstützung bei Polizeireformen (zum Beispiel Beratung bei der Entwicklung deeskalierender Strategien für Kundgebungen, Stärkung kriminalpolizeilicher Kapazitäten, Schulungen zur Einhaltung von Menschenrechtsstandards bei Verhaftungen und Verhören)

- Beratung von Justizreformen zur Verringerung des Risikos eines Rückfalls von Gewalttäter/innen

- Beratung von Maßnahmen zur Kleinwaffenkontrolle (zum Beispiel Beratung bei der Registrierung, sicheren Lagerung und kontrollierten Vernichtung von Kleinwaffen)

Das Portfolio der GIZ im Bereich Gewaltprävention ist breit und umfasst vor allem in Lateinamerika Programme der Jugendgewaltprävention und Bürgersicherheit, in diversen Ländern Lateinamerikas und Asiens Maßnahmen zur Prävention von Gewalt gegen Frauen und Mädchen bis hin zu Programmen mit Fokus auf das Thema „Sichere Stadt", wie beispielsweise in Südafrika.

Nachfolgend werden einige Ansätze und Erfahrungen der GIZ dargestellt, wie dies auch im Rahmen von drei Themenboxen und zwei Vorträgen auf dem Deutschen Präventionstag 2015 geschehen war:

Themenbox I: „Gewaltprävention global – Kernansätze und Prinzipien zur Gewaltprävention und städtischen Sicherheit in der deutschen Entwicklungszusammenarbeit"

Die Ursachen von Gewalt sind vielschichtig und komplex. Um Prävention wirksam zu gestalten, bedarf es deshalb „integrierter Ansätze", die darauf abzielen, die Beiträge von Akteuren verschiedener Sektoren und unterschiedlicher Ebenen besser miteinander zu verknüpfen. Gewaltprävention als Gemeinschaftsaufgabe zu verankern und nicht nur der Polizei und dem Justizwesen zu überlassen, ist gerade angesichts des massiven Gewaltpotenzials in Regionen wie Afrika, Asien und Lateinamerika eine enorm herausfordernde Aufgabe. Wie kann es also gelingen, verschiedene Akteure zusammenzubringen, um nachhaltige Lösungen zu entwerfen? Im Folgenden werden dazu ausgewählte Projekterfahrungen exemplarisch vorgestellt.

Gewaltprävention in Südafrika

Das Thema „sichere Gemeinden" spielt in den Entwicklungsbestrebungen Südafrikas zunehmend eine Rolle. Auf nationaler Ebene gibt es zahlreiche, zum Teil progressive und weitsichtige Politiken, die sich mit dem weit verbreiteten Gewalt- und Kriminalitätsphänomen auseinandersetzen. Aber die Umsetzung dieser Politiken ist eine Herausforderung, vor allem für die Kommunen. So gilt Südafrika immer noch als eines der Länder mit hoher Kriminalitätsbelastung.

Durch die jahrzehntelange Vernachlässigung und Unterversorgung eines Großteils der Gesellschaft und die anhaltenden sozialen Herausforderungen, wie zum Beispiel die Chancenlosigkeit junger Menschen, die zerrütteten Familienstrukturen und eine segregierte Siedlungspolitik, dominiert Gewalt weiterhin den Alltag vieler Menschen in Südafrika. Die kürzlich veröffentlichte Kriminalitätsstatistik zählte 17.805 Morde im Land von April 2014 bis März 2015. Rund 50% der Todesfälle unter Jugendlichen zwischen 15 und 24 Jahren werden durch Gewalt verursacht. Aber nicht nur die anhaltend hohe Mordrate ist erschreckend. Viel gravierender ist, dass ein Großteil der Gewalt, das heißt vier von fünf Fällen, zwischen Menschen passiert, die sich kennen. Gewalt geschieht häufig in sozialen Kontexten. Sie zeigt sich in Familien, zwischen Partnern und im Freundes- und Bekanntenkreis. Sexuelle und häusliche Gewalt gehören zum Alltag vieler Beziehungen. Besonders davon betroffen sind Frauen, Kinder und Jugendliche. All das deutet auf tief verwurzelte soziale Probleme hin, die nur mit langfristigen und ganzheitlichen Ansätzen gelöst werden können.

Vor diesem Hintergrund implementiert die GIZ im Auftrag des BMZ seit Anfang 2012 ein Projekt zur inklusiven Gewaltprävention in Südafrika (Inclusive Violence and Crime Prevention, VCP). Der Fokus des Projekts liegt dabei auf der Prävention von Gewalt. Denn trotz guter nationaler Strategien, die integriertes Handeln und mehr Präventionsarbeit fordern, wurde in Südafrika in der Vergangenheit auf das Gewaltproblem hauptsächlich mit Repression reagiert. Doch weder die Stärkung von Polizeistrukturen noch härtere Strafen oder der Ausbau des privaten Sicherheitssektors haben die reale Sicherheitslage eines Großteils der Bevölkerung erhöht. Im Gegenteil, es wurde deutlich, dass das Gewaltproblem an seinen Wurzeln angegangen werden muss.

Da die Ursachen von Gewalt vielschichtig und komplex sind, arbeitet die GIZ in Südafrika mit einem so genannten „systemischen Ansatz", der darauf abzielt, die Beiträge von Akteuren verschiedener Sektoren und unterschiedlicher Ebenen besser miteinander zu verknüpfen. Vor diesem Hintergrund ist es ein zentrales Thema des Vorhabens, Gewaltprävention als Gemeinschaftsaufgabe zu verankern und nicht nur der Polizei und dem Justizwesen zu überlassen. Besonderer Fokus liegt dabei auf den Kommunen, denen eine Schlüsselrolle bei der Schaffung sicherer Gemeinden zukommt. Die Auswirkungen von Gewalt sind besonders auf lokaler Ebene unmittelbar spürbar und kommunal unterschiedliche Herausforderungen erfordern differenzierte Präventionsansätze. Jedoch fehlen vor allem Kommunen die nötigen Kapazitäten, um ihr anspruchsvolles Mandat in der Schaffung sicherer Gemeinden adequat umzusetzen. Ziel des Vorhabens ist es daher, gemeinsam mit nationalen und Provinzakteuren, die Handlungsfähigkeit der Kommunen zu stärken. Dies geschieht zum Beispiel durch die Klärung von Rollen, Funktionen und Ressourcenzuteilung innerhalb des Regierungssystems, um die Umsetzung nationaler Politiken auf kommunaler Ebene zu ermöglichen. Zudem wird die Zusammenarbeit zwischen staatlichen und nichtstaatlichen Akteuren, sowie zwischen Metropolregionen und Regierungsebenen unter anderem durch multisektorale Austauschplattformen, Netzwerkbildung und gemeinsame Lern- und Weiterbildungsangebote gefördert. Darüber hinaus wird das Engagement von Jugendlichen in der nachbarschaftlichen Präventionsarbeit gestärkt.

Die ersten Erfolge zeigen durchaus, dass Südafrika bereit ist, neue Wege zu gehen. Gemeinsam mit Partnern wurden vom Projekt neue Netzwerke, wie eine Koordinationsplattform der Metropolregionen zum Thema städtische Sicherheit oder das Online-Portal SaferSpaces (www.saferspaces.org.za) entwickelt, die die Handlungsfähigkeit relevanter Akteure auf effektive Weise fördern. Zudem wurde durch das Projekt die Verankerung von Gewaltprävention in relevante Regierungsprogramme, beispielsweise in das breitenwirksame Arbeitsbeschaffungsprogramm Community Work Programme oder die integrierte Entwicklungsplanung (IDPs) von Kommunen, unterstützt. In diesem Zusammenhang wurden Kommunen auch darin unterstützt, das Thema Sicherheit stärker in ihren lokalen Planungsprozessen zu integrieren und anschließend konkrete Maßnahmen gemeinsam mit Akteuren der Zivilgesellschaft umzusetzen. Praktische Aktivitäten sind hierbei unter anderem partizipative „Safety Audits" oder die Nutzung von Geoinformationssystemen (GIS), um sicherheitsrelevante Informationen auf Gemeindeebene zu sammeln und diese in Verbindung mit Bürgerdialogen zu thematisieren. Im Rahmen der Politikberatung wurde weiterhin das Thema Gewaltprävention in die neue nationale Stadtentwicklungspolitik integriert und dessen exemplarische Umsetzung gemeinsam mit Partnern pilotiert. Außerdem wurden verstärkt junge Menschen befähigt, sich für Gewaltprävention in ihren Nachbarschaften einzusetzen. Dabei wurden unter anderem Jugendliche trainiert, ihre Peers in Schulen und der Nachbarschaft zu sensibilisieren, diese für niedrigschwellige Präventionsprojekte zu aktivieren und sich gleichzeitig mit kommunalen Handlungsträgern zu ihren Sicherheitsbedürfnissen auszutauschen. Durch die Nutzung neuer Medien wurden dabei bei Veranstaltungen nicht nur die kommunale und Provinzverwaltung, sondern bis zu 2 Millionen Menschen erreicht.

Gewaltprävention in Zentralamerika

Zentralamerika und besonders die Länder des sogenannten nördlichen Dreiecks, El Salvador, Guatemala und Honduras, ist eine der am stärksten von Gewalt geprägten Regionen der Welt. Dabei nimmt die Gewalt unterschiedliche Formen an und betrifft insbesondere Jugendliche, etwa im häuslichen und schulischen Umfeld, in der Nachbarschaft und der Gemeinde. Die Gewaltursachen sind vielfältig und reichen von schwachen Familien- und Gemeinwesenstrukturen bis zum Einfluss des internationalen Drogenhandels. Folge der extremen Gewalt ist die soziale und wirtschaftliche Ausgrenzung großer Teile der Bevölkerung und das Entstehen marginalisierter Stadtteile ohne elementare soziale Dienstleistungen.

Die Zusammenarbeit zwischen staatlichen Institutionen verschiedener Sektoren (zum Beispiel Sicherheit, Jugend, Bildung und Beschäftigung), Staat und Zivilgesellschaft sowie der nationalen und lokalen Ebene ist noch ungenügend. Dies erschwert die Bekämpfung der Gewalt. Zwischen den zentralamerikanischen Staaten findet wenig Erfahrungsaustausch statt und erprobte Praktiken werden kaum für die spätere Nutzung dokumentiert.

PREVENIR hat zum Ziel, regionale, nationale und lokale Akteure darin zu stärken, ihre Präventionskapazitäten auszubauen und Instrumente anzuwenden, die die fachübergreifende Zusammenarbeit im Bereich Jugendgewaltprävention verbessern und damit einen Beitrag zum Rückgang der Jugendgewalt leisten.

PREVENIR fördert die Zusammenarbeit unterschiedlicher Sektoren sowie von staatlichen Instanzen, Zivilgesellschaft und Privatwirtschaft, damit diese gemeinsame Präventionsansätze entwickeln und sie wirkungsvoll umsetzen. So berät das Vorhaben das Zusammenwirken zwischen nationaler, departamentaler und lokaler Ebene (Mehrebenenansatz) mit dem Ziel, die dezentrale Umsetzung von Präventionsstrategien auf lokaler Ebene sowie das Zurückspiegeln von lokalen Erfahrungen auf die nationale Ebene zu unterstützen.

Dabei setzt PREVENIR einen systemischen Ansatz der Jugendgewaltprävention um und arbeitet in erster Linie mit Mittlern und zentralen Bezugspersonen, die das Leben von jungen Menschen beeinflussen. Aus diesem Grund bezieht das Vorhaben beispielsweise auch Lehrpersonal und Eltern mit ein.

Des Weiteren konzentriert sich PREVENIR auf Präventionsmethoden, die sich nachweisbar als erfolgreich erwiesen haben (evidenzbasierte Ansätze).

PREVENIR verfügt über drei Komponenten:

- Munizipale Präventionsstrategien mit Jugendbeteiligung
- Förderung der Beschäftigungsfähigkeit von sozial benachteiligten Jugendlichen
- Gewaltprävention in der schulischen und außerschulischen Bildung

Politischer Träger des Vorhabens ist das Generalsekretariat des Zentralamerikanischen Integrationssystems (SICA), wobei PREVENIR die Umsetzung der Zentralamerikanischen Sicherheitsstrategie unterstützt. PREVENIR führt einerseits regionale Aktivitäten durch, die alle acht SICA-Mitgliedsstaaten einbeziehen. Andererseits arbeitet das Vorhaben auf Länderebene – in El Salvador, Guatemala, Honduras und Nicaragua – mit den jeweiligen Ministerien für Sicherheit, Bildung und Arbeit, Polizei und Jugendinstituten zusammen. Auf lokaler Ebene wird PREVENIR in Zusammenarbeit mit Gemeindeverwaltungen, Schulen, Jugendnetzwerken und -organisationen sowie Gemeindeverbänden umgesetzt.

Des Weiteren kooperiert PREVENIR mit Organisationen der Zivilgesellschaft, die in der Gewaltprävention tätig sind, und Unternehmen. Ein besonderer Schwerpunkt liegt auf der Kooperation mit Universitäten und anderen Bildungseinrichtungen, die als Schlüsselakteure betrachtet werden, um die Fort- und Ausbildungsmaßnahmen, die vom Vorhaben angestoßen werden, nachhaltig in den Partnerländern zu verankern.

Ein pädagogisches Angebot für Gewaltprävention an Schulen (Miles de Manos) wurde entwickelt und an Pilotschulen erfolgreich getestet (Details siehe weiter unten in Abschnitt Themenbox III). In diesen Schulen reduzierte sich die sichtbare physische Gewalt zwischen Jugendlichen in sechs Monaten um 20%. Die Kommunikation zwischen Lehrern und Schülern hat sich verbessert, und Lern- und Verhaltensprobleme werden partnerschaftlich gelöst. 2014 wurde Miles de Manos von den Bildungsministerien Guatemalas, Honduras, Nicaraguas und El Salvadors in weiteren 160 Schulen und Schulnetzwerken eingeführt.

In ausgewählten Gemeinden wurden mit Unterstützung von PREVENIR Jugendbeschäftigungspläne ausgearbeitet. Das Vorhaben konnte bewirken, dass unter Beteiligung aller relevanten lokalen Akteure 29 solcher Pläne erstellt wurden. Diese bilden die strategische Grundlage für die Mittelvergabe an die Gemeinden und die Auswahl der Ausbildungsangebote. So konnten Kurse für Jugendliche an die Marktbedürfnisse angepasst und bereits 5.200 Jugendliche fortgebildet werden. Ein modulares Fortbildungsangebot für Personal von Mittlerinstitutionen wurde gemeinsam mit Partnerinstitutionen entwickelt und erfolgreich umgesetzt. Es zielt darauf ab, lokale Akteure zu befähigen, gemeinsam intersektorale Präventionspläne zu erstellen und umzusetzen. In El Salvador, Honduras und Guatemala wurden 12 Mittlerteams fortgebildet (251 Personen), zwei weitere Gruppen (59 Personen) werden derzeit in Nicaragua fortgebildet. In El Salvador und Honduras hat die Fortbildung bewirkt, dass die Multiplikatoren in 31 Gemeinden Präventionsräte aufgebaut haben und diese dabei unterstützen, ihre Präventionspläne erfolgreich umzusetzen.

Themenbox II: „Kosten von Gewalt gegen Frauen, erfolgreiche Erfahrungen für deren Prävention - auch in Deutschland"

Partnergewalt an Frauen verursacht allein für peruanische Unternehmen den immensen Verlust von 70 Millionen Arbeitstagen und 6,7 Milliarden US-Dollar pro Jahr (3,7% des peruanischen Bruttoinlandproduktes). In der BRD spricht eine Studie von 36 Milliarden Euro. Dies zeigt, dass es sich nicht nur um ein schwerwiegendes Problem der öffentlichen Gesundheit und eine der am weitesten verbreiteten Menschenrechtsverletzungen, sondern um ein ernsthaftes und ein weitgehend vernachlässigtes Hindernis für die soziale und wirtschaftliche Entwicklung eines Landes handelt, dessen Prävention sich in jeder Hinsicht auszahlt. In unserem Beispiel aus Peru, Ecuador, Bolivien und Paraguay lassen sich Verluste für Unternehmen aufgrund von Partnergewalt genau beziffern.

Nach der UN „Declaration on the Elimination of Violence Against Women" ist Gewalt gegen Frauen *„jede gegen Frauen auf Grund ihrer Geschlechtszugehörigkeit gerichtete Gewalthandlung, durch die Frauen körperlicher, sexueller oder psychologischer Schaden oder Leid zugefügt wird oder zugefügt werden kann, einschließlich der Androhung derartiger Handlungen, der Nötigung und der willkürlichen Freiheitsberaubung, gleichviel ob im öffentlichen oder im privaten Bereich. "*

Die weltweite Präsenz des Themas und dessen Aktualität machen es zu einer wichtigen und ernst zu nehmenden Angelegenheit, die darüber hinaus sowohl Kosten für den staatlichen sowie auch privatwirtschaftlichen Sektor hervorruft. Diese Kosten entstehen jedoch nicht nur in Lateinamerika, sondern auch in Deutschland. Mit Hilfe groß angelegter Studien in diversen Ländern war es das Ziel der deutschen Entwicklungszusammenarbeit, umgesetzt von der GIZ, mittels ihres Regionalprogramms zur Bekämpfung von Gewalt gegen Frauen in Bolivien, Ecuador, Paraguay und Peru (*ComVoMujer*), einen wissenschaftlichen Nachweis über das Ausmaß der von Partnergewalt betroffenen Frauen zu erbringen und die sich daraus ergebenden Folgekosten zu kalkulieren. Die Ergebnisse zeigten, dass auch für die Unternehmen sehr hohe Kosten entstehen, die sich, auf die nationale Ebene hochgerechnet, zwischen 3,1% und 6,4% des jeweiligen Bruttoinlandsproduktes bewegen. Als Reaktion auf diese Erkenntnisse haben bereits über 100 Unternehmen mit Unterstützung von ComVoMujer/GIZ diverse Maßnahmen in Angriff genommen, um der Gewalt an Frauen vorzubeugen.

Die Kosten jeglicher Art von Gewalt für Länder mit niedrigem und mittlerem Einkommen stellen einen Anteil des weltweiten BIP von 11,16%. Dabei entstehen 47% der Kosten aus Gewalt an Frauen in Paarbeziehungen, 38% durch Kindesmissbrauch, 13% durch zwischenmenschliche Gewaltdelikte und 2% aufgrund kollektiver Gewalt (Kriege und Terrorismus). Die Kosten von Gewalt gegen Frauen liegen jährlich je nach Land zwischen 1 und 25 Milliarden USD. Für diese enormen Kosten müssen verschiedene Sektoren aufkommen. Gewalt gegen Frauen ist nicht nur eine Menschenrechtsverletzung und hat individuelle Folgen (wie beeinträchtigte Lebensqualität der Frauen, Verarmung, erhöhte Wahrscheinlichkeit für Krankheiten oder frühen Tod), sondern verursacht auch erhöhte staatliche Ausgaben für den Justiz-, Gesundheits- und Erziehungssektor sowie Kosten für den Wirtschaftssektor (verhindertes wirtschaftliches Wachstum und geringere Produktivität).

Eine Schätzung der International Labor Organisation (ILO) besagt, dass die Arbeitsausfälle, die aufgrund von Gewalt und Stress entstehen, etwa 1% bis 3,5% des Bruttosozialproduktes entsprechen und liegt damit, wie wir sehen werden, an der unteren Grenze der Realität. Eine australische Studie brachte den Nachweis, dass durchschnittlich 39% der durch Gewaltakte verursachten Kosten von den Unternehmen getragen werden, während auf den Straftäter nur 15% entfallen. Nicht zu vergessen sind gewalttätige Angestellte, die ein internes Sicherheitsproblem darstellen und deren Anstellung dem Ruf des Unternehmens schadet.

Um bei den Unternehmen ein Bewusstsein zu schaffen, wie wichtig es ist, Maßnahmen zur Prävention von Gewalt an Frauen im Rahmen ihrer Corporate Social Responsibility (CSR) umzusetzen, hat sich ComVoMujer in Zusammenarbeit mit der Universität San Martín de Porres (USMP) entschlossen, eine landesweite, repräsentative Studie in Peru zum Thema durchzuführen.

Diese wurde von der Fakultät für Verwaltungswissenschaften und Personalwesen der USMP durchgeführt. Es wurde ein deskriptives Forschungsdesign mit strukturierten Interviews gewählt, um in mittelständischen und großen Unternehmen die Prävalenz von Partnergewalt gegen Frauen und deren Einfluss auf die Leistung der Arbeiter/innen und die Produktivität der Unternehmen zu erfassen.

Die Ergebnisse führten nicht nur dazu, dass in Peru vermehrt CSR-Maßnahmen im Bereich der Gewalt gegen Frauen durchgeführt wurden, sondern ebenso zu einem starken Interesse in den anderen Partnerländern des Programms, d.h. die nationalen Studien konnten ebenfalls in Bolivien und Paraguay durchgeführt werden. In Peru wurden in 211 Unternehmen der Sektoren Dienstleistung und Handel, Produktion und Transport /Infrastruktur, in den 5 wirtschaftlich stärksten Städten (Lima, Cuzco, Iquitos, Puno und Juliaca) Interviews mit 1.309 weiblichen und 1.881 männlichen Angestellten durchgeführt. Ebenso wurden Daten aus nationalen Umfragen berücksichtigt. Es errechneten sich Verluste von fast 7 Milliarden USD für die Unternehmen, was 3,9% des nationalen BIP entspricht[1]. In Bolivien wurden in 31 mittleren bis großen Privatunternehmen aus den Sektoren Finanz-, Versicherungs-, Informations- und Kommunikationsdienstleistungen sowie Handel und Produktion insgesamt 7.343 Mitarbeiter/innen (2.705 Frauen und 4.638 Männer) befragt. Es ergaben sich Kosten von fast 2 Milliarden USD für bolivianische Unternehmen, was 6,5% des BIP entspricht[2].

In Paraguay wurden in 25 Unternehmen aus den Sektoren Dienstleistungen, Handel und Industrie 3.491 Frauen und 3.966 Männer befragt. Verluste paraguayanischer Unternehmen beliefen sich auf 891 Millionen USD, was 3,9% des nationalen BIP entspricht[3].

Diese Studien waren die ersten ihrer Art, nicht nur in der Region. Sie basieren auf Primärdaten und Interviews wurden nicht nur mit Frauen, sondern auch mit ihren männlichen Kollegen durchgeführt. Auf diese Weise konnten bisher nur wenig un-

---

[1]　Unter folgendem Link kann die komplette Studie heruntergeladen werden: http://star-www.giz.de/fetch/9X00rbogg001PQPW09/giz2014-0387de-costos-violencia-mujeres-empresas-peru.pdf bzw. eine Zusammenfassung dieser: http://www.giz.de/de/downloads/giz-2013-de-gewalt-u-finanziellen-folgen-peru.pdf

[2]　Eine englische Zusammenfassung der Studie finden Sie unter folgendem Link: http://info.comvomujer.org.pe/catalogocomvo/productoscatalogos2015/56_ComVoMujer_Executive Summary_Violence against women and its financial consequences for businesses in Bolivia_BO_2015 (2).pdf

[3]　Aktuell befindet sich die Studie in Erarbeitung der Endversion.

tersuchte Aspekte wie Präsentismus, Arbeitsunfälle und auch die Sicht der Männer beleuchtet werden.

In Deutschland werden die Kosten von Gewalt gegen Frauen übrigens sogar auf insgesamt 36 Milliarden Euro geschätzt.

Dabei ist wichtig zu betonen, dass diese Studien "lediglich" Partnergewalt betrachten und keine anderen Formen von Gewalt gegen Frauen. Würden sämtliche Formen von Gewalt in Betracht gezogen, wären die Kosten noch höher. Die Konsequenzen von Gewalt sind unter anderem körperliche und emotionale Schäden. Dies führt sehr häufig dazu, dass Frauen krank und arbeitsunfähig werden, was unter anderem zu Zuspätkommen, Absentismus, Präsentismus oder Personalwechsel führen kann. Aber dies gilt nicht nur für die betroffenen Frauen, sondern auch bei Tätern und Zeug/innen kommt es zu entsprechenden Ausfällen. Letztendlich schlagen diese Ereignisse sich negativ in der Produktivität des Unternehmens nieder.

Die Studienergebnisse haben zu Reaktionen und Maßnahmen zur Vorbeugung von Gewalt an Frauen in verschiedenen Sektoren geführt: Die Kostenstudie wurde nach Peru zunächst auch in Bolivien und anschließend in Paraguay, unter Beteiligung des Frauenministeriums, durchgeführt. Im staatlichen Sektor führte das peruanische Frauenministerium das Zertifikat „Sicheres Unternehmen frei von Gewalt und Diskriminierung gegen Frauen" ein. Außerdem wurde eine nationale Studie zum Thema Gewalt bei Besitzer/innen von Klein- und Kleinstunternehmen beauftragt. Im akademischen Sektor entstand ein vollkommen neuer Forschungsbereich. Es erfolgte ein methodischer Transfer von Peru auf Bolivien und Paraguay und das Interesse an den Ergebnissen ist weltweit gewachsen. So wurde die Studie auf der 23. Konferenz der „International Association for Feminist Economics" in Ghana und bei der 48. jährlichen Versammlung von CLADEA (lateinamerikanischer Rat für Business Schools) in Brasilien vorgestellt. Die Nationale Universität Irlands hat ebenfalls Interesse angekündigt, Teile der Methodik zu übernehmen, um ähnliche Umfragen in den Ländern Afrikas und Asiens durchzuführen.

Evidenz und Zahlen haben den privaten Sektor überzeugt: Innerhalb von 5 Jahren fand eine direkte Kooperation mit mehr als 100 Unternehmen, auf indirektem Wege sogar mit über 400 Unternehmen statt.

Vortrag: „Aus der Praxis: Grenzsicherheit aus Sicht der Entwicklungszusammenarbeit (Polizeivorhaben)"

Jahrelange bewaffnete Konflikte, schwache staatliche Institutionen und Rechtsunsicherheit prägen den Alltag der Bevölkerung in vielen Ländern Afrikas. Seit 2008 unterstützt die GIZ den (Wieder-) Aufbau von Polizeistrukturen im Einklang mit rechtsstaatlichen Prinzipien. Ein Schwerpunkt der Polizeiarbeit in Westafrika ist die Prävention grenzüberscheitender Kriminalität. Um illegale Migration zu verhindern,

Drogenschmuggel und Menschenhandel vorzubeugen, eventuell sogar Akteure mit terroristischen Absichten zu erkennen und zu fassen, müssen Grenzsicherheitskräfte verlässlich und effektiv arbeiten. Dabei muss jedoch eine Balance gefunden werden zwischen effektiver Kontrolle und fließendem Grenzverkehr, um ökonomische Austauschbeziehungen nicht zum Erliegen kommen zu lassen. Reicht biometrische Identitätsbestimmung aus? Müssen robustere Formen der Kontrolle angewandt werden? Spielt die Zivilbevölkerung in einer Grenzregion eine wichtige Rolle oder stellt sie ein Risiko dar?

Die Situation der Bevölkerung in vielen Ländern Afrikas ist oftmals infolge jahrelanger bewaffneter Konflikte und der Schwäche der staatlichen Institutionen von Gewalt und Rechtsunsicherheit geprägt. Es liegt in der Verantwortung der Staaten, für die Sicherheit ihrer Bürger zu sorgen. Oft ist der Sicherheitssektor und insbesondere der Polizeiapparat den hiermit verbundenen Anforderungen jedoch nicht oder nur unzureichend gewachsen. Die Polizeiinstitutionen sind personell und materiell schlecht ausgestattet, die Polizei ist vielfach nicht ausreichend ausgebildet und korruptionsanfällig. Wenn dann noch grenzüberschreitende Problemlagen hinzukommen, sind Polizeiinstitutionen in Entwicklungsländern oft überfordert. Darüber hinaus sind Menschenrechte und rechtsstaatliche Prinzipien oft nur ungenügend in den Institutionen verankert. Die Bevölkerung nimmt die Polizei daher häufig weniger als Schutz denn als Bedrohung wahr. Die (Wieder-) Herstellung von Sicherheit und die Gewährleistung von Rechtsstaatlichkeit bedarf in diesen Fällen der Unterstützung durch die internationale Gebergemeinschaft.

Ziel des Polizeivorhabens Afrika ist es, die Polizeikräfte in ihrer Professionalität, Motivation und Effektivität zu unterstützen, damit sie so ihren Bürgern ein sicheres Umfeld gewährleisten können und gleichzeitig als gutes Beispiel für die Wahrung von Menschenrechten vorangehen. Hierbei stärkt das Vorhaben die Leistungsfähigkeit nationaler Polizeiinstitutionen, insbesondere in Postkonfliktländern, unterstützt zivile Sicherheitsinstitutionen bei der Entwicklung gemeinsamer Lösungsansätze für regionale Problemstellungen und stärkt die Polizeikomponenten der Afrikanischen Union (AU), ihrer regionalen Friedensbrigaden und AU-Friedensmissionen. Das Polizeivorhaben arbeitet direkt mit der AU Kommission, den jeweiligen Kommissionen der regionalen Friedensbrigaden, nationalen Polizeibehörden und Ministerien für Innere Sicherheit der Partnerländer zusammen. Zudem kooperiert das Vorhaben mit den Polizeimissionen der Europäischen Union und der Vereinten Nationen (UN) und koordiniert sich mit anderen internationalen und zivilgesellschaftlichen Akteuren.

Um dieses Ziel zu erreichen greift das Programm im Wesentlichen auf drei Hauptansätze zurück:

- Die Gestaltung und Beratung von strategischen und operativen Veränderungsprozessen innerhalb von Institutionen, Abteilungen oder einzelnen Einheiten von nationalen Polizeiinstitutionen.

- Die umfassende Unterstützung der professionellen Kapazitäten im Bereich Weiterbildung: Von der Erarbeitung eines strategischen Konzeptes einer Ausbildungseinrichtung bis hin zur Veranstaltung und Finanzierung von Trainingskursen.

- Die Durchführung von Ausstattungs- und Baumaßnahmen zur Schaffung einer Grundlage für effektive Polizeiarbeit und zur Verbesserung von Arbeitsbedingungen.

Gemeinsam mit der Polizei in Niger, Mauretanien und Tschad konzentriert sich das Programm im Wesentlichen auf drei Interventionsbereiche: die Verbesserung des polizeilichen Grenzmanagements, die Stärkung kriminaltechnischer Kapazitäten und der Ausbau von Trainings- und Fortbildungsstrukturen. Dabei liegt ein Fokus auf der Schaffung von Kooperationsplattformen in den westafrikanischen Ländern, um Wissen und Informationen auszutauschen.

Beispiel Tschad

Nach jahrzehntelangen bewaffneten Auseinandersetzungen zwischen muslimischen Gruppen im Norden und christlichen Gruppen im Süden des Landes, stabilisiert sich die politische Lage im Tschad seit 2010. Infolge einer Destabilisierung in den Nachbarländern des Tschads bleibt die Sicherheitslage jedoch weiterhin angespannt. Die Bürgerkriege in Libyen, Sudan und der Zentralafrikanischen Republik führten zu einem anhaltenden Zustrom von Flüchtlingen, Vertriebenen und deren Viehherden. Darüber hinaus stellen terroristische Organisationen wie Al-Qaida im Islamischen Maghreb und Boko Haram in Nigeria eine bedeutende Gefahr für die politische Stabilität und die sozio-ökonomische Entwicklung des Landes dar.

Während die Sicherheitslage im Tschad durch neue und strengere Grenzanlagen, welche die Einfuhr von Gütern, Personen und Tieren kontrollieren, verbessert werden konnte, erhöht sich der Druck auf Sicherheitsinstitutionen durch neue Ressourcenkämpfe, die aufgrund anhaltender Flüchtlingsströme weiter zunehmen.

Die Polizei im Tschad ist nur sehr bedingt dazu in der Lage, ihren Pflichten in Bezug auf die Verantwortung für die Sicherheit der Bevölkerung nach zu kommen. Sie ist oftmals schlecht ausgestattet und nicht ausreichend ausgebildet. Polizeiliche Infrastruktur ist besonders in ländlichen Gebieten fast nicht vorhanden. Ziel des Programmes ist es daher, die nationale Polizei des Tschads in einem höheren Grad dazu zu befähigen, die Sicherheit der Bevölkerung zu gewährleisten.

Verbesserung der Grenzsicherheit ist ein zentraler Aspekt dieses Projekts. Infrastrukturmaßnahmen wie der Bau einer neuen Grenzstation in N'Djamena werden im Einklang mit modernen Anforderungen des Grenzmanagements und unter Beachtung der Menschenrechte von Flüchtlingen und Migranten durchgeführt. Die gegenwärtigen Bauarbeiten an Tschads meist frequentiertem Grenzübergang ist eine wichtige Maßnahme, die dazu beiträgt, illegale grenzüberschreitende Aktivitäten von Schmugglern und terroristischen Organisationen (wie Boko Haram) besser zu kontrollieren. Die Baumaßnahmen werden von Grund- und Aufbautrainings im Grenzmanagement begleitet. Polizeibeamte werden in der Erkennung von gefälschten Dokumenten, Informationstechnologie, Verhaltensregeln sowie Englisch fortgebildet.

Beispiel Niger

Die Republik Niger ist geprägt von fragiler Staatlichkeit und der Binnenlage in einer der politisch volatilsten Regionen des afrikanischen Kontinents, was sich negativ auf Entwicklungspotenziale auswirkt. Vor allem im Sicherheitsbereich hat der westafrikanische Staat mit großen Herausforderungen zu kämpfen.

Einerseits sind die Konflikte zwischen dem nigrischen Staat und den für Autonomie kämpfenden Bevölkerungsgruppen, den Tuareg im Norden und den Toubou im Osten des Landes, weitgehend ungelöst. Andererseits lassen sich 5.700 Kilometer Außengrenze nicht angemessen sichern, sodass Niger zunehmend zum Transitland für Flüchtlinge aus Subsahara-Afrika, aber auch für Waffen und Drogen geworden ist. Eine besondere Bedrohung für die Sicherheitsentwicklung sind in der Region operierende islamistische Terrororganisationen, wie Al-Qaida im Islamischen Maghreb (AQIM), Ansar Dine in Mali oder die nigerianische Boko Haram. Die Konflikte in Libyen und Mali haben die Sicherheitslage zusätzlich verschärft.

Die nigrische Polizei ist diesen Herausforderungen kaum gewachsen und kann die Sicherheit der Bevölkerung landesweit nicht gewährleisten. Personelle und materielle Ausstattung sind unzureichend, was eine professionelle Polizeiarbeit erschwert.

Ziel des Polizeivorhabens ist es, dass die nationale Polizei Nigers ihren Aufgaben besser gewachsen ist, die Grenzen zu sichern und grenzüberschreitende Straftaten zu verfolgen. Das Projekt fügt sich dabei in die nationale Sicherheitsstrategie und die Sahel-Strategie der Europäischen Union ein. Projektmaßnahmen werden in enger Abstimmung mit internationalen Gebern in Niger geplant und durchgeführt.

Für die ordnungsgemäße Abwicklung des Grenzverkehrs werden, gemeinsam mit dem nationalen Partner, Polizeigrenzposten an der Grenze zu Nigeria gebaut. Zudem wird die zentrale Autowerkstatt der Polizei in der Hauptstadt Niamey wiederhergestellt. Die Maßnahmen werden durch Aus- und Fortbildung der Polizeikräfte speziell für grenzpolizeiliche Aufgaben begleitet.

Maßnahmen im Bereich Spurensicherung und Identitätsermittlung von Straftätern zielen auf den Aufbau von kriminaltechnischen Kompetenzen und Ressourcen ab, wobei die ordnungsgemäße Sicherung gerichtsverwertbarer Beweismittel eine an rechtsstaatlichen Grundsätzen ausgerichtete Beweisführung in den Strafverfahren ermöglichen soll.

Beispiel Mauretanien

Religiöse Radikalisierung, die wachsende Präsenz von Al-Qaida im Islamischen Maghreb (AQIM) und die Krise im Nachbarland Mali haben in den letzten Jahren die Sicherheitslage in Mauretanien verschlechtert. Hinzu kommt die wachsende Belastung durch die große Zahl westafrikanischer Migranten. Die mauretanische Regierung hat großes Interesse an der Kontrolle der Wüsten- und Grenzregionen, die auch bedeutende Drogenschmuggel- und Menschenhandelsrouten sind. Die Polizei als wichtiges staatliches Exekutivorgan leidet jedoch unter personellen, operativen und strategischen Defiziten. Sie kann einen geregelten Grenzverkehr nur bedingt gewährleisten.

Das Polizeivorhaben arbeitet in Mauretanien eng mit anderen nationalen und internationalen Akteuren zusammen, damit sich Maßnahmen zur Verbesserung der Sicherheit wechselseitig verstärken. Durch Beratung, Fortbildungsmaßnahmen und die Beschaffung von Sachmitteln stärkt das Vorhaben die Leistungsfähigkeit der nationalen Polizei Mauretaniens. Grenzsicherheitsmaßnahmen konzentrieren sich auf den Bau von Grenzstationen, die Ausstattung mit moderner Ausrüstung und die Durchführung von Trainings für die Grenzbeamten.

Fünf Grenzstationen sind inzwischen voll funktionsfähig: Eine Grenzstation wurde neu errichtet und zusammen mit vier weiteren Grenzstationen mit spezieller Ausrüstung etwa zur Personenkontrolle und -erfassung ausgestattet. Die dort eingesetzten Polizisten nahmen an IT-Kursen teil. Der Bau zweier weiterer Grenzstationen ist fast abgeschlossen.

Einen weiteren Schwerpunkt der Zusammenarbeit bildet der Ausbau der Aus- und Fortbildung der Polizei. Die Generaldirektion für Nationale Sicherheit (DGSN) wird dabei unterstützt, ein umfassendes und professionelles Fortbildungssystem für Grenzpolizisten zu entwickeln, einzurichten und zu koordinieren. In Nouakchott und anderen ausgewählten Regionen werden die kriminaltechnischen Polizeieinheiten durch Beratung, Fortbildungsmaßnahmen und die Ausstattung mit Arbeitsmaterialen dazu befähigt, ihre Aufgaben effektiver und effizienter auszuführen und ihre Arbeit an internationale Standards anzupassen.

2013 wurde eine nationale Polizeitrainingsstrategie entwickelt, die seitdem von der DGSN in Kooperation mit ihren internationalen Partnern umgesetzt wird. 22 Trainingsmodule für Kriminalpolizei und Grenzpolizei wurden erstellt. DGSN und die GIZ haben gemeinsam einen Trainingsplan für Grenzpolizisten entwickelt und Trainer ausgebildet. Ein Pool von acht Trainern steht nun zur Verfügung. Sie werden Fortbildungen für Grenzpolizisten durchführen und die Kompetenzprofile von mehr als 300 Grenzpolizisten sammeln.

Die für die Weiterbildung der Polizisten und die Sanierung der Polizeischule verantwortliche Abteilung wurde durch Fortbildungsmaßnahmen und die Bereitstellung von Ausrüstung unterstützt.

Themenbox III: „Tools und Methoden in der globalen Jugendgewaltprävention"

Jugendgewalt und die Konsequenzen sozialer Gewaltphänomene bedrohen die nachhaltige Entwicklung vieler Länder und werden zunehmend als Herausforderungen der deutschen Entwicklungszusammenarbeit betrachtet. Hohe Gewaltbereitschaft von Jugendlichen ist ein komplexes Phänomen, das vielschichtiger und sektorenübergreifender Lösungsansätze bedarf. Wirksame Strategien in der Prävention von Jugendgewalt folgen daher systemischen Ansätzen, die Akteure aus verschiedenen Fachbereichen zusammenbringen. Ziel ist es, gemeinsam an den kontextspezifischen Ursachen von Jugendgewalt zu arbeiten.

Systemische Ansätze der Jugendgewaltprävention erfordern praktische Tools und Methoden zur Einbeziehung lokaler Akteure sowie der Bürger, in deren Gemeinden gewaltpräventive Maßnahmen durchgeführt werden sollen. Die GIZ erarbeitet und nutzt Hilfestellungen zur Planung und Durchführung von Maßnahmen systemischer Gewaltprävention in vielfältigen Formen und Kontexten. Nachfolgend sollen Erfahrungen aus Zentralamerika und Südafrika beispielhaft dargestellt werden. Dabei werden ein Mediationsprogramm an Schulen sowie Ansätze zur Jugendgewaltprävention aus Südafrika beispielhaft vorgestellt.

In den letzten Jahren hat die GIZ intensiv ihre Erfahrungen mit Ansätzen der Jugendgewaltprävention aufgearbeitet und einen Leitfaden zur Planung von Maßnahmen der Jugendgewaltprävention entwickelt. Der Leitfaden unterstützt die Planung auf Basis der Analyse des spezifischen Kontextes und führt Schritt für Schritt durch einen partizipativen Datenerhebungs-, Analyse- und Planungsprozess. Sein Anspruch ist, die Komplexität von Jugendgewalt greifbar und bearbeitbar zu machen und er bewegt sich in einem klaren konzeptionellen Rahmen, mit dem auch Wirkungszusammenhänge beschreibbar werden. Dabei unterstützt der methodische Ansatz Bürgerbeteiligung und sektorübergreifende Kooperation als Basis wirkungsvoller Prävention und strebt Perspektivwechsel bei allen Beteiligten an. In seinem Hauptteil stellt der Leitfaden die folgenden Prozesse in den Vordergrund: die kontextspezifische, partizipative und gendersensible Analyse von Ursachen, Umfang und Auswirkungen von Jugendgewalt sowie die Planung von maßgeschneiderten Präventionsmaßnahmen. Hierfür hält der Leitfaden zwei unterschiedlich ausgerichtete Workshopkonzepte bereit, die konkrete Methoden und Übungen vorsehen. Zudem bietet er eine Auswahl an erprobten Ansätzen und Methoden zur Jugendgewaltprävention als Anregung für mögliche Aktivitäten der Präventionsmaßnahmen. Schließlich enthält er eine Auswahl an praktischen Tipps und handlungsorientierten Planungshilfen für die Anwendung des Leitfadens[4].

Im Rahmen des bereits weiter oben beschriebenen Vorhabens zur Prävention von Jugendgewalt in Zentralamerika (PREVENIR) wird der als *Miles de Manos* bezeichnete

---

[4] Der Leitfaden kann eingesehen und heruntergeladen werden unter: http://epflicht.ulb.uni-bonn.de/content/titleinfo/196880.

systemische und intersektoriale Ansatz zur Verbesserung des friedlichen Zusammenlebens in Familie und Schulen implementiert. Die Methode *Miles de Manos* (deutsch: Tausende von Händen) stärkt die pädagogischen und kommunikativen Kompetenzen von Lehrkräften und Eltern sowie deren Zusammenarbeit zugunsten der Schulkinder. Innovative Trainingseinheiten mit mehreren aufeinander aufbauenden Treffen und Veranstaltungen helfen den Erwachsenen dabei, ihre Rolle als Schlüsselpersonen für Kinder und Jugendliche besser wahrzunehmen.

Akteure auf nationaler Ebene sind Entscheidungsträger im Bildungsministerium, Institutionen der Lehreraus- und -fortbildung, Universitäten sowie nichtstaatliche Organisationen im Bildungsbereich. Auf Ebene von Provinzen und Distrikten werden Angestellte der Bildungsministerien und lokaler Nichtregierungsorganisationen zu Multiplikator/innen ausgebildet. Das Trainingsprogramm selbst richtet sich an Lehrpersonal und Eltern. Der Ansatz zielt darauf ab, dass Lehrkräfte und Eltern respektvoll, verantwortungsvoll, konstruktiv, demokratisch und gewaltfrei mit Kindern und Jugendlichen umgehen. Dazu gehört sowohl das kritische Hinterfragen traditioneller autoritärer Erziehungsmethoden wie auch das bewusstere Einnehmen ihrer Rolle als zentrale Bezugspersonen und das Grenzen setzen.

Miles de Manos stützt sich auf verschiedene erzieherische Präventionsmodelle, die wissenschaftlich nachgewiesen haben, dass sie das Risikoverhalten bei Kindern und Jugendlichen reduzieren. Diese Modelle wurden ausgewertet, zusammengeführt und an die lokalen Kontextbedingungen in vier Ländern Zentralamerikas angepasst. Es wurden Nationale Begleitkomitees mit zentralen Akteuren aus dem Bildungssektor gebildet, die das pädagogische Angebot begleiteten, Feedback gaben und dessen Aufnahme in die nationalen Lehrerfortbildungs- und Schulcurricula vorbereiteten. Und schließlich wurden drei spezifische Trainingsmodule für Eltern, Lehrkräfte und gemischte (Eltern-Lehrer/innen) Gruppen entwickelt.

Im Anschluss wurden *Miles de Manos*-Trainer/innen ausgebildet und die Durchführung der Trainingsmodule in ausgewählten Pilotschulen begleitet. Die mehrstufige Umsetzung von Miles de Manos an Pilotschulen in unterschiedlichen Ländern und die Evaluierung der Wirkungen ermöglichte eine kontinuierliche Feinjustierung des Ansatzes. Die Erfahrungen wurden auf Schulnetzwerke und neue Schulen übertragen und flossen in eine Upscaling-Strategie ein.

Die *Miles de Manos*-Treffen werden von Trainer/innen geleitet, deren vornehmliche Aufgabe es ist, eine vertrauensvolle und kooperative Atmosphäre zu schaffen: Die Teilnehmenden sollen sich frei fühlen, auch unangenehme Erfahrungen in der Kindeserziehung anzusprechen und gemeinsam zu analysieren. Die Methoden, die sie erlernen, unterstützen sie dabei, ihre Erwartungen an die Kinder klar zum Ausdruck zu bringen. Außerdem wird ihnen vermittelt, wie sie erwünschtes Verhalten bei Kindern verstärken, Grenzen setzen und Konsequenzen für nicht erwünschtes Verhalten festlegen können. Die Treffen bieten den Teilnehmenden die Möglichkeit, ihre Rolle als Eltern und Lehrkräfte zu reflektieren und neue Formen des Umgangs mit Kindern aus-zuprobieren, zum Beispiel im Rollenspiel. Am Ende eines der Treffen formulierte es ein Lehrer so: „Nach und nach haben wir aus verschiedenen Beispielen und Erfahrun-gen gelernt. Ich habe meine Stärken und Schwächen erkannt. Wir sollten die ‚Kultur des Neins' aus unserem Denken entfernen und das Positive in die Praxis umsetzen."

In den Reflektionen und Diskussionen, die in den Miles de Manos-Treffen angestoßen werden, wird vielen Eltern und Lehrkräften erstmals bewusst, dass sie in einer gewalt-belasteten Gesellschaft für Heranwachsende potentielle Schutzfaktoren darstellen. Gleichzeitig bekommen sie praktisch anwendbare Werkzeuge an die Hand, um dieser Aufgabe besser gerecht werden zu können. Durch das Einüben der neuen Techniken, zuerst in der Gruppe und danach als „Hausaufgabe" (die in dem darauf folgenden Treffen ausgewertet wird), wird ein direkter Bezug zur Lebenswelt der Teilnehmer/ innen hergestellt.

Erste Evaluierungsergebnisse deuten darauf hin, dass Kinder, deren Eltern und Lehr-kräfte, die am *Miles de Manos*-Programm teilgenommen haben, verringertes antiso-ziales oder aggressives Verhalten aufzeigen, welches als Vorläufer von Jugendgewalt angesehen wird. Dies wird durch Untersuchungen zur Wirkungen von Präventions-modellen untermauert, die für die Erstellung von *Miles de Manos* herangezogen wur-den. Studien zur Methode PBS (*Positive Behaviour Support*), die derzeit in knapp 3.000 Schulen in 34 US-Bundesstaaten eingesetzt wird, belegen beispielsweise einen 20% bis 60%-igen Rückgang der schulischen Disziplinarverweise, eine verbesserte Wahrnehmung der Schulsicherheit durch die Schulkinder sowie einen Rückgang der Zahlen der Schulkinder, die außerschulische Unterstützung benötigen.

Darüber hinaus fördert das Vorhaben die Verbindungen zwischen Eltern und Lehrern, die an *Miles de Manos* teilnehmen mit Gemeindepräventionsräten und Schulnetzwer-ken, um die Verbreitung und Vernetzung des Ansatzes zu stärken.

Auch das oben beschriebene Programm für Gewaltprävention in Südafrika bezieht insbesondere Jugendliche in seine Ansätze und Aktivitäten ein. Dies geschieht vor dem Hintergrund, dass junge Menschen weltweit überproportional häufig Gewalttä-ter, aber auch Hauptopfer von Gewalt sind. Für erfolgreiche Gewaltprävention ist daher die Stärkung von Jugendlichen unerlässlich. Dies ist besonders in Südafrika von hoher Bedeutung, wo das landesweite Durchschnittsalter bei 25 Jahren liegt. Die Mehrheit der jungen Menschen will einen positiven Beitrag zum Leben in ihren Nach-barschaften und zur Entwicklung des Landes leisten. Oft fehlen jedoch Angebote und Möglichkeiten, die Potenziale Jugendlicher ausreichend zu fördern. Hier arbeitet das Vorhaben durch jugendsensible Maßnahmen an ihrem sozialen Engagement, was sich nicht nur positiv auf den sozialen Zusammenhalt in den Gemeinden auswirkt und das besondere Potenzial Jugendlicher in der nachhaltigen Umsetzung gewaltpräventiver Maßnahmen ausschöpft, sondern auch Zukunftsperspektiven eröffnet und die Beschäftigungsfähigkeit von Jugendlichen stärkt.

Eine dieser Maßnahmen, die die GIZ unterstützt, ist das Projekt „Youth for Safer Communities". Diese Intervention setzt die GIZ gemeinsam mit einer lokalen Nichtregierungsorganisation (Masifunde) in Port Elizabeth/Nelson Mandela Bay um. Im Rahmen der Intervention haben sogenannte „peer educators", die Teil der Jugendgruppen der lokalen NGO sind, ein Workshopkonzept entwickelt und setzen dies an Schulen in ganz Nelson Mandela Bay um. Während der Workshops werden gemeinsam mit den Schülern jeweils Ideen für die Schaffung von mehr Sicherheit in ihren jeweiligen Gemeindevierteln entworfen und ausgewählte Projektideen anschließend implementiert. Insgesamt wurden so Workshops an 40 Schulen gehalten und mehr als 4.000 Jugendliche direkt erreicht.

Im Vorfeld der Workshops verschafften sich die *„peer educators"* einen Überblick über die Gewaltkriminalität in den jeweiligen Vierteln im Rahmen von Interviews und Besichtigungen. Die Jugendlichen erfragten relevante Informationen bei der Polizei, Gemeindevertretern und Bewohnern. Diese Informationen und ihre eigenen Erfahrungen diskutieren sie dann gepaart mit Konzepten zur Gewaltprävention und der besonderen Rolle von Jugendlichen an den jeweiligen Schulen der Stadt an der Ostküste Südafrikas. Neben einem interaktiven Workshopteil nutzen die jugendlichen „peer educators" unterschiedliche Medien, um die Schüler zu erreichen. So haben sie einen Song geschrieben und aufgenommen, eine Dokumentation über sogenannte „local heroes" für mehr Sicherheit in ihrem Stadtteil, dem Walmer Township, gedreht und mehrere Sonderhefte ihrer Zeitung „Walmer's Own" zum Thema „Sichere Nachbarschaften" herausgegeben. Diese Medien führen nun zu einer weiteren Verbreitung des gesammelten Wissens.

Herausragend ist dabei, dass die Jugendlichen die Workshops an ganz unterschiedlichen Schulen - und damit sozialen Kontexten - geben. Dadurch werden die Grenzen und Polaritäten zwischen den verschiedenen Bevölkerungsgruppen überschritten und der soziale Zusammenhalt gestärkt. Das Projekt ist auch in dem Sinne einmalig, als dass es von Jugendlichen für Jugendliche geplant und durchgeführt wird. Um andere Nichtregierungsorganisationen für ähnliche Maßnahmen zu begeistern, bereiten die GIZ und Masifunde Unterstützungmechanismen für eine Replikation des Ansatzes vor.

Auch in Timor-Leste unterstützt die GIZ Maßnahmen der Jugendförderung und Jugendgewaltprävention. Timor-Leste ist ein Postkonfliktland mit einer fragilen Staatlichkeit. Mehr als zwei Drittel der Bevölkerung sind jünger als 30 Jahre. Hohe Jugendarbeitslosigkeit, fehlende Beschäftigungsmöglichkeiten sowie unzureichende Bildungsperspektiven im formalen und non-formalen Bereich bieten Jugendlichen wenig Aussicht auf sozialen Aufstieg. Die Konfrontation mit Gewalt im öffentlichen Raum sowie persönliche Gewalterfahrungen in Familie und Schule erhöhen die Gewaltbereitschaft. Die institutionellen Strukturen der Jugendarbeit sind schwach verankert und wenig vernetzt; die Akteure der Jugendförderung fachlich nur kaum qualifiziert: Entsprechende Studiengänge oder Fortbildungen sind in Timor-Leste bisher kaum verfügbar. National wie dezentral gibt es kaum etablierte Koordinierungsmechanismen, um die Jugendarbeit staatlicher und nichtstaatlicher Institutionen erfolgreich aufeinander abzustimmen. Die Voraussetzungen für eine gewaltfreie Konfliktbearbeitung von Jugendlichen sind wenig ausgeprägt, entsprechende Maßnahmen gibt es nur wenige.

Gemeinsam mit den Durchführungspartnern des „Staatssekretariats für Jugend und Sport" (SSYS) sowie der „Antikorruptionsbehörde" (CAC) qualifiziert das Projekt staatliche und zivilgesellschaftliche Einrichtungen der Jugendförderung, um Jugendliche in ihrem Lebensalltag zur gewaltfreien Konfliktbearbeitung zu befähigen. Das Vorhaben wendet sich an weibliche und männliche Jugendliche im Alter zwischen 16 und 30 Jahren im ländlichen und städtischen Raum. Mädchen und jungen Frauen gilt dabei besonderes Augenmerk, um zu gewährleisten, dass sie ebenso von den Maßnahmen profitieren wie ihre männlichen Altersgenossen.

Methodisch folgt das Vorhaben einem Mehrebenenansatz. Zum einen umfasst es Maßnahmen zur Ausweitung der Leistungsfähigkeit für staatliche und nichtstaatliche Partner. Zum anderen beinhaltet es Förderungsmaßnahmen für Jugendliche, die über Finanzierungen für Organisationen und lokale Initiativen ermöglicht werden. Dazu werden in vier Distrikten des Landes Maßnahmen der Jugendförderung, die im Rahmen von Netzwerken im Jugendbereich vereinbart werden, von den Akteuren pilothaft umgesetzt und für eine spätere Verbreitung ausgewertet und aufbereitet.

Das aktuelle Projekt des Friedensfonds baut auf dem Vorgängerprojekt (2008–2013) auf. Mehr als 40.000 timorische Jugendliche sind dabei mit friedensfördernden Projekten und Fortbildungen erreicht worden, über 40 % davon waren junge Frauen. Über 90 % von 4.000 befragten Teilnehmern gaben an, dass die jeweiligen Maßnahmen erkennbar zu Frieden fördernden Effekten in ihrer Gemeinde beigetragen haben. Das derzeitige Projekt führt nun verstärkt Maßnahmen durch, um die Leistungsfähigkeit und die Kompetenzen staatlicher und nichtstaatlicher Partner (Nicht-Regierungsorgansationen) im Jugendsektor weiter auszubauen (Capacity Development). Zudem werden lokale Initiativen für Jugendliche durch Finanzierungen von Organisationen gezielt gefördert. Vor allem in den ländlichen Distrikten von Ermera, Aileu, Manatuto und Baucau führen die beteiligten Akteure die Planung von Jugendfördermaßnahmen in Netzwerken zusammen. Ausgehend von ausgewählten Jugendzentren werden die Maßnahmen dann modellhaft umgesetzt.

Vortrag: „Aus der Praxis: Gewaltprävention und (soziale) Medien - Erfolgreiche Beispiele aus Lateinamerika, Südafrika und Timor-Leste"

In Afrika, Asien und Lateinamerika unterstützt die Gesellschaft für Internationale Zusammenarbeit (GIZ) mit Förderung der Bundesregierung und anderer Geber Maßnahmen zur Prävention von Gewalt in vielfältigen Formen und gegen unterschiedlichste gesellschaftliche Gruppen.

An Beispielen aus Südafrika, Lateinamerika und Timor-Leste werden die Vielschichtigkeit des Gewaltproblems, die verschiedenen Ansätze und Mittel zur Prävention durch den Einsatz von modernen Kommunikationsmitteln sowie die Allianzen mit staatlichen und privaten Partnern in der Gewaltprävention vorgestellt.

Mit Hilfe der sogenannten „neuen Medien" wie Internet, Smartphone Apps oder YouTube Videos können nicht nur neue, häufig jüngere Zielgruppen erreicht, sondern auch Informationen und Botschaften zu relevanten Themen im Bereich Gewalt und Konflikte zu überschaubaren Kosten permanent verfügbar gestellt werden. So ist beispielsweise der Kurzfilm zum Plakat im Dorfladen oder zur letzten Aufführung der Theatergruppe für Interessierte jederzeit auf YouTube abrufbar. Und über Apps und Rollenspiele wird versucht, Werte zu beeinflussen und friedliches Zusammenleben zum „Kult" zu machen. Die Beobachtungen von Facebook-Kommentaren zu Gewalttaten lassen einen Einblick in gesellschaftliche Akzeptanz bzw. Nichtakzeptanz zu und die Vernetzung der Nutzer/innen kann im besten Fall Verhaltensmuster positiv beeinflussen. Eine weitere Dimension der Nutzung von Internet und Smartphones ist die Verfügbarmachung von Informationen zu Gewalt und Konflikten in „real time". Verbrechen und Gewalt sowie den Verkehrsfunk von öffentlicher Seite aus in Echtzeit online zu stellen, mag zwar für Menschen in Deutschland eine abwegige Vorstellung sein, aber in Ländern mit hoher Gewaltrate sind solche Überlegungen nicht fremd.

Geschlechtsspezifische Gewalt gegen Frauen ist in der Andenregion und Paraguay noch immer weit verbreitet. Das bereits oben erwähnte Regionalvorhaben ComVoMujer nutzt bei der Arbeit mehrere Strategien. Durch Kampagnen, Medienbeteiligung, Studien und Informationen werden soziokulturelle Denk- und Verhaltensmuster beeinflusst, die Gewalt gegen Frauen und die gesellschaftliche Ungleichheit der Geschlechter legitimieren. Verschiedene staatliche, nicht-staatliche und privatwirtschaftliche Akteure werden bei der Umsetzung von präventiven Ansätzen unterstützt und durch zielgruppenorientierte, partizipative Bearbeitung des Themas geschult.

So versucht zum Beispiel die Kampagne in sozialen Medien: "Ich bin Katjas Hand" anhand des Schicksals von Katja Cabezas aus Ecuador, der beim Versuch ihres Partners sie umzubringen eine Hand abgehackt wurde, auf das Problem der Frauenmorde aufmerksam zu machen[5].

---

[5]   Facebook-Link: https://www.facebook.com/Yo-soy-la-mano-de-Katia-799795253442470/timeline/.

Bei Gewalt an Frauen in Paarbeziehungen handelt es sich um die Form der Gewalt, welche die höchsten Kosten verursacht. Betroffen sind insbesondere junge Frauen zwischen 13 und 20 Jahren. Die Kosten jeglicher Art von Gewalt für Länder mit niedrigem und mittlerem Einkommen stellen einen Anteil des weltweiten BIP von 11,16% dar. Auch wenn die meisten Unternehmen bislang Partnergewalt an Frauen als privates Thema betrachten, für welches sie nicht zuständig sind und welches sie nicht betrifft, findet hier Schritt für Schritt eine Wende statt. Immer mehr Firmen sind sich über die diversen Auswirkungen von Gewalt an Frauen auf ihr Unternehmen bewusst und haben entsprechende Maßnahmen eingeleitet.

Vermehrt zielen Unternehmen mit ihrer Arbeit zu Gewaltprävention auf ein jüngeres Publikum. Zum einen, da sie, wie auch deutsche Unternehmen, für neue junge Mitarbeiter/innen attraktiv sein möchten, sowie auch um neue, vor allem junge Kunden und Kundinnen zu gewinnen, welche an sozialen Themen interessierter sind.

Gerade Unternehmen haben durch ihre Expertise in der Nutzung sozialer Netzwerke ein großes Potential durch breit angelegte Präventionsmaßnahmen und -kampagnen viele Menschen und vor allem ein junges Publikum zu erreichen. Dieses Potential wird in Südamerika bereits intensiv genutzt, kann aber auch dort, sowie in Deutschland, noch ausgeweitet werden. Über moderne soziale sowie auch klassische Medien treten Unternehmen an ihr Klientel heran, indem sie zum Beispiel ihr Kerngeschäft mit Botschaften gegen Gewalt an Frauen verknüpfen oder Mitarbeiter und Mitarbeiterinnen motivieren, innerhalb und außerhalb des Unternehmens eine Kultur der „Null Toleranz gegenüber Gewalt an Frauen" zu kreieren. Dafür nutzen sie unter anderem Werbeclips, Facebookauftritte, Smartphone-Applikationen und interne Informationsnetzwerke. Diese Maßnahmen und Produkte können einfach an unterschiedliche Kontexte angepasst und überall, auch in Deutschland, erfolgreich implementiert werden.

ComVoMujer berät die Unternehmen bei der Entwicklung von Kampagnen und Produkten unter anderem im Bereich Social Media. Ein Beispiel dafür ist die Zusammenarbeit mit der ecuadorianischen Telefongesellschaft CNT mit der eine Applikation für Smartphones entwickelt wurde. Diese informiert ein breites Publikum nicht nur über die Formen von Gewalt an Frauen, sondern bietet den Nutzerinnen und Nutzern auch die Möglichkeit, schnell Hilfe zu suchen und zu finden. Diese Hilfe kann über einen direkt zu erreichenden Notruf mittels der Applikation rückschlussfrei angefordert werden. Alternativ können auch Vertrauenspersonen schnell mittels spezifischer Textnachrichten (SMS) kontaktiert werden[6].

---

[6]   siehe Beispiele unter https://play.google.com/store/apps/details?id=com.artech.appinfoemp.informativo
und https://www.youtube.com/watch?v=V90LwkJ_P3o

Ein weiteres Beispiel ist die Zusammenarbeit mit dem Pharmaunternehmen Bagó bei der Erstellung von Videos[7]. Außerdem wurde mit Unternehmen aufgrund deren Nachfrage eine Online-Zertifizierung entwickelt[8].

Ebenso nutzt ComVoMujer selbst intensiv soziale Medien, um zu informieren und zu mobilisieren. Über Facebook werden Publikationen und Informationen über anstehende Events –eigene und der Partner – verbreitet. Der Blog bietet die Möglichkeit spezifische Themen nicht nur mit Lesern und Leserinnen zu diskutieren, sondern diese auch einzuladen selbst Texte zu verfassen[9].

Auch das oben beschriebene Vorhaben in Timor-Leste bedient sich innovativer Kommunikationsmittel, um Botschaften gewaltfreier Kommunikation zu vermitteln. So erzielte beispielsweise die landesweite Filmkampagne „Superwoman for Peace" nach Jahrzehnten der Gewalt starke Resonanz in der Gesellschaft. In den Filmen werden jungen Leuten Wege zur gewaltfreien Konfliktlösung aufgezeigt. Flankiert wird dieses Medium durch sogenannte „road shows", mit der die Schauspieler die Filme auch in den Provinzdistrikten zeigen und mit Jugendlichen diskutieren. Auf diese Weise wurden vor Ort über 10.000 junge Menschen im städtischen und ländlichen Umfeld erreicht. Aus einem Interview mit der Hauptdarstellerin: „Es passiert immer öfter, dass mich Menschen auf der Straße erkennen. Die Kinder rufen mir ‚Superwoman' oder den Leitspruch unserer Filme nach: ‚Pack das Problem an, nicht die Leute!' Das ist einzigartig. Ich merke, dass die Menschen nicht nur mich erkennen, sondern auch die Inhalte verstehen."

Das Programm für Gewaltprävention in Südafrika bedient sich eingängiger Sketching-Videos zur Darstellung der Herausforderungen für Gewaltprävention und der eigenen Ansätze[10]. Über YouTube oder die weiter oben erwähnte Plattform für Gewaltprävention in Südafrika (www.saferspaces.org.za) finden diese Videos weite Verbreitung und Anerkennung. Zudem nutzt die Plattform Safer Spaces weitere interaktive Methoden, um den Austausch und die öffentliche Diskussion zu Themen der Gewaltprävention zu fördern. Dazu gehören Blogs, umfangreiche Sammlungen von Ressourcen und weiterführenden Links sowie Kontakt zu einer wachsenden Community von Praktikern der Gewaltprävention.

In vielfältiger Form trägt die GIZ dazu bei, Gewaltpotenziale zu verringern und Gewalt in verschiedenen Ausprägungen vorzubeugen. Unterschiedliche Kontexte erfordern angepasste, systemische und intersektorale Lösungen. Die Herausforderungen werden in Zukunft aufgrund von zunehmender Urbanisierung und Migrationsströ-

---

[7]   Beispiel: https://www.youtube.com/watch?v=2bme5AbBVZU; https://www.youtube.com/watch?v=nzSragAgCE8

[8]   Beispiel: http://www.empresasegura.org/; https://www.youtube.com/watch?v=o8wNBCAiyC4

[9]   YouTube: Canal Libre de Violencia; bloqueandolavcm.org; Twitter: @ComVoMujer

[10]   Beispiel: https://www.youtube.com/watch?v=lEFxOFiHXzE

men, verknappenden Ressourcen und wachsender Vernetzung grenzüberschreitender, organisierter Kriminalität noch zunehmen, aber verschiedene Erfahrungen und positive Beispiele zeigen, dass Gewalt durch Prävention reduziert werden kann. Es ist davon auszugehen, dass das Thema auch weiterhin von hoher Relevanz bleibt: Die erst kürzlich auf der UN-Vollversammlung Ende September 2015 verabschiedeten „Sustainable Development Goals" bieten dafür vielfältige Anknüpfungspunkte, auch in Zukunft aus unterschiedlichen Blickwinkeln gewaltpräventive Ansätze in Entwicklungsländern genauso wie auch in Deutschland umzusetzen. Dabei ist zum einen selbstverständlich das Ziel 16 für Frieden und Gerechtigkeit handlungsleitend, aber auch Unterziele der Ziele 1 (Armutsminderung), 3 (Gesundheit), 4 (qualitative Bildung), 5 (Gendergerechtigkeit), 10 (weniger Ungleichheit) und 11 (nachhaltige Städte und Gemeinden) stehen in direktem Zusammenhang zu Gewaltprävention – und zeugen von dem Bemühen der internationalen Gebergemeinschaft, die vielfältigen Facetten von Gewalt weiter aktiv und präventiv zu bearbeiten.

Gregor Dietz

Hessisches Präventionsnetzwerk gegen Salafismus

Hintergrund

Das im Innenressort angesiedelte Hessische Kompetenzzentrum gegen Extremismus (HKE) (Homepage: www.hessen-gegen-extremismus.de) wurde durch den hessischen Innenminister im November 2013 mit dem Aufbau eines „Präventionsnetzwerks gegen Salafismus" beauftragt. Es sollte sich dabei um das erste landesweite Netzwerk dieser Art in Deutschland handeln.

Das HKE hat daraufhin Vorgespräche u.a. mit Vertretern muslimischer Organisationen (DITIB, Türkische Gemeinde), des „beratungsNetzwerks hessen" (gegen Rechtsextremismus), freien Trägern im Bereich der Extremismusprävention, hessischen Ministerien (Sozialministerium, Kultusministerium, Justizministerium), der Stadt Frankfurt am Main (Amt für multikulturelle Angelegenheiten), Islamwissenschaftlerinnen und Islamwissenschaftlern etc. geführt, um Möglichkeiten für die erfolgreiche Einrichtung eines ganzheitlichen Präventionsnetzwerks gegen Salafismus in Hessen auszuloten. In diese Überlegungen wurden auch Konzepte aus anderen Bundesländern bzw. von Bund-Länder-Arbeitsgruppen, Sachstandsberichte z.B. des Gemeinsamen Terrorismusabwehrzentrums (GTAZ) und Erkenntnisse aus anderen europäischen Staaten einbezogen.

Der Salafismus gilt derzeit als die dynamischste und am schnellsten wachsende islamistische Bewegung. Aktuell (Stand: Juli 2015) wird in Hessen von etwa 1.600 Aktivisten ausgegangen, bundesweit von etwa 7.300. Alleine aus Hessen sind in der Vergangenheit mehr als 120 Personen – zumeist aus dem salafistischen Spektrum – in Richtung Syrien als derzeitig aktuellem Jihad-Schauplatz ausgereist. Etwa ein Viertel dieser gereisten Personen befindet sich momentan wieder in Hessen – sie stellen eine potentielle Gefahr für die innere Sicherheit dar, da sie sich weiter radikalisiert haben könnten und die Motivlage ihrer Rückkehr unklar ist.

Im Herbst 2013 hat das HKE eine Studie[1] zu Radikalisierungshintergründen und -verläufen von 23 aus dem Rhein-Main-Gebiet nach Syrien ausgereisten Salafisten erstellt, die als Basis für die Ent-wicklung von Strategien der Prävention und Intervention verwendet wird. Daraus geht z.B. hervor, dass eine salafistische Radikalisierung junger Menschen zwar häufig für das soziale Umfeld erkennbar ist, dass vielfach jedoch eine Handlungsunsicherheit bezüglich geeigneter Präventions- und Interventionsmaßnahmen vorherrscht. Die Ergebnisse wurden 2014 im Rahmen einer

---

[1] Die Studie kann unter folgendem Link abgerufen werden: https://hke.hessen.de/sites/hke.hessen.de/files/content-downloads/HKE_Studie_Radikalisierungshintergruende_Syrienausreiser.pdf.

bundesweiten Studie[2] des Bundesamts für Verfassungsschutz bestätigt und weitere Ansatzpunkte für Maßnahmen der Prävention und Intervention abgeleitet.

Ziele des Hessischen Präventionsnetzwerks gegen Salafismus

Die Einrichtung des Hessischen Präventionsnetzwerks gegen Salafismus verfolgt in Hessen nachfolgende Ziele:

Präventionsmaßnahmen

Allgemeine Prävention zur Stärkung von Toleranz-, Empathie-, Diskurs- und Demokratiefähigkeit, interreligiöse Projekte etc. sowie spezifische Prävention durch Informations-, Sensibilisierungs- und Fortbildungsveranstaltungen.

Interventionsmaßnahmen im Sinne von Beratungsangeboten

Hierzu gehören die Beratung von Angehörigen und dem sozialen Umfeld von Radikalisierten, die Beratung von und aufsuchende Arbeit mit Radikalisierten in einem frühen Stadium sowie der Aufbau eines Ausstiegsangebots für Radikalisierte, z.B. Syrien-Rückkehrer, Inhaftierte in Justizvollzugsanstalten (JVAs).

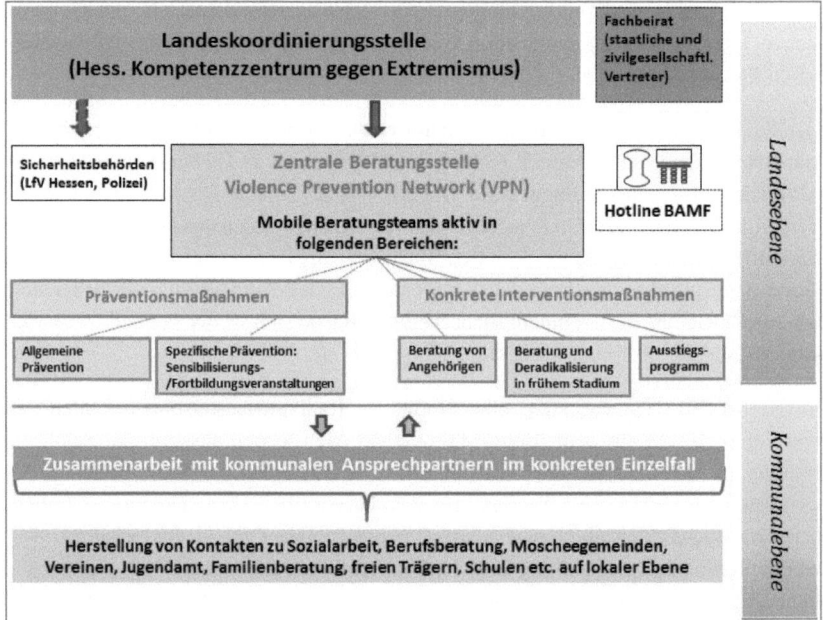

Abbildung 1: Schaubild zum Hessischen Präventionsnetzwerk gegen Salafismus

---

2   Die Studie kann unter folgendem Link abgerufen werden: https://innen.hessen.de/sites/default/files/media/hmdis/20141201_praeventionsnetzwerk_salafismus_analyse.pdf

Struktur des Präventionsnetzwerks gegen Salafismus

Zentrale Elemente des Hessischen Präventionsnetzwerks gegen Salafismus sind die Landeskoordinierungsstelle, die Beratungsstelle Hessen – Religiöse Toleranz statt Extremismus sowie der Fachbeirat.

Landeskoordinierungsstelle: Diese Aufgabe wird durch das HKE im HMdIS übernommen. Die Lan-deskoordinierungsstelle ist zuständig für die zentrale Steuerung und Koordinierung der Maßnah-men der Prävention und Intervention und gewährleistet zudem den notwendigen Informationsfluss zwischen der Zentralen Beratungsstelle und den Sicherheitsbehörden. Zudem koordiniert sie die Zusammenarbeit mit weiteren Akteuren im Handlungsfeld Salafismus.

Beratungsstelle Hessen: Die Beratungsstelle wurde bei dem Träger „Violence Prevention Network (VPN)"[3] angebunden und ist unter der Telefonnummer 069 27 29 99 97 erreichbar. Im Oktober 2014 wurden die Büroräume von VPN in Frankfurt-Bockenheim eröffnet. Zu den Kernaufgaben der Beratungsstelle gehören Maßnahmen der Prävention, Intervention und Ausstiegsbegleitung. Die Beratungsstelle wurde bewusst nicht bei den Sicherheitsbehörden angesiedelt, um für Betroffene Hemmschwellen zur Kontaktaufnahme zu senken. Sie priorisiert die an sie herangetragenen Einzelfälle, stellt bei konkreten Interventionsmaßnahmen ggf. Beraterteams zusammen, leitet „Begleitmaßnahmen" (z.B. Einbindung in Vereine, Kontakte zu Moscheegemeinden etc.) ein, bindet die muslimischen Verbände mit ein und aktiviert kommunale Ansprechpartner. Diese stehen vor allem in den Städten zur Verfügung, um den Beratern vor Ort Kontakte z.B. zum Jobcenter, zu Vereinen oder zum Jugendamt zu vermitteln.

Fachbeirat: Dieses Gremium begleitet, berät und unterstützt die Zentrale Beratungsstelle in ihrer strategischen Ausrichtung und Arbeit. Der Fachbeirat setzt sich aus Vertreterinnen und Vertretern des Hessischen Ministeriums des Innern und für Sport, des Hessischen Ministeriums der Justiz, des Hessischen Kultusministeriums, des Hessischen Ministeriums für Soziales und Integration, des Hess. Städte- und Gemeindebundes, des Hess. Städtetages, des Hess. Landkreistages, der Landeszentrale für politische Bildung, des Landesamts für Verfassungsschutz Hessen, des Hessischen Landeskriminalamts, der Sportjugend Hessen, dem Landesjugendring, dem Landesverband der Jüdischen Gemeinden, der Universität Frankfurt, der Universität Gießen sowie Vertreterinnen und Vertretern muslimischer Verbände/Organisationen zusammen.

Hotline: Ausstiegswillige Personen, aber auch Angehörige oder Personen aus dem sozialen Umfeld können ebenso über eine Hotline (069 269 18 597), die beim Bun-

---

[3] Violence Prevention Network e.V. ist ein Verbund erfahrener Fachkräfte, die seit Jahren mit Erfolg in der Antigewalt-arbeit und Extremismusprävention sowie der Deradikalisierung extremistisch motivierter Gewalttäter tätig sind.

desamt für Migration und Flüchtlinge (BAMF) angesiedelt ist, ersten Kontakt aufnehmen und von dort an die Beratungsstelle Hessen vermittelt werden. Im BAMF arbeiten erfahrene Expertinnen und Experten, die ernstgemeinte Anfragen (Beratungsfälle) entsprechend weiterleiten.

Dagmar Freudenberg

Opferschutz rechnet sich?!

I. Vorbemerkung

Das Motto des 20. Deutschen Präventionstages „Prävention rechnet sich. Zur Ökonomie der Kriminalprävention" folgt der Entwicklung der letzten Jahrzehnte in der Diskussion zur Kriminalprävention.

Schon seit langer Zeit ist ein Kernpunkt dieser Diskussion die Frage, ob denn (Kriminal-) Prävention überhaupt etwas nützt. Dies ist vor allem deshalb von Interesse, weil in Zeiten knapper finanzieller Ressourcen die politischen Entscheidungen über Ausgaben gerade auch für Präventionsmaßnahmen unter dem Gesichtspunkt der Wirksamkeit wohl begründet sein müssen. Dies begründete bereits früh das zunehmende Bedürfnis nach Evaluation von Kriminalpräventionsmaßnahmen, die im Wesentlichen an der Einwirkung auf – potentielle – Täter ansetzen.

Voraussetzung für eine Evaluierung von Maßnahmen im Kontext der Kriminalprävention ist indessen die Vergleichbarkeit und Systematisierung verschiedener Präventionsmaßnahmen und Programme.

In dem Gutachten zum 20. Deutschen Präventionstag betrachtet Professor Dr. Stephan Thomsen die Thematik unter den Gesichtspunkten der Volkswirtschaftslehre im Zusammenhang mit der Allokation, d.h. der Verteilung bzw. Aufteilung knapper verfügbarer Ressourcen auf die gesellschaftlichen Erfordernisse.[1] Ausgangspunkt der Überlegungen ist die Übertragung der ökonomischen Prinzipien rationaler Wahlentscheidungen auf den Bereich der Kriminalität durch Gary Becker in den 1960er Jahren mit dem Ziel der Minimierung der sozialen Schäden aus der Kriminalität durch eine geeignete Festsetzung der Abschreckungsinstrumente wie insbesondere Strafwahrscheinlichkeit und Strafhöhe, die dem Staat zur Verfügung stehen und die er einsetzen kann, um soziale Schäden effizient zu minimieren. Dem folgend zeigt Thomsen auf, dass zur Bestimmung der Effizienz, also des Verhältnisses der Maßnahmen zur Verringerung der Schäden durch Kriminalität zu den hierdurch verursachten Kosten eine Quantifizierung dieser Größen erforderlich ist. Ökonomische und ökonometrische Verfahren seien geeignet, durch statistisch-mathematische Formulierung und Schätzung kausaler Wirkungsmodelle interpretierbare quantitative Effekte zu ermitteln, sofern die Daten aussagekräftig sind. Aus Sicht von Thomsen seien Denkweise und theoretische sowie statistisch-mathematische Instrumentarien der Wirtschaftswissenschaften besonders geeignet, um die Zusammenhänge zwischen Kriminalität und Ökonomie zu untersuchen. In diesem Zusammenhang erforderliche, von Kosten-Wirksamkeits-

---

[1] Thomsen, Stephan, Gutachten für den 20. Deutschen Präventionstag, „Prävention rechnet sich. Zur Ökonomie der Kriminalprävention." siehe den Beitrag in diesem Band

Analysen zu unterscheidende systematische Kosten-Nutzen-Analysen zur Kriminalprävention sind in Deutschland nicht verfügbar aber notwendig. Im Idealfall erlaubt
die Kosten-Nutzen Analyse die Feststellung, welche Schadensvermeidung (in Euro)
pro eingesetztem Euro erreicht werden kann. Erforderlich hierzu sind verschiedene
Schritte, darunter die Beschaffung von Schätzergebnissen über die Programmwirkungen – zu erlangen über eine Wirkungsanalyse oder Evaluation unter Berücksichtigung
wissenschaftlicher Standards – und die Quantifizierung des Nutzens und der Kosten
in monetären Größen. Zu den zu berücksichtigenden Kosten gehören dabei nicht nur
die materiellen Kosten der Opfer, sondern auch die psychischen Kosten als Teil der
immateriellen Kosten der Kriminalität, die mangels verfügbarer Marktpreise nur über
Opferbefragungen oder Viktimisierungsstudien und Durchschnittswerte zu ermitteln
seien. Dazu ist festzustellen, dass diese immateriellen Kosten je nach Straftat, individueller Betroffenheit und Empfindlichkeit der Opfer sowie stärkender oder destabili-
sierender Reaktion des Umfeldes des Opfers differieren.

Aus diesen – stark gekürzt dargestellten – grundlegenden Überlegungen wird die Problematik verlässlicher Aussagen zur Kosten-Nutzen-Analyse und damit letztlich zur
Beantwortung der sich im Kontext der Allokation stellenden Fragen bereits deutlich.

Für die hier interessierende Frage „Opferschutz rechnet sich?" lässt sich aus den
vorstehenden Ausführungen unschwer entnehmen, dass gerade die Betroffenheit
von Opfern durch Straftaten im psychischen Bereich sich der Messbarkeit entzieht.
Durchschnittswerte und Schätzungen der psychischen „Kosten" erscheinen – abhängig von Parametern der verwendeten Cluster – wenig aussagekräftig. Hinzu kommt
der Umstand, dass im Bereich des Opferschutzes sehr unterschiedliche Maßnahmen
für die Unterstützung der Opfer als Metaziel durch staatliche Träger, aber auch durch
Akteure der Zivilgesellschaft eingesetzt werden, die die individuell definierbaren Ziele beim einzelnen Opfer auch erreichen, wenn dies den Metazielen nur in sehr weit
gefasster Form entspricht. Als Beispiel mag hier das Abstandsgebot mit Wohnungszuweisung nach §§ 1, 2 Gewaltschutzgesetz (GewSchG) für den Täter gelten, das durch
das Opfer bei häuslicher Gewalt im Wege der Wohnungszuweisung erwirkt wird:
Das zugrundeliegende Prinzip „Wer schlägt muss gehen!", das dem Opfer ggf. mit
den mitbetroffenen Kindern den Verbleib in der Wohnung gewährleistet, ist in High-
Risk-Fällen wie z.B. traditionsbedingter Gewalt kontraproduktiv, weil dem Täter der
Aufenthaltsort bekannt bleibt und ein erneuter Zugriff auf das Opfer sogar erleichtert
wird. Für andere Fallkonstellationen ist dies jedoch eine unverzichtbare opferschützende Maßnahme. Insgesamt erscheint es deshalb notwendig, in die Ausgangsthese
„Opferschutz rechnet sich?!" die auch von Thomsen erwähnte Alternative des „Ob?"
des Einsatzes von Opferschutzmaßnahmen („Option, gar nichts zu tun") nicht einzubeziehen[2], sondern vielmehr die Analyse auf einzelne, ggf. alternativ angebotene

---

[2]   ausführlicher dazu unter III.

Maßnahmen zu fokussieren. Dabei wird der Begriff „Opferschutz" synonym für alle Maßnahmen der Begleitung, des Schutzes und der Opferhilfe verstanden.

II. Opferschutz ist Teil der (Kriminal-)Prävention

Allgemein werden unter dem Begriff der Prävention die Verringerung der Kriminalität einerseits und die Verringerung der Kriminalitätsfurcht der Bürgerinnen und Bürger andererseits verstanden. Opferschutz in diesem Sinn als Prävention zu verstehen bedarf einer näheren Prüfung. Die meisten Maßnahmen des Opferschutzes setzen unabhängig von Art und Angebot gleichzeitig mit oder nach der – staatlichen – Intervention ein. Damit stehen sie zeitlich nach der bereits geschehenen Tat im Zusammenhang mit dem Bereich der Tertiärprävention. Nach der Art der Maßnahmen wie zum Beispiel Information, Begleitung, Schutz, Partizipation und Ausgleich scheint der Opferschutz nach dem ersten Anschein jedenfalls nicht geeignet zu sein, der Verringerung der Kriminalität zu dienen. Das Wissen darum, dass nach einer Straftat die Gesellschaft und der Staat für Begleitung, Schutz und Ausgleich zur Verfügung stehen, ist jedoch zumindest grundsätzlich geeignet, die Kriminalitätsfurcht der Bürgerinnen und Bürger zu vermindern. Zumindest ein Teilbereich der Prävention kann mithin durch Opferschutz gewährleistet werden.

Dies wird deutlich, wenn man die – unterschiedliche – Bewertung des „Opferschutz" durch die verschiedenen Professionen betrachtet:

So steht im juristischen Kontext, insbesondere bei der Strafverfolgung der Opferschutz in engem Zusammenhang mit der Umsetzung der Strafverfolgung.

Ethisch und moralisch bedeutet Opferschutz die mitmenschliche Hilfe und Unterstützung gegenüber Personen, die eine Straftat erfahren haben und durch sie geschädigt wurden. Dies ist davon unabhängig, aus welcher Religion, Kultur oder Tradition diese ethisch-moralische Verpflichtung abgeleitet wird.

Im politischen Kontext ist Opferschutz ein Ausdruck der Solidarität der Gesellschaft mit dem oder der einzelnen Person, die eine Straftat erlitten hat. Da den Staat die Verpflichtung trifft, seine Bürgerinnen und Bürger vor einer Opferwerdung zu schützen, ist Opferschutz eine im konkreten Einzelfall sich ergebende Ausgleichsverpflichtung, weil der Staat bei der Erfüllung seiner Schutzpflicht versagt oder jedenfalls nicht optimal funktioniert hat.

Unter volkswirtschaftlichen Gesichtspunkten stellt Opferschutz schließlich wie oben ausgeführt einen Faktor der Kosten der Kriminalität dar, der indessen nur schwer zu beziffern ist. Dies gilt insbesondere für die immateriellen Kosten der Opfer von Straftaten.

Ähnlich wie die Bewertung des Opferschutzes wird auch das Ziel von Opferschutz in der Gesellschaft je nach Profession unterschiedlich definiert:

Im juristischen Kontext, insbesondere in Zusammenhang mit der Strafverfolgung und unter dem Blickwinkel der Interessen der Strafverfolgungsbehörden ist Ziel des Opferschutzes die Optimierung der Aussagetüchtigkeit des oder der Verletzten, also die Stärkung der verletzten Zeugen und damit letztlich die Optimierung des Strafverfahrens.

Unter ethisch-moralischen Gesichtspunkten dient Opferschutz dazu, die Werteordnung der Gesellschaft sichtbar und erlebbar zu machen und den Schutz von Schwächeren in der Gesellschaft als Wert zu fokussieren.

Unter politischen Gesichtspunkten lassen sich für Opferschutz drei verschiedene Zielrichtungen identifizieren:

Zum einen dient Opferschutz im Hinblick darauf, dass sich der oder die einzelne auf die Solidarität der Gesellschaft im Falle des Erlebens einer Straftat verlassen kann, der Verringerung der Kriminalitätsfurcht. Zugleich dient die Gewährleistung des Opferschutzes der Stärkung des Vertrauens aller Bürgerinnen und Bürger in Staat und Demokratie, also den demokratischen sozialen Rechtsstaat. Schließlich fördert der Opferschutz im politischen Sinn die Verbesserung der Akzeptanz der Justiz als dritter Gewalt im Staat und bedeutet im weitesten Sinn eine Verringerung oder Lösung des Konflikts zwischen Täter und Opfer durch den Staat im Einzelfall.

Finanzielle Gesichtspunkte des Opferschutzes sind mit Blick auf die Justiz die Ersparnis von Prozesstagen und damit konkret von Kosten bei der Strafverfolgung, die Vermeidung von sekundärer Viktimisierung beim einzelnen Opfer und günstigenfalls – im Kontext zum aktuellen Einsatz des Trauma-Netzwerks – die Minimierung der Chronifizierung des durch eine Straftat erlittenen Traumas. Im volkswirtschaftlichen Kontext kann guter Opferschutz im Rahmen der Kosten-Nutzen-Analyse den Nutzen der Kriminalprävention verbessern und in der Diskussion zur Allokation deshalb eine Rolle spielen.

Schließlich kann bei bestimmten Deliktsarten – insbesondere bei sich wiederholenden Taten im Bereich von Partnerschaften und des sozialen Nahraums, aber auch bei Ausbeutung in sexuellem Kontext, im Arbeitsbereich oder der Bettelei, – der Opferschutz zur Prävention im Einzelfall bei einem konkreten Opfer durch Stärkung und Stabilisierung nach der erlittenen Tat, nämlich zur Vermeidung künftiger Opferwerdung dienen.

III. Allokation und Opferschutz: Nicht „ob?" sondern „wie?" ist die Frage

Die Volkswirtschaftslehre, unter deren Parametern die Prävention im Kontext des Gesamtthemas „Prävention rechnet sich" betrachtet wird, hat die Allokation zum Gegenstand, d.h. die Verteilung bzw. Aufteilung knapper verfügbarer Ressourcen auf die gesellschaftlichen Erfordernisse. Als Grundlage dieser Entscheidungen fordert

Thomsen die Umrechnung der Kosten und Erträge politischer, aber auch privater Interventionen in eine einheitliche Dimension. Dies erfordert monetäre Größen, die unter anderem die Vergleichbarkeit von Nutzen-Kosten-Analysen alternativer präventiver Interventionen ermöglichen, ein Ansatz, der Vorteile und Nachteile bestimmter Programme oder Interventionen gegenüber alternativen Verwendungen einschließlich der Option, gar nichts zu tun, vergleichbar macht.

Dieser Einschätzung liegt die ökonomische These der Kriminalität zu Grunde:

abgeleitet von den drei Parametern kriminellen Handelns, wie sie Beccaria aufgestellt hat, nämlich dem Nutzen aus der Tat (der Vorteil), der Strafhöhe (Überschuss an Übel) und der Entdeckungswahrscheinlichkeit konstatierte der Nobelpreisträger Gary Becker 1992, dass kriminelles Verhalten den gleichen rationalen Überlegungen und Motiven wie übriges Verhalten folgt. Diese These mag für bestimmte Formen der Kriminalität zutreffen und anwendbar sein mit der Folge, dass, wenn einzelne Parameter verändert werden, eine Verringerung der Kriminalität und eine Erhöhung des Nutzens der Prävention erreicht werden kann. Zu diesen Formen der Kriminalität dürfte sicherlich der Bereich von Eigentumskriminalität, Ausbeutung und Machtdelikten gehören. Problematisch erscheint diese These jedenfalls im Kontext von Taten, die aus einer bestimmten psychischen oder Persönlichkeitsstruktur des Täters, sozusagen aus psychologischer Logik oder aus dem Machtgedanken bei häuslicher Gewalt und Sexualtaten resultierender innerer Logik begangen werden. In diesem Zusammenhang erscheint zweifelhaft, ob die aus der ökonomischen Theorie der Kriminalität folgende Überlegung, dass eine Stärkung der Abschreckung zur Verringerung der Kriminalität führen kann, messbare Wirkungserfolge zeigt. Abgesehen davon, dass gerade diese Parameter bereits beim Täter schwerlich vergleichbaren monetären Größen zuzuordnen sind, gilt dies erst recht, wenn es um die Frage der Messbarkeit der einzustellenden Werte beim Opfer geht, wie bereits oben gezeigt wurde.

Hinzu kommt, dass weder rechtlich, noch ethisch im Zusammenhang mit Opferschutz die (eine) Grundannahme dieser Theorie, nämlich das Nichthandeln, in zulässiger Weise begründet werden kann:

Da im demokratischen Rechtsstaat der Staat als Inhaber des Gewaltmonopols den Verletzten einer Straftat ein eigenständiges Handeln zum Ausgleich der kriminellen Handlung weitgehend untersagt, ist er verpflichtet, die Mitglieder seiner Gesellschaft vor kriminellen Handlungen zu schützen. Die kriminelle Handlung stellt ein Versagen dieses Schutzes dar mit der Folge, dass der Staat verpflichtet ist, die Folgen soweit möglich auszugleichen. Im Bereich des Opferschutzes, der sich an natürliche Personen als Verletzte einer Straftat richtet, sind zudem stets Menschen als Träger der Grundrechte und Menschenrechte betroffen. Diesen Verletzten gegenüber nicht zu handeln würde letztendlich eine Missachtung ihres Rechts auf Würde und Unverletzlichkeit der Person darstellen. Diese Alternative des Nicht-Handelns steht deshalb im

Kontext des Opferschutzes im Zusammenhang mit der Allokation nicht zur Verfügung. Dem trägt auch der rechtliche Rahmen auf der Ebene der Europäischen Union
Rechnung, in dem die EU-Richtlinie über Mindeststandards für Opfer von Straftaten
(RL) verabschiedet wurde.[3] Ein Nicht-Handeln ist den Mitgliedsstaaten der EU auf
dieser Basis rechtlich nicht mehr erlaubt.

Bei der volkswirtschaftlichen Betrachtung des Opferschutzes unter dem Gesichtspunkt der Allokation kann es deshalb nur um die Vergleichbarkeit verschiedener, auf
dasselbe (Einzel-)Ziel des Opferschutzes gerichteter einzelner Maßnahmen und deren
Kosten-Nutzen-Analyse und Vergleichbarkeit gehen.

IV. Konkrete Maßnahmen des Opferschutzes und Evaluation

Seit dem Opferschutzgesetz vom 18.12.1986[4] ist im deutschen Strafprozessrecht
der Verletzte ein selbstständiger Prozessbeteiligter.[5] Seit dieser Zeit sind vielfältige
Rechte für Opfer von Straftaten in das Strafprozessrecht eingefügt worden. Eine Nutzen-Kosten-Analyse für einzelne dieser Maßnahmen, wie zum Beispiel Nebenklage,
Begleitung in der Vernehmung durch eine Vertrauensperson oder Videovernehmung
wurde bisher in Deutschland nicht durchgeführt. Dies ist kein Grund anzunehmen,
dass diese Maßnahmen nicht wirksam sind. Gleichwohl erscheint eine Evaluation
dieser Opfer schützenden Maßnahmen sinnvoll und für die Beurteilung im Kontext
politischer Investitionsentscheidungen erforderlich, weil in den Haushalten der Lan-
desjustizverwaltungen für opferschützende Maßnahmen auch zukünftig erhebliche
Mittel erforderlich sind.

A. Vorgaben der EU-Richtlinie 2012/29

In der EU-Opferschutzrichtlinie, die den Rahmenbeschluss von 2001[6] der EU zum
selben Regelungsgegenstand ersetzt, sind absolute Mindeststandards festgeschrieben,
die von allen Mitgliedsstaaten der EU für Opfer von Straftaten vorzuhalten sind. Zwar
stehen einzelne Maßnahmen unter dem Vorbehalt des Einklangs mit der rechtlichen
Stellung des Opfers nach den rechtlichen Regelungen im jeweiligen Mitgliedsstaat.

Insgesamt gebietet die EU-Richtlinie jedoch, für Opfer von Straftaten mindestens

1.   Zugang zum Recht, also

    a.   Informationen

    b.   Unterstützung und Begleitung

    c.   Verstehen und Verstanden werden,

---

[3]   Richtlinie 2012/29/EU vom 25. Oktober 2012, veröffentlicht im ABl. L 315/57 vom 14.11.2012, die in
      den Mitgliedsstaaten bis zum 15.11.2015 umzusetzen ist.

[4]   Bundesgesetzblatt Teil I Seite 2496

[5]   Meyer-Goßner in Meyer-Goßner/Schmitt, Strafprozessordnung, 58. Aufl., vor § 406d Rz. 1

[6]   Rahmenbeschluss 2001/220/JI

2. Schutz vor sekundärer Viktimisierung, Einschüchterung und Vergeltung

    a. Schutz vor ungewollter Konfrontation mit dem Täter

    b. Schutz der Privatsphäre

    c. respektvolle, einfühlsame, individuelle, professionelle und diskriminie-rungsfreie Behandlung bei allen Kontakten mit Opferunterstützungs- und Wiedergutmachungsdiensten oder zuständigen Behörden, Art. 1 EU-Richtlinie

4. Beteiligung im Strafverfahren und

5. Wiedergutmachung der Tat

zu gewährleisten.

Dabei ist der in Art. 4 „Recht auf Information bei der ersten Kontaktaufnahme mit ei-ner zuständigen Behörde" festgelegte Informationsanspruch inhaltlich umfassend und detailliert festgelegt. In Zusammenhang mit Art. 26 Absatz 2 umfasst dies auch die In-formation mittels des Internets. Zeitlich ist dem Informationsanspruch unverzüglich ab der ersten Kontaktaufnahme und in späteren Stadien des Verfahrens je nach Relevanz für das jeweilige Stadium zu genügen. Der Umfang bestimmt sich entsprechend den konkreten Bedürfnissen des einzelnen Opfers, dessen persönlichen Umständen sowie Wesen und Art der Straftat. Grundsätzlich gilt dabei, dass der Wunsch des Opfers, In-formationen zu erhalten oder nicht zu erhalten, verbindlich und jederzeit abänderbar ist. Im Zusammenhang mit dem Recht auf Unterstützung und Begleitung ist es den Mit-gliedsstaaten freigestellt, diese durch staatliche oder nichtstaatliche Organisationen sicherzustellen. Art. 8 und 9 der EU-Richtlinie gebieten grundsätzlich, dass den Op-fern vor, während und für einen angemessenen Zeitraum nach Abschluss des Straf-verfahrens kostenlos Zugang zu Opferunterstützungsdiensten gewährt werden muss, wobei in Art. 9 der Mindestumfang festgeschrieben wird, den diese Opferunterstüt-zungsdienste vorzuhalten haben.

Das Recht auf Verstehen und Verstanden-werden, das den Anspruch auf Dolmetsch-leistungen in Art. 7 beinhaltet, erfordert die Zurverfügungstellung der Informationen für Opfer im Einklang mit deren Stellung auf Antrag und kostenlos. Dies beinhaltet, dass wesentliche Informationen, wozu mindestens jedwede Entscheidung, mit der ein Strafverfahren beendet wird und deren Begründung gehört, in einer dem Opfer verständlichen Sprache zur Verfügung gestellt werden müssen. Die Entscheidung da-rüber, ob das Opfer Dolmetschleistungen oder Übersetzungen benötigt, obliegt der zuständigen Behörde. Dem Opfer soll bei Ablehnung ein Anfechtungsrecht dieser Entscheidung zustehen.

Im Zusammenhang mit dem Recht auf Schutz des Opfers konstatiert die EU-Richt-linie das Recht auf Schutz vor der Gefahr einer emotionalen oder psychologischen Schädigung und auf Schutz der Würde bei der Vernehmung des Opfers, wobei die

Verteidigungsrechte des Beschuldigten unberührt bleiben. Im Zusammenhang mit der Vermeidung von ungewollter Konfrontation mit dem Täter sind im deutschen Strafprozessrecht die Maßnahmen der Vernehmung in Abwesenheit, insbesondere der Videovernehmung des Opfers und der Vorschriften zur Vernehmung der Opferzeugen in Abwesenheit des Angeklagten in der Hauptverhandlung maßgeblich. Zu den Schutzmaßnahmen in der Richtlinie gehören allerdings auch die unverzügliche Vernehmung bei der zuständigen Behörde, die Beschränkung der Vernehmungen auf ein Mindestmaß, die Begleitung der Opfer durch einen rechtlichen Vertreter oder Beistand, die Reduzierung der medizinischen Untersuchungen auf ein Mindestmaß, geeignete Vernehmungsräume und die Vernehmung durch für diesen Zweck ausgebildete Fachkräfte. Im Zusammenhang mit dem Schutz der Privatsphäre des Opfers und des Rechts am eigenen Bild mahnt die Richtlinie Selbstkontrollmaßnahmen der Medien an, Art. 21 Absatz 2.

Schließlich hat die EU-Richtlinie in Art. 22-24 der Richtlinie den Schutz von Opfern mit besonderem Schutzbedarf konstatiert, wobei der besondere Schutzbedarf nach persönlichen Merkmalen des Opfers, Art oder Wesen der Straftat und den Umständen der Straftat bestimmt wird. Einige Opfergruppen werden in diesem Zusammenhang durch die Richtlinie besonders fokussiert:

a.   Opfer, die infolge der Schwere der Straftat eine beträchtliche Schädigung erlitten haben,

b.   Opfer von Hasskriminalität und in diskriminierender Absicht begangener Straftaten,

c.   Opfer die aufgrund ihrer Beziehung zum oder Abhängigkeit vom Täter besonders gefährdet sind.

Ausdrücklich benannt werden durch die Richtlinie in diesem Zusammenhang die Opfer von

a.   Terrorismus

b.   organisierter Kriminalität

c.   Menschenhandel

d.   geschlechtsbezogener Gewalt

e.   Gewalt in engen Beziehungen

f.   sexueller Gewalt oder Ausbeutung

g.   Hassverbrechen, sowie

h.   Opfer mit Behinderungen und

i.   kindliche Opfer.

Zu den Wiedergutmachungsdiensten enthält die EU-Richtlinie in Art. 12 dezidierte Vorgaben, um den Schutz der Opfer in diesem Zusammenhang zu gewährleisten.

B. Umsetzung in Deutschland

1. nationale Ebene

Durch den derzeit im parlamentarischen Gesetzgebungsverfahren befindlichen Entwurf eines Dritten Opferrechtsrahmengesetzes (3. ORRG)[7] werden auf nationaler Ebene die in der EU-Richtlinie festgelegten Opferschutzrechte umgesetzt. Insbesondere werden erweiterte Informationsrechte in § 158 StPO bei der Anzeigeerstattung und in §§ 406d ff StPO sowie eine Neuordnung der Unterrichtung des Verletzten in ff 406i, 406j, 406k StPO festgeschrieben. Darüber hinaus wird in § 48 StPO eine neue Ausgangsnorm für die besondere Schutzbedürftigkeit von Verletzten normiert, die bei allen Vernehmungen zu beachten ist. Schließlich wird über die in der EU-Richtlinie hinaus festgelegten Opfer-Schutzmaßnahmen die psychosoziale Prozessbegleitung für das deutsche Strafprozessrecht als Unterstützung im Strafverfahrensrecht normiert und für Kinder und Jugendliche als Anspruch festgeschrieben.

2. Länderebene am Beispiel Niedersachsen

Zur Umsetzung der Opferschutzrichtlinie auf Landesebene hat Niedersachsen im Rahmen der Umsetzung der Opferschutzkonzeption der niedersächsischen Landesregierung entsprechend der EU-Richtlinie verschiedene Handlungsfelder und Sachthemen benannt und hierzu Maßnahmen zur Umsetzung eingeleitet. Beispielhaft seien folgende Maßnahmen erwähnt:

a. Zur Umsetzung des Zugangs zum Recht wurde das niedersächsische „Netzwerk ProBeweis" flächendeckend implementiert. (http://www.mh-hannover.de/probeweis.html)

b. Zur Gewährleistung des Anspruchs auf Information wurde in Niedersachsen eine Webseite der Landesregierung zum Opferschutz implementiert. (www.opferschutz-niedersachsen.de)

c. für Kinder und Jugendliche, deren Eltern, Angehörige sowie die Erzieher in Schulen und Kindertagesstätten wurde eine Anlaufstelle im Kultusministerium eingerichtet, die als Telefon-Hotline funktioniert (www.mk.niedersachsen.de; Kontakt: anlaufstelle@mk.niedersachsen.de; Hotline: 0511-120 7120)

d. flächendeckend wurde darüber hinaus die psychosoziale Prozessbegleitung in Niedersachsen einschließlich dazu erforderlicher Standards und einer darauf gründenden Qualifizierungsmaßnahme implementiert (http://

---

7   Die Grundlagen dieser Änderungen ergeben sich aus dem Gesetzentwurf auf der Basis des Referentenentwurfs des BMJV; die endgültige Gesetzesfassung im parlamentarischen Verfahren und damit auch die Bezeichnung der einzelnen Normen stand bei Redaktionsschluss dieses Manuskripts noch nicht fest.

www.opferhilfe.niedersachsen.de/nano.cms/Uebersicht/Seite/6)

e. Für die schnelle therapeutische Hilfe vor Ort durch therapeutische Sofortinterventionen in Trauma-Ambulanzen wurde flächendeckend das „Trauma-Netzwerk" eingerichtet (www.ms.niedersachsen.de)

f. zur Gewährleistung des respektvollen, einfühlsamen, individuellen, professionellen und diskriminierungsfreien Umgangs mit den Opfern von Straftaten wurden und werden Fortbildungsmaßnahmen für Polizei und Justiz vorgehalten.

Alle diese Maßnahmen sind bisher nicht evaluiert.

V. Cave! Eine persönliche Mahnung

Evaluation, bzw. Nutzen-Kosten-Analyse, wie sie im Zusammenhang mit der volkswirtschaftlichen Diskussion zur Allokation erwogen wird, kann im Hinblick auf die zu den Themen der EU-Richtlinie anstehenden einzelnen Opferschutzmaßnahmen dazu führen, dass Maßnahmen gefährdet oder sogar gestrichen werden. Die Zahlengläubigkeit, wie sie in der betriebswirtschaftlichen Betrachtung auch in anderen Zusammenhängen in Justiz und Polizei zwecks Optimierung des Ressourceneinsatzes von Sach- und Personalmitteln zur Vergleichbarkeit von „Produkten" eingeführt wurde,[8] versucht im Ergebnis, Menschen in all ihrer Verschiedenheit in Zahlen auszudrücken. Dies erscheint wenn nicht unmöglich, so doch extrem problematisch. Für den Opferschutz erfordert das mindestens eine sorgsame Bewertung der Bedürfnisse der einzelnen Menschen, die Opfer einer Straftat geworden sind. So wird das eine Opfer einer Vergewaltigung oder einer Ausbeutung durch sexuelle Handlungen (Menschenhandel) vielleicht das Bedürfnis haben, zeitnah den Sachverhalt mitzuteilen um die Tat zu verarbeiten, während ein anderes Opfer einer solchen Tat längere Zeit zur Stabilisierung benötigt, ehe es überhaupt in der Lage ist, sich durch Reden mit dem Erlebten zu befassen. Diesem und vergleichbaren anderen individuellen Aspekten der Opfer gilt es bei allen Maßnahmen des Opferschutzes und deren Bewertung Rechnung zu tragen. Anders ausgedrückt: Auch Evaluation und Nutzen-Kosten-Analyse dürfen nicht ohne Wertschätzung und Achtung der Menschenwürde erfolgen.

---

[8]   vergleiche das Personalbedarfsberechnungssystem PEBB§Y - http://www.mj.niedersachsen.de/portal/
      live.php?navigation_id=3779&article_id=10316&_psmand=13 und andere Modelle

Frank Goldberg

Wie nachhaltige Kriminalprävention Wirkung zeigt

Kriminalprävention in Frankfurt

Voraussetzung einer effizienten kommunalen Kriminalprävention sind Arbeitsstrukturen, die an die vorhandenen Gegebenheiten angepasst sind, eine wirkungsvolle Arbeit garantieren und alle notwendigen Organisationen und Verwaltungseinheiten einbeziehen.

Auch in Frankfurt a.M. hat sich aus der Erkenntnis, dass mit immer mehr Polizei und einhergehender repressiver Strategie die Kriminalitätsprobleme nicht in den Griff zu bekommen sind, im Juli 1996 ein kommunaler Präventionsrat gegründet.

Dieser Präventionsrat hat die Aufgabe, als Impulsgeber der städtischen Kriminalprävention umfassende Strategien zur Kriminalitätsbekämpfung zu entwickeln und im Verbund mit den Sicherheitspartnern umzusetzen. Damit dies gelingt, wurden alle maßgeblichen Vertreter der Behördenspitzen in die Arbeit einbezogen: Sicherheitsdezernent als Vorsitzender, Polizeipräsident, Leiter der Staatsanwaltschaft, die Dezernenten für Planung, Schule und Bildung, Jugend- und Soziales sowie Integration. Damit sind die „obersten Entscheider" der Stadt, der Polizei und der Strafverfolgung eingebunden. Somit ist auch gewährleistet, dass Beschlüsse von nachrangigen Behörden befolgt und umgesetzt werden

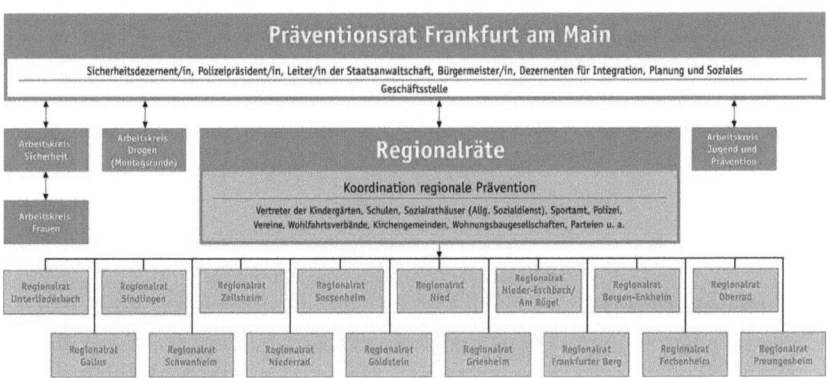

(Prävention in Frankfurt)

Ein eigenes Referat für Prävention mit einer hauptamtlichen Geschäftsstelle und eigenem Budget garantiert darüber hinaus umfassendes Präventionsmanagement und die notwendige fachliche Kompetenz.

Im Mittelpunkt der Philosophie der Frankfurter Sicherheitspolitik steht der Gedanke von einer umfassenden Kriminalprävention, die von den Behördenspitzen bis in die Stadtteile reicht.

Deshalb haben sich auf Stadtteilebene Präventionsräte gegründet (16 Regionalräte), die im Verbund mit dem Polizeirevier, Schulen, den Vereinen, Vertretern der Wirtschaft, Kirchengemeinden und vielen anderen die Probleme vor Ort in Eigenregie analysieren und gemeinsam Lösungen und Projekte erarbeiten. Sind die Problemstellungen jedoch politscher und struktureller Art und nicht mit örtlichem know how lösbar, können die Facharbeitskreise des Präventionsrates eingeschaltet werden.

Beispiel: Im Stadtteil X beklagt sich der Schuleiter über einen Schulstörer, der mehrfach die gleiche Klasse wiederholt hat und für den sich keine Perspektive auftut. Auch aus anderen Regionalräten wurden gleichartige Fälle bekannt. Der zuständige Facharbeitskreis des Präventionsrates hat daraufhin in Zusammenarbeit mit dem staatlichen Schulamt neue Regelungen geschaffen, die den betroffen Schülern Hilfe und Unterstützung an anderen Schulen eröffneten.

(Arbeitskreise des Präventionsrates)

Präventionskonferenz

Einmal im Jahr werden alle Organisationen und Dienststellen der Stadt Frankfurt am Main mit einem Fragebogen angeschrieben. Erfragt werden Beobachtungshinweise und erkannte gesellschaftliche Veränderungen, die im Rahmen der Zukunftsplanung städtischer Präventionsarbeit von Bedeutung sein können. Die Rückantworten werden dann ausgewertet, thematisch zu Themenclustern verbunden und auf der Präventionskonferenz beraten. Gleichzeitig werden schon Themenworkshops vorbereitet, die die Erkenntnisse und Problemlagen aufzeigen und Lösungsstrategien vorschlagen. Mit dieser Vorgehensweise verfügt die Stadt Frankfurt am Main über ein regelmäßig arbeitendes und wirkungsvolles Frühwarnsystem und diese Konferenz hat sich als ein unentbehrlicher Berater der Politik und der Stadtverwaltung bewährt.

Wie lassen sich Wirkungen der Kriminalprävention nachweisen?

Die größten Stadtprobleme aus Sicht der deutschen Frankfurterinnen und Frankfurter 1993 bis 2013

Kriminalität/Öffentliche Sicherheit

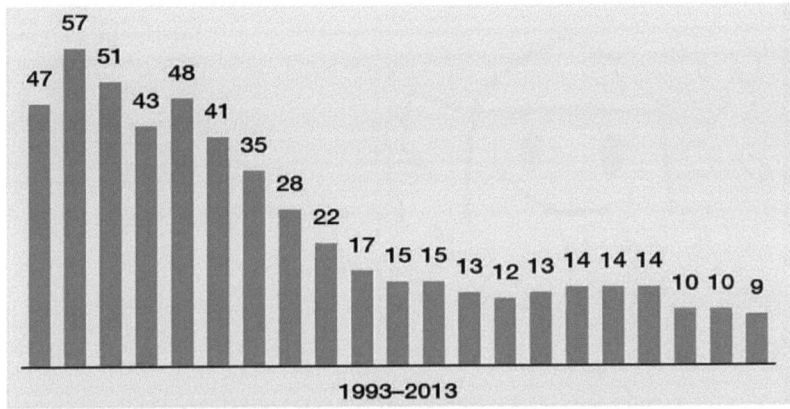

Angaben in % ohne Antwortvorgabe, Mehrfachnennungen möglich

(Umfragen als Barometer)

Eine Möglichkeit, den Erfolg kommunaler Kriminalprävention zu messen, ist die Bewertung der Ergebnisse durch diejenigen, die die Auswirkungen von Kriminalität als erste spüren - die Bevölkerung.

Im Rahmen der jährlichen Bevölkerungsbefragung des Bürgeramtes der Stadt Frankfurt werden jährlich 3000 Frankfurterinnen und Frankfurter zu den wichtigsten kommunalen Themen befragt.

Die Ergebnisse zeigen eindeutig, dass die Bürgerinnen und Bürger nachhaltige kriminalpräventive Arbeit würdigen. Bei Arbeitsaufnahme des Präventionsrates waren 48 % der Befragten mit ihrer persönlichen Sicherheit in Frankfurt unzufrieden und beurteilten das Problem der Sicherheit als das größte kommunale Problem der Stadt. 2013 äußerten dies nur noch 9%. Auch die Angaben zur gefühlten Sicherheit in der Innenstadt und Nachts zeigen eine positive Kehrtwendung und eine positive Grundstimmung, die maßgeblich auf die Arbeit des Präventionsrates und seines stadtumfassenden Netzwerk zurückzuführen sind. Dazu beigetragen hat auch der neue Umgang mit Kriminalitätsphänomenen: Probleme werden nicht mehr wie früher unterdrückt oder negiert und die Bürgerinnen und Bürger werden, wo es angezeigt ist, bei den Problemfeststellungen- und Lösungen einbezogen.

Zahlen als Barometer für den Erfolg?

- Noteingang – hier finden Kinder Hilfe
- 1100 Noteingänge – 33 Stadtteile
- 3% Nutzer in Notfällen

(Logo Noteingang)

2011 begann der Präventionsrat das Kinderhilfsprojekt „Noteingang - hier finden Kinder Hilfe".

Dieses Projekt wurde systematisch in 30 Stadtteilen fest verankert. Es wurden zudem ehrenamtliche Mitstreiter gefunden, die dieses Projekt dann vor Ort weiterbetreuten. Insgesamt 1100 Geschäfte haben mittlerweile das Logo „Noteingang" an ihren Türen und Fenstern angebracht. Alle Schulen, Kindertagesstätten und Eltern werden regelmäßig über dieses Projekt informiert. Im Rahmen einer jährlichen „Feed back Befragung" konnte dann festgestellt werden, dass ca. 3 % der Geschäfte tatsächlich von Kindern aufgesucht wurden.

Lohnt sich der ganze Aufwand, wenn anscheinend nur wenige Kinder überhaupt in Not geraten und Hilfe vor Ort benötigen?

Auf der anderen Seite gewährleistet das Projekt Anlaufstellen für Kinder in einer als anonym und gefährlich geltend Großstadt. Dieses Projekt verknüpft die soziale Verantwortung Einzelner und kommuniziert dieses Hilfesystem umfassend in alle Familien der Stadt. Es ist ein prägender Baustein der Familienfreundlichkeit Frankfurts und wird von seinen Bürgern und den sozialen Netzwerken entsprechend positiv gewürdigt. Wie wertvoll das Projekt wirklich ist, zeigt sich, wenn ein Kind tatsächlich Hilfe benötigt oder Gerüchte kursieren, dass angeblich ein „böser Mann" vor der Schule Kinder angesprochen hätte. Im letzteren Fall kann der Verweis auf die benachbarten Anlaufstellen des Projekts „Noteingang" viele Eltern beruhigen und Kindern konkrete Hilfestellen aufzeigen.

Dieses Beispiel soll aufzeigen, dass nachhaltige Kriminalprävention sich in positiven Zahlen wiederspiegeln kann, aber Zahlen nicht immer ein nachvollziehbarer Bewertungsgarant sind.

Aktivierung von Zivilcourage

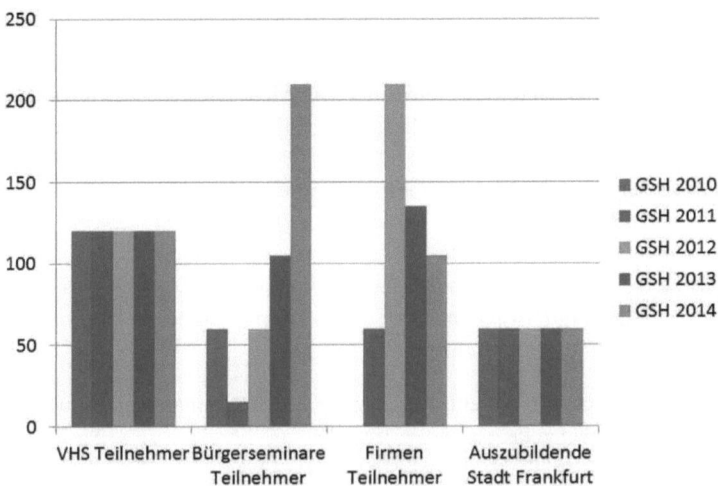

Im Durchschnitt nehmen ca. 15 Personen pro Kurs teil.

(Schaubild Anzahl der Seminare)

Es gibt kaum eine Gebietskörperschaft, die nicht in irgendeiner Art und Weise erkannt hat, dass gefährliche und gewaltbeladene Situationen im öffentlichen Raum alleine nicht nur mit polizeilichen Mitteln geklärt werden können. Es ist vielmehr notwendig, dass jeder Einzelne in einer zunehmenden gesellschaftlichen Anonymität, wo jeder sich selbst der Nächste ist, eigene Verantwortung und soziale Kompetenz einbringen muss.

Viele Aktionen, Kampagnen und gut gemeinte Initiativen möchten Zivilcourage fördern. Doch es stellt sich die Frage, ob bunte Bilder und Appelle an die Bevölkerung tatsächlich die gewünschte Wirkung entfalten. Auch die Einbindung von Vorbildern mag dem Bekanntheitsgrad von Kampagnen förderlich sein - aber eine Nachhaltigkeit in Form von mehr Zivilcourage ist damit kaum zu erwarten. Im Gegenteil, gerade die aktuellen Meldungen von Menschen, die durch ihre Zivilcourage zu Schaden kamen, steigert die Skepsis weiter Bevölkerungskreise: Wer in Gefahrensituationen eingreift, ist selbst das nächste Opfer. Es ist im Prinzip sogar höchst fahrlässig, mit bunten Bildern zur Zivilcourage aufzufordern, ohne detailliert aufzuzeigen, wie Zivilcourage im konkreten Einzelfall umgesetzt werden kann, ohne dass der Helfer sich selbst gefährdet.

In Frankfurt haben wir daher vor Beginn unserer Kampagne „Gewalt-Sehen-Helfen" genau analysiert, was die Ursachen sind, warum andere nicht helfen. Polizeipsychologen, Verhaltenswissenschaftler und Präventionsfachkräfte haben interdisziplinär alle Informationen zusammengetragen, die für eine effektive und erfolgreiche Helferkompetenz wichtig sind. Die Ergebnisse wurden in einen Schulungsreader eingebunden, der die Grundlage für die Ausbildung der Referentinnen und Referenten der Kampagne bildet. Natürlich nutzt die Frankfurter Kampagne auch die Öffentlichkeitsarbeit zur Verbreitung des Gedankens der Zivilcourage. Das Herzstück sind aber flächendeckende Informationsveranstaltungen und Seminare für alle Zielgruppen - Bürgerinnen und Bürger, Senioren, Familien, Firmen und Betriebe. Zur Förderung der Helferkompetenz bedarf es zudem eines Netzwerkes von ausgebildeten Multiplikatoren, stetige Fortbildung und eines umfassendes Diskurses in der Stadtgesellschaft. Voraussetzung für alles ist das Vorhandensein ausreichender Ressourcen. Die Kampagne „Gewalt-Sehen-Helfen" ist mittlerweile in vielen Gebietskörperschaften in Hessen ein Qualitätsstandard ihrer Präventionsarbeit.

Das Schaubild zeigt, wie gezielte Werbung für Bürgerseminare und Firmen die Teilnehmerzahlen ansteigen lässt.

Erfolgreiche Stadtteilreparatur

Wie erfolgreich und nachhaltig Kriminalprävention wirken kann, zeigt sich, wenn die örtlichen Präventionsbeauftragten damit betraut werden, Fehlplanungen und Fehlentwicklungen zu korrigieren. So wurde der Frankfurter Präventionsrat, nachdem alle Maßnahmen des Magistrats fehlschlugen, beauftragt, sich des Siedlungsprojekts „Galluspark" anzunehmen. Die neu gebaute Vorzeigesiedlung mit ca. 1600 Bewohnern und davon 600 Kindern war wiederholt wegen Kriminalität, Vandalismus und Wohnunzufriedenheit der Mieter in die Schlagzeilen gekommen.

(Schaubild Galluspark)

Nach der Gründung des lokalen Präventionsrates für den Stadtteil wurde unverzüglich eine Arbeitsgruppe gebildet, die die Ursachen der Wohnunzufriedenheit der Mieter erforschen und darauf aufbauend eine Strategie zur Stabilisierung des Viertels umsetzten sollte.

Der Arbeitskreis" Galluspark" hat schnell festgestellt, dass im gesamten Baukomplex keinerlei Möglichkeiten zur Freizeitgestaltung von Kindern und Jugendlichen vorgesehen war. Dies begründet Aggression, Vandalismus und Frustration der Jugendlichen, aber auch der Mitbewohner.

Nach einem ersten Maßnahmeprogramm zur Gewährleistung der Sicherheit durch einen privaten Sicherheitsdienst und verstärkten Kontrolle durch die Polizei wurden Mieterversammlungen und Befragungen von Bewohnern und Jugendlichen durchgeführt. In Zusammenhang mit dem Verwaltungsunternehmen wurden zielgerichtet Reparaturen durchgeführt und Mietstörer abgemahnt. In der dritten Stufe wurde ein Teenie Club und ein Bewohnertreff eingerichtet. Besonders hilfreich zur Problemlösung war auch die Schaffung eines betreuten Bolzplatzes. Zudem hielt der „Arbeitskreis Galluspark", der sich überwiegend aus Vertretern des Stadtteils zusammensetzt, durch regelmäßige Sprechstunden Kontakt zu den Siedlungsbewohnern.

Mittlerweile ist der Galluspark längst aus den Schlagzeilen herausgekommen und hat sich ein positives Image erarbeitet.

Stadtteilreparatur „im Kleinen" am Beispiel des Mathildenplatzes

(Schaubild Mathildenplatz)

Der „Mathildenplatz" im Frankfurter Stadtteil Oberrad ist ein kleiner mit Bäumen und wild wachsenden Hecken bepflanzter Platz in einer noch dörflich geprägten Umgebung. Gleichwohl haben Verschmutzung, Sperrmüll und Vandalismus diesen kleinen Platz in den Mittelpunkt der Kritik der Bewohner gerückt. Trotz Bürgerappellen und Nachbarschaftsbeobachtungen hat sich der Zustand wenig zum Positiven geändert. Deshalb wurde der lokale Präventionsrat des Stadtteils beauftragt, umgehend notwenige Gegenmaßnahmen einzuleiten. Die Ursachen für die Vermüllung waren schnell analysiert: Ein Kleidercontainer, ein Glascontainer und eine Litfaßsäule verhinderte die Sichtachse über den Platz. Zudem bot der Raum vor der dortigen Sitzbank eine gute Möglichkeit beim Vorbeifahren seinen Müll schnell illegal zu entsorgen. In Zusammenarbeit mit dem Frankfurter Präventionsrat und den Dienststellen der Stadtverwaltung konnten umgehend die Container und die Litfaßsäule entfernt und die Sitzbank näher zur Straße gerückt werden. Zudem wurde die Bepflanzung ergänzt. Diese kleinen, aber in der Sache wichtigen Maßnahmen zeigen, wie effektiv eine sinnvolle kriminalpräventive Stadt- und Platzgestaltung sein kann. Es sind oft kleine Dinge, die zum Erfolg führen. Richtig wäre jedoch, die Planungsfehler erst gar nicht zu machen.

Stadtteilprävention – wichtiger denn je

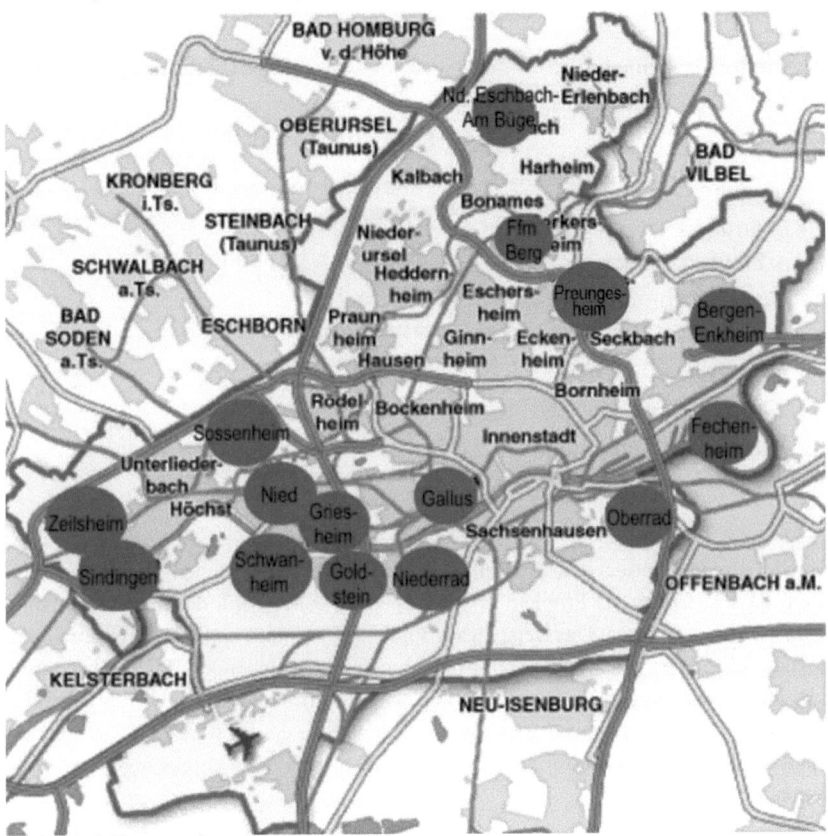

(Schaubild Regionalräte)

Eine Stadt lebt auf ihren Plätzen und Wegen. Meist ist jedoch die Innenstadt im Fokus kriminalpräventiver Betrachtung. Eine Stadt lebt aber auch in den Stadtteilen und die Meinungsbildung über das Thema Sicherheit wird zunächst von der Situation im persönlichen Wohnumfeld bestimmt. Nachhaltige Kriminalprävention darf daher nicht den Blick für die Sorgen und Nöte der Menschen in den Stadtteilen verlieren. Hier ist ihre Heimat und hier betrifft sie Kriminalität im Besonderen. In Frankfurt haben sich daher 16 lokale Präventionsräte (Regionalräte) gegründet, die sich schnell, unbürokratisch und effektiv um die Sicherheitsprobleme vor Ort kümmern. Sie sorgen im Kontakt mit den Bürgerinnen und Bürgern dafür, dass die sozialen und unterstützenden Strukturen im Stadtteil erhalten bleiben.

Sofortige Reaktion

Regionalrat Sossenheim

Probleme	Probleme-Lösungen
• Jugendkriminalität	• Rädelsführer in Haft genommen
• Cliquen /Bandenstrukturen	• Aussteigerprogramm für Mitläufer
• Verkauf von Alkohol	• Sport als Sozialarbeit an den Schulen
• Vandalismus	
• Fehlende Freizeitangebote für Kinder & Jugendliche	• Programm Aktive Nachbarschaft
	• Imagekampagne

Gerade die frühzeitige und präventive Intervention bei örtlichen Problemfeldern zeigt, dass je früher das Problem erkannt und bearbeitet wird, desto effektiver und einfacher ist es zu lösen. Das Beispiel zur Jugendkriminalität im Stadtteil Sossenheim dokumentiert, dass mit frühzeitigen Maßnahmen bei beginnenden Bandenstrukturen z.B. durch Verhaftung von kriminellen Rädelsführern, ein Aussteigerprogramm für Mitläufer und gezielte Freizeitangebote für Jugendliche der Entwicklung von Jugend-kriminalität im Stadtteil erfolgreich und vor allem nachhaltig entgegengewirkt werden kann.

Sofortige Reaktion auf lokale Kriminalitätsphänomene

Lokale Kriminalität	Maßnahmen
• **Schwanheim** Einbruch	• Sicherungsberatung, Telefonkette, verstärkte Kontrollen und Sicherheitsbegehungen mit Polizei
• **Zeilsheim** Vandalismus/Belästigungen	• Privater Sicherheitsdienst für das Bürgerhaus, Videoüberwachung, Schulung des Personals in Deeskalation.
• **Goldstein/Fechenheim** Wohnunzufriedenheit	• Ehrenamtlicher Bewohnertreff mit konkreten Angeboten und Beratungen
• **Unterliederbach/Niederrad** Vielzahl von Kleinkriminalität	• Sicherheitsfrühstück (Info), Fahrradcodierung, Sicherheitsbegehungen, Bürgergesprächen

So unterschiedlich sich die Kriminalitätsprobleme in den Stadtteilen zeigen, so unterschiedlich müssen die Lösungen sein. Wichtig ist, dass bei der Umsetzung der Maßnahmen und der Projekte die Bürgerinnen und Bürger einbezogen werden und die eingeleiteten Schritte transparent erläutert werden. Nicht über die Köpfe der Menschen darf gehandelt werden, sondern der Sachverstand und die Mitwirkung der Bevölkerung gilt es einzubeziehen.

Erreichen der Zielgruppe

Im Rahmen der Frankfurter Seniorenbefragung wurden 2012 über 1000 alte Menschen zu ihrer Lebenssituation und persönliche Sicherheit befragt. Während der überwiegende Anteil der Befragten angab, sozial im Wohngebiet und Stadtteil eingebunden zu sein, beklagten sich 13,10%, sie seien sozial isoliert und einsam. Sie äußerten den Wunsch nach mehr Kontakten und Ansprechpartnern.

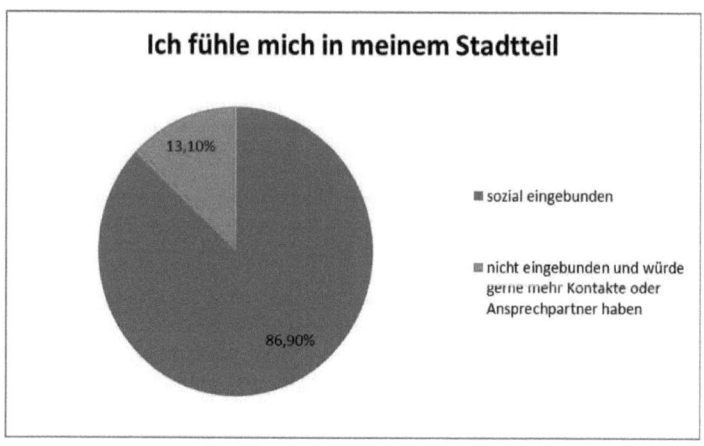

Ich fühle mich in meinem Stadtteil

13,10%

■ sozial eingebunden

■ nicht eingebunden und würde
gerne mehr Kontakte oder
Ansprechpartner haben

86,90%

(Schaubild Seniorenumfrage)

Gerade diese Gruppe älterer Menschen, die einsam sind und z.B. kein vertrautes Verhältnis zur Nachbarschaft haben, sind die ideale Zielgruppe für kriminelle Täter. Sie nutzen die Arglosigkeit und Gutmütigkeit betagter Menschen für ihre Straftaten schamlos aus. Doch wie kann diese Zielgruppe mit Aufklärung und Informationen erreicht werden?

Das Projekt „Bustour-Sicherheit und Sightseeing des Präventionsrates Frankfurt a.M. kombiniert das Erreichen dieser Zielgruppe mit dem Vermitteln notwendiger Informationen, um so vor Enkeltrickbetrügern und vor betrügerischen Haustürgeschäften gefeit zu sein. Über das lokale Präventionsnetzwerk des Stadtteilpräventionsrates (Regionalrat) werden alte Menschen zu einer Bustour eingeladen. Sie sehen bei einer Stadtrundfahrt Frankfurt mit seinen Sehenswürdigkeiten, aber auch die neue städtebauliche Entwicklung. Bei einem Zwischenstopp im Polizeipräsidium gibt es bei Kaffee und Kuchen einen Informationsfilm zum Thema Enkeltrick, aber auch weitere nützliche Tipps und Ratschläge für die persönliche Sicherheit alter Menschen. Anschließend werden die Senioren wieder nach Hause gebracht. Die Bustour „Sicherheit und Sightseeing" ist in Frankfurt ein fester Bestandteil des Seniorensicherheitsprogramms und ist auf die Bedürfnisse alter Menschen zugeschnitten. Bislang haben 10 Stadtrundfahrten stattgefunden und weitere sind geplant. Dieses Projekt ist keine alleinige Antwort zur Bekämpfung des Enkeltricks. Es ist aber ein wichtiger Baustein alte Menschen zielgerichtet zu erreichen und sie in Ruhe mit der Möglichkeit der Nachfrage und Erläuterung zu informieren.

Kriminalprävention als Programm

Häusliche Gewalt

Eine Schwalbe macht noch keinen Sommer. Ein Projekt allein zeigt meist noch keine nachhaltige Wirkung. Kommunale Kriminalprävention zeigt dann Wirkung, wenn Sie mit langem Atem in Programmen verankert ist. Maßnahmen zum Thema häusliche Gewalt z.b. werden nur dann Erfolg haben, wenn die Maßnahmen bis in die Verästelungen der Siedlungen reichen und die Zielgruppe der „betroffen Frauen" erreicht wird.

Häusliche Gewalt
Gewalt ist nie privat

- 12 Jahre **Netzwerkarbeit** Arbeitskreis Frauen
- 2 **Plakatkampagnen** „Gewalt ist nie privat" „Ein Team – eine Stimme, Gewalt ist nie privat"
- Entwicklung und Umsetzung des Frankfurter **Aktionsplan** zur Bekämpfung der Gewalt im häuslichen Bereich
- **Ausstellung** Rosenstraße (6 Stadtteilausstellung)
- Entwicklung des **ärztlichen Befundbogens** zur Dokumentation häuslicher Gewalt
- **Aktionen** zum 08.03. (Weltfrauentag) und 25.11. (Internationaler Tag „Nein, zu Gewalt gegen Frauen)

(Schaubild Häusliche Gewalt)

Sport + Gewalt + Prävention

Sport hat generell eine präventive Wirkung. Voraussetzung ist, dass der Sport selbst kultiviert ist und nach festen Regeln betrieben wird. Gewalt, Diskriminierung und Beleidigung sind jedoch auch im Sport festzustellen und hier insbesondere beim Fußball. Auch im Fußball nutzen Einzelmaßnahmen wenig, vor allem dann, wenn die Problemfelder vereinsübergreifend sind und im Ligabetrieb offenkundig werden.

Neben sinnvollen Einzelmaßnahmen müssen z.B. eine gemeinsame Philosophie und eine gemeinsame Verpflichtung aller Beteiligten Platz greifen. Diese Kombination ist in Frankfurt mit der Erklärung „Nein zur Diskriminierung und Gewalt" und einem verpflichtenden 10 Punkte Programm realisiert worden. Diese Maßnahmen haben sich positiv auf den Spielbetrieb 2015 des Fußballs in Frankfurt ausgewirkt.

Alkoholtestkäufe

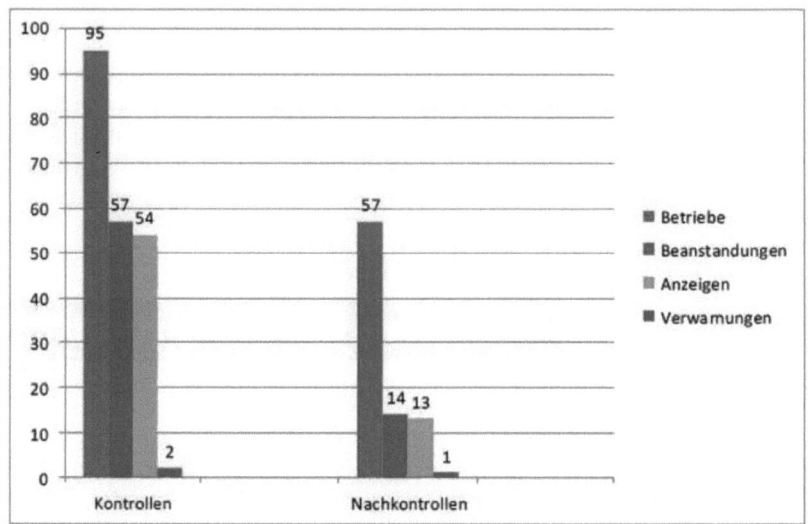

Ergebnisse der drei Testkaufaktionen und Nachkontrollen gesamt

Präventionsprogramme bedürfen einer regelmäßigen Überprüfung. Nur so ist feststellbar, ob die gewünschten Wirkungen auch eingetreten sind. Aus diesem Grund wurde 2014 in Frankfurt begonnen, Alkoholtestkäufe durchzuführen. Die Ergebnisse dieser Testkäufe verdeutlichen, dass die Sicherungssysteme und die Schulungen des Verkaufspersonals durch den Handel absolut unzureichend sind. Jugendlichen Testkäufern wurden in zahlreichen Fällen ohne Prüfung des Alters Alkoholika verkauft. Auch gut gemeinte Aktionen wie Selbstverpflichtungsaufkleber wie z.B. „ich verkaufe keinen Alkohol an Minderjährige" sind das Papier nicht wert, auf dem sie gedruckt sind. Auch Teilnehmer dieser Aktion haben Alkohol an die jugendlichen Testkäufer abgegeben.

Trick + Taschendiebstahl

Die zunehmende Zahl von Trick- und Taschendiebstahl in den Großstädten ist sehr beunruhigend. Neben der Verfolgung der Straftäter können auf diesem Gebiet durch umfassende Prävention gute Erfolge erzielt werden. Problematisch ist in diesem Zusammenhang, dass starke Passantenströme und eine Vielzahl ausländischer Besucher meist keine intensiven Aufklärungsgespräche zulassen. Es ist also zu prüfen, wie man einfach, schnell und umfassend die Bevölkerung über Verhaltensweisen zum Schutz vor Taschendiebstahl informieren kann. Das beste Mittel sind klare, kurze Botschaften und ein deutliches Logo. Dieses Logo muss prägnant sein und den öffentlichen Raum durchdringen. Mit dem Logo zur Aktion „Uffbasse" haben Polizei und Präventionsrat Frankfurt auf diese Anforderung reagiert und ein klar verständliches Signum geschaffen.

Keine erfolgreiche Prävention ohne Öffentlichkeitsarbeit

„Tue Gutes und rede darüber", dieser Spruch aus der Werbung gilt auch für die kriminalpräventive Arbeit. Neben der Steigerung des Bekanntheitsgrades des Präventionsgremiums bedürfen die meisten Projekte einer speziell strukturierten und strategischen Öffentlichkeitsarbeit. Öffentlichkeitsarbeit ohne Inhalte und ohne Botschaften ist aber nicht nur kontraproduktiv, sondern kann der eigenen Sache schaden. Ein erfolgreiches Projekt ist nicht erfolgreich, weil man es als erfolgreich anpreist, sondern dann, wenn es als erfolgreiches Projekt von allen nachvollzogen werden kann. Öffentlichkeitsarbeit gibt dazu die erläuternden Informationen. Kriminalpräventive Öffentlichkeitsarbeit muss zeitnah, kreativ, prägnant und kommunikativ sein.

Einige Bilder aus der Öffentlichkeitsarbeit des Präventionsrates der Stadt Frankfurt a.M. zu den Aktionen „Crimestoppers", „Uffbasse", Gewalt-Sehen Helfen Straßenbahn, Brötchentüten für Zivilcourage und „welches Ziel hast du?" verdeutlichen die Bandbreite kriminalpräventiver Werbung.

„Aktion Uffbasse"

Gewalt-Sehen Helfen

"Aktion Brötchentüten"

Gewalt-Sehen-Helfen Straßenbahn

„Welches Ziel hast Du?"

Thomas Görgen, Barbara Nägele, Sandra Kotlenga

Sicherheitsbezogenes Erleben und Handeln im Alter: Perspektiven für die Prävention

Die im vorliegenden Beitrag berichteten Befunde gehen auf das durch das Bundesministerium für Familie, Senioren, Frauen und Jugend geförderte Projekt „Sicherheitspotenziale im höheren Lebensalter" zurück, das in den Jahren 2012-2014 von der Deutschen Hochschule der Polizei (Münster) in Zusammenarbeit mit zoom – Gesellschaft für prospektive Entwicklungen e.V. (Göttingen) durchgeführt wurde. Das in zwei Bereiche gegliederte Projekt widmete sich der Förderung sicherheitsbezogenen Handelns im Alter sowie der Prävention betrügerischer Vermögensdelikte an älteren Menschen und verband in beiden Feldern die Analyse der jeweils im Zentrum stehenden Phänomene mit der Entwicklung und praktischen Erprobung präventiver Ansätze (vgl. Görgen et al., 2014).

Im Folgenden werden Befunde zum alltäglichen sicherheitsorientierten Handeln im Alter oder – anders formuliert – zur sicherheitsbezogenen Selbstsorge älterer Menschen präsentiert.

Ausgangspunkte des Projekts: Ältere Menschen und Sicherheit im Alltag

Das Projekt ging davon aus, dass ältere Menschen insgesamt als Expertinnen und Experten in Fragen der eigenen Sicherheit betrachtet werden können. Sie gehen in geringerem Maße als Jüngere Risiken ein, sie verhalten sich vorsichtiger, wodurch sie auch ihr Risiko der Opferwerdung reduzieren. Dies zeigt sich in vergleichsweise niedrigen Opferwerdungsraten älterer Menschen in der Polizeilichen Kriminalstatistik und in Opferwerdungsbefragungen (vgl. u. a. Görgen u. a. 2010; Greve 1998; Kappes u. a. 2013). Einige Daten sollen dies verdeutlichen:

- In polizeilichen Statistiken sind ältere Menschen als von Straftaten Betroffene im Vergleich zu ihrem Anteil an der Bevölkerung unterrepräsentiert. Laut der Polizeilichen Kriminalstatistik (PKS) für die Bundesrepublik Deutschland (Bundesministerium des Innern, 2015) entfielen im Jahr 2014 – bei einem Bevölkerungsanteil der über 60-Jährigen von rund 27 % – nur ca. 6 % aller Opfer von vollendeten oder versuchten Gewaltstraftaten auf diese Altersgruppe (60–69 Jahre 3,7 %, 70–79 Jahre 1,9 %, 80 Jahre und älter 0,6 %).

- Dieses Bild bestätigt sich im Wesentlichen, wenn Befunde aus repräsentativen Opferwerdungsbefragungen betrachtet werden. In einer Studie des Landeskriminalamts Niedersachsen aus dem Jahr 2013 (18.940 befragte Personen ab 16 Jahren) berichteten ältere Menschen seltener als jüngere von Viktimisierungserfahrungen. Gerade bei Körperverletzungsdelikten ist ein kontinuierlicher Rückgang der Opferwerdungsraten mit dem Alter zu beobachten; von einschlägigen Taten waren im Jahr 2012 7,5 % der unter 21-Jährigen, aber nur 0,6 % bzw. 0,8 % in den Altersgruppen 65–79 Jahre und 80 Jahre und älter betroffen. In einigen Deliktsfeldern steigt das Viktimisierungsrisiko allerdings im hohen Alter (80 J. +) gegenüber dem „dritten Lebensalter" wieder leicht an; dies gilt für den Diebstahl von persönlichen Gegenständen sowie einige Körperverletzungsdelikte und Raubstraftaten (Landeskriminalamt Niedersachsen, 2013, S. 9). Im Rahmen der niedersächsischen Studie wurden ferner 14.241 Personen zu Gewalterfahrungen in ihren Paarbeziehungen im Jahr 2012 befragt (Pfeiffer & Seifert, 2014). Auch hier sinkt die Belastung mit dem Alter. Von den 16–29-Jährigen berichteten 19,6 % über einschlägige Erfahrungen im Jahr 2012; dieser Wert geht bereits bei den 30–44-Jährigen auf 9,3 % zurück, in der Gruppe der 45–59-Jährigen auf 7,0 % und beträgt bei den 60-Jährigen und Älteren noch 4,4 %.

Derartige Befunde sprechen dafür, dass ältere Menschen insgesamt ihr Leben in einer Weise gestalten, die sie seltener als andere Altersgruppen zu Opfern von Kriminalität und Gewalt macht. Zugleich – so eine hinter dem Projekt stehende Annahme – kann auch im Alter sicherheitsorientiertes Verhalten noch gestärkt und verbessert werden. Dies bezieht sich in erster Linie auf folgende Aspekte:

- Stärkung wirksamen Vorsichts- und Vermeideverhaltens in Bereichen, in denen – vor allem vor dem Hintergrund vergleichsweise hoher Gefährdung – besonderer Bedarf besteht;

- Optimierung bestehender alltäglicher sicherheitsorientierter Verhaltensmuster im Hinblick auf den dafür erforderlichen Ressourceneinsatz;

- kritische Prüfung sicherheitsorientierter Verhaltensstrategien im Hinblick auf mögliche „Nebenwirkungen" für Lebensqualität und aktive Teilnahme am sozialen Leben.

Ein vorrangiges Ziel des Projekts war es, alltägliches sicherheitsorientiertes Handeln älterer Menschen zu analysieren und durch ein Trainingsprogramm in einer Weise zu optimieren, die ein hohes Maß an Sicherheit vor Straftaten mit hoher Lebensqualität vereinbar macht. Nachfolgend wird zunächst über Befunde einer Interviewstudie zu alltäglichen Sicherheitswahrnehmungen und entsprechenden Verhaltensweisen älterer Menschen berichtet, im Anschluss wird die auf der Basis dieser Befunde konzipierte Trainingsreihe skizziert.

Befunde einer sozialräumlich ausgerichteten Interviewstudie zu Sicherheitswahrnehmungen und sicherheitsorientiertem Verhalten älterer Menschen

Wir führten in dem Bereich Selbstorganisation von Sicherheit im Alter eine Interviewstudie durch. Grundidee war, ältere Menschen als Experten in Sachen eigener Sicherheit zu sehen und anzuerkennen, ihr Sicherheitsempfinden und ihr sicherheitsbezogenes Verhalten zu untersuchen und sie durch ein Trainingsprogramm in der eigenen Sicherheitsvorsorge zu unterstützen.

Interviews und darauf aufbauende Trainings führten wir in vier nach sozialräumlichen Parametern differenzierten Orten durch: in einer strukturschwachen ländlichen Region in Ostdeutschland, einer eher einkommensstarken Kleinstadt im Westen Deutschlands, sowie zwei strukturell sehr unterschiedlichen großstädtischen Vierteln im Westen – einem Viertel, in welchem sich ein problembelasteter Stadtteil befindet, d.h. eine Großwohnsiedlung der 60er/70er Jahre, sowie einem sehr gut situierten bürgerlichen Viertel mit einem hohem Anteil älterer Menschen.

In diesen vier Sozialräumen führten wir insgesamt 58 Interviews und 12 Gruppendiskussionen mit 111 an den vier Standorten lebenden älteren Menschen und mit 39 lokalen Expertinnen und Experten durch, die engen Kontakt zu älteren Menschen hatten und uns darüber berichten konnten.

Eigene Erfahrungen mit Kriminalität und problematischem Verhalten

Zunächst einmal interessierte uns, welche Erfahrungen die befragten älteren Menschen selbst mit Kriminalität bzw. mit verunsichernden Erlebnissen gemacht haben.

Tabelle 1: In den Interviews berichtete Kriminalitätserfahrungen (vollendet/ versucht) nach Sozialraum

	Ländlicher Raum (23)	Kleinstadt (33)	Großstadt, bürgerlich (27)	Großstadt, Wohnblock (28)
Einbruch (Auto / Haus)	-	-	3/3	2/3
Diebstahl / Handtaschenraub	1/0	0/1	7/0	4/0
Täuschungsbasierte Vermögensdelikte (inkl. Trickdiebstahl)	-	1/2	2/4	2/4
Verbale Belästigung (auch tel.) / „Anpöbelei"	-	-	1/0	3/0
Physische Gewalt / Androhung	-	1/0	2/0	-
Nahraum	1/0	-	1/0	1/0

Tabelle 1 schlüsselt Erfahrungen der Befragten auf. Es handelt sich dabei um berichtete eigene Erfahrungen im jeweiligen Sozialraum. Die erste Zahl bezieht sich auf die vollendeten, die zweite auf die versuchten Delikte. Die berichtete Belastung mit kriminellen, verunsichernden Erfahrungen ist im großstädtischen Bereich erheblich größer. Einige Delikte bzw. verunsichernde Erfahrungen sind im ländlichen Raum und in der untersuchten Kleinstadt gar nicht berichtet worden (Einbruch und verbale Belästigungen), andere in deutlich geringerem Umfang (Diebstahl / Handtaschenraub, Trickdiebstahl). Dies zunächst als Hinweis darauf, dass der Sozialraum für verunsichernde Erfahrungen durchaus eine Rolle spielt.

Alltägliche Relevanz des Themenfelds Kriminalität / Sicherheit

Wie wichtig, wie relevant ist für ältere Menschen das Thema Kriminalität? Ältere Menschen haben ein eher „ganzheitliches" Verständnis von „Sicherheit"; es ist nicht auf Kriminalität begrenzt, sondern umfasst ebenso beispielsweise die Bereiche Gesundheit und Verkehr. So kann die Entscheidung, im Dunkeln nicht das Haus zu verlassen, durch Sicherheitsüberlegungen motiviert, dabei aber nicht nur – und vielleicht nicht einmal vordringlich – durch Furcht vor Kriminalität begründet sein, sondern z.B. auf der Sorge zu fallen beruhen, weil man nicht mehr gut sieht und nicht gut zu Fuß ist, mit dem erhöhten Risiko, abends nicht gefunden zu werden, vielleicht auch mit größerer Sorge, abends im Verkehr nicht zurecht zu kommen in Verbindung stehen. Risiken werden also gebündelt erlebt und ein Verhalten – hier: abends nicht ausgehen – kann eine Reaktion auf mehrere Risiken gleichzeitig sein. Sicherheit ist für Ältere ein Anlass für Besorgnis unter mehreren, und steht für die meisten nicht an erster Stelle; aber das Thema ist grundsätzlich für viele relevant und beschäftigt sie. Zugleich gibt es auch ältere Menschen, für die Sicherheit kein bedeutsames Thema ist. Das ist – natürlich - individuell sehr unterschiedlich ausgeprägt (zu den Einflussfaktoren s.u.). Und ganz unterschiedlich ist auch der Einfluss des Themas auf die Lebensqualität. Einerseits kann man sagen, dass sich viele ältere Menschen zwar mit dem Thema Sicherheit durchaus beschäftigen, aber in ihrer Lebensqualität nicht beeinträchtigt sind. Zum Teil liegt umgekehrt sogar die Vermutung nahe, dass ein gewisses Maß an Vorsorge auch ein Gefühl von Sicherheit schaffen kann und nicht mit erhöhter Furcht einhergeht. Aber andererseits wird auch berichtet, dass kriminalitätsbezogene Ängste und Vorsorge auch als deutliche Einschränkung der Lebensqualität erlebt werden.

Dabei schätzen die meisten die Wahrscheinlichkeit als gering ein, Opfer einer Straftat in ihrem eigenen Sozialraum zu werden – was wiederum auch damit zusammenhängt, dass sie das Gefühl haben, durch ihr eigenes Verhalten Risiken zu vermindern. Aber auch grundsätzlich neigen die Befragten dazu, den eigenen Lebensraum als sicher zu empfinden; gefährlich ist es „woanders": „Hier wohne ich, hier bin ich sicher" hörten wir immer wieder. Wenn dann im eigenen Umfeld doch etwas geschieht, wird häufig die Bedeutung des Sozialraums relativiert. Dann heißt es z.B. „das hätte überall passieren können". Allerdings gibt es hier auch Ausnahmen, d.h. Menschen, die ihr Umfeld als gefährlich wahrnehmen.

Interessant ist ein teils erheblicher Unterschied zwischen Fremd- und Selbsteinschätzung älterer Menschen: Während Expertinnen und Experten sowie Angehörige auf der einen Seite das Sicherheitsverhalten Älterer eher problematisieren, beschreiben Ältere selbst sich als vorsichtig, rational und ihr Verhalten als angemessen in Bezug auf Sicherheitsfragen. In der Sicht von außen werden Ältere als eher gefährdet und besonders vulnerabel beschrieben. Eine Reihe von Risikofaktoren dafür wird dargestellt: Erziehung zu höflichem Verhalten, Gutgläubigkeit, Wunsch nach Sozialkontakten, mangelnde Kontrollfähigkeit aufgrund von psychischen Veränderungen sowie eine geringere Fähigkeit, sich zu wehren. Seltener wird beschrieben, dass sie übertriebene Ängste haben. In jedem Fall, so das Fazit, ist Aufklärung und Kontrolle hilfreich, gegebenenfalls sogar nötig.

Eine Erfahrung in unseren Erhebungen war, dass besonders in Gruppen von Älteren häufig mit großer Vehemenz vertreten wurde, welches Verhalten in Bezug auf Kriminalität richtig und welches falsch sei. Vermeintlicher Leichtsinn wird in solchen Gruppen schnell getadelt. Unser Eindruck war, dass Ältere durchaus wissen, welches Verhalten von ihnen erwartet wird.

Bereichsspezifität von Sicherheitsempfinden und sicherheitsrelevantem Verhalten

Wir unterscheiden sicherheitsbezogenes und sicherheitsrelevantes Verhalten, da nicht alles, was der Sicherheit zuträglich sein kann (um beim vorhin genannten Beispiel zu bleiben: abends nicht mehr hinausgehen) auch tatsächlich durch Sicherheitsüberlegungen motiviert ist.

Wir unterscheiden Gefährdungserfahrungen und darauf Bezug nehmende Verhaltensweisen in Bezug auf drei Bereiche: zunächst auf Bedrohungen, die durch den physischen Zugang von Tätern bzw. Täterinnen zum Haus, zur eigenen Wohnung, zum eigenen Grundstück entstehen, weiter auf Bedrohungen, die durch medial vermittelten Zugang entstehen (Telefon, Post, Internet) und schließlich Bedrohungen, die außerhalb der privaten Häuslichkeit entstehen – meist im öffentlichen bzw. halböffentlichen Raum.

Kommen wir zunächst zu Gefährdungssituationen, die durch einen unmittelbaren physischen Zugang einer Person zum Haus / Wohnung / Grundstück entstehen. Sorgen richten sich hier auf Haustürgeschäfte, Diebstahl nach Erschleichen des Zugangs und Einbrüche (wobei letzteres deutlich mehr im städtischen Bereich befürchtet wird) und sind verbreitet. Ältere berichten gerade in diesem Bereich davon, dass Angehörige besorgt sind. In der Wahrnehmung der Befragten gehen dabei die Risiken ineinander über; demnach ist es vom Haustürgeschäft über den Trickbetrug bis zum Ausräumen der Wohnung nicht weit und viele haben den Eindruck, wenn jemand einmal in der Wohnung ist, hat er leichtes Spiel und sie keine Chance mehr. Daher richtet sich Vorsorge in aller Regel zunächst darauf, den Einlass zu kontrollieren und Zugangsmöglichkeiten einzuschränken. Beides, das Einlassverhalten und das Schließverhalten, sind wiederum nicht nur in Sicherheitserwägungen begründet, sondern stark mit Gewohnheiten und Normen verbunden. So begegneten uns häufig Sätze wie „das mache ich immer so", oder „das macht man so", „das habe ich immer schon so gemacht". Regelmäßige Rituale des Abschließens sind für das eigene Sicherheitsgefühl wichtig. Für ältere Menschen ist es zunächst wichtig, dass sie verhindern können, dass unbekannte Personen ins Haus kommen. Weiter geht es ums Abschließen – und dabei zugleich häufig um die Frage, wie potenziell benötigte Helfer dennoch ins Haus kommen können. Auch über bauliche und technische Veränderungen zur Einbruchsicherung wie z.B. der Beauftragung eines Wachdienstes wird berichtet. Aber dies ist nur teilweise relevant, und eher in Einfamilienhäusern und dort, wo größere Vermögenswerte vermutet werden können. Insbesondere auf dem Lande wird auch von der Haltung eines Hundes zur Abschreckung berichtet. Wichtig ist für viele das soziale Umfeld und die durch dieses ausgeübte informelle Sozialkontrolle: in der Nachbarschaft hilft man sich gegenseitig bei Abwesenheit und man hat ein Auge darauf, wer vor Ort ist, wer aus und eingeht.

Delikte, für deren Begehung eine Anwesenheit vor Ort nicht notwendig ist, können von überall ausgeführt werden und die Opfer können überall sein. Aus diesem Grund sind die Gefährdungssituationen, die durch telefonischen oder postalischen Zugang bzw. per Internet entstehen, auch unabhängig vom Sozialraum. Insbesondere postalische und telefonische Zugangswege erwiesen sich in unserer Studie als hoch relevant. Die Befragten berichteten von aggressivem Telefonmarketing, von Gewinnmitteilungen, Schockanrufen, gefälschten Rechnungen und dem Enkeltrick – einiges davon sind eindeutige Delikte, anderes liegt im Graubereich betrugs- und täuschungsbasierter Vermögensdelikte. Sehr häufig wird über erlebte Versuche berichtet, und ganz unabhängig vom „Erfolg" und dem letztlich erlittenen Schaden wird gerade bei telefonischer Kontaktaufnahme bereits der Versuch als Belastung erlebt. So berichteten Befragte teilweise von bis zu 12 Anrufen täglich. Wenn es einmal zu finanziellen Schädigungen kam, wurden die Opfer immer wieder angeschrieben und angerufen, so dass vermutet werden kann, dass Adressen und Telefonnummern im Erfolgsfall weiterverkauft werden.

Für die Alltagskommunikation hochrelevant ist der Umgang mit Anrufen. Die von uns Befragten berichteten recht eindrücklich über ihr Ringen um die „richtige", die „sichere" Kommunikationsstrategie am Telefon. Teilweise berichten sie von sehr rigiden Lösungen. Einige gehen gar nicht mehr ans Telefon und hören nur den Anrufbeantworter ab, andere gehen nur bei bekannten Telefonnummern ans Telefon. Teilweise legen Befragte bei bestimmten Anrufen sofort auf. Wiederum andere haben sich Antworten zurechtgelegt für den Fall von unwillkommenen Anrufen. Viele sind verunsichert. So trafen wir immer wieder auf die Vorstellung, man dürfe am Telefon das Wort „Ja" keinesfalls sagen, weil dies aufgezeichnet und als Zustimmung zu einem Vertrag verwendet werden könne. Ihren Namen wollen aber viele auch nicht sagen – und so fragen sich manche, wie sie sich überhaupt noch melden können. In Bezug auf den Enkeltrick haben die wenigsten eigene Erfahrungen. Zugleich haben sie kein Verständnis dafür, wie man Opfer werden kann, was wiederum vielfach damit zusammenhängt, dass ihnen die Vorgehensweise der Täter im Detail nicht bekannt ist.

Schließlich sind auch für ältere Menschen Gefährdungssituationen außerhalb der privaten Häuslichkeit von Bedeutung. Was beschäftigt ältere Menschen diesbezüglich? Vor gewaltmotivierten Überfällen haben nur sehr wenige Ältere Angst. Sorgen richten sich eher auf Raub- und Diebstahldelikte, insbesondere Handtaschenraub, Trickdiebstahl und Taschendiebstahl, aber auch Raub oder Ausspähen am Bankautomat. Der zweite große Bereich, der vor allem die in Städten lebenden befragten älteren Menschen beschäftigt, umfasst Phänomene, die mit „signs of incivility" bezeichnet werden können. Dabei geht es nicht vordringlich um Straftaten Einzelner, sondern um das Verhalten von größeren bzw. kleineren Gruppen. Bedrohungspotenziale werden bestimmten Gruppen zugeschrieben, insbesondere Jugendlichen und „Ausländern", Alkohol wird als Auslöser beschrieben. Ältere schildern als erlebte und befürchtete Handlungen Sachbeschädigungen, Pöbeleien, Lärmbelästigung, Verunreinigungen und andere Formen von respekt- und rücksichtslosem Verhalten. Für einige ist dies in hohem Maße emotional: Sie sind verunsichert, teilweise verstört, manche empört und zornig. Hauptquelle der Verunsicherung ist, dass das Verhalten als unverständlich und unkalkulierbar erlebt wird, in starkem Maße eigenen Normen widerspricht und dass sie sich demgegenüber hilflos fühlen. Teilweise ist allerdings unklar, inwieweit sich Ältere bedroht fühlen und inwieweit die Empörung auf den wahrgenommenen Regelverstoß zurückgeht. Aufgrund der erlebten Regellosigkeit des Verhaltens wird auch das Unsicherheitserleben entgrenzt: Man traut dem Gegenüber nahezu alles zu – wer eine Regel übertritt, übertritt auch alle, so die Befürchtung. Einige Ältere berichten, dass die Bedrohung dann entsteht, wenn sie versuchen, die aus ihrer Sicht „richtige" Verhaltensnorm durchzusetzen. Aus der Sicht einiger Befragter liegt genau darin ein Teil des Problems, dass Ältere selbst zuweilen wenig rücksichts- und verständnisvoll sind, Konfrontationen suchen und damit zu Konflikten beitragen. Nur ein Teil der Älteren berichtet von solchen Unsicherheitsgefühlen, andere sehen die Hintergründe und Ursachen solchen Verhaltens sehr differenziert bzw. interpretieren das Bedrohungspotenzial geringer. Der Umgang mit Gefährdungssituationen im öffentlichen Raum ist individuell verschieden und reicht von selbstbewusstem Auftreten bis zum systematischen Meiden von Situationen.

Generell vermeiden ältere Menschen Gefährdungssituationen außerhalb der privaten Häuslichkeit, indem sie bewusst entscheiden, wann, mit wem und wie sie wohin gehen – wir nennen dies Mobilitätsentscheidungen. Sie entscheiden sich, unbelebte Orte zu meiden, verzichten auf die Nutzung des öffentlichen Nahverkehrs zu bestimmten Uhrzeiten oder verlassen zu bestimmten Uhrzeiten die Häuslichkeit nicht mehr. Dies kann allerdings, wie gesagt, ganz unterschiedlich motiviert sein. Häufig ist es ein Bündel von Gründen, die dazu führen, abends das Haus nicht mehr zu verlassen: Sorge vor Stürzen und den Folgen, Gewohnheit, Normen („das tut man nicht"), aber auch schlicht das Fehlen einer Motivation („was soll ich da"). Wie schützen sich Ältere noch? Viele nehmen kriminalpräventive Hinweise ernst, sie sichern ihre Wertsachen wie empfohlen und verhalten sich umsichtig am Bankautomaten. Generell ist auch für das Sicherheitsempfinden und -verhalten älterer Menschen im öffentlichen Raum (und nicht nur da) die Nutzung eines Handys zunehmend wichtig.

Faktoren für sicherheitsrelevantes Erleben und Verhalten

Verschiedene Faktoren für das Sicherheitsverhalten und Sicherheitsgefühl wurden sichtbar bzw. explizit benannt und reflektiert.

- Zum einen ist – wie vorhin erwähnt – der Sozialraum ein wichtiger Einflussfaktor. Während relativ durchgehend der eigene Sozialraum grundsätzlich als sicherer Bereich erlebt wird, bilden die Sorgen und Ängste der älteren Menschen recht realistisch auch die sozialräumlichen Kriminalitätsbelastungen ab. So wird der ländliche Sozialraum als sichererer Bereich empfunden, hier finden sich kaum Ängste bezogen auf „signs of incivility". Auch die wirtschaftliche Situation ist bedeutsam. Im Sozialraum Großstadt liegen deutlich mehr Erfahrungen mit Einbruchsdelikten vor und dort gibt es auch ein deutlicher ausgeprägtes Vorsorgeverhalten.

- Ein relevanter Faktor ist auch die Lage des eigenen Hauses. Freistehende Häuser in Randlage, die gute Möglichkeiten bieten, den Tatort unbemerkt zu verlassen, führen zur Einschätzung einer erhöhten Einbruchsgefahr.

- Leben ältere Menschen in Einrichtungen, so kann dies erhöhten Schutz und erhöhtes Risiko zugleich bedeuten. Aus Berichten der befragten Expertinnen und Experten wie auch der Bewohnerinnen und Bewohner geht hervor, dass Einrichtungen eine Konzentration einer vulnerablen Zielgruppe mit sich bringen und damit besonders „attraktiv" für potenzielle Täter sind. Die Gefahr eines unbemerkten Zutritts von potenziell kriminellen Personen ist besonders groß, weil ständig Personen ein- und ausgehen und zudem der Anteil dementiell erkrankter Personen hoch ist. Entsprechende Erfahrungsberichte über versuchte Einbrüche und Trickdiebstähle liegen vor. Dennoch wird von den befragten Bewohnerinnen und Bewohnern das Wohnen in einer Einrichtung eher als förderlich für das eigene – hier umfassend gemeinte – Sicherheitsgefühl empfunden.

- Einige Befragte beschrieben auch, dass eine Veränderung der Lebenssituation durch Versterben des Partners, Wegzug der Kinder o.ä. eine starke Verunsicherung bewirkt. Nicht selten ist das plötzliche Alleinleben auch der Anlass für Maßnahmen im Bereich Sicherheit.

- Eingebunden sein in ein Netzwerk von Familie und Nachbarschaft wird von einigen als besonders wichtig für das eigene Sicherheitsgefühl beschrieben – in einem umfassenden Sinne. Aber das soziale Umfeld ist auch praktisch für die Umsetzung von Vorsorge bedeutsam – so beleben Nachbarn in Abwesenheit das Haus, üben Kontrolle durch regelmäßiges Aufsuchen der Wohnung aus und haben die Wohnung und die Wohnumgebung im Auge. Angehörige werden ganz überwiegend als unterstützend und hilfreich für das eigene Sicherheitserleben und die Vorsorge beschrieben. Sie geben Orientierung, nehmen Einfluss und an sie lassen sich bei nachlassenden Kräften die Sicherheitsfragen delegieren. Aber sie können auch unwillkommenen Einfluss nehmen, agieren teils paternalistisch und sind im Konflikt mit Älteren. In einigen wenigen Interviews kamen auch Ausbeutung und Misshandlungen durch Angehörige selbst zur Sprache. Gerade finanzielle Ausbeutung durch Angehörige und Reglementierungen des Konsum- und Ausgabeverhaltens Älterer gehen zuweilen miteinander einher.

- Die befragten Seniorinnen und Senioren sind grundsätzlich in hohem Maße über Sicherheitsfragen informiert. Sie beziehen ihr Wissen über Vorfälle aus dem sozialen Umfeld und den Medien; Wissen und Information über Schutzmöglichkeiten erhalten sie vielfach auch im Rahmen von polizeilichen Veranstaltungen. In Bezug auf Medien formulieren manche Ältere den Eindruck, dass heute viel mehr einschlägige Berichte veröffentlicht werden als früher. Andere hingegen nehmen das, was sie lesen und hören, unhinterfragt als Abbild der Realität. Unabhängig davon, werden die zwei Seiten von Wissen deutlich und teilweise auch so benannt: Wissen und Informationen beunruhigen, zugleich sind sie wichtige Quellen der Verhaltensorientierung. Einen wesentlichen Unterschied in der Relevanz und Verarbeitung macht es den Befragten zufolge, ob es sich um Informationen über Kriminalität allgemein oder um Informationen über Kriminalität im eigenen Sozialraum handelt.

- Die Interviews zeigen auch, dass Erfahrungen im Umgang mit Jugendlichen die Verunsicherung vermindern. Manche der Befragten hatten beruflich bedingt mit Jugendlichen (u.a. aus dem Stadtteil) zu tun. Sie kommen zu anderen Einschätzungen des Bedrohungspotentials bzw. können nach eigenem Bekunden das Verhalten der Jugendlichen einordnen und schätzen es zwar als rüpelhaft, aber nicht als gefährdend ein.

- In Bezug auf Vorkehrungen gegen Einbrüche werden auch das eigene Verhalten und die eigenen Sicherheitsvorkehrungen in gewissem Umfang als relevant erachtet. Befragte, an deren Haus oder Wohnung entsprechende baulich-technische Maßnahmen vorgenommen wurden, fühlen sich insbesondere vor Einbrüchen sicherer. Zugleich schätzen die meisten es so ein, dass trotz verschiedener technischer Maßnahmen „Profis" eindringen könnten. Wichtig ist, dass mit Sicherheitsvorsorge das eigene Sicherheitsgefühl erhöht werden kann. Zugleich spielt dafür eine Rolle, dass die Befragten nicht leichtsinnig sein, niemanden verleiten und es Einbrechern so schwer wie möglich machen wollen.

- Aber auch in Bezug auf den öffentlichen Raum wird das eigene Verhalten als relevant für das Opferwerdungsrisiko eingeschätzt. So nehmen einige Ältere ihre Gewohnheiten als allgemein tendenziell risikofrei wahr („abends geh ich eh nicht mehr raus"), oder sie erleben ihr gezielt selbstbewusstes Auftreten in der Öffentlichkeit (v.a. gegenüber Jugendlichen nicht nach unten gucken, eher ansprechen, durchgehen, freundlich aber bestimmt auftreten) als stärkend und damit präventiv. Vor allem gegenüber Gruppen von Jugendlichen haben sie entsprechende Strategien entwickelt. Ihnen gegenüber sehen sie bewusst nicht nach unten, sprechen diese im Zweifelsfall an und treten bestimmt aber freundlich auf. Sie sind überzeugt, dass sie dann keine Opfer werden, wenn sie keine Opferhaltung einnehmen.

- Manche Ältere machen deutlich, dass sie mit ihrem Verhalten v.a. allgemeingültigen Regeln und Maßgaben folgen, ohne diese genau auf ihre Wirksamkeit zu hinterfragen. Entsprechende Normen bilden sich in Peer-Netzwerken, werden teilweise aber auch in Verhaltensregeln durch Polizei und Medien vermittelt. Manche ältere Menschen nehmen auf den Normcharakter explizit Bezug. Teilweise hat die Erfüllung dieser Verhaltensnormen zur eigenen Sicherheit den Charakter der Vermeidung einer Mitschuld für den Fall einer Viktimisierung. („Ich habe alles gemacht was man tun kann").

- Viktimisierungserfahrungen werden unterschiedlich gedeutet und verarbeitet. Für manche Ältere waren insbesondere Erfahrungen mit Einbrüchen Anlässe für Sicherheitsvorkehrungen und für massive Ängste in der Folge. Häufig lässt sich auch nachvollziehen, dass das Erleben eines Diebstahls ein verändertes Sicherheitsverhalten nach sich zieht. Andere wiederum haben aus eigenen Viktimisierungserfahrungen keine besonderen Konsequenzen für verändertes Verhalten gezogen und haben auch kein verändertes Sicherheitsgefühl als Reaktion auf Viktimisierung entwickelt.

- Die meisten Befragten sehen in ihrem Sicherheitsgefühl und ihrem Verhalten eine biographische Kontinuität. Sie begründen dies mit Gewohnheiten, aber auch Ressourcen und Einstellungen, die sie schon früh bzw. immer schon hatten („Ich war schon immer ängstlich", „Ich hatte schon immer so ein Urvertrauen", „meine Mutter war überängstlich, davon habe ich mich abgewandt").

- Manche Ältere verhalten sich abgrenzend zum Sicherheitsdiskurs und seinen impliziten Verhaltensnormen und wollen keine besonderen Vorkehrungen treffen bzw. bestimmte Dinge vermeiden. Sie sehen sich in Opposition zu den Sicherheitsverhaltensnormen, die ihnen von anderen entgegengebracht werden („Wie kannst Du abends noch rausgehen?"). Teilweise begründen sie dies damit, dass Sicherheit nur schwer beeinflussbar sei und verweisen entweder auf die Schicksalhaftigkeit und Unabänderlichkeit von Vorkommnissen („Wenn es passieren soll, dann passiert es eben"), teilweise möchten sie ihre Lebensqualität nicht einschränken („Also insofern denke ich, rede ich mir das auch ein bisschen schön".

Weil es ist mir auch unheimlich wichtig. Also dass ich da abends nach Hause kommen kann, wann ich will!").

- Das höhere Lebensalter wird aber von einigen auch als deutliche Veränderung wahrgenommen in Bezug auf eine höhere Vulnerabilität v.a. bei Mobilitätseinschränkungen und eine insgesamt geringere Wehrhaftigkeit. Manche Ältere sehen sich als Teil einer Zielgruppe Ältere, auf die es Kriminelle abgesehen haben. Eher vereinzelt empfinden sie ihr Alter als Schutzfaktor (v.a. in Bezug auf das Verhalten Jugendlicher), gelegentlich beschreiben Ältere auch, dass sie im Alter eher gelassener werden, weil sie nicht mehr viel zu verlieren haben. Auch Geschlecht ist ein manchmal angesprochener Faktor; so sehen sich manche Frauen insbesondere in der Öffentlichkeit besonderen Gefahren ausgesetzt.

- Gesellschaftliche Veränderungen sind ein häufig genannter Faktor für die Sicherheitslage allgemein. Viele Ältere sehen Veränderungen in Bezug auf ihr eigenes Sicherheitsgefühl daher v.a. in gesellschaftlichen Veränderungen begründet. Sie sehen eine Zunahme von Gewalt und erleben das ihres Erachtens veränderte Verhalten heutiger Jugendlicher als Ausdruck von Verrohung und mangelndem Respekt. Im Erleben von einigen Befragten aus dem Ostteil Deutschlands spielt auch die gesellschaftliche Transformation, die mit dem deutschen Einigungsprozess einherging, eine bedeutende Rolle. Hier werden Ursachen für einen dramatischen gesellschaftlichen Wertewandel gesehen.

Die Veranstaltungsreihe „Älter werden – aber sicher!"

Aufbauend auf den Ergebnissen der Befragungen wurde eine an Ältere gerichtete Schulungsreihe konzipiert. An den vier Standorten fanden an jeweils sechs Terminen im Zeitraum von September bis November 2013 sicherheitsbezogene Schulungen und Trainings statt. Sie wurden von einer Trainerin durchgeführt, teils wurden themenbezogen weitere Fachkräfte als Referenten / Referentinnen hinzugezogen. Die Veranstaltungsreihe wurde mit Fragebögen und Gruppendiskussionen evaluiert. Es wurden vier Themenbereiche adressiert. In Modul 1 ging es um Schutz von Eigentum/Vermögen vor kriminellen Handlungen, in Modul 2 um Selbstbehauptung/Körpersprache (inkl. praktischer Übungen), Modul 3 widmete sich dem Miteinander der Generationen (inkl. Begegnung mit Jugendlichen) und in Modul 4 wurde Sicherheit im Umgang mit Technik trainiert.

Tabelle 2: Teilnehmerzahlen der Veranstaltungsreihe nach Sozialraum

Thema	Ländlicher Raum	Kleinstadt	Großstadt, bürgerlich	Großstadt, Wohnblock
Schutz von Eigentum und Vermögen	6	17	15	14
Selbstbehauptung Teil 1	4	10	6	8
Selbstbehauptung Teil 2	3	10	12	10
Selbstbehauptung Teil 3	5	5	11	7
Miteinander der Generationen	3	8	7	8
Sicherheit im Umgang mit Technik/ Kommunikationsmedien	1	5	13	8
Durchschnitt gesamt	4	9	11	9

Insgesamt gab es trotz breiter Ankündigung nur moderate Teilnehmerzahlen. Ganz grundsätzlich zeigt sich, dass über solche Ansätze nur bestimmte Zielgruppen erreicht werden – nämlich vor allem sozial gut integrierte Menschen aus nicht randständigen Milieus. Dies sind nicht immer zugleich die Personen, die auch eine erhöhte Gefährdung aufweisen. Aber diese Personengruppe ist grundsätzlich schwer über Ansätze der Selbstorganisation von Sicherheit erreichbar.

Als ein Fazit lässt sich ziehen, dass sicherheitsbezogene Trainings sich in die Lebenswelt der Teilnehmenden einpassen müssen. Sinnvoll ist eine Anbindung an vorhandene kommunale Strukturen. Für die Organisationsform ist abzuwägen zwischen Offenheit und Niedrigschwelligkeit des Angebots und dem Ziel, eine feste Gruppe für eine Veranstaltungsreihe zusammenzustellen.

Insgesamt wurden die Schulungen durch die Teilnehmenden sehr positiv bewertet. Berichtete Effekte und Transfermöglichkeiten in den Alltag waren vielfältig. Befragte berichteten zum einen, dass sich die Schulung stärkend auf ihr Bewusstsein für mögliche Risiken in bestimmten Bereichen (insbesondere bezogen auf Kriminalität/ Abzocke, Körpersprache, Technik) ausgewirkt habe. Auch beschrieben sie eine Verminderung von Unsicherheit und einen Zugewinn von Verhaltenssicherheit. Kleinere Verhaltensänderungen in alltäglichen Situationen wurden beschrieben, auch ein verstärktes Achtgeben auf andere Menschen und die Weitergabe von Verhaltenstipps im Bekanntenkreis und auch an Fremde. Die Begegnung mit Jugendlichen wurde als Gewinn erlebt, Befragte beschrieben, dass die konkrete Begegnung ihnen half, Angst abzubauen. Allerdings gab es auch negative Effekte. So wurde beschrieben, dass eine Sensibilisierung für Gefährdungen in Einzelfällen auch erlebte Unsicherheit erhöhen und frühere Traumatisierungen reaktivieren kann.

Die Teilnehmenden machten eine Reihe von Vorschlägen für weitere Inhalte. Insbesondere interessierten sie die Themen Gesundheitsvorsorge, Unfallprävention und Sicherheit im öffentlichen Nahverkehr. Sie wünschten sich Vertiefung und Wiederholung bzw. Verstetigung.

Implikationen für die altersbezogene Prävention

Auf Basis der im Rahmen des Projekts durchgeführten empirischen Untersuchungen und der Erfahrungen mit den entwickelten und erprobten präventiven Ansätzen lassen sich verschiedene Schlussfolgerungen für die Prävention von Opferwerdungen im höheren Lebensalter formulieren.

Bereichsspezifität: Die Prävention von Viktimisierungen im höheren Lebensalter bedarf einer bereichsspezifischen Ausrichtung. Opferwerdung im Alter nimmt so unterschiedliche Formen an, dass Maßnahmen der Prävention sich kaum jemals auf die gesamte Deliktspalette beziehen können, die Formen organisierter Betrugsdelikte durch professionelle Täter ebenso umfasst wie aus belasteten familialen Pflegebeziehungen erwachsende verbale oder physische Übergriffe. Vielmehr ist es sinnvoll, in den jeweiligen Deliktsfeldern auf das Problem und die vorhandenen Ressourcen passend zugeschnittene Konzepte zu entwickeln. Dies schließt auch die Auswahl jeweils geeigneter Akteure und Kooperationspartner ein.

Datenbasierung: Prävention von Viktimisierungen im Alter sollte - im Sinne einer stärker evidenzbasierten Prävention - auf Analysen von Phänomenen und Sicherheitsbedürfnissen gegründet sein. An phänomenologisch orientierten Analysen zu Kriminalitätsgefährdungen im Alter besteht derzeit noch beträchtlicher Mangel; Forschungsbedarf besteht sowohl im Hinblick auf die „objektive" Kriminalitätsgefährdung älterer Menschen als auch mit Blick auf ihr subjektives Sicherheitsempfinden und ihre Sicherheitsbedürfnisse und -interessen.

Stellenwert von Guardian-Ansätzen: Für die Prävention von Viktimisierungen im Alter können Guardian-Konzepte, wie sie in der Tradition des Routine-Activity-Ansatzes (Cohen & Felson, 1979) formuliert wurden, nutzbar gemacht werden. Soweit (sehr) hohes Alter auch vermehrt mit Einschränkungen der körperlichen und geistigen Leistungsfähigkeit verbunden ist, reduzieren sich in dieser Gruppe die Ansprechbarkeit für Präventionsmaßnahmen sowie die Fähigkeit, Maßnahmen zum Schutz der eigenen Person und des eigenen Vermögens selbst umzusetzen. Wo die Fähigkeiten zur aktiven Selbstsorge um die eigene Sicherheit nicht hinreichend erscheinen, gilt es, Dritte als „capable guardians" im Interesse der Sicherheit älterer Menschen zu aktivieren und in ihrer diesbezüglichen Motivation und Fähigkeit zu stärken. Im Hinblick auf manche Vermögensdelikte an Älteren können dies etwa entsprechend geschulte Mitarbeiterinnen und Mitarbeiter von Banken sein.

Interdisziplinarität: Prävention von Viktimisierungen im Alter kann keine exklusive Aufgabe der Polizei und anderer Behörden mit Sicherheitsaufgaben sein; sie bedarf vielmehr der Kooperation unterschiedlicher Professionen und Institutionen. Wesentliche Bereiche, die zur Förderung von Sicherheit im Alter Beiträge leisten können, sind neben den Strafverfolgungsinstanzen und der zivilen Gerichtsbarkeit insbesondere der Pflege- und Gesundheitssektor, Einrichtungen des Gewalt- und Opferschutzes und andere psychosoziale Institutionen. Für den Bereich der Eigentums- und Vermögensdelikte können Kreditinstitute, in Bezug auf unseriöse Geschäftspraktiken Einrichtungen des Verbraucherschutzes als Kooperationspartner eine Schlüsselstellung einnehmen.

Sozialräumliche Ausrichtung: Prävention von Viktimisierungen im Alter kann von einer sozialräumlichen Orientierung profitieren. Das sozialräumliche Umfeld prägt den alltäglichen Lebensstil von Opfern und Tätern, hier entstehen Tatgelegenheiten, hier treffen Täter auf mögliche Opfer, hier werden Sicherheit und Sicherheitsvorsorge organisiert. Auch gefühlte und erlebte Sicherheit bzw. Unsicherheit macht sich in starkem Maße an Orten fest. Zielgruppenerreichung und potenzielle Wirksamkeit präventiver Maßnahmen und Projekte sind daher auch vor dem Hintergrund ihrer Ausrichtung auf im Sozialraum vorhandene Problemlagen und Ressourcen zu sehen.

Schwer erreichbare Zielgruppen: Maßnahmen, die präventiv auf die Verbesserung von Sicherheit im höheren Lebensalter ausgerichtet sind, stehen vor der Problematik des Zugangs zu den relevanten Zielgruppen. Dieser Herausforderung sieht sich – unabhängig vom Lebensalter – jedes Präventionskonzept gegenüber. Dennoch ist das hohe Alter (das „vierte Lebensalter") durch die Zunahme von Funktionseinschränkungen in allen Lebensbereichen, die damit einhergehend erhöhte Anfälligkeit gegenüber Viktimisierungsversuchen und die reduzierten Optionen der Anzeigeerstattung und Hilfesuche für die Kriminalprävention eine besondere Lebensphase. Gerade die Gruppe der älteren Pflegebedürftigen stellt im Hinblick auf Präventionsmaßnahmen eine schwer zu erreichende Population dar; dies gilt in besonderem Maße für Menschen mit demenziellen Erkrankungen.

Ambivalenz von Sensibilisierung und Verunsicherung: Prävention von Viktimisierungen im Alter sollte die Ambivalenz von Sensibilisierung und möglicher alltäglicher Verunsicherung im Auge behalten. Kommunikation über Risiken ist notwendiger Bestandteil von Prävention, kann aber auch verunsichernd wirken, weil sie den Adressaten vor Augen hält, „was einem alles widerfahren kann". Die Möglichkeit einer bei Teilnehmerinnen und Teilnehmern eintretenden Verunsicherung sollte bei Präventionsmaßnahmen stets mitbedacht werden. „Sensibilisierung um der Sensibilisierung willen" ist keine sinnvolle Herangehensweise; ein kriminalpräventiver Hinweis auf mögliche Gefahren ist nur dann zielführend, wenn zugleich Hinweise zur Risikoreduktion gegeben werden können.

Spannungsfeld von Schutz und Autonomie: Wenn der Schutz älterer Menschen vor Gefährdungen und Schädigungen verbessert werden soll, können die daraus resultierenden Bestrebungen in einem Spannungsverhältnis zur Wahrung der Autonomie der Adressatinnen und Adressaten stehen. Bezogen auf Maßnahmen mit kriminalpräventiver Ausrichtung besteht das wesentliche Spannungsverhältnis zwischen dem Ziel und dem Bestreben, Schutz zu bieten und Gefahren zu minimieren auf der einen Seite und dem Recht, Risiken einzugehen und gefährliche oder auch schädliche Entscheidungen zu treffen auf der anderen. Im Kontext präventiver Maßnahmen sollte das mögliche Spannungsverhältnis von Sicherheit und Handlungsautonomie bzw. Sicherheit und Lebensqualität, das gerade für in ihrer Entscheidungs- und Handlungskompetenz eingeschränkte Ältere alltagsprägend sein kann, reflektiert und angesprochen werden.

Literatur

Bundesministerium des Innern (2015). *Polizeiliche Kriminalstatistik 2014*. Berlin: Bundesministerium des Innern.

Cohen, L. E. & Felson, M. (1979). Social change and crime rate trends: A routine activity approach. *American Sociological Review, 44* (4), S. 588–608.

Görgen, T., Herbst, S. & Rabold, S. (2010). Jenseits der Kriminalstatistik: Befunde einer bundesweiten Opferwerdungsbefragung. In T. Görgen (Hg.), *Sicherer Hafen oder gefahrvolle Zone? Kriminalitäts- und Gewalterfahrungen im Leben alter Menschen* (S. 122-174). Frankfurt a.M.: Verlag für Polizeiwissenschaft.

Görgen, T., Wagner, D., Nowak, S., Kraus, B., Nägele, B., Kotlenga, S., Lüttschwager, N., Binninger, M. & Fisch, S. (2014). Sicherheitspotenziale im höheren Lebensalter. Verfügbar unter https://www.dhpol.de/de/medien/downloads/hochschule/13/Goergen_et_al_Sicherheitspotenziale_Bericht.pdf.

Greve, W. (1998). Fear of crime among the elderly: Foresight, not fright. *International Review of Victimology, 5*(3-4), 277–309.

Kappes, C., Greve, W. & Hellmers, S. (2013). Fear of crime in old age: Precautious behaviour and its relation to situational fear. *European Journal of Ageing, 10*(2), 111–125.

Landeskriminalamt Niedersachsen (2013). *Befragung zu Sicherheit und Kriminalität in Niedersachsen: Bericht zu Kernbefunden der Studie*. Hannover: Landeskriminalamt Niedersachsen.

Pfeiffer, H. & Seifert, S. (2014). *Bericht zu Gewalterfahrungen in Paarbeziehungen in Niedersachsen im Jahr 2012*. Hannover: Landeskriminalamt Niedersachsen.

Jérome Gravenstein

Das Nicht-Kampf-Prinzip und der Zweikampf

Sein oder Nicht sein? Kampf oder Nicht-Kampf.

„Sein oder Nichtsein, das ist hier die Frage" das Zitat aus der Tragödie Hamlet, Prinz von Dänemark von William Shakespeare, 3. Aufzug, 1. Szene.

In dem Stück beginnt der Protagonist Hamlet mit diesem Satz einen Monolog, in dem er darüber nachdenkt, dass er vor entschlossenem Handeln Scheu hat, weil er trotz seiner Todessehnsucht und seinem Weltschmerz Angst vor dem Tod hat. Die Zerrissenheit der Figur wird in diesem Monolog deutlich.

Zitiert wird der Satz in Situationen, die für jemanden existenziell von Bedeutung sind. In bedrohlichen Situationen und selbst in einfachen Konflikten befinden wir uns oft in einer zerrissenen Situation. Es muss eine Entscheidung getroffen werden und mit Konsequenzen gerechnet werden! Kämpfen Sie nun für Ihre Sache?

Wer gegen etwas kämpft, verschenkt seine Energien. Wer für etwas kämpft, gewinnt Energie. Die Entscheidung zu kämpfen, fällen Sie selbst - jeden Tag aufs Neue. Kämpfen Sie *gegen* etwas, verliert Ihre Kreativität, Ihre Wachstumsbereitschaft. Kämpfen Sie *für* etwas, so erlangen Sie Selbstwachstum. Sie werden somit sehr kreativ und schöpferisch.

Wir leben in einer Wettbewerbsgesellschaft, in einer Ellenbogengesellschaft, das steht fest – kämpfen ist also legitim.

Neues Bewusstsein bis in die höchsten Führungsebenen ist zu erkennen. Es sind also nicht mehr nur die Außenseiter, die erkannt haben, dass es Zeit für eine stille Revolution ist. Die Kampfkultur wird immer öfter in Frage gestellt und Neue Wege werden gegangen.

Ein gesellschaftlicher Wandel hat sichtbar eingesetzt. Der Zweifel an Autoritäten (Hochschulprofessor. RA) ist größer geworden, das Misstrauen an die Lebensmittelindustrie wächst (Fleischersatzprodukte 2010 123 Mio., 2014 213 Mio.). Der Verlust der „klassischen Ehe" zeichnet sich ab und wird ersetzt durch Lebensgemeinschaften und Alleinerziehende. Die Skepsis gegenüber der Schulmedizin ist größer geworden und alternative Medizin und Therapien werden vermehrt aufgesucht. (Zahlung der Krankenkasse an Heilpraktiker 2005 150 Mio. Euro und 2013 250 Mio. Euro.)

2050 sollen es über 8 Milliarden Menschen auf der Erde sein und jeder hinterlässt seinen ökologischen Fingerabdruck. Wir müssen die „Kooperation" zu einer wichtigen Haltung überführen, wenn wir als Menschen überleben wollen.

Soll und kann man eine Gesellschaft „um-shiften" zu einer Nicht-Kampf-Gesellschaft? Zu einem Nicht- Kampf- Mindset ?

Es gibt natürlich einige Beispiele für eine erfolgreiche Kampfkultur, wie die großen Feldherren (Napoleon, Dschingis Khan) aber natürlich auch in den Großbanken und in den großen Konzern.

Warum sollte ich denn den Zweikampf überhaupt aufgeben? Warum sollte ich denn etwas anders machen, es läuft doch gut für mich so, oder?

Genau – das ICH -Doch wenn ich nur an das ICH denke, werde ich im besten Falle erfolgreich sein – aber bin ich dann auch glücklich mit meinen Erfolg? Haben meine Liebsten und Nachkommen etwas von meinem Erfolg? Was habe ich meinen Kindern und Enkeln mitgegeben - Geld, Wohlstand oder doch etwas mehr?

Der Wille und die Einsicht zur Veränderung einer Einstellung müssen vorhanden sein, sonst gibt es keinen Qualitätssprung und das Leben wiederholt sich immer und immer wieder bis in alle Ewigkeit.

Es gibt aber auch Beispiele für friedliche und erfolgreiche Menschen, wie die Lebensgeschichten von Buddha, Gandhi oder Martin Luther King zeigen. Gibt es also bereits Nicht-Kämpfer?

Ja - und für mich ist das SUPERMAN. Superman ist für mich der beste Nicht-Kämpfer. Warum? Weil er „selbst stark" ist.

Superman ist der einzige Superheld der nicht erst in ein Kostüm schlüpfen muss um er selbst zu sein. ER ist immer Superman. Er kommt von einem anderen Planeten und entdeckt seine Superkräfte. Egal ob er das Superman-Kostüm trägt oder sich als „Clark Kent" verkleidet, er hatte schon immer seine Superkräfte.

Andere Superhelden müssen erst von Spinnen gebissen werden oder einen Unfall überleben, um ihr „Superselbst" zu erwecken. Supermann ist also sich selbst bewusst.

Jeder von uns ist aber ein Superheld, wenn er es denn will. Gewöhnliche Menschen können ungewöhnliche Dinge tun. Sie müssen nur zu sich Selbst finden, selbstbewusst werden. Viele von uns Menschen sind allerdings der eigenen Natur, den eigenen Wesen entfremdet.

Darum geht es im Nicht-Kampf. Um das eigene Selbst, um die Stärkung des eigenen Selbst. Wir sind der Natur entfremdet. Wir leben in Städten oder kultivierten Landschaften oder Naherholungsgebieten. Was hat das mit ursprünglicher Natur zu tun? Wir denken aber „komm lass uns ins Grüne fahren" oder „in die Natur fahren". Dadurch sind wir auch unserer menschlichen Natur entfremdet, unserem Selbst. Unser inneres Wesen wird durch das Ego, über Status und gesellschaftlichen Druck oder Sachzwänge, in ein Korsett gepresst und im besten Falle kümmerlich kultiviert und wach gehalten durch Meditation oder Yoga- Praktiken oder einem anderen Hobby. Aber das Ich, das EGO, das wird ständig weiterentwickelt. Ich komme weiter, schließe ein Studium ab, erlerne einen Beruf, werde zum Experten und kann mir ein angenehmes Leben aufbauen.

Nicht dass ich die Annehmlichkeiten unserer zivilisierten Welt nicht gerne selber genieße. Ich bin froh, nicht mehr so „ursprünglich leben zu müssen", und dennoch versuche ich immer eine Wahl zu treffen, die zu mir passt. Ich versuche immer bei mir selbst zu bleiben, mir selbst treu zu sein – mein Leben lang. Das gelingt mal besser und mal schlechter.

Schlechter eigentlich immer nur wenn mein Umfeld, mein Chef, meine Frau, meine Kinder, eine zu wichtige Rolle spielen und ich meiner Rolle als Mitarbeiter, Vater gerecht werden will oder mein nächster Karrieresprung bevor steht. Dann klappt das „beim Selbst bleiben" nicht so gut.

Wir haben unser Selbst verloren um den Erfolg zu haben. Das ist kein Qualitätssprung für uns als Menschen.

Lassen Sie uns eine Übung dazu machen.

Übung 1: Der Bär schaut mich an!

Ab 5 Personen. Die Teilnehmer bilden einen Kreis, einer der TN geht in die Mitte und wird „angeschaut". Der Teilnehmer in der Mitte soll sich selbst wahrnehmen (Atmung, Haltung, Zunge locker im Mund? usw.) sonst nichts machen. Der Druck der Gruppe wird stückweise erhöht, in dem sie den Kreis enger macht, sich im Kreis bewegt, die Stimme einsetzt und den TN in der Mitte berührt. Jeder in der Gruppe kommt mal in die Mitte, danach kurzes Blitzlicht: Was hast Du alles an Dir und anderen wahrgenommen?"

Das Ziel des Nicht-Kampf-Prinzips ist die Selbstwirksamkeit. Es ist Persönlichkeitsstärkung durch körperliche Schulung der Kampfkunst Wing Tsun und der inneren Haltung zum Kampf. Im Nicht-Kampf-Training geht es mir um das Erkennen der Umsetzbarkeit von Selbstwirksamkeit in einer wettbewerborientierten Gesellschaft.

Also nie wieder Kämpfen? Kämpfen ja - aber nur wenn ich an dem Kampf wachse. Denn was ich durch Kampf gewonnen habe, werde ich durch Kampf wieder verteidigen müssen.

Nur die Starken überleben, das ist doch Richtig? Nun, ich denke, das haben Charles Darwin und Alfred Russel Wallach nicht ganz so gemeint. Nicht der Stärkste überlebt, sondern der Anpassungsfähigste.

Die Schwachen sterben aus, Lebewesen die Ihr Gehirn nicht der Umwelt und seinen Anforderungen anpassen können, werden in einigen Generationen ausgestorben sein.

Der Dinosaurier ist ausgestorben, weil er sein Gehirn und seine Kooperationen innerhalb seiner Zellen, nicht anpassen konnte. Der Neandertaler ist ausgestorben, weil er sein Gehirn nicht weiterentwickeln konnte. Der Schwache wird aussterben, ohne dass der Stärkere den Schwachen töten muss.

Denn der Anpassungsfähigere überlebt! Unser Gehirn ist für die Anpassung aufgebaut. Wir sollen in dieser Welt überleben, dafür ist unser Gehirn gemacht. Wir sollen nicht irgendwelche Theorien entwickeln, die ewig Gültigkeit haben.

Der Homo Sapiens hat überlebt. Der Homo Sapiens steckt noch in uns, in unserem Mandelkern und in der Amygdala. Wir haben also ein dreiteiliges Gehirn das sich anpassen kann, nutzen wir es!

Denn auch wir Menschen, wir werden mehr als tot sein, wir werden aussterben, wenn wir uns dem beginnenden Wandel widersetzen. Den Wandel hin zu kooperativen Gesellschaften, losgelöst von Geldsystem und Medienüberwachung.

Wir müssen lernen diese Systeme, aber auch die Natur, unsere eigene Natur, zu nutzen, aber weder uns noch unseren Nächsten auszunutzen.

Ein Beispiel aus der Autoindustrie fällt mir dazu ein. Die heutige Autoindustrie baut die Autos so, dass man selbst nicht mal das Leuchtmittel vom Abblendlicht auswechseln kann, nein - dafür muss ich dann für eine teure Reparatur in eine Vertragswerkstatt und kann mich nicht für die kleine Werkstatt nebenan entscheiden. Das ist Ausnutzung, das ist unkooperativ und nur auf den eigenen Profit konzentriert.

Auch der Zweikampf nutzt seinen Gegner aus, er nutzt die Schwächen und Lücken. Er konzentriert sich auf das Verdrängen und Vernichten seines Gegenübers. Denn das Gegenüber ist mein Feind, oder?

Der Konkurrent ist mein Feind, mein Chef ist mein Feind, meine Frau ist mein Feind? Diese Feindbilder brauchen der Zweikampf und der Wettbewerb, um sich zu rechtfertigen.

Doch wo steckt der wahre Feind? In mir, in meinen Einstellungen, in uns allein. Einstellungen geprägt durch meine Familie, durch die Gesellschaft und durch den Staat und seine Machtelite.

Heißt das jetzt, wie müssen alle Heilige werden oder Superhelden, um den Nicht-Kampf zu praktizieren?

Bekämpfen wir also unsere Feinde, damit wir unseren Wohlstand erhalten können?

Das Nicht-Kampf-Prinzip ist ein Auflösen von Feindbildern. Was machen wir denn, wenn wir alle Feinde besiegt haben?

Die Vielfalt macht uns Menschen doch aus, wir Menschen sind soziale Wesen.

Ich habe festgestellt dass Feindbilder nur gesellschaftlich geschaffen werden durch Haltungen, Vorurteile, Informationsmangel und Medienmanipulation. Alles nur um die vorhandenen Machtstrukturen zu erhalten.

Auch unser Selbst wird als Feind angesehen! Die eigenen Wünsche und Sehnsüchte tief in uns sind zu unseren inneren Feinden geworden, die es zu unterdrücken oder zu bekämpfen gilt. Wir hören nicht mehr auf unsere Instinkte und tun sie ab als Gefühls-duselei. Aber wir wollen nicht den Körper in dem wir leben, wir lieben nicht die Frau mit der wir Kinder haben und wir hassen unseren Job. Aber wir sind erfolgreich, leben im Eigenheim und fahren einen Sportwagen.

Wir brauchen also Geld und nicht Zen und Selbsterkenntnis...oder? Das führt aber dazu, dass wir nicht das Leben leben das wir gerne möchten, oder wir gehen Kompromisse ein.

Kann der Kampf dagegen etwas ändern? Kann der Nicht-Kampf etwas ändern?

Kampf funktioniert nicht immer, aber auch Nicht-Kampf funktioniert nicht immer.

Wir erleben das in unserem beruflichen Alltag. Die Verschmelzung dieser scheinbaren Pole ist das Ziel des Nicht-Kampf-Trainings. Ein Gleichgewicht zu finden und ständig zu trainieren, um die Entscheidungskompetenz zu haben, wann gehe ich in den Kampf und wann nicht.

Wir Menschen haben uns nur weiterentwickelt durch Kreation und nicht durch Zer-störung. Unser Gehirn will kreieren, es will erschaffen. Wenn es das nicht kann ... dann wird es zerstören wollen.

Ich bin glücklich in Deutschland, in Europa zu leben. Ich will nicht zu sehr das Sys-tem kritisieren in dem ich lebe, also fangen wir besser bei uns an, bei jedem einzelnen von uns...

Sie ..

...auf der Arbeit

...in der Familie

...in der Partnerschaft

...mit den Kindern

...unseren Geschäftspartnern

...mit unseren Kollegen

...in Institutionen, Vereinen, Unternehmen

Ich und auch Sie müssen lernen Konflikte „kreativ" zu lösen. Auch auf Landes- und Staatsebene bis hin zu Kriegen und Gewalttaten, sollten Konflikte kreativ gelöst werden und nicht nur diplomatisch.

Aber bleiben wir beim Einzelnen, das ist neu. Neu ist auch, dass im Nicht-Kampf-Training wir über die körperliche und geistige Ebene arbeiten, an den Persönlichkeiten und dem Körper der Führungskräfte und Menschen. Denn ohne unseren Körper geht gar nichts! Wir simulieren körperliches Kampftraining mit den Führungskräften. Wir lassen die Manager herausfinden, welchen Anteil sie selbst in diesem Konflikt haben.

Das Selbst oder das Ego? Das Selbstwesen oder die Ich-Persönlichkeit?

Es gilt ein sowohl oder als auch zu nutzen. Das Ego und das Selbst ist beides in uns. Das Ich oder auch Ego, oder auch die Ich-Persönlichkeit ist allerdings nur ein Werkzeug, um unser Selbst, unser Selbstwesen zu erfahren. Leider wird aber in unserer Gesellschaft nur der Aufbau und das Pflegen des Ich‘s, der Persönlichkeit geschätzt. Die „ICH losen", die „Kooperativen", die „Lieben" sind nur in sozialen Berufen oder im Ehrenamt und ähnlichem wiederzufinden und nicht in den Führungsebenen der Konzerne. Ist das so?

Die Ich-Persönlichkeit ist Haben, ist Status, ist wirtschaftlicher Erfolg. Die eigene Persönlichkeit hat ein Idealbild von der Rolle als Unternehmer, als Familie, als Manager, aber es ist nicht unser Inneres, es ist nicht unser Selbst-Wesen. Statt Wesensentwicklung zu betreiben besuchen wir Seminare zur Persönlichkeitsstärkung. Und dann haben wir Stress, denn unsere Vorstellungen von unserer Ich-Persönlichkeit sind nicht mit der Realität zu vereinbaren.

Wenn dann das Idealbild nicht der realen Welt entspricht - haben wir Stress, Angst, und werden aggressiv oder gar gewalttätig.

Das Selbstwesen stärken und die Ich-Persönlichkeit etwas zu schwächen, ist ein Ziel von Nicht-Kampf-Training. Zum Selbstwesen gehört vor allem auch der Körper, durch viel Körper-Resonanz-Training erfahren die Teilnehmer eines Nicht-Kampf-Trainings etwas mehr über ihr verlorenes Selbst.

In den asiatischen Kampfkünsten und Meditationslehren geht es immer wieder um das Wiederfinden des eigenen Selbstwesens. Das „Dan Tien", wie es in den chinesischen Kriegs- und Kampfstrategien gelehrt wird, muss körperlich und mental trainiert werden. Über Disziplin und Fokus, über Aufmerksamkeit und Bewegung.

In der Kampfkunst lernen wir durch Körperresonanz uns selbst besser kennen. Das findet sich auch im Yoga oder Tai Chi und im autogenen Training sowie der Muskelentspannung nach Jakobson wieder, um nur aufzuzählen was mir selbst bekannt ist.

Aber jeder Sport ohne Leistungsgedanken fördert das „Selbst" Gefühl.

Wir haben so viel Potential in uns, doch wir haben verlernt auf unsere Instinkte zu hören. Wir essen schlecht, wir hören nur die schlechten Nachrichten, wir verdummen vor dem Fernsehen, sind in den falschen Ehen gefangen. Wir leben nicht das Leben was wir gerne möchten.

Wir haben unser Selbst verleugnet, unseren Instinkten misstraut. Jetzt sind wir zwar Professor oder Banker oder erfolgreicher Unternehmer ....aber bin das wirklich „Ich-Selbst"?

Die Vereinigung vom „Selbstwesen" und von der „Ich-Persönlichkeit" zu einem „Ich-Selbst" ist das Ziel im Nicht-Kampftraining und im Erlernen der Kampfkunst.

Was ist denn nun mit der Bedürfnispyramide von Maslow? Lebe ich an dem Ort der mir gefällt? Lebe ich mit den Menschen zusammen die ich liebe? Gehe ich einer Arbeit nach die mich erfüllt und habe ich noch weitere Ziele vor Augen?

Kann der Zweikampf oder der Nichtkampf diese Fragen beantworten? Ich denke so einfach ist es nicht. Aber die Verschmelzung dieser beiden Extreme, Kampf und Nicht-Kampf, würde uns Menschen einen Qualitätssprung machen lassen.

Sie sind gar kein Kämpfer? Sie sind auch nicht aggressiv, bzw. haben sich unter Kontrolle? Denken Sie, dass Sie ein friedlicher Mensch sind, der nicht die Ellenbogen einsetzt?

Lassen Sie uns auch hier wieder eine Übung machen, die Sie zum Nachdenken bringen wird.

Übung 2: Den Griff lösen.
Bitte vorab eine kleine Sicherheitsvereinbarung treffen und auf Freiwilligkeit der Teilnahme an dieser Übung achten. Wir erhöhen den Konflikt, die Bedrohung. Zwei Partner stehen sich gegenüber, einer lässt sich am Arm packen. Der Partner packt mir beiden Händen den gestreckten Unterarm des anderen. Nun gilt es aus diesem Griff herauszukommen! Viele Wege werden beschritten. Wie haben Sie sich befreit? Mit Kraft, Technik oder gar Gewalt?

Frage: Haben Sie Ihr Gegenüber einfach mal gefragt, ob es Ihren Arm loslassen kann? Nein, wie die meisten Menschen. Wir lernen also diese Kampfhaltung unbewusst! Im Kindergarten, auf Kindergeburtstagen werden Kampfspiele und Wettkampf angeboten.

Ich sehe Lehrer, die sehr schnell einen verbalen Kampf eingehen, ich sehe

Polizisten, die Deeskalation nicht voll ausschöpfen. Eltern kämpfen unbewusst mit ihren Kindern um Gehorsam zu erreichen. Kampf ist eine Form der Kontrolle, des Herrschenwollens und der Zerstörung. Nicht-Kampf ist Kooperation, ist Koexistenz und Kreation.

Kommen wir nun zum Hauptthema, das unser Leben zur Hölle machen kann; Angst.

Es geht im Nicht-Kampf-Training um den Umgang mit der Angst. Die Angriffs und Verteidigungssituation ist prädestiniert für diese Kompetenzerweiterung.

Das Ich macht uns Angst, Angst = Eng, Angststarre. Im Nicht-Kampf-Training lernen wir mit dem Gefühl der Angst und dem Adrenalin umzugehen.

Wir haben Angst, jeder von uns! Angst vor Verlust, Angst vor dem Tod, Angst vor Spinnen, in kleinen Räumen, vor der Dunkelheit, vor dem eigenen Ehepartner....

Lassen Sie uns eine weitere Übung machen! Ich erzeuge jetzt ANGST mit Ihnen und in Ihnen.

Übung 3: Stellen Sie sich locker hin

Schaffen Sie sich so viel Platz, damit Sie Ihren Arm zu einem Schlag ausholen könnten.

Nun schlagen Sie einen festen Schlag in die Luft und schreien dabei laut „KIAAAA"

Noch mal wiederholen.

Stärker schreien und noch mal.

Jetzt alles was geht, stellen Sie sich Wut vor und schreien Sie…KIAAAA

Was spüren Sie jetzt? Was macht Ihre Atmung, Ihr Herzschlag…..wo sind Ihre Gedanken? Das ist Adrenalin, Adrenalin ist das gleiche wie ANGST

Nun atmen Sie über den Bauch langsam ein und aus, und lächeln Sie einfach ins Blaue hinein. Das ist eine Bewältigungsstrategie für die empfundene Angst. Denn die Angst ist in Ihnen…nicht da draußen.

Angst oder Gefahr? Wo ist der Unterschied?

Ich möchte dies gerne am Beispiel „Vampir und Skorpion" verdeutlichen. Es gibt Menschen die haben ANGST vor Vampiren, es gibt eine ganze Industrie, die mit dieser Angst arbeitet – aber, es gibt keine Vampire! Basta!

Was es gibt, sind fiese kleine Skorpione, deren Stich einen Menschen tötet, sollte er nicht binnen 2 Std. ärztlich behandelt werden. Vor diesem Skorpion muss man noch nicht mal Angst haben, aber er ist eine GEFAHR.

Die Angst ist also in uns, die Gefahr kann da draußen sein. Aber auf Gefahr kann ich mich vorbereiten, kann ich trainieren. Das ist nicht neu. Aber nicht die Angst bekämpfen, sondern mit dem Gefühl klarkommen und mit dem Gefühl, also unserem Selbst, kooperieren. Das lernt man im Nicht-Kampf-Training.

Statt also die Angst, das Adrenalin, an jemanden weiterzugeben, lösen Sie sie einfach auf. Doch was mache ich, wenn ich Angst habe, Angst fühle?

Kämpfen, fliehen oder erstarren? Werde ich zum Opfer oder gar zum Täter?

Im Nicht-Kampf-Training wird durch einen Provokationstest Angst ausgelöst. Angst wird in einem geschützten Rahmen der Trainingshalle simuliert. In diesem Zustand wird dann über eine Lösung nachgedacht - ohne Kampf.

Das braucht Übung, aber es ist erstaunlich schnell erlernbar. Wenn die Bewältigung von Angst trainiert wird, wenn der Begriff Angst definiert wird, erreiche ich durch eine Art der Desensibilisierung Handlungskompetenzen und überlasse nicht meinem Mandelkern die Führung in meinem Kopf.

Übung 4: „Mein Platz"
Bitte wieder eine Sicherheitsvereinbarung abschließen.
Zwei Teilnehmer stehen sich gegenüber. Einer übernimmt die Rolle des
„Schiebers". Der Schieber versucht den anderen etwas zurück zu schieben.
1. Durchgang: der Partner versucht stehenzubleiben
2. Durchgang: der Partner sagt dem Schieber eine „Wahrheit" ins Gesicht
(Bsp. Du bist ein Mann)
3. Durchgang: Der Partner sagt dem Schieber eine Lüge ins Gesicht (Bsp. Ich
hasse Dich)

Sie werden feststellen, dass Sie im Zustand von „Lüge" schlechter dem Druck des
Schiebers widerstehen können. Das ist Körperresonanz! Im Zustand der Angst, Wut
oder Lüge haben wir weniger Kraft. Nutzen wir also die Wahrheit, die Liebe als Quelle, so will es unser Körper.

Wenn Sie das nächste Mal also die Wut packt oder Sie Angst haben, bleiben Sie bei
sich! Schulen Sie Ihr Gewahrsein, Ihren inneren „felt-sense". Wie? Durch realistisches
Nicht-Kampf-Training. Denn Angst zu haben, haben Sie ja auch gelernt...unbewusst.

Das ist also etwas besonderes, mit der Angst klarkommen! Wir simulieren im Training, im geschützten Rahmen der Trainingshalle, Angstsituationen. Danach denken
wir über eine Lösung nach und üben, üben, üben. Die Polizei und das Militär machen
das schon, aber sie haben das Gewaltmonopol und können, werden und dürfen in
den Angstsituationen „Gewalt" anwenden. Aber auch wir Bürger haben das Notwehr-
recht, es muss nur klar ersichtlich Notwehr sein.

Auch Führungskräfte, High Performer, Lehrer, Pädagogen, Väter und Mütter...wir
Alltagsmenschen können lernen mit der Angst umzugehen. Durch das Nicht-Kampf-
Training lernen wir körperlich, aber auch intellektuell, die eigene Angst zu kennen
und zu akzeptieren ...die Angst wird zum Freund für außergewöhnliche Menschen.

Nicht-Kampf braucht aber viel Übung, die man aber im Alltag umsetzen kann.

Durch das Nicht-Kampf-Training erweitert jeder Einzelne von uns seine Handlungskompetenz. Damit erweitert er aber gleichzeitig die Handlungskompetenz für das
ganze Team (Einsatzteam, Projektteam, Kollegium, Familie). Der Kampf und die
Konfrontation werden damit zur zweiten Wahl degradiert, um Konflikte zu lösen, die
das Leben bedrohen.

Es geht im Nicht-Kampf nicht um die Utopie der Konfliktfreiheit. Frieden bedeutet
auch nicht, dass wir keine Konflikte mehr haben werden.

Nicht-Kampf bedeutet auch nicht, dass wir nie wieder kämpfen dürfen. Der Einklang
ist das Ziel.

Es gibt nur einen nicht diskutierbaren Grundsatz, was den Einsatz von Gewalt betrifft. Unversehrtheit und Selbsterhalt dürfen nicht gefährdet sein, sonst muss der Überlebens -Kampf die letzte Lösung sein. Die Haltung im Nicht-Kampf ist es aber, die Gewalt aus dem Konflikt zu nehmen, und nicht den Menschen zu bekämpfen. Durch unsere Haltung als Nicht-Kämpfer ziehen wir kaum noch Konflikte an, bzw. haben Copingstrategien erlernt, die uns den Konflikt lösen lassen.

Der Vorteil dabei ist, dass es bei allen Konfliktparteien keinen Schaden gibt. Im Falle einer körperlichen Selbstverteidigung oder eines Kampfes wird das Opfer oder der Täter verletzt. Im Nicht-Kampf-Training lernt der Manager, der Polizist, der Pädagoge und der Alltagsmensch das Lösen von Konflikten, kreativ und realistisch sowie gewaltfrei, bis zu Erschöpfung!

Ein „Nicht-Kämpfer" wird zum Konfliktlösungsexperten und bindet sein Umfeld darin ein.

Was lehren wir Ihnen nun genau im Nicht-Kampf-Training?

- Übungsspiele und Szenariotraining
- SV Übungen
- Kampfkunsttraining
- Provokationstest
- Souveränitätstest

Nicht-Kampf-Training ist sehr interdisziplinär. Wir nutzen das Wissen aus der Gewaltprävention, dem AAT (Antiaggressionstraining) sowie Bereiche der Schauspielkunst. Auch das Erleben von Debattierclubs und Krafttraining mit dem eignen Körpergewicht gehören zum Inhalt eines guten Nicht-Kampf-Trainings.

Wir unterrichten sehr individuell und nicht didaktisch, nicht pädagogisch sondern eher mathetisch. Nicht-Kampf-Training ist wie eine Reise zu verstehen, dies kann eine Wochenendreise oder eine Weltreise sein. Nicht-Kampf-Training ist Mentoring.

Ziel ist die Stärkung des Kernselbst. Es geht nicht darum die Dinge richtig zu machen, sondern es geht darum die richtigen Dinge zu machen!

Der Nicht-Kampf ist eine vorhandene menschliche Ressource, die es wieder zu entdecken gilt. Sie schlummert in uns allen. Denn schon in der Tierwelt wird Kampf vermieden, um jeden Preis. Imponiergehabe, Drohgebärden und Rituale ersetzen sehr häufig den Kampf und Leben und Tod.

Übung 5: Selbstverteidigung: Würgegriff an den Hals. Lösung: Fingerstich in die Kehle, Arm hochnehmen und herausdrehen.
Zwei Partner stehen sich gegenüber, der eine greift den anderen „freundschaftlich" mit beiden Armen und würgt seinen Hals. Die Abwehr des anderen besteht daraus einen Fingerstoß genau am Hals in Richtung Luftröhre zu stoßen. Der Schreck lässt den Griff lösen und man kann sich heraus drehen.

Diese Übung ist reine Selbstverteidigung, hier kann oder will ich nicht mehr deeskalieren. Der Angriff auf meinen Hals ist lebensbedrohend, ich habe das Recht und die Pflicht mich zu wehren. Am besten ohne Angstzustand und mit einer erlernten Technik oder besser einem Selbstverteidigungssystem wie dem Wing Tsun Kung-Fu. Aber auch das „Blitzdefence" als Selbstverteidigung in der Kampfkunst Wing Tsun, beruht auf Deeskalation, Kommunikation, dem sicheren Erkennen einer gegnerischen Angriffsvorbereitung, Kontrolle der eigenen Angst. ...solange eine Abwehr gerade noch möglich ist.

Ziel in einer Selbstverteidigung ist die Beendigung der Gefahr, nicht das Verletzten des Angreifers.

Der Kampfkunstschüler im Wing Tsun lernt, wie er sich vor dem Schläger schützt und typische Fehler vermeidet:

- Fehlende Aufmerksamkeit
- Rituale unbekannt
- Keine Erfahrung mit den eigenen Reaktionen
- Nichterkennen des Augenblicks, wann es „losgeht"

Wenn Sie nicht wissen, ob der Tritt oder der Schlag des Schlägers Sie erreichen kann, dann können Sie sich nie helfen. Sie müssen mit zentimetergenauer Sicherheit einschätzen können, wann Sie in der Reichweite des anderen sind.

Nehmen Sie keine typische Kampfhaltung ein. Sie wollen ja gar nicht kämpfen!

Üben Sie vor dem Spiegel "friedliche Haltungen" und getarnte Bereitschaftsposen. Aber unverdächtige Bereitschaftsposen können nur vor einem Angriff schützen, der aus größerer DISTANZ startet. In der Praxis gibt es diesen Angriff aus Distanz selten. Ein Täter schlägt OHNE Kampfansage zu.

Das Nicht-Kampftraining aber auch das Kampfkunsttraining lehrt den Umgang mit Angst und Adrenalin für uns Alltagsmenschen. Es lehrt den Umgang mit der Angst ohne dagegen anzukämpfen.

Fangen Sie also heute an und üben Sie sich in Angstkontrolle. Wie fragen Sie sich?

Die Verschmelzung von Nicht-Kampf und Kampf ist der zukünftige Weg hinein und auch wieder hinaus aus Konflikten. Denn Konflikte werden wir Menschen immer haben. Der Kampf gegen etwas sollte unsere letzte Option sein, einen evtl. nicht mehr zu lösenden Konflikt zu bereinigen. Heute sind wir noch zu schnell im Kampfgedanken.

Unsere menschlichen Gehirne sind prädestiniert für das kreieren von Neuem.

Aber das muss ich lernen – das muss man trainieren.

Lassen Sie uns also anfangen, in den Kindergärten kooperative Spiele zu spielen, lassen Sie uns anfangen, den Kindern die Sinnlosigkeit der Gewalt zu vermitteln. Lassen Sie uns den Kindern neues Handwerkszeug in die Hände geben, und wir werden erstaunt sein, was die Kleinen dann hinkriegen könnten.

Aber auch wir Erwachsenen müssen trainieren. Das „kreative" reagieren auf einen Raubüberfall, eine Gewalttat oder Vergewaltigung muss geübt werden.

Wie löse ich den Konflikt in meiner Familie oder mit meinem Chef kreativ und kampffrei? All das muss gelernt werden.

Am besten lernt man das im Nicht-Kampftraining oder im Kampfkunsttraining. Aber Sie sollten auch jetzt schon im Alltag darauf achten und trainieren. Denn Sie wissen es eigentlich schon, unser Instinkt weiß es schon, wir müssen uns nur erinnern und trainieren.

Beobachten Sie, wie Eltern mit ihren Kindern, wie Lehrer mit ihren Schülern, wie Vorgesetzte mit ihren Mitarbeitern umgehen. Lernen Sie aus diesen Beobachtungen und versuchen Sie selbst aus der Kampfkultur auszusteigen in die Nicht-Kampf-Prinzipien. Lernen Sie, den inneren Beobachter zu beobachten.

Der Königsweg ist natürlich die organische Verschmelzung von Zweikampf und Nicht-Kampf.

Uns wurde der „Zerstörungskampf" beigebracht, aber wir Menschen wollen instinktiv nur den „Überlebenskampf „anwenden. Dazu zählt in manchen Fällen dann auch die kluge Flucht, ohne sich danach als Loser zu fühlen. Wir haben überlebt, wir sind unversehrt!

Es geht im Nicht-Kampf-Training darum, unser Selbst-Wesen, unsere Instinkte, unsere Menschlichkeit wieder aufblühen zu lassen.

Das Selbst hat keine Angst. Es hat keine Angst vor Angriffen, Ausnutzung Übervorteilung. Das Selbst zieht diese Dinge erst gar nicht an, es ist nicht Haben sondern - SEIN.

Es geht darum wieder zu erleben, dass wir uns menschlicher fühlen ohne Kampf als erste Wahl in einer Bedrohungssituation, und Sie haben in der Übung mit dem Griff gemerkt, wie unbewusst wir doch im Kampfmodus sind.

Wenn unser Körper mit Adrenalin zugepumpt ist, werden wir nicht mehr denken können, zögern wir diesen unvermeidlichen Moment also hinaus.

Der Nichtkampf ist also eine vorhandene menschliche Ressource, die es wieder zu entdecken gilt. Kooperation von Ich-Persönlichkeit und vom Selbst-Wesen und vom Nicht-Kampf und Zweikampf sollte unser Bestreben sein. Lassen Sie uns die Kampfstrukturen ersetzen, die nur geschaffen wurden, weil wir unser Selbst nicht in Einklang mit der Gesellschaft bringen können.

Wir könnten wirklich ein neues Weltbild erschaffen, wir alle gemeinsam. Miteinander, Beieinander, in jedem Augenblick und immer gemeinsam.

Zum Schluss nochmal ein Fazit zum Thema Nicht-Kampf und Zweikampf:

Das Nichtkampf-Prinzip ist die Optimierung Ihrer persönlichen Stärke. Sie lässt Sie in ungeahnte Höhen wachsen. Der Schlüssel liegt in Ihrer Potenzialentfaltung. Bei Konflikten erleben wir gewöhnlich Angst und Wut als körperlichen Ausdruck. Wenn Menschen Angst haben oder wütend sind, schlagen sie zu und versuchen, dem Gegenüber in irgendeiner Weise zu schaden. Konfliktlösung beginnt mit dem Kontrollieren der Emotionen Angst und Wut. Auf der Grundlage dieser Kontrolle geht es dann weiter zur Entwicklung von Gefühlen von Kooperationsbereitschaft und Selbstoptimierung. Gefühle sind nicht nur Ereignisse in unserem Geist, sondern auch mit körperlichen Vorgängen verbunden. Wenn wir das erkennen und trainieren, werden Gefühle wie Angst sehr viel konkreter und sind leichter zu erkennen und zu lenken. Körperarbeit ist effektiv, eben weil wir den Körper berühren und beobachten können. Wichtig ist, dass wir daran denken, dass Friedenstiften keine intellektuelle Einsicht oder Verpflichtung ist. Wir brauchen viel Übung, um alte Reaktionsmuster abzulegen und neue bessere Gewohnheiten zu entwickeln! Mein Weg dazu ist – paradoxer Weise – die Kampfkunst.

Sie finden Nicht-Kampf-Training gut? Wo kann man das lernen?

Ich bin Kampfkunst-Lehrer UND Nicht-Kampf- Coach, (bei Rüdiger Lenz, Autor, Psychologe, Opfer und Tätertherapeut an der JA Hameln, mit Michael Heilemann).

Das Nicht-Kampf-Prinzip gibt es schon seit über 10 Jahren (Buch: Nicht-Kampf-Prinzip und Fratze der Gewalt) und findet vor allem auf psychologischer Ebene großen Anklang. Das EWTO Wing Tsun Kampfsystem ist bekannt bei Spezialeinheiten der Polizei und des Militärs.

Wir bieten jetzt schon Seminare und Workshops für Führungskräfte und High Performer, Polizisten, Lehrer, Pädagogen, JVA-Angestellte und wir arbeiten auch in der Kinder- und Jugendarbeit.

Diese Buchdokumentation beruht auf meinem Vortrag am 20. DPT in Frankfurt am Main und meinen Berufserfahrungen.

Folgende Bücher dienten mir ebenfalls als Unterstützung. Ich bin eher der Praktiker als der Schreiber, besuchen Sie doch einfach ein Seminar von mir - das kann ich am Besten!

- Keith R. Kernspecht : Blitzdefence
- Peter Levine: Waking the Tiger
- Ralf Bongartz: Nutze deine Angst
- Paul Linden: Das Lächeln der Freiheit
- Rüdiger Lenz: Das Nicht-Kampf-Prinzip

Martin Hafen

Frühe Förderung als präventive Investition

Argumente aus präventionstheoretischer und volkswirtschaftlicher Perspektive

1. Einleitung

In vielen Präventionsfeldern wie der Gewalt-, der Sucht- oder der Kriminalitätsprävention wird immer wieder die Frage gestellt, in welchem Alter präventive Maßnahmen einsetzen müssten. Reicht es, Prävention in der Sekundarschule zu beginnen? Müssten die Aktivitäten nicht schon in den ersten Schuljahren, im Kindergarten oder noch früher beginnen? – Die interdisziplinäre Forschung im Bereich der Frühen Förderung aus den letzten Jahrzehnten zeigt immer deutlicher auf, dass die frühe Kindheit als Interventionsfeld für praktisch alle Präventionsfelder von zentraler Bedeutung ist. In der Lebensphase von der Schwangerschaft bis hin zum fünften Altersjahr sind Kinder äußerst sensibel für Belastungen in ihrem direkten Umfeld (z. B. in der Familie), und in diesen Jahren werden die wichtigsten Schutzfaktoren gebildet, die ein Kind vor zukünftigen Belastungen schützen. Diese Belastungs- und Schutzfaktoren stehen im Fokus der Prävention, die als Primärprävention nicht direkt an den Problemen ansetzt, sondern bestrebt ist, Belastungsfaktoren abzuschwächen und Risikofaktoren zu stärken. Gelingt ihr das, dann verringert sich das statistische Risiko der Problementwicklung (Hafen 2013a). Etwas anders gefasst lässt sich formulieren, dass die Frühe Förderung die Resilienz (Werner 1977, Werner/Smith 1992) eines Kindes in beträchtlichem Ausmaß verbessert. Dabei ist darauf zu achten, dass Resilienz nicht als Eigenschaft eines Kindes verstanden wird, sondern als diagnostischer Befund, dass sich ein Mensch trotz schwieriger Lebensumstände günstig entwickelt (Hafen 2014b). Resilienz ist also nicht die Erklärung eines Befundes, sondern der Befund selbst. Die Erklärung für diesen Befund bieten die individuellen und sozialen Schutzfaktoren, über die der betreffende Mensch offensichtlich verfügt.

In diesem Text geht es darum, diese Zusammenhänge darzustellen und die These zu untermauern, dass die Frühe Förderung ein wichtiges, wenn nicht das wichtigste Interventionsfeld der Prävention ist. Frühe Förderung wird dabei sehr umfassend definiert als die Gesamtheit aller Maßnahmen, welche die Entwicklungsbedingungen eines Kindes von der Zeugung bis zum fünften Altersjahr günstig beeinflussen (Hafen 2014a). Nach diesem Verständnis geht es bei der Frühen Förderung nicht, wie gerne unterstellt wird, um Dinge wie Frühchinesisch, mit denen die Kinder auf die Wettbewerbsbedingungen der kapitalistischen Leistungsgesellschaft vorbereitet werden sollen. Vielmehr geht es um pädagogische Maßnahmen (etwa im Kontext einer

Kindertagesstätte) und um strukturelle Rahmenbedingungen wie Elternschaftsurlaub, Kindergeld und Sozialhilfe für sozio-ökonomisch benachteiligte Familien. Ebenfalls von großer Bedeutung für einen guten Start ins Leben sind die medizinische Betreuung, die Arbeit von Hebammen, die Stillberatung, die Elternberatung, die heilpädagogische Frühförderung und Maßnahmen im Kontext des Kindesschutzes. Alle diese Aktivitäten haben einen Einfluss auf die Lebenswelt der kleinen Kinder und beeinflussen so ihre psycho-soziale und körperliche Entwicklung mit Auswirkungen bis ins Erwachsenenalter. Das macht die Frühe Förderung zu einem hochgradig interdisziplinären Handlungsfeld und die Vernetzung der unterschiedlichen Akteure zu einer konstanten Herausforderung (Hafen 2015a).

2. Systemtheoretische Vorbemerkungen

An den Anfang der hier verfolgten Argumentationslinie lässt sich ein strukturtheoretisches Argument stellen, das der soziologischen Systemtheorie (Luhmann 1994/1997) entnommen wird und in der systemischen Prävention (Hafen 2013a) allgemein von Bedeutung ist. Um dieses Argument verständlich zu machen, sind einige Vorbemerkungen zur Operativität von Systemen nötig: Die Systemtheorie unterscheidet körperliche, psychische und soziale Systeme. Diese unterschiedlichen Systemtypen werden als operativ geschlossen beschrieben, was bedeutet, dass sich jedes System über seine eigenen, systemspezifischen Operationen reproduziert. So operiert das Gehirn als körperliches System über die Verschaltung von Nervenzellen und die bio-chemische Übertragung von Nervenreizen von einer Nervenzelle zu andern Zellen. Die Operationen des psychischen Systems, die Wahrnehmungen und Gedanken, kommen nur in der Psyche vor, nicht aber etwa im Gehirn oder in sozialen Systemen. Letztere reproduzieren sich über die sozialsystem-eigene Operation der Kommunikation und nicht über Gedanken oder Nervenreize. Die operative Geschlossenheit der Systeme bedeutet natürlich nicht, dass die Systeme unabhängig von ihrer Umwelt wären. Kein psychisches System kann ohne gleichzeitig laufende neuronale Operationen im Gehirn wahrnehmen und denken. Aber die Verschaltungen und Reizübertragungen im Gehirn bleiben Umweltaspekte, die das psychische System als Anlass für seine eigene Operativität nimmt. Auch das Soziale ist auf gleichzeitig operierende Psychen und Körper angewiesen. Aber auch hier hat die Operativität des Sozialen (die Kommunikation) eine Eigendynamik, die nicht deckungsgleich mit der Operativität der psychischen und physischen Systeme seiner relevanten Umwelt ist.

Etwas anders ausgedrückt lässt sich sagen, dass jedes System seiner Umwelt Informationen abgewinnt, es aber selbst bestimmt, welche Informationen das sind und wie diese Informationen verarbeitet werden. Hier kommt das besagte strukturtheoretische Argument ins Spiel, das für die Frühe Förderung von zentraler Bedeutung ist: Im Rahmen ihrer Auseinandersetzung mit der relevanten Umwelt lernen die Systeme. Dieses Lernen erfolgt über Strukturbildung. So verstärkt das Gehirn die viel gebrauchten Nervenzellnetzwerke mit Eiweißen, was dazu führt, dass das Erlernte (z.B. ein Be-

wegungsablauf oder eine Sprache) später immer wieder abgerufen werden kann, zumindest so lange wie man das Erlernte regelmässig braucht. Wie die körperlichen
Systeme bauen auch die psychischen und die sozialen Systemen mit der Zeit einen
Strukturreichtum auf. Diese Strukturen bilden in jedem Moment die Basis für die
Auseinandersetzung mit der Umwelt, der weitere Information abgewonnen wird. Ist
diese Information bedeutungsvoll, führt sie zum Aufbau von neuen Strukturen wobei
diese Strukturen, die vorher gebildeten bisweilen überdecken können. So weiss man –
um ein beliebiges Beispiel zu nehmen – dass Kinder bis zu einem gewissen Alter keine Ironie verstehen. Die Fähigkeit zum Aufbau einer solchen Struktur hängt offenbar
vom Reifungsgrad des Gehirns und natürlich auch von einer sozialen Umwelt ab, in
der Ironie als kommunikatives Gestaltungsmittel gebraucht wird. Angesichts des laufenden Zusammenwirkens von Körper, Psyche und Sozialem kann die Entwicklung
eines Menschen als bio-psycho-sozialer Prozess von selbstorganisierenden Systemen
verstanden werden, die sich als relevante Umwelten zwar wechselseitig beeinflussen,
aber nicht bestimmen können.

Weil jeder Strukturaufbau auf der Basis bestehender Strukturen erfolgt, kommt den
früh gebildeten Strukturen in all diesen Systemen eine besondere Bedeutung zu. So
argumentieren die Tiefen- und die davon abgeleitete Entwicklungspsychologie schon
lange, dass den in der frühen Kindheit gebildeten psychischen Strukturen in Hinblick
auf das Auftreten von schweren psychischen Störungen wie Schizophrenie oder Psy-
chosen eine zentrale Bedeutung zukommt. Von besonderer Bedeutung ist dabei die
Bildung des Urvertrauens, das als Konzept auch in der Bindungs- und der Stressthe-
orie von Bedeutung ist.

3. Stressbelastung und Aufbau von Stressregulation in der frühen Kindheit

Die Stressforschung ist ein interdisziplinäres Handlungsfeld, in dem sich immer wieder manifestiert, welche negativen Folgen regelmässige negative Stresserlebnisse für
die neuronale und psychische Entwicklung eines Menschen hat. Dieser Stress wird
durch unterschiedliche Faktoren ausgelöst. Berühmt sind die Studien des Bindungs-
theoretikers Bowlby (1951) aus den späten 40er-Jahren des letzten Jahrhunderts. Er
wies die schwer wiegenden Folgen nach, die eine emotionale Vernachlässigung von
kleinen Kindern für deren psycho-soziale Entwicklung haben kann. Im Zentrum steht
dabei das beeinträchtigte Urvertrauen, das sich in einer nachhaltigen Störung der Ge-
fühlsregulation und der Unfähigkeit manifestiert, Gefühle wie Liebe weiterzugeben.
Das wiederum hat im späteren Leben ein erhöhtes Aggressionspotenzial zur Folge.
Diese Aggressionsthese wird auch durch die Erkenntnisse aus der Neurobiologie ge-
stützt. So zeigt Bauer (2011), dass emotionale Vernachlässigung und Gewalterleben
in der frühen Kindheit die Bildung einer neuronalen Struktur im präfrontalen Kortex
beeinträchtigt, die den Menschen hilft, stressbedingte Reaktionen zu regulieren. So
verweist er auf Studien mit extremen Gewalttätern, deren frühkindliche Lebensgeschichte durch emotionale Vernachlässigung und Gewalt im familiären Umfeld ge-

prägt ist und deren präfrontale Struktur für die Aggressionsregulation nicht oder nur ansatzmässig ausgebildet war.

Zunehmende Bedeutung in der Erforschung der Stressregulation kommt seit einigen Jahren auch der Epigenetik zu (Rutter 2006, Bauer 2006, Kegel 2011). Epigenetik kann vereinfacht als Lehre der Genaktivierung bezeichnet werden. Diese Disziplin zeigt, dass jedes Gen über Schalter (Promotoren) verfügt, die bestimmen ob ein Gen aktiv ist oder nicht. Da der ganze Genpool in jeder Zelle vorhanden ist, kommt der selektiven Aktivierung einzelner Gene eine hohe Bedeutung zu. In Hinblick auf die Stressregulation hat die Epigenetik die Aktivierung der stressrelevanten Gene untersucht. Dabei hat sich gezeigt, dass alle Säugetiere und damit auch die Menschen über ein Stressgen verfügen, dass aktiv wird, sobald Gefahr im Verzug ist. Das ist eine evolutionäre Notwendigkeit, denn wenn eine Spezies in gefährlichen Momenten keinen Stress verspüren würde, sinkt die Wahrscheinlichkeit, dass sie sich vor der Gefahr schützt, was zu ihrem Aussterben führen könnte. Das Stressgen ist demnach sowohl bei den Menschen als auch bei seinen nicht so weit entwickelten Verwandten dauerhaft aktiviert. Nun verfügen die Menschen und Säugetiere wie Mäuse auch über ein Antistressgen, das hilft, die Aktivitäten des Stressgens zu regulieren. Die Aktivierung dieses Antistressgens erfolgt jedoch nicht automatisch; sie hängt davon ab, ob die Kinder im ersten Lebensjahr (die Mäusekinder in den ersten Lebenswochen) liebend umsorgt werden. Bleibt diese positive emotionale Zuwendung mehrheitlich aus (also bei emotionaler Vernachlässigung oder gar Gewalt), dann wird das bei Geburt deaktivierte Antistressgen nicht aktiviert. Der Körper dieser Menschen bleibt, vereinfacht gesagt, in einer erhöhten Alarmbereitschaft, weil er die frühkindliche Erfahrung gemacht hat, dass er sich auf den Schutz seiner engsten sozialen Umwelt nicht verlassen kann oder von dieser Umwelt sogar bedroht wird.

Ob Neurobiologen, Epigenetiker, Entwicklungspsychologen – alle verweisen auf die langfristigen negativen Folgen einer frühkindlichen Stressexposition auf die spätere Stressregulationsfähigkeit sowie auf andere negative Folgen für Psyche und Körper (Shonkoff 2011, Danese & McEwan 2012). Entsprechend wird gefordert, dass der frühkindlichen Stressbelastung in allen professionellen Handlungsbereichen mehr Aufmerksamkeit geschenkt wird. Eine besondere Bedeutung komme dabei den Pädiatern und Pädiatrinnen zu, da diese Stressbegünstigende familiäre Lebensbedingungen oft zuerst entdecken (AAP 2012). Aber selbstverständlich sind auch Hebammen, Elternberaterinnen, Kleinkindererzieherinnen und andere Professionen und Berufe für die Früherkennung von dauerhaftem frühkindlichen Stress von Bedeutung und sollten entsprechend geschult werden.

4. Sozialkompetenz und Selbstwirksamkeit

Wir haben gesehen, dass frühkindliche Stressexposition ein Belastungsfaktor ist, der langfristige Schädigungen nach sich ziehen kann und die spätere Stressregulation behindert. Nun soll der Blick auf einige Schutzfaktoren gelegt werden, die ein Kind im späteren Leben dabei unterstützen, mit umweltbedingten Belastungen fertig zu werden. Neben grundsätzlichen Faktoren wie dem Urvertrauen oder der Stressregulationsfähigkeit gibt es eine Reihe von Lebenskompetenzen, die immer auch im Fokus der Prävention oder der Gesundheitsförderung mit Jugendlichen und Erwachsenen stehen. Eine dieser Kompetenzen ist die Sozialkompetenz, die einen maßgeblichen Einfluss auf die Schul- und Berufskarriere hat (Levin 2012). Sie beginnt sich schon deutlich vor dem 2. Altersjahr herauszubilden und kann entsprechend früh aktiv gefördert werden (Simoni et al. 2008, Levin 2012). Wichtige Aspekte der Sozialkompetenz sind die Gefühlsregulierung und das Einfühlungsvermögen in andere (Empathiefähigkeit), die als wichtige Lebenskompetenzen für sich gesehen werden können.

Eine weitere Lebenskompetenz, die in der Fachliteratur immer wieder als wichtiger Schutzfaktor hervorgehoben wird, ist die Selbstwirksamkeitserwartung (Bandura 1998). Dieses Konzept beschreibt die Erwartung einer Person, dass sie in ihrem sozialen Umfeld mit ihren Anliegen ernst genommen wird und sich mit angemessenen Mitteln durchsetzen kann. Die Forschung zur frühkindlichen Entwicklung (etwa Hüther & Hauser 2012) zeigt, dass jedes Kind mit einer Grundausstattung an Neugier, Begeisterung, Hartnäckigkeit und Kreativität zur Welt kommt. Kleine Kinder wollen lernen. Unbedingt. Wenn nun ein Kind immer und immer wieder die Erfahrung macht, dass es Herausforderungen bewältigen kann und dafür positive soziale Resonanz erfährt, dann bildet sich auf neuronaler und psychischer Ebene eine Struktur der Selbstwirksamkeit, die das Kind durch das weitere Leben begleitet. Die Bildung einer solchen Struktur im Rahmen eines zweistündigen Präventionskurses in der Schule zu bewirken, ist im Vergleich zu dieser langfristigen, durch emotional besetzte Erfahrungen geprägten Entwicklung ein ziemlich hoffnungsloses Unterfangen. Wichtig ist, dass der kontinuierliche Aufbau der Selbstwirksamkeitserwartung das gelegentliche Scheitern einschließt. Diese Erfahrungen wirken sich positiv auf die Bildung einer angemessenen Frustrationstoleranz aus, was dadurch gefördert werden kann, dass das Kind auch bei Misserfolgen soziale Unterstützung und Mitgefühl erfährt.

5. Selbstregulation und Risikokompetenz

Ein weitere Lebenskompetenz, die in der Präventions- und Resilienztheorie als wichtiger Schutzfaktor bezeichnet wird, ist die Kompetenz zur Selbstregulation, also die Fähigkeit, Bedürfnissen nicht immer nachzugeben, sondern sie bisweilen auch aufzuschieben oder ganz auf ihre Erfüllung zu verzichten. Wie ausgeprägt die Selbstregulationskompetenz bereits im frühen Kindesalter vorhanden sein kann, haben die berühmten Marshmallow-Studien in den 80er-Jahren des letzten Jahrhunderts gezeigt (Moffitt et al. 2011). Bei diesen Versuchen wurden Kinder im Alter von vier bis sechs Jahren in einem Untersuchungsraum alleine an einen Tisch gesetzt. Auf dem Tisch lag in Armeslänge vom Kind entfernt ein Marshmallow auf einem Teller. Nun informierte die Untersuchungsleiterin das Kind, dass sie den Raum verlasse und dass es, das Kind, ein zweites Marshmallow bekäme, wenn es das erste bis zu ihrer Rückkehr nicht gegessen habe. In der Folge wurden die Kinder über ein Einwegfenster beobachtet, um zu schauen, wie sie mit dieser Herausforderung umgingen. Dabei zeigte sich, dass einzelne Kinder der Verlockung sofort oder sehr bald nachgaben, während andere Strategien entwickelten (z.B. wegschauen, Hände vors Gesicht halten etc.), die ihnen halfen, das Marshmallow nicht zu essen, um dann in den Genuss eines zweiten zu kommen. In Langzeit-Nachfolgeuntersuchungen zeigte sich dann, dass diejenigen Kinder, die im frühen Kindesalter über solche Strategien verfügten, im späteren Leben signifikant weniger anfällig für Gesundheits- und Verhaltensprobleme waren und über ein höheres Einkommen verfügten als diejenigen, die der Versuchung schnell nachgegeben hatten.

Wie die Selbstregulationskompetenz ist auch die Risikokompetenz ein Schutzfaktor, der für unterschiedliche Probleme von Bedeutung ist, die im Fokus von Prävention und Gesundheitsförderung stehen. Gerade im Bereich der professionellen Kinderbetreuung macht sich immer mehr ein Sicherheitsdenken breit, welches die Möglichkeiten zum Erwerb von Risikokompetenz radikal einschränkt. Wie jede Kompetenz basiert auch der Erwerb von Risikokompetenz auf Erfahrungen. Diese Erfahrungen ermöglichen es einem Menschen im späteren Leben in einem Zusammenspiel von rationalem Abwägen und Intuition, sich für oder gegen ein riskantes Verhalten zu entscheiden (Giegerenzer 2011). Riskante Situationen sind oft so komplex und zeitschnell, dass der Intuition weit mehr Bedeutung zukommt als dem rationalen Reflektieren. Das bedeutet, dass kleine Kinder in allen Lebensbereichen Möglichkeiten zur Bewältigung von Risikosituationen bekommen müssen. Wenn man Kinder beobachtet, stellt man fest, dass sie schon früh über entsprechende Kompetenzen verfügen. Klar ist, dass man kleine Kinder vor Gefahren (wie dem Verkehr) schützen muss, die sie noch nicht einschätzen können. Die Ermöglichung eines altergemäßen Erwerbs von Risikokompetenz muss auch mit dem Bewusstsein erfolgen, dass etwas passieren kann. Ohne diese Möglichkeit wäre das Risiko kein Risiko. Entscheidet man sich jedoch für die weitestgehende Eliminierung von Risiken, muss man sich auch bewusst sein, dass damit andere Risiken verbunden sein können – etwa das Risiko, dass ein Kind wertvolle Kompetenzen nicht erwerben kann oder die Bewegung zu stark eingeschränkt wird. Aus dieser Perspektive ist es wichtig, die Gestaltung von Kindertagesstätten und deren Umgebung nicht nur unter Berücksichtigung der formalen Sicherheits- und Hygienebestimmungen vorzunehmen, sondern pädagogische Aspekte angemessen zu beachten. Das wiederum bedingt ein umsichtiges Vorgehen von Organisationsverantwortlichen, Behörden und Gerichten, wenn in pädagogischen Kontexten einmal ein schwerer Unfall passiert.

6. Kognitive Intelligenz und freies Spiel

Ein wichtiger Faktor für den Schulerfolg, der nicht nur für die berufliche Laufbahn, sondern auch in Hinblick auf viele gesundheitliche und verhaltensbezogene Probleme von Bedeutung ist, ist die kognitive Intelligenz. Auch sie kann sich beim Eintritt in den Kindergarten und in die Schule massiv unterscheiden. Gerade bei Kindern aus sozialbenachteiligten Familien lässt sich die Intelligenz durch Maßnahmen der Frühen Förderung markant steigern. Intelligenzförderung in der Vorschulzeit heißt jedoch explizit nicht, dass Inhalte aus der Schule systematisch in den Kindergarten oder gar die Kindertagesstätte ausgeweitet werden sollen. Das zentrale Lernmedium zur Förderung aller Lebenskompetenzen und damit auch der kognitiven Intelligenz ist das freie Spiel (Stamm 2014). Hier kann das Kind all die Erfahrungen machen, die es für das Leben im Allgemeinen und das einfachere Verstehen und Lernen der Schulinhalte braucht. Beim freien Spiel kommen zentrale Aspekte menschlichen Lernens zum Tragen – Aspekte, die im herkömmlichen Unterricht an den Schulen im deutschsprachigen Europa immer noch viel zu wenig beachtet werden (Hüther&Hauser 2012). Einer dieser Aspekte ist die Begeisterung, die bei fremdbestimmten Lerninhalten allzu oft fehlt. Ein anderer Faktor ist die Kreativität, die kleinen Kindern eigen ist und die im Schulverlauf bei uns und in vielen andern Staaten weitgehend ausgetrieben wird (Robinson 2015). Ein weiterer Punkt ist die Bewegung, die ebenfalls in einem direkten Zusammenhang mit dem kognitiven Lernerfolg steht. Wir brauchen entsprechend alles andere als eine Verschulung der frühen Kindheit. Vielmehr wäre es aus lerntheoretischer Perspektive angesagt, die Prinzipien des freien Spiels vermehrt in die Schule zu übertragen, so wie das beim selbstbestimmten, beim forschenden und beim sozialen Lernen der Fall ist.

7. Lebensstilfaktoren

Gerade im Kontext der Prävention von nicht übertragbaren Krankheiten wie Krebs oder Adipositas wird immer wieder mit Nachdruck auf den Einfluss des Lebensstils auf diese Krankheiten hingewiesen. Die Menschen sollen sich mehr bewegen, sich gesünder ernähren, allgemein bewusster konsumieren und mehr Sozialkontakte pflegen, um so ihre Gesundheit zu schützen und dem laufenden Anstieg der Gesundheitskosten entgegenzuwirken. Nun ist bekannt und angesichts der einleitenden strukturtheoretischen Argumente wenig erstaunlich, dass sich der Lebensstil eines Menschen über viele Jahre hinweg entwickelt und nicht so einfach verändern lässt – schon gar nicht durch gut gemeinte Appelle der Gesundheitsbehörden.

Aus der Suchtforschung ist bekannt, dass das Suchtverhalten der Eltern einen Einfluss auf den Suchtmittelkonsum der Nachkommen hat. Kinder aus Familien, in denen geraucht wird, rauchen später häufiger als Kinder aus rauchfreien Haushalten. Ähnlich sieht es beim Alkoholkonsum und beim Konsum illegaler Suchtmittel aus. Die grosse Bedeutung des Vorbildverhaltens lässt sich zum Teil durch Funktionsweise der sogenannten Spiegelneuronen erklären (Bauer 2006b). Diese Nervenzellen unterstützen den Menschen (wie auch Affen) bei unbewussten Lernprozessen, indem sie bei der Beobachtung einer Bewegung oder eines Verhaltens die gleichen Gehirnbereiche aktivieren, die aktiv sind, wenn man die Bewegung oder das Verhalten selbst ausführt.

Kinder lernen entsprechend laufend von den Erwachsenen und andern Kindern in ihrer Umgebung – ungeachtet, ob die Lernanlässe jetzt positiv oder negativ sind. Das zeigt sich auch beim Einkaufsverhalten (Dalton et al. 2005, Sutherland et al.). Die diesbezüglichen Studien haben gezeigt, dass vier- bis sechsjährige Kinder in einem kindgerechten Einkaufsladen die gleichen Waren kaufen wie ihre Eltern im Alltag. So kauften über 28 Prozent der Kinder Tabakwaren und über 60 Prozent alkoholische Getränke. Die grosse Mehrheit der Kinder legt vor allem ungesunde Nahrungsmittel in den Einkaufswagen; es gab aber auch eine kleine Gruppe von 10 Prozent der Kinder, die fast ausschliesslich gesunde Nahrungsmittel kauften. Wie sich im Vergleich zeigte, waren es genau diejenigen Kinder, deren Eltern auf ihren virtuellen Einkaufs-zetteln vor allem gesunde Nahrungsmittel aufgeführt hatten. Auch bei den andern Produkten bestand eine überragende Übereinstimmung zwischen den Einkaufswagen der Kinder und den Einkaufslisten der Eltern.

Schließlich wird auch das Bewegungsverhalten in der frühen Kindheit vorbestimmt. Hier sind neben dem Vorbildverhalten der Eltern vor allem die räumlichen Umwelt-bedingungen von Bedeutung. So untersuchte das Forschungsteam um Hüttenmoser (1995) zwei Gruppen von fünfjährigen Kindern. Die eine Gruppe der Kinder (die ‚A-Kinder') konnte ab dem Alter von drei Jahren ohne Beaufsichtigung von Erwach-senen draußen spielen, während die ‚B-Kinder' nur in Begleitung ihrer Mutter oder einer anderen erwachsenen Bezugsperson nach draußen konnten. Die Untersuchung im Alter von fünf Jahren zeigte, dass sich die A-Kinder weit häufiger bewegten und entsprechend bessere motorische Fähigkeiten erworben hatten. Sie verfügten aber auch über viel mehr regelmäßige Sozialkontakte und mehr Sozialkompetenz. Zudem waren sie selbstständiger und unabhängiger von ihren primären Bezugspersonen, was sich beim Eintritt in Kindergarten und Schule günstig auswirkt. Das Beispiel zeigt, dass Prävention schnell eine grundsätzliche Dimension annimmt, wenn man die Ergebnisse aus der Einflussfaktorenforschung ernst nimmt. In diesem Fall wird die Prävention dann zur Siedlungs- und zur Verkehrspolitik – Politikfelder, in denen gesundheitspolitische Aspekte selten wirklich beachtet und andere gesellschaftliche Präferenzen (z. B. Mobilität) höher gewichtet werden.

8. Die Wirkung und Kosteneffizienz von Maßnahmen im Frühbereich

Ein Blick auf die bisherigen Ausführungen zeigt, dass kleine Kinder für eine gesunde und altersgerechte Entwicklung vor allem drei Dinge brauchen: tragende, liebevolle Bindungen zu primären Bezugspersonen, möglichst wenig stressauslösende Erfah-rungen sowie eine räumliche Umgebung, die zu kreativem, bewegungsreichem freien Spiel ermuntert. Die meisten Familien bieten ihren Kindern solche Bedingungen zum Aufwachsen (Stamm et al. 2012). Aber auch sie sind zunehmend auf eine qualitativ hochstehende und kostengünstige Unterstützung durch professionelle Akteure und Angebote angewiesen, weil die Anforderungen im Beruf ansteigen und die Mütter vermehrt ihre berufliche Karriere weiterverfolgen möchten. In besonderem Ausmaß auf externe Unterstützung angewiesen sind sozial benachteiligte Familien, die über weniger Bildung, Geld und sozialen Support verfügen als die andern Familien.

Eine große Zahl von Langzeitstudien zeigt, dass sich Kinder aus sozial benachteiligten Familien, die von qualitativ hochstehenden Angeboten der familienergänzenden Kinderbetreuung profitieren konnten, sich im späteren Leben günstiger entwickeln als nicht geförderte Kinder aus gleichen Verhältnissen (Anderson et al. 2010, Camilli et al. 2012, Barnett 2010/2011/2013, Dekovic et al. 2013, Heckman & Conti 2012, Heckman et al. 2006). Sie haben einen besseren Schulerfolg, brauchen weniger schulische Fördermaßnahmen und schaffen den Übergang ins Erwerbsleben einfacher. Ihr Lebenseinkommen ist höher, ihre Gesundheit besser, und sie werden seltener straffällig und sozialhilfeabhängig als nicht geförderte Kinder. Noch sind bei weitem nicht alle Wirkmechanismen in diesem komplexen Gefüge von Einflussfaktoren und Förderaktivitäten bekannt, was auch damit zusammenhängt, dass die einzelnen Programme ziemlich unterschiedlich gestaltet sind. Einige umfassen ausschließlich pädagogische Unterstützung (z.B. in einer Kindertagesstätte), andere ergänzen diese Unterstützung durch Sozialhilfemaßnahmen, Bildungsangebote für die Mütter oder sozialpädagogische Familienbegleitung. Trotz dieser Vielfalt sind die Ergebnisse konsistent. Das gilt auch in Hinblick auf vergleichbare Untersuchungen in Europa (Schlotter&Wössmann 2010), wobei diese Autoren davor warnen, die Ergebnisse aus den USA allzu leichtfertig auf andere Kulturkreise zu übertragen.

Ebenfalls konsistent sind die US-amerikanischen Berechnungen zur Kosteneffizienz von frühkindlichen Fördermaßnahmen für Kinder aus sozial benachteiligten Familien. Hier berechnen die Forscher je nach Programm einen Return on invest (Roi) in der Höhe von 1:6 bis 1:16 (Barnett & Masse 2007, Heckman & Masterov 2007, Reynolds et al. 2011, Schweinhardt et al. 2005). Das bedeutet, dass die öffentliche Hand für jeden in ein solches Programm investierten Dollar oder Euro, das sechs- bis 16-fache an Geldern für Förder- und Arbeitsintegrationsmaßnahmen sowie Strafrechts- Gesundheits- und Sozialhilfekosten einspart, die bei den nicht geförderten Kindern anfallen. Richten sich Maßnahmen an alle Kinder aus einer Gemeinde oder einem Bezirk, dann geht der Roi zurück, liegt aber in der Regel noch immer deutlich über 1:2. Angesichts der laufend ansteigenden Gesundheits-, Sozialhilfe und Strafrechtskosten können sich die einzelnen Staaten eigentlich gar *nicht* leisten, nicht in die Frühe Förderung zu investieren. Viele Staaten in der OECD haben das auch erkannt und stellen ihre Politik zunehmend von Intervention auf Prävention um (Hafen 2015b). Nicht so die Schweiz, die im OECD-Vergleich nach wie vor eine ungünstige Position einnimmt und nur 0,2% des Bruttoinlandprodukts in den Frühbereich investiert und nicht 1 Prozent oder mehr wie die skandinavischen Staaten (OECD 2012).

9. Konsequenzen für die themenspezifische Prävention

Wir haben gesehen, dass Maßnahmen im Frühbereich ein großes präventives Potenzial haben, weil sie schädigende Einflüsse minimieren und die Bildung von Schutzfaktoren unterstützen. Damit stärken sie die Resilienz der geförderten Kinder nachhaltig, was sich daran zeigt, dass diese Kinder besser mit belastenden Situationen umgehen können als die nicht geförderten. Das Potenzial der Frühen Förderung für die Prävention bedeutet nicht, dass Prävention in späteren Lebensphasen nicht mehr notwendig wäre. Zum einen hört das Lernen nicht mit dem fünften Altersjahr auf. Lernen ist bis ins hohe Alter möglich, auch wenn es nicht mehr so leicht fällt wie in der frühen Kindheit, wo nicht so dichte Strukturgeflechte beeinflusst oder gar verändert werden müssen wie im fortschreitenden Erwachsenenalter. Gerade in Pubertät und Adoleszenz gibt es jedoch immer wieder sensitive Phasen, in denen die Jugendlichen besonders gut auf pädagogische Interventionen ansprechen (Howard-Jones et al. 2012). Zum andern bekommen die einzelnen Probleme mit dem zunehmenden Alter eine spezifischere Bedeutung. Frühe Förderung entspricht immer einer *themenunspezifischen* Prävention, da die gleichen Risiko- und Schutzfaktoren einen Einfluss auf die Entstehung unterschiedlicher Probleme haben (Hafen 2014a). Wenn die Kinder aber in ein Alter kommen, in dem z.B. der Konsum von Suchtmitteln zu einem Thema wird, dann machen spezifisch suchtpräventive Maßnahmen durchaus Sinn. So zeigt sich, dass der Förderung von Sozialkompetenzen in der Schule eine zusätzliche präventive Wirkung zukommen kann (Bühler&Thrul 2013). Zudem gewinnt die Früherkennung von entstehenden Problemen wie Gewalt, Sucht, Selbstverletzungen, Depressionen etc. immer mehr an Bedeutung, weil eine angemessene Frühintervention eine Chronifizierung dieser Probleme verhindern kann.

10. Abschließende Bemerkungen

Die Ausführungen haben gezeigt, dass es aus der Perspektive unterschiedlicher wissenschaftlicher Disziplinen Sinn macht, in die Förderung kleiner Kinder und ihrer Familien zu investieren. Förderung bedeutet dabei nicht, die Kinder durch ‚Verschulung' ihrer Lebenswelt möglichst effizient auf Schule und Berufsleben vorzubereiten. Im Vordergrund steht vielmehr das Bestreben, den Kindern eine möglichst stressfreie, anregende und durch positive Bindungen geprägte Umgebung zu ermöglichen. Da heute die meisten Familien mit kleinen Kindern auf staatliche Unterstützung angewiesen sind, ist ein angemessenes Grundangebot an medizinischer Betreuung und pädagogischer Unterstützung zu gewähren. Besonders auf Unterstützung angewiesen sind die sozial benachteiligten Familien, da sie es oft trotz großen Anstrengungen und viel gutem Willen nicht schaffen, ihren Kindern gute Startbedingungen mit auf den Lebensweg zu geben. Die Frühe Hilfen-Strategien in Deutschland und Österreich haben vor allem diese Familien im Fokus und legen dabei großes Gewicht auf die Vernetzung der Institutionen, mit denen Familien mit kleinen Kindern in Kontakt treten (Haas &Weigl 2014). Die Einrichtung eines umfassenden Angebots von Unterstützungsleistungen im Bereich der frühkindlichen Bildung, Betreuung und Erziehung, der Medizin und der Sozialen Arbeit entspricht in diesem Sinn einer Ausweitung der bildungs-, gesundheits- und sozialpolitischen Strategien von Intervention auf Prävention (Hafen 2015b). Die damit verbundenen Investitionen machen nicht nur volkswirtschaftlich Sinn, sondern auch aus einer ethischen Perspektive, führt der Ausbau der Frühen Förderung doch zu einer erhöhten Chancengleichheit für die Kinder, die in schwierige Lebensverhältnisse hineingeboren wurden. Dies ist nicht zuletzt darum wichtig, weil diese Kinder genauso die Zukunft unserer Gesellschaft repräsentieren wie alle andern auch.

Literatur

American Academy of Pediatrics AAP (eds.) (2012). Early Childhood Adversity, Toxic Stress, and the Role of the Pediatrician: Translating Developmental Science Into Lifelong Health. Policy Statement. In: Pediatrics Volume 129, Number 1, January 2012: e224-e231

Anderson, Kathryn H.; Foster, James E.; Frisvold, David E. (2010). Investing in health: the long-term impact of head start on smoking. Economic Inquiry, Vol. 48, No. 3, July 2010: 587–602

Bandura, A. (1998). Self-efficacy. The exercise of control. 2. Auflage. New York

Barnett, W. St. (2010). Universal and Targeted Approaches to Preschool Education in the United States. International Journal of Child Care and Education Policy 2010, Vol. 4, No.1: 1-12

Barnett, W. St. (2011). Effectiveness of Early Educational Intervention. Science, Vol. 333, August 2011: 975-978

Barnett, W. St. (2013). Getting the Facts Right on Pre-K and the President's Pre-K Proposal. Policy Report. New Brunswick: National Institute for Educational Research

Barnett, W. Steven; Masse Leonard N. (2007). Comparative benefit–cost analysis of the Abecedarian program and its policy implications. Economics of Education Review 26: 113–125

Bauer, J. (2006a): Das Gedächtnis des Körpers. Wie Beziehungen und Lebensstile unsere Gene steuern. 8. Auflage. Frankfurt: Piper

Bauer, J. (2006b). Warum ich fühle, was du fühlst. Intuitive Kommunikation und das Geheimnis der Spiegelneurone. 3. Auflage. München: Piper

Bauer, J. (2011): Schmerzgrenze. Vom Ursprung alltäglicher und globaler Gewalt. München: Blessing

Bowlby, J. (1951): Maternal care and mental health: a report prepared on behalf of the World Health Organization as a contribution to the United Nations programme for the welfare of homeless children. Geneva: World Health Organization

Bühler, A.; Thrul, J. (2013). Expertise zur Suchtprävention. Aktualisierte und erweiterte Neuauflage der ‚Expertise zur Prävention des Substanzmissbrauchs'.
Köln: Bundeszentrale für gesundheitliche Aufklärung

Camilli, G.; Vargas, S.; Ryan, S.; Barnett, W. St. (2010). Meta-Analysis of the
Effects of Early Education Interventions on Cognitive and Social Development. Teachers College Record Volume 112, Number 3, March 2010:
579–620

Dalton, M. A.; Bernhardt, A. M.; Gibson, J.J.; Sargent, J. D. M; Beach, M. L.;
Adachi-Mejia, A. M.; Titus-Ernstoff, L. & Heatherton, T. F. (2005).Use of
Cigarettes and Alcohol by Preschoolers While Role-playing as Adults. Arch
Pediatr Adolesc Med. 2005; 159:854-859

Danese, A. & McEwen, B. S. (2012). Adverse childhood experiences, allostasis,
allostatic load, and age-related disease. Physiology & Behavior, 106: 29–39.

Deković, M.; Slagt, M. I.; Asscher, J. J.; Boendermaker, L.; Eichelsheim, V. I.;
Prinzie, P. (2011). Effects of early prevention programs on adult criminal
offending: A meta-analysis. Clinical Psychology Review 31 (2011): 532-544

Giegerenzer, G. (2013). Risiko: Wie man die richtigen Entscheidungen trifft. München: Bertelsmann

Haas, S.; Weigl, M. (2014). Frühe Hilfen - Eckpunkte eines „Idealmodells" für
Österreich. Wissenschaftlicher Ergebnisbericht im Auftrag der Bundesge-
sundheitsagentur. Wien: Gesundheit Österreich GmbH; Bundesministerium
für Gesundheit

Hafen, M. (2013a): Grundlagen der systemischen Prävention. Ein Theoriebuch für
Lehre und Praxis. Zweite, vollständig überarbeitete Auflage. Heidelberg:
Carl Auer

Hafen, M. (2013b): Interdisziplinarität in der Frühen Förderung. Notwendigkeit,
Herausforderung und Chance, in: Frühförderung Interdisziplinär, 32. Jg.,
2013: 98-107

Hafen, M. (2014a): ‚Better Together' - Prävention durch Frühe Förderung. Präven-
tionstheoretische Verortung der Förderung von Kindern zwischen 0 und
4 Jahren. Zweite, umfassende überarbeitete Version des Schlussberichts
zuhanden des Bundesamtes für Gesundheit. Luzern: Hochschule Luzern –
Soziale Arbeit

Hafen, M. (2014b): Resilienz aus präventionstheoretischer Perspektive, in: Prävention 01/2014: 2-7

Hafen, M. (2015a). Zur Bedeutung professioneller Arbeit im Kleinkindbereich – ein
Grundlagenpapier mit Blick auf theoretische Überlegungen, empirische Evidenz und erfolgreiche Praxis. Luzern: Hochschule Luzern - Soziale Arbeit

Hafen, M. (2015b). Frühe Förderung als gesundheits-, sozial-, wirtschafts- und
integrationspolitische Strategie, in: Schweizerische Zeitschrift für Heilpäda-
gogik, Jg. 21, 5 – 6 / 2015: 6-12

Heckman, J. J.; Conti, G. (2012). Early childhood development: Creating Healthy Communities with Greater Efficiency and Effectiveness, in: Nancy O. Andrews, David J. Erickson (Hrsg.), Investing in What Works for America's Communities. Essays on People, Place & Purpose.
San Francisco: Federal Reserve Bank of San Francisco; Low Income Investment Fund: 327-337

Heckman, J.; Masterov D. (2007): The Productivity Argument for Investing in Young Children. Review of Agricultural Economic, Vol. 29, No. 3: 446–493

Heckman, J., Stixrud, J., Urzoa, S. (2006): The effect of cognitive and non-cognitive abilities on labor market outcomes and social behavior. Journal of Labor Econonomics 24(3): 411-482

Kegel, B. (2009): Epigenetik – Wie Erfahrungen vererbt werden. Köln: Dumont

Howard-Jones, P. A.; Washbrook, E.V. & Meadows, S. (2012). The timing of educational investment: A neuroscientific perspective. Develomental Cognitive Neuroscience 2S (2012): 18-29

Hüther, G. & Hauser, U. (2012). Jedes Kind ist hoch begabt: Die angeborenen Talente unserer Kinder und was wir aus ihnen machen. 3. Aufl. München: Albrecht Knaus

Hüttenmoser, M. (1995). Children and Their Living Surroundings: Empirical Investigations into the Significance of Living Surroundings for the
Everyday Life and Development of Children. Children's Environments, 12(4): 403-413

Kegel, B. (2009). Epigenetik – Wie Erfahrungen vererbt werden. Köln: Dumont

Levin, H. M. (2012). More than just test scores, in: Prospects, September 2012, Volume 42, Issue 3: 269-284

Luhmann, N. (1994). Soziale Systeme. Grundriss einer allgemeinen Theorie. 5. Aufl. Frankfurt a. M.: Suhrkamp

Luhmann, N. (1997). Die Gesellschaft der Gesellschaft. Frankfurt a. M.: Suhrkamp

Moffitt, T. E.; Arseneault, L.; Belsky, D. … & Caspi, A. (2011). A gradient of childhood self-control predicts health, wealth, and public safety. Proceedings of the National Academy of Sciences, 108(7): 2693–2698

OECD (Hrsg.) (2012). Education at a Glance: OECD Indicators 2012. Switzerland key facts. Paris: OECD

Reynolds, A. J.; Temple, J. A.; White, B. A. B.; Ou, S.; Robertson, D. A. (2011). Age 26 Cost–Benefit Analysis of the Child-Parent Center Early Education Program. Child Development, January/February 2011, Volume 82: 379–404

Robinson, K. (2015). Creative Schools: The Grassroots Revolution That's Transforming Education. In Zusammenarbeit mit Lou Aronica. New York: Viking

Rutter, M. (2006). Genes and behavior: Nature-nurture interplay explained. Malden: Blackwell Publishing

Schlotter, M.; Wößmann, L. (2010). Frühkindliche Bildung und spätere kognitive und nicht- kognitive Fähigkeiten: Deutsche und internationale Evidenz, Ifo Working Paper, No. 91. München: Institute for Economic Research at the University of Munich

Schweinhart, L.J.; Montie, J.; Xiang Z..; Barnett, S.; Belfield C.; Nores, M. (2005): Lifetime Effects: The High/Scope Perry Preschool Study Through Age. Ypsilanti, MI 48198: High/Scope Press

Shonkoff, J. P. (2011). Protecting Brains, Not Simply Stimulating Minds. Science, Vol. 333, 19. August 2011: 982-983

Simoni, H.; Herren, J.; Kappeler, S.; Licht, B. (2008). Frühe soziale Kompetenz unter Kindern, in: T. Malti; S. Perren (Hrsg.), Soziale Kompetenz bei Kindern und Jugendlichen. Entwicklungsprozesse und Förderungsmöglichkeiten. Stuttgart: Kohlhammer: 15-34

Stamm, M. et al. (2012). Früher an die Bildung – erfolgreicher in die Zukunft? Familiäre Aufwachsbedingungen, familienergänzende Betreuung und kindliche Entwicklung. Schlussbericht zuhanden der Hamasil Stiftung und der AVINA Stiftung. Fribourg: Universität Fribourg.

Stamm, M. (2014). Frühförderung als Kinderspiel. Ein Plädoyer für das Recht der Kinder auf das freie Spiel. Dossier 5/14. Fribourg: Swiss Education Institute

Sutherland, L. A.; Beavers, D. P.; Kupper, L. L.;. Bernhardt, A. M.; Heatherton, T. & Dalton, M. A. (2008).Like Parent, Like Child - Child Food and Beverage Choices During Role Playing. Arch Pediatr Adolesc Med. 2008;162(11):1063-1069

Werner, E. (1977): The Children of Kauai. A longitudinal study from the prenatal period to age ten. University of Hawai'i Press

Werner, E.; Smith, R.S. (1992): Overcoming the odds. High risk children from birth to adulthood. Ithaca/London: Cornell University Press

Heidrun Hassel, Fatih Ekinci

Projekt „Sicherheit gemeinsam gestalten – Polizei und Migranten im offenen Gespräch"

In der „bunten" Stadt Mannheim leben bekanntlich Menschen aus 170 Nationen. Dass sich die Polizei dort längst auf die multikulturellen Herausforderungen eingestellt hat, zeigt sich an vielen Beispielen. Der Umgang mit Migranten und somit mit fremden Kulturen gehört bei der Mannheimer Polizei inzwischen zum Alltag, weshalb interkulturelle Kompetenz für die Polizeibeamtinnen und -beamten eine unverzichtbare Schlüsselqualifikation darstellt. Obwohl dieses Thema inzwischen fest in deren Ausbildung verankert ist, ging das Polizeipräsidium Mannheim bereits 2013 einen weiteren Schritt und initiierte das Projekt „Sicherheit gemeinsam gestalten – Polizei und Migranten im offenen Gespräch". Im Rahmen dieses Projekts treffen sich jeweils zehn Polizeibeamte/-innen und zehn Mannheimer muslimische Migranten/-innen an zwei gemeinsamen vierstündigen Abenden. Basis hierfür war die Masterarbeit von Kriminalrätin Heidrun Hassel, die aus Forschungssicht und ganz praktisch im Mannheimer Alltag den Umgang zwischen der Polizei und türkischstämmigen Migranten untersuchte. Die Ergebnisse zeigen, dass der Alltag im gegenseitigen Umgang nicht selten von Vorurteilen, Misstrauen und Berührungsängsten geprägt ist.

Ziel dieses Projektes ist es, die tatsächlichen Probleme im gegenseitigen Umgang von Polizei und Migranten in der erforderlichen Offenheit zu benennen und zu diskutieren, was im Alltag bekanntlich kaum möglich ist. In diesem Projekt geht es weniger um eine klassische Wissensvermittlung, sondern mehr um einen Informationsaustausch auf emotionaler Ebene im Sinne, was fühle und spüre ich, wenn ich als Polizist oder eben als Migrant an der Stelle des anderen stehen würde und diese „problematischen Verhaltensweisen" erleben müsste. Im Weiteren soll Bewusstsein und Sensibilität für die Problematik geschaffen sowie gegenseitiges Verständnis geweckt und Vertrauen zueinander gestärkt werden. Ein weiteres wichtiges Ziel dieses Projektes ist aber auch, muslimische Migranten deutlich mehr in die Kommunale Kriminalprävention einzubinden mit der Folge, die Identifikation der muslimischen Bürgerschaft mit „ihrer" Polizei – aber auch mit „ihrer" Stadt zu fördern. Der Aufbau eines kontinuierlichen Netzwerks mit möglichst vielen Akteuren wird durch dieses Projekt ebenfalls nachhaltig unterstützt.

Die bisherigen Erfahrungen zeigen, dass als ausgesprochen positive Besonderheiten dieses Projektes das regelmäßig stattfindende Speed-Dating und die in einem bisher unbekannten Ausmaße geführten Gespräche über sog. Tabuthemen (z.B. Vorurteile, fehlender Respekt, Machoverhalten junger männlicher Muslime, Gewaltanwendung, Machtposition der Polizei) genannt werden können.

Als erfolgsversprechender Faktor ist auch zu nennen, dass das Moderatorenteam (Heidrun Hassel und Fatih Ekinci) sozusagen „beide Seiten" umfangreich abdecken kann: weiblich / männlich, deutsch- / türkischstämmig, christlicher / muslimischer Glauben, Polizei / Bürger der Stadt Mannheim und als Mitglied des Migrationsbeirats auch Vertreter u.a. der muslimischen Bürgerschaft. Wichtig ist auch die Erkenntnis, dass sich eine Einstellungsänderung gegenüber einer anderen Menschengruppe (Vorurteilsabbau) kaum theoretisch vermitteln lässt, sondern eben nur durch persönliche Begegnungen...und zwar positive Begegnungen. Die Polizeibeamten/-innen im Streifendienst haben aber meist im Rahmen ihrer dienstlichen Aufgaben Kontakt im negativen Kontext (Straftaten, Ordnungswidrigkeiten, Verkehrsunfälle etc.). Insofern schafft dieses Projekt auch Raum für positive Begegnungen.

Das Projekt führt das Polizeipräsidium Mannheim in Kooperation mit der Stadt Mannheim und der Unterstützung des Mannheimer Instituts für Integration und interreligiöser Dialog e.V. und dem Verein Sicheres Mannheim e.V. durch. Es steht unter der Schirmherrschaft der baden-württembergischen Ministerin für Integration, Bilkay Öney. Es ist zwischenzeitlich in das umfängliche Präventionskonzept für Maßnahmen zur Reduzierung von religiös motiviertem Extremismus sowie zur Stärkung der interkulturellen Kompetenz und Abbau von Vorurteilen im gegenseitigen Umgang zwischen Polizei und Muslimen des Polizeipräsidiums Mannheim implementiert.

Das Projekt wurde in das europäische Präventionsprojekt COREPOL als best practice-Beispiel aufgenommen. Des Weiteren wurde es im Rahmen einer Masterarbeit wissenschaftlich untersucht mit dem Ergebnis einer positiven Bewertung und Weiterempfehlung. Außerdem wurde es schon mehrfach regional und überregional vorgestellt. Erwähnenswert ist ebenso, dass zwischenzeitlich aus dem Projekt die weitere institutionsübergreifende Aktion „Gemeinsam gegen Vorurteile" entstanden ist, an dem ehemalige Projektteilnehmer (Polizisten und Migranten) teilnehmen.

Thomas Hestermann

Der Gruseleffekt: Wie Gewaltberichte des Fernsehens unsere Weltsicht beeinflussen

1. Zusammenfassung

Die Medien zeichnen ein anderes Bild von Verbrechen und Gewalt, als es Polizeistatistiken tun. Je drastischer ein Verbrechen ist, je stärker es mit sexueller Gewalt zusammenhängt, desto größer ist die Chance, ausführlich dargestellt zu werden. Im Zentrum der Berichterstattung steht das Verbrechensopfer – aber es ist ein idealisiertes Opfer, das bevorzugt weiblich und jung ist. Dies sind Ergebnisse der Fernsehforschung an der Hochschule Macromedia in Hamburg und Berlin, unterstützt vom Kriminologischen Forschungsinstitut Niedersachsen.

Ergänzend erklärten in Interviews Fernsehjournalistinnen und Fernsehjournalisten die Motive ihrer Berichterstattung vor allem aus dem Kampf um Einschaltquoten unter starkem Wettbewerbsdruck. Um ein breites Publikum zu erreichen, schüren die Medien Emotionen, vor allem das Mitgefühl mit dem Opfer und die Angst vor der Gewalt.

Diese Art der Berichterstattung hat Folgen. Vor allem das Fernsehen prägt die Vorstellung der Welt als furchterregend und gefährlich. Dies verstärkt das Bedürfnis nach harten Strafen. So gerät die Politik unter Druck, mit Strafverschärfungen nicht etwa auf reale Entwicklungen der Kriminalität, sondern auf Annahmen über Kriminalität zu reagieren.

2. Der journalistische Blick und der Ruf nach Konsequenzen

Erinnern Sie sich noch an den 9. Mai 2014? Das war der Tag, an dem Deutschland debattierte: „Wer stoppt die Gewaltexzesse unter jungen Menschen?" Zumindest machten die Sat.1-Nachrichten dieses Abends glauben, die Diskussion habe das ganze Land erfasst. „Wieder ein schockierendes Handyvideo, das sich im Netz rasend schnell verbreitet", kündigte Moderator Marc Bator drastische Bilder an. „Wieder eine Prügelattacke. Diesmal in Wilhelmshaven. Und wieder sind Opfer und Täter Teenager."

Diese Anmoderation und der Beitrag stehen für den Bauplan einer Gewaltberichterstattung, die emotionalisiert, um möglichst viele Zuschauer zu erreichen. Deren wichtigstes Element ist das sichtbare Beispiel. Dabei klingt das Entsetzen darüber, dass Jugendliche ihre eigenen Gewalttaten filmen, bigott – schließlich liefern diese Bilder erst das Material, mit dem Schreckensgeschichten wie diese erzählt werden.

Damit der Einzelfall an Wucht gewinnt, gilt es, deutlich zu machen, dass der Einzelfall gerade keiner sei. So wird die Gewalttat zum Ausdruck eines Trends erklärt – dies ist der Schon-wieder-ismus der Medien. Auch die angeblich allumfassende Wirkung der gezeigten Gewalttat steht im Zeichen einer Entgrenzung des Schreckens. Die üblichen Wendungen dafür sind: Eine Stadt in Trauer. Eltern sind in Angst. „Eine brutale Prügelattacke von Jugendlichen schockiert Deutschland" – das zumindest sollen Beiträge wie der vom 9. Mai 2014 in den Sat.1-Nachrichten vermitteln und damit möglichst starke Gefühle auslösen.

Der Beitrag endet mit dem Ruf nach Konsequenzen. Jugendrichter Andreas Müller kommt zu Wort: „Wir brauchen schnellere Verfahren. Wir müssen unsere Konzentration auf Intensivtäter richten." So wird die Einzeltat zum Beleg dafür, dass die Justiz umsteuern müsse, vielfach auch dafür, dass härtere Gesetze nötig seien. Wer stoppt die Gewaltexzesse? Der Staat soll es richten, als würden härtere Gesetze tatsächlich gewaltbereite Jugendliche davon abhalten, andere zu quälen. Am Ende führt das Konstrukt von Wirklichkeit dazu, dass sich die Wirklichkeit tatsächlich verändert.

3. Forschungsstand

Im Vergleich verschiedener Gewaltdelikte finden jene das stärkste Medieninteresse, die tödlich enden. International zeigen Analysen etwa des US-amerikanischen Journalismus, dass drastische Gewalt, vor allem Mord und Totschlag, überproportional berichtet werden (Chermak 1995; Gruenewald, Pizarro & Chermak 2009; Buckler & Travis 2005). Übereinstimmend ermitteln Studien, dass etwa jedes zweite Gewaltopfer, über das im deutschen Fernsehen berichtet wird, zu Tode gekommen ist (Grimm, Kirste & Weiß 2005, 120, Krüger 2008, 70, Winterhoff-Spurk 1994, 57, Groebel & Gleich 1993, 102). Daraus folgern Groebel und Gleich: „Die Tötung von Menschen ist zum Teil zu einem selbstverständlichen Programmelement geworden" (Groebel & Gleich 1993, 73). Diese Betonung besonders gravierender Delikte wird vielfach gerügt. Bourdieu spricht von der Sensation als Auswahlkriterium (Bourdieu 1998, 25).

Neuere Studien nehmen auch die erhöhte Bedeutung sexueller Gewalt für journalistische Auswahlentscheidungen in den Blick. Nach Baurmann wird in den 1970er und 80er Jahren zunächst in den USA und dann in Europa die Wahrnehmung sexueller Gewalt in der Partnerschaft und von sexuellem Missbrauch besonders an Kindern enttabuisiert (Baurmann 2004: 436). Seitdem mehren sich Befunde, dass sexuelle Gewalt besonders intensiv fokussiert wird (Bundesministerium des Inneren und Bundesministerium der Justiz 2006: 60f., Schulenburg 2007, 1, Reuband 2007, Proctor et al. 2002, 357). So liegt nahe, dass über sowohl sexuelle wie tödliche Gewalt zunehmend intensiv berichtet wird. Tatsächlich ist seit den 1990er Jahren in Deutschland ein starker Anstieg an Berichten über Sexualmorde an Kindern zu beobachten (Schneider et al. 2005). Nach Albrecht weisen gerade Sexualmorde an Kindern alle Merkmale auf, „die zur Skandalisierung und entsprechender medialer Aufbereitung benötigt werden" (Albrecht 2004, 506).

Wie wenig Medientrends mit amtlichen Statistiken zu erklären sind, weist Fishman (1980) nach. Er analysiert die sprunghafte Zunahme der Berichterstattung über Kriminalität gegen Ältere im Herbst 1976 in New York, während die Zahl der polizeilich gemeldeten Delikte zugleich zurückgeht. Fishman spricht von einer Kriminalitätswelle („crime wave"), die im Grunde eine Welle des *berichteten* Verbrechens ist (Fishman 1980, 5, vgl. Cavender & Fishman 1998, 3-15, Fishman 1978, 531-543, Vasterman 2005). Eine solche Welle wurde bereits rund 50 Jahre zuvor bekannt – der Reporter Lincoln Steffens schildert, wie er selbst eine Welle von Berichten über Einbrüche gleichfalls in New York ausgelöst hat: „I enjoy crime waves. I made one once" (Steffens 1931, 285).

Die Berichterstattung über Verbrechen hat eine Jahrhunderte alte Tradition. Zu frühen Beispielen der Kriminalitätsberichterstattung gehört die „Erweiterte Unholdenzeitung", eine illustrierte Flugschrift zu Verbrechen und deren Bestrafung aus dem Jahre 1590 (Höbermann 1989, 13). Berichte aus dem 17. Jahrhundert referieren, dass Zeitungen jener Zeit Ereignisse aufgreifen wie Kindermord, Diebstahl und Ehebruch (Stieler 1969, 61). Der Dichter Friedrich Schiller verfasst von 1792 bis 1795 Reportagen über außergewöhnliche Rechtsfälle und zeigt sich überzeugt: „In der ganzen Geschichte der Menschen ist kein Kapitel unterrichtender für Herz und Geist, als die Annalen seiner Verirrungen" (Tekolf 2005, 7).

Systematische Untersuchungen der Kriminalitätsberichterstattung sind seit Ende des 19. Jahrhunderts bekannt. So sieht Speed in New Yorker Zeitungen eine auffällige Neigung zum Schrecklichen: Danach berichten die Zeitungen nicht über die wirklich wichtigen Ereignisse, sondern über die Sensationen und Katastrophen der Geschichte (Speed 1893: 710, nach Schulz 1989, 135, vgl. Garofalo 1981, 321, Fenton 1910, Swanson 1955, 416f.).

Die These, dass Gewaltberichterstattung an sich ein Publikumsmagnet ist und dass die Programmverantwortlichen sie deshalb verstärkt aufgreifen, wird vielfach erhoben. Muckenhaupt sieht in „kassandrischen Schlagzeilen" eine Form der Nachrichtenvermarktung (Muckenhaupt 1998, 123). Kerbel, US-amerikanischer Fernsehjournalist und Dozent, vertritt die These „if it bleeds, it leads" in einem gleichnamigen Buch (Kerbel 2000, vgl. Gross 2006, 4, Karl 2006, 66, McManus 1994). Dies wird in besonderem Maße für Sexualverbrechen angenommen (Friedrichsen 2004, 199, vgl. Friedrichsen 2002, Roithmeier 1994, 100). Das DeutschlandRadio vermeldet: „,Rotlicht und Blaulicht gehen immer' ist eine Faustregel in Fernsehredaktionen – bei Privaten und Öffentlich-Rechtlichen" (Mayr 2006).

Allerdings wird im deutschen Fernsehjournalismus angezweifelt, dass Gewalt per se und dauerhaft ein großes Publikum anzieht. Dieter Lesche, ehemals Chefredakteur des deutschen Privat-TV-Senders RTL, hält das Experiment für gescheitert, ein Massenpublikum mit gewaltlastigen Nachrichten zu gewinnen (Lesche 2001, 46, vgl. Patterson 2000, Ludwig und Pruys 1998, 586f.). Den Zweifel an einer durchgängig hohen Attraktivität von Gewalt bekräftigen Ruhrmann und Göbbel, die mit einer Online-Befragung Journalistinnen und Journalisten verschiedene Nachrichtenfaktoren bewerten ließen. Unter 22 vorgegebenen Merkmalen der Berichterstattung erreicht der von Ruhrmann und Göbbel als „Gewalt/Aggression" bezeichnete Nachrichtenfaktor, definiert durch Androhung oder Anwendung von Gewalt, nur den 13. Rang (Ruhrmann und Göbbel 2007, 40-42). Damit gilt im Journalismus das Thema Kriminalität nur dann als Schlüssel zu hoher Aufmerksamkeit des Publikums, wenn es in besonderer Weise emotionalisiert.

Das ideale Opfer: kindlich und weiblich

Während die frühe Berichterstattung vielfach um die Motive der Täter kreiste, ist seit den 1980er Jahren eine zunehmende Fokussierung auf die Verbrechensopfer festzustellen. Katz spricht vom Opfer als der zentralen Symbolfigur (Katz 1987, 52, vgl. Garland 2002, 11, Friedrichsen 2004, 201). Dabei gilt das Interesse keineswegs dem Opfer im Allgemeinen, sondern einem Idealbild des Opfers, dem „worthy victim" (Gruenewald et al., 2009). Das bevorzugte Opfer ist unschuldig und hilflos. Im Zuge dieser Klischeebildung gilt das besondere journalistische Interesse Frauen und Kindern als Opfern.

Zenz beobachtet noch Ende der 70er Jahre, dass Gewalt an Kindern tabuisiert wird. Keine noch so grausame, selbst tödliche Kindesmisshandlung habe in der Bundesrepublik Deutschland bis dahin mehr als Tagesaufmerksamkeit erregt (Zenz 1978, 21-23).

Derwein (1995, 137) analysiert die Berichterstattung von vier deutschen Zeitungen im Jahre 1988. Dabei führt er die Altersstruktur der Opfer von Tötungsdelikten (Mord und Totschlag) auf und vergleicht sie mit den Zahlen der Polizeilichen Kriminalstatistik. Da Derwein seine statistischen Quellen nicht weiter spezifiziert, wurden seine Angaben nach den polizeilichen Statistiken des Jahres 1988 (Bundeskriminalamt 1989, 97) neu berechnet. Daraus ergibt sich der Befund, dass nunmehr das kindliche Opfer in den Fokus rückt: Über Opfer unter 14 Jahren wird jetzt 2,8-mal so viel berichtet, als es den statistischen Altersanteilen entspricht, über Menschen von 60 Jahren und älter dagegen nur halb so oft, bezogen auf die Kriminalstatistik.

Dieser Trend hat sich deutlich verstärkt und wird international beobachtet. Proctor et al. (2002) entwerfen eine Demografie der berichteten Kriminalität und sehen die klare Neigung, gehäuft über Gewalt an Kindern zu berichten (vgl. Chermak 1995, Peelo et al. 2004). Friedrichsen beschreibt die soziale Kohäsion durch die kollektive Empathie, die ihr zufolge vor allem die Berichterstattung über Verbrechen an Kindern auslöst. So sehr sich eine Gesellschaft in zahlreiche unterschiedliche Lebenswelten zersplittert, so wenig Einigkeit es über gesellschaftliche Normen gibt – in diesem Punkt herrscht überwältigendes Einverständnis. „Der Bedarf nach diesem Gefühl von Zusammengehörigkeit – im ‚Aufstand der Anständigen' und ähnlichen Stimmung machenden Formeln – findet er seine Befriedigung" (Friedrichsen 2004: 199, vgl. Paoli

2004, 304). Cohen zufolge löst Gewalt an Kindern, vor allem sexuelle Gewalt, eine geradezu panikartige Wahrnehmung von Verletzlichkeit (*panicky sense of vulnerability*) aus (Cohen 2003, XVI).

Eine ähnliche Tendenz lässt sich auch bei der zunehmenden Beachtung des weiblichen Opfers beobachten, allerdings bei wechselnden Befunden. Ende der 1970er Jahre ergibt eine Inhaltsanalyse der Chicago Tribune einen Wert von 37,3 Prozent weiblicher Kriminalitätsopfer und damit eine unterdurchschnittliche Repräsentanz (Graber 1980, 56). Eine Analyse deutscher Tageszeitungen kommt zu einem ähnlichen Wert: In Berichten im Jahr 1988 über Mord und Totschlag werden bei 34,2 Prozent weibliche Opfer genannt – und damit weniger als die Polizeiliche Kriminalstatistik mit 52,8 Prozent angibt (Derwein 1995, 130, Bundeskriminalamt 1989, 97).

Nach einer Analyse von deutschen Fernsehnachrichten Anfang der 1990er Jahre sind Gewaltopfer nur in 1,9 Prozent der Berichte überwiegend oder ausschließlich weiblich, in 72,4 Prozent sind sie überwiegend oder ausschließlich männlich (Groebel & Gleich 1993, 104). In einer elf Jahre später durchgeführten Analyse von Fernsehgewalt im weitesten Sinne ist der Anteil weiblicher Opfer mit 27,5 Prozent deutlich höher (Grimm, Kirste & Weiß 2005, 198).

Proctor, Badzinksi & Johnson (2002, 360) legen dar, dass über die Gewalt an weiblichen Opfern verstärkt berichtet wird. Reijnders (2005) hält das junge, weibliche Opfer für eine Stereotype, derer sich moderne Fernsehformate ähnlich wie Balladen des 19. Jahrhunderts bedienen. Die sexuelle Gewalt an Frauen ist in den 90er Jahren zunehmend zum Fernsehthema geworden (Custers & van den Bulck 2012, 2).

Eine Reihe von Untersuchungen widmet sich der Frage, ob ausländische Tatverdächtige in besonderer Weise stigmatisiert werden. Dies wird unterschiedlich beantwortet. Bohn, Hamburger und Rock kritisieren die deutsche Lokalberichterstattung, die Sinti und Roma fast nur dann in den Blick nimmt, wenn sie unter Tatverdacht stehen (Bohn, Hamburger & Rock 1995, 166-183, vgl. Jäger et al. 1998). Eine verzerrte Darstellung von Minderheiten stellen Dixon und Linz fest. Ihnen zufolge tauchen Schwarze und Lateinamerikaner in Fernsehnachrichten US-amerikanischer Sender vor allem als Tatverdächtige, seltener als Opfer auf (Dixon & Linz 2000, 547-573, vgl. Oliver 1994). Welch sieht eine klar tendenziöse Berichterstattung zulasten dunkelhäutiger Amerikaner: " In American society, a prevalent representation of crime is that it is overwhelmingly committed by young Black men." (Welch 2007, 276)

Einige Studien kommen zu gegenteiligen Befunden. Carter ermittelt in einer experimentellen Studie, dass Studierende, die einen Bericht über einen gewalttätigen Einbruch schreiben, in geringerem Maße von der Schuld eines Tatverdächtigen ausgehen, wenn sie ihn für dunkelhäutig halten, als wenn sie davon ausgehen, dass er weiß ist (Carter 1959). Nach Derwein wird in deutschen Tageszeitungen im Vergleich zur

Polizeistatistik eher unterproportional oft über ausländische Tatverdächtige berichtet
(Derwein 1995: 112). Saleth zieht bei ihrer Untersuchung der Lokalberichterstattung
einer süddeutschen Zeitung, des Schwäbischen Tagblatts, zwischen 1975 und 2000
das Fazit: „Eine deutlich negativ gefärbte Darstellung ausländischer Tatverdächtiger
konnte nicht festgestellt werden" (Saleth 2004: 145). Coleman (2011) kommt zu dem
Befund, dass Journalistikstudierende bei ihrer Berichterstattung keinen Unterschied
machen, wenn gleiche Fallbeispiele mit Betroffenen unterschiedlicher Hautfarbe präsentiert werden.

Die Bedeutung von Emotionen: Angst und Mitgefühl

Hoffmann entlehnt aus der Poetik von Aristoteles den Gedanken, die Berichterstattung über Kriminalität errege „wie die klassische Tragödie Furcht und Mitleid, sie
handelt vom Scheitern menschlicher Existenz, vom Archaischen der körperlichen
Gewalt, vom Leiden der Opfer, vom Einbruch des Irrationalen in die Alltagsratio-
nalität" (Hoffmann 1992, 58). Auch wenn vor allem Furcht als Begleitumstand und
Folge medialer Gewalt betrachtet wird, ist Empathie als emotionales Echo gleichsam
belegt, beispielsweise mit einer standardisierten Publikumsbefragung zur Rezep-
tion von Gewaltszenen des Fernsehens (Früh 2001, 145-147). Voß (2002) zufolge
ist bei besonders schockierenden Gewaltereignissen das Empfinden von Bedrohung
eng verknüpft mit Empfindungen wie Trauer und Mitgefühl. Medien-psychologische
Untersuchungen beschreiben Empathie als Voraussetzung von Furcht, aber auch als
eigenständige Folge. Darstellungen von Gefahr und Leid lösen, so vermutet Zillmann,
sowohl Furcht um sich selbst wie Empathie mit anderen aus (Zillmann 2004, 119).

Als emotionale Wirkung von Berichterstattung über Gewaltkriminalität wird vor allem Furcht beschrieben (Cantor 2003, 213). Cavender und Bond-Maupin (1993, 307)
halten Kriminalität für das ideale Thema, um die Angst großstädtischen Lebens und
das damit zusammenhängende Gefühl von Gefahr auszudrücken. Ruhrmann und andere rechnen Kriminalitätsthemen pauschal zu den „Angstthemen" (Ruhrmann 2005,
Maier, Ruhrmann & Klietsch 2006, 26, Ruhrmann & Göbbel 2007, 65, vgl. Früh
2001, 142f., Smaus 1978, 193).

Altheide betrachtet als wesentliche Funktion der Massenmedien, gleichsam in Fließ-
bandproduktion Furcht zu erregen (Altheide 2002, 23, vgl. Altheide et al. 2001, Bolz
2006).

Nach einer Inhaltsanalyse von Printtexten und Fernsehbeiträgen wurde das Wort
„fear" in Meldungen und Berichten der Los Angeles Times und in den Hauptnachrichten des US-Senders ABC am häufigsten im Kontext von Verbrechen verwendet
(Altheide 2002, 70). Kerbel referiert Debatten im US-amerikanischen Nachrichten-
journalismus, wonach vor allem Professionelle in TV-Lokalnachrichten es für am
günstigsten halten, mit der Berichterstattung über Gewaltkriminalität Furcht zu erregen und damit eine anhaltende Sehbeteiligung zu sichern. Furcht gilt als menschli-

che Primärreaktion, die im Extremfall die Zuschauenden so fesselt, dass sie das Programm nicht mehr wechseln können (Kerbel 2000, 106).

Wie die Medien das Bedürfnis nach harten Strafen steigern

Das mediale Dauerfeuer hat Folgen. Eine emotionalisierende Berichterstattung über Kriminalität, die vor allem das besonders schreckliche Verbrechen und das besonders mitleidserregende Opfer zeigt, löst Reaktionen aus. Der Zusammenhang von Medienkonsum und dem Bedürfnis nach härteren Strafen ist sowohl international als auch national Gegenstand der Forschung gewesen. Die Rede ist von Punitivität, also dem Drängen nach Vergeltung durch harte Strafen statt Versöhnung und Resozialisierung.

Morris (1997) belegt den Einfluss der Medienberichterstattung an einem anschaulichen Beispiel: Während zwischen 1991 und 1995 die Gewaltkriminalität in den USA nach der polizeilichen Kriminalstatistik abnahm, vervierfachten die Hauptnachrichten der drei US-weiten Fernsehsender ABC, CBS und NBC die Zahl ihrer Beiträge über entsprechende Verbrechen. In den Gallup-Umfragen stieg dann der Anteil derer, die Gewalt und Kriminalität als das drängendste gesellschaftliche Problem einstuften, von 9 auf 49 Prozent an (Morris 1997, 108). Analog werden in Deutschland Auswirkungen der Berichterstattung über Gewaltkriminalität auf eine strafverschärfende Kriminalpolitik diskutiert (Walter 1994, 1999, Windzio et al. 2007, 7-8, Pfeiffer et al. 2004, Rückert 2003, Leutheusser-Schnarrenberger 2000, 2012, Hestermann 2012).

Untersucht wurde in der Vergangenheit insbesondere der Einfluss des Fernsehens und hier der unterschiedlichen Sendungsformate. Als besonders wirkungsstark erweisen sich boulevardeske TV-Sendungen (Reuband 2010) oder Fernsehnachrichten (Chiricos et al. 1997, vgl. Eschholz et al. 2003). In Übereinstimmung mit früheren Studien bestätigt Sotirovic (2003) den starken Einfluss des Fernsehens auf punitive Haltungen wie die Unterstützung der Todesstrafe.

Konkret zeigen sich folgende Zusammenhänge: In der Studie von Roberts & Indermaur (2007), die sich auf Australien bezieht, sind Befragte, die kommerzielle TV-Sender als hauptsächliche Nachrichtenquelle nutzen, punitiver eingestellt. Dieser Befund konnte in einer weiteren australischen Studie bestätigt werden (Spiranovic et al. 2012). Aus Deutschland liegt eine Längsschnittstudie vor, die ebenfalls belegt, dass die Nutzung von Nachrichtensendungen privater TV-Sender punitive Einstellungen signifikant erhöht, wohingegen die Nutzung der Qualitätspresse zu einer geringeren Punitivität führt (Windzio et al. 2007). Dies gilt unter Kontrolle des Bildungsniveaus. Der gleiche Befund konnte in einer Querschnittsbefragung bestätigt werden (Baier et al. 2011), in der der Nachrichtenkonsum im Internet berücksichtigt wurde.

In Bezug auf den Zusammenhang von Medienkonsum und kriminalitätsbezogenen Variablen erweist sich wiederum der Grad der boulevardesken Ausrichtung des Sendungsformats als entscheidend. So überschätzen Personen, die Nachrichtensendungen

von privaten TV-Sendern nutzen bzw. Boulevardzeitungen lesen, die Kriminalitätsentwicklung stärker; die Nutzung von Qualitätsmedien geht hingegen mit einer geringeren Überschätzung einher (Pfeiffer et al. 2004, 2005, Windzio & Kleimann 2006,
Windzio et al. 2007).

Windzio und Kleimann (2006) untersuchen den mehrstufigen Zusammenhang von
Mediennutzung, Kriminalitätswahrnehmung und Strafbedürfnissen in einem Struk-
turgleichungsmodell; ihren Analysen liegt aber kein Längsschnitt, sondern nur ein
Querschnitt zugrunde. Es ergibt sich dabei sowohl ein indirekter Effekt der Nutzung
von Nachrichtensendungen privater TV-Sender über die wahrgenommene Kriminalitätsentwicklung auf Punitivität als auch ein direkter Effekt. Eine differenzierte
Betrachtung der Mediennutzungsmuster (Windzio et al. 2007) – ebenfalls mittels eines Strukturgleichungsmodells – zeigt, dass der Konsum von Qualitätsmedien in die
andere Richtung wirkt: Er reduziert punitive Einstellungen sowohl direkt als auch
indirekt über eine geringere Überschätzung der Kriminalitätsentwicklung.

Zu den Unterschieden, die sich evtl. zwischen verschiedenen Online-Medien zeigen,
liegen bislang kaum Inhaltsanalysen vor. Dies überrascht umso mehr, da sich mittlerweile sehr viele Menschen online informieren. Studien gehen davon aus, dass auch
der Online-Medienkonsum Einfluss auf die Punitivität hat. Inwieweit sich Formate
systematisch hinsichtlich ihrer Berichterstattung unterscheiden, ist kaum erforscht.
Salter (2013) konstatiert einen zunehmenden Einfluss der sozialen Medien auf die
Strafhärte.

Rosenberger & Callanan (2011) prognostizieren, dass die weiter wachsende Verknüp-
fung des Fernsehens mit Online-Foren schockierende Beschreibungen von Verbre-
chen begünstigen wird, was wiederum Auswirkungen auf die Punitivität haben kann.
Xie & Newhagen (2012) kommen zu dem Ergebnis, dass die mobile Information über
Kriminalfälle deutlich höhere sowohl kurzfristige wie längerfristige Effekte auf die
Kriminalitätsfurcht (und darüber evtl. auch auf die Punitivität) erzielt als die statio-
näre Mediennutzung. In all diesen Studien spielt die Unterscheidung verschiedener
Formate aber keine Rolle.

Die bisherigen inhaltsanalytischen Befunde zur Frage, wie der Unterschied, den der
Konsum von Qualitäts- und Boulevardmedien für die Punitivität macht, erklärt werden kann, deuten einerseits darauf hin, dass sich quantitative Diskrepanzen derart
ergeben, dass Boulevardmedien häufiger und in auffälligerer Weise über Kriminalität
berichten. Umso relevanter sind erste Befunde, die belegen, dass die inhaltliche Seite
der Berichterstattung zu beachten ist. Wie über Opfer und Täter berichtet wird, ob
Kommentierungen derart erfolgen, dass härtere Strafen gefordert werden usw. scheint
zwischen den verschiedenen Medien zu variieren. Studien, die sich dieser inhaltlichen
Seite widmen, sind bislang allerdings noch ausgesprochen selten.

Ist das Publikum Objekt medialer Einflüsse oder Subjekt in der Auswahl von Medieninhalten?

Gerbner und Gross waren zunächst von einseitigen Kausalzusammenhängen ausgegangen, wonach Menschen, die mehr als fünf Stunden täglich fernsehen, die Welt für besonders bedrohlich halten (Gerbner & Gross 1976). In späteren Aufsätzen kommt die Forschungsgruppe um Gerbner vielmehr zur Annahme von Wechselwirkungen zwischen Publikum und den Medienmachern: „Television neither simply ‚creates' or ‚reflects' images, opinions, and beliefs. Rather, it is an integral aspect of a dynamic process" (Gerbner et al. 1994, 23, vgl. Burkart 2004, 332, Baumann 1995, 35).

Dieses Modell hat sich in der neueren Medienforschung weitgehend durchgesetzt. Chiricos et al. (2000, 757) bspw. beschreiben Fernsehzuschauer als gleichermaßen beeinflussbar wie handelnd: „Consumers of TV programs are subjects as much as objects." Dieser Annahme folgt der dynamisch-transaktionale Ansatz nach Früh & Schönbach (1982) als Modell für die Entscheidungsfindung im Journalismus, vor allem für die Entscheidungen des Publikums (Früh & Schönbach 1982, 2005, Schönbach & Früh 1984). Wechselwirkungen zwischen Medien und Publikum nennen sie Inter-Transaktion.

„Kommunikator wie Rezipient setzen also einerseits im Prozess der Massenkommunikation Bedingungen und werden andererseits mit den Bedingungen des Gegenparts konfrontiert; beide sind somit passiv und aktiv zugleich." (Früh und Schönbach 1982, 79) Der dynamisch-transaktionale Ansatz knüpft an Forschungsansätze an, die auf Medienwirkungen gerichtet sind und damit die Frage, was die Medien mit den Menschen machen. Und er nimmt die Forschung nach Publikumsentscheidungen im Medienverhalten auf, die erkundet, was die Menschen mit den Medien machen (Früh & Schönbach 2005, 13, Burkart 2004, 239-248, Bonfadelli 2004, 184-187, Maletzke 1998, 69f.).

Früh und Schönbach betonen, dass es ihnen sowohl um den Blick auf das Publikum wie auf die Medienschaffenden geht. Weder kommunikatorzentriert wie der Wirkungsansatz, noch rezipientenzentriert wie der Nutzenansatz, sondern *prozessorientiert* verstehen sie ihr Modell (Früh & Schönbach 1982, 85). Danach bedeutet die gewachsene Publikumsorientierung im Journalismus keineswegs, dass journalistisches Verhalten nunmehr mechanisch aus den Bedürfnissen der Zuschauenden zu erklären ist und sich der früher kritisierte Selbstbezug der Medien völlig in einem Fremdbezug auflöst. Journalistisches Handeln ist eben nicht allein Auswirkung des Publikumswillens. „Ursache und Wirkung, abhängige und unabhängige Variable sind in einem oszillatorischen Wechselspiel aufs engste miteinander verwoben" (Früh & Schönbach 1982, 77f., vgl. Schulz 1997, 45f., Weischenberg & Scholl 1998, 121)

4. Empirische Befunde

Damit stellt sich die Frage über den berichteten Einzelfall hinaus – nach welchen Mustern berichten Medienschaffende über Gewaltkriminalität? Unterscheiden sich diese Muster je nach Sender und Sendung? Lange galt die Gewaltberichterstattung als Domäne der Fernsehsender, die sich als kommerzielle Unternehmen am Markt behaupten müssen. Ein ganz anderes Verständnis von journalistischer Qualität schienen in Deutschland die öffentlich-rechtlichen Fernsehsender zu haben, die sich vor allem über Rundfunkgebühren und kaum über Werbung finanzieren.

Richtig daran ist: Die Nachrichten im deutschen Privatfernsehen berichten nach unserer TV-Analyse von 2014 dreieinhalbmal so ausführlich über Gewaltkriminalität im Inland wie ihre öffentlich-rechtliche Konkurrenz. Ein völlig anderes Bild aber ergibt sich, wenn man die quotenstarken Boulevardmagazine betrachtet – kein Format enthält im Untersuchungszeitraum so viel Gewaltberichte wie die Magazine öffentlich-rechtlicher Sender, *Brisant* (ARD) und *hallo deutschland* (ZDF) (Abbildung 1).

Abbildung 1: Gewaltberichterstattung 2014 nach Sendern und Formaten

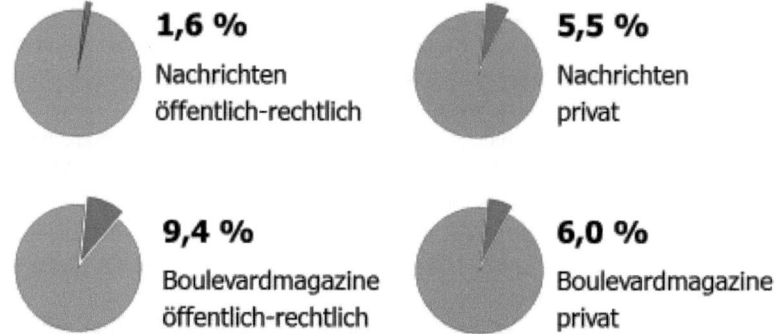

1,6 %
Nachrichten
öffentlich-rechtlich

5,5 %
Nachrichten
privat

9,4 %
Boulevardmagazine
öffentlich-rechtlich

6,0 %
Boulevardmagazine
privat

n = 313 Ausstrahlungen der Hauptabendnachrichten (ohne Wetter) und 101 Ausstrahlungen von Boulevardmagazinen der acht reichweitenstärksten Fernsehsender Deutschlands aus vier Kalenderwochen im März, April, Mai und Juni 2014, bei der Tagesschau über die kompletten Monate. Angegeben ist die anteilige Länge der Berichte über Gewaltkriminalität im Inland.
Quelle: TV-Programmanalyse Hestermann 2014, Hochschule Macromedia, Hamburg und Berlin

Dies ist eines der Ergebnisse der vom Verfasser geleiteten Fernsehforschung an der Hochschule Macromedia in Hamburg und Berlin, unterstützt vom Kriminologischen Forschungsinstitut Niedersachsen. Was versprechen sich Fernsehschaffende davon, über Gewalt zu berichten? Nach welchen Kriterien wählen sie Delikte und Personen aus? Garantieren sex and crime hohe Einschaltquoten? Um journalistische Mechanismen in der Fernsehberichterstattung über Gewaltkriminalität empirisch zu erklären, wurden Programmverantwortliche selbst gefragt. 33 Männer und Frauen aller Altersgruppen vom Reporter bis zur Redaktionsleiterin, die in öffentlich-rechtlichen und privaten Sendern tätig sind, geben unter dem Schutz der Anonymität Einblick in ihre Deutungs- und Handlungsmuster. Was sie in qualitativen Forschungsinterviews sagen, wird abgeglichen mit den Ergebnissen einer standardisierten Programmanalyse von 313 Nachrichtensendungen und 101 Ausstrahlungen von Boulevardmagazinen aus vier Programmwochen im März, April, Mai und Juni 2014, die 230 Beiträge über Gewaltkriminalität im Inland enthalten.

Die Verknüpfung dieser beiden Methoden zeigt erstaunliche Übereinstimmungen. Erstaunlich insofern, als die Medienwissenschaft skeptisch ist gegenüber journalistischen Selbstaussagen und vielfach davon ausgeht, dass Medienschaffende aus dem Bauch heraus agierten und ihr Handeln selbst kaum verstünden. Und wenn sie es ausnahmsweise doch könnten, würden sie ihre Einsichten verweigern (Kepplinger 2004, 90). Richtig daran ist, dass Journalistinnen und Journalisten regelgeleitet, aber oft nicht regelbewusst handeln. Daher lassen sich journalistische Handlungsmuster nur bedingt standardisiert abfragen. Wenn Medienschaffende sich aber in qualitativen Interviews in ihrer eigenen Sprache entfalten können, offenbaren sie Muster, die in hoher Präzision ihr Handeln widerspiegeln und sich mithilfe standardisierter Inhaltsanalysen nachweisen lassen.

Im Fokus: Mord, Totschlag und sexuelle Gewalt

In Anlehnung an die Nachrichtenwerttheorie lässt sich aus den Aussagen der befragten Fernsehprofis herausfiltern, dass eine Reihe von Nachrichtenfaktoren in der Gewaltberichterstattung bedeutsam ist – etwa die Folgenschwere einer Gewalttat. Das angenommene Publikumsinteresse an Gewaltkriminalität verknüpfen Medienschaffende eng mit drastischen Formen der Gewalt, vor allem dem Bruch des Tötungstabus. Die Redakteurin einer öffentlich-rechtlichen Nachrichtensendung ist überzeugt, „Mord ist einfach ein Thema für alle", erst recht aus verwerflichen Motiven wie sexueller Lust.

Tatsächlich sind 44 Prozent aller im Untersuchungszeitraum berichteten Gewalttaten vollendete Tötungsdelikte, die nicht einmal ein Zehntelprozent der polizeilich erfassten Gewaltkriminalität ausmachen. Über Sexualmorde wird, verglichen mit der Kriminalstatistik, fünfmal so umfangreich berichtet wie über sonstige tödliche Gewalt. So kommt es zu einer drastischen Verzerrung. Sexualmorde machen in der Gewaltberichterstattung einen mehr als 2700-mal so hohen Anteil aus wie an der polizeilichen Gewaltstatistik (Abbildung 2).

Abbildung 2: Dramatisierung der Gewalt

Delikt	PKS n	PKS %	TV n	TV %	Faktor
Sexualmorde	9	0,001	7	3,0	2.766
Tötungsdelikte ohne Sexualmorde	633	0,08	95	41,3	534
Versuchte Tötung	1.656	0,2	12	5,2	26
Sexualdelikte	46.962	5,7	44	19,1	3,3
Körperverletzungen ohne Raub	527.339	64,5	34	14,8	0,2
Sonstige Gewaltdelikte	241.265	29,5	38	16,5	0,6
Gesamt	817.884	100,0	230	100,0	

PKS n = 817.884 vollendete Gewaltdelikte im Jahr 2014 laut Polizeilicher Kriminalstatistik (BKA 2015).
TV n = 230 Fernsehbeiträge, die sich im Untersuchungszeitraum (vier Programmwochen März bis Juni 2014) auf einzelne Gewaltdelikte im Inland beziehen, nach TV-Programmanalyse Hestermann 2014, Hochschule Macromedia, Hamburg und Berlin

Vor allem die gefühlte Kriminalität bestimmt, wie berichtet wird. Nicht die Zahlen der Polizei oder der Kriminologie sind entscheidend, sondern die Zahlen der Sehbeteiligung. Darum ist die explosionshaft gestiegene Berichterstattung über Sexualmorde an Kindern (Schneider, Arnold & Greve 2005) durch die hohe Anteilnahme des Fernsehpublikums zu erklären, während diese extrem seltenen Delikte im Langzeitvergleich weiter zurückgegangen sind. „Ich bediene nur einen Markt", erklärt dazu ein Reporter – wer sich der medialen Aufregungsmaschinerie verweigere, weil er keine grundlosen Ängste schüren wolle, würde in den Redaktionen ausgelacht.

Gravierende Straftaten erreichen hohe Aufmerksamkeit, während die alltägliche Gewalt, die eine hohe Reichweite hat und damit als reales Geschehen und Risiko viele Menschen unmittelbar betrifft, medial kaum vorkommt. Auf den ersten Blick im Widerspruch dazu steht, dass Journalistinnen und Journalisten in einer Online-Befragung den Nachrichtenfaktor Reichweite als wichtigstes Kriterium ihrer Nachrichtenauswahl nannten (Ruhrmann und Göbbel 2007, 41-43). Doch offenbar ist Reichweite im Sinne von *gefühlter* Bedrohung bedeutsam. So diktiert das Ausmaß der (vermuteten) Ängste des Publikums die journalistischen Auswahl- und Thematisierungsstrategien.

„Eine Relevanz, eine Daseinsberechtigung hat eine Geschichte dann, wenn sie bei dir und mir spielen könnte", sagt ein Magazinredakteur des Privatfernsehens. Gefühlte Reichweite nimmt aus Sicht der Befragten zu, wenn das Abseitige auf der Folie des Vertrauten geschieht, wie der Reporter eines öffentlich-rechtlichen Senders offenbart: „Familiendramen sind spannend, weil man denkt, das könnte möglicherweise in meiner Familie passieren, möglicherweise bei meinem Nachbarn direkt um die Ecke."

Daraus folgt nicht nur, bestimmte Delikte bevorzugt zu zeigen, sondern das Alltägliche der Szenerie zu betonen – eine Strategie der Entgrenzung des Schreckens. So wird der Tatort zur Chiffre eines ganz normalen Heims, in dem dennoch Schreckliches geschieht. Die Ähnlichkeit der äußeren Umstände nährt die Angst, dass damit auch die Grenzen verwischen zwischen der sicheren Zone vor dem Fernseher und dem gefährlichen Ort, der im Fernsehen gezeigt wird. Diese Verbindung von Vertrautem und Beängstigendem, von Konsonanz und Überraschung, wird von den Befragten als „Gruseleffekt" oder „Spooky-Faktor" beschrieben.

Letztlich ist dann die Spannung zu entladen, wenn der Täter oder die Täterin aus dem Dunkel vertrieben und schließlich gefasst werden. Eine wesentliche Rolle spielt es, Polizei und Justiz als letztlich machtvoll gegenüber der Gewalt zu erleben. Hierbei verbindet sich das journalistische Interesse an einem guten Ende mit dem Drang nach polizeilicher Selbstdarstellung. „Das ist ein sehr bigottes System", kritisiert ein Magazinredakteur, wenn etwa die Polizei ganz bewusst einen festgenommenen Verdächtigen an den Journalisten vorbeiführe, „um denen den Abschuss zu ermöglichen, weil man Fahndungserfolge präsentieren will" (Hestermann 2010).

„Deutscher Täter, deutsches Opfer ist am besten"

Statistik ist kaum ein Maß journalistischer Auswahlentscheidung, betonen die Befragten. Selbst die in öffentlich-rechtlichen Nachrichtenredaktionen Tätigen sehen sich unter Druck, auch statistisch irrelevante Themen abzubilden, von denen sie annehmen, dass sie ein großes Publikum bewegen. Denn subjektive Reichweite ist aus journalistischer Sicht bedeutsam, um das Publikum zu erreichen und zu binden. Subjektive Reichweite wird dadurch gesteigert, dass Personen im Mittelpunkt des Interesses stehen, die von ihren äußeren Lebensumständen her der Zielgruppe entsprechen. Entsprechend wird ein geringes Interesse des Zielpublikums angenommen, wenn über Menschen fremder Kulturen berichtet wird. Ein Redakteur eines öffentlich-rechtlichen Fernsehmagazins bringt es auf die prägnante Formel: „Deutscher Täter, deutsches Opfer ist am besten." Dieser Annahme entspricht ein stark unterproportionaler Anteil explizit ausländischer Opfer an den untersuchten Fernsehbeiträgen.

Mit der Ausblendung von Ausländerinnen und Ausländern vor allem als Gewaltopfer ergibt sich ein diskriminierender Effekt: In der Berichterstattung treten Nichtdeutsche fast viermal so häufig als Tatverdächtige wie als Opfer von Gewalttaten in Erscheinung. Die Polizeistatistiken dagegen – soweit sie vergleichbar sind – weisen jeweils etwa gleich hohe Anteile auf.

Ein weiterer Nachrichtenfaktor von zentraler Bedeutung in der Gewaltberichterstattung ist die Polarität zwischen Verbrechensopfer und Täter, gelegentlich auch Täterin. Seit Mitte der 80er Jahre sind Verbrechensopfer in den Mittelpunkt des medialen Interesses gerückt, in den USA früher als in Deutschland (Baurmann 2004, Hestermann 1997). Opfer gelten als Schlüsselfiguren furchterregender Berichte über Gewalt, als symbolhaft für die Herausforderung kollektiver Identität (Katz 1987, 52, Garland 2002, 11).

Diese Tendenz lässt sich im modernen Fernsehjournalismus klar nachweisen. Das Opfer steht im Mittelpunkt der Gewaltberichterstattung – soweit es bestimmte Erwartungen erfüllt. Das aus journalistischer Sicht ideale Opfer ist kindlich, weiblich und deutsch. Und natürlich ist es unschuldig. Was einem solchen Opfer geschieht, so nehmen die Fernsehschaffenden an, geht dem Publikum nahe. Als entscheidend gilt, Emotionen bei den Zuschauenden zu wecken, vornehmlich das Mitgefühl mit dem idealisierten Opfer und die Furcht um sich selbst und nahestehende Menschen.

Gewalt an Kindern als Verkaufsware

„Wenn man das Thema Gewalt an Kindern als Ware, als Verkaufsware sieht, verkauft es sich sehr gut, da es immer einen gewissen Gesprächsstoff liefert, einen emotionalen Stoff und einfach Drama", sagt ein Redakteur. Eine Erfassung zahlreicher soziodemographischer Merkmale der im Fernsehen dargestellten Personen zeigt die Idealisierung des Opfers. Bei gleich viel polizeibekannten Gewaltdelikten wird über Kinder bis 13 Jahren siebenmal so oft berichtet wie über Gewaltopfer, die älter als 60 Jahre sind (Abbildung 3).

Abbildung 3: Kinder als Gewaltopfer werden stark beachtet, Ältere ausgeblendet

Opfer 0-13 Jahre   Opfer 60 und älter

Zahl der polizeibekannten Fälle: grau, Anteil an der Gewaltberichterstattung: schwarz
n = 272 Gewaltopfer aus 230 Fernsehbeiträgen, die sich im Untersuchungszeitraum (vier Programmwochen März bis Juni 2014) auf einzelne Gewaltdelikte im Inland beziehen.

Der Anteil von Kindern zwischen 0 und 13 Jahren an den Opfern der berichteten Delikte beträgt nach Polizeistatistiken 12,8 Prozent, an der Berichterstattung aber mehr als doppelt so viel, genau 26,8 Prozent. Der Anteil von Gewaltopfern über 60 Jahren beträgt nach den Statistiken 17,4 Prozent, im Fernsehen davon weniger als ein Drittel, genau 5,1 Prozent.

In den TV-Analysen für 2007 und 2012 war dieser Effekt mit einer stärkeren Fokussierung auf das kindliche Opfer und der weitergehenden Ausblendung Älterer noch ausgeprägter. Ob sich darin ein anhaltender Perspektivenwechsel abzeichnet, wird sich erst in einem längeren Forschungszeitraum klären lassen.

Ausnahmslos sprechen die Befragten, sofern sie allgemein über Opfer als Leitfiguren der Berichterstattung sprechen, von weiblichen Personen. „Schlimm ist, wenn das Opfer unsympathisch aussieht", sagt ein Reporter, „wenn jemand seine Frau umbringt, und die sieht aus wie ein Drachen." Oder es werden die traurigen Augen eines malträtierten Mädchens als zentrales Motiv beschrieben – in jedem Fall aber ist von Mädchen und Frauen die Rede.

Tatsächlich bestätigt die Inhaltsanalyse, dass auch dieses Muster messbar handlungsrelevant ist. Während der Polizeilichen Kriminalstatistik von 2014 zufolge (Bundeskriminalamt 2015) die Opfer der berichteten Gewaltdelikte mehrheitlich Männer sind (59,4 Prozent), ist im Fernsehen die Minderzahl der Gewaltopfer männlich (49,4 Prozent). Auch ist die Verzerrung gegenüber der Programmanalyse von 2012 zurückgegangen – ob sich darin ein anhaltender Trend zu einer stärker faktenorientierten Berichterstattung zeigt, wird sich erst im Langzeitvergleich ermitteln lassen.

Das idealisierte Opfer ist unschuldig an der Gewalttat – bei Kindern wird dies per se angenommen. Dagegen werden Fälle gemieden, die nicht eindeutig erscheinen. So werden Gewalttaten im Rotlichtmilieu kaum aufgegriffen, da bestenfalls eine ambivalente Haltung des Publikums zu den Gewaltopfern angenommen und eine Empathiebildung ausgeschlossen wird, wie ein Magazinredakteur des Privatfernsehens erläutert: „Was dann oft gesagt wird, wer hat schon Mitleid mit einer, die jeden Tag mit zwanzig Männern schläft" (Hestermann 2009).

Kein Mitleid mit dem Täter

Das Handeln der Programmmacher ist vorrangig auf die Opfer und ihr Umfeld gerichtet und zielt auf die Personalisierung deren Leids bzw. dessen Überwindung. Denn einen Menschen zu sehen, der seine Gefühle offenbart, bringt ihn dem Publikum näher, zeigen sich die befragten Journalistinnen und Journalisten überzeugt. Was für die Verbrechensopfer und die ihnen nahe stehenden Menschen als erwünscht gilt, entfaltet allerdings auch Wirkung, wenn Tatverdächtige Gestalt gewinnen. Eine Identifikation mit dem Täter soll aber nicht angeboten werden. Sie bleiben schemenhaft, Dämonen im Wortsinne – damit bestätigt sich die These von der Dämonisierung des Bösen (Pfeiffer 2004).

Eine Berichterstattung, die auf Empathie beispielsweise mit einem Täter setzt, der zuvor selber Gewaltopfer war, könnte das Publikum irritieren. Dass ein Beschuldigter selbst als Kind von seinen Eltern missbraucht wurde, das würde er niemals texten, sagt ein Fernsehredakteur. „Niemals! Das kracht ja nicht mehr. Wir würden ja dann Mitleid für den Täter erwägen." Ambivalenzen beeinträchtigen den Befragten zufolge die Wirkung der Berichterstattung und werden zugunsten einer vorrangigen Personalisierung der Opferseite gemieden. Die Befragten äußern die Befürchtung, sie könnten die Schuld des Täters schmälern, indem sie seine Beweggründe und sein Vorleben beleuchteten: Erklärung wird mit Entschuldigung gleichgesetzt. Damit scheitert das Angebot von Erklärungen nicht in erster Linie daran, dass sie nicht verfügbar sind, sondern dass sie gar nicht erst gesucht werden.

Zugleich erteilen die Befragten eine klare Absage an stark wertende Begriffe, wie sie gelegentlich in Boulevardzeitungen stehen, und wie sie einige Journalisten selber verwenden, wenn sie über Beschuldigte sprechen. „Das Fernsehen bemüht sich im Augenblick sehr, erwachsen zu werden, auch das Privatfernsehen. Und da gibt es schon das Bemühen um große politische Korrektheit", sagt ein Privat-TV-Macher. „Wir erstatten Bericht, aber wir sagen nicht ‚die Bestie', ‚die Sex-Bestie' und so weiter, ‚das Monster', ‚der Drecksack'."

Kinderschänder am Pranger

Viele Journalistinnen und Journalisten unterscheiden nicht feinsinnig zwischen Tatverdächtigen und Verurteilten. Vielfach kommen sie zu Schuldsprüchen lange vor den Gerichten und auch dann, wenn Tatverdächtige die Vorwürfe abstreiten. Wer sich an Kindern vergreift bzw. dessen verdächtigt wird, gilt als „Schwein" oder „echter Dreck". „Die Leute, die so was machen, sollen sich nie sicher sein", sagt ein Fernsehreporter, der mit einem Teenager als Lockvogel mutmaßliche Pädosexuelle vor die Kamera lockte. In solchen Fällen heißen einige der Befragten für gut, im Wortsinne anzuprangern – also Verdächtige zu bestrafen, indem sie bloßgestellt und öffentlichen Angriffen ausgesetzt werden. Die Phantasien reichen so weit, Beschuldigte in den Selbstmord zu treiben.

Ausgelebt werden diese Phantasien allerdings nur selten. Fernsehschaffende in Leitungsfunktion halten die Realisierung von Straflust für unakzeptabel. Offene Angriffe und eine sichtbare Bloßstellung gelten als Tabu. Wird journalistische Straflust sichtbar, tilgen dies Interviewte in Leitungsfunktion ihrem Bekunden nach aus dem Sendematerial. „Das nehmen wir alles raus", sagt ein Magazinredakteur, „weil wir da plötzlich in der Rolle eines Scharfrichters sind – und das wollen wir nicht sein." Und eine Redakteurin der öffentlich-rechtlichen Nachrichten ergänzt, dass eine persönliche Vorliebe oder Antipathie ein Grund sei, einen Beitrag gar nicht erst zu senden.

Die Furcht des Publikums vor dem Verbrechen ist von zentraler Bedeutung für die befragten Fernsehprofis, wenn sie über kriminelle Gewalt berichten. Dennoch – verstören wollen sie ihr Publikum nicht. Die Furcht bedarf ihrer Auflösung, um das Publikum nicht nachhaltig zu belasten und wieder Offenheit zu schaffen für neue Aufregung. Und auch das Mitleid des Fernsehpublikums mit leidenden Menschen gilt als endlich. „Wir müssen den Zuschauer am Ende versöhnlich hinauslassen", heißt es in einem der Forschungsinterviews, „damit er nicht die Lust am Leben verliert. Der muss morgen wieder einschalten."

Garantiert nun Gewalt hohe Einschaltquoten, wie gelegentlich vermutet wird? Nur bedingt, sagen Fernsehschaffende – eben nur dann, wenn sie zur Emotionalisierung tauge. Dafür müsse man die Gewalt „homöopathisch dosieren", meinen Verantwortliche des Privatfernsehens, „wie Chili". In den Redaktionen der öffentlich-rechtlichen Nachrichten überwiegt die Auffassung, dass ihr Publikum Zurückhaltung erwarte, daher halten sie den Anteil der Gewaltberichte besonders niedrig.

Lediglich bei den öffentlich-rechtlichen Boulevardmagazinen wird Gewalt hoch dosiert. Denn das Publikum dieser Magazine, im Schnitt in den Mittsechzigern, scheint vermehrt zur Kriminalitätsfurcht zu neigen und die zahllosen Berichte aus der grausigen Welt da draußen zu goutieren. „Die Menschen, die vor irgendetwas Angst haben", sagt ein Magazinredakteur des öffentlich-rechtlichen Fernsehens, „lassen sich natürlich gerne von so etwas inspirieren".

5. Fazit

Die Gerichtsreporterin des deutschen Nachrichtenmagazins *Der Spiegel*, Gisela Friedrichsen (2012), kritisiert eine zunehmende Emotionalisierung in der Darstellung von Verbrechen, die vor allem um die Opfer kreise. Sie würden von sogenannten Opferanwälten vermarktet und als Ikonen der Verletzung missbraucht, um Stimmung gegen die Angeschuldigten zu schüren. Bereits vor dem Gerichtsverfahren tobe die Schlacht um die öffentliche und veröffentlichte Meinung. Doch die Medien dürften nicht der Versuchung erliegen, sich als Pranger zu gerieren.

Diese Frage nuanciert der langjährige Fernsehmoderator Ulrich Meyer anders: „Polarisierung heißt für uns heute: Menschen, denen das Leben Gewalt angetan hat, wollen sich im Fernsehen als Opfer, zumindest aber als Betroffene, wieder finden, und sie wollen sehen: Wer trägt hier Verantwortung? Wer ist eigentlich der Mistkerl, der dahinter steckt, wer ist der Täter? Wenn ein Fernsehbeitrag dieser Art für Zuschauer funktionieren soll, dann brauchen wir einen Verantwortlichen, einen Täter" (Meyer 2012, 62f).

Für die frühere deutsche Justizministerin Sabine Leutheusser-Schnarrenberger (2012, 8) ist die Funktionalisierung der Medien als Pranger unvereinbar mit der journalistischen Verantwortung für das öffentliche Diskursgefüge. Die Macht der Medien, die sich aus dem Grundrecht auf Pressefreiheit speise, sei kein Selbstzweck. „Durch die Art und Weise, wie über Straftaten berichtet wird, wird die dargestellte Wirklichkeit mitgestaltet. Die Medien tragen Verantwortung." Aber wie werden die Medienschaffenden dieser Verantwortung gerecht? Und, angesichts einer wachsenden Macht des

Publikums, das sich über digitale Kanäle immer stärker selbst mitteilt, ist zu fragen: Wie wird das Publikum seiner Verantwortung gerecht?

Gewaltkriminalität wird im Fernsehen nach Regeln konstruiert, die sich aus Deutungs- und Handlungsmustern der Medienschaffenden und insbesondere deren Annahmen über ihr Publikum erklären lassen. Damit bestätigt sich der Befund der Forschungsgruppe um Gerbner, dass die Welt des Fernsehens mit dem Ziel erschaffen wird, das Publikum zu gewinnen (Gerbner, Gross, Signorielli und Morgan 1980: 707). Überraschend ist, dass diese These, die sich auf die fiktionale Darstellung von Gewalt im Fernsehen bezieht, auch für die Berichterstattung gilt. Offenbar werden Berichte über Kriminalität nach ähnlichen Mustern wie Kriminaldramen inszeniert.

Soll die Berichterstattung über Gewaltkriminalität das Symptomatische zeigen und damit gleichsam die Fieberkurve einer Gesellschaft abbilden? Will sie die – mutmaßlichen – Klischees des Publikums immer wieder neu reproduzieren, auch wenn sich diese verselbstständigen? Die eigentliche schöpferische Leistung des Journalismus liegt aber darin, zu vermitteln, was aus journalistischer Sicht die Menschen etwas angeht, auch wenn es sie nicht von vornherein interessiert. Es geht darum, das Wichtige interessant zu machen, wie es der frühere Präsident von CNN International Networks, Chris Cramer, fordert (Scheithauer 2001).

Der Journalismus erstellt Inhalte, die ihr Publikum finden sollen. Ein Fernsehprogramm, das aus hohem Anspruch heraus die Bedürfnisse der Zuschauenden missachtet, kann keine Wirkung entfalten. Dennoch ist zu fragen, wie es um die Informationsleistung des Fernsehens steht, wenn die Berichterstattung auf starke Emotionen setzt und mit der Idealisierung des Opfers eine Eindeutigkeit konstruiert, die lebensfremd ist. Gewaltkriminalität ist nicht zu verstehen, ohne Ambivalenzen menschlicher Beziehungen zu erfassen. Sie ist nicht darzustellen ohne Zwischentöne, nicht zu erklären ohne Widersprüche. Daher bedarf es einer neuen Debatte über professionelle Verantwortung und Qualität im Journalismus – auch und erst recht mit dem Blick auf das Publikum.

Zugleich geht es um die persönliche Verantwortung gegenüber den Menschen, mit denen Fernsehschaffende zu tun haben. Für die Opfer von Gewalt sind Verbrechen in ihrem Schmerz und ihrem Verlust real. Als Objekte medialer Verarbeitung werden sie zum Teil eines Schauspiels. Es ist zynisch, wenn Journalisten von der Gewalt an Kindern als Verkaufsware sprechen. Medienschaffende dürfen nicht aus dem Blick verlieren, dass sie über Menschen berichten. Sie haben Leidende davor zu bewahren, ein zweites Mal traumatisiert zu werden.

Journalisten müssen sich auch darüber klar sein, dass sie eine Gesellschaft verändern, wenn sie unreflektiert Ängste schüren. Angst ist kein guter Berater – weder im persönlichen Alltag noch in der politischen Wirklichkeit. Eine Gesellschaft, die sich von Ängsten statt von Rationalität treiben lässt, neigt zu mehr Strenge und zu härteren

Strafen und wird damit keineswegs sicherer.

Journalistische Verantwortung erstreckt sich überdies auf jene, die unter Verdacht geraten, möglicherweise zu Unrecht. Mit großem Zorn sprechen einige der Befragten von Tatverdächtigen als verabscheuungswürdig. Statt auf langwierige Gerichtsverfahren stützen sie ihre Urteile auf den Augenschein. So nachvollziehbar ihre Wut gelegentlich sein mag, bedarf es der Reflexion der eigenen Emotionen, um verantwortlich zu handeln. Schließlich wird im tagesaktuellen Journalismus kaum über gerichtsfeste Beweise, sondern in aller Regel über einen Verdacht gesprochen – ein Verdacht, der sich auch als Irrtum erweisen kann.

Im journalistischen Alltag ist für Gefühle und Belastungen kaum Platz. Anders als im Polizeidienst ist Supervision in den Redaktionen ein Fremdwort. So ist es kaum möglich, die Emotionen des Augenblicks oder gar professionellen Zynismus zu reflektieren. Auch die Journalistik hat Gewalt mit Blick auf die, die ihr begegnen und sie medial verarbeiten, bislang kaum zum Thema gemacht. Dabei könnte die Forschung ihren Beitrag zu einer fundierten Auseinandersetzung über Qualität und Verantwortung leisten.

Für die vorliegende Untersuchung haben Journalistinnen und Journalisten quer durch die bundesdeutsche Fernsehlandschaft Einblick in die mediale Geisterbahn gegeben, und sie haben sich als überaus gesprächsbereit gezeigt, ihre Entscheidungs- und Handlungsmuster offenzulegen – und als offen dafür, diese Muster auch selbstkritisch zu beleuchten.

Der Autor

Prof. Dr. Thomas Hestermann forschte am Kriminologischen Forschungsinstitut Niedersachsen zur Gewaltberichterstattung des Fernsehens und promovierte dazu am Institut für Journalistik und Kommunikationsforschung in Hannover. Er ist Professor für Journalistik an der Hochschule Macromedia in Hamburg und Berlin und arbeitet als Fernsehredakteur.

Der Verfasser bedankt sich für die engagierte Mitarbeit bei der Dateneingabe und Datenverarbeitung bei Kristina Appel, Katharina Börries, Anna-Louisa Heymann, Nina Pressentin, Carla Reveland, Jan Werum, Diana Fast, Annabell Behrmann, Nils Coordes, Jan Göbel, Felix Jesse, Mattis Oberbach, Josef Opfermann, Paul Paschen, Jan-Steffen Peters, Michael Runge, Thassilo von Bierbrauer zu Brennstein, Irena Vukovic, Hubertus Schwarz, Laura Alsleben, Ortwin Bader-Iskraut, Maxi Beigang, Stefan Bröhl, Marc Burgemeister, Philipp Büttner, Eugen Damm, Marc Franke, Tobias Grimm, Tobias Gürtler, Katharina Kunisch, Julia Lohmann Garcia, Sarah-Charline Meiners, Carim Soliman und Lea-Katharina Wieser von der Hochschule Macromedia in Hamburg und Berlin sowie an Eberhard Mecklenburg vom Kriminologischen Forschungsinstitut Niedersachsen, Hannover.

Literatur

Albrecht, H.-J. (2004). Öffentliche Meinung, Kriminalpolitik und Kriminaljustiz. In: Walter, M,. Kania, H. & Albrecht H.-J. (Hrsg.), Alltagsvorstellungen von Kriminalität – Individuelle und gesellschaftliche Bedeutung von Kriminalitätsbildern für die Lebensgestaltung, 491–520. Münster: LIT.

Altheide, D. L. (2002). Creating Fear: News and the Construction of Crisis. New York: Walter de Gruyter.

Baier, D., Kemme, S., Hanslmaier, M., Doering, B., Rehbein, F., & Pfeiffer, C. (2011). Kriminalitätsfurcht, Strafbedürfnisse und wahrgenommene Kriminalitätsentwicklung. Ergebnisse von bevölkerungsrepräsentativen Befragungen aus den Jahren 2004 , 2006 und 2010 KFN-Forschungsbericht 117). Hannover: Kriminologisches Forschungsinstitut Niedersachsen.

Baumann, U. (1995). Das Bild des Opfers in der Kriminalitätsdarstellung der Medien. Ergebnisse einer Untersuchung. Mainzer Schriften zur Situation von Kriminalitätsopfern, Band 13. Mainz: Weißer Ring.

Baurmann, M. C. (2004): Monster und Supermänner? Mythen und Realitäten über Tatverdächtige, Straftäter und die polizeiliche Ermittlungsarbeit. In: Walter, M., Kania, H. & Albrecht, H.-J.(Hrsg.): Alltagsvorstellungen von Kriminalität. Individuelle und gesell¬schaftliche Bedeutung von Kriminalitätsbildern für die Lebensgestaltung (Kölner Schriften zur Kriminologie und Kriminalpolitik, Band 5). Münster: Lit, 435-455.

Bohn, Irina, Franz Hamburger und Kerstin Rock (1995): Polizei und Presse. Eine Untersuchung zum „staatlich genährten" Rassismus am Beispiel der Berichterstattung über Sinti und Roma, Jahrbuch für Antisemitismusforschung (4), 166-183.

Bonfadelli, H. (2004). Medienwirkungsforschung I. Grundlagen und theoretische Perspektiven. 3., überarbeitete Auflage. Konstanz: UVK.

Bourdieu, P. (1998). Über das Fernsehen. Frankfurt am Main: Suhrkamp.

Buckler, K., & Travis, T. (2005). Assessing the newsworthiness of homicide events: An analysis of coverage in the Houston Chronicle. Journal of Criminal Justice and Popular Culture, 12(1), 1-25.

Bundesministerium des Innern (Hrsg.) (1996): Medien und Gewalt. Bonn: Selbstverlag.

Bundesministerium des Innern und Bundesministerium der Justiz (Hrsg.) (2006): Zweiter Periodischer Sicherheitsbericht. Online: www.bka.de/lageberichte/ps/psb2_langfassung.pdf.

Buckler, K., & Travis, T. (2005). Assessing the newsworthiness of homicide events: An analysis of coverage in the Houston Chronicle. Journal of Criminal Justice and Popular Culture, 12(1), 1-25.

Bundeskriminalamt (1989): Polizeiliche Kriminalstatistik (PKS) 1988. Wiesbaden: Bundeskriminalamt.

Burkart, R. (2004). Kommunikationswissenschaft. Grundlagen und Problemfelder. Umrisse einer interdisziplinären Sozialwissenschaft (4., überarb. u. akt. Aufl.). Wien, Köln und Weimar: Böhlau.

Carter, R.E. (1959). Racial Identification Effects Upon the News Story Writer. Journalism Quarterly, 36 (3), 284-290.

Cavender, G., & Fishman, M. (Hrsg.) (1998): Entertaining Crime. Television Reality Programs. New York: Aldine du Gruyter.

Chermak, S. (1995). Victims in the news: Crime and the American news media. Boulder, CO: Westview Press.

Chiricos, T., Eschholz, S. & Gertz M. (1997). Crime, News and Fear of Crime: Toward an Identification of Audience Effects. Social Problems, 44 (3), 342-357.

Chiricos, T., Padgett, K., & Gertz, M. (2000). Fear, TV news, and the reality of crime. Criminology, 38 (3), 755-785.

Cohen, S. (2003). Folk Devils and Moral Panics. 3. Aufl., London: Taylor and Francis.

Coleman, R. (2011). Color Blind: Race and the Ethical Reasoning of Blacks on Journalism Dilemmas. Journalism & Mass Communication Quarterly, 2(88), 337-351

Custers, K. & Van den Bulck, J. (2012). The Cultivation of Fear of Sexual Violence in Women: Processes and Moderators of the Relationship Between Television and Fear. Communication Research XX(X), 1–29.

Derwein, C. (1995). Wie wird Kriminalität in der Presse dargestellt, ist die Darstellung wirklichkeitsfremd und gibt es Entsprechungen im Vorstellungsbild der Bevölkerung? Dissertation an der Universität Frankfurt am Main. Frankfurt a. Main: Selbstverlag.

Eschholz, S., Chiricos, T., & Gertz, M. (2003). Television and Fear of Crime: Program Types, Audience Traits, and the Mediating Effect of Perceived Neighborhood Racial Composition. Social Problems, 50 (3), 395-415.

Fenton, F. (1910). The Influence of Newspaper Presentations Upon the Growth of Crime and Other Anti-Social Activity. The American Journal of Sociology, 16 (3), 342-371.

Fishman, M. (1978). Crime Waves as Ideology. Social Problems, 25 (5), 531-543.

Fishman, M. (1980). Manufacturing the news. Austin (USA): University of Texas Press.

Friedrichsen, G. (2002).Mord und Medien. In: Egg, R. (Hrsg.): Tötungsdelikte - mediale Wahrnehmung, kriminologische Erkenntnisse, juristische Aufarbeitung. Kriminologie und Praxis (Schriftenreihe der Kriminologischen Zentralstelle (Band 36). Wiesbaden: Kriminologische Zentralstelle, 21-30.

Friedrichsen, G. (2004). „Unheilige Allianzen" und die Macht der Bilder: Einige Bemerkungen zur zunehmenden Emotionalisierung der Kriminalberichterstattung. In M. Walter, H. Kania & H.-J. Albrecht (Hrsg.), Alltagsvorstellungen von Kriminalität. Individuelle und gesellschaftliche Bedeutung von Kriminalitätsbildern für die Lebensgestaltung (Kölner Schriften zur Kriminologie und Kriminalpolitik, Band 5, S. 199-207). Münster: Lit.

Friedrichsen, G. (2012). Wie die Medien Emotionen schüren: Kriminalität als Nervenkitzel, in: Hestermann, T. (Hrsg.): Von Lichtgestalten und Dunkelmännern. Wie die Medien über Gewalt berichten. Wiesbaden: Springer VS, 43-57.

Früh, W. & Schönbach, K. (1982). Der dynamisch-transaktionale Ansatz. Ein neues Paradigma der Medienwirkungen. Publizistik, 27 (1), 74-88.

Früh, W. (2001). Gewaltpotentiale des Fernsehangebots. Programmangebot und zielgruppenspezifische Interpretation. Wiesbaden: Westdeutscher Verlag.

Früh, W. & Schönbach, K. (2005). Der dynamisch-transaktionale Ansatz III: Eine Zwischenbilanz. Publizistik, 50 (1), 4-20.

Garland, D. (2002). The Culture of Control: Crime and Social Order in Contemporary Society. Oxford: Oxford University Press.

Garofalo, J. (1981). Crime and the Mass Media: A Selective Review of Research. Journal of Research in Crime and Delinquency, 18 (2), 319-348.

Gerbner, G. & Gross, L. (1976). Living With Television. The Violence Profile. Journal of Communication, 26 (2), 173-199.

Gerbner, G., Gross, L., Morgan, M. & Signorielli, N. (1994). Growing up with Television: The Cultivation Perspective. In Bryant, J. & Zillmann, D. (Hrsg.): Media Effects. Advances in Theory and Research (S.). Hillsdale, New Jersey, Hove, United Kingdom: Lawrence Erlbaum Associates, Publishers, 17-41.

Graber, D.A. (1980). Crime News and the Public. New York: Praeger.

Grimm, P., Kirste, K. & Weiß, J. (2005). Gewalt zwischen Fakten und Fiktionen. Eine Untersuchung von Gewaltdarstellungen im Fernsehen unter besonderer Berücksichtigung ihres Realitäts- bzw. Fiktionalitätsgrades. Berlin: Vistas.

Groebel, J. & Gleich, U. (1993). Gewaltprofil des deutschen Fernsehprogramms: eine Analyse des Angebots privater und öffentlich-rechtlicher Sender. Opladen: Leske und Budrich.

Gross, K. (2006): Covering Crime in Washington, D.C.: Examining the Nature of Local Television News Coverage of Crime and its Effect on Emotional Response, Forschungspapier R-28. Cambridge, USA: Joan Shorenstein Center, John. F. Kennedy School of Government, Harvard University.

Gruenewald, J., Pizarro, J., & Chermak, S. (2009). Race, Gender, and the Newsworthiness of Homicide Incidents. Journal of Criminal Justice, 37, 262-272.

Hestermann, T. (2009). Das ideale Opfer: jung, weiblich, deutsch. Wie das Fernsehen Gewaltkriminalität darstellt und warum es kaum über Menschenhandel berichtet. Politische Studien, 60 (427), 47-53.

Hestermann, T. (2010). Fernsehgewalt und die Einschaltquote. Welches Publikums-
bild Fernsehschaffende leitet, wenn sie über Gewaltkriminalität berichten.
Baden-Baden: Nomos.

Hestermann, T. (2012) (Hrsg.). Von Lichtgestalten und Dunkelmännern. Wie die
Medien über Gewalt berichten. Wiesbaden: Springer VS.

Hestermann, T. (2014a). Dämonisierung in der Berichterstattung über Gewaltverbrechen: Die Gespenster sind unter uns, in: Baier, Dirk & Mößle, Thomas
(Hrsg.): Kriminologie ist Gesellschaftswissenschaft. Festschrift für Christian
Pfeiffer zum 70. Geburtstag. Aus der Reihe: Interdisziplinäre Beiträge zur
kriminologischen Forschung, Bd. 43. Baden-Baden: Nomos, 261-277.

Hestermann, T. (2014b). „Bei Ergreifung sofort hinrichten". Fernsehberichterstattung über Gewalt und ihre Folgen, in: tv diskurs, 18. Jg. (70), 78-83.

Hestermann, T. (2015a). Schockstarre: Wenn sich Opfer als Freiwild der Medien
fühlen, in: tv diskurs, 19. Jg. (73), 52-55.

Hestermann, T. (2015b). Kühl wie ein Skalpell. In der Fernsehberichterstattung über
Gewalt steht die Justiz abseits, in: Betrifft Justiz, 31. Jg. (121), 4-10.

Hestermann, T. (in Druck). "Violence against children sells very well". Reporting
crime in the media and attitudes towards punishment. In: Kury, H., Redo, S.,
Shea, E. (Hrsg.), Women and children as victims and offenders: Backgrounds,
prevention, reintegration. Heidelberg: Springer International Publishing.

Höbermann, F. (1989). Der Gerichtsbericht in der Lokalzeitung: Theorie und Praxis.
Baden-Baden: Nomos.

Hoffmann, A.v. (1992). Attraktion ohne Recherche. Die Kriminalität als Stoff der
Medien. Medium, 22 (2), 58-61.

Jäger, S., Ruth, I. Jäger, M. & Cleve, G. (1998). Von deutschen Einzeltätern und
ausländischen Banden: eine Diskursanalyse. Jungle World, 2 (46).

Karl, C. (2006): Kriminalitätsberichterstattung im Fernsehen: Eine vergleichende
empirische Untersuchung zu den Entscheidungsprozessen und zur Vorgehensweise von Journalisten bei der Kriminalitätsberichterstattung anhand
zweier ausgewählter TV-Regionalmagazine in den USA und in Deutschland.
Magdeburg: Hochschule Magdeburg-Stendal (FH).

Katz, J. (1987). What Makes Crime News? Media, Culture and Society, 9 (1), 47-75.

Kepplinger, H.M. (2004). Problemdimensionen des Journalismus. Wechselwirkung
von Theorie und Empirie. In: Martin Löffelholz (Hrsg.): Theorien des Journalismus: Ein diskursives Handbuch. 2. Aufl., Wiesbaden: VS, 87-106.

Kerbel, M.R. (2000). If it bleeds, it leads. An anatomy of television news. Boulder,
Colorado (USA): Westview Press.

Krüger, U. M. (2008). InfoMonitor 2007: Unterschiedliche Nachrichtenkonzepte
bei ARD, ZDF, RTL und SAT.1. media perspektiven, 53. Jg. (2), S. 58-83.

Krüger, U. M., & Zapf-Schramm, T. (2012). InfoMonitor 2005 bis 2011:
Fernsehnachrichten bei ARD, ZDF, RTL und Sat.1. Media Perspektiven,
10/2012, 520–542.

Lesche, D. (2001). Fröhlicher Kannibalismus. TV-News in der Krise? message, 3 (2), 43-47.

Leutheusser-Schnarrenberger, S. (2000). Medien als Kriminalpolitiker? In Bundesministerium der Justiz (Hrsg.): Kriminalität in den Medien. Forum-Verlag Godesberg, 182-188.

Leutheusser-Schnarrenberger, S. (2012). Die Macht der Medien ist kein Selbstzweck. In Hestermann, Thomas (Hrsg.), Von Lichtgestalten und Dunkelmännern: wie die Medien über Gewalt berichten. Wiesbaden: Springer VS, 7-10.

Ludwig, H.-W. & Pruys, G. M. (1998). Gewaltdarstellungen im Fernsehen. Die öffentliche Debatte und die Produktion. In: Walter Klingler (Hrsg.): Fernsehforschung in Deutschland: Themen – Akteure – Methoden (Südwestfunk Schriftenreihe 1, Teilband 2). Baden-Baden: Nomos, 579-596.

Maletzke, G. (1998). Kommunikationswissenschaft im Überblick. Grundlagen, Probleme, Perspektiven. Opladen: Westdeutscher Verlag.

Mayr, G. (2006). Zwischen Emotionen und Rationalität. Im Strafrecht will die Große Koalition lediglich ergänzen und nachbessern. Hintergrund Politik. [Radio] Deutschlandradio Kultur-Sendung, 14. November 2006. Sendemanuskript. Berlin: Deutschlandradio Kultur.

McManus, J. H. (1994). Market-driven journalism: let the citizen beware? Thousand Oaks, California: Sage.

Meyer, U. (2012).: Das Privatfernsehen als Opfer-TV, in: Hestermann, T. (Hrsg.): Von Lichtgestalten und Dunkelmännern. Wie die Medien über Gewalt berichten. Wiesbaden: Springer VS, 50-64.

Morris, N. (1997). Crime, the Media and our Public Discourse. In J. Q. Wilson et al. (Hrsg.): Perspectives on Crime and Justice. 1996-1997 Lecture Series (S. 99-121). Washington: National Institute of Justice.

Muckenhaupt, M. (1998). Boulevardisierung in der TV-Nachrichtenberichterstattung. In Werner Holly und Bernd Ulrich Biere (Hrsg.): Medien im Wandel, Opladen: Westdeutscher Verlag, 113-134.

Paoli, L. (2004). Verbrechensfurcht und organisierte Kriminalität: „Die Russen-Mafia". In: Walter, M,. Kania, H. & Albrecht H.-J. (Hrsg.), Alltagsvorstellungen von Kriminalität – Individuelle und gesellschaftliche Bedeutung von Kriminalitätsbildern für die Lebensgestaltung. Münster: Lit, 287-310.

Patterson, T. E. (2000). Doing well and doing good. How Soft News and Critical Journalism Are Shrinking the News Audience and Weakening Democracy – And What News Outlets Can Do About It. Joan Cambridge, Massachusetts:Shorenstein Center on the Press, Politics and Public Policy, John F. Kennedy School of Government, Harvard University.

Peelo, M., Francis, B., Soothill, K., Pearson, J., & Ackerly, E. (2004). Newspaper Reporting and the Public Construction of Homicide. British Journal of Criminology, 44, 256-275.

Pfeiffer, C. (2004). Dämonisierung des Bösen. Frankfurter Allgemeine Zeitung, 56 (55), 9.

Pfeiffer, C., Windzio, M., & Kleimann, M. (2004). Die Medien, das Böse und wir. Zu den Auswirkungen der Mediennutzung auf Kriminalitätswahrnehmung, Strafbedürfnisse und Kriminalpolitik. Monatsschrift für Kriminologie und Strafrechtsreform, 6, 415–435.

Pfeiffer, C., Windzio, M., & Kleimann, M. (2005). Media Use and its Impacts on Crime Perception, Sentencing Attitudes and Crime Policy. European Journal of Criminology, 2(3), 259–285.

Proctor, J. L., Badzinski, D. M. & Johnson, M. (2002). The Impact of Media on Knowledge and Perceptions of Megan's Law. Criminal Justice Policy Review, 13 (4), 356-379.

Reijnders, S. (2005). The people's Detective: True Crime in Dutch Folklore and Popular Television. Media, Culture & Society, 27 (5), 635-651.

Reuband, K.-H. (2007). Steigende Kriminalitätsbedrohung, Medienberichterstattung und Kriminalitätsfurcht der Bürger. In H. Hess, H., Ostermeier, L. & Paul, B. (Hrsg.) Kontrollkulturen. Texte zur Kriminalpolitik im Anschluss an David Garland (S. 71–86). Weinheim: Juventa.

Reuband, K.-H. (2010). Subjektives Kriminalitätserleben im Kontext gesellschaftlicher Transformation. Kriminalitätsfurcht der Ostdeutschen im kollektiven Verlauf und individueller Erinnerung, in Groenemeyer, A. (Hrsg.), Wege der Sicherheitsgesellschaft. gesellschaftliche Transformationen der Konstruktion und Regulierung innerer Unsicherheiten (S.). Wiesbaden: VS, 112-162.

Roberts, L. D., & Indermaur, D. (2007). Predicting Punitive Attitudes in Australia. Psychiatry, Psychology and Law, 14(1), 56–65.

Roithmeier, K. (1994). Der Polizeireporter. Ein Leitfaden für die journalistische Ausbildung. Konstanz: UVK.

Rosenberger, J. S. & Callanan, V. J. (2011). The Influence of Media on Penal Attitudes. Criminal Justice Review 36 (4), S. 435-455

Rückert, S. (2003). Kriminalität, Medien und Kriminalpolitik. In E. Minthe (Hrsg.), Neues in der Kriminalpolitik. Kriminologie und Praxis (Schriftenreihe der Kriminologischen Zentralstelle, Band 42, S. 39-47). Wiesbaden: Kriminologische Zentralstelle.

Ruhrmann, G. & Göbbel, R. (2007). Veränderung der Nachrichtenfaktoren und Auswirkungen auf die journalistische Praxis in Deutschland. Online: www.netzwerkrecherche.de/docs/ruhrmann-goebbel-veraenderung-der-nachrichtenfaktoren.pdf.

Saleth, S. (2004). Jugendkriminalität im Spiegel der Lokalpresse: Eine Gegenüberstellung der Berichterstattung des Schwäbischen Tagblatts und der Statistik der Jugendgerichtshilfe Tübingen im Zeitraum von 1975- 2000. Tübingen: Eberhard Karls-Universität Tübingen.

Salter, M. (2013). Justice and Revenge in Online Counter-Publics: Emerging Responses to Sexual Violence in the Age of Social Media. Crime, Media, Culture, 9 (3), 225-242.

Schneider, B., Arnold, A.-K. & Greve, W. (2005). Exponentieller Anstieg. Neue Studie zur Berichterstattung über Sexualmorde an Kindern: mehr Beiträge, weniger Emotionen. Message, 7 (1), 97.

Schönbach, K. & Früh, W. (1984). Der dynamisch-transaktionale Ansatz II: Konsequenzen. Rundfunk und Fernsehen, 32 (3), 314-329.

Schulenburg, C. (2007). Dying to Entertain. Violence on Prime Time Broadcast TV: 1998 to 2006. Los Angeles, California: Parents Television Council.

Schulz, W. (1989). Massenmedien und Realität. Die „ptolemäische" und die „kopernikanische" Auffassung. In: Kaase, M. & Schulz, W. (Hrsg.): Massenkommunikation. Theorien, Methoden, Befunde. Sonderheft der Kölner Zeitschrift für Soziologie und Sozialpsychologie, 135-149.

Schulz, W. (1997). Politische Kommunikation. Theoretische Ansätze und Ergebnisse empirischer Forschung zur Rolle der Massenmedien in der Politik. Opladen: Westdeutscher Verlag.

Smaus, G. (1978). Funktion der Berichterstattung über Kriminalität in den Massenmedien. Kriminologisches Journal, 10 (3), 187-201.

Sotirovic M. (2003). How Individuals Explain Social Problems: The Influences of Media Use. Journal of Communication 53, 122–137.

Spiranovic, C. A., Roberts, L. D., & Indermaur, D. (2012). What Predicts Punitiveness? An Examination of Predictors of Punitive Attitudes towards Offenders in Australia. Psychiatry, Psychology and Law, 19(2), 249–261.

Steffens, L. (1931). The Autobiography of Lincoln Steffens. New York: Harcourt, Brace.

Stieler, K. (1969). Zeitungs Lust und Nutz. Vollständiger Neudruck der Originalausgabe von 1695, hrsg. von Gert Hagelweide. Bremen: Schünemann.

Swanson, C. E. (1955). What They Read in 130 Daily Newspapers. Journalism Quarterly, 32 (4), 411-421.

Tekolf, O. (2005). Schillers Pitaval. Merkwürdige Rechtsfälle als ein Beitrag zur Geschichte der Menschheit, verfasst, bearbeitet und herausgegeben von Friedrich von Schiller 1792, kommentiert von Oliver Tekolf. Frankfurt am Main: Eichborn.

Vasterman, P. (2005). Media-Hype: Self-Reinforcing News Waves, Journalistic Standards and the Construction of Social Problems. European Journal of Communication, 20 (4), 508-530.

Walter, M. (1994): Gedanken zur Bedeutung von Kriminalität in den Medien. In P.-A. Albrecht (Hrsg.), Festschrift für Horst Schüler-Springorum zum 65. Geburtstag (S.123-136). Köln, Berlin, Bonn, München: Heymann.

Walter, M. (1999): Von der Kriminalität in den Medien zu einer bedrohlichen Medienkriminalität und Medienkriminologie? DVJJ-Journal 10 (4), 348-354.

Weischenberg, S. & Scholl, A. (1998). Journalismus in der Gesellschaft: Theorie, Methodologie und Empirie. Opladen: Westdeutscher Verlag.

Welch, Kelly (2007): Black Criminal Stereotypes and Racial Profiling. Journal of Contemporary Criminal Justice, 23 (3), 276-288.

Windzio, M., & Kleimann, M. (2006). Die kriminelle Gesellschaft als mediale Konstruktion? Mediennutzung, Kriminalitätswahrnehmung und Einstellung zum Strafen. Soziale Welt, 57 (2), 193–215.

Windzio, M., Simonson, J., Pfeiffer, C., & Kleimann, M. (2007). Kriminalitätswahrnehmung und Punitivität in der Bevölkerung - Welche Rolle spielen die Massenmedien? Ergebnisse der Befragungen zu Kriminalitätswahrnehmung und Strafeinstellungen 2004 und 2006.KFN-Forschungsbericht Nr. 103. Hannover: Kriminologisches Forschungsinstitut Niedersachsen.

Winterhoff-Spurk, P. (1994). Gewalt in Fernsehnachrichten. In M. Jäckel und P. Winterhoff-Spurk (Hrsg.): Politik und Medien. Analysen zur Entwicklung der politischen Kommunikation (S. 55-70). Berlin: Vistas.

Xie, W. & Newhagen, J. E. (2012). The Effects of Communication Interface Proximity on User Anxiety for Crime Alerts Received on Desktop, Laptop, and Hand-Held Devices. Communication Research XX(X), 1-29.

Zenz, G. (1978). Einleitung zur deutschen Ausgabe. In: Helfer, R.E. & Kempe, C. H.: Das geschlagene Kind. Frankfurt am Main: Suhrkamp Taschenbuch, 17-34.

Viktoria Jerke, Julia Christiani

Kriminalprävention braucht Öffentlichkeit

Wie man medial erfolgreich über Kriminalität aufklären kann

Kriminalprävention kann sich positiv auf die Sicherheit des Einzelnen auswirken und damit auch einen wesentlichen Beitrag zur Lebensqualität leisten. Dazu müssen jedoch die kriminalpräventiven Inhalte entsprechend spannend vermittelt werden – an die Medienvertreter und über diese an die Bürgerinnen und Bürger. Dafür braucht es konsequente Presse- und Öffentlichkeitsarbeit, fachkundige Mitarbeiter und für jede Zielgruppe passende Instrumente der Informationsvermittlung.

Die Organisation der Polizeilichen Kriminalprävention in Deutschland bietet auch für eine erfolgreiche Presse- und Öffentlichkeitsarbeit gute Rahmenbedingungen. Denn das Programm Polizeiliche Kriminalprävention der Länder und des Bundes (ProPK) klärt seit mehr als 40 Jahren die Bevölkerung, Multiplikatoren, Medien und andere Präventionsträger über Erscheinungsformen der Kriminalität und Möglichkeiten zu deren Verhinderung auf. Dies tut das ProPK durch kriminalpräventive Presse- und Öffentlichkeitsarbeit und durch die Entwicklung und Herausgabe von Medien, Maßnahmen und Konzepten, welche die örtlichen Polizeidienststellen in ihrer Präventionsarbeit unterstützen. Dazu gehört sowohl die Öffentlichkeitsarbeit nach außen wie nach innen. Tatsache ist, dass gut über Prävention informierte Polizeibeamte die beste „Werbung" für die Vorbeugungsarbeit der Polizei machen können. Diese Außenwerbung richtet sich an unterschiedliche Zielgruppen: Bürger, Multiplikatoren, Verantwortliche in den Kommunen, Kooperationspartner und natürlich insbesondere an die Pressevertreter.

Erfolgreiche PR in Sachen Kriminalprävention

Somit wird deutlich, dass es eine Hauptaufgabe der Polizeilichen Kriminalprävention der Länder und des Bundes ist, die Bevölkerung, aber auch die Medien über Kriminalität und vor allem über Schutzmöglichkeiten aufzuklären. Auskunft darüber, welche kriminalpräventiven Themen Medien und Leserschaft interessieren, gibt die jährliche Presseresonanzanalyse des ProPK, die mediale Beiträge mit Bezug zur Polizeilichen Kriminalprävention der Länder und des Bundes[1] auswertet. Bereits seit 2004 werden jährlich Artikel- und Auflagenzahlen, Themenschwerpunkte oder die Medienarten erfasst und analysiert, 2014 konnte die Bilanz eines Jahrzehnts gezogen werden. Das Ergebnis: Kriminalprävention ist immer eine Schlagzeile wert.

---

[1] In die Presseresonanzanalyse fließen Print- und Online-Beiträge ein, in denen als Quelle das Programm Polizeiliche Kriminalprävention der Länder und des Bundes (ProPK), ein ProPK- Medium, eine Aktion oder eine Internetseite des ProPK angegeben sind. Diese Auswertung ist nicht abschließend. Andere Artikel mit kriminalpräventiven Themen werden nicht erfasst.

Die Zahl der Artikel ist jährlich kontinuierlich gestiegen von 1.348 Beiträgen im Jahr 2004 auf 10.098 Artikel im Jahr 2014 – ein deutliches Zeichen für die gestiegene mediale Präsenz und damit den Erfolg der Öffentlichkeitsarbeit rund um die Themen der Kriminalprävention. Grund für die enorme Steigerung ist neben der Professionalisierung der Pressearbeit auch das wachsende Interesse der Medien auf regionaler und lokaler Ebene an Themen wie Einbruchschutz, Taschendiebstahl oder Betrug. Seit 2010 werden neben Artikeln in gedruckten Medien auch Beiträge auf Internetseiten ausgewertet. Dies ist zum einen ein Indiz für die Veränderung in der Medienlandschaft, zum anderen ein Zeichen dafür, dass Präventionsbotschaften über viele Kanäle an die Bevölkerung vermittelt werden.

Es lassen sich noch weitere Gründe für den wachsenden medialen Erfolg feststellen, die im Folgenden näher beleuchtet werden. Die Presseresonanz des ProPK zeigt nur einen Ausschnitt der täglichen Öffentlichkeitsarbeit der Polizei im Bereich Kriminalprävention und ist doch deutliches Signal dafür, dass dieser Einsatz lohnenswert ist.

Die Grundaufgaben der Presse- und Öffentlichkeitsarbeit lassen sich im kriminalpräventiven Zusammenhang auf die folgenden Punkte zusammenfassen:

- Aufmerksam machen auf Themen, Projekte, Aktionen
- Wahrnehmung der Themen, Projekte, Aktionen im Gegensatz zu anderen erhöhen
- Bekanntheit der Themen bei der Zielgruppe steigern
- Orientierung über Ziele, Nutzen, Vorteile geben

- Einstellungen – und im optimalen Fall auch das Verhalten – in positiver Weise verändern
- Unterstützung für die Idee der Prävention gewinnen
- Bindung zur Zielgruppe und zu den Medien dauerhaft gestalten

Zusammengefasst steigert Öffentlichkeitsarbeit den Bekanntheitsgrad, vermittelt Empfehlungen und Handlungssicherheit und verbessert das Image der handelnden Institution. Ohne Öffentlichkeitsarbeit wird Prävention nicht gesehen, Zielgruppen nicht über Schutzempfehlungen aufgeklärt und wichtige Kampagnen nicht wahrgenommen. Im Ergebnis sichert Öffentlichkeitsarbeit also den Erfolg der Vorbeugungsarbeit. Dies gilt nicht nur für die Kriminalprävention, sondern lässt sich grundsätzlich auf jeden Bereich übertragen, da die Informationsvermittlung oftmals gleichen Regeln unterliegt.

Instrumente erfolgreicher Pressearbeit

Medien und Presseorgane sind wichtige Informationsempfänger und Transporteure an andere Zielgruppen. Um ihren Job, also ihre Leser ausführlich über kriminalpräventive Themen informieren zu können, brauchen sie ihrerseits gut aufbereitete Inhalte. Geeignete Instrumente helfen dabei. Dazu gehören: Pressemitteilungen, Newsletter, Aktionen (z.B. Veranstaltungen), Pressekonferenzen, Hintergrundgespräche, Internetseiten, Interviews, interne Mailings und natürlich alle Social Media- Aktivitäten.

Diese Instrumente sind entscheidend, um das Ziel jeglicher präventiven Öffentlichkeitsarbeit zu erreichen, also Straftaten zu vermeiden, indem über Kriminalität aufgeklärt wird. Diese Aufklärung funktioniert aber nur, wenn potenzielle Opfer wissen, wie sie sich vor Straftaten schützen können. Im Alltag des Einzelnen jedoch spielt Kriminalität eine eher untergeordnete Rolle: Dies ist gut so, denn das persönliche Sicherheitsgefühl ist ein entscheidender Faktor für Lebensqualität. Doch auch das Wissen um Schutzmöglichkeiten hat einen positiven Einfluss auf das Sicherheitsempfinden von Bürgerinnen und Bürgern. In der kriminalpräventiven Öffentlichkeitsarbeit lassen sich demnach entscheidende Faktoren jeglicher vorbeugenden Bemühung vereinen: Aufklärung über Kriminalität, Vermittlung von Schutzempfehlungen und Information über polizeiliche Maßnahmen. Sie vermittelt Sicherheit, vorausgesetzt die Inhalte kommen bei den Zielgruppen an. Demnach transportiert PR notwendige Informationen an die Medien, damit diese die Inhalte weiter an die Zielgruppen vermitteln können.

Dafür brauchen die Medienvertreter gut aufbereitete und hochwertigen Inhalte und nicht nur die Thematisierung des Außergewöhnlichen. Genauso wichtig ist es, die Berichterstattung an Kriterien wie „persönliche Betroffenheit" und „klar nachvollziehbarer Nutzen für den Rezipienten" auszurichten. Dieser Nutzen wird selten so deutlich wie beim Thema Kriminalprävention. Prävention zu kommunizieren bedeutet, der Bevölkerung Informationen zu vermitteln, die als praktischer und emotionaler Gewinn verspürt werden. Denn Nutzwertbeiträge wie beispielsweise der Bericht über die seit Wochen im Stadtgebiet tätigen Trickbetrüger mit den dazugehörigen Präventionstipps geben Orientierung, Hintergrundinfos und praktische Hinweise. Die Medienvertreter selbst sind diesen „Nutzwertthemen" gegenüber in der Regel aufgeschlossen, stoßen sie doch bei ihren Lesern auf großes Interesse. Das ProPK bietet daher Journalisten ein umfangreiches Informations- und Serviceangebot: Neben regelmäßig erscheinenden Pressemitteilungen und einem alle zwei Monate erscheinenden Journalisten-Newsletter ist im Internetportal der Polizeilichen Kriminalprävention ein Pressebereich eingerichtet. Unter www. polizei-beratung.de/presse finden Journalisten Hintergrundinformationen zu aktuellen Themen und Entwicklungen in einzelnen Deliktsbereichen, kostenloses Bildmaterial sowie Anzeigenvorlagen. Darüber hinaus sind die aktuellen Zahlen der bundesweiten Polizeilichen Kriminalstatistik zu Themen der Prävention als Infografiken anschaulich aufbereitet und stehen ebenfalls kostenlos zur Verfügung.

Als polizeiliche Kriminalprävention in den Medien kontinuierlich und steigend präsent zu sein, ist das Ergebnis einer jahrzehntelangen Entwicklung. Vor rund zehn Jahren bemerkten die Fachleute der Polizei immer wieder, dass sie mit ihren Präventionsthemen im Medienalltag oft nicht so wahrgenommen wurden, wie es wünschenswert gewesen wäre. Dies lag hauptsächlich an der Tatsache, dass Präventionsthemen oftmals nicht unter den Maßstäben der journalistischen Interessenskategorien an die Öffentlichkeit gebracht wurden. Denn auf den ersten Blick sind kriminalpräventive Themen wie Taschendiebstahl oder Einbruchschutz keine sonderlich spannenden Inhalte und bis auf wenige Ausnahmen weder aktuell noch aufregend. Und so stellten sich zwei Fragen: Was interessiert Journalisten an Präventionsthemen wirklich? Und: Wie können wir diese Erkenntnisse in unserer Alltagsarbeit fruchtbar machen? Aus diesen Fragestellungen heraus entstanden im Jahr 2005 die so genannten „Wiesbadener Empfehlungen" zur Optimierung der Presse- und Öffentlichkeitsarbeit des ProPK.

Wiesbadener Empfehlungen zur kriminalpräventiven Öffentlichkeitsarbeit, entwickelt 2005
- Aktualität der Inhalte verdeutlichen
- Exklusivität der Information aufzeigen
- Störung des Alltäglichen durch besondere Themen
- Superlative verwenden
- Nutzwert der Inhalte herausstellen
- Geografische Nähe zum Leser herstellen[2]
- Persönliche Betroffenheit erzeugen

---

[2]   Den – zwischenzeitlich multimedial aufgestellten – Tagezeitungen kommt in diesem Zusammenhang eine herausragende Rolle zu.

- Emotionen beim Leser wecken
- Interesse des Lesers an anderen Menschen beachten
- Unterhaltungswert von Informationen beachten

Die „Wiesbadener Empfehlungen" machen deutlich: Die richtige Kommunikation mit den Bürgern wird zum entscheidenden Faktor des Präventionserfolgs – und nimmt eine besondere Rolle bei der vorbeugenden Verbrechensbekämpfung ein. Entscheidend ist, Sicherheitsinformationen und Präventionstipps so aufzubereiten, dass sie der Bevölkerung konkrete Ratschläge und damit Nutzwert vermitteln. Doch dazu müssen zunächst die Medienvertreter durch eine professionelle und präventionsorientierte Pressearbeit gewonnen werden, denn sie sind als entscheidende Vermittler dieser Botschaften unverzichtbar. Erreicht wird dies, indem die vor Ort für PR zuständigen Polizeibeamten die Wiesbadener Empfehlungen konsequent umsetzen und passende Instrumente für ihre Zielgruppen bereithalten.

Erfolgreiche mediale Berichterstattung ist nicht nur Ergebnis spannender Präventionsthemen zum richtigen Zeitpunkt. Gerade auf regionaler und lokaler Ebene ist es ein kompetenter Austausch zwischen Polizei und Presse. Dafür müssen die polizeilichen Kräfte vor Ort auch in Bezug auf Präventionsthemen auskunftsfähig sein. Deswegen ist eine weitere Aufgabe des ProPK, die Kolleginnen und Kollegen vor Ort in diesen Bemühungen zu unterstützen. Das tut das ProPK mit Präventionsmedien wie Broschüren, die sich an die Bevölkerung oder an Multiplikatoren wie Lehrer und andere Fachkräfte richten, aber vor allem durch Informationen für eine professionelle Medien- und Pressearbeit. Dazu wurden in der Vergangenheit viele Informationsmedien geschaffen, die für einen Wissenstransfer in die Präventionsbasis sorgen. Über einen regelmäßig erscheinenden Newsletter werden Polizeibeschäftigte bundesweit über neue Themen und Produkte des ProPK informiert. Sonder-Ausgaben geben vertiefenden Einblick in aktuelle kriminalpräventive Schwerpunktthemen. Für den Bereich Cybercrime wurde aufgrund der komplexen Inhalte der IT-Newsletter für Polizeibeamte geschaffen.

Die entscheidende Unterstützungsleistung sind jedoch strategisch geplante, aber auch anlassabhängige Pressemitteilungen, die allen Polizeien bundesweit für ihre Öffentlichkeitsarbeit zu kriminalpräventiven Themen zur Verfügung gestellt werden. Diese Aussendungen werden in der Zentralen Geschäftsstelle erstellt, mit Zahlen, Daten, Fakten und Verweisen angereichert und dienen den Presseverantwortlichen innerhalb der Polizei vor Ort als Grundlage für ihre eigene Öffentlichkeitsarbeit. So werden kriminalpräventive Inhalte nicht nur effektiv bis auf regionale Ebene transportiert, sondern stammen sozusagen aus einem Guss. Damit helfen diese Instrumente dabei, bundesweit standardisiert vorzugehen und die örtliche Polizei auch in Bezug auf neue oder schwer zu vermittelnde Inhalte sprachfähig zu machen – die beste Grundlage, um als kompetenter Ansprechpartner vor Medienvertretern auftreten zu können. Doch in der Presse- und Öffentlichkeitsarbeit gibt es verschiedene Wege, die zum Erfolg führen können. Anhand der folgenden Beispiele werden diese demonstriert.

Beispiel: K-EINBRUCH oder Prävention durch Schneeballsystem

Einbruchschutz ist eines der „klassischen" Themen der polizeilichen Kriminalprävention – viele Bürgerinnen und Bürger waren entweder selber schon einmal Opfer eines Einbruchs oder kennen jemanden, bei dem eingebrochen wurde. Dennoch stellt die Polizei immer wieder fest, dass viele den Einbruchschutz vernachlässigen, weil sie schlicht das Risiko für einen Einbruch unterschätzen. Ziel der im Jahr 2012 ins Leben gerufenen Einbruchschutzkampagne „K-Einbruch" ist daher, möglichst die breite Bevölkerung zu erreichen und sie für eine eigenverantwortliche Einbruchsvorsorge zu sensibilisieren, um damit letztendlich einen Rückgang der Einbruchkriminalität zu bewirken. Dieser Ansatz basiert auf der wissenschaftlich und kriminalstatistisch belegten Annahme, dass Sicherungstechnik wirkt, um Einbruchsdiebstähle zu verhindern. Für die Umsetzung hat sich die Polizeiliche Kriminalprävention für eine bundesweite Öffentlichkeitskampagne mit großer Reichweite entschieden, die von vielen Partnern aus der Wirtschaft mitgetragen wird – und erhofft sich dadurch nicht zuletzt eine große mediale Aufmerksamkeit. Dass dieses Konzept seit dem Start der Kampagne aufgegangen ist, belegt die große Anzahl an Medienbeiträgen, die seither erschienen sind. Hauptelemente der Kampagne sind der Internetauftritt

www.k-einbruch.de mit produktneutralen Informationen der Polizei zum Einbruchschutz sowie der „Tag des Einbruchschutzes", der jährlich im Herbst von den Partnern veranstaltet wird. Als Schirmherr konnte der damalige Bundesinnenminister Dr. Hans-Peter Friedrich gewonnen werden, der bei einer Pressekonferenz am 22. Oktober 2012 in Berlin, wenige Tage vor dem ersten Tag des Einbruchschutzes, den offiziellen Startschuss für die Kampagne gab. Die Schirmherrschaft hat inzwischen der amtierende Bundesinnenminister Dr. Thomas de Maizière übernommen. Mediale Aufmerksamkeit wurde nicht nur durch den prominenten Schirmherrn erreicht, sondern auch durch die Botschafterin von „K-Einbruch", Kristina Vogel. Die Olympiasiegerin im Teamsprint Bahnradfahren und Polizistin bei der Bundespolizei transportiert die Inhalte der Initiative durch ihre Authentizität als Goldmedaillengewinnerin bei der Olympiade 2012 in London, aber eben auch als „Polizeibeamtin".

Um bei der Zielgruppe einen Wiedererkennungseffekt zu erreichen, wurde für die Initiative ein Logo entwickelt, das allen Kooperationspartnern zur Verfügung gestellt wird und das individuell, z.B. auf Broschüren und Plakaten oder auch auf Webseiten, eingesetzt werden kann. Auf den Tag des Einbruchschutzes machen die Partner zudem mit Großflächenplakaten sowie in verschiedenen Medien mit einen so genannten „Störer", einem auffälligen grafischen Element, aufmerksam. Zur Bewerbung der Kampagne wurden außerdem Plakate, Postkarten, Aufkleber, Fülleranzeigen und Linkbanner produziert, die ebenfalls alle Partner nutzen können.

Die Erfahrung der Polizeilichen Kriminalprävention zeigt, dass Präventionsarbeit häufig das abgestimmte Zusammenwirken von Partnern mit denselben Zielen ist. So konnten für die Kampagne eine Vielzahl von Teilnehmern gewonnen werden. Dadurch greift sozusagen ein „Schneeballsystem", um die Kampagneninhalte bei der Bevölkerung bekannt zu machen. Teil der Konzeption ist deshalb auch eine Umsetzungsempfehlung der Initiative mit Beispielen für lokale und regionale Aktivitäten am Tag des Einbruchschutzes, denn dieser lebt insbesondere von den Ideen und Aktionen der Polizei und ihrer Partner vor Ort.

Beispiel: „Aktion-tu-was" zur Förderung der Zivilcourage

Helfen, ohne sich selbst in Gefahr zu bringen - dieser und andere Tipps der bundesweiten polizeilichen Zivilcourage-Kampagne „Aktion-tu-was" werden seit dem Start der Kampagne 2001 über Pressemitteilungen, Newsletter, Plakate, Flyer oder Internetinhalte vermittelt. Gerade auf lokaler Ebene finden Aktionen, Verleihungen von Zivilcourage-Preisen und Initiativen Beachtung bei den örtlichen Presseorganen. Überregional erscheinende Zeitungen, Zeitschriften oder darüber hinaus auch Fernsehsender und Rundfunkanstalten werden aber erfahrungsgemäß erst im medialen „Ernstfall" auf dieses Thema der Polizeilichen Kriminalprävention aufmerksam - wie im Jahr 2014 mit dem Fall Tuğçe A.

Tuğçes Geschichte bewegte die ganze Bundesrepublik: Die 23-jährige Studentin wurde durch ihren Zivilcourage-Einsatz vom Opfer zur Heldin. Sie beschützte zwei Mädchen auf einer Schnellrestaurant-Toilette vor aufdringlichen Jungs, wurde anschließend selbst von einem der mutmaßlichen Täter attackiert - und tödlich verletzt. Ein Beispiel, das Zivilcourage in die Mitte der Gesellschaft rückt und zugleich das Extreme widerspiegelt. Denn Tuğçe als handelnde Person steht für gelebte Zivilcourage, der „Fall Tuğçe A.", seine Umstände und insbesondere sein tödlicher Ausgang für das am schlimmsten anzunehmende Negativbeispiel eines Einsatzes für andere. Gerade diese Ambivalenz von vermeintlich richtiger oder falscher Zivilcourage brachte die Medien dazu, eine Einschätzung des Falls aus Sicht der Polizeilichen Kriminalprävention zu fordern.

Hat Tuğçe womöglich falsch reagiert? Hätte sie überhaupt anders reagieren können? Und wenn ja, wie geht richtige Zivilcourage? Diese und andere Fragen der Medienvertreter mussten kompetent und rücksichtsvoll beantwortet werden. Die Forderung, eine Einschätzung in richtiges oder falsches Verhalten im Ernstfall vorzunehmen, wurde seitens des ProPK angesichts der Umstände abgelehnt. Vielmehr gehörte es zur Strategie, die positiven Seiten der Zivilcourage hervorzuheben. Denn Extremfälle wie der um Tuğçe A., Domminik Brunner oder Jonny K. zeigen nur einen kleinen Ausschnitt des Einsatzes für andere Menschen in Notsituationen. Die vielen, beinah tagtäglichen positiven Fälle von Zivilcourage bleiben meistens unsichtbar. Es gibt keine Statistik, in der sie geführt werden. Diese Botschaft hat das ProPK neben den wichtigen Tipps der Aktion-tu-was in den zahlreichen Zeitungs- und Onlineartikeln, Radiosendungen und Fernsehbeiträgen verbreitet. Der besonnene Ton bei der Beantwortung der Medienanfragen wurde aufgegriffen - für das ProPK ein Zeichen dafür, dass sich eine angepasste Presse- und Öffentlichkeitsarbeit seitens der Polizei positiv auf die Berichterstattung auswirken kann. Durch konsequente und strategisch ausgerichtete Pressearbeit gewinnen kriminalpräventive Botschaften auch in schwierigen Fällen an Bedeutung und können so einer größeren Zielgruppe näher gebracht werden. Demnach schwanken auch die Veröffentlichungszahlen von Jahr zu Jahr relativ stark. Eine Besonderheit ist, dass das ProPK zu diesem Thema eher wenig Öffentlichkeitsarbeit betreiben muss, denn es ist auch der lokalen Presse immer einen Präventionsbeitrag wert, nicht zuletzt bedingt durch die große Zahl an Zivilcourage-Preisen, die bis auf kommunaler Ebene in jedem Jahr verliehen werden, um diese Idee und ein solches Engagement zu fördern. In der Regel fließen diese Artikel aber nicht in die bundesweite Resonanz ein, weil nur eine begrenzte Anzahl an Medien ausgewertet wird.

Konzept für Ihre Presse- und Öffentlichkeitsarbeit

Auch in der PR geht es selten ohne ein Konzept. Dieses sollte schon in der Planungsphase einer Initiative oder Aktion mitgedacht werden – und vor allem im Laufe der Entstehung konkrete Formen annehmen. Folgende Punkte können Bestandteil des Konzeptes sein:

1. Ziele definieren: Jedes Projekt, jede Kampagne oder Initiative hat andere Ziele und Zielgruppen. Um diese zu erreichen, müssen auch für die Öffentlichkeitsarbeit Ziele gesteckt werden. Diese können beispielsweise sein: Bürgernähe aufbauen, Medien der Kriminalprävention bekannt machen, über Kriminalität aufklären oder den Schutz vor Kriminalität ermöglichen.

2. Vorgehen bestimmen: Wer soll wann informiert werden (z.B. die Fachpresse über eine Pressemitteilung zum Zeitpunkt einer Messeeröffnung)? Dabei ist es hilfreich, vorab einen Sprachgebrauch festzulegen, der sich konsequent durch alle Informationen zieht.

3. Informationswege festlegen: Dabei sollte geklärt werden, welche Instrumente sich für die Informationsvermittlung im jeweiligen Fall eignen. Soll beispielsweise die Bevölkerung direkt über einen eigenen Newsletter aufgeklärt werden oder ist es ratsam, zunächst die Präventionsstellen über interne Wege von einem neuen Projekt oder einer Initiative zu unterrichten?

4. Aufbau von Pressekontakten: Feste Ansprechpartner für den Fall der Fälle sind meistens Gold wert. Doch Beziehungen zu Medienvertretern lassen sich selten schnell aufbauen. Sie brauchen Zeit und Geduld. Wer sich beispielsweise als Interviewpartner anbietet und stets für Anfragen zur Verfügung steht, kann sich als Experte positionieren – die beste Voraussetzung für eine vertrauensvolle Zusammenarbeit mit Medienvertretern.

Der Weg zu einer guten Öffentlichkeitsarbeit führt nicht zuletzt auch über dafür verant-wortliche und möglichst ausgebildete Mitarbeiter. Diese sollten in der Lage sein und auch in die Lage versetzt werden, ein Konzept für jegliche Bemühungen erstellen zu können. Denn gute Öffentlichkeitsarbeit orientiert sich am Interesse der Bevölkerung und an aktuellen Themen. Deswegen ist es zudem entscheidend, dass Nachrichten von allen verstanden werden, nicht nur von Fachleuten. Ein allgemeingültiges Vorgehen, das in jeder Situation zu einer guten Resonanz seitens der gewünschten Zielgruppen führt, gibt es nicht. Individuelle Lösungen und Flexibilität sind eher gefragt. Doch es gibt einige Regeln, die PR bestimmen und den Weg zum Erfolg erleichtern können.

10 Regeln für eine erfolgreiche Presse- und Öffentlichkeitsarbeit

1. Bedeutung der Öffentlichkeitsarbeit erkennen

2. Planung

3. Flexibilität

4. Gegenseitigkeit von Presse und Institution

5. Offenheit gegenüber Themen und Anfragen seitens der Presse

6. Regelmäßigkeit

7. Verständliche Informationen

8. Nutzen für die Allgemeinheit erklären

9. Auskunftsfähig bleiben

10. Öffentlichkeitsarbeit ist ein Prozess. Dieser erfordert stetige Bemühungen und Zeitaufwand.

Fazit

Presse- und Öffentlichkeitsarbeit ist Arbeit – und in vielen Fällen nicht zu knapp. Doch nicht immer sind Anstrengungen von Erfolg gekrönt, nicht alle Konzepte lassen sich auf alles anwenden und je nach Medienlage kann ein brennendes Thema durch ein anderes abgelöst oder verdrängt werden. Erfolgreiche PR erfordert deshalb einen langen Atem und eine eher langfristige Strategie – Versuch und Irrtum nicht ausge-schlossen. Doch es gibt wie dargestellt Faktoren, die jede PR, insbesondere die im Zeichen Polizeilicher Kriminalprävention, positiv beeinflussen. Werden diese beach-tet, bleibt Kriminalprävention immer eine Schlagzeile wert.

Michael Koch

Gewaltprävention an Schulen als Entwicklungsprojekt

10 Jahre Offenbacher Rahmenkonzept und Methodenkoffer zur Gewaltprävention an Schulen

1. Zur Entwicklungsgeschichte professioneller Gewaltprävention an Offenbachs Schulen und des Offenbacher Rahmenkonzepts und Methodenkoffers zur Gewaltprävention an Schulen

Gewalt, Aggressivität, eskalierende Konflikte, all dies sind keine neuen Phänomene an Schulen oder im restlichen gesellschaftlichen Alltag. Müßig darüber zu spekulieren, ob es heute mehr oder weniger Gewalt auf der Welt, in der Gesellschaft, im Alltag, zwischen jungen Menschen und an Schulen gibt, denn welche Kriterien legen wir unseren Antworten zu Grunde? Zweifel dürfen angemeldet sein, wenn es auch hier voreilig heißt, dass früher doch alles besser war. War in früheren Zeiten Schule nicht gar eine Hochburg erzieherischer Gewalt, die mit Leistungsdruck und Ausgrenzung einerseits, mit Rohrstock und Karzer andererseits nicht nur Lernleistungen sondern auch soziales Wohlverhalten erzwingen wollte? Und brachen sich in früheren Generationen die Folgen einer solchen Gewaltzurichtung nicht in Kriegen und Völkermord ihre Bahn durch die vermeintliche Hülle anerzogener Wohlanständigkeit, Moral und Zivilisiertheit? Wie gesagt, Gewalt und Gewaltorientierung, Gewaltbereitschaft und Gewalttätigkeit ziehen sich seit jeher durch die Menschheitsgeschichte und fordern uns daher seit jeher zur Auseinandersetzung mit ihren Ursachen und Erscheinungsformen sowie ihrer Prävention heraus.

Wenn man sich also mit einer solchen Brille der Thematik nähert, dann wird schnell deutlich, dass eine umfassende Gewaltprävention an Schulen eben nicht nur die Minimierung von Aggressionen, Konflikten und Stress an der Schule meint, sondern auch als Beitrag zur zivilgesellschaftlichen Entwicklung, zum respektvollen Zusammenleben, zur Bewusstseinsbildung im Kontext von Menschenrechten und Demokratie zu verstehen ist. Und somit kann Gewaltprävention an Schulen ihren Blick auch nicht auf Phänomene jugendlicher Gewalt und das Sozialverhalten junger Menschen reduzieren, sondern auch wir Pädagoginnen und Pädagogen sind mit unseren Haltungen und Verhaltensweisen im Fokus umfassender Gewaltprävention. Gleiches gilt für die Schule mit ihren Strukturen und Regeln, Interaktionsformen, ihrem Einrichtungsklima und ihrer Schulkultur.

Ein solches Verständnis von Gewaltprävention an Schulen führt dazu, diese als permanenten Prozess und als vielseitiges Entwicklungsprojekt zu begreifen – ein Verständnis, das in Offenbach Tradition hat und das in Offenbach auch Geschichte eines gemeinsamen Entwicklungsprojekts von Schule und Jugendhilfe ist. Bereits in den 90er

Jahren des 20. Jahrhunderts entwickelte das Team des kommunalen Jugendbildungs-
werks und dessen Leiter, Kurt Faller, Konzepte zu Mediation und Konfliktmanage-
ment für Schule und Jugendarbeit. Zahlreiche Mitarbeiter aus Offenbachs Schulen
und Jugendeinrichtungen nahmen an den Fortbildungen teil, machten Mediatorenaus-
bildungen und setzten mal mehr, mal weniger systematisch ihre Kenntnisse im pädagogischen Alltag ein. In diesem Kontext wurden auch zahlreiche Handreichungen
geschrieben, die die pädagogischen Mitarbeiter von der Kindertagesstätte über die
Schule bis hin zur Jugendarbeit in ihrer Arbeit mit gewaltfreien Präventionsansätzen
(Mediation, konstruktive Konfliktlösung, Schülerkonfliktlotsen ....) unterstützten.

Auf Anregung eines Offenbacher Runden Tisches fand dann ab 2001 die vom Autor
und früheren Jugendkulturbüromitarbeiter entwickelte zweijährige Multiplikatoren-
fortbildung „Gewalt droht – was tun?" statt. Die Kurstage umfassten u.a. inhaltliche
Bausteine wie: *Erscheinungsformen von Gewalt, Strategien zum Umgang mit Gewaltsituationen im öffentlichen Raum (Straße, U-Bahn, Schule, JuZ, Park...), Trennung
eskalierender Situationen, Wirkung von Körpersprache und Sprache in Konfliktsituationen, Übungen und Reflexion direkter Konfliktbewältigung, Bedeutung von Empathie aus Sicht gewaltbereiter Jugendlicher, Teamarbeit in schwierigen Situationen,
wie z.B. bei der Erteilung von Hausverboten, interkulturelle Aspekte bei der Entstehung von und beim Umgang mit Konfliktsituationen* und wurden gemeinsam mit
dem Frankfurter Kinderbüro, dem Wiesbadener Verein für Antigewalt- und Soziales
Training - **VAUST** e.V. und Jörg Knust, einem langjährigen F.I.S.T.- und AAT-Trai-
ner durchgeführt. In einem ersten Durchlauf nahmen an die hundert Mitarbeiter aus
Schule, Jugendhilfe und Polizei an einem Grundworkshop zum Programm „Cool sein,
cool bleiben" teil. Aus dieser Personengruppe blieben dann 20 Teilnehmer übrig, die
an der gesamten Fortbildungsreihe, die auch mit Mitteln aus dem Bundesprogramm
„ENTIMON – gemeinsam gegen Gewalt und Rechtsextremismus" finanziert wurde,
teilnahmen.

Zeitlich fast parallel entstanden auf Anregung der Arbeitsgruppe Jugendkriminalität
des hessischen Landespräventionsrats 2002 erste Überlegungen zur Entwicklung eines hessischen Modellprojekts zur Gewaltprävention an Schulen. Dieses Projekt, in
dessen Leitungsgruppe ebenfalls der Autor als Mitarbeiter des Offenbacher Jugendamts vertreten war, startete unter dem Namen „Prävention im Team – PiT Hessen"
in einer dreijährigen Modellphase (2004 – 2007) mit 16 Schulen, darunter auch 5
Offenbacher Schulen. Da PiT-Hessen in einem Teil der Trainingseinheiten eine Weiterentwicklung des Programms „Cool sein, cool bleiben" ist und sich auch als absolut
gewaltfreies Programm versteht, war dieses neue Programm anschlussfähig zu den
bisherigen Offenbacher Ansätzen der Mediation sowie der opferzentrierten Präventionsarbeit. Konzeptionell zielte PiT – Hessen auf drei Schwerpunkte: a.) Teams bilden
aus Vertreterinnen von Schule, Polizei und Jugendhilfe; b.) Trainingsmaßnahmen mit
Schülerinnen und Schülern zur Opfervermeidung und adäquaten Hilfeleistung durch-

führen und c.) Impulse geben für die Personal-, Organisations- und Konzeptentwicklung insbesondere an Schulen.

Wiederum zeitgleich mit der PiT-Entwicklung entstand in Offenbach das Offenbacher Rahmenkonzept zur Gewaltprävention an Schulen, das im Folgenden noch näher vorgestellt wird. Hintergrund war, dass es in Offenbach einen Förderverein gibt, der die kommunale Präventionsarbeit bereits seit einigen Jahren unterstütze. Den Anstoß zur Vereinsgründung gab die 2001 erfolgte Neustrukturierung der Lenkungsgruppe Prävention der Stadt Offenbach. 2002 entstand dann der Förderverein Sicheres Offenbach e. V., der 2005 den Autor mit der Entwicklung eines Rahmenkonzeptes zur Gewaltprävention an Schulen beauftragte. Nach einer halbjährigen Forschungs- und Entwicklungsphase starteten drei Pilotschulen, mit denen bereits seit längerem seitens des Jugendamts sowohl im Kontext von Gewaltprävention aber auch im Rahmen von Jugendkulturarbeit eng zusammengearbeitet wurde, mit ihrer Präventionsarbeit, die sich nun an den Grundideen des Offenbacher Rahmenkonzepts und Methodenkoffers orientierte. Diese sind in einem über einhundertseitigen Reader beschrieben, der 2005 in seiner ersten Auflage erschien und 2007 überarbeitet und durch Beispielmaterialien ergänzt neu aufgelegt wurde. Seit der Pilotphase werden alle am Programm beteiligten Schulen durch Mittel des Fördervereins Sicheres Offenbach und des Jugendamts finanziell unterstützt.

2. Gewalt und Gewaltprävention

Wie sich aus der Einleitung ablesen lässt, waren die Bedingungen für die Weiterentwicklung einer kooperativen Präventionsarbeit an Offenbachs Schulen recht günstig. Es gab in diesem Kontext eine über zehnjährige Kooperationsgeschichte zwischen Jugendhilfe und Schule, die noch ergänzt wurde durch gemeinsame Arbeit im Bereich der Demokratieerziehung (Jugendbildungswerk des Jugendamts), durch gemeinsame kulturpädagogische Angebote (Jugendkulturbüro des Jugendamts) sowie durch eine intensive Zusammenarbeit im Rahmen des Bundesprogramms „ENTIMON" in den Jahren 2002 – 2003 und 2005. Die vielerorts feststellbaren Vorbehalte und Berührungsängste zwischen Schule und Jugendamt waren in Offenbach minimiert und als Gegenstand gemeinsamer Reflexion tendenziell auch überwindbar. Die Existenz eines Fördervereins, der die schulische Präventionsarbeit finanziell unterstützte, die kontinuierliche Aufstockung von Jugendamtsmitteln für diese Arbeit, ein funktionierendes Netzwerk zu Kooperationspartnern und der kommunalpolitische Wille, hier einen Schwerpunkt zu setzen, haben dann sicherlich zum weiteren Auf- und Ausbau gewaltpräventiver Arbeit beigetragen.

2.1. Gewaltbegriff und Grundannahmen

Wie bereits einleitend beschrieben, kann eine umfassende Gewaltprävention an Schulen sich nicht nur auf Gewalt, Aggressivität und Konflikte bei jungen Menschen konzentrieren, sondern hat stets auch Pädagoginnen und Pädagogen sowie institutionelle

Aspekte im Blick, da diese nicht unerheblich zur Verstärkung oder aber auch Minimierung von Gewalt an Schulen beizutragen vermögen.

Also von welcher Gewalt reden wir? Das Offenbacher Rahmenkonzept richtet seinen Fokus auf die gesamte Bandbreite von Gewalt: Gewalt zwischen Schülern, Gewalt von Schülern gegenüber Lehrkräften und Gewalt von Lehrkräften gegenüber Schülern, Gewalt zwischen Erwachsenen an der Schule und strukturelle Gewalt. Es geht um Phänomene wie Gewalt gegen Sachen, Gewalt gegen sich selbst, physische und psychische Gewalt, Gewalterfahrungen im Elternhaus, durch Mediennutzung, im öffentlichen Raum (Stadtteil, Schulweg .....). Es geht um Mobbing- und Cybermobbing, verbale Gewalt, Respektlosigkeit, um Ausgrenzungs- und Demütigungserfahrungen, um Stress und Ängste im Schulalltag – um die kleinen und die großen Konflikte und Probleme des Miteinanders im schulischen Alltag. Und bei all diesen Spielformen von Gewalt und Konflikten soll nun ein einziges Konzept helfen? So unmöglich dies ist, dennoch richten sich die Hoffnungen der PädagogInnen, gleich ob Lehrkräfte, Schulsozialarbeiter oder Sozialpädagogen, immer wieder auf einzelne Programme, als könnten diese wie ein Breitband-Antibiotikum hier heilend und vorbeugend wirken. Umso größer die Enttäuschung, wenn diese Erwartung dann nicht erfüllt wird. Das Angebotsspektrum und die Projektphilosophie des Offenbacher Rahmenkonzepts greifen dies, wie später noch gezeigt wird, auf.

Zuerst ist es aber ein Anliegen des Offenbacher Ansatzes, dass sich die Pädagoginnen und Pädagogen neben der Vielfältigkeit von Erscheinungsformen auch mit Ursachen, Bedeutung und Funktion sowie Orten von Gewalt auseinandersetzen, um so aus der Falle eigener Affekte, normativer Bewertungen und moralischer Verurteilungen herauszukommen.

Zunächst gilt auch im Kontext von Gewalt, als Aggressor und Gewalttäter wird niemand geboren. Gewalt und Gewaltbereitschaft bei jungen Menschen sind in der Regel multikausal verursacht und entstehen in längeren und oftmals sehr komplexen interaktiven Prozessen. Dabei können sie Resultat eigener intensiver und langanhaltender Gewalterfahrungen sein, die sich u.a. in psychischen Zerstörungsprozessen manifestieren; sie können Resultat von Lern- (Beobachtungslernen, Bekräftigungslernen), Frustrations-, Versagens- und Ausgrenzungserfahrungen oder Ausdruck von Abenteuer-, Spannungs- und Erlebnissuche und Risikobereitschaft sein, aber auch als Resultat ideologischer Indoktrination entstehen. Eine Kumulation von Risikofaktoren in der eigenen Biografie und Lebensrealität begünstigt dabei sicherlich die Entwicklung von Gewaltorientierung. Diese Risikofaktoren stehen in Zusammenhang mit Familie und Erziehung, Multiproblemmilieu oder auch individuellen biosozialen, genetischen Faktoren (z. B. Schädigungen aufgrund von Drogen-, Medikamenten- & Alkoholmissbrauch durch die Mutter während der Schwangerschaft, s. a. Fetal Alcohol Syndrom & Effects) auf der Mikrosystemebene; durch Peergroup, Medieneinflüsse und Schule auf der Mezzosystemebene und auf der gesellschaftlichen Makrosystemebene mit gesellschaftlichen Modernisierungsprozessen und deren Auswirkungen (winner-loser-Gesellschaft), mit veränderten Einstellungen und Werten, der Erosion moralischer Gemeinsamkeiten und sicherlich auch mit den Herausforderungen, die sich aus dem Zusammenleben in einer multikulturellen Gemeinschaft ergeben.

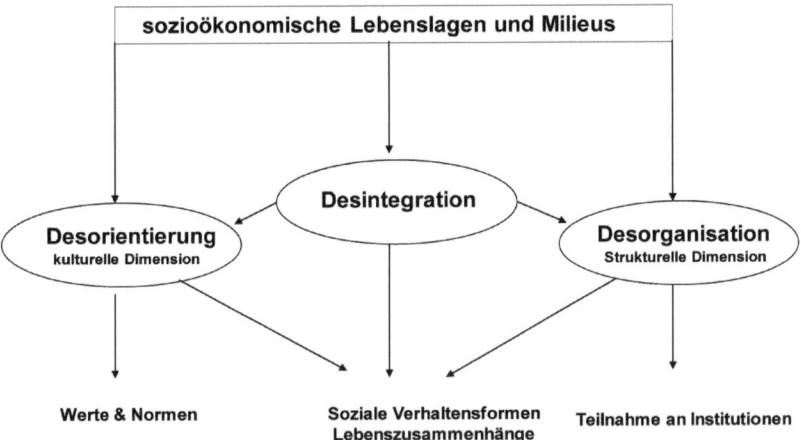

Makrostrukturelle und milieuspezifische Perspektive (nach Heitmeyer): *Gewalt als Folge sozialer Ungleichheit, Destabilisierung von Lebenslagen und sozialer Modernisierung. Quelle: Vortrag H.G. Holtappels Fachtagung Offenbach am Main 6.11.2006*

Darüber hinaus hat Gewalt für junge Menschen auch Bedeutung und Funktion, d.h. einen realen Gebrauchswert. Dieser Gebrauchswert ergibt sich allgemein aus Aspekten wie „Besonderheiten der Entwicklungsphase Jugend" und „heutige Bedingungen des Aufwachsens junger Menschen" einerseits und individuellen Erfahrungen und Erlebnissen andererseits. Hier einige Beispiele: „Um sich als Jugendlicher eine Position, gleich ob in Schule oder in der Clique, zu verschaffen ergeben sich mindestens vier Möglichkeiten: über Intelligenz und schulische Leistung, über Attraktivität, über den Besitz von Geld und Statusobjekten/-symbolen, über Stärke und Risikobereitschaft. Wer nicht über die ersten drei Möglichkeiten verfügt, dem bleibt häufig nur noch die Demonstration von Stärke, u.a. in Form von Gewalt. Dabei

- schafft Gewalt Eindeutigkeit, im Sinne von „wer ist der Sieger, der Stärkere und wer der Unterlegene"

- garantiert Gewalt Aufmerksamkeit und Interesse

- kann man mit Gewalt eigene Schwächen (z.B. in der Schule) kompensieren

- schafft Gewalt, die in Gruppenzusammenhängen stattfindet, „Solidarität", stabilisiert somit das Cliquengefüge und trägt zur Abgrenzung von anderen Scenes, Gruppen bei

- bietet Gewalt materiellen Erfolg, z.b. im Falle von Raub und räuberischer Erpressung

- verleiht Gewalt oftmals Anerkennung und Macht

- wird Gewalt zum „sinnstiftenden" Amalgam bei der Suche nach Abenteuer-, Spannungs- und Sensationserlebnissen

Gewalt tritt dabei oftmals auf als

- Selbstzweck. Für Jugendliche sind damit intensive Spannungs-, Risiko-, Gemeinschafts- und Überlegenheitserlebnisse verbunden

- Selbstbehauptung, um als Person oder Gruppe eine respektierte Position zu bekommen

- Folge von Benachteiligungsgefühlen. Die Anwendung von Gewalt wird durch fehlende Ressourcen und Teilhabemöglichkeiten definiert und legitimiert

- ideologisch legitimierte Gewalt, sozusagen als Mittel zur Durchsetzung bestimmter Ziele

Diese möglichen Hintergrundaspekte bieten jungen Menschen einen realen (wenn auch ggf. nur kurzfristigen) Gebrauchswert von Gewalt. Gewalt „macht Sinn" und ist für Täter positiv besetzt, dies gilt es zu wissen. Soll Gewaltprävention erfolgreich sein, kann sie sich im pädagogischen aber auch gesellschaftlichen Setting nicht auf moralische Appelle zurückziehen, sondern muss vielmehr für junge Menschen alternative Gebrauchswerte aufzeigen und zugänglich machen sowie neue Sinnzusammenhänge eröffnen. Dieser Aspekt ist gerade vor dem Hintergrund empfundenen oder auch tendenziell realen Gebrauchswertverlustes von Schule für junge Menschen aus benachteiligten Lebensbedingungen von Relevanz." (M. Koch. 2007, S. 14 – 15)

2.2. Gewaltprävention an Schulen: Grundannahmen

So wie bezogen auf die Ursachen gesagt wurde, dass eine Kumulation von Risikofaktoren die Entwicklung von Gewaltorientierung und Gewalttätigkeit tendenziell begünstigt, so kann umgekehrt festgehalten werden, dass die Kumulation sogenannter gewaltprotektiver Faktoren präventiv wirkt. Solche Protektivfaktoren sind/können sein:

- sichere Beziehung zu Bezugsperson(en). Im Falle von Multiproblemfamilien oder broken home – families ggf. auch zu Lehrern, Sozialpädagogen, Verwandten, Trainern

- emotionale Zuwendung und zugleich fürsorgliche Kontrolle in der Erziehung

- Erwachsene, die als positive Vorbilder fungieren

- Soziale Unterstützung und Anerkennung durch nicht-delinquente Personen, Gruppen und Milieus

- Aktives Bewältigungsverhalten

- Erfolg in der Schule und Akzeptanz von schulischen Normen

- Zugehörigkeit zu nicht-delinquenten Cliquen bzw. Autonomie von Peers

- Erfahrungen der Selbstwirksamkeit in nicht-delinquenten Aktivitäten (z.B. Hobbys, Schule, Arbeit, soziales oder politisches Engagement)

- Positives jedoch nicht omnipotentes Selbstwerterleben

- Gefühl von Sinn und Struktur im eigenen Leben. Strukturierte und strukturierende Freizeitbeschäftigungen. Planungskompetenz

Aus dieser Liste lassen sich für die Arbeit an Schulen und/oder in Jugendeinrichtungen sicherlich eine Reihe bedeutsamer Aspekte ableiten. Wer sich einer Arbeit verpflichtet fühlt, die sich an solchen Erfahrungen für junge Menschen orientiert, der kann auf der anderen Seite nicht als Pädagoge Ausgrenzung und Stigmatisierung, Demütigung und Abwertung betreiben.

Aus der Evaluation erfolgreicher Präventionsarbeit an Schulen wissen wir, bewährt haben sich:

- professionelle Haltung und Empathiefähigkeit/-bereitschaft,

- bedeutsamkeitsrelevante Angebote, Erlebnisse, Erfahrungen mit Anerkennungs- und Erfolgsmöglichkeiten auch jenseits klassischer Schulleistungsbemessungen

- gut vorbereitete und klar strukturierte ‚sozial-kognitive, multimodal auf unterschiedlichsten Ebenen ansetzende, das Schul- und Klassenklima verbessernde, Schüler und Eltern beteiligende sowie langfristig angelegte Angebote und Maßnahmen.

Genau um den Auf- und Ausbau solcher Angebote, Möglichkeiten, Maßnahmen geht es dem Offenbacher Rahmenkonzept. (Nicht oder weniger bewährt haben sich: zu permissive Haltung gegenüber aggressiver Konfliktaustragung und Gewalt und zu restriktiv-repressives Schulklima; vereinzelte & kurzfristige Maßnahmen ohne Bezug zu einer klaren Strategie; isolierte Maßnahmen, z.B. kontextlose Abenteuerangebote ; psychodynamische und non-direktive Therapien und unspezifische Fallarbeit; punitive und vermeintlich abschreckende Maßnahmen - z.B. Bootcamps).

Was kann also die Schule tun? Wenn wir davon ausgehen können, dass viele Ausgangspunkte für Gewalt bei SchülerInnen im Wesentlichen in den außerschulischen Lebenskontexten liegen, dann kann die Schule bezogen auf einzelne Risikofaktoren entweder wenig verändern, Risiken sogar verschärfen oder aber wichtige alternative

Orientierungen und Kompensationsmöglichkeiten anbieten und alternative, protektive Erfahrungen ermöglichen. Im Rahmen von Konzeptentwicklung gilt es zu überlegen, wie letzter Bereich optimiert und die beiden anderen Bereiche minimiert werden können. Es gilt weiterhin zu überlegen, wie bei Konflikten angemessen interveniert und auf gewalttätige Schüler reagiert werden kann, ohne diese aber als Person abzuwerten und abzuwehren sowie wie nichtgewalttätige Schüler bestärkt und potentielle Gewaltopfer geschützt werden können.

Auf die Frage, was also die Schule in diesem Zusammenhang beitragen kann, hier einige Antworten:

- einen auf die jeweilige Situation und Bedarfe zugeschnittenen Konzeptentwicklungsprozess beginnen
- mit externen Fachkräften und anderen Institutionen zielgerichtet kooperieren und geeignete Interventionen planen
- prosoziale Verhaltensweisen und sozialemotionale Kompetenzen fördern
- Selbstwertgefühl und Motivation bei Jugendlichen fördern, Anerkennungsmöglichkeiten für alle Schüler schaffen
- Mitgestaltungsmöglichkeiten und Verantwortungsbereiche für Schüler ausweiten
- Handlungsstrategien zur Vermeidung von und zum Umgang mit Gewaltsituationen vermitteln, Konfliktkompetenz vermitteln, Konflikte moderieren und Opfer schützen
- Lehrkräfte im Umgang mit Konflikten (Moderation von Konflikten, Konfliktintervention sowie interkulturelle Konfliktlösung) qualifizieren
- auf Gewalt als unakzeptables Verhalten eindeutig, zeitnah, konsequent, jedoch klar deliktbezogen reagieren
- Schul- und Klassenklima verbessern. An der Verbesserung einer positiven Lern- und Schulkultur mitwirken, die Schule als Lern- und als Lebensort attraktiv macht
- Elternbeteiligung und Erziehungsverantwortung stärken und nutzen
- Themen wie Konflikte, Demokratie, Menschenrechte, Courage, Diversity, etc. im Sinne der Präventionsziele nutzen

3. Offenbacher Rahmenkonzept und Methodenkoffer zur Gewaltprävention an Schulen

Und damit wären wir nun beim Offenbacher Rahmenkonzept angelangt, denn die im vorigen Kapitel abschließend aufgeführten Aspekte sind grundlegende Konzeptelemente des Offenbacher Modells, das sich als Entwicklungsprojekt und Gewaltprävention an Schulen als Schulentwicklungsprozess versteht, und dabei eng mit anderen Diskursen (Bildung, Partizipation, Förderung ganzheitlicher Entwicklung) verbunden ist.

3.1. Gewaltprävention als Entwicklungsprojekt/-aufgabe

Was ist nun aber damit gemeint, Gewaltprävention als Entwicklungsprojekt oder – aufgabe zu verstehen? Es geht dabei um Entwicklung im Sinne ...

- von Präventionskonzeptentwicklung, die sich als Bestandteil von Bildungsentwicklung und Schulentwicklung versteht

- von Auf- und Ausbau systematisch strukturierter Präventionsarbeit an Schulen

- von lokalen Kooperationsstrukturen & Integration in fachliche Bündnisse

- eines Mehrebenen - Ansatzes, der Schülerinnen und Schüler, Pädagoginnen und Pädagogen sowie die Institution gleichermaßen als Entwicklungsbereiche versteht

- eines Beitrags zur Humanisierung der Gesellschaft

In Offenbach ist eine solch konzeptionelle Absicht eingebettet in ein funktionierendes Kooperationsbündnis zwischen Kommunaler Präventionsstelle, Medien – Arbeitskreis Stadt & Kreis Offenbach, Förderverein Sicheres Offenbach e. V., Staatlichem Schulamt, Schulen, Polizei (bei bestimmten Programmen oder Situationen), sonstigen Präventionsträgern und Jugendhilfe (Jugendamt Stadt Offenbach).

Dabei unterstützt die Jugendhilfe (Jugendarbeit, Jugendsozialarbeit, Jugendbildungswerk) Schulen durch einzelfallorientierte Arbeit mit Schülerinnen und Schülern; Schulsozialarbeit; in der Ganztagsschulentwicklung durch Jugendamtsressourcen; kultur-, medien- und sportpädagogische Kooperationsprojekte; akquirierte Drittmittel aus Bundesprogrammen wie z. B. Entimon, Lokales Kapital für soziale Zwecke (LoS), Stärken vor Ort, Kultur macht stark, Jugend stärken im Quartier, Aktiv in der Region, usw.

All dies sind wesentliche Voraussetzungen für ein kooperatives Präventionsprojekt. Schauen wir nun auf die Präventionsarbeit an Schulen im Einzelnen, so sind drei Zielperspektiven der Entwicklungsarbeit zu benennen:

Entwicklungsfokus 1: Schülerinnen und Schüler i. S. v. Förderung ganzheitlicher Entwicklung & Bildung

Entwicklungsfokus 2: Pädagoginnen und Pädagogen (Lehrkräfte, Schulleitungen, Schulsozialarbeit) i. S. v. Professionalitätsentwicklung

Entwicklungsfokus 3: Institution/Organisation i. S. eines Beitrages zur Schulentwicklung. Dies beinhaltet auch die weitere Kooperationsentwicklung z. B. mit der Jugendhilfe

In dem 4 – P- Entwicklungsschema „was wirkt wohin, bzw. was bewirkt was" zeigt sich, dass idealtypisch Veränderungen in einem Bereich auch zu Änderungen in den anderen P-Bereichen führen. Dabei stehen die 4 P für **Persönlichkeitsentwicklung** (hier ist vor allem die Zielgruppe der SchülerInnen gemeint), **Professionalisierungs**entwicklung (Zielgruppe ist hier das pädagogische Personal), Entwicklung des pädagogischen Konzepts und **Penne** (Synonym für Schule, Zielfokus: Organisations- und Institutionsentwicklung/Schulentwicklung).

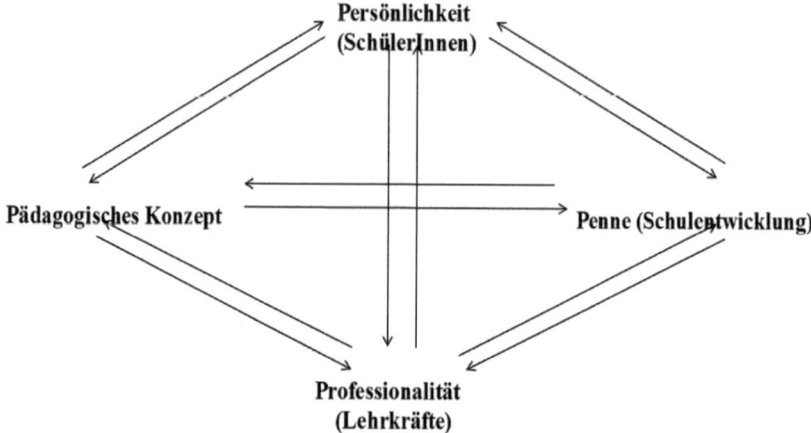

Da aber idealtypische Entwicklungen doch eher vage, eben idealtypisch sind, sollten gemäß der Konzeption des Offenbacher Rahmenkonzepts an den am Programm teilnehmenden Schulen präventionsrelevante Angebote möglichst auf allen vier Ebenen stattfinden. Dabei versteht sich die am Rahmenkonzept orientierte Präventionsarbeit vor dem jeweiligen Schulhintergrund als ein sich dynamisch und permanent weiterentwickelndes Konzept, das einzelne Module aufeinander aufbauend oder einander ergänzend verbindet. Die Schulen können bei allen Entwicklungsfeldern, also Persönlichkeits-, Professionalisierungs-, Konzept- und Schulentwicklung, fachliche und finanzielle Unterstützung anfordern. Flankiert wird die operative Präventionsarbeit dann einerseits durch Fachtagungen, Fortbildungen und Coachingangebote. Andererseits zielen weitere Kooperationsangebote aus den Bereichen Jugendhilfe, Kultur und Vereine, wie z. B. Medien- und Kulturpädagogik, Sport und Erlebnispädagogik, Patenschaften für die Übergangsphase Schule/Ausbildung oder auch einzelfallorientierte Arbeit mit Schülern vor allem auf die Entwicklungsebenen „Persönlichkeitsentwicklung bei jungen Menschen" und „Schulentwicklung" sowie „Entwicklung von Kooperations- und Bildungslandschaften".

Das folgende Schema verdeutlicht nochmals, wie flankierende Kooperationsangebote die Wirksamkeit der Präventionsarbeit des Offenbacher Rahmenkonzepts unterstützen.

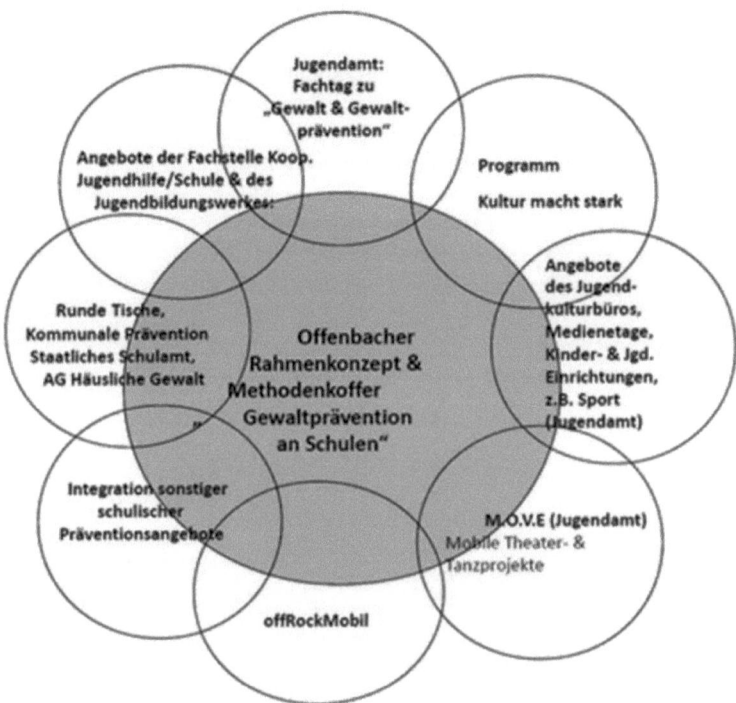

Gerade der Aspekt der Entwicklung von Kooperations- und Bildungslandschaften durchzieht in Offenbach mehrere Bereiche der Zusammenarbeit, so z. B. auch hinsichtlich der Schaffung von Bündnissen im Kontext kulturpädagogischer Angebote. Dabei leistet das Jugendamt der Stadt Offenbach mit seinem Jugendkulturbüro sicherlich einen nicht unerheblichen Part beim Auf- und Ausbau solcher Netzwerkstrukturen. Nicht verwunderlich, dass Offenbach an dem Aktionsprogramm „Kultur macht stark" des Bundesministeriums für Bildung und Forschung, das genau solche Bündnisse zwecks Ausbaus kulturpädagogischer Angebote speziell für Menschen aus sozial benachteiligten Milieus schaffen will, gleich mit mehreren großen Projekten teilnimmt. Eine der Thesen des Offenbacher Rahmenkonzepts und Methodenkoffers zur Gewaltprävention an Schulen lautet ja schließlich: *mehr Kultur an Schulen kann einen wichtigen Beitrag zur Schulkultur leisten. Und eine positive Schulkultur ist einer der wichtigen Protektivfaktoren im Zusammenhang mit Gewaltprävention.*

3.2. Förderungsbedingungen, Inhalte und Ziele des Rahmenkonzepts

Derzeit orientieren sich in Offenbach (Stadt) jährlich im Durchschnitt dreizehn Schulen (gleich 46% aller Offenbacher Schulen) beim Auf- und Ausbau ihrer Präventionsarbeit an den Grundgedanken des Offenbacher Rahmenkonzepts und werden somit auch finanziell und fachlich gefördert. Zu den Förderungsvoraussetzungen zählen folgende Faktoren: interdisziplinärer Konzepthintergrund; Implementierung der Gewaltprävention ins Schulprogramm; Steuerungsgruppe (AG Gewaltprävention o. ä.) und/oder Benennung von Lehrern als verantwortliche Präventionsfachkräfte; mehrere Module auf mehreren Ebenen über mehrere Jahre; externe Begleitung; Kooperation mit anderen externen Fachstellen; jährliche Planung & Abschlussberichte; Teilnahme an Fachtagungen.

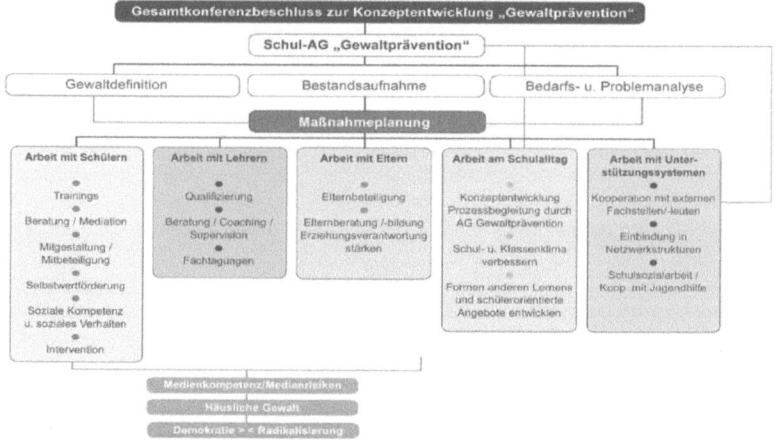

Das abgebildete Schema fasst die unterschiedlichen Handlungsebenen mit ihren Schwerpunkten sowie den idealtypischen Aufbau bzw. die idealtypische Umsetzung der Präventionsarbeit zusammen. Dabei geht das Konzept idealtypisch davon aus, dass es in den Schulen einen Beschluss zur Präventionsarbeit gibt. Empfohlen wird dann eine Bestandsaufnahme von Extraqualifikationen bei den jeweiligen Lehrkräften, denn in diesen Qualifikationen, mögen sie handwerklicher, sportlicher, künstlerischer oder sonstiger Natur sein, stecken Potentiale und Optionen, Schülerinnen und Schüler mit entsprechenden Angeboten zu begeistern und zu faszinieren. Die Lehrkräfte können ihre eigenen Potentiale authentisch einbringen, die Schüler erleben ihre Lehrer in solchen Angeboten ggf. einmal anders. Hierin liegt eine Chance für ein bunteres, lebhafteres Angebotsprogramm – z. B. bei AGs und Wahlpflichtunterricht. Weiterhin empfohlen wird eine Bedarfstandserhebung zum Thema „Gewalt" an der

Schule. Was fällt auf? Wo gibt es dringenden Handlungsbedarf? Welches sind die aktuellen zentralen Probleme? Über welche Gewalt reden wir und welche blenden wir ggf. aus?

Erst nach dieser Vorphase sollte mit der eigentlichen Planung begonnen werden, die an jeder Schule anders verlaufen und anders aufgebaut werden kann. Doch bevor ich auf die eigentlichen Angebote komme, zunächst noch ein Blick auf Inhalte und Ziele des Offenbacher Rahmenkonzepts und Methodenkoffers zur Gewaltprävention an Schulen, die wie folgt zusammengefasst werden können:

- Vermittlung kriminologischer Grundlagenkenntnisse, die Gewalt als komplexes und multikausales Phänomen erkennen lassen

- Sensibilisierung für Ursachen, Bedeutung & Funktion von und Umgang mit Gewalt

- Unterstützung eines professionellen Verständnisses, dass aufgrund der Vielschichtigkeit von Gewalt und bezüglich der unterschiedlichsten Beteiligtengruppen und Handlungsebenen ein differenziertes Angebot zielgerichteter präventiver und intervenierender Maßnahmen erforderlich ist

- Unterstützung von Schulen beim Auf- und Ausbau systematisch organisierter multimodaler Gewaltpräventionskonzepte sowie bei deren Umsetzung und Implementierung ins Schulprogramm

- Unterstützung von Schulen bei der Schul- und Unterrichtsgestaltung, um die Entwicklung protektiver Faktoren zu fördern

- Bereitstellung eines Methodenkoffers, der für die unterschiedlichsten Zielebenen, Zielgruppen und Zielaspekte adäquate Module anbietet

- Aufzeigen dementsprechender Einsatz- und Fortbildungsmöglichkeiten & Kontaktadressen

- Aufbau eines Literatur-, Material-, Medienpools

- Weiterentwicklung der Kooperation zwischen Schule und Jugendhilfe sowie sonstiger Kooperationspartner aus Kultur, Bildung, Prävention, Integration und sozialer Arbeit

Als Orientierung dient ein Reader, der aufgrund seiner interdisziplinären Perspektive ausführlich und umfassend die eben beschriebenen Inhalte beschreibt. Zusätzlich wurde und wird das Konzept an interessierten Schulen vorgestellt und erläutert. Weiterhin besteht das Angebot, sich an schulischen Präventions-AGs als externe Beratung zu beteiligen.

3.3 Angebote des Offenbacher Rahmenkonzepts und Angaben zur quantitativen Nutzung

Das Offenbacher Rahmenkonzept beschreibt zuerst einmal eine konkrete Programmphilosophie, die sich u. a. durch folgende Grundgedanken auszeichnet:

- weg vom Zufälligkeits- und Beliebigkeitscharakter präventiver Arbeit, hin zur systematischen Verankerung im Schulprogramm
- statt einmalige oder auf einzelne Klassen bzw. Gruppen bezogene Angebote und Maßnahmen, Angebote für alle Schüler der jeweiligen Jahrgänge, die zum festen Bestandteil eines Schuljahres werden
- statt nebeneinander und nicht aufeinander bezogene unterschiedliche Ansätze, aufeinander von Jahr zu Jahr aufbauende Angebote und Maßnahmen
- soziales Verhalten ist nicht nur ein Thema für Schüler sondern auch für Erwachsene, Gewaltfreiheit bei Schülern zu fordern und als Erwachsene nicht selbst Vorbild in gewalt"freier" Kommunikation zu sein ist ein konzeptioneller Widerspruch
- Gewaltprävention ist untrennbar mit Diskursen wie Schulentwicklung, Bildung, Entwicklung von Lernlandschaften, Entwicklung von Zivilgesellschaft verbunden
- Gewaltprävention als Teil der Bildungsarbeit von Schulen richtet sich ganzheitlich an junge Menschen und trägt durch vielfältige und unterschiedliche Angebote auch zur Persönlichkeitsentwicklung junger Menschen bei
- Gewaltprävention ist ein dynamischer Prozess, der permanente Reflexion und Selbstreflexion erforderlich macht und somit auch Teil der Professionalitätsentwicklung ist.

In der konkreten Umsetzung finden die Schulen eine Vielzahl optionaler Module vor, die u.a. folgende Angebote umfassen:

- Angebote zur Förderung prosozialen Verhaltens und sozial-emotionaler Kompetenzen (Sozialtrainings, Projekte mit Bedeutsamkeitscharakter, FairPlayer, Faustlos, Buddy)
- Angebote zur Opfervermeidung und Opferunterstützung (z. B. Cool sein, cool bleiben, Prävention im Team Hessen)
- Angebote zur konstruktiven Konfliktbearbeitung (Mediation, Schülerkonfliktlotsen, ...)
- Angebote zur Lehrerqualifizierung im Kontext von Eskalations-, Konflikt- und Gewaltsituationen (Sicherheit im Team, No Blame Approach, Medienrisiken)
- Kollegiale Fallberatung und Supervision
- Angebote zur Vandalismus - Prävention

- Angebote zur Medienkompetenz u. a. zwecks Vermeidung von Medienrisiken und zum kreativen Einsatz von Medien (z. B. handlungsorientierte Medienprojekte, Medienkompetenz)

- Angebote zur Selbstwertförderung und Persönlichkeitsentwicklung von Schülern (z. B. kreativ-kulturelle, erlebnisorientierte und sportliche Angebote, Unterstützung bei Schulproblemen, Eigenständig werden …)

- Angebote zum Umgang mit Gewaltsituationen und mit gewalttätigen Schülern (Anti-Mobbing – Strategien),

- Angebote zur Veränderung von Schulkultur und Schulklima (z. B. Klassenrat, Beteiligungsprojekte, Kulturprojekte und –veranstaltungen)

- Angebote zur Elternbeteiligung, -bildung, -arbeit

- Angebote zum Themenbereich „häusliche Gewalt" (z. B. Lehrerfortbildungen, Fachtage, Informationsvermittlung)

- Angebote zum Themenbereich „Demokratie und Menschenrechte" versus „Orientierung an menschen(gruppen)verachtenden Ideologien, Vorurteilen & Intoleranz, totalitär-fundamentalistische Denkweisen"

Aktuell haben sich 13 Offenbacher Schulen entschlossen, sich an den Grundlagen des Offenbacher Rahmenkonzepts zu orientieren. Ein wesentlicher Anreiz dürfte dabei die seit 2005 stattfindende finanzielle und fachliche Unterstützung sein. Der Förderverein Sicheres Offenbach e. V. stellt hierfür jährlich 25.000,- € zur Verfügung sowie zusätzlich jährlich bis zu 10.000,- € für die Bereiche „Medienrisiken" und „Suchtprävention" (bei letzterer liegt die Zuständigkeit allerdings nicht beim Jugendamt). Das Jugendamt stellt jährlich aus mehreren Haushaltsstellen ebenfalls 25.000,- € zur Verfügung. Zusätzliche Mittel kommen aus dem Kommunalen Präventionsetat, aus Stiftungsgeldern oder Bundesprogrammen.

Diese finanzielle Ausstattung ermöglicht es, dass jährlich durchschnittlich 2100 Personen erreicht werden, davon 96% Schülerinnen und Schüler und 4% Lehrkräfte. Zusammengefasst bedeutet dies für den Zeitraum von 2005 – 2014, dass insgesamt 17699 Personen unmittelbar erreicht wurden, davon 16666 Schülerinnen und Schüler, 888 Lehrkräfte und 143 Eltern.

3.4. Qualitative Bilanz

Abschließend ein kurzer Überblick über erreichte Effekte durch die Präventionsarbeit nach dem Offenbacher Rahmenkonzept:

a.) bezogen auf Schülerinnen und Schüler

- Aufdeckung und Beendigung von Gewaltaktionen, Verhinderung von Gewalteskalationen im Vorfeld

- SchülerInnen melden Transfer des Erlernten in Realsituationen zurück (bewussterer Umgang mit brenzligen Situationen, Konflikten und verbessertes Problemlösungsverhalten)

- SchülerInnen sind motiviert, sich für eine Verbesserung des sozialen Klimas an der Schule zu engagieren und beteiligen sich an Präventions- und Mitgestaltungsprojekten (Übernahme von Verantwortung)

- Verbessertes Sozial- und Leistungsverhalten und Empathievermögen

- Reduzierung von Sachbeschädigungen

- An einzelnen Schulen Reduzierung von Schulverweisen

- Vertrauensbeziehung zu TrainerInnen & TeamerInnen durch langfristige Arbeit an den Schulen

- Stärkung der Klassengemeinschaft & Integration bislang eher auffälliger Schüler

- gesteigerte Nachfrage nach kreativ-kulturellen und erlebnisorientierten Angeboten

- Stärkung von Selbstbewusstsein, verbesserte(s) Konzentrationsvermögen & Impulskontrolle, erweitertes Verhaltensrepertoire

b.)   bezogen auf Lehrkräfte, Schulsozialarbeiter

- 600 Lehrkräfte wurden durch Qualifizierungen erreicht (z.T. wurden ganze Kollegien geschult in Programmen wie Mediation, Faustlos, Cool sein …), über 1200 Lehrkräfte und über 700 außerschulische PädagogInnen nahmen an Fachtagungen des Jugendamtes seit 2005 teil (inkl. Mehrfachteilnahme an div. Angeboten), 100 Lehrkräfte sowie 55 Sozialpädagogen nahmen an weiteren Qualifizierungen (No Blame Approach, Cool sein,..) teil – gesteigertes Qualifizierungsbewusstsein

- Zwischen Lehrkräften und TrainerInnen bzw. außerschulischen Kooperationspartnern ist aufgrund längerfristiger Zusammenarbeit eine konstruktive Arbeitsatmosphäre und Vertrauensbeziehung entstanden, die es erlaubt, bestehende Dissense und Konflikte sachlich zu bearbeiten und neue Sichtweisen beim Umgang mit Konflikten etc. kennenzulernen und auch anzunehmen

- Sensibilisierung bei Wahrnehmung von Gewalt und Qualifizierung beim Umgang mit Gewaltsituationen

- Lehrkräfte nehmen an Präventions-AGs teil und engagieren sich verstärkt

- Teams/Tandems aus Lehrkräften, Sozialpädagogen (bei PiT auch Polizei) bei Sozial-, Cool sein – Trainings und weiteren Angeboten sind entstanden

- Bereitschaft zur Supervision wächst, kollegiale Fallberatungen finden vereinzelt statt, ausgebildete Lehrkräfte qualifizieren als MultiplikatorInnen an ihren Schulen weitere Lehrkräfte

c.) bezogen auf Schulkultur, Strukturen

- Schul-AG´s zu Gewaltprävention an fast allen geförderten Schulen
- Präventionsarbeit wurde an allen 13 Schulen im Schulprogramm aufgenommen
- bislang isoliert stehende präventive Angebote werden zunehmend konzeptionell verbunden
- Ansetzen an unterschiedlichen Ebenen (Personen, Institution, Interaktion) findet statt
- Beginn zunehmender Ressourcen-, Alltags- und Lebensweltorientierung
- quantitative & qualitative Verbesserung der Kooperation JH, Schule und weiterer Kooperationspartner; Ausbau von Netzwerkstrukturen
- Inhaltliche Verbindung mit anderen Diskursen und entsprechende Kooperationen (z.B. Bildung, Ganztagesschule…)
- Erster Erfahrungsaustausch-Fachtag der Rahmenkonzeptschulen
- Steigende Reflexionsbereitschaft (z. B. sich kritisch mit der Frage der strukturellen Gewalt von Schulen oder selbstkritisch mit Haltungen und Verhalten der Lehrenden auseinanderzusetzen)

4. Schlusswort

Abschließend bleibt anzumerken, dass ein Gewaltpräventionskonzept, das sich als Rahmenkonzept gemäß der formulierten Leitgedanken definiert, sich selbst als permanent weiterzuentwickelndes Konzept verstehen muss und an seine Projektleitung entsprechende Anforderungen bezüglich einer kritischen Überprüfung des Erreichten, der Eignung einzelner Programme und Curricula, der Kooperation zwischen all den Beteiligten stellt.

Um dies annähernd zu erreichen, werden die jährlichen Evaluationsberichte der Schulen, die zusätzlich durch Schulbesuche und Gespräche mit den TrainerInnen ergänzt werden, in einem eigenen Jahresbericht zusammengefasst und quantitativ sowie qualitativ bilanziert. Es werden neue Herausforderungen markiert und hierzu Vorschläge für die Präventionsarbeit entwickelt. Die seit 2006 jährlich durch das Jugendamt der Stadt Offenbach organisierten und finanzierten Fachtagungen zu Gewalt und Gewaltprävention unterstützen mit ihren ReferentInnen diese konzeptionelle Weiterentwicklung.

Eines ist sicherlich klar: auch nach 10 Jahren Offenbacher Rahmenkonzept und Methodenkoffer zur Gewaltprävention gehen uns Arbeit, Herausforderungen und Probleme nicht aus. Eine solche Arbeit ist eine Sisyphusaufgabe und kann sich nicht auf kleinen Erfolgen ausruhen. Dennoch behaupte ich die vage These, dass Offenbach mit diesem Ansatz auf dem richtigen Weg ist, nämlich Gewaltprävention an Schulen als umfassenden Entwicklungsauftrag zu verstehen, der unterschiedliche Diskurse wie Bildung, Subjektorientierung, Schulentwicklung, Gewaltprävention, Demokratie- und Menschenrechtserziehung und Entwicklung von Bildungslandschaften verbindet.

Das Offenbacher Rahmenkonzept kann als Reader zu einer Schutzgebühr von 5,-- € plus Porto bezogen werden über

Jugendamt der Stadt Offenbach
Dr. Michael Koch
Berliner Str. 100
63065 Offenbach am Main
michael.koch@offenbach.de
Tel.: 069/8065 2159 Fax: 069/8065 2709

Karsten Lauber, Kurt Mühler

Prävention gegen Wohnungseinbruch als kommunales Experiment

Situation Wohnungseinbruch in Leipzig

Das Jahr 2006 stellt den Wendepunkt beim Wohnungseinbruchsdiebstahl[1] in Deutschland dar, denn ab 2007 stiegen die Fallzahlen bundesweit (bis heute) stark an. Die Entwicklung in Sachsen verlief nahezu analog, ebenso in der kreisfreien Stadt Leipzig, der einwohnerstärksten Stadt des Freistaates Sachsen. Die Häufigkeitszahlen erhöhten sich zwischen den Jahren 2006 und 2014 bundesweit (+ 43 %), sachsenweit (+ 74 %) und bezogen auf das Stadtgebiet Leipzig (+ 157 %) stark. Die Bekämpfung des Wohnungseinbruchdiebstahls ist - neben den Gefahren durch den islamistischen Terrorismus - eine der zentralen innenpolitischen Herausforderungen. Im ausgewählten Städtevergleich weist Leipzig im Jahr 2014 eine niedrigere Häufigkeitszahl auf als Bremerhaven, Bremen, Berlin oder Hannover, allerdings eine höhere als Chemnitz, Dresden, Erfurt, Halle (regional), Stuttgart oder München (überregional).

Als „Hauptstadt der Gründerzeit"[2] verfügt Leipzig über einen hohen Bestand an Flügeltüren mit sog. Kantenriegeln und damit über eine besondere Tatgelegenheit (vgl. Abb. 1). Den Kantenriegel gibt es insbesondere bei sogenannten Doppelflügeltüren. Diese 2-flügeligen Türen bestehen aus einem Gang- und einem Standflügel. Der Kantenriegel ist der seitlich in das Rahmenholz eingelassene Metallriegel, der bei einer Doppelflügeltüre (oder Doppelflügelfenster) einen Flügel fest arretiert. Der Modus Operandi „Ziehen der Kantenriegel" prägt dabei als relativ einfache Vorgehensweise das Einbruchsgeschehen. Zwischen den Jahren 2008 und 2012 betrug der Anteil dieser Begehungsweise zwischen 20 % und 43 %. Mit Blick auf die sicherheitstechnische Prävention stellen zudem die Plattenbauten eine besondere Herausforderung dar.

---

[1] Alle Fallzahlen beziehen sich - soweit nicht anders angegeben - auf den PKS-Schüssel 435*00 (Wohnungseinbruchdiebstahl).

[2] Welt online. Leipzig, neue Hauptstadt der Gründerzeit. 30.01.2011. http://www.welt.de/print/wams/wirtschaft/article12385980/Leipzig-neue-Hauptstadt-der-Gruenderzeit.html

Abb. 1: Kantenriegel und Doppelflügeltür

Gründung eines Arbeitskreises zur Stärkung der individuellen Prävention

Auf der Ebene des Kommunalen Präventionsrates Leipzig (KPR) vereinbarten die Stadtverwaltung und die Polizeidirektion Leipzig im Jahr 2013, die gemeinsamen Präventionsmaßnahmen im Bereich Wohnungseinbruch zu intensivieren. Dazu sollten verschiedene Experten aus Verwaltung, Wirtschaft und Forschung einbezogen werden. Im Rahmen des „Symposiums Wohnungseinbruch" am 12. Dezember 2013 führte der KPR - unter der Federführung des Amtsleiters des Ordnungsamtes und des Leiters der Justizvollzugsanstalt Leipzig - eine Vielzahl an Akteuren zusammen, u. a. auch Vertreter des Kriminologischen Forschungsinstituts Niedersachsen, der Wirtschaft, der Versicherungen, des Landespräventionsrates, Opferschutzvertreter und verschiedene städtische Ämter, u. a. das Amt für Statistik und Wahlen. Aus diesem Symposium heraus gründete sich der Arbeitskreis „Prävention Wohnungseinbruch", in dem bis heute Vertreter der Wohnungs- und Versicherungswirtschaft, der Universität Leipzig, der örtlichen Polizeidirektion, der Justizvollzugsanstalt Leipzig sowie des Ordnungsamtes zusammenwirken.

Der Arbeitskreis erstellte daraufhin ein umfangreiches - sowohl praxisorientiertes als auch wissenschaftlich ausgerichtetes - Präventionskonzept. Grundlage hierfür war eine bundesweite Erhebung und Auswertung bestehender Präventionsaktivitäten. Die Grundidee lautet dabei: Durch Konkretisierung der Gefahren des Wohnungseinbruchs soll die Präventionsaktivität der Bewohner gegen Wohnungseinbruch erhöht werden. Entscheidend dabei ist die Problemgenerierung: Wohnungseinbruch kann auch mich betreffen.

Im Ergebnis weist der Wohnungseinbruch heterogene Täterstrukturen und vielfältige Begehungsformen auf. Dies bedeutet, dass Bekämpfungs- und Präventionsansätze lokal, lageangepasst, phänomenspezifisch und konzeptionell erfolgen müssen. Die unterschiedlichen Bekämpfungsansätze auf Bundes- und Länderebene zeigen in der Gesamtschau oft ähnliche Muster auf. Nennenswerte neue Ideen in der Präventionsarbeit ergeben sich in der Mehrzahl nicht. Die Idee, künftig noch stärker auf die aktive Informationsbeschaffung der Bürger/-innen im Internet zu setzen, ist zwar ein zeitgemäßer Ansatz, greift jedoch die bislang vorhandenen Defizite in der Öffentlichkeitsarbeit nicht auf, sondern könnte sie durch den Aspekt der „Holschuld" eher noch verstärken. Dabei scheinen zentrale Sensibilisierungskampagnen, Appelle und Warnhinweise, grundsätzlich keine ausreichenden sowie nachhaltig wirksamen Instrumente zu sein. Die dabei vermittelten Botschaften führen oft nicht zu den erwünschten Verhaltensänderungen, können darüber hinaus bereits aus Kosten-Nutzen-Erwägungen kritisch bewertet werden.

Vorüberlegungen zum Niveau der individuellen Prävention

Die Anzahl der Wohnungseinbrüche ging einige Zeit deutlich zurück und hielt sich auf einem relativ niedrigen Niveau. Die Wahrscheinlichkeit selbst betroffen zu sein oder indirekte Erfahrungen zu sammeln, war demnach in diesem Zeitraum in der Bevölkerung gering. Aus psychologischer Perspektive begünstigt eine solche Situation die Ausbildung einer Kontrollillusion. Die Nichtbetroffenheit von Wohnungseinbruch ist dann als Eigenkontrolle interpretierbar. Dadurch entsteht eine Art gelernte Sorglosigkeit, in deren Zusammenhang auch Zeichen einer Gefahr umgedeutet, d.h. verharmlost werden. Ein solcher Prozess ist nicht ungewöhnlich. Er stellt eine Art Anpassung im Sinne eines effizienten Umgangs mit verfügbaren Ressourcen in einer gegebenen Situation dar. Ohne einen solchen Mechanismus würden sich Formen von Paranoia (Überinterpretation von Gefahren) durchsetzen und das alltägliche Handeln erheblich einschränken.

Ein zweiter Aspekt besteht in der geringen Wirksamkeit genereller Informationen für die Bevölkerung über Präventionsmöglichkeiten gegen Wohnungseinbruch (Henkel 2012: 248). Das resultiert keineswegs daraus, dass diese Kampagnen, wie z.B. „K-Einbruch", inhaltlich stark verbesserungswürdig wären. Ganz im Gegenteil. Das Problem liegt unserer Ansicht nach darin, dass sie auf eine zu große Zielgruppe hin angelegt sind: die Bevölkerung der Bundesrepublik. Zum einen besteht eine Charakteristik moderner Gesellschaften darin, Informationsgesellschaften zu sein. Eine enorme und steigende Dichte an Information kennzeichnet unseren Alltag. Damit sind alle Arten von Botschaften in Wort und Bild gemeint, die auf den vielfältigen Kommunikationswegen fließen. Das führt dazu, dass Aufmerksamkeit ein knappes Gut wird. Dies wiederum verstärkt die Tendenz, Mittel einzusetzen, um eine Botschaft in der Konkurrenz um Aufmerksamkeit durchzusetzen. Wenn man Postman folgt, ist eine Information nur dann eine Information, wenn Sie von Belang für das Entscheiden und Handeln eines Individuums ist. Infolge der Vernetzung von Massenkommunikation und Konkurrenz um Aufmerksamkeit aber, sind Belanglosigkeit, Handlungsunfähigkeit und Zusammenhanglosigkeit zunehmend in den kommunikativen Diskurs gelangt (Postman 2006: 84 ff.), wodurch die Informationsmenge wiederum stark zunimmt. Des Weiteren unterliegen die Rezipienten einem Lernprozess. Sie lernen eine selektive Unaufmerksamkeit, z.B. gegenüber Werbebotschaften, um sich in ihrem Handeln durch diese Informationsflut nicht behindern zu lassen. Dazu gehört auch, jene von Postman benannten Eigenschaften von Informationen im Rahmen von Massenkommunikation zu akzeptieren. D.h. eine Information muss nicht mehr zum eigenen Entscheiden und Handeln passen, sondern interessant, merkwürdig oder aufregend sein (Postman 2006: 84ff.). Das „Zappen" ist z.B. eine Folge dieses Lernens. Deshalb wird es immer schwieriger, mit allgemeinen Botschaften für große Zielgruppen in deren Aufmerksamkeit vorzudringen.

Bevor die beiden Überlegungen – gelernte Sorglosigkeit und Unaufmerksamkeit – zusammengeführt werden, soll anhand von Daten einer aktuellen Befragung der Leipziger Bevölkerung vom Herbst 2014 auf die empirische Grundlage dafür hingewiesen werden.

Es interessieren zunächst Motive, welche die individuelle Präventionsabsicht unterstützen. Dazu wurde erfragt, ob Befragte (weitere) Sicherheitstechnik in die Wohnung bzw. das Eigenheim einbauen wollen. Auch wenn diese Daten der individuellen Reflexion und Gewichtung unterliegen, können sie dennoch als ein Hinweis auf eine Präferenzordnung dienen, die das Handeln beeinflusst. Wir sehen anhand der Häufigkeitsverteilungen, worauf Befragte besonderen Wert legen, worauf sie hinsichtlich präventiven Handelns besonders achten.

Zunächst ist es für eine Gesamteinschätzung hilfreich zu sehen, wie hoch der Anteil der Befragten ist, die weitere Sicherheitstechnik in die Wohnung bzw. das Eigenheim einbauen wollen. Knapp 14% der Befragten geben an dies vorzuhaben. Bedeutsam wird dieser niedrige Prozentsatz, wenn man ihn mit dem ebenfalls erfragten Niveau der aktuellen Sicherung der Wohnung bzw. des Eigenheims in Beziehung setzt. Dazu wurde insgesamt das Vorhandensein von acht technischen Sicherungen (spezielle Sicherung Tür, Fenster, Alarmanlage, Bewegungsmelder, Videokamera (innerhalb, außerhalb), Beleuchtung, Sonstiges) abgefragt. Wird jetzt die Anzahl dieser Sicherungen mit der Absicht in Beziehung gesetzt, (weitere) Sicherungstechnik einzubauen, dann ergibt sich ein überraschendes Bild. Mit dem Niveau der vorhandenen Sicherungstechnik steigt der Anteil derer, die weitere Sicherungstechnik einbauen wollen. Besonders auffällig ist demgegenüber, dass 90% der Befragten, die über keinerlei spezielle Sicherungstechnik verfügen, auch nicht die Absicht haben, spezielle Sicherungstechnik einbauen zu lassen. Das unterstützt die getroffene Annahme einer gelernten Sorglosigkeit. Demgegenüber äußerten in der Gruppe derjenigen Befragten mit dem aktuell höchsten technischen Sicherungsniveau nur 65%, keine weiteren Sicherungen einzubauen. Immerhin gibt es in dieser statistischen Gruppe ein hohes Sättigungsniveau an Sicherheitstechnik.

Betrachtet man nun zunächst diejenigen Befragten, die vorhaben, (weitere) Sicherungstechnik einzubauen (Abb. 1), dann zeigt sich zunächst, dass nicht unerwartet das Sicherheitsbedürfnis entscheidend ist. Es wird auch deutlich, dass generelle Informationskampagnen keinen entscheidenden direkten Anteil an diesem Vorhaben aufweisen. Das 5%-Niveau deckt sich zudem mit den Angaben von Henkel. Insgesamt lässt sich neben dem Sicherheitsbedürfnis kein entscheidender Anreiz erkennen.

Abb.2: Gründe für den Einbau (weiterer) Sicherungen

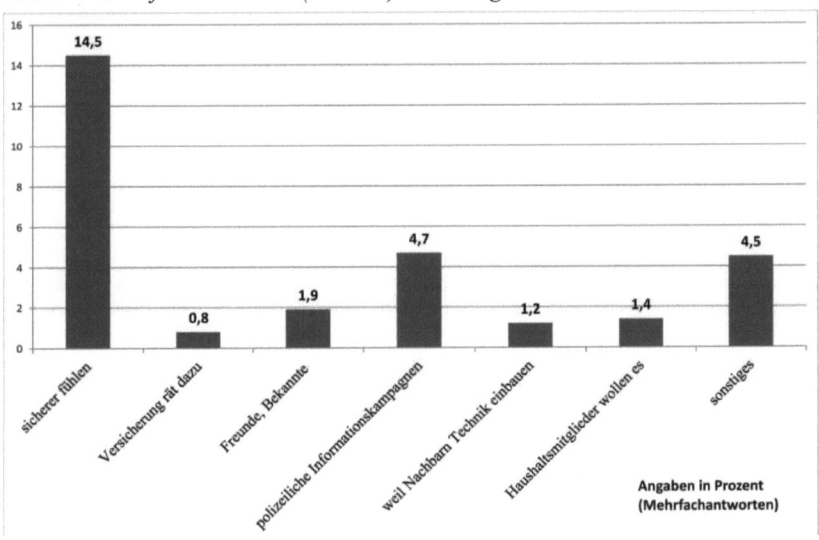

Aufschlussreicher ist eine nähere Betrachtung, warum Befragte keine (weitere) Sicherungstechnik einbauen wollen (Abb. 2). Ein Grund ist zunächst der Eindruck, dass Sicherungstechniken zu teuer sind. Darin wird ein Informationsdefizit deutlich, in dessen Folge eine solche Assoziation entsteht, die präventionshemmend wirkt. Auf ein motivational verursachtes Informationsdefizit weist „noch nicht darüber nachgedacht" hin. 21% der Befragten, die keine (weitere) Sicherheitstechnik einbauen wollen, haben bisher also noch nicht einmal über die Möglichkeit eines Wohnungseinbruchs nachgedacht.

Demgegenüber steht die Einschätzung, dass die Wohnung bzw. das Eigenheim bereits sicher genug ist, als der am häufigsten genannte Grund keine (weitere) Sicherheitstechnik einzubauen.

Wenn die beiden letzten Gründe mit dem vorhandenen technischen Sicherungsniveau in Beziehung gesetzt werden, ergibt sich folgendes Bild: 55% derjenigen Befragten, die keine oder nur eine spezielle Sicherung angegeben haben, schätzen ein, dass ihre

Wohnung bzw. ihr Eigenheim sicher genug ist. Sogar 70% derjenigen mit keiner oder nur einer speziellen Sicherung haben noch nicht darüber nachgedacht.

Diese beiden Aspekte verweisen auf unsere Vorüberlegung zur gelernten Sorglosigkeit und weisen auf eine spezielle Zielgruppe zur Erhöhung der individuellen Prävention hin.

Abb. 3: Gründe dafür, keine (weitere) Sicherheitstechnik einzubauen

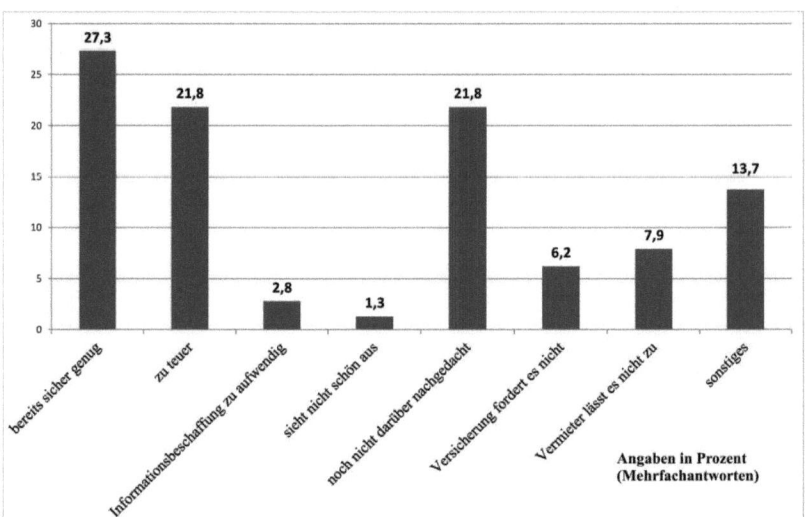

Bisher zeigen sich durchschnittliche Präferenzordnungen, welche einem Präventionshandeln zugrundeliegen. Es sind aber nicht nur bewusste Präferenzen (Absichten), sondern auch Restriktionen, die auf das Handeln Einfluss nehmen. Deshalb werden im Folgenden einige dieser Zusammenhänge mittels einer multivariaten Analyse geprüft (Tab. 1). Als abhängige Variable dient die Frage, ob (weitere) Sicherheitstechnik eingebaut werden soll. Da die abhängige Variable dichotom (ja/nein) kodiert ist, stammen die folgenden Ergebnisse aus einer logistischen Regression. Logistische Regressionen liefern einen Standardwert (Odds-Ratio) für die Wirkungsrichtung und deren Wahrscheinlichkeit der Beeinflussung der abhängigen Variable durch die jeweilige unabhängige Variable.

Tabelle 1: Multivariates Modell (weitere) Sicherheitstechnik einbauen

	Abhängige Variable: (weitere) Sicherheitstechnik einbauen bivariat	Exp(B)
Wohndauer	1,005	1,015
Viktimisierung (Wohnungseinbruch)	3,997**	3,297**
Wohneigentum	5,567**	3,172**
Wohnungsgröße	1,015**	1,005
Gesamtumfang technische Sicherungen	1,495**	1,273*
Umfang Arbeitsstunden pro Woche	1,015	1,016
Haushaltseinkommen	1,120**	,998
Alter	,992	,955
Geschlecht	,954	1,183
Schulbildung	1,111	,796+
R2(Nagelkerke)		,219**
N		1324

Odds-Ratio Koeffizienten ** signifikant 1%, * signifikant 5%, + signifikant 10%

Die einflussreichste Variable auf das Präventionsverhalten ist die Viktimisierung. Befragte, die bereits Opfer eines Wohnungseinbruchs gewesen sind, weisen eine um das 3,3-fache höhere Wahrscheinlichkeit auf, (weitere) Sicherheitstechnik einzubauen. Aus Schaden klug zu werden, ist demnach die kostenreiche Hauptsäule des individuellen Präventionsverhaltens. Die zweite Säule besteht im Eigentum. Eigentümer weisen gegenüber Mietern eine um das 3,2-fache höhere Wahrscheinlichkeit auf, (weitere) Sicherheitstechnik einzubauen. Es besteht also hinsichtlich der Präventionsbemühungen ein entscheidender Unterschied darin, ob es sich um Mieter oder Eigentümer handelt. Wohneigentum führt dazu, größere individuelle Präventionsbemühungen zu unternehmen. Das kann zu einem gewissen Teil daher rühren, dass bei Eigentümern eine komplette Eigenverantwortung vorliegt, während Mieter ein bestimmtes Niveau an Sicherheitstechnik sozusagen vorfinden bzw. als Bestandteil des Mietvertrages ansehen. Daraus entsteht möglicherweise die Auffassung, die Sicherung der Wohnung sei komplett Sache des Vermieters. Darüber hinaus hat auch die Entscheidungsfähigkeit, also selbst ohne Rückfrage entscheiden zu können, etwas damit zu tun.[3] In der Verdeutlichung der Eigenverantwortung der Mieter und in der

---

[3]   Dies verdeckt allerdings eine zweite Dimension, nämlich den Unterschied zwischen Wohnung und Eigenheim. Eine entsprechende multivariate Analyse im Austausch der Variable Eigentum gegen Wohnform

Werbung um Aufmerksamkeit der Vermieter für die allgemeinen Gefahren des Wohnungseinbruchs könnte demnach eine Präventionsreserve liegen.

Wie bereits gezeigt, bestätigt sich auch unter multivariaten Bedingungen, dass das Vorhandensein spezieller Sicherungen ein Prädiktor dafür ist, weitere Präventionsbemühungen zu unternehmen (eine um das 1,3-fache höhere Wahrscheinlichkeit).

Auffällig ist schließlich, dass mit dem formalen Schulbildungsabschluss das individuelle Präventionsbemühen sinkt. Um fast 30% sinkt die individuelle Präventionsaktivität mit höherer Schulbildung. In Bezug auf unsere Vorüberlegungen könnte vermutet werden, dass Bildung die Steigerung von Kontrollillusion begünstigt. Da das Modell durch das aktuelle Sicherungsniveau sowie das Haushaltseinkommen kontrolliert wird, können diese Faktoren (Bildung als Proxy für Einkommen und bereits sichere Wohnverhältnisse) als dahinterliegend weitgehend ausgeschlossen werden.[4]

Obwohl das Lebensalter einen signifikanten Einfluss aufweist, ist die Wahrscheinlichkeit zu vernachlässigen (mit dem Alter sinkt die Präventionsaktivität um 4,5%). Das legt eher die Vermutung einer zufälligen Schwankung nahe.

Schließlich weisen neben dem bereits erwähnten Haushaltseinkommen die Wohndauer, Wohnungsgröße, Geschlecht sowie die Anzahl der durchschnittlichen Arbeitsstunden pro Woche keinen Einfluss auf die individuelle Präventionsaktivität auf.

Abschließend soll zur Begründung der Hypothese noch eine letzte Analyse durchgeführt werden. Neben der Wahrnehmung von Informationskampagnen wurde erfragt, ob auch selbst etwas unternommen wurde, um sich aktiv Informationen über Sicherheitstechnik zu beschaffen. Wir hatten gesehen, dass polizeiliche Informationskampagnen nahezu keine Wirkung aufweisen, um die individuelle Präventionsaktivität zu steigern. Nun soll noch geprüft werden, ob solche Informationskampagnen wirksamer sind, wenn das Informationsinteresse bereits geweckt worden ist. Technisch gesprochen wollen wir nun prüfen, ob zwischen beiden Variablen - aktive Informationssuche und Wirksamkeit von Informationskampagnen – eine Interaktion vorliegt. Eine differenzierte Auskunft darüber lässt sich mittels mehrfaktorieller Varianzanalyse gewinnen. Darin zeigt sich, ob sich zwei unabhängige Variablen in ihrer Wirkung auf eine dritte, abhängige Variable gegenseitig beeinflussen. Immerhin gaben 57% der Befragten an, sich schon einmal gezielt über Sicherheitstechnik informiert zu haben. Kontrolliert wird das Ergebnis mittels der Variablen aus dem Modell in Tabelle 1. Das Ergebnis ist durchaus erstaunlich.

---

zeigt, dass alle Effekte annähernd gleichbleiben, die Wohnform aber sogar das 3,9-fache an Wahrscheinlichkeit aufweist. Demnach bildet das Bewohnen eines Eigenheims einen eigenständigen Anreiz zur individuellen Prävention.

[4]   Die Nichtberücksichtigung des vorhandenen Sicherungsniveaus und des Haushaltseinkommens führt lediglich zu einer leichten Abschwächung der negativen Wirkungsrichtung auf 20% sinkende Präventionsaktivität.

Abb.4: Interaktion zwischen Informationssuche und Informationskampagne

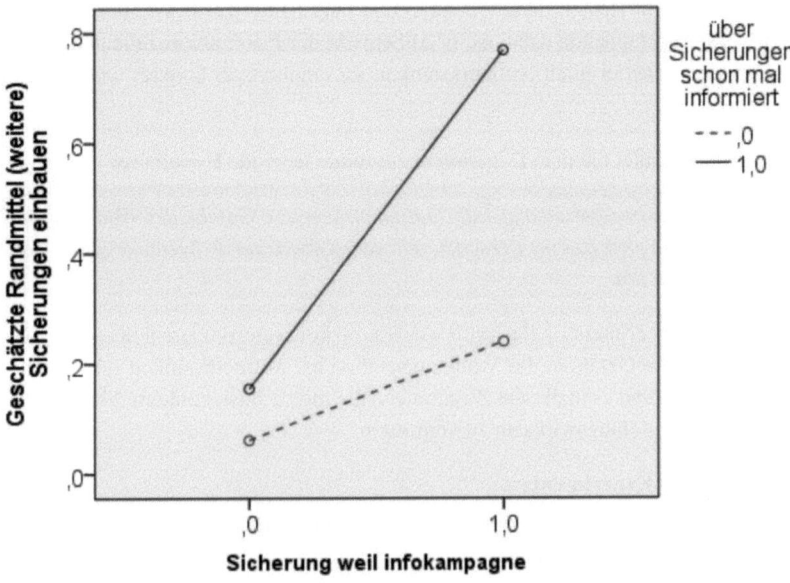

Kovariate: Viktimisierung, Wohneigentum, Alter, Geschlecht, Schulabschluss, Anzahl der Gesamtsicherungen

Es lassen sich zwei Haupteffekte beobachten: Die Absicht, mehr Sicherheitstechnik einzubauen, erhöht sich zum einen durch die Wahrnehmung einer polizeilichen Informationskampagne und zum anderen durch aktive Informationssuche. Die Mittelwertveränderungen der abhängigen Variablen unterscheiden sich jedoch deutlich. Während sich der Mittelwert (sich (weitere) Sicherheitstechnik einbauen) bei denjenigen, die nicht aktiv nach Informationen suchen, durch Informationskampagnen lediglich von ,061 auf ,240 nur sehr leicht anhebt, steigt der Effekt von Informationskampagnen bei aktiv nach Informationen suchenden von ,154 auf ,769. Mit anderen Worten, wenn Interesse geweckt wurde und eine Informationskampagne läuft, dann entsteht ein kumulativer Effekt auf eine Steigerung der individuellen Präventionsaktivität.

Die Hypothese

Zusammenfassend lässt sich feststellen, dass es darauf ankommt, die Aufmerksamkeit für das Problem Wohnungseinbruch zu wecken, damit über die Einschätzung der eigenen Situation ein Interesse für Prävention entsteht. Wenn dies erreicht ist, dann, so zeigt das Ergebnis der mehrfaktoriellen Varianzanalyse, sollten Informationen verfügbar sein, wie Prävention wirksam geleistet werden kann. Es hat sich des Weiteren gezeigt, dass die sich von selbst einstellenden Hauptfaktoren für Aufmerksamkeit und Interesse zum einen aus Wohneigentum und zum anderen aus Viktimisierungs folgen.

Diese Faktoren wirken der gelernten Sorglosigkeit entgegen. Deshalb sollten sich Maßnahmen darauf richten, über Gefahren und über Mittel zur Prävention zu informieren. Das Entscheidende dabei ist, in Anbetracht der Informationsfülle und daraus resultierenden Schwierigkeit Aufmerksamkeit zu erhalten, so konkret wie möglich vorzugehen.

Daraus folgend lautet die dem Experiment zugrunde liegende Hypothese:

Je konkreter (personenbezogene) Informationen über die Gefahr des Wohnungseinbruchs sind, desto eher ist eine Person bereit, selbst etwas zur Prävention gegen Wohnungseinbruch zu tun.

Mithilfe eines Experiments soll geprüft werden, ob konkrete, d.h. ortsteilbezogene Information über die Gefahren des Wohnungseinbruchs, Aufmerksamkeit für das Thema erhalten kann und es in diesem Zusammenhang möglich ist, konkrete Maßnahmen zur Prävention handlungswirksam zu vermitteln.

Grundlagen des Experiments

Durchgeführt wird ein Feldexperiment. Um die Wirkung des experimentellen Faktors, der im nächsten Abschnitt erläutert wird, so gut wie möglich bestimmen zu können, bedarf es neben den Experimentgruppen, in denen dieser Faktor angewendet wird, noch Vergleichsgruppen, in welchen er nicht angewendet wird. Das soll ausschließen, dass Veränderungen, die sich in einem gegebenen Zeitraum ereignen, irrtümlich als Wirkung dieses Faktors angesehen werden. Dazu bedarf es der Kontrolle von Bedingungen, die an der Entstehung einer beobachtbaren abhängigen Variable hauptsächlich beteiligt sind. Der Zweck der Erhöhung der individuellen Prävention besteht in der Senkung der Häufigkeitszahl von Wohnungseinbrüchen. Also besteht darin die letzte abhängige Größe, die nicht direkt, sondern indirekt und nicht kurzfristig, sondern langfristig durch das Experiment beeinflusst werden soll.

Als Experiment- und Kontrollgruppen werden Ortsteile ausgewählt. Sie stellen einen Erlebenshorizont dar, mit dem sich die Bewohner identifizieren können. Zugleich können konkrete Informationen über die Gefahren des Wohnungseinbruchs dieses räumlichen Zusammenhangs vermittelt werden, die für die Bewohner direkt mit dem eigenen Lebensalltag in Beziehung stehen. Um Experiment- und Kontrollgruppen auszuwählen, bedarf es einer theoretischen Grundlage über Ursachen des Wohnungseinbruchs. Weil keine konkrete Theorie zum Wohnungseinbruch verfügbar ist, wird Wohnungseinbruch als Bestandteil des Kriminalitätsgeschehens insgesamt angesehen.

In Theorien sozialer Desorganisation[5] sind Bedingungen theoretisch begründet, die empirisch gut geprüft sind und als Risikofaktoren für Kriminalität gelten. Sie werden auch

---

[5]   Ursprünglich von Shaw/McKay (1942) entwickelt und weitergeführt u.a. durch Sampson/Groves (1989) und Skogan (1992).

im Hinblick auf das Risiko Wohnungseinbruch angewendet. Diese Risikofaktoren sollen zwischen Experiment- und Kontrollgruppe jeweils annähernd gleich sein. Da die Gruppen (Ortsteile) gegeben sind, also hinsichtlich ihrer Zusammensetzung nicht verändert werden können, geht es um eine näherungsweise Ähnlichkeit. Die zu kontrollierenden Faktoren sind: Wohndauer, Durchschnittsalter der Wohnbevölkerung (Jugendquote, Altenquote), Anteil Wohneigentum, Wanderungssaldo, Haushaltseinkommen, Migrantenanteil, durchschnittliche Haushaltsgröße, Ledigenanteil.[6] Darüber hinaus wird auf eine weitere Größe Bezug genommen: die Lage des Ortsteils innerhalb des Stadtgebiets. Damit soll ein nicht konkret kontrollierbares Hintergrundrauschen sehr verschiedener Bedingungen erfasst werden, die das Kriminalitätsniveau beeinflussen, aber nicht genau benennbar sind. Dazu werden jeweils ein Experiment- und ein Kontrollortsteil aus dem Zentrum Leipzigs und aus einer Randlage ausgewählt.

Diese Bedingungen sollten in Experiment- und Vergleichsgruppe annähernd gleich sein, um in Bezug auf eine Veränderung der abhängigen Variable mit möglichst großer Sicherheit entscheiden zu können, ob sie auf den experimentellen Faktor zurückgeführt werden kann.

Um Wirkungen empirisch festzustellen, sind Messungen vor und nach dem Auftreten des experimentellen Faktors erforderlich. Dadurch können Veränderungen innerhalb dieses Zeitraums aus dem Vergleich zwischen Experiment- und Kontrollgruppe eingeschätzt werden. Gemessen wird mittels postalischer Befragung. Die Vorhermessung geschieht im August 2015 nach Ende der Sommerferien in Sachsen. Bis zum Auftreten des experimentellen Faktors wird ein Zeitraum von zwei Wochen veranschlagt. Das ist der durchschnittlich zu erwartende Zeitraum für den Response einer postalischen Befragung ohne Versendung von Erinnerungen. Die Zweitmessung wird im November 2015 erfolgen, um eine Wirkungszeit auf die abhängigen Variablen zu ermöglichen. Die durchschnittliche Höhe des zu erwartenden Responses einer solchen methodischen Grundlage liegt bei bis zu 20% (Diekmann 1995: S. 441). Die Wahl des methodischen Designs folgt aus dem explorativen Charakter und den sehr begrenzten materiellen Mitteln, die zur Verfügung stehen. Da es sich um eine Kausalanalyse handelt und nicht um die Ermittlung von Verteilungen (Mittelwerte, Häufigkeiten), wie dies in demoskopischen Untersuchungen der Fall ist, kann trotz des zu erwartenden niedrigen Response eine Einschätzung der Hypothese vorgenommen werden. Vom Einwohnermeldeamt in Leipzig wurde jeweils eine Zufallsstichprobe von 400 Personen pro Ortsteil gezogen.

Der experimentelle Faktor

Der entwickelte Projektansatz verfolgt das Ziel, Präventionsmaßnahmen möglichst kleinteilig, also auf Ortsteilebene, zu realisieren und hierfür mit Akteuren in den Ortsteilen (Vor-Ort-Experten) zusammenzuwirken. Das hat den Vorteil, dass bereits

---

[6]   Vgl. Lauber/Mühler (2014, S. 715 f).

bewährte Kommunikationsstrukturen vorhanden sind, die zudem über einen Vertrauensbonus verfügen (z. B. Bürgervereine). Für die Öffentlichkeitsarbeit sollte weitestgehend auf etablierte Medien zurückgegriffen werden bzw. Produkte erstellt werden, die einen Bezug zum Ortsteil oder Stadtbezirk herstellen. Die Verbreiterung der Akteursbasis platziert das Thema im Sinne eines gesamtgesellschaftlichen präventiven Ansatzes. Die Zusammenführung mehrerer Akteure sollte sich in der Gesamtschau auch ressourcenschonend auswirken.

Um die Datenbasis - auch mit Blick auf die im Allgemeinen niedrigen Aufklärungsquoten - zu erhöhen, erfolgte zunächst eine Täterbefragung in der Justizvollzugsanstalt Leipzig, um mehr über die Täter, deren Motivation sowie die Vorgehensweise bei der Tat zu erfahren. Des Weiteren erhob das Amt für Statistik und Wahlen im Rahmen der kommunalen Bürgerumfrage zusätzliche Daten zum Wohnungseinbruch (s. o. Vorüberlegungen zum Niveau der individuellen Prävention). Die Polizeidirektion Leipzig stellte ergänzend Lagedaten zur Verfügung, um diese ortsteilbezogen auszuwerten, insbesondere im Hinblick auf Tatort, Tatzeit, Tatobjekt, Begehungsweise oder Diebesgut.

Für die zwei Ortsteile, in denen der experimentelle Faktor eingesetzt wurde, entwickelte der Arbeitskreis eine Vielzahl an Veranstaltungen und Maßnahmen für unterschiedliche Zielgruppen. Bei nahezu allen Aktivitäten erfolgte eine Unterstützung durch lokale Akteure, z. B. Bürgerverein, Ortschaftsrat. Im Zentrum der Aktivitäten standen je zwei Ortsteilveranstaltungen, die ausschließlich durch die Vor-Ort-Akteure mittels Verteilung von Werbematerial beworben wurden. Bürgervereine, Ortschaftsräte und Wohnungsbaugesellschaften verteilten Ankündigungsplakate und stellten Veranstaltungen in soziale Medien ein. Bei den gut besuchten Ortsteilveranstaltungen informierte der Arbeitskreis über die Kriminalitätslage im Quartier, stellte Ergebnisse der Täterbefragung vor, ehe die Präventionsexperten der Polizei über Sicherungsmaßnahmen (verhaltensorientierte Prävention, gute Nachbarschaft, sicherheitstechnische Prävention) berichteten. Besonders hervorzuheben sind die halbstrukturierten Interviews mit Opfern von Wohnungseinbrüchen, die anschaulich über deren Erlebnisse berichteten. Die hohe Anzahl bestehender Fragen verdeutlichte das hohe Informationsbedürfnis der Bevölkerung.

Eine Internetseite (www.leipzig.de/praevention) ergänzte die Aktivitäten, um alle Informationen dort zu bündeln und vor allem auf die kostenlose Vor-Ort-Beratung durch die Polizei hinzuweisen. Auf diese Internetseite sowie auf den lokalen Modus Operandi „Kantenriegel" weist auch ein eigens erstellter Flyer hin, den die o. a. Akteure im Ortsteil, vor allem bei Einzelhändlern oder Ärzten hinterlegten. Mit zeitlichen Abstand erfolgte dann die Herausgabe von drei Postkarten, die jüngere Leute ansprechen sollten und dementsprechend auch an anderen Orten platziert wurden. Angebote für Senioren setzten die Leipziger Seniorensicherheitsberater des KPR um.

Die erwarteten Wirkungen

Grundlage der Einschätzung des Experiments ist der folgende Kausalzusammenhang:

Der letztendliche Zweck besteht in der Senkung der *Häufigkeitszahl des Wohnungseinbruchs*. Diese Größe, da sie die Folge sehr komplexer Prozesse ist, lässt sich nicht kurzfristig beeinflussen, sondern Veränderungen können nur über einen längeren Zeitraum eingeschätzt werden. Ob sich eine Senkung, Stabilisierung oder verminderte Zunahme der Häufigkeitszahl infolge des Experiments einstellt, soll mithilfe eines Vergleichs zwischen Experiment- und Kontrollgruppen geschehen.

Einer der Faktoren, welcher die Häufigkeitszahl des Wohnungseinbruchs direkt beeinflusst, besteht im *individuellen Präventionshandeln*. Auf die Beeinflussung dieses Faktors bezieht sich das Experiment. Ziel ist es, das individuelle Präventionshandeln zu erhöhen. Das bedeutet zum einen die Erhöhung der technisch basierten und zum anderen der verhaltensbasierten Prävention. Da die Messungen mittels Befragung stattfinden, kann nur berichtetes Handeln beurteilt werden. Dennoch gilt, je konkreter und je zeitnaher eine Faktenfrage ist, umso genauer wird sie in der Regel beantwortet.

Das individuelle Präventionshandeln wird durch *(kriminalitätsbezogene) Einstellungen* mit verursacht, wenn auch nicht ausschließlich. Ein Basismodell von Einstellungen beruht auf der Unterscheidung von drei Komponenten: einer kognitiven, einer affektiven und einer konativen. Mit Schwind u.a. kann darin ein Kausalzusammenhang gesehen werden: Die wissens- und wahrnehmungsbasierte Beurteilung einer Situation beeinflusst den affektiven Bezug auf diese Situation und dieser wiederum beeinflusst die Bereitschaft zu einem bestimmten Handeln (Schwind u.a. 2001). Darin bestehen die drei engeren Wirkungsgrößen, deren Veränderung mithilfe der postalischen Befragung ermittelt werden soll (Abb. 5).

Abb.5: Wirkungseinheiten des Experiments

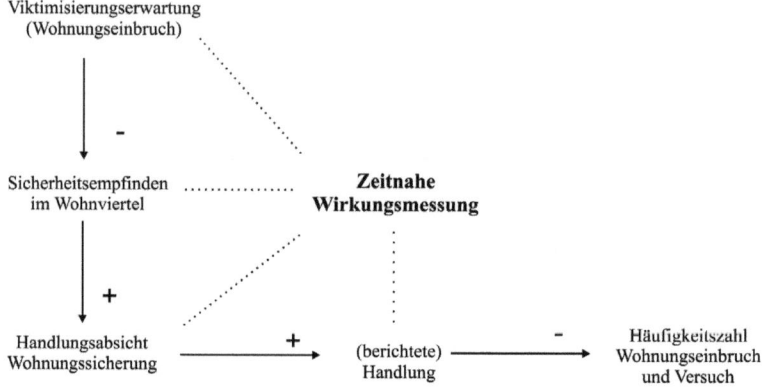

Die *kognitive Komponente*: Dazu gehört die Viktimisierungserwartung eines Wohnungseinbruchs. Üblicherweise werden Viktimisierungserwartungen im Zeithorizont von 12 Monaten erfragt. Von einer Beeinflussung dieser Größe wird erwartet, dass das Phänomen gelernter Sorglosigkeit reduziert wird, also eine kognitive Einschätzung einer Gefährdung durch Wohnungseinbruch auf der Grundlage der Situation im Ortsteil geschieht.

Die *affektive Komponente*: Üblicherweise wird diese Komponente als Kriminalitätsfurcht erhoben. In unserem Design wird sie als Sicherheitsempfinden bei Tag und Nacht im Wohnviertel erfragt. Entsprechend der Beurteilung der Situation im Ortsteil hinsichtlich der Gefahr des Wohnungseinbruchs sollte sich das Sicherheitsgefühl verändern.

Die *konative Komponente*: Die Handlungsabsicht ist dem Handeln unmittelbar vorgelagert. Insbesondere die Absicht einer weiteren technischen Sicherung der Wohnung bzw. des Eigenheims soll in beiden Befragungen erhoben werden. Es wird erwartet, dass bei einer Veränderung der kognitiven und der affektiven Komponente im hier beschriebenen Sinn, sich auch die konative Komponente in die gleiche Richtung verändert.

Die beschriebenen Wirkungsgrößen sind nicht isoliert, sondern in ihrem Zusammenhang zu sehen. Es ist wenig erfolgreich, wenn sich lediglich die kognitive und affektive Komponente verändern, d.h. z.B. das Sicherheitsempfinden sinkt, aber daraus keine Wirkungen auf Handlungsabsicht und Handlung erfolgen. Aus diesem Grund wird im experimentellen Faktor beides vermittelt, indem eine Erschütterung der Sorglosigkeit und zugleich die Bereitstellung von praktischen Lösungen zur Erhöhung der individuellen Sicherheit erfolgen. Diese Vorgehensweise ist Neuland in der Kriminalitätsprävention, weshalb ohne eine empirische Überprüfung der forschungsleitenden Hypothese ihr Präventionswert nicht eingeschätzt werden kann.

Literatur:

Diekmann, A. (1995): Empirische Sozialforschung, Grundlagen, Methoden, Anwendungen. Reinbeck b. Hamburg, Rowohlt.

Henkel, M. (2012): Planung von Präventionskampagnen am Beispiel Wohnungseinbruch. In: Kriminalistik 66 (4), S. 247-252.

Lauber, K. u. K. Mühler (2014): Steigerung der individuellen Prävention gegen Wohnungseinbruch. Projektskizze eines Feldexperiments in Leipzig. In: Kriminalistik 68(12), S. 712-719.

Postman, N. (2006): Wir amüsieren uns zu Tode. Urteilsbildung im Zeitalter der Unterhaltungsindustrie. Frankfurt a.M., Fischer Verlag.

Sampson, R. u. B. Groves (1989): Community Structure and Crime: Testing Social-Disorganization Theory. In: American Journal of Sociology 94 (4), S. 774-802.

Schwind, H.-D., D. Fetchenhauer, W. Ahlborn u. R. Weiß (2001): Kriminalitätsphänomene im Langzeitvergleich am Beispiel einer deutschen Großstadt. Bochum 1975-1986-1998, Neuwied, Luchterhand.

Shaw, C. R. u. H. D. Mc Kay (1942): Juvenile Delinquency and Urban Areas, Chicago, University of Chicago Press.

Skogan, W. (1992): Disorder and Decline: Crime and the Spiral of Decay in American Neighborhoods, Los Angeles, University of California Press.

Thomas Mücke

Deradikalisierung/Disengagement gestalten

Im Herbst 1988 kam es im Norden von Berlin verstärkt zu gewalttätigen Übergriffen durch eine rechtsextreme Skinheadszene, die unter dem Einfluss der rechtextremen Organisation „Nationalistische Front" stand. Die Angst abends auf die Straße zu gehen wurde immer größer, rechtsextreme Parolen und Hakenkreuzschmierereien traten im Stadtteil vermehrt auf.

Ich arbeitete damals mit den jungen Menschen, die Opfer dieser Gewalt wurden. Meine Betroffenheit war groß und ich hatte keinerlei Verständnis für diese Gewalt und diesen Hass gegen Andersdenkende. Aber es waren einige Betroffene selber, die den Wunsch äußerten, dass man mit diesen Jugendlichen doch reden müsste, um die Gewalteskalationen zu stoppen.

Ich suchte in der Fachdiskussion nach Erfahrungen und Konzepten, ging auf Fachtagungen und sprach mit vielen ExpertInnen. Es war stets dieselbe Erkenntnis. Praktische Erfahrungen einer pädagogischen Arbeit mit dieser Jugendszene lagen nicht vor. Es wurde viel über rechtsextrem orientierte Jugendliche gesprochen, aber wer sprach mit ihnen? Ich arbeitete als Streetworker mit diesen jungen Menschen und nach zwei Jahren experimenteller Projektarbeit führten diese jungen Menschen ein straffreies Leben und waren resistent gegenüber Einflüssen aus dem rechtsextremen Milieu. Sie wollten sich nicht mehr „verheizen lassen" und konnten sich etappenweise von menschenverachtenden Ideologien distanzieren. Das Aufbrechen ihres ursprünglichen Feindbilddenkens war sicherlich auch das Ergebnis des kontinuierlichen Dialogs mit andersdenkenden jungen Menschen. Keiner der Jugendlichen wurde inhaftiert, sie haben sich auch nach der Projektzeit sozial integriert und ihren eigenen Lebensweg gefunden.

„Wenn es das Projekt nicht gegeben hätte, hätten wir weitergemacht, hätten nicht nachgedacht, hätten uns von Hass verführen lassen, hätten weiter sinnlos Leute zusammengeschlagen. Vielleicht auch Schlimmeres. Wir wären alle im Knast gelandet".

Für mich war diese Arbeit einer meiner wichtigsten Lernprozesse. Ich lernte, dass eigene undifferenzierte Bilder den Zugang zu Menschen versperren, die durchaus noch erreichbar sind. Ich konnte erleben, wie Menschen sich verändern können, wenn ich auf authentische Beziehungen vertraue und mich den Problemen, die hinter der Radikalisierung stehen, zuwende. Ich konnte lernen, dass eine sich interessierende Haltung mehr bewirkt als eine belehrende. Ich sah, welche Gefahren durch extremistische Organisationen ausgehen, wenn wir uns diesen gefährdeten Jugendlichen nicht rechtzeitig zuwenden. Diese Grundhaltungen sind in der Deradikalisierungsarbeit heute immer noch von zentraler Bedeutung.

Und auch heute sind es zumeist soziale und familiäre Desintegrations- und Ent-
täuschungserfahrungen – einhergehend mit geringen Akzeptanzgefühlen und problematischen Cliquendynamiken – die zu einer erschwerten Identitätsbildung bei
Jugendlichen führen. Bei Fehlen einer eigenständigen Identität besteht die Gefahr
der „Radikalisierung von Restidentitäten". Sie greifen zumeist ohne religiöse Bildung auf ihre religiöse Wurzel zurück. Dies kann dazu führen, dass junge Menschen sich extremistische, hypermaskuline, fundamentalistische oder traditiona-
listische Einstellungen zu Eigen machen, sich bei ihnen demokratiedistanzierte
und gewaltaffine Einstellungen entwickeln und sie einen „misslungenen Selbst-
heilungsprozess", d.h. der Verfestigung ihrer Gewalt- und Radikalisierungskarri-
ere, unterliegen.

Und auch heute nutzen extremistische Organisationen Lebens- und Identitätskrisen von jungen Menschen für ihre politischen Zwecke aus.

Tausende von zumeist jungen Menschen lassen sich hierzulande vom extremistischen Salafismus verführen. Sie folgen einem politischen Extremismus, der von
Hass und Ablehnung jeglicher Menschenrechte geprägt ist. Hunderte von jungen Menschen reisen in Kriegsgebiete aus und sind teils in schwerste Menschenrechtsverletzungen eingebunden. Wie im Phänomenbereich Rechtsextremismus
stellt sich für die Sozialpädagogik die Herausforderung, wie diese jungen Menschen erreicht werden können und ein Weg jenseits von Gewalt und Hass bereitet
werden kann.

Abdul mit kurdischen Wurzeln ist 15 Jahre alt und sitzt wegen Raub und Körperverletzungen noch drei Jahre im Jugendvollzug. Danach möchte er nach Syrien
und sich etwas „Großem", dem Dschihad, anschließen, einmal im Leben etwas
Richtiges tun, auch wenn es für ihn den Tod bedeuten könnte. Hier in Deutschland
sieht er keine Perspektive, seine Familie hat sich von ihm abgewandt. Über seine
Religion hat er kein Wissen, weiß noch nicht mal, dass der „IS" gegen die Kurden
kämpft.

Mehmet ist 17 Jahre und kommt aus einer intakten und aufgeschlossenen Familie.
Er ist sich nicht sicher, ob er mit seiner muslimischen Identität in einem säkularen Staat leben darf. In seiner Moschee bekommt er keine Antworten auf seine
Fragen. Erst in salafistischen Gesprächskreisen zeigt man scheinbar Interesse für
seine Religiosität. Er reist nach Syrien aus.

Anne ist 18 Jahre alt, vor kurzem ist ihr Vater gestorben, zu ihrer Mutter hat
sie ein angespanntes Verhältnis. Über Freundeskreise bekommt sie Kontakte zur
salafistischen Szene, fühlt sich dort geborgen und aufgehoben. Aus Dankbarkeit
will sie nach Syrien ausreisen und etwas gegen die „globale Ungerechtigkeit" tun.

Benjamin, 16 Jahre alt, ist ohne Vater aufgewachsen und hat in seinem Leben wenige Erfolge aufzuweisen, verfängt sich in kleinkriminellen Handlungen. Über einen Freund bekommt er Zugang zur salafistischen Szene und lang ersehnten Vaterfiguren. Sein Freund reist nach Syrien aus und stirbt dort. Er hatte es sich im letzten Moment noch anders überlegt.

Mohammed ist 19 Jahre alt und in häuslichen Gewaltverhältnissen aufgewachsen. Weder in der Familie noch in der Gesellschaft fühlte er sich angenommen. Nach einer jahrelangen Gewaltkarriere sucht er eine moralische Rechtfertigung für seine Gewalthandlungen, ein Ventil für seinen aufgestauten Hass. Er phantasiert darüber, in die Kampfgebiete zu gehen.

Diese wenigen Beispiele zeigen, dass es keinen einheitlichen Radikalisierungsverlauf bei jungen Menschen gibt, dass Radikalisierungsprozesse aber stets im Kontext der konkreten Lebensgeschichte und -ereignisse der jungen Menschen stehen.

Radikalisierungsverläufe

Auch in der empirischen Betrachtung verschiedener Radikalisierungsverläufe ergibt sich kein einheitliches Bild der aus Deutschland in Richtung Syrien ausgereisten Personen[1]. Das Alter variiert, der Bildungsgrad ist unterschiedlich, ein Großteil der Ausreisenden, die nicht mehr zur Schule gingen, lebte von Arbeitslosengeld II, hatte Aushilfsjobs oder war in Maßnahmen der *Agentur für Arbeit* untergebracht. Die überwiegende Mehrzahl der Ausgereisten hat einen Migrationshintergrund in dem Sinne, dass sie oder mindestens ein Elternteil im Ausland geboren sind. Einige von ihnen sind Konvertiten.

Nimmt man jedoch den Lebensweg in den Blick, dann hat diese heterogene Personengruppe eine Reihe von negativen Erfahrungen, Emotionen und Wertungen gemeinsam. Sowohl die Erfahrungen aus der Praxis als auch mehrere Studien[2] zu Biographien von Extremisten und Terroristen weisen auf einen kausalen Zusammenhang zwischen Radikalisierung und vorgelagerten Erfahrungen des Scheiterns in anderen Lebensbereichen (z. B. Arbeitslosigkeit, Scheidung, Kriminalität), Gefühlen von Benachteiligung, Entfremdung und Marginalisierung in der Gesellschaft sowie der Ideologisierung und Mobilisierung meist durch eine Bezugsperson hin.[3]

Weiterhin ist die Attraktivität des extremistischen Salafismus nicht nur als ein Erklärungs- und Lösungsmuster etwa für Viktimisierungswahrnehmungen in den Gesellschaften westlicher Staaten zu verstehen, sondern auch bei Konflikten in den eigenen Familien, Entfremdungen von den jeweiligen Herkunftscommunitys usw. Damit ist

---

[1] Bundesamt für Verfassungsschutz, Bundeskriminalamt, Hessisches Informations- und Kompetenzzentrum gegen Extremismus (HKE) 2014

[2] siehe Bakker 2006; Gambetta & Hertog 2007 und Lützinger 2010

[3] Hessisches Ministerium des Innern und für Sport (Hrsg.) 2013; S. 4.

der Extremismus gewissermaßen eine „Befreiungstheologie", die Wertungen und Lösungen für den schwierigen Spagat anbietet, den v. a. Jugendliche der zweiten und dritten Generation zwischen den Herkunftsmilieus und der Einwanderungsgesellschaft leisten müssen.

Extremistische Salafisten sind für verunsicherte junge Menschen attraktiv, weil diese Szenen diesen Menschen Identität, Halt und Orientierung geben, Sie bieten Ihnen verführerisch an:

- Identität, Geborgenheit und Gemeinschaft (spirituelle Heimat), unabhängig von nationalen und ethnischen Kategorien.

- Wissen mit einem exklusiven Wahrheitsanspruch (einzige und höhere Wahrheit), der zu einem überhöhten Selbstwertgefühl führen soll.

- Eindeutige Wertezuschreibungen mit der klaren Unterscheidung zwischen „Gläubigen" und „Nichtgläubigen", „wertem" und „unwertem" Leben (dichotome Weltsicht, mit der Ungleichheitsideologien vermittelt werden).

- Klare Orientierungen durch charismatische Autoritäten mit Gehorsamsanspruch: „Du musst nicht nachdenken, Du musst nur folgen".

- Gerechtigkeitsutopien, die an die hoch ideologisierte Vorstellung von weltweiter Verfolgung von Muslimen (kollektive Opferidentität) anknüpfen, die solidarisch unterstützt werden müssen (Mitmachfaktor), um ihr Leiden zu verhindern.

- Aufmerksamkeit in der Öffentlichkeit und Abgrenzung von der Erwachsenenwelt und der Gesellschaft.

- Die Möglichkeit, aufgestauten Hass durch Gewalthandlungen zu kompensieren und hierbei Gewalthandlungen „religiös" legitimieren zu können.

Extremistische Szenen üben auf Jugendliche mit Identitätskrisen eine erhöhte Attraktivität aus. Dabei schreckt diese Szene auch nicht davor zurück, Minderjährige als Kindersoldaten und „Konkubinen" zu missbrauchen. Daher sind alle gesellschaftlichen Institutionen gefordert, junge gefährdete Menschen von diesem Wege menschenverachtender Einstellungen und Handlungen abzubringen und wieder in die hiesige Gesellschaft zu integrieren. Eine diffuse Angst vor dem Islam sowie fehlende Differenzierungen zwischen Religion, Extremismus und Traditionalismus erschweren diesen Weg. Die Herausforderung wird sein, gemeinsam für den gesellschaftlichen Zusammenhalt zu sorgen und den Polarisierungsversuchen der Rechtsextremisten und jener, die ihre extremistischen Einstellungen religiös begründen, entgegenzuwirken.

In der politischen und gesellschaftlichen Diskussion sind vielfältige Begriffsbildungen zum Thema religiös begründeter Extremismus zu finden, die einerseits bisweilen unerklärt dastehen und andererseits auch stigmatisierend wirken können. Weiterhin werden Traditionen, Religionen und politischer Extremismus oft vermengt. Daher sind Defintionsmerkmale zur inhaltlichen Konturierung der verschiedenen Begriffe für eine sensible Diskussion hilfreich. Eine inhaltliche Unbestimmtheit führt zu einem negativen Assoziationsfeld, was zu Angst- und Feindbilddenken führen, die interreligiöse und interkulturelle Kommunikation erschweren und zur sozialen Ausgrenzung beitragen kann. Grundsätzlich ist zwischen Islam und politischen Extremismus, z.B. in Form des politischen und militanten Salafismus zu unterscheiden. Extremisten berufen sich zwar auf die Religion, sind aber im Kern antireligiös und verstoßen gegen alle religiösen Grundsätze.

Religiös begründeter politischer Extremismus

Religiös begründeter politischer Extremismus hat im Kern eine Ideologie der Ungleichheit und verfolgt als Zielsetzung eine politische Herrschaftsübernahme. Religiöse Berufung wird zum Mittel der Durchsetzung von politischer Macht missbraucht.

Auf der ideologischen Ebene zeigen sich u.a. folgende Merkmale:

- Abwertung anderer Religionen, Weltanschauungen und Lebensorientierungen (religionszentrierter Überlegenheitsanspruch)

- Ablehnung und Einschränkung der Religionsfreiheit, der Menschen- und Grundrechte, Vorhandensein demokratiedistanter Einstellungen

- Unterscheidung zwischen „werten" und „unwerten" Leben, zwischen „Gläubigen" und „Nichtgläubigen"; Dehumanisierung von Anders- und Nichtgläubigen

- Ideologie einer einzig „wahren Religion" als normative Gesellschaftskonzeption, die die gleichberechtigte Existenz anderer Weltanschauungen ablehnt und bekämpft

- Nicht selten verbunden mit überhöhten Nationalismus

- Umwandlung der Religion in eine politische Ideologie

Auf der Verhaltensebene können sich folgende Merkmale zeigen:

- Organisierung in Organisationen mit extremistischen Positionen

- Gewinnung von Sympathisanten und Rekrutierung von politischen Aktivisten

- Ablehnung demokratischer Diskurse

- politische Herrschaftsübernahme durch politische Partizipation

- Befürwortung von Gewalt und aktive Gewaltbereitschaft (religiös fundierte Gewaltbereitschaft)

- Militante Strategien zur Umsetzung politisch-extremistischer Vorstellungen (Terrorismus)

Fundamentalismus ist im Kern der absolute Wahrheitsanspruch auf die alleinige Richtigkeit der Weltanschauung und der Bestreitung der Legitimität konkurrierender Wahrheitsansprüche. Er kann durchaus ideologische Elemente eines religiösen Extremismus enthalten. Solange der Fundamentalismus nur eine Geisteshaltung bleibt und keine politischen Zielsetzungen hat, ist er nicht extremistisch. Auch religiöse Fundamentalisten unterliegen dem Grundrecht der Religionsfreiheit, welcher seine Schranken allein an konkurrierenden Verfassungsnormen findet. Diese konkurrierenden Verfassungsnormen verletzt der religiöse Extremismus (autoritärer und aggressiver Fundamentalismus).

Wichtige Merkmale eines nichtextremistischen Religionsverständnisses:

- Religiöse Zulässigkeit von demokratisch verfassten Gesetzen (Trennung von Staat und Religion)

- Ideologie der Gleichheit von Menschen (antirassistische Weltanschauung)

- Akzeptanz anderer Religionen, Weltanschauungen und Lebensorientierungen und deren gleichberechtigter Existenz neben der eigenen Religion (Religionsfreiheit und interreligiöser Frieden)

- Religiöses Grundverständnis, dass humanistische Grundprinzipien wie Demokratie, Gewaltfreiheit, Menschenrechte und Toleranz nicht ablehnt, sondern vielmehr diese Werte auch in der eigenen Religion findet.

Der Ansatz von *Violence Prevention Network*

Ziel von *Violence Prevention Network* (VPN)[4] ist es, junge Menschen, die extremistische Tendenzen aufweisen und/oder ideologisierte Straftaten begehen, aus dem Radikalisierungsprozess zu lösen. Hierbei werden neben präventiven Ansätzen zur Stärkung der Ambiguitätstoleranz sowie zur Früherkennung und Vermeidung von Radikalisierungsprozessen ebenso Maßnahmen der Intervention bei beginnenden Radikalisierungsprozessen sowie die zielgerichtete Deradikalisierungsarbeit mit jenen, die einen Ausweg aus extremistischen Ideologien suchen, umgesetzt.

VPN verfügt aufgrund seiner von Beginn an auf diesen Themenbereich ausgerichteten Spezialisierung über jahrelange Erfahrungen im Umgang mit radikalisierten jungen Menschen und versteht es, Mitglieder dieser Szenen anzusprechen, mit ihnen in den Dialog zu treten, sie zu Veränderungen zu motivieren und Distanzierungsprozesse zu menschenverachtenden Einstellungen auszulösen.

Eine Herausforderung stellt die Arbeit mit radikalisierten Personen dar, die aus einem Krisengebiet nach Deutschland zurückkehren. Aufenthalte in den *Hot Spots* des internationalen Dschihads können wie Durchlauferhitzer der Radikalisierung wirken. Nicht jeder, der nach Syrien reist, endet zwangsläufig in den Armen „islamistischer" Kampfverbände; mancher reist auch ausdrücklich zu wohltätigen Zwecken. Und nicht jeder, der die Kampfeinsätze des militanten Dschihad überlebt, kehrt hoch radikali-

---

[4] vgl. www.violence-prevention-network.de

siert in die Bundesrepublik zurück; mancher klopft zutiefst desillusioniert wieder an die Familientür, andere sind tief traumatisiert, nicht selten trifft beides zu.

Verrohung durch angewandte Gewalt, Ideologisierung durch Kontakte zu den Speerspitzen des internationalen Terrorismus und die militärische Ausbildung in ihren Camps verbinden sich zu einem hoch explosiven Substrat auch bei solchen Personen, deren Lebensweg zuvor von schulischen und beruflichen Misserfolgen, zerrütteten familiären Verhältnissen oder allgemein kriminellen Milieus geprägt war – und es sind vor allem Personen, denen in ihrer Heimat besonders schlechte Prognosen gestellt werden, die für die extremistische Versuchung besonders empfänglich zu sein scheinen.

Eine Deradikalisierungsarbeit beinhaltet sowohl eine niedrigschwellige Bildungsarbeit, die es versteht, Dialoge zu schwierigen Fragestellungen mit jungen Menschen zu führen, wie auch eine sozialarbeiterisch-pädagogische Perspektive, welche den Blick auf die Problemlagen junger Menschen richtet. Denn eine „Entzauberung" der extremistischen Ideologie führt ansonsten zu einer Dekompensation bei denjenigen Menschen, die eines sozialen Haltens bedürfen. Der Arbeitsansatz von *VPN* basiert daher auf den folgenden Schwerpunkten:

Aufbau einer professionellen Arbeitsbeziehung: Die Herstellung einer Vertrauensbasis zu dem Probanden stellt eine überaus anspruchsvolle Aufgabe dar, da es gilt, jene jungen Menschen aufsuchend und schnell zu erreichen, die von der Gesellschaft und den staatlichen Organen häufig hochgradig entfremdet sind und sich aus diesem Grund, von der extremistischen Szene dazu gedrängt, abschotten.

Vermeidung von Selbst- und Fremdgefährdung: Die extremistische Szene agiert auf hochaggressivem Niveau und fordert immer wieder zum Kampf gegen „Ungläubige" auf. In diesem Risikobereich müssen pädagogische Aktivitäten immer darauf ausgerichtet sein, Gefährdungen zu vermeiden. Hierzu ist die Kooperation mit nahestehenden Personen wie Familienangehörigen zentral, denn emotionale Schlüsselpersonen sind wichtige Hemmschwellen für zerstörerische Handlungen. In dieser Phase ist es auch relevant, mit Gegennarrativen zu extremistischen Anschauungen zu arbeiten, um erste Zweifel bei den Jugendlichen zu verstärken. Methodisch und inhaltlich ist auch hier die Gestaltung des Prozesses der Deradikalisierung abhängig vom Grad der vorliegenden Radikalisierung. Es kann davon ausgegangen werden, dass die Notwendigkeit einer theologischen Auseinandersetzung parallel zur pädagogisch-psychologischen Intervention steigt, je weiter die Radikalisierung der/des Einzelnen fortgeschritten ist. Wenn ein Mensch sich mit dem Willen, für seinen Glauben zu töten, einer extremistischen Gruppierung anschließt, wird der/die Berater/-in im Deradikalisierungsprozess viel Zeit drauf verwenden müssen, die ideologischen Rechtfertigungsmuster zu irritieren und Zweifel an diesen zu säen.

Entwicklung und Zunahme der Dialogfähigkeit: In der extremistischen Szene gibt es eine hochgradige Gehorsamsorientierung, welche mit einer Angstideologie verbunden ist. In den thematischen Gesprächen mit den jungen Menschen ist es zentral, dass diese wieder eigenständiges Denken entwickeln, andere Sichtweisen angstfrei annehmen können und wieder eigene Gedanken für selbstbewusste und eigenverantwortliche Entscheidungen entwickeln können. Deradikalisierung kann nur dann nachhaltig gelingen, wenn sich die/der zu Beratende in einer Atmosphäre des respektvollen Umgangs, sowohl mit seiner Person als auch mit seinen religiösen Vorstellungen, wiederfindet. Entscheidend ist gerade mit dieser Zielgruppe, dass die theologische Auseinandersetzung keinen missionierenden, sondern einen dialogischen Charakter hat. Nur der ehrliche Respekt vor den Erklärungsansätzen der Probanden ermöglicht eine Öffnung der Personen für den Prozess des Hinterfragens. Die argumentative Gegenrede führt hingegen zu Abwehr und zur Verfestigung radikaler Ideologien.

Zulassen von Zweifeln an der eigenen extremistischen Weltanschauung: Im Rahmen der Ausstiegsbegleitung ist es förderlich, die Probanden in bestehende muslimische Communitys und Gemeinden integrieren zu können, die ihnen eine reale Sichtweise auf ihre Religion ermöglichen. Der „Ausstieg" in diesem Feld von Extremismus erfordert, anders als z. B. im Bereich des Rechtsextremismus, eine stabile (Neu-)Definition der Glaubensrichtung. Nicht der „Ausstieg" aus dem Islam ist das Ziel, sondern die Abkehr von radikalen und menschenverachtenden Sichtweisen und der damit einhergehenden Bereitschaft zur Anwendung von Gewalt.

Entwicklung von Ambiguitätstoleranz: Neue Sichtweisen zu eröffnen und unterschiedliche Sichtweisen annehmen zu können sind Grundprinzipien jeglicher Bildungsarbeit, die für eine Zielgruppe, die der ideologischen Monokausalität verhaftet ist, prozesshaft entwickelt werden. Der etappenweise Einsatz von differenten Teams mit unterschiedlichen Weltanschauungen wie auch der Aufbau neuer sozialer Beziehungen bzw. der Reaktivierung früherer sozialer Kontakte unterstützen diesen Prozess.

Aufbau eines neuen privaten Netzwerkes, Aufbau von differenten sozialen Kontakten jenseits der extremistischen Szene: Die extremistische Szene will eine Gleichförmigkeit, indem sie Differenzen negiert und „Ungläubigen" das Existenzrecht abspricht. Sie sorgt dafür, dass Neumitglieder frühere soziale Kontakte (ggf. familiäre Beziehungen) abbrechen, soweit sich diese Personen nicht missionieren lassen. Junge Menschen unterliegen bei einem Verlassen der Szene der Gefahr einer möglichen individuellen Kompensation. Durch den Aufbau alternativer privater und öffentlicher Netzwerke wird die Distanzhaltung zur extremistischen Szene (Gruppe, Einzelpersonen und Medien) erleichtert.

Orientierung auf einen persönlichen Zukunftsplan jenseits des „politischen Kampfes": Soziale Desintegration ist ein Ursachenfaktor für eine mögliche Radikalisierung oder

Re-radikalisierung. Daher sind schulische und berufliche Integrationsmaßnahmen für die Jugendlichen von besonderer Bedeutung, die soziale Partizipationsmöglichkeiten und neues Selbstwertgefühl ermöglichen.

Biographisches Verstehen: Biographiearbeit bedeutet, dass die jungen Menschen die wirksamen Faktoren in ihrem Leben identifizieren und verstehen können (biographische Schlüsselkompetenz). An der Schnittstelle zwischen Biographie und Ideologie müssen Gewalthandlungen, ihre lebensgeschichtliche Entstehung, gewaltaffine Interpretationsregimes und mit ihnen die ideologisierten Anlassstrukturen von Hass und Gewalt thematisiert werden. Ziel ist es, beim jungen Menschen durch eine erhöhte Dialogkompetenz Selbsterkenntnisprozesse zu initiieren. Die Entstehung von Gewalt und menschenverachtenden Denkmustern wird als Bestandteil der eigenen Lebensgeschichte erkannt, und damit werden die Anlassstrukturen und Legitimationsmuster von ideologisierter Gewalt destruiert.

Die konkrete Umsetzung der Deradikalisierung

Die Geschwindigkeit, mit der sich Jugendliche radikalisieren, macht es oftmals erforderlich, zügig differenzierte, aufeinander abgestimmte Möglichkeiten der Deradikalisierungsarbeit umsetzen zu können.

- Beratung, Begleitung und spezifisches Training für radikalisierungsgefährdete junge Menschen im Vorfeld von Straffälligkeit.

- Intervenierende Maßnahmen in Fällen sich abzeichnender Radikalisierung.

- Deradikalisierung, Beratung und Begleitung im Strafvollzug.

- Aussteigerbegleitung: Beratungs- und Dialogmaßnahmen mit Radikalisierten, Ausreisewilligen und Rückkehrern.

- Beratung für Angehörige in der Auseinandersetzung mit religiös begründetem Extremismus zur Erreichung der Zielgruppe.

Der unterschiedliche Grad der Radikalisierung wiederum, mit dem Berater/-innen bei den potentiellen Klient/-innen konfrontiert werden, macht es nötig, die konkreten Interventionsmaßnahmen differenziert zu betrachten. Die Spirale der Radikalisierung kann, durch vorab nur schwer identifizierbare Einflüsse, rasant nach oben gehen, denn Rekrutierungsbemühungen von salafistischen Gruppierungen finden sich in Schulen, Communitys, Strafvollzugsanstalten und im Internet.

Die Schwerpunkte der Arbeit liegen im Herstellen der Erreichbarkeit der gefährdeten Personen, der Ansprache dieser Personen, dem Aufbau einer Arbeitsbeziehung und in der konkreten Deradikalisierungsarbeit. Diese Arbeit umfasst

- stetige Gesprächsdialoge, die das Hinterfragen fördern und Neugierde auf neue Sichtweisen wecken,

- das Erkennen der konkreten Gefährdungssituation für den betroffenen jungen Menschen,

- das Fördern eigener Erkenntnisprozesse zum bisherigen Lebensverlauf, biographisches Verstehen der Gewalt-, Militanz- und Extremismuskarriere unter besonderer Berücksichtigung der Entstehung von Feindbilddenken,

- Verantwortungsübernahme für eine eigenständige Lebensführung – Voraussetzungen schaffen und Zukunft planen,

- Unterstützung und Beratung in schwierigen Lebenssituationen sowie

- begleitende Arbeit mit Angehörigen und Unterstützer/-innen.

Für diese Tätigkeit sind Berater/-innen, besonders auch mit muslimischer Identität, erforderlich, die erfahren darin sind, mit radikalisierten Menschen einen offenen Dialog zu beginnen. Entscheidend ist nicht allein das Sachthema, sondern vielmehr die Personen und der Kontext, in dem dieser Dialog geführt wird.

Gerade in diesem Bereich der konkreten Deradikalisierung wird deutlich, dass Berater/-innen sowohl über politikwissenschaftliche, pädagogisch-psychologische als auch über theologische Kenntnisse verfügen müssen. Gerade in der Beratung von sogenannten Rückkehrer/-innen ist davon auszugehen, dass muslimische Autoritäten den Zugang zur Zielgruppe erleichtern und den Prozess der Deradikalisierung beschleunigen können. *VPN* legt daher großen Wert auf eine interdisziplinäre Besetzung des Teams sowie eine enge Kooperation mit muslimischen Gemeinden.

Die eingangs genannten Jugendlichen haben die ersten Schritte des Ausstieges geschafft und haben zurzeit keine Kontakte mehr zur extremistischen Szene. Sie stehen für über 60 junge Menschen, mit denen *VPN* aktuell (Stand: August 2015) in der Ausstiegsarbeit tätig ist. Einige von ihnen wollen in Zukunft in Schulklassen auftreten, um andere vor den Gefahren der extremistischen salafistischen Szene zu warnen. In einer ersten Bilanz waren folgende Punkte bedeutend und teils entscheidend für den begonnenen Ausstieg:

- Die Berater/-innen sind zur Erreichung der Zielgruppe aufsuchend tätig und lassen sich von ersten Abwehrreaktionen der Zielgruppe nicht abschrecken, so dass anfängliches Misstrauen der Jugendlichen überwunden werden kann.

- Die Berater/-innen nehmen die religiösen Themen und Fragestellungen ernst und gehen hierzu in eine fundierte inhaltliche Auseinandersetzung, die selbst komplexe Textanalysen beinhaltet. Oftmals geht es z. B. um eine der klassischen

Fragestellungen: darf ein Mensch muslimischen Glaubens in einem säkularen Staat leben? Koranverse zu verstehen ist nicht einfach, sie können missdeutet und missbraucht werden und müssen im jeweiligen historischen Kontext interpretiert werden. Weitere Fragen der jungen Menschen sind: Welche Werte vertritt die Religion, welches Menschenbild offenbart sich? Welchen Wert hat jeder Mensch an sich, auch wenn Menschen völlig unterschiedlich sind? Was heißt es, Verantwortung für sich, seine Umwelt und seine Mitmenschen zu übernehmen? Wie kann man frühere Fehler wieder gut machen? Was sagt die Religion über Gewalt und Zwang? Was bedeutet Dschihad im religiösen Sinne?

- Dieses „Ernstnehmen" thematischer und religiöser Fragestellungen führt dazu, dass sich die betroffenen jungen Menschen als Person angenommen fühlen und sich somit für pädagogische Themen wie u. a. Biographie, Diskriminationserfahrungen, Lebenskrisen und kritische Lebensereignisse öffnen können. Erst dann wird es möglich, die Hintergründe und Ursachen der individuellen Radikalisierungsverläufe zu bearbeiten. Die Jugendlichen lernen, über sich selbst zu reden und zu sich zu reflektieren. Sie werden von den Berater/-innen immer wieder ermutigt, eigene Entscheidungen zu treffen und eigenverantwortlich zu handeln.

Die Jugendlichen zeigen ein starkes Interesse an regelmäßigen Zusammenkünften und nehmen professionelle Unterstützung an, besonders auch in Fragen zur eigenen Zukunftsgestaltung. Die Arbeit mit radikalisierten und extremistisch beeinflussten jungen Menschen ist personalintensiv und muss auf einen längeren Zeitraum ausgerichtet sein. Nur durch einen tatsächlichen und kontinuierlichen *face-to-face*-Kontakt kann eine nachhaltige Ausstiegsarbeit erfolgen, wie z. B. bei Mehmet. Er ist einer der Rückkehrer, über die allenthalben gesprochen wird, war in einem Kriegsgebiet und hat unvorstellbar schlimme Dinge gesehen und erlebt. Wichtig war es zuerst einmal, ihn zurück ins „Hier-und-Jetzt" zu holen. Die Gespräche haben Mehmet gezeigt, dass Religion komplex ist, man sich mit religiösen Fragen intensiv auseinandersetzen muss. Er kann heute nachvollziehen, dass die extremistische salafistische Szene eine missbrauchende und auf einfache Antworten ausgerichtete Auslegung von Religion verbreitet. Die Gegennarrative in den Gesprächen und in Gestalt der Berater/-innen haben Mehmet ermuntert, sich intellektuell mit seiner Religion zu beschäftigen. Seine Eltern und auch seine Umgebung sind religiös, aber er beschreibt dies mehr als eine kulturelle Religiosität. Auf seine Fragen ist niemand richtig eingegangen, auch nicht in der Moschee.

Die Szene suggeriert den jungen Leuten mit ihrem Eindeutigkeitsangebot auf sehr geschickte Art und Weise ein klares Weltbild mit einfach zu befolgenden Regelwerken. Gepaart mit der globalen Krise und dem humanitären Leid der Muslime auf der Welt, insbesondere in den islamisch geprägten Ländern, wird ein Gefühl der Ohnmacht und Hilflosigkeit vermittelt und Gewalt als legitimes Mittel für eine Lösung aller dieser Krisen verherrlicht.

Mehmet wollte nach seiner Aussage nur dorthin um zu helfen – seinen Geschwistern helfen. Nach der Teilnahme an mehreren Gesprächskreisen salafistischer Gruppierungen war er derart irritiert, dass er nicht mehr wusste, ob er mit seiner religiösen Identität überhaupt noch in Deutschland leben darf. Mit dem festen Glauben, das moralisch Richtige zu tun, reiste er nach Syrien. Auch heute, nach seiner Rückkehr, sind nicht alle seine Fragen beantwortet und er möchte noch vieles über seine Religion lernen. Einen ebenso wichtigen Stellenwert hat aber auch sein tägliches Leben als junger Mann in Deutschland, der berufliche Perspektiven und private Lebensziele für sich formuliert. Für diesen Weg braucht Mehmet verlässliche Gesprächspartner/-innen. Ein anderer Jugendlicher nutzt sein mittlerweile reflektiertes religiöses Selbstverständnis, um seine Konflikte gewaltfrei zu klären, wie z.B. bei Mohammed. Der Koran half ihm innere Ruhe und Frieden zu finden. Er kannte die eine Geschichte des Propheten, der auf die Frage, was zu tun ist, wenn man wütend ist, antwortete: „Wenn Du wütend bist, musst Du dich hinsetzen" … „Und wenn ich dann immer noch wütend bin" … „Dann musst Du Dich hinlegen".

Literaturverzeichnis

Bakker, E. (2006): Jihadi terrorists in Europe. Their characteristics and the circumstances in which they joined the jihad: an exploratory study. Netherlands Institute of International Relations Clingendael.

Bundesamt für Verfassungsschutz, Bundeskriminalamt (KI11, ST33), Hessisches Informations- und Kompetenzzentrum gegen Extremismus (HKE): Analyse der den deutschen Sicherheitsbehörden vorliegenden Informationen über die Radikalisierungshintergründe und -verläufe der Personen, die aus islamistischer Motivation aus Deutschland in Richtung Syrien ausgereist sind. Stand: 01. 12. 2014. Auf: https://innen.hessen.de/sites/default/files/media/hmdis/20141201_praeventionsnetzwerk_salafismus_analyse.pdf; eingesehen am 22. 01. 15.

Bundesministerium des Innern (2013): Verfassungsschutzbericht 2012

Gambetta, D.; Hertog, S. (2007): Engineers of Jihad. Oxford.

Hessisches Ministerium des Innern und für Sport (2013): Salafisten-Nachwuchs in hessischen Schulen rekrutiert. Pressemeldung vom 8. November 2013.

Heitmann, Helmut; Korn, Judy: Verantwortung übernehmen - Abschied von Hass und Gewalt – ein Programm zur Jugend- und Bildungsarbeit mit rechtsextrem gefährdeten Gewaltstraftätern im Strafvollzug. In: Stefan Gillich (Hrsg.): Bei Ausgrenzung Streetwork. Handlungsmöglichkeiten und Wirkungen, Beiträge der Arbeit des Burckhardthauses Band 15, Gelnhausen, 2008

Lützinger, S. (2010): Die Sicht der Anderen. Eine qualitative Studie zu Biographien von Extremisten und Terroristen. Köln.

Mücke, Thomas: Rechtsextreme Radikalisierung. Biographischer Kontext und pädagogische Interventionen in Brockhaus, Gudrun (Hrsg.): Attraktion der NS-Bewegung, Klartext, Wetzlar 2014, S 269-278

Mücke, Thomas: Verantwortung übernehmen-Abschied von Hass und Gewalt. Coaching für ideologisierte jugendliche Gewaltstraftäter/innen Farin, Klaus; Möller, Kurt (Hrsg.): Kerl sein. Kulturelle Szenen und Praktiken von Jungen, Berlin 2014, S 163-182

Mücke, Thomas; Korn, Judy: Miteinander statt Gegeneinander. Neue Wege in der Jugendarbeit – Dialogversuch mit rechtsextrem orientierten Jugendlichen. In: Heil, Hubertus u.a. (Hrsg.): Jugend und Gewalt. Über den Umgang mit gewaltbereiten Jugendlichen. Schüren. Marburg 1993, S. 101-125

www.violence-prevention-network.de

Gertraud Selig

Gewalt im Leben älterer Menschen in Ludwigsburg – Modul: Sicherheit im Alter - Projekt „Alt trifft Jung – Jung trifft Alt"

Wie ist das Projekt entstanden?

2009 hatte der „Runde Tisch häusliche Gewalt" die Idee, sich mit dem Thema „Beziehungsgewalt im Alter" zu befassen. 2010 wurde die Entscheidung getroffen, das Thema „Gewalt im Leben älterer Menschen" ganzheitlich zu betrachten. Es wurden eine Lenkungsgruppe zur Projektkoordination gegründet und Projektbausteine definiert. Die Gesamtkoordination des Projekts „Gewalt im Leben älterer Menschen liegt bei Frau Gertraud Selig, Stadt Ludwigsburg, Fachbereich Bürgerschaftliches Engagement, Fachgebiet Kommunale Kriminalprävention. Im Mai 2011 war die Auftaktveranstaltung „Gewalt im Leben älterer Menschen" mit einem Vortrag von Prof. Dr. Hirsch.

Wir wollen mit diesem Prozess den gesellschaftlichen Diskurs anstoßen, die aktuelle Situation analysieren (IST), Strukturen überprüfen und passende Hilfesysteme entwickeln (SOLL), Konfliktsituationen entschärfen und nachhaltig präventiv wirkende Handlungsmöglichkeiten für Einrichtungen, Betroffene und Angehörige anbieten.

Das Gesamtprojekt wurde in vier Teilbereiche gegliedert: Beziehungsgewalt im häuslichen Umfeld, Gewalt im Zusammenhang mit professioneller Pflege, Sexualisierte Gewalterfahrungen im Leben älterer Frauen sowie Sicherheit in der Öffentlichkeit und an der Haustür. Zu diesen Modulen gab es im Mai 2012 einen Fachtag zum Thema „Gewalt in der professionellen Pflege" und im November 2012 einen Fachtag zur Problematik „Sexualisierte Gewalt in der Lebensgeschichte heute alter Frauen".

Der Auftakt zum Modul **„Sicherheit im Alter - in der Öffentlichkeit und an der Haustüre"** war im Oktober 2012. Nach einem Theaterstück und Vortrag zum Thema Trickbetrug gab es eine moderierte Gesprächsrunde zwischen Fachleuten sowie jungen und älteren Menschen auf dem Podium mit dem Publikum zum Sicherheitsgefühl älterer Menschen. Folgende Fragen wurden diskutiert: Welche Situationen oder Menschen ängstigen mich? Meide ich bestimmte Orte? Gehe ich nach der Dämmerung nicht mehr aus dem Haus? Wie verhalte ich mich fremden jungen Menschen gegenüber? Bin ich schon einmal Opfer einer Gewalttat geworden? Bei dieser Veranstaltung haben wir gemerkt, dass es sowohl auf Seiten der Älteren als auch bei den Jüngeren viele diffuse Ängste, Vorurteile und Hemmungen im Umgang miteinander gibt. Wir haben beschlossen, niederschwellige Begegnungsmöglichkeiten zu schaffen, damit sich die Generationen wieder besser kennenlernen und wieder mehr ins Gespräch miteinander kommen. Daraus ist das Projekt „Alt trifft Jung – Jung trifft Alt entstanden".

Die Veranstaltungsreihe wird geplant und durchgeführt von der „AG Sicherheit im Alter", in der folgende Einrichtungen und gesellschaftliche Gruppen mitarbeiten: Frauen für Frauen e.V., Geriatrischer Schwerpunkt am Klinikum, Kinder- und Jugendförderung der Stadt Ludwigsburg, Kommunale Kriminalprävention der Stadt Ludwigsburg, Kreisseniorenrat e.V., Landratsamt (Soziale Dienste – Altenhilfefachberatung), Polizeipräsidium Ludwigsburg (Referat Prävention), Seniorenbüro der Stadt Ludwigsburg sowie Stadtseniorenrat Ludwigsburg e.V.

Die **Ziele** der Veranstaltungsreihe „Alt trifft Jung – Jung trifft Alt" sind: Austausch zwischen Alt und Jung fördern, miteinander Freizeit erleben, Verständnis für die Lebenswirklichkeit des Anderen wecken, Vorurteile und Ängste zwischen den Generationen abbauen sowie das Sicherheitsgefühl älterer Menschen im öffentlichen Raum erhöhen.

Seit Juni 2013 haben wir dreimal ältere Menschen in unterschiedliche städtische **Jugendcafés** eingeladen. Die Jugendlichen vor Ort stellen jeweils ihre Einrichtung vor und machen mit den älteren Besucherinnen und Besuchern zusammen die Dinge, die sie üblicherweise im Jugendcafé unternehmen. Sie spielen gemeinsam Tischbillard, Tischkicker und Bingo oder sie zeigen ihre Lieblingsspiele auf der Playstation oder einen selbstgedrehten Film über das Jugendcafé. Die Rückmeldungen waren immer sehr positiv, aber oft auch sehr überrascht. Eine junge Frau sagte nach einem Gespräch mit einem älteren Herren, sie habe dabei mehr über die Nachkriegszeit gelernt als in der Schule. Und ein älterer Herr, der sich mit einem jungen Mann mit Migrationshintergrund unterhielt, meinte anschließend „der hat ja ganz klare Vorstellungen von seiner Zukunft".

Die Frage eines jungen Mannes, ob die heute Älteren in Kriegszeiten überhaupt eine Jugend gehabt hätten, führte uns zu den nächsten Veranstaltungen. 2014 luden Seniorinnen und Senioren von zwei verschiedenen städtischen **Begegnungsstätten** die Jugendlichen zum Gespräch ein. Beim ersten Mal war das Thema „jung sein – damals und heute" und alle sollten etwas mitbringen, was sie mit Jugend verbinden. Es war ein sehr fröhlicher Nachmittag, bei dem unter anderem alte Fußballschuhe sowie Klebebilderalben aus drei verschiedenen Generationen präsentiert und bewundert wurden. Bei der zweiten Runde ging es um „Hobbies – damals und heute" und auch da zeigte sich, dass die Interessenunterschiede gar nicht so groß sind, wie von Manchen gedacht. Lediglich beim Tisch „Brettspiele" fanden sich keine jungen Menschen ein. Dafür war der Tisch „Bewegung / Sport" übervoll und seitdem trifft sich eine altersgemischte Gruppe immer mal wieder zum gemeinsamen Bowling-Spielen.

Ein innerstädtischer Platz, der **Akademiehof**, bei jungen Menschen zum Feiern sehr beliebt, bei Älteren eher mit Ängsten behaftet, wurde 2014 und 2015 an einem lauen Sommerabend zum Treffpunkt. Ein Eiswagen und Gutscheine für eine Kugel Eis waren im wahrsten Sinne des Wortes die Eisbrecher, um ins Gespräch zu kommen.

Für 2016 sind wieder Besuche in städtischen Jugendcafés und das Treffen auf dem Akademiehof geplant. Außerdem sollen die Kirchengemeinden motiviert werden, gemeinsame Treffen von Seniorengruppen und Konfirmanden- oder Firmgruppen zu organisieren.

Im Laufe der Veranstaltungsreihe haben wir verschiedene **Kriterien** entwickelt, die wichtig sind, damit die Treffen attraktiv und erfolgreich werden: Bezüglich der Tages- und Uhrzeit hat sich der Freitag am frühen Abend bewährt; Ältere melden sich eher nach einem Pressehinweis in der örtlichen Tageszeitung an, Jugendliche müssen gezielt z.B. über soziale Netzwerke angesprochen werden; der Veranstaltungsort ist in der Regel barrierefrei; für Menschen mit Einschränkungen oder Unterstützungsbedarf wird ein Fahrdienst angeboten; es wird jedes Mal etwas zu essen und zu trinken angeboten; bei der Verpflegung sollten kulturell oder religiös bedingte unterschiedliche Essgewohnheiten berücksichtigt werden.

Bei Fragen und Anregungen zum Projekt und zur Veranstaltungsreihe „Alt trifft Jung – Jung trifft Alt" wenden Sie sich gerne an Frau Gertraud Selig, Stadt Ludwigsburg, Fachbereich Bürgerschaftliches Engagement, Telefon 07141 910 3074 oder E-Mail: g.selig@ludwigsburg.de.

Christian Specht

Zuwanderung aus den EU-2 Staaten Südosteuropas

Herausforderungen einer Kommunalen Ordnungs- und Integrationspolitik

Mannheim – Zahlen, Daten, Fakten

Mit rund 329.000 Einwohnern gehört Mannheim zu den deutschen Großstädten der Größenklasse 2 (über 200.000 Einwohner). In Mannheim ist, anders als in den Metropolen Deutschlands, das Verhältnis zwischen Größe, Vielfalt und Erreichbarkeit weitgehend positiv zu bewerten. Mannheim punktet so einerseits mit großstädtischen Qualitäten, bleibt andererseits aber immer noch überschaubar für seine Bürgerinnen und Bürger. Ein großstädtisches Angebot, Flair, Arbeiten, Einkaufen und Freizeit liegen in Mannheim nah beieinander.

Dies ist ein Grund, weshalb die Einwohnerzahl stetig steigt. Allein im Jahr 2014 hat die Stadt einen Zuwachs von 1947 Personen verwirklicht. Prognosen zufolge wird sich die Einwohnerzahl bis zum Jahr 2033 um weitere 0,79 % steigern. Mannheim vereint als tolerante Kommune Bürgerinnen und Bürger aus 170 Nationen, weshalb Mannheim sich zu Recht als „Bunte Stadt" bezeichnen kann und ein Vorbild für das Zusammenleben in Metropolen darstellt. Weltoffenheit, Vielfalt und Toleranz sind in Mannheim schon seit der Stadtgründung Programm. Knapp 42 % der Mannheimer Bevölkerung hat einen Migrationshintergrund, was einer absoluten Zahl von 129.438 Bürgerinnen und Bürgern entspricht. Rund 71.000 Mitbürger mit ausländischer Staatsangehörigkeit haben ihre neue Heimat in Mannheim gefunden.

Mannheim weist eine Fläche von rund 144,98 km² und eine Bevölkerungsdichte von 2124 Einwohnern je km² auf. Die Stadtgebiete bestehen dabei etwa zur Hälfte aus Grün- und Erholungsflächen. Die Kommune ist eine Stadt der Vororte und der urbanen Wohnquartiere, der Innenstadt und der unmittelbar angrenzenden Stadtteile. Genauso unterschiedlich wie die 24 Stadtteile Mannheims sind auch die Wohnlagen. Der derzeitige Wohnungsbestand liegt bei rund 169.200. Die Mannheimer Mietwohnungen kosten im Schnitt etwa 7 € pro Quadratmeter.

Im kulturellen und wirtschaftlichen Zentrum der Metropolregion Rhein-Neckar beschäftigen Mannheimer Arbeitgeber derzeit 174.861 Einwohner. Rund 72% der Mannheimer Beschäftigten arbeiten im Dienstleistungssektor. Während Baden-Württemberg eine Arbeitslosenquote von 4,1% aufweist, liegt diese in Mannheim bei 6,4%. Mannheim ist nicht nur als Erfinderstadt (Drais, Lanz, Schütte-Lanz und Benz), sondern auch als Universitätsstadt bekannt. So verfügt die Stadt über 13 Hochschulen mit 28.000 Studierenden.

Als Stadtentwicklungschance Nr. 1 wird derzeit die Umwandlung der US-militärischen Konversionsflächen wahrgenommen. Das Ziel ist es hier, 60 % des Gebietes in Grünflächen zu verwandeln und zahlreiche Sportflächen für Vereine und freie Sportanbieter anzubieten. Restaurants, Büros, Handwerksbetriebe, Ateliers und Wohngruppen mitten im Zentrum der ehemaligen Kasernenanlagen sollen für ein lebendiges Umfeld sorgen.

Aspekte, die einen Teil der Zuwanderung aus den EU-2 Staaten ausmachen bzw. beeinflussen, sind:

- Ein geringer Leerstandsindex von 2,2 % im Jahr 2012 (1,1 %-Punkte unter dem Bundesdurchschnitt) bedingt eine gravierende und manchmal gefährliche Verdichtung bei der Wohnraumnutzung.

- Eine türkischsprachige Community mit 28.000 Köpfen dient als „Ansprechpartner im Sinne des Wortes" der nicht selten türkischsprachigen Migranten aus den EU-2 Staaten.

- Die Lage im Dreiländereck BW, HE, RLP begünstigt Störungen der öffentlichen Sicherheit und Ordnung durch die mehrfach gespaltenen Zuständigkeiten der Bundes-, Landes- und Kommunalbehörden bzw. erschwert die Netzwerkarbeit der betroffenen Behörden nachhaltig bei oft beobachteten „grenzüberschreitenden" Regelverstößen z.B. im Bereich Arbeit und Gewerbe.

- Die verkehrsgünstige Lage an großen Magistralen bedeutet auch negative Folgen für die Stadtgesellschaft in allen Bereichen der auf Mobilität angewiesenen Akteure in Schattenwirtschaft und Kriminalität.

- Mannheim war und ist seit einer Zeit weit vor der Aufnahme der EU-2 Staaten in die EU in Bulgarien und Rumänien als Zentrum einer deutschen Region bekannt, die vielen Saisonarbeitskräften im kurpfälzischen Wein- und Gemüseanbau vorübergehend Lohn und Brot gab und gibt.

Zuwanderung aus Südosteuropa – grundsätzliche Feststellungen

Mannheim unterliegt seit Ende 2012 einer vermehrten Zuwanderung aus den EU-2 Staaten. Diese Migranten verlassen in der Regel aufgrund der Armut und Perspektivlosigkeit in den Heimatländern ihr Land als sogenannte „Armutsmigranten".

Die Armutsmigration aus Südosteuropa betrifft in Deutschland nur rund 20 Städte. Schwierig ist in diesem Zusammenhang die Kommunikation der Problemstellungen auf Ebene der Landes-, Bundes- und EU-Politik.

Die in Mannheim zu beobachtende Konzentration der Zuwanderung in zwei besonders durch Integrationslasten geforderte Stadtteile bewirkt, dass deren Bewohner/innen, welche einen älteren Migrationshintergrund aufweisen, sich in ihren Quartieren belästigt, bedroht sowie bei ausbleibender Hilfe durch die zuständigen

Stellen im Stich gelassen fühlen.

Allein im Jahr 2014 hat die Stadt Mannheim insbesondere durch die bisher unklare Rechtsprechung auf EU-Ebene ein zusätzliches Grundsicherungsvolumen von fünf bis sieben Millionen Euro für Menschen aus den EU-2 Staaten aufwenden müssen. Mittelkürzungen im Bereich der Integration in den Arbeitsmarkt in den letzten Jahren wirken dramatisch.

Im Jahr 2014 kommt es zu einem annähernd gleichhohen Zuwachs bei der Grundsicherung aus anderen „notleidenden" EU-Ländern in der Südschiene wie z.b. Italien, Griechenland, Spanien und Portugal. (Anmerkung: Hier gibt es wegen der funktionierenden Strukturen der jeweiligen Communities keine Probleme auf dem Wohnungsmarkt.)

Mannheim geht die Zuwanderung aus den EU-2 Staaten zwar als besondere Herausforderung an, vermeidet jedoch bewusst bspw. ein „Schubladendenken"-auslösendes Verwenden des Begriffs „Roma".

Bevölkerungsentwicklung

Betrachtet man vom Jahr 2011 bis zum 30.06.2015 die (melderechtlich) erfasste Bevölkerungsentwicklung, fällt ein enormer Zuzug besonders in zwei Stadtteilen mit hohem Grundmigrationsbestand in der Bevölkerung auf. Hier kommt es für Juni zu einer Verzehnfachung der EU-2 Bevölkerung (Werte für Juni prognostiziert).

Während es 2011 ca. 1.500 Bulgaren und Rumänen in Mannheim gab, sind Ende Juni 2015 bereits ca. 9.000 Menschen aus diesen Ländern gemeldet. Es ist nach den Erfahrungen der Stadt mit einer hohen Dunkelziffer zu rechnen. Die Dynamik des Zuwanderungsgeschehens war und ist enorm. Während sich 2013 durchschnittlich 120 Personen pro Monat in Mannheim anmeldeten, waren es 2014 schon 199 pro Monat und von Januar bis Juni 2015 waren es 214 Anmeldungen mit steigender Tendenz.

Das Ausmaß der Zuwanderung wird durch die folgende Grafik veranschaulicht (Anm.: Zahlen für 2015 bis Ende Juni):

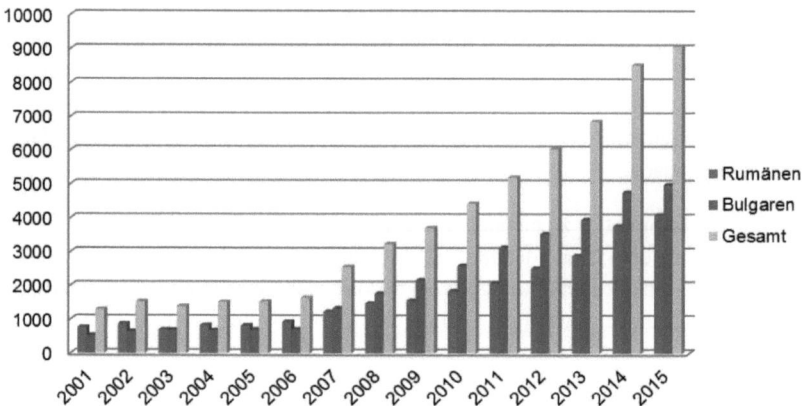

Unmittelbare und mittelbare Auswirkungen auf die Stadtgesellschaft

Die Zuwanderung aus den EU-2 Staaten bringt für die Stadtgesellschaft Mannheims vermehrt negative Auswirkungen mit sich, deren Verhütung einen enormen Aufwand erfordert. Dazu gehören:

- Massenhafte Ordnungsverstöße im Bereich des „Ruhenden Verkehrs" und bei den allgemeinen Ordnungswidrigkeiten
- Lärmbelästigungen in den Wohnquartieren bis in die frühen Morgenstunden
- Müllansammlungen durch Sperrmüllsammler in großem Ausmaß
- Organisiertes und teilweise auch aggressives Betteln
- Anstieg von armutsbedingten Kriminalitätsformen wie Prostitution, Betrugs- handlungen und Ladendiebstahl
- Ausbeutung von wirtschaftlich abhängigen und unerfahrenen Migranten durch eine Schlepperszene
- Überproportionale Konzentrationen in schon vorbelasteten Wohnquartieren
- Unterkunft in heruntergewirtschafteten sogenannten Problemimmobilien mit sehr schlechtem baulichen Zustand, oft ohne 2. Rettungsweg (Matratzenlager)
- Massenhafte Scheinselbständigkeit als Mittel zur vermeintlichen Legalisierung des Aufenthalts, zum Unterlaufen der Mindestlöhne (für die Zuwanderer) und zur Vermeidung erheblicher Strafen bei Kontrollen der Rentenversicherung und des Zolls (Auftraggeber)
- Faktische Schwarzarbeit, Steuerhinterziehung, Sozialabgaben- sowie Sozialleis- tungsbetrug

Ziele der Stadt Mannheim

Die Stadt Mannheim setzt sich einerseits für die Förderung der Integrationsfähigkeit für Integrationswillige ein und stärkt hierzu die Multiplikatoren eines gedeihlichen Zusammenlebens und Akteure in den besonders betroffenen Stadtquartieren. Die Segregation der neuen Migranten aus den EU-2 Staaten und die Bildung einer Parallelgesellschaft sollen so verhindert werden.

Andererseits muss die Störung der öffentlichen Sicherheit und Ordnung, wie z.B. durch prekäre Wohnverhältnisse, durch konkrete Maßnahmen gegen bau- und feuerpolizeirechtliche Gefahren eingedämmt werden. Der unkontrollierte Zuzug in problematische Stadtteile und die faktische Überbelegung von Wohnraum ist zwar rechtlich in BW derzeit nicht zu verhindern, für das nachhaltige Einfordern von Regeln und ganzheitliche Kontrollen derselben kann und muss die Stadt Mannheim allerdings regulierend eingreifen.

Nicht zuletzt ist die Stadtgesellschaft vor den negativen Folgen der Kriminalität zu schützen. Hierzu ist es erforderlich, das oft nicht vorhandene Vertrauen in staatliche Integrität und Institutionen bei den Zuwanderern zu stärken.

Konzeptionelle Lösungsansätze / Arbeitsgruppe Südosteuropa (AGSOE)

Für die Arbeit am Problem „Armutsmigration aus den EU-2 Staaten" wurde ein interdisziplinärer Ansatz erarbeitet, der aktuell mit der „Arbeitsgruppe Südosteuropa" im 3. Jahr gelebt wird. In dieser Arbeitsgruppe arbeiten allein im Bereich der ordnungsrechtlichen Maßnahmen, unter der Leitung des Ersten Bürgermeisters und Sicherheitsdezernenten der Stadt, der Fachbereich Sicherheit und Ordnung, der Eigenbetrieb Abfallwirtschaft, die Bürgerdienste, der Fachbereich Baurecht, der Fachbereich Gesundheit, die Feuerwehr, der Fachbereich Soziales, das Jugendamt, die besondere Aufbauorganisation Südosteuropa des Polizeipräsidiums Mannheim, die regionale Zolldienststelle, die Finanzbehörden der Stadt, die Deutsche Rentenversicherung, die Familienkasse, die Arbeitsagentur und das Jobcenter, der Grundversorger für Wasser, Strom und Gas, die IHK und das Medienteam der Stadt intensiv zusammen.

Operative Maßnahmen zur Gefahrenabwehr

Die prekären Wohnverhältnisse, in denen viele der neuen Migranten leben, und die daraus resultierenden konkreten Gefahren für die öffentliche Sicherheit und Ordnung führten in Mannheim zur Ausgründung einer operativen Ebene der AGSOE, einer fachbereichs- und dezernatsübergreifenden „Unterarbeitsgruppe Problemimmobilien" (UAG PI). Die Unterarbeitsgruppe (Fachbereiche Sicherheit und Ordnung, Baurecht, Feuerwehr, Bürgerdienste, Gesundheit und BAO SOE des Polizeipräsidiums) überprüft, muttersprachlich unterstützt, alle Neuanmeldungen aus den EU-2 Staaten sofort nach Anmeldung und folgend nach festgelegten Intervallen. Der Schwerpunkt liegt dabei auf der Feststellung der tatsächlichen Melde- und Wohnverhältnisse und der Feststellung von Problemimmobilien. Ersteres führt regelmäßig zu einer Bereinigung des Melderegisters und letzteres bewirkt eine kontinuierliche Kontrolle der Zuzugsimmobilien im Hinblick auf konkrete polizeiliche Gefahren wie z.B. die Sicherstellung der 2. Rettungswege etc.

Parallel wird auf freiwilliger Basis eine Erhebung zum Bildungs- bzw. Ausbildungsstand der Zuwanderer durchgeführt. Hierbei haben wir unter anderem die Erkenntnis gewonnen, dass das Bildungsniveau der Zuwanderer in 2014 deutlich gestiegen ist, aber auch landsmannschaftlich deutliche Unterschiede aufweist.

Kernaufgabe Gefahrenabwehr Problemimmobilien (PI)

Wir mussten in Mannheim im Zuge der zusätzlichen und freiwilligen Kontrollen durch die AGSOE und ihrer UAG PI feststellen, dass es in den sogenannten Problemimmobilien regelmäßig und grundsätzlich Unklarheiten über die Anzahl der Bewohner gibt. Zudem weisen diese Immobilien eine überdurchschnittlich marode und manchmal gefährliche Bausubstanz auf. Die Problemimmobilien müssen aufgrund dieser beiden Feststellungen (Bewohneranzahl in unbekannter, aber deutlich verdichteter Höhe und marode Bausubstanz) z.B. von der Feuerwehr inzwischen grundsätzlich mit doppelter Einsatzstärke angefahren werden.

Bisher wurden ca. 120 mögliche und tatsächliche Problemimmobilien in Mannheim gelistet. Aktuell sind alle als Problemimmobilien gelisteten Immobilien begangen worden und werden, falls notwendig, durch die zuständigen Dienststellen der AGSOE bearbeitet. Neben den Problemimmobilien, geraten bei den Kontrollen eine große Anzahl von Immobilien auf den Schirm, die im Verlauf der Kontrollen dann zwar nicht als PI einzustufen sind und „nur" der Aufmerksamkeit einer der beteiligten Dienststellen und keiner gemeinsamer Maßnahme bedürfen, allerdings verursachen auch diese einen erheblichen Ressourcenaufwand.

Derzeit gehen weiterhin wöchentlich ca. ein bis zwei neue Meldungen zu Objekten ein, die auf Problemimmobilien hinweisen. In jedem dieser Fälle müssen die obligatorischen Objektkontrollen durchgeführt werden. Wurden zu Beginn der Arbeit der AGSOE in vielen Fällen nahezu unbewohnbare „Ekelimmobilien" festgestellt, so zeichnet sich inzwischen ein Trend zu unauffälligen hygienisch unbedenklicheren Wohnungen in Kellern, Garagen, stillgelegten „Tante Emma"-Läden und zum Wohnen in ungeeigneten Gewerbeobjekten ab, die wegen ihrer Unauffälligkeit umso gefährlicher sind.

Abschließend zu erwähnen ist, dass es bisher bei fast jeder Problemimmobilie in Folge einer Räumung massive nachbarschaftliche, ordnungsrechtliche und hygienische Probleme am von der Wohnraumsicherung zugewiesenen Ort gab, sodass Unterbringungen inzwischen sehr selten sind. Stattdessen wird der Ansatz verfolgt, die Eigentümer von PI soweit irgend möglich über Auflagen für die PI im Sofortvollzug zur Herstellung vertretbarer Zustände zu zwingen.

In Mannheim sind derzeit noch rund 40 Problemimmobilien in unterschiedlichsten Verfahrensständen durch die Dienststellen der UAG PI in Bearbeitung.

Keyholder BAO Südosteuropa des Polizeipräsidiums Mannheim

Die BAO Südosteuropa des Polizeipräsidiums Mannheim ist einer der wichtigsten Partner der Stadt Mannheim in Sicherheitsfragen im Zusammenhang mit der Zuwanderung aus den EU-2 Staaten. Die Zusammenarbeit begann bereits 2012 und war ursprünglich nur für ca. 12 Monate angedacht. Da sich die Zusammenarbeit jedoch bestens bewährt hat, wird diese fortwährend weitergeführt. Besetzt ist die BAO Südosteuropa mit acht Polizeibeamten – sechs Schutzpolizisten und zwei Kriminalbeamten. Anlassbezogen werden der BAO Südosteuropa weitere operative Kräfte zugewiesen (Einsatzzüge oder Bereitschaftspolizei).

Kernaufgabe der BAO sind die klientelbezogenen polizeilichen Aufgaben. Hinzu kommt die Koordinationsfunktion zu den polizeinahen Behörden wie Zoll, Steuerfahndung und Staatsanwaltschaft. Die BAO kann „ihre Fälle" unabhängig von der grundsätzlichen Bearbeitungszuständigkeit nach Aufgabenabgrenzungserlass bearbeiten und hat inzwischen den Dienststellenstatus zuerkannt bekommen.

Erkenntnisse Mannheims nach vier Jahren Arbeit in der AGSOE

- Der Stadtgesellschaft steht inzwischen ein komplexes, in Teilen integrationsfeindliches, sozialschädigendes bis kriminelles Netzwerk gegenüber, bei dem viele Zuwanderer auf der Täter- und Opferseite gleichzeitig zu finden sind. Die Antwort der Kommune muss über eine weit über die eigenen Zuständigkeiten hinaus gehende koordinierte Netzwerkarbeit erfolgen. Mannheim gelingt dies mit seiner „Arbeitsgruppe Südosteuropa".

- Im Bereich des Wohnens existieren konkrete vielschichtige polizeiliche Gefahren, auf die die Kommune vorausschauend, schnell und operativ reagieren muss. Dies dient neben der konkreten Gefahrenabwehr zur Verhütung von justiziablen Beteiligungshandlungen durch Unterlassen.

- Als Schlüssel sowohl beim Aufbrechen der sich bildenden unerwünschten Strukturen als auch im Bereich Integration und zur Rückgewinnung der Informationshoheit dient der muttersprachliche Sprachzugang. Dieser wird in Mannheim bereits bei der Anmeldung durch eine muttersprachliche Erstinfostelle („geltende Regeln in Deutschland") und in den Wohnungen durch einen besonderen Ermittlungsdienst (Meldeverhältnisse, Gebäude- und Wohnungszustand sowie Bildungsbefragung) eingesetzt.

- Irritationen bei Alt-Migranten wegen der Aktivitäten bei den EU2-Zuwanderern muss entgegengewirkt werden.

- Die Aufgabe „Zuwanderung aus den EU-2 Ländern" ist auf Jahre bis zu einer Generation angelegt und kann nicht mehr „on top" erledigt werden. Mannheim errichtete hierzu 9,5 befristete Planstellen in den am meisten betroffenen Dienststellen. Das Polizeipräsidium Mannheim agiert analog mit einer Struktur von 8 Polizeibeamten, die sich ausschließlich der Problematik SOE widmen.

- In Mannheim ist es gelungen, die konkreten Gefahren für die Stadtgesellschaft und die Migranten selbst, die aus den Problemimmobilien heraus drohen, unter Kontrolle zu bringen. Wir haben es nicht zuletzt über den muttersprachlichen Ansatz geschafft, Vertrauen in die staatlichen Institutionen zu erlangen, was eine steigende Anzahl von Hinweisen auf Unregelmäßigkeiten z.B. im Bereich Wohnen und Arbeiten aus der Migrantengruppe selbst inzwischen belegt.

Christamaria Weber

Frankfurter Ämternetzwerk gegen Extremismus: Jugendliche schützen – Eltern und Fachkräfte stärken und unterstützen

Jugendeinrichtungen und Schulen, aber auch Eltern, haben sich in den vergangenen Jahren immer wieder an das Frankfurter Amt für multikulturelle Angelegenheiten (AmkA) gewandt, da sie befürchteten, dass Jugendliche mit der extremistisch-salafistischen Ideologie sympathisierten. Oft wussten sie nicht, wie sie Äußerungen einschätzen sollten und fühlten sich überfordert, angemessen zu reagieren. In einigen Fällen konnten die Ängste zerstreut werden, in anderen Fällen war die Radikalisierung der Jugendlichen schon weit fortgeschritten.

Die Rhein-Main-Region gehört zu den Zentren des Salafismus in Deutschland. Jugendliche werden z.B. über die Koranverteilaktion „Lies!" in der Innenstadt angesprochen, zu Grillfesten, Korankursen oder anderen Veranstaltungen eingeladen. Zeitweise haben extremistische Salafisten eine eigene Moschee betrieben. Die Sicherheitsbehörden schätzen die Szene auf mind. 300 Personen, von denen ein Teil von den Sicherheitsbehörden als gewaltbereit eingestuft wird. Im Sommer 2013 wurde die Anziehungs- und Mobilisierungskraft der extremistischen salafistische Szene in Frankfurt auf drastische Weise deutlich: Über 10 Jugendliche und junge Erwachsene reisten nach Syrien aus, um sich dem „Islamischen Staat" (damals noch ISIS) anzuschließen. Im Dezember 2013 kam ein 16-jähriger Frankfurter Schüler bei Kämpfen in Syrien ums Leben. Diese Informationen sind auch der Öffentlichkeit bekannt geworden.

Die Stadt Frankfurt am Main stand vor der Herausforderung, auf diese Situation angemessen zu reagieren. Wir hielten es für notwendig, Strukturen der Prävention und Intervention zu schaffen, um auf verschiedenen gesellschaftlichen und institutionellen Ebenen eine Antwort auf die Probleme zu geben.

Seit November 2013 treffen sich mehrmals pro Jahr unter der Federführung des AmkA Mitarbeiter/innen des Jugend- und Sozialamts, des Stadtschulamts, des Präventionsrats Frankfurt am Main, des Jobcenters sowie von der Landesebene Vertreter/innen des Polizeipräsidiums Frankfurt am Main, des Hessischen Kompetenzzentrums gegen Extremismus und des Hessischen Landesamts für Verfassungsschutz.

Aufgrund der konkreten Situation in Frankfurt am Main steht aktuell die extremistisch-salafistische Radikalisierung im Fokus. Uns ist bewusst, dass wir auch andere radikale Strömungen im Auge behalten müssen, um gegebenenfalls schnell reagieren zu können – nicht zuletzt angesichts der wachsenden Gewalt gegen Flüchtlingsunterkünfte in ganz Deutschland.

Grundlagen und Ziele der Zusammenarbeit

Grundlage der Zusammenarbeit im Ämternetzwerk ist eine positive Grundhaltung zu religiöser Vielfalt sowie eine klare Positionierung gegen jegliche Formen der Islam- u. Muslimfeindlichkeit und des Rassismus. Ziele des Ämternetzwerks waren von Beginn an, sowohl Präventionsmaßnahmen auszubauen, als auch Strukturen zu schaffen, die eine optimale Reaktion im Falle bereits erfolgter Radikalisierung zu ermöglichen.

Die beteiligten Ämter und Institutionen haben dabei verschiedene Zuständigkeiten und jeweils eigene Verantwortungsbereiche. Die Frankfurter Stellen sind auch mit der seit Sommer 2014 tätigen „Beratungsstelle Hessen" in Trägerschaft des Violence Prevention Network (vpn) vernetzt, die Angehörige berät und mit bereits radikalisierten Jugendlichen und mit Aussteigern arbeitet.

Konkret gehen wir in Frankfurt am Main an:

1. Öffentlichkeitsarbeit – Information und Sensibilisierung

Sachinformationen für die breite Öffentlichkeit und für bestimmte Zielgruppen (insbesondere im Bereich der pädagogischen Arbeit) sind notwendig.

Einerseits geht es um differenzierte Informationen zum Islam und über Muslime in Deutschland. Wichtig ist auch das Thematisieren der in der Gesellschaft vorhandenen Islam- und Muslimfeindlichkeit, die für Jugendliche mit muslimischem Hintergrund im Alltag spürbar und belastend ist. Die menschenverachtenden Ideologie extremistischer Gruppen wird von einer kleinen Minderheit der Muslime (geschätzt 1%) in Deutschland mitgetragen. Die Mehrheit der Muslime lehnt sie ebenso ab und hat die gleichen Ängste wie nicht-muslimische Bürger/innen.

Andererseits geht es darum, möglichst konkret über die extremistisch-salafistische Szene, ihre Anwerbestrukturen und über die Denkwelten der Jugendlichen zu informieren, die sich einbinden und sogar für den vermeintlich „Heiligen Krieg" rekrutieren lassen. Jeder menschenverachtenden Ideologie muss in Schulen, Jugendzentren und anderen öffentlichen Orten klar entgegen getreten werden, Jugendliche müssen vor der Ideologie geschützt werden.

Das Ämternetzwerk veröffentlichte im Juli 2014 ein Faltblatt zum Umgang mit radikalisierten Jugendlichen, das Informationen, Hilfestellungen und Kontakte für Eltern, Sozialpädagog/innen und Lehrpersonal bündelt. Das Faltblatt wurde in tausendfacher Auflage verteilt und trägt dazu bei, dass Fachpersonal und Eltern wissen, wo sie Unterstützung erhalten.

Durch das Ämternetzwerk ist es gelungen, dass verschiedene Stellen aufeinander verweisen und im Einzelfall miteinander kooperieren. So haben in einigen Fällen Eltern, Schule, Jugendamt, Beratungsstelle Hessen und Polizei an „Runden Tischen" gemeinsam beraten, wie Jugendliche und die Familie am besten unterstützt werden können.

2. Fortbildungen und Informationsangebote für Fachpersonal

Die vom AmkA in Zusammenarbeit mit einigen Ämtern angebotenen Fortbildungen und Informationsangebote haben zum Ziel

- Bewusstsein zu schaffen für die Problemlagen extremistischer Salafismus und Radikalisierung (individuelle und gesellschaftliche Ebene, Ablauf von Radikalisierungsprozessen) sowie übergreifend zu den Phänomenen der gruppenbezogenen Menschenfeindlichkeit

- die pädagogische Handlungsfähigkeit herstellen bzw. erweitern; dazu gehört auch, die Betroffenheit Jugendlicher über Ungerechtigkeit und Krieg ernst nehmen und zu versuchen, diese positiv zu kanalisieren

- Sachwissen über den Islam und andere Religionen vermitteln, eigene Vorurteile über den Islam bewusst machen und bearbeiten

- Kindern und Jugendlichen positive Identifizierung mit Islam bzw. Religion ermöglichen

- Hilfestrukturen und Ansprechpartner bekannt machen.

Von Sommer 2014 bis Januar 2015 wurden rund 220 Fachkräfte aus Jugendzentren, der Jugendhilfe (Bereich „Hilfen zur Erziehung" und Jugendhilfe in der Schule) sowie einige Lehrkräfte in zehn jeweils eintägigen Workshops durch ufuq.de geschult.

Das AmkA wird regelmäßig von Lehrerkollegien, Stadtteilarbeitskreisen und sozialpädagogischen Fachkreisen angefragt, um über das Phänomen der extremistisch-salafistischen Radikalisierung und über die Möglichkeiten der Prävention zu referieren. Zudem nutzen Schulen und andere Einrichtungen auch die Workshop-Angebote der „Beratungsstelle Hessen" oder Angebote der hessischen Lehrerfortbildung.

3. Präventionsarbeit

Seit April 2015 sind im Auftrag des AmkA junge Studierende als „Teamer/innen" tätig. Sie wurden qualifiziert, um in Tandems mit Schulklassen oder Jugendgruppen zu arbeiten. Grundlage sind die Materialien „Wie wollen wir leben – Islam, Islamfeindlichkeit, Islamismus und Demokratie" von ufuq.de. Die Teamer/innen können mit Kindern und Jugendlichen ab 12 Jahren über den Islam und seine verschiedenen Auslegungen, über den Alltag von Muslimen in Deutschland und über radikale Strömungen des Islam sprechen.

Die ersten Workshops fanden an einem Gymnasium, einer Hauptschule und an einer integrierten Gesamtschule statt und wurden gut aufgenommen. Selbst in Jugendgruppen mit radikalisierten Jugendlichen ist es den Teamer/innen gelungen, offen Gespräche zu initiieren und der oft schweigenden Minderheit eine Stimme zu geben.

Das Ämternetzwerk macht Schulen und Jugendeinrichtungen auf weitere Angebote aufmerksam, die im weitesten Sinne präventiv wirken, da sie Religion(en) und Ideologien in einer für Schulkassen und Lehrkräfte angemessenen Weise thematisieren. Dazu gehören die Workshops und Beratungsangebote der Bildungsstätte Anne Frank sowie die Fortbildungsangebote des Pädagogischen Zentrums Frankfurt.

4. Beratung und Hilfe im Einzelfall

Ist ein Jugendlicher / eine Jugendliche dabei, sich zu radikalisieren oder bereits manifest extremistisch, ist Unterstützung auf verschiedenen Ebenen notwendig. Unmittelbar betroffen und gefragt sind Eltern, Lehrkräfte und ggf. sozialpädagogisches Personal. Das Ämternetzwerk hat in Frankfurt dazu beigetragen, dass Verantwortliche wissen, an wen sie sich wenden können. Die Bandbreite reicht von Erziehungsberatungsstellen oder das Jugendamt über die Beratungsstelle Hessen bis zur Polizei.

Lehrpersonal kann sich an das Staatliche Schulamt für die Stadt Frankfurt am Main wenden, an das AmkA oder auch an die Beratungsstelle Hessen. Einige Schulen wenden sich auch direkt an die Polizei.

Im Staatlichen Schulamt kümmert sich ein Mitarbeiter um Einzelfälle, insbesondere wenn es um einen Schulwechsel oder die Wiedereinschulung von Jugendlichen geht, die in der extremistischen Szene verortet sind. An weiterführenden und beruflichen Schulen ist die Vernetzung der Lehrkräfte mit dem sozialpädagogischen Personal gegeben und wird bei Fällen sich radikalisierender Jugendlicher aktiv genutzt.

In der Grundsatzabteilung des Jugend- und Sozialamtes sind Mitarbeiter/innen in das Ämternetzwerk eingebunden, die aufgrund von Hinweisen von Beratungsstellen, Sozialarbeiter/innen oder Polizei die Jugendhilfe-Strukturen in den Stadtteilen dabei unterstützen, betroffenen Familien gezielt zu helfen.

In der Abteilung Zuschüsse an Träger und präventive Hilfen sind Mitarbeiter/innen ansprechbar für die Sozialpädagog/innen der offenen Jugendarbeit und stationärer Jugendhilfeeinrichtungen. In Kooperation mit dem Jugend- und Sozialamt bietet die Bildungsstätte Anne Frank ab Sommer eine Praxisgruppe für Mitarbeiter/innen von Jugendeinrichtungen zur kollegialen Beratung bzgl. des Umgangs mit radikalisierten Jugendlichen an.

Das Sigmund-Freud-Institut wurde auf das Frankfurter Ämternetzwerk aufmerksam und bot seine Unterstützung an. Seit Frühsommer können sich Eltern radikalisierter Jugendlicher dort für eine begleitete Selbsthilfegruppe anmelden und auf Wunsch auch Familienberatung oder therapeutische Unterstützung in Anspruch nehmen.

Für Lehrkräfte, Sozialpädagog/innen und auch Eltern ist es schwierig zu erkennen, wann sie im Umgang mit radikalisierten Jugendlichen an Grenzen stoßen und die Polizei einschalten sollten. Indikatoren für eine sehr weitgehende Radikalisierung sind: Jugendliche wenden sich explizit von ihrer „ungläubigen" Familie ab, sprechen extrem abwertend über andere Muslime, einen Moscheevorstand oder Imame oder sie äußern offene Sympathie für den bewaffneten Jihad. Spätestens dann, wenn sie erklären, nach Syrien ausreisen zu wollen und in ihrem Umfeld zur aktiven Teilnahme am bewaffneten Jihad aufrufen, überschreiten sie eine Grenze. Die tatsächliche Gewaltbereitschaft, d.h. das Potential der von dem Jugendlichen ausgehenden Selbst- und Fremdgefährdung, ist für Lehrkräfte, Sozialarbeiter/innen oder Eltern nicht einschätzbar und die Polizei sollte eingeschaltet werden.

Für Pädagog/innen ist die Hemmschwelle, sich an die Polizei zu wenden, zu recht sehr hoch. Durch die Arbeit des Ämternetzwerks wissen inzwischen viele Lehrkräfte und Sozialarbeiter/innen, dass die Polizei in Frankfurt am Main Mitarbeiter/innen einsetzt, die sich speziell um Minderjährige kümmern, die in der extremistisch-salafistischen Szene aktiv sind. Die Polizei klärt in solchen Fällen das Umfeld des Jugendlichen ab und versucht aufgrund ihrer Ermittlungen, das Potential der Selbst- und Fremdgefährdung einzuschätzen. Es geht um die Verhinderung von Straftaten, aber auch um den Schutz der Jugendlichen. Sofern die Jugendlichen keine Straftaten begangen haben, werden sie nicht dauerhaft erfasst. Nicht die Kriminalisierung der Jugendlichen steht im Vordergrund, sondern das Organisieren von Unterstützung für Eltern, Lehrkräfte und Jugendliche. Die Polizei vernetzt dabei die Familien mit anderen Akteuren des Ämternetzwerks. In enger Abstimmung mit Eltern wurden etlichen Jugendlichen die Pässe entzogen und die Ausreise Minderjähriger nach Syrien verhindert.

Bei Syrien-Rückkehrern und Aussteigern liegt die Zuständigkeit primär bei der „Beratungsstelle Hessen". Auch die Beratungsstelle profitiert vom Ämternetzwerk und kann zum Beispiel direkt auf der Leitungsebene mit dem Jugendjobcenter oder dem Staatlichen Schulamt Möglichkeiten der Unterstützung für einzelne Jugendliche und junge Erwachsener verhandeln.

5.   Einbinden und Stärken der muslimischen Gemeinden

Das AmkA ist seit seiner Gründung 1990 auch für die religiösen Zuwanderergemeinden zuständig und hat in diesem Zusammenhang Kontakte zu den über 40 muslimischen Gemeinden in Frankfurt am Main aufgebaut. 36 Gemeinden sind sunnitisch. Jeweils elf Gemeinden wurden ursprünglich von türkischen bzw. arabischen (v.a. marokkanischen) Gastarbeitern und Studierenden aufgebaut. Es gibt fünf pakistanische und drei afghanische Gemeinden, zwei werden von Gläubigen aus dem Bereich des ehemaligen Jugoslawien getragen. Jeweils eine Gemeinde versammelt Gläubige aus dem westlichen Afrika, aus Bangladesch sowie aus Indonesien. Eine Gemeinde versteht sich seit ihrer Gründung vor über 15 Jahren ausdrücklich als deutsche muslimische Gemeinde. Insbesondere die ursprünglich marokkanischen Gemeinden internationalisieren sich zunehmend, die Predigten sind auf Deutsch oder werden übersetzt, Deutsch ist eine der Alltagssprachen im Gemeindeleben.

Viele der Jugendlichen, die mit der extremistisch-salafistischen Ideologie symphati-
sieren, hatten entweder nie eine enge Bindung an eine der alteingesessenen Gemeinden, oder sie haben sich von der Gemeinde ihrer Eltern abgewandt.

In der Presse und von der Politik wird oft die Erwartung geäußert, die Moscheegemeinden mögen sich stärker engagieren. Die meisten Gemeinden sehen sich zwar in
der Verantwortung, die Jugendlichen religiös zu bilden und sie zu schützen, haben
aber oft wenig Zugang zu Jugendlichen und wenig personelle und finanzielle Ressourcen zum Aufbau einer professionellen Jugendarbeit.

Das AmkA hat mit KUBI e.V., einem großen Träger der Jugendarbeit in Frankfurt am
Main, im April 2015 ein mit Geldern von „Demokratie leben!" gefördertes Pilotpro-
jekt gestartet, mit dem muslimische Gemeinden durch Fachkräfte bei der Professionalisierung ihrer Jugendarbeit unterstützt werden. Das Projekt ist auf 5 Jahre angelegt.
Neue Formate und Inhalte werden mit den beteiligten Gemeinden gemeinsam entwickelt. Der Schwerpunkt liegt dabei auf Fragen der Identität, Demokratieerziehung und
Freizeitgestaltung. Zu Beginn sind drei Gemeinden beteiligt, weitere Gemeinden sollen hinzukommen. Bei größeren Veranstaltungen für Jugendliche setzen wir darauf,
dass auch Jugendliche von nicht unmittelbar beteiligten die Gemeinden gewonnen
werden.

Gemessen an der vielfältigen Gemeindelandschaft in Frankfurt am Main ist das Projekt ein kleiner Anfang. Die Stadt, der Träger und die muslimischen Verbände arbeiten
parallel zur konkreten Arbeit mit den Jugendlichen aber auch darauf hin, dass das
Projekt zum Aufbau von muslimischen Trägerstrukturen beitragen wird, die zukünftig
selbständig z.B. im Jugendring vertreten sein werden und Zuschüsse für ihre Jugendarbeit einwerben können.

6.   Einrichtung einer städtischen Koordinierungsstelle

Im vierten Quartal 2015 wird beim Amt für multikulturelle Angelegenheiten eine neu
geschaffene Koordinierungsstelle „Antiradikalisierung/ Präventive Jugendarbeit/ Politische Bildung" besetzt. Die bisher vom Amt geleistete Netzwerk- und Informationsarbeit sowie die Steuerung der Teamer/innen-Einsätze soll durch die Stelle ausgeweitet werden und auf evtl. neue Herausforderungen angemessen reagieren.

7.   Fazit

Das Amt für multikulturelle Angelegenheiten hat das Auftreten fundamentalistischer
Jugendprediger seit 2009 verfolgt und ist seit diesem Zeitpunkt mit muslimischen Organisationen in einen zum Teil kritischen Dialog gegangen. Bereits seit 2007 hat das
Amt Gesprächsreihen zwischen Moscheegemeinden und Sicherheitsbehörden initiiert
und begleitet. In den letzten Jahren hat die Dynamik über einzelne Auftritte bekannter
Prediger (z.B. Pierre Vogel, Sven Lau) und das allmähliche Entstehen einer verfestig-
ten Szene zugenommen. Die LIES-Kampagne spielt auch in Frankfurt eine Katalysa-

torrolle. Dem konnte ordnungsrechtlich bislang nur bedingt begegnet werden. Umso wichtiger bleibt die begleitende Präventions- und Informationsarbeit, für die das Amt für multikulturelle Angelegenheiten ein funktionierendes Netzwerk aufgebaut und zusätzliche Ressourcen erhalten hat. Es bleibt zu erwarten, dass das Phänomen des jugendlichen Salafismus die bundesdeutsche Gesellschaft auch die nächsten Jahre über beschäftigen wird.

Der Artikel erschien ursprünglich in der Zeitschrift proJugend, der Fachzeitschrift der Aktion Jugendschutz, Landesarbeitsstelle Bayern e.V.

Karin Wunder

Gemobbt im Web? Was Erziehende wissen müssen und warum Online-Hilfe durch Gleichaltrige wichtig ist

1. „Alles, was es schon gibt, wenn du auf die Welt kommst, ist normal und üblich und gehört zum selbstverständlichen Funktionieren der Welt dazu.

2. Alles, was zwischen deinem 15. und 35. Lebensjahr erfunden wird, ist neu, aufregend und revolutionär und kann dir vielleicht zu einer beruflichen Laufbahn verhelfen.

3. Alles, was nach deinem 35. Lebensjahr erfunden wird, richtet sich gegen die natürliche Ordnung der Dinge."[1]

(aus: „Lachs im Zweifel" von Douglas Adams, Heyne Verlag, München 2003, S. 134)

Zu welcher dieser Gruppen gehören Sie? Die meisten Menschen aus der jetzigen Generation der Erziehenden ordnen sich der dritten, einige auch der zweiten Gruppe zu. Das sind im übrigen oft auch diejenigen, denen der Name Douglas Adams (Anm. d. Verf.: Schriftsteller, bekanntestes Werk „Per Anhalter durch die Galaxis") noch geläufig ist.

Im Gegensatz zu Kindern und Jugendlichen, die das Internet, digitale Anwendungen und Smartphones von klein auf völlig selbstverständlich nutzen, ist die aktuelle Generation der Erziehenden lediglich mit dem Fernsehen oder möglicherweise dem C64-Computer aufgewachsen. Digitale Vernetzung und digitale Beziehungspflege sind ihnen zu einem Teil fremd, einige lehnen sie sogar ab. Aussagen wie „Früher haben wir dafür kein Handy gebraucht, wir haben uns einfach persönlich getroffen", erwecken bei Kindern und Jugendlichen den Eindruck, Erwachsene verstünden ihre Lebenswelt nicht, Erwachsene hätten „keine Ahnung". Kinder und Jugendliche wenden sich bei Problemen eher nicht an Erwachsene, weil sie bei ihnen kein Verständnis erwarten und/oder erzieherische Maßnahmen – wie etwa Wegnahme des Smartphones – befürchten. Deshalb sind andere Jugendliche und Freunde aus der Peer-Group in der Regel die ersten Ansprechpartner*innen für Jugendliche, wenn es um Probleme im und mit dem Web geht. Aus diesem guten Grund gibt es auch viele gute Peer-Education-Programme im Bereich der digitalen Medienbildung, wie etwa die Medienscout-Projekte oder juuuport – Die Selbstschutzplattform von Jugendlichen für Jugendliche.

Doch Kinder und Jugendliche brauchen auch vertraute, erwachsene Ansprechpartner*innen aus ihrer unmittelbaren Umgebung, denen sie sich mit ihren Problemen im Web anvertrauen können – und denen sie eine Lösungskompetenz zutrauen. Um als Erwachsene*r die (mediale) Lebenswelt von Kindern und Jugendli-

---

[1]   Adams, Douglas: Lachs im Zweifel, S. 134, Heyne, München 2003

chen zu verstehen und Probleme damit besser einschätzen zu können, muss man sich zumindest einen kurzen Überblick über deren Internet-Nutzung verschaffen.

Wie Kinder und Jugendliche online agieren

Laut einer Studie des Bundesverbands Informationswirtschaft, Telekommunikation und neue Medien e.V. (BITKOM) aus dem vergangenen Jahr sind bereits 94 Prozent der Kinder – also fast alle – ab ihrem zehnten Lebensjahr täglich im Internet. Das Smartphone ist für Jugendliche das wichtigste Zugangsgerät zum Internet geworden: 86 Prozent der Zwölf- bis 15-Jährigen verwenden für die Nutzung digitaler Anwendungen hauptsächlich ihr Smartphone, bei den 16- bis 18-Jährigen sind es bereits 89 Prozent, den Zehn- bis Elfjährigen immerhin noch 44 Prozent.[2] Jugendliche entziehen sich damit jeglicher Aufsicht durch Erziehende. Es kommt daher zukünftig auf ganz klare Absprachen zwischen Jugendlichen und den Eltern und deren Einhaltung – und zwar auf beiden Seiten – an.

Während man noch vor drei Jahren den Eltern riet, verbindliche Internet-Nutzungs-Regeln aufzustellen (Begrenzung der täglichen Online-Zeit, Nutzung am Computer im Wohnzimmer), tragen jugendliche Smartphone-Nutzer*innen ihren persönlichen Internet-Zugang permanent bei sich. Sie brauchen ihr Smartphone aber auch zur gesellschaftlichen Teilhabe. Es ist ein „Kulturzugangsgerät" (Wortschöpfung von Lisa Rosa, shiftingschool.wordpress.com).

Das Zitat eines Mädchens (aus der Altersgruppe 14 bis 17 Jahre) aus der Studie „Kinder, Jugendliche und Erwachsene in der digitalen Welt" des Deutschen Instituts für Vertrauen und Sicherheit im Internet (DIVSI)[3] stellt das sehr anschaulich dar:

> „ Also Musikhören, das ist eigentlich der Großteil und dann kommt Telefonieren und dann Fernsehen. Ich nutze in letzter Zeit nur mein Handy. Ich hab' zwar meinen Computer zu Hause, aber der ist aus, weil ich den eigentlich nicht brauche, weil das Handy eigentlich alles kann und dann – also eigentlich kombinier' ich alles mit dem Handy. Also ich telefonier' und bin am Handy, guck' Fernsehen, bin am Handy, geh' Musik hören, bin am Handy. Bin draußen, bin am Handy. Also irgendwie die ganze Zeit am Handy."

Dieses „ständig am Handy" wird von Erwachsenen oft kritisch betrachtet. Ob die tägliche stundenlange Smartphone-Nutzung tatsächlich zur Verdummung beiträgt, unproduktiv und unglücklich macht, wie in Studien und von Experten immer wieder behauptet wird, ist fragwürdig.

---

[2]   BITKOM: Smartphone und Internet gehören für Kinder zum Alltag https://www.bitkom.org/Presse/Presseinformation/Smartphone-und-Internet-gehoeren-fuer-Kinder-zum-Alltag.html (Abruf: Oktober 2015)

[3]   DIVSI U25-Studie: Kinder, Jugendliche und Erwachsene in der digitalen Welt https://www.divsi.de/publikationen/studien/divsi-u25-studie-kinder-jugendliche-und-junge-erwachsene-in-der-digitalen-welt/1-einfuehrung-3/ (Abruf: Oktober 2015)

Wenn man Jugendliche nach ihren Nutzungsmotiven befragt, nennen sie: Kommuni-kation und soziale Interaktion sowie Vernetzung, dadurch Zugehörigkeit, aber auch Information, Unterhaltung, Spaß, Kreativität ausleben und teilen, Anerkennung – schlicht: Teilhabe. Dabei spielt die Lebensphase der Jugendlichen selbst auch eine große Rolle: Jugendliche möchten sich gegenüber ihren Eltern abgrenzen, wollen durch Eltern nicht behelligt werden. Das erklärt auch die sinkende Tendenz bei der Nutzung sozialer Netzwerke. Während 2011 noch 88 Prozent der Jugendlichen zu-mindest selten in sozialen Netzwerken aktiv waren, sind es 2014 nur noch 73 Prozent gewesen.[4] Ich führe das unter anderem zurück auf die zunehmende Facebook-Präsenz der Erwachsenen-Generation. Jugendliche brauchen ihre eigenen Aufenthalts-Räume – auch in der digitalen Welt. Sie konzentrieren sich wieder mehr auf Kommunikati-onswege, in denen sie unbeachtet von der Öffentlichkeit und wieder direkter agieren können, wie sie beispielsweise der Messenger-Dienst WhatsApp bietet.

Cybermobbing nimmt zu

Wo Menschen (auch online) zusammenkommen, entstehen auch Konflikte. Das Cy-bermobbing oder Onlinemobbing nimmt unter Jugendlichen in Deutschland immer noch zu. Die Umfragezahlen reichen von sieben Prozent[5] bis zu 20 Prozent[6] Betrof-fenen.

Wenn wir uns mit dem Thema Cybermobbing auseinandersetzen, sollte jede*r Betei-ligte sich zunächst selbst verorten: Inwiefern beeinflussen mich mein Standpunkt oder mein Alter bei der Einschätzung? Welchen Ratschlag würde ich geben, wenn mein Kind, mein*e Schüler*in von Mobbing im Internet betroffen ist? Denn wie sich von Cybermobbing betroffene Jugendliche fühlen, lässt sich für Erwachsene schwer nach-fühlen. Gleichzeitig ist eine einfühlsame und effiziente Reaktion der Erwachsenen der erste wichtigste Schritt in der Bewältigung eines akuten Problemfalls. Sie verhindert, dass betroffene Jugendliche doppelt viktimisiert werden („Warum lädst du auch das Foto hoch, kein Wunder, dass da was passiert!").

Die meisten jugendlichen Betroffenen kennen die Täter*innen aus der Schule.

Im Gegensatz zum face-to-face-Mobbing findet das Cybermobbing immer statt – Schutzräume, in denen sich die Jugendlichen früher von den Attacken erholen konn-ten, gibt es nicht mehr. Die Hemmschwelle ist extrem niedrig und Tätern fehlt jeg-liches Korrektiv. Denn im Internet nehmen Konflikte häufig eine Eigendynamik an, weil auch die persönliche Konfrontation fehlt: Sehe ich, wie jemand traurig ist, sehe ich, wie jemand weint, kann sich das auch korrigierend auf mein Verhalten als Täter*in auswirken. Die Anonymität der Täter*innen wiederum ist für die Betroffenen beson-

---

4   Medienpädagogischer Forschungsverbund Südwest: JIM-Studie 2014, S. 35
5   Medienpädagogischer Forschungsverbund Südwest: JIM-Studie 2014, S. 40
6   Vodafone/YouGov: Cybermobbing-Studie zu #BeStrongOnline

ders schlimm: Sie können Freunde und Feinde nicht mehr unterscheiden. Gleichzeitig steigt der Leidensdruck durch eine möglicherweise unbegrenzt hohe Zuschauerschaft enorm. Denn ein weiteres Unterscheidungsmerkmal zum Mobbing ist die schiere Unendlichkeit der Verbreitungsmöglichkeiten beim Cybermobbing. Bekommt beim „Offline"-Mobbing nur der gerade anwesende Personenkreis das Geschehen mit, kann es sich online dagegen weit verbreiten. Betroffene werden vor einem potenziellen Millionen-Publikum schikaniert. In der bereits zitierten Vodafone/YouGov-Studie gaben über die Hälfte der befragten Jugendlichen an, dass Cybermobbing schlimmer als Offline-Mobbing sei, sogar schlimmer als der Konsum illegaler Drogen.

Cybermobbing kann viele negative Gefühle auslösen: Wut, Angst, Trauer, Verzweiflung, Selbstzweifel – „Was ist an mir falsch, dass die anderen mich fertigmachen?". Manche Jugendliche reagieren mit selbstverletzendem Verhalten bis hin zum Suizid.

Wenn sich also ein betroffene*r Jugendliche*r Ihnen anvertraut und Ihre Unterstützung sucht, denken Sie daran, wie schwer es ihm oder ihr gefallen ist, sich zu offenbaren. Cybermobbing verursacht große Scham. Das „Opfer" möchte niemand sein. Achten Sie darauf, dass es durch Ihre Reaktion nicht zu einer doppelten Viktimisierung kommt. „Du bist nicht schuld! Ich helfe dir!" – viele Betroffene hören das dann vielleicht zum ersten Mal. Wenn sie sich nicht trauen, sich jemandem aus ihrer Umgebung anzuvertrauen, können sie auch Online-Hilfe in Anspruch nehmen. Es gibt mittlerweile zahlreiche Online-Beratungsangebote.

Hilfe durch jugendliche juuuport-Scouts

Jugendliche, die sich anonym von Gleichaltrigen helfen lassen möchten, können über www.juuuport.de Kontakt zu einem juuuport-Scout aufnehmen. Die juuuport-Scouts sind zwischen 15 und 21 Jahre alt und wurden von Experten aus Pädagogik, Psychologie, Recht und Technik ausgebildet, um unter anderem von Cybermobbing betroffenen Kindern und Jugendlichen via Online-Beratung zu helfen. Sie arbeiten auf juuuport ehrenamtlich und selbstständig.

Die juuuport-Scouts

- bieten Erste Hilfe im Web
- sind da und hören zu
- helfen ohne erhobenen Zeigefinger
- stärken und unterstützen
- bieten Lösungswege
- vermitteln auf Wunsch Kontakt zu Ansprechpartnern vor Ort

Seit 2015 kooperiert juuuport mit dem WEISSEN RING. Wenn jugendliche Ratsuchende vor Ort Begleitung wünschen und sich aus der Anonymität der Beratung heraus trauen, vermittelt juuuport einen Ansprechpartner oder eine Ansprechpartnerin des WEISSEN RINGS vor Ort. Nach Möglichkeit sind dies junge Mitarbeiter, also ehrenamtliche Beraterinnen und Berater unter 35 Jahren.

Die Ausbildung bei juuuport erfolgt als Basis-Ausbildung über ein langes Wochenende (Freitag bis Sonntag), gefolgt von regelmäßigen Fortbildungen und Arbeitstreffen. Jeder juuuport-Scout muss mindestens ein Mal jährlich an einer Fortbildung teilnehmen. Die juuuport-Scouts werden außerdem bei ihrer Beratungstätigkeit von anderen Scouts und erwachsenen Berater*innen unterstützt. Dafür stehen diverse digitale Kommunikationskanäle zur Verfügung. Manchmal beraten mehrere Scouts eine Beratungsanfrage gemeinsam.

Autoren

Dr. Carina Agel
Justus-Liebig-Universität, Gießen

Prof. Dr. Britta Bannenberg
Justus-Liebig-Universität, Gießen

Christine Brendel
Deutsche Gesellschaft für Internationale Zusammenarbeit (GIZ) GmbH, Peru

Kerstin Bunte
Impuls-Institut für Konstruktive Konfliktbearbeitung, Marburg

Alejandro Christ
Deutsche Gesellschaft für Internationale Zusammenarbeit (GIZ) GmbH, El Salvador

Julia Christiani
Polizeiliche Kriminalprävention der Länder und des Bundes, Stuttgart

Dr. Felix Diehl
Justus-Liebig-Universität, Gießen

Gregor Dietz
Hessisches Ministerium des Innern und für Sport

Fatih Ekinci
Ministerium für Integration, Stuttgart

Christiane Erkens
Deutsche Gesellschaft für Internationale Zusammenarbeit (GIZ) GmbH, Südafrika

Rubeena Esmail-Arndt
Deutsche Gesellschaft für Internationale Zusammenarbeit (GIZ) GmbH, El Salvador

Dagmar Freudenberg
Landespräventionsrat Niedersachsen, Hannover

Frank Goldberg
Präventionsrat der Stadt Frankfurt am Main

Prof. Dr. Thomas Görgen
Deutsche Hochschule der Polizei, Münster

Jérome Gravenstein
Zentrum für kreative Selbststärke, Frankfurt am Main

Prof. Dr. Martin Hafen
Hochschule Luzern, Luzern (CH)

Heidrun Hassel
Polizeipräsidium Mannheim

Prof. Dr. Thomas Hestermann
Macromedia Hochschule für Medien und Kommunikation MHMK, Hamburg

Viktoria Jerke
Polizeiliche Kriminalprävention der Länder und des Bundes, Stuttgart

Dr. Tanja Kasten
Deutsche Gesellschaft für Internationale Zusammenarbeit (GIZ) GmbH, Guatemala

Dr. Michael Koch
Jugendamt der Stadt Offenbach am Main

Shérif Wouloh Korodowou,
Impuls-Institut für Konstruktive Konfliktbearbeitung, Marburg

Sandra Kotlenga
Zoom - Gesellschaft für prospektive Entwicklungen e.V., Göttingen

Timm Kroeger
Deutsche Gesellschaft für Internationale Zusammenarbeit (GIZ) GmbH, Ecuador

Philipp Kuehl
Deutsche Gesellschaft für Internationale Zusammenarbeit (GIZ) GmbH, Eschborn

Karten Lauber
Kommunaler Präventionsrat, Leipzig

Dr. Olaf Lobermeier
proVal - Gesellschaft für sozialwissenschaftliche Analyse, Beratung und Evaluation, Hannover

Erich Marks
Deutscher Präventionstag, Hannover

Karla Marks
Deutscher Präventionstag, Hannover

Gisela Mayer
Aktionsbündnis Amoklauf Winnenden - Stiftung gegen Gewalt an Schulen

Thomas Mücke
Violence Prevention Network e.V., Berlin

Prof. Dr. Kurt Mühler
Universität Leipzig

Christine Müller
Deutsche Gesellschaft für Internationale Zusammenarbeit (GIZ) GmbH, Pakistan

Barbara Nägele
Zoom - Gesellschaft für prospektive Entwicklungen e.V., Göttingen

Dr. Jens Narten
Deutsche Gesellschaft für Internationale Zusammenarbeit (GIZ) GmbH,
Timor-Leste

Dr. Marion Popp
Deutsche Gesellschaft für Internationale Zusammenarbeit (GIZ) GmbH, Eschborn

Nathalie Preisser
Justus-Liebig-Universität, Gießen

Dr. Gerhard Schmalbruch
Deutsche Gesellschaft für Internationale Zusammenarbeit (GIZ) GmbH, Guatemala

Gertraud Selig
Stadt Ludwigsburg

Dr. Tina Silbernagl
Deutsche Gesellschaft für Internationale Zusammenarbeit (GIZ) GmbH, Südafrika

Christian Specht
Stadt Mannheim

Dr. Wiebke Steffen
Deutscher Präventionstag, Hannover

Dr. Rainer Strobl
proVal - Gesellschaft für sozialwissenschaftliche Analyse, Beratung und Evaluation,
Hannover

Prof. Dr. Stephan L. Thomsen
Niedersächsisches Institut für Wirtschaftsforschung, Hannover

Christamaria Weber
Stadt Frankfurt am Main

Sabine Wenz
Deutsche Gesellschaft für Internationale Zusammenarbeit (GIZ) GmbH, Berlin

Karin Wunder
juuuport.de

Dr. Abdoulaye Zono
Deutsche Gesellschaft für Internationale Zusammenarbeit (GIZ) GmbH, Niger